한 권으로 끝내는

블렌더 교과서

김영일 지음

길벗캠퍼스

김영일(eden) | kim9668@gmail.com

홍익대학교 영상대학원 인터랙션디자인과에서 석사 학위 졸업, 홍익대학교 일반대학원 영상인터랙션과 박사 학위를 받았다.
2004년부터 CJ오쇼핑, SK커뮤니케이션즈의 Nate, Cyworld, 11번가 등에서 UX/UI 디자이너로 근무하였고, 삼성 PTKorea, GrouponKorea, 위메프 등에서 e-commerce 팀장으로 근무하며 다양한 디지털 서비스를 제작했다.
現) 현재 한양여자대학교 공과대학 SmartIT과의 조교수로 재직 중이며, Web/App UX/UI, HTML & CSS, JavaScript, React, Flutter, Front-end Node.js, SpringBoot Back-end, Framework 개발, 메타버스 지향 C#/C++ Unity & Unreal VR/AR, Blender3D 교육을 담당하고, 한국e스포츠학회 부회장을 겸하고 있다.

저서 : 『기초 탄탄 UX/UI 디자인을 위한 Adobe XD』(제이펍, 2022), 『메타버스 교과서(2023 세종도서 학술부문 선정)』(길벗캠퍼스, 2023) 등 다양한 분야 집필

한 권으로 끝내는

블렌더 교과서

The Complete Blender Guide in One Book

초판 1쇄 발행 • 2024년 8월 30일 | **초판 2쇄 발행** • 2025년 8월 29일
지은이 • 김영일 | **발행인** • 이종원 | **발행처** • (주)도서출판 길벗 | **브랜드** • 길벗캠퍼스
출판사 등록일 • 1990년 12월 24일 | **주소** • 서울시 마포구 월드컵로 10길 56(서교동) | **대표 전화** • 02)332-0931 | **팩스** • 02)323-0586
홈페이지 • www.gilbut.co.kr | **이메일** • gilbut@gilbut.co.kr
기획 및 책임편집 • 신유진(backdoosan@gilbut.co.kr) | **표지·본문 디자인** • 강은경 | **제작** • 이준호, 이진혁
마케팅 • 박성용(psy1010@gilbut.co.kr) | **유통혁신** • 한준희 | **영업관리** • 김명자 | **독자지원** • 윤정아
편집진행 • 앤미디어 | **전산편집** • 앤미디어 | **CTP 출력 및 인쇄** • 금강인쇄 | **제본** • 경문제책

ISBN 979-11-407-1407-0 93000(길벗 도서번호 060108)
정가 37,500원

최근 생성형 AI(Generative AI), 가상현실(VR), 증강현실(AR), 혼합현실(MR), 메타버스(Metaverse) 등 스마트 IT 분야의 디지털 이미지는 점점 미래 공상과학 영화가 재매개(Remediation)된 것처럼 우리 눈앞에서 하나씩 현실로 이루어지고 있다. 이는 우리가 실생활에서 접하는 디지털 매체의 활용도가 높아지고, 최근 출시되는 디지털 디바이스에서도 이러한 기술들이 점점 더 많이 적용되고 있어 중요성과 사용 빈도가 증가하는 것을 보여 준다. 예를 들어, 스마트폰은 누구나 갖고 다니는 필수품이 되었고, 자동차 AI 자율 주행과 다양한 인공지능 기술은 앞으로 더 많은 디지털 디바이스에서 우리와 밀접하게 연결되어 사용될 것이다.

디지털 세계에서 가상공간을 만드는 콘텐츠 대부분은 비물질적인 세계 즉, 메타버스 공간의 콘텐츠로 이루어져 있으며, 그중에서도 3D 콘텐츠는 디지털 휴먼 및 디지털 접점의 UI/UX 환경에 접할수록 많은 3D 요소가 활용된다.

이러한 면에서 3D 도구(Tool)는 디지털 환경에서 필수 요소이고, 그중 블렌더(Blender)는 3D 콘텐츠 제작에 있어 다방면의 기술을 최적화된 집합체로 제공하는 도구이다. 블렌더는 하나의 프로그램에서 기능이 다른 작업을 쉽게 공유하고, 서로 간의 높은 호환성을 자랑하여 3D 콘텐츠 제작에 총체적으로 최적화되어 있다.

블렌더의 활용 분야는 매우 다양하다. 초기 블렌더의 시초가 된 사업은 영화 VFX 분야로, 애니메이션(Animation), 리깅(Rigging) 등의 기능이 한 번에 수행할 수 있는 이유도 이 때문이다. 요즘은 3D프린팅(3D Printing), 디지털 트윈(Digital Twin) 등 산업디자인 분야와 건축 인테리어 등의 환경디자인 분야에서도 실사 오브젝트 모델링으로 활용되고 있다. 또한, 게임 개발과 가상공간 콘텐츠 구현 활용으로도 어려움이 없다. 세계적으로 유명한 게임엔진인 유니티(Unity)와 언리얼 엔진(Unreal Engin)과 함께 사용하면 게임개발과 특수촬영을 위한 VFX 및 가상 XR 콘텐츠를 매끄럽게 구현할 수 있다. 따라서 앞으로 가상 콘텐츠는 3D 콘텐츠로 많이 활용될 것이며, 블렌더가 많은 영역에서 사용될 것으로 기대해 본다.

저자 김영일

4장 | Edit Mode 2

5장 | Common Modifiers

6장 | Add-ons

7장 | Low-poly

8장 | Sculpting & Retopology

9장 | Textures, Material, Node, UV Mapping, Particle, Physics

10장 | 블렌더의 다양한 모델링 실습

책에서 제공하는 예제 및 완성 파일은 길벗 홈페이지를 통해 제공됩니다. 길벗 출판사 홈페이지(www.gilbut.co.kr) 검색란에 '블렌더'를 검색 → 해당 도서 자료실의 '학습자료' 항목 → 실습에 필요한 예제 소스 파일을 다운받습니다.

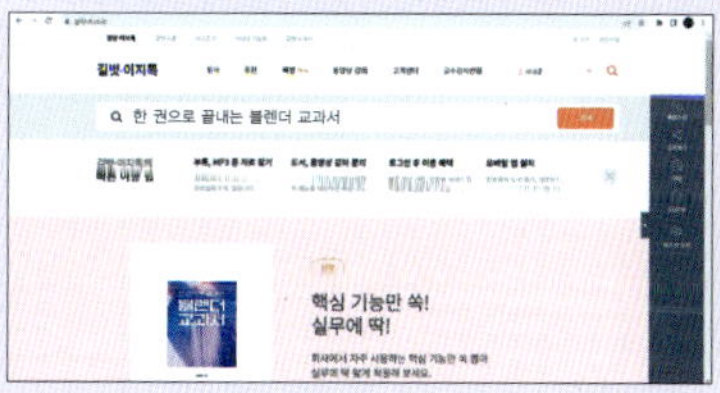

블렌더 소프트웨어를 활용한 강의 계획서입니다. 블렌더의 기본 기능부터 고급 기술까지 단계별로 학습할 수 있도록 구성되어 있고, 각 주차마다 이론과 실습을 병행하여 블렌더의 다양한 기능을 실제 프로젝트에 적용할 수 있는 능력을 배양하는 것을 목표로 합니다.

3D 모델링, 텍스처링, 애니메이션, 렌더링 등 3D 콘텐츠 제작의 모든 주요 측면을 다루며, 최종적으로는 독립적인 3D 프로젝트를 완성할 수 있도록 돕습니다.

주차별	챕터	설명
1주차	1장	블렌더 환경 이해와 모델링을 위한 Object Mode 1
2주차	2장	블렌더 모델링을 위한 Object Mode 2
3주차	3장	블렌더 모델링을 위한 Edit Mode 1
4주차	4장	블렌더 모델링을 위한 Edit Mode 2
5주차	5장	블렌더 모델링을 위한 Modifiers
6주차	6장	블렌더 모델링을 위한 Add-ons
7주차	7장, 8장	블렌더 모델링을 위한 Low-poly, Sculpting
8주차	중간고사	
9주차	9장	블렌더 모델링을 위한 Texture, Material, Node, UV Mapping, Particle, Physics
10주차	10장	다양한 블렌더 모델링 실전
11주차	11장	블렌더 Rigging
12주차	12장	블렌더 Animation
13주차	13장	블렌더와 유니티
14주차	13장	블렌더와 그 외 기타 외부툴과 기능
15주차	기말고사	

1장

블렌더 환경 이해 및 기본 학습

학 습 목 표

- 블렌더의 제작 목적과 사용 방법을 이해합니다.
- 블렌더가 4차산업에 미치는 영향을 탐구합니다.
- 블렌더를 처음 선택한 이유와 배움의 의미를 알아봅니다.
- 블렌더를 설치합니다.
- 블렌더의 기초 기본 툴을 익힙니다.
- 블렌더로 블렌더 실습을 시작합니다.

1.1 블렌더

Blender(이하 블렌더)는 2024년을 기준으로 30년이 된 제품으로, 1994년 1월 네덜란드의 애니메이션 제작사 네오게오와 낫 어 넘버 테크놀로지스에서 자체 사용 목적으로 개발되었습니다. 블렌더의 초기 개발자는 1989년 레이 트레이싱 소프트웨어 Traces(트레이시스)를 개발했던 Ton Roosendaal(톤 로센달)입니다. 블렌더는 오픈소스 3D 콘텐츠 제작 프로그램으로, 비영리 단체인 블렌더 재단이 관리하고 있습니다.

그림 1-1 블렌더 로고

2006년 3월, 블렌더는 3D CGI 애니메이션 SF 단편영화 'Elephants Dream(엘리펀츠 드림)'을 통해 처음으로 영화 콘텐츠 제작에 사용되었습니다. 이후 'Bic Buck Bunny(빅 벅 버니)', 'Sintel(신텔)', 'Tears of Steel(로봇의 눈물)', 'Agent 327(에이전트 327)' 등의 단편 애니메이션 제작에도 활용되었습니다.

오늘날 블렌더는 게임, 영화, VR/AR 등 다양한 장르의 CGI 디지털 콘텐츠 제작에 사용되며, 스케치, 텍스처, 모델링 등 3D 엔터테인먼트 콘텐츠 요소를 아우릅니다. 최근 업데이트를 통해 지속적인 발전 가능성을 보여 주고 있습니다.

그림 1-2 블렌더로 제작한 애니메이션 영화

1.2 Install

블렌더 설치

메타버스 콘텐츠 제작을 하기 위해 3D 모델링 툴인 블렌더를 설치하겠습니다.

블렌더 공식 사이트(www.blender.org/)에 접속하고 〈Download〉 버튼을 클릭합니다.

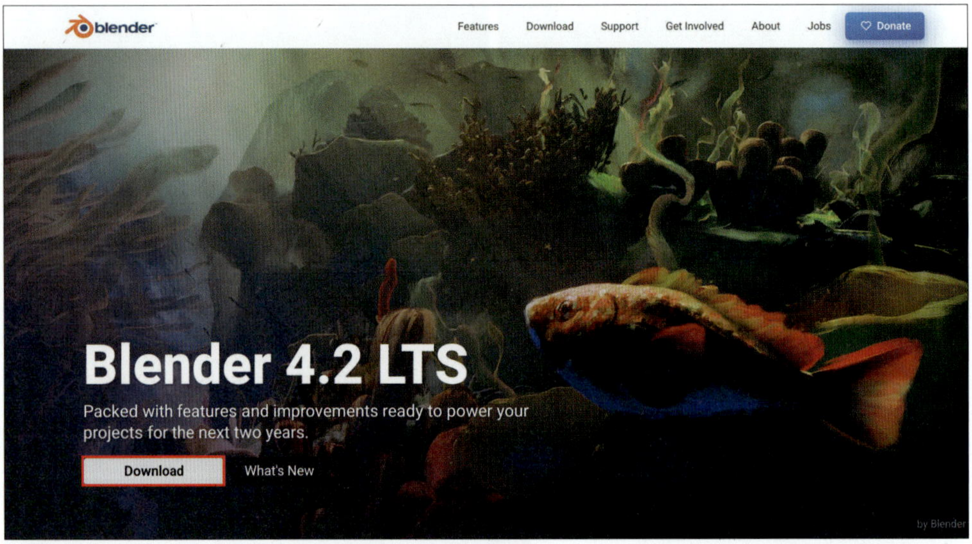

그림 1-3 블렌더 홈페이지 화면

The Freedom to Create 화면이 표시되면 〈Download Belnder〉 버튼을 클릭하여 블렌더 파일을 다운로드합니다. macOS 사용자나 다른 버전을 다운로드하고 싶다면 'macOS, Linux, and other versions'를 클릭하여 원하는 버전을 선택해 다운로드합니다.

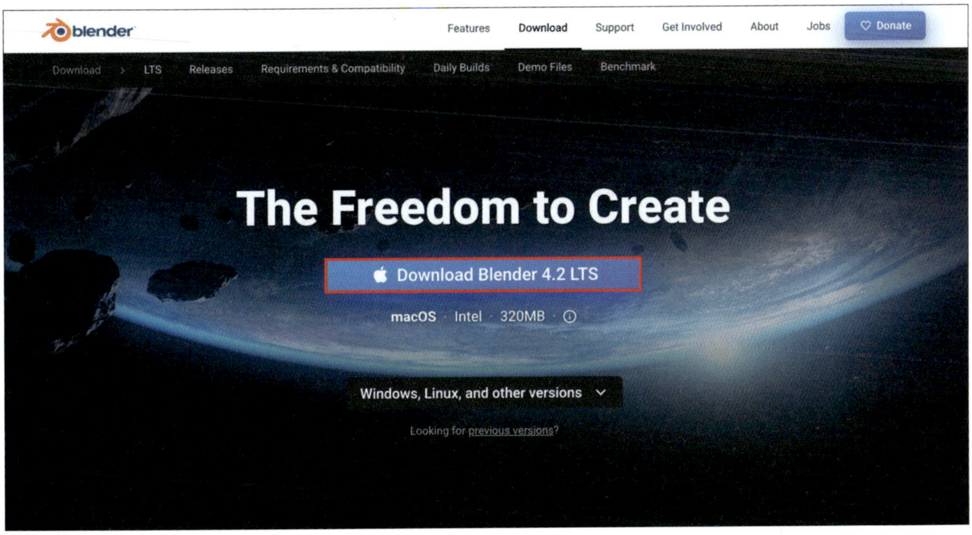

그림 1-4 블렌더 다운로드 화면

알아두세요 이 책에서 설명하는 블렌더 버전은 4.1.1입니다. 블렌더 버전이 같지 않아도 되므로 설치 시점에서 가장 최신 버전을 설치합니다. 다만, 최신 버전은 일부 오류가 발생할 수 있으므로 LTS 버전(안정화 버전)을 다운로드하는 것을 권장합니다.

표 1-1 블렌더 공식 홈페이지 최소 PC 사양

하드웨어	최소 사양
CPU	64-비트 quad core with sse2 이상
GPU	2GB 이상
RAM	8GB 이상
디스플레이	Full HD 이상
입력장치	마우스 트랙 패드 및 숫자 키패드 권장

* Win(윈도우)는 Command(Ctrl), Option(Alt) | Mac(맥)은 Command or control(Ctrl), Option(Alt) 단축키 사용 시 참고하세요.

알아두세요 설치하는 과정에서 블렌더 버전이 책과 다른 버전으로 변경되었을 수 있습니다. 설치한 버전에 대해 알아보려면 웹브라우저에서 'Blender Manual'이라고 검색하거나 참고 사이트 URL에 접속하면 전부 변경된 것을 확인할 수 있습니다.

- 참고 사이트 : docs.blender.org/manual/en/latest/

BLENDER

1.3 Interface & Controls

블렌더 작업 환경

블렌더를 실행한 가장 첫 화면은 그림 1-5와 같습니다. 화면에 첫 인터페이스인 Splash Screen(스플래시 스크린)이 표시됩니다.

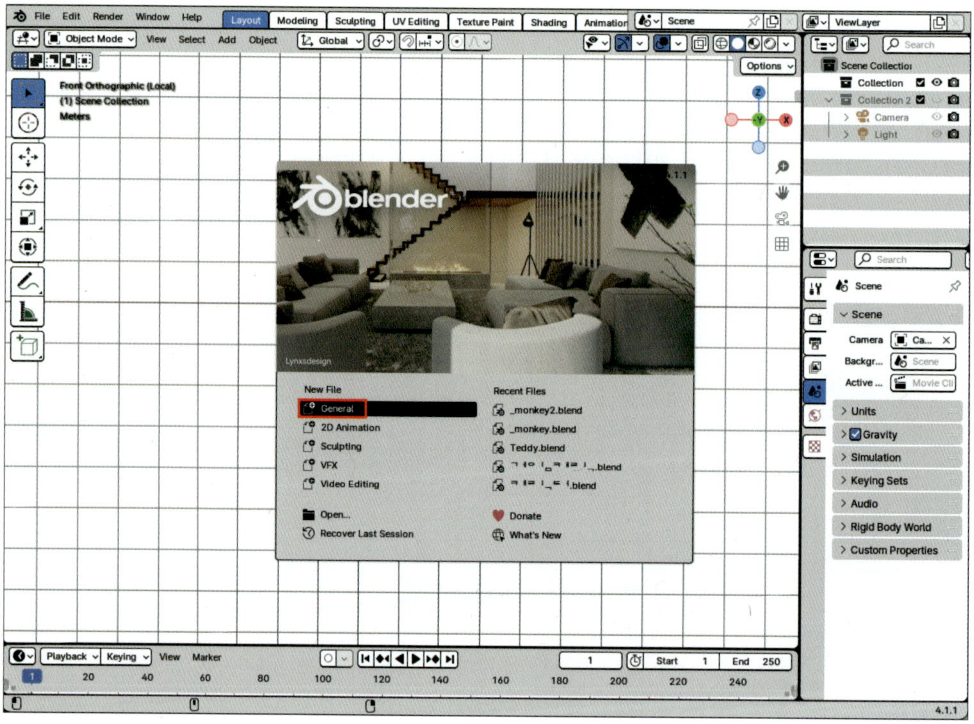

그림 1-5 블렌더 실행 화면

작업을 시작하기 위해 Splash Screen 창에서 New File의 'General'을 선택합니다. 선택하면 기본으로 Cube 오브젝트, 카메라, 조명이 나타납니다.

블렌더 인터페이스

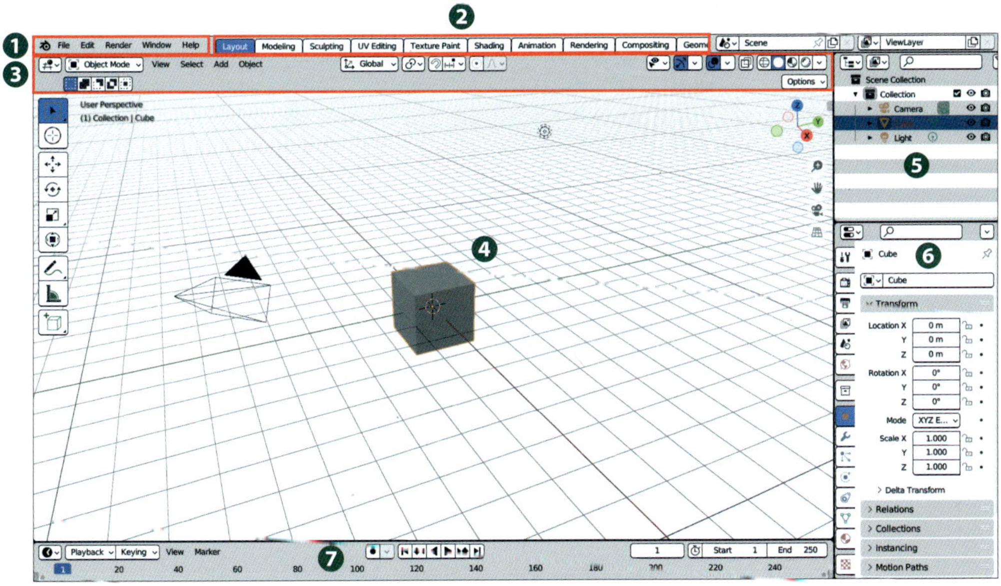

그림 1-6 블렌더 인터페이스

❶ **Menu(메뉴)** : 새로운 도큐멘트 생성하거나 불러올 수 있고, 기본 메뉴를 볼 수 있습니다.

❷ **Workspaces(워크스페이스)** : 블렌더 목적에 맞는 3D 작업 환경을 선택할 수 있습니다. 기본적으로 〔Layout〕 탭이 선택되어 있으며, 다른 탭을 선택하여 원하는 작업 공간으로 이동할 수 있습니다.

❸ **Header(헤더)** : 각 모드를 구성하는 패널로 특성에 맞게 옵션을 선택할 수 있습니다.

❹ **Main Region/3D Viewport(메인 레기온/3D 뷰포트)** : 블렌더에서 주로 작업하는 공간입니다. 카메라 시점을 변경해 가면서 오브젝트 모델링을 진행하는 작업 공간의 실제 하면입니다.

❺ **Outliner(아웃라이너)** : 모든 오브젝트를 리스트 형식으로 보여 줍니다. '눈' 아이콘(👁)을 클릭하여 활성화 또는 비활성화하여 화면에 보이는 여부를 설정할 수 있고, 폴더별로 정리할 수도 있습니다.

❻ **Properties(프로퍼티스)** : 다양한 설정 기능을 제어할 수 있습니다. 렌더링 모델링에 필요한 옵션들이 나타나고, 특히 모디파이어 기능을 제어할 수 있는 공간입니다.

❼ **Timeline(타임라인)** : 애니메이션을 제어할 때 프레임 단위로 진행 바를 조절하여 사용됩니다.

작업 공간인 Main Region의 기능을 좀 더 자세히 살펴보겠습니다.

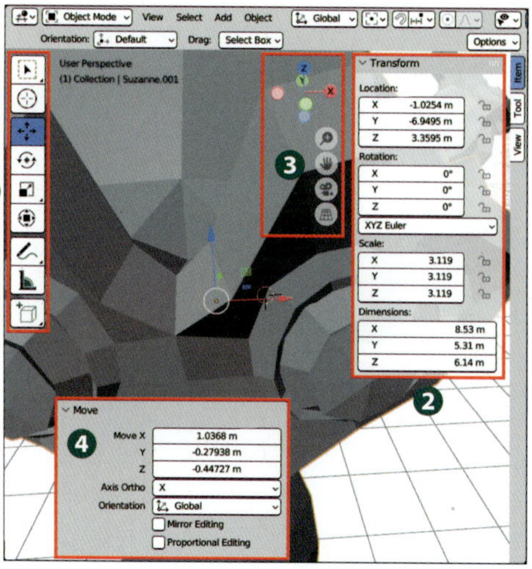

그림 1-7 Main Region 인터페이스

❶ **Toolbar(툴바, T)** : 모드의 특성에 맞는 툴 기능들이 모여있는 곳입니다.

❷ **Sidebar(사이드바, N)** : 오브젝트를 선택한 다음 좌표 및 크기 회전 등의 정보를 정확한 치수로 정밀하게 조절할 때 사용됩니다. 열면 〔Item〕, 〔Tool〕, 〔View〕 탭이 활성화되며 더욱 다양한 방법으로 치수를 수정할 수 있습니다.

❸ **Navigate(내비게이트)** : 3D 축인 Gizmo를 확인하고 카메라와 투시를 수정합니다.

❹ **Operation(오퍼레이션)** : 오브젝트를 생성하면 Main Region 화면의 왼쪽 하단에 옵션 창이 표시됩니다. 이를 클릭하면 각 오브젝트의 메시 옵션들이 나타나므로 항상 옵션 창을 표시한 상태로 작업하는 것을 권장합니다. 이 창은 세부적인 수치를 조정할 때 더 효율적입니다. 메시를 생성할 때 상세한 치수를 정밀하게 조절합니다.

숫자 키패드 5를 누르거나 Navigate에서 격자 모양 아이콘을 클릭하면 Perspective(퍼스펙티브)와 Orthographic(오소그래픽)으로 투시를 설정할 수 있습니다.

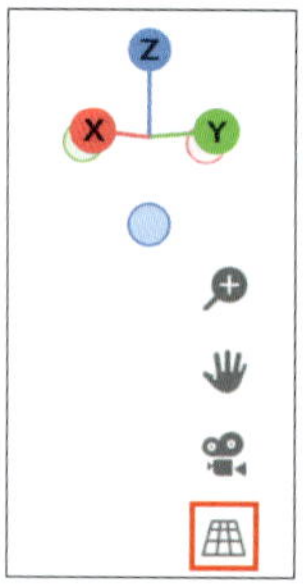

그림 1-8 원근을 표현하는 격자 모양 아이콘

Perspective는 사물(오브젝트)의 원근감과 공간감을 잘 표현하여 보여 주는 화면 뷰입니다.

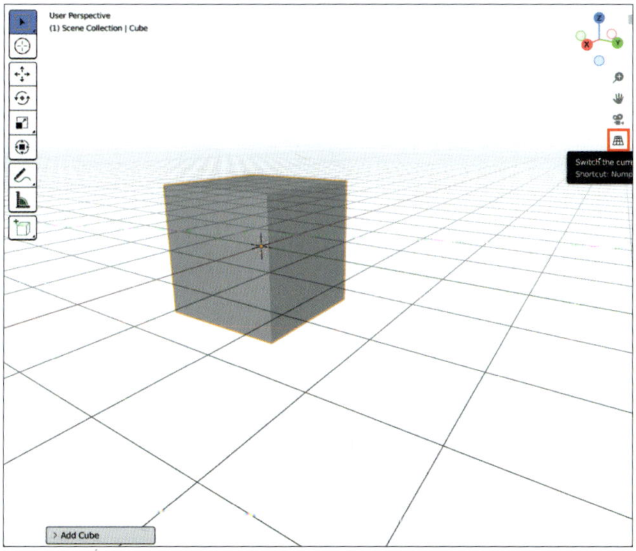

그림 1-9 Perspective로 설정한 화면

Orthographic은 사물에 대한 원근감, 공간감 없이 그저 수치를 재어 줄 수 있는 길이의 값이 절대적인 화면 뷰입니다.

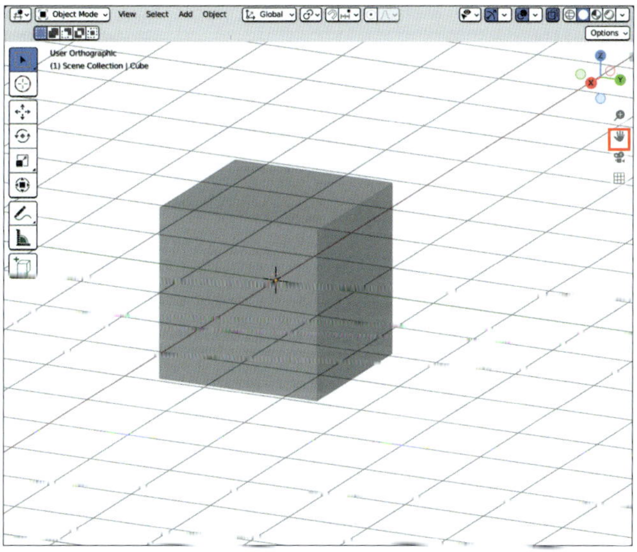

그림 1-10 Orthographic으로 설정한 화면

● 환경 설정

메뉴에서 〔Edit〕 → Preferences를 실행하여 표시되는 Blender Preferences 대화상자에서 'Add-ons(Ctrl+.)'를 선택하고 검색창에서 'mesh', 'node'를 입력한 다음 'Mesh: LoopTools', 'Node: Node Wrangler'를 체크 표시합니다. 현재 4 버전 이후 외부 파일로 업로드하여 다운로드할 수 있습니다.

- https://extensions.blender.org/add-ons/looptools/

이 두 애드온은 블렌더 사용자가 더 효율적으로 작업할 수 있게 도와주며, 모델링과 텍스처링 작업을 더욱 편리하게 해주므로 사전에 설정해 두는 것을 권장합니다.

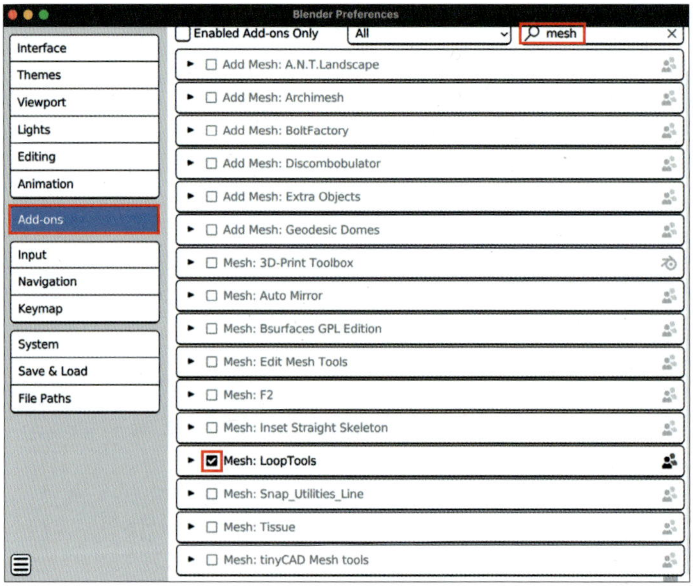

그림 1-11 Blender Preferences 대화상자

☑ 잠깐만요 Mesh: LoopTools와 Node: Node Wrangler

- Mesh: LoopTools는 블렌더의 Edit Mode에서 루프와 관련된 다양한 작업을 쉽게 수행할 수 있게 도와주는 애드온으로, 주로 루프 선택으로 번형하거나 정렬하는 기능을 제공합니다.
- Node: Node Wrangler는 블렌더의 Shader Editor 패널에서 노드 작업을 좀 더 빠르고 효율적으로 수행할 수 있게 도와주는 애드온입니다. 복잡한 노드 네크워크를 쉽게 관리하고 편집할 수 있는 다양한 단축키와 기능을 제공합니다.

패널 분할/합치기

블렌더 작업 시 패널을 2개 이상으로 표시하여 작업해야 할 경우가 생깁니다. 이러한 경우 분할할 창의 오른쪽 상단 부분을 클릭한 상태로 드래그하면 창이 2개로 분할합니다. 또는 창의 경계선에서 마우스 오른쪽 버튼을 클릭하고 Vertical Split(수직 분할)나 Horizontal Split(수평 분할)를 실행하면 됩니다.

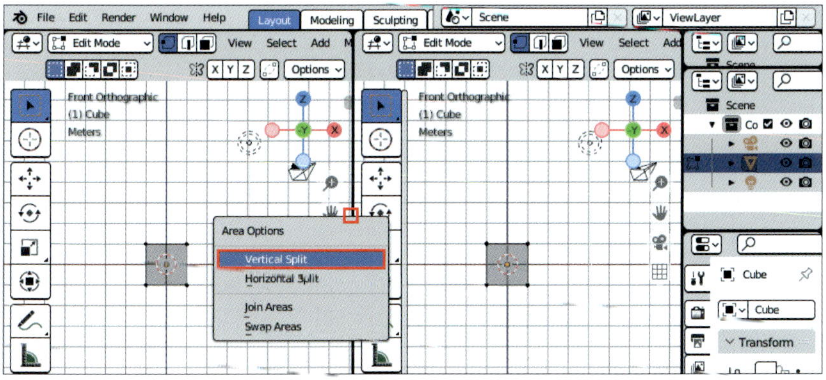

그림 1-12 패널을 분할하는 모습

패널을 합치는 방법은 분할하는 방법과 비슷합니다. 합칠 패널의 오른쪽 상단 부분을 클릭한 상태로 합칠 패널로 드래그하거나 창의 경계선에서 마우스 오른쪽 버튼을 클릭하여 Join Area를 실행한 다음 합칠 패널을 선택하면 됩니다.

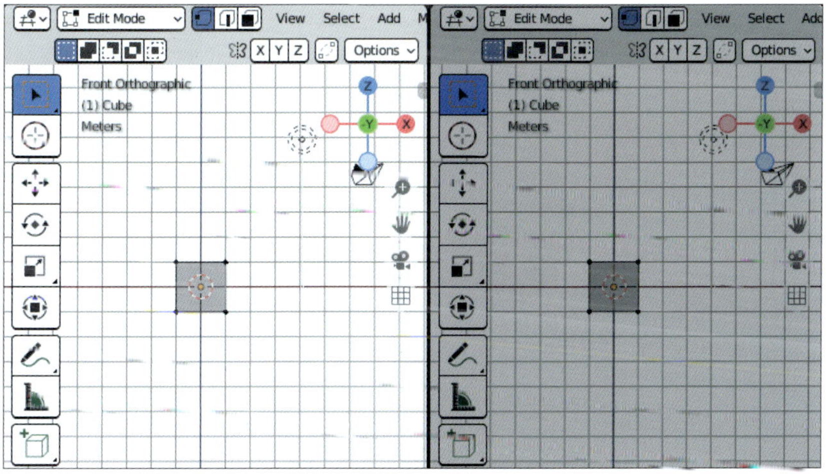

그림 1-13 패널을 합치는 모습

잠깐만요 모델링 오브젝트 색상 지정

모델링을 완성도 있게 만들기 위해 간단한 조정으로 모델링 오브젝트를 눈에 잘 보이게 설정하겠습니다. 그림 1-14와 같이 오른쪽 상단의 Viewport Shading에서 'V'를 클릭하여 메뉴가 표시되면 Lighting → MatCap에서 원하는 색상을 선택합니다.

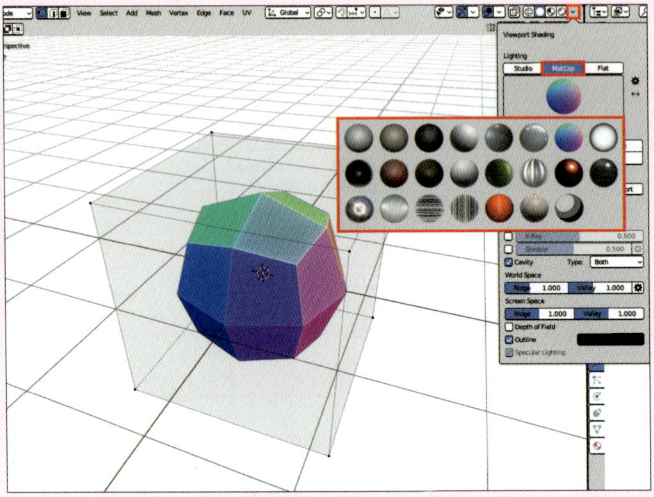

그림 1-14 Viewport Shading 세부 화면

Option에서 'Cavity'를 체크 표시하고 Type을 'Both'으로 지정하면 오브젝트 재질이 빛을 받는 느낌으로 변경되어 더욱 3D 효과를 보입니다.

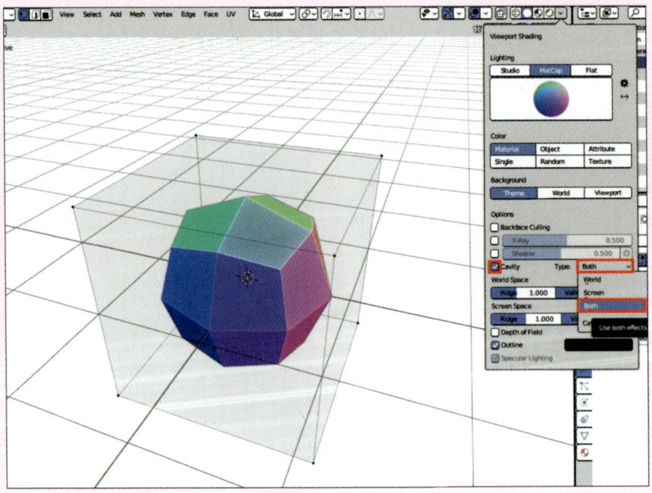

그림 1-15 Viewport Shading에서 효과를 설정한 모습

작업 환경 저장/초기화

설정한 작업 환경을 다음에도 동일한 환경에서 작업하려면 메뉴에서 〔File〕 → Defaults → Save Startup File을 실행합니다. 반대로 초기화 설정을 하려면 동일한 경로에서 Load Factory Settings를 실행하면 됩니다. 이때 OK 창이 표시되며, 다시 한번 Save Startup File 또는 Load Factory Settings를 실행해야 저장됩니다.

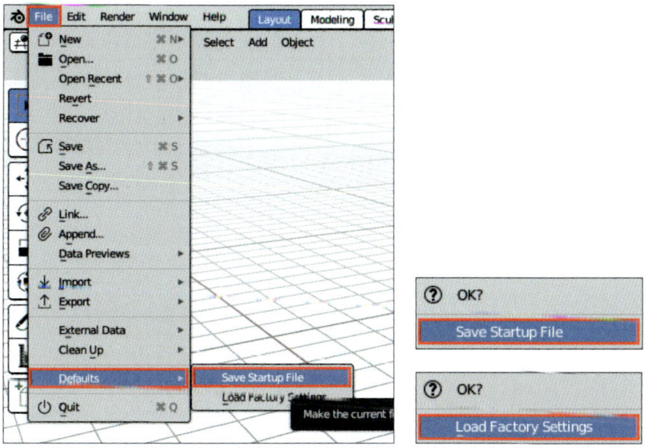

그림 1-16 설정한 작업 환경 저장과 초기화 방법

블렌더 단축키

블렌더를 배우기 전에 단축키를 익숙할 때까지 숙지한다면 블렌더를 50% 이상 배웠다고 할 수 있습니다. 이렇게 설명할 정도로 블렌더는 작업 시에 단축키를 많이 사용됩니다.

블렌더 기본 단축키

가장 기본이 되는 단축키는 표 1-2와 같습니다. 여기에서는 기본적인 단축키를 가볍게 살펴보며 처음부터 외우기보다 예제를 같이 따라하면서 익히는 것을 권장합니다.

단축키는 블렌더에서 중요한 도구로, 필수적으로 단축키를 알고 있어야 프로젝트 수행에 수월합니다. 단축키를 중심으로 도구를 사용할 수 있도록 하며, 언어는 영문으로 익숙할 때까지 반복적으로 숙지하길 바랍니다. 아울러 Toolbar 패널에 있는 도구를 마우스로 선택하는 일이 없도록 단축키로 작업 능률을 향상시키길 바랍니다.

표 1-2 블렌더 기본 단축키 – Edit Mode

기능	단축키	설명
Separate	P	합쳐진 오브젝트를 서로 다른 오브젝트로 나누기(개별 분리)
Split	Y	하나의 오브젝트에서 선택한 부분 나누기(분할)
Extrude	E	원하는 방향으로 점, 선, 면을 돌출하는 지역 돌출
Extrude Option	Alt+E	지역 돌출 외의 다른 돌출 옵션 선택
Inset Faces	I	안쪽으로 면을 생성하는 페이스 인셋
Inset Faces 개별 ON/OFF	I I	페이스 인셋 개별 속성 ON/OFF
Invert	Ctrl+I	선택 반전(선택되지 않은 것 선택)
Bevel	Ctrl+B	선택한 부분을 부드럽게 만드는 베벨
	Ctrl+B, P	베벨 안쪽 바깥쪽 모서리
	Ctrl+B+V 또는 Ctrl+Shift+B	Vertex(점)만 베벨
Merge	M	선택한 객체 병합
Face	F	빈 부분에 면을 생성해서 채우거나 한 면으로 통합
Delete	X	삭제
Knife	K	지정한 부분을 잘라 나누기
Rip Vertices	V	점 나누기(점을 찢다)
Add Faces, Split Points	Alt+V	면 추가 후 점 나누기
Extend Vertices	Alt+D	점만 추가
Select Loop	Shift+Alt+클릭	클릭한 부분을 기준으로 루프 선택
Select One Line	Alt+클릭	한 줄만 모두 선택
Select Ring	Ctrl+Alt+클릭	클릭한 객체를 중심으로 고리 형태의 루프 선택
Select Shortest Distance	Ctrl+클릭	최단 거리 요소 선택
Select Linked All	Ctrl+L	링크된 모든 것을 선택
Increase Selection	Ctrl+숫자 키패드 +	선택 영역 증가
Decrease Selection	Ctrl+숫자 키패드 –	선택 영역 감소
Vertex Edge Slide	G G	점, 선 오브젝트 변동 없이 이동
Select Mode	1, 2, 3	1 : 점, 2 : 선, 3 : 면으로 선택 모드 변경

표 1-3 블렌더 기본 단축키 – 파이 메뉴

기능	단축키	설명
Viewport Shading	Z	렌더링 모드
Orientation	,	기준점 모드
Pivot Point	.	피봇 포인트 모드
Viewpoint	~	숫자 키패드 시점 뷰
Snap	Shift+S	스냅 : Cursor 설정
Proportional Editing	Shift+O	비례 편집 세부 감소 조정
Sort	S–X/Y/Z–0(숫자)	점, 선, 면을 선택한 X, Y, Z축으로부터 평행 정렬(같은 선상으로 정렬)

그림 1-17처럼 숫자 키패드 [7]을 눌러 Top View로 시점을 변경합니다. Edit Mode에서 평행 정렬할 점(또는 선, 면)을 선택합니다. 서로 반대 좌표의 90도 각도에 있는 축을 이용하면 됩니다.

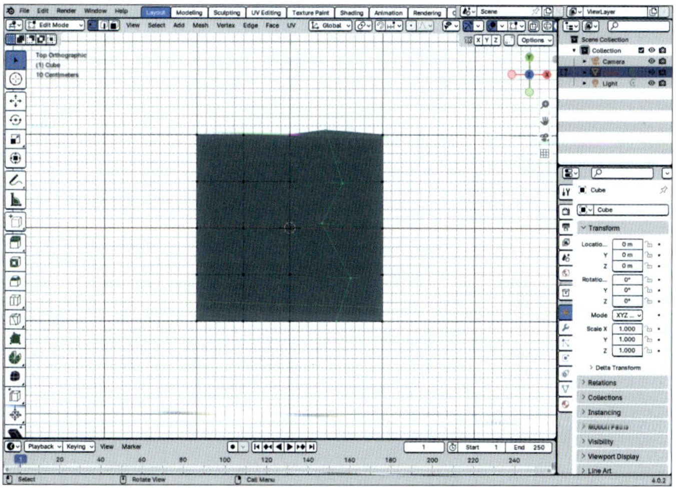

그림 1-17 Top View에서 점 선택

점이 선택된 상태로 [S]를 눌러 Scale을 활성화합니다. 활성화되어 있는 상태에서 원하는 원하는 축의 단축키를 선택하고 수치를 '0'으로 입력하면 그림 1-18과 같이 간편하게 줄을 정렬할 수 있습니다.

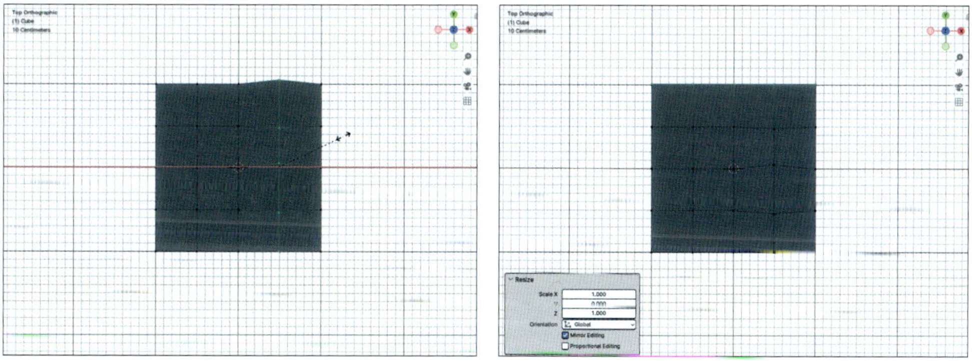

그림 1-18 수직 평행 정렬([S]-[X]-[0])/수평 평행 정렬([S]-[Y]-[0])

● 숫자 키패드 단축키

숫자 키패드는 작업 화면 시점을 빠르게 이동할 수 있습니다.

그림 1-19 숫자 키패드 단축키

❶ [1] : Front View로 시점이 전환되어 화면을 전방에서 볼 수 있습니다.

❷ [Ctrl]+[1] : Back View로 시점이 전환되어 화면을 후방에서 볼 수 있습니다.

❸ [3] : Right View로 시점이 전환되어 화면을 오른쪽에서 볼 수 있습니다.

❹ [Ctrl]+[3] : Left View로 시점이 전환되어 화면을 왼쪽에서 볼 수 있습니다.

❺ [7] : Top View로 시점이 전환되어 화면을 위에서 볼 수 있습니다.

❻ [Ctrl]+[7] : Bottom View로 시점이 전환되어 화면을 아래에서 볼 수 있습니다.

❼ [9] : 현재 보고 있는 시점 View의 반대되는 시점으로 전환합니다.

❽ [5] : Perspective/Orthographic View로 투시 투명과 평행 투영을 전환합니다.

❾ [2], [4], [6], [8] : 각각 아래, 왼쪽, 오른쪽, 위 방향으로 15° 회전합니다.

❿ [0] : 현재 선택된 Camera View로 시점을 전환합니다.

⓫ [/] : Local View로 시점이 전환되어 현재 선택된 오브젝트만 화면에 표시합니다. 활성화되면 주변 요소가 사라지며, 다시 누르면 나타납니다.

⓬ [+]/[−] : Zoom In/Out으로 확대/축소합니다.

⓭ [.] : 현재 선택된 요소를 중심으로 시점을 이동합니다. 활성화되면 화면 최적화로 나타납니다.

작업 환경에 따른 단축키

단축키는 반드시 영문 키에서 활성화됩니다. 만약 단축키를 눌렀을 때 활성화되지 않는다면 한/영 키를 눌러 변경하여 작업하세요. 대소문자는 구분 없습니다.

표 1-4 Perspective/Orthographic(투시)

작업 환경	방법
숫자 키패드	숫자 키패드 5
아이콘	Navigate의 격자 아이콘 클릭
패널 메뉴	Header 패널 [View] → Perspective/Orthographic

표 1-5 Viewpoint(시점)

작업 환경	방법
파이 메뉴	~
숫자 키패드	숫자 키패드 1, 3, 7/Ctrl+숫자 키패드 1, 3, 7
아이콘	축(Gizmo) 아이콘 클릭
패널 메뉴	Header 패널 [View] → Viewpoint → Top, Bottom, Front, Back, Left, Right

표 1-6 Active Camera(카메라)

작업 환경	방법
파이 메뉴	~ – View Camera
숫자 키패드	숫자 키패드 0
아이콘	카메라 아이콘 클릭
패널 메뉴	Header 패널 [View] → Viewpoint → Camera

표 1-7 Local View(뷰 지역)

작업 환경	방법
숫자 키패드	숫자 키패드 /
패널 메뉴	Header 패널 [View] → Local View → Toggle Local View

노트북 사용자는 '숫자 키패드 키보드'를 따로 준비하는 것을 권장합니다.

잠깐만요 숫자 키패드가 없을 때 설정 방법

노트북이나 키보드에 숫자 키패드가 없어 단축키를 이용할 수 없을 때 설정하는 방법을 알아보겠습니다. 메뉴에서 〔Edit〕 → Preferences를 실행하여 Blender Preferences 대화상자를 표시하고 'Input'을 선택하여 'Emulate Numpad'를 체크 표시하면 기본 숫자 단축키를 넘버 키패드 단축키로 1~0+/까지 사용할 수 있습니다.

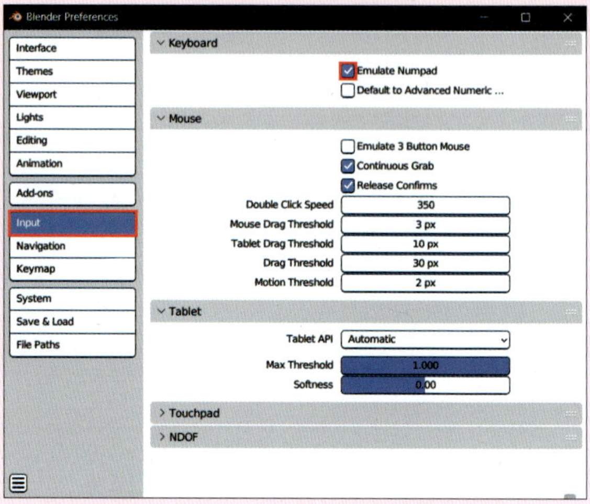

그림 1-20 키보드 숫자 단축키를 숫자 키패드 단축키로 설정한 화면

그러나 Edit Mode에서 작업할 때 Vertex(점), Edge(선), Faces(면) 선택 모드를 설정하는 단축키와 중복되어 불편합니다. 따라서 숫자 키패드가 없는 경우에는 ~를 눌러 파이 메뉴를 이용하는 것이 훨씬 편리합니다.

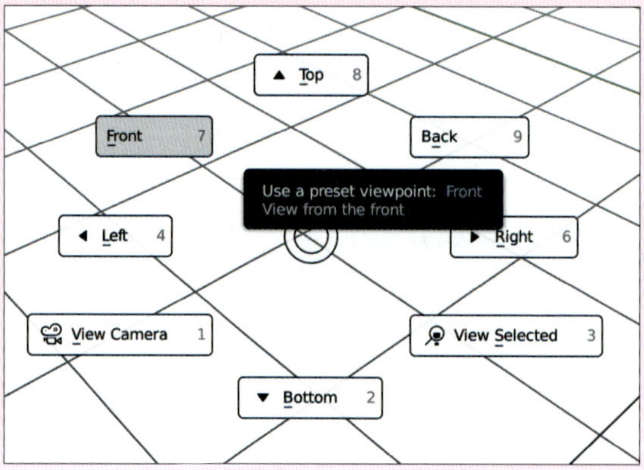

그림 1-21 키보드 숫자 단축키를 넘버 키패드 단축키로 설정한 화면

● 화면 이동 단축키

3D 공간 움직임으로 화면을 이동하려면 마우스 휠을 클릭한 상태로 드래그하여 이동합니다.

Pan View

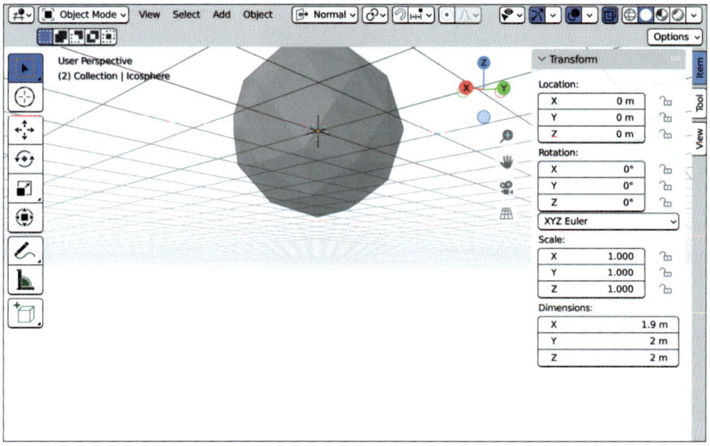

그림 1-22 마우스 휠을 클릭하여 이동하는 모습

같은 축 공간을 이동하려면 Shift+마우스 휠을 클릭한 상태로 이동합니다. 일반적으로 Navigate의 '손바닥' 아이콘(✋)을 사용하여 이동합니다.

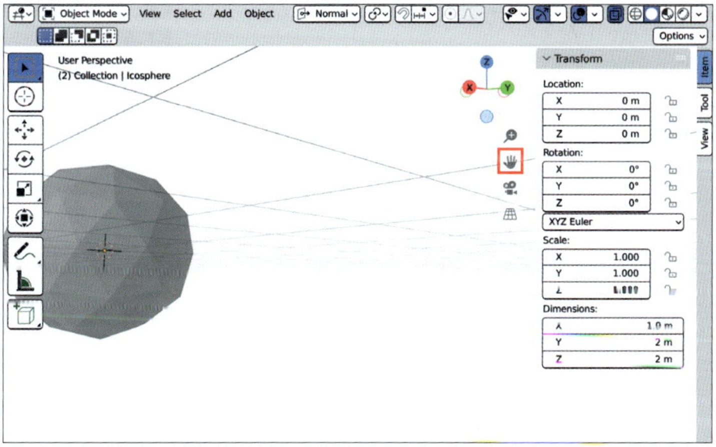

그림 1-23 Shift와 마우스 휠을 클릭하여 이동하는 모습

마우스 휠을 위아래로 돌리면 줌인/줌아웃으로 화면이 앞뒤로 축소되며 움직입니다.

Object와 Edit Mode는 Tab을 눌러 모드를 전환할 수 있습니다. 또는 윈도우에서는 Ctrl + Tab, 맥에서는 Control + Tab을 눌러 표시되는 파이 메뉴에서 모드를 전환할 수 있습니다.

그림 1-24 Object Mode와 Edit Mode

Object 종류

Object(이하 오브젝트)는 전체 덩어리 모델링의 물체 사물 실제 모델링의 기본이 되며, Mesh(메시), Curve(커브), Surface(표면), Metaball(메타볼), Text(텍스트), Volume(볼륨), Grease Pencil(펜) 등이 있습니다.

3D Viewport에서 Shift + A를 눌러 표시되는 Add 창에서 오브젝트들의 종류를 생성할 수 있습니다.

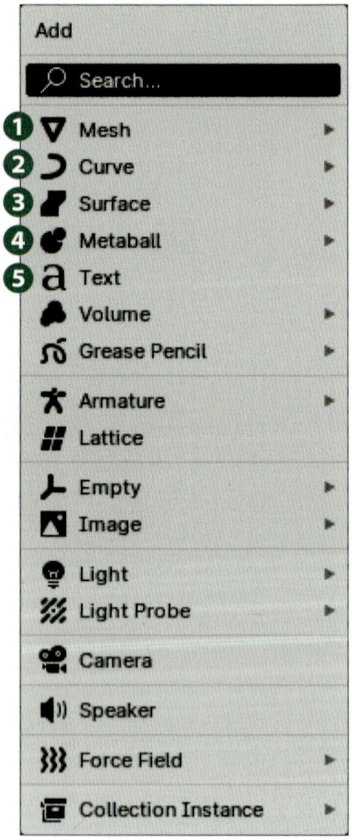

❶ **Mesh** : 오브젝트의 모양을 구성하는 표면 형태이며 Vertices(점)를 기준으로 기하학적인 구조(지오메트리, Geometry)라고 할 수 있습니다.

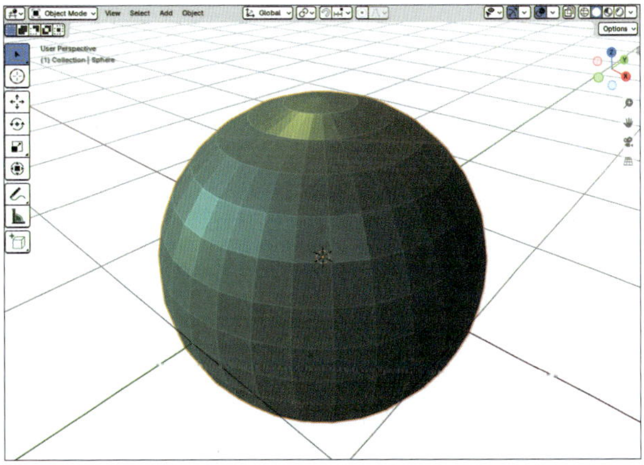

❷ **Curve** : 곡선의 컨트롤 포인트를 기점으로 수학적으로 생성된 커브 형태를 오브젝트화하여 만듭니다.

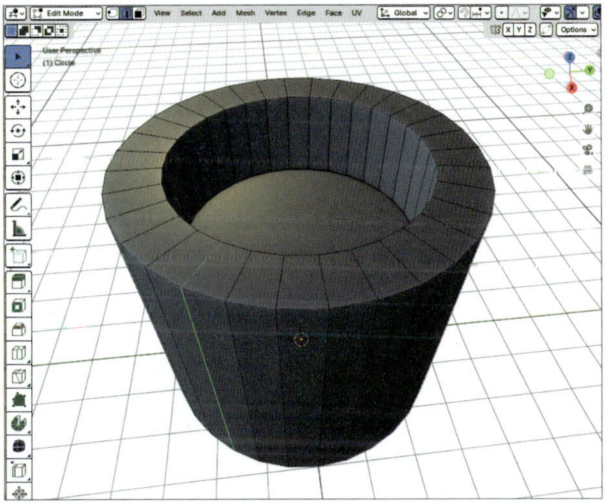

❸ **Surface** : 표면을 편집하여 커브와 유사하게 포인트 표면을 중심으로 오브젝트를 형성합니다. 외부 표면에 검은색 선이 나타납니다.

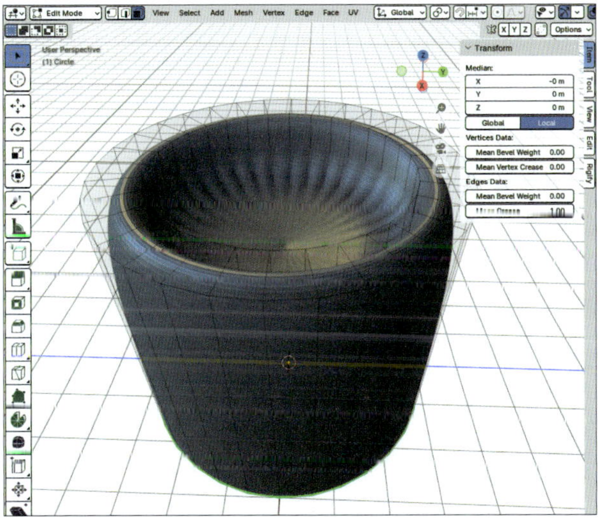

❹ **Metaball** : 인접된 오브젝트들의 서로 유기전 물리법칙에 따른 흡수와 융합으로, 마치 액체 표현처럼 매끄러운 연결을 하는 오브젝트를 만들 수 있습니다.

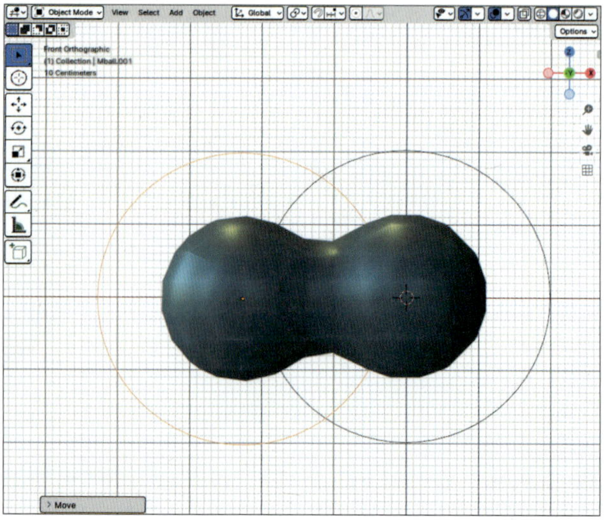

❺ **Text** : 3D 모델링으로 원하는 텍스트 오브젝트를 구성할 수 있습니다.

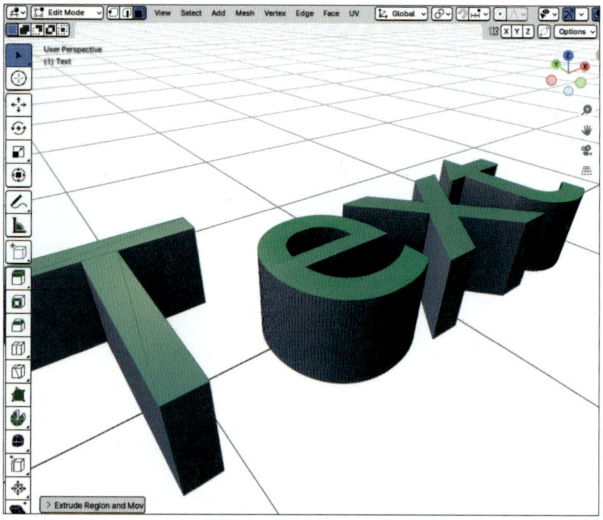

Toolbar

블렌더에서는 모드에 따라 Toolbar 패널에 표시되는 도구들이 다릅니다. 여기에서는 가장 많이 사용하는 Object Mode와 Edit Mode의 Toolbar 패널을 살펴보며 차이점과 자세한 내용을 설명합니다. Toolbar 패널에서 직접 선택하여 사용하는 것보다는 단축키를 숙지하여 작업을 진행하는 것을 추천합니다. 이는 입문자에게 다른 Toolbar로 변경되지 않는 일들이 자주 발생되며, 작업 효율성을 높이기 위함입니다.

Object Mode Toolbar

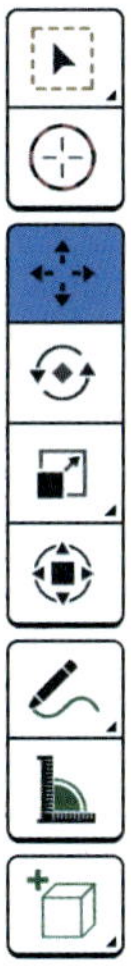

Selet Box(트윅) : 선택하거나 이동합니다.

Cursor(커서) : 3D Cursor(오브젝트가 생성될 자리)의 위치를 변경합니다.

Move(이동, G) : 오브젝트를 이동시킵니다.

Rotate(회전, R) : 오브젝트를 회전시킵니다.

Scale(크기, S) : 오브젝트 크기를 조절합니다.

Transform(변형, T) : 오브젝트 변환/회전/크기를 모두 조정하는 통합 도구입니다.

Annotate(주석) : 뷰 포트에 자유로운 스케치를 합니다(메모 기재).

Measure(척도) : Scene(신)의 거리를 측정합니다(크기 길이 제어).

Add Cube(생성) : 아이콘의 모양에 따라 해당 오브젝트가 생성됩니다.

Edit Mode Toolbar

Edit Mode는 기본적으로 Object Mode의 Toolbar와 같지만, 더 세부적으로 편집할 수 있는 도구들이 표시됩니다.

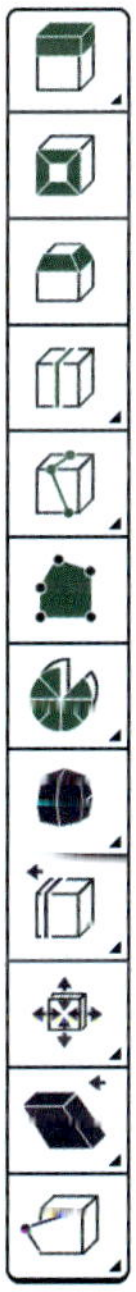

Extrude Region(지역 돌출, E) : 선택한 영역을 돌출시킵니다.

Inset Faces(페이스를 인셋, I) : 선택한 면에 새로운 면을 생성합니다.

Bevel(베벨, Ctrl+B) : 선택한 항목을 비스듬히 자릅니다.

Loop Cut(루프 잘라내기, Ctrl+R) : 선택된 메시를 잘라 선을 추가합니다.

Knife(나이프, K) : 메시를 칼선에 따라 잘라냅니다.

Poly Build(폴리 빌드) : 정점을 추가하여 형상을 만듭니다.

Spin(스핀) : 커서 주변 원형에 선택한 점을 돌출합니다.

Smooth(스무스) : 선택한 점의 각도를 평평하게 합니다.

Edge Slide(에지 슬라이드) : 점/선을 따라 가장자리 정점을 밀어냅니다.

Shrink/Fatten(수축/팽창, Alt+S) : 선택한 점을 수축/팽창합니다.

Shear(전단) : 수평 화면 축을 선택한 항목을 전단합니다.

Rip Region(립 지역) : 선택된 항목을 잘라 이동합니다.

1.4 Tools

Move & Rotate, Scale

3D 공간을 제어하는 첫 번째 방법은 오브젝트를 이동하는 것입니다. Toolbar의 Move(무브, 이동) 도구를 선택하여 사용해도 되지만, 보통 단축키를 많이 사용하여 이동합니다. G를 누르고 원하는 위치로 마우스를 이동하면 오브젝트가 이동됩니다.

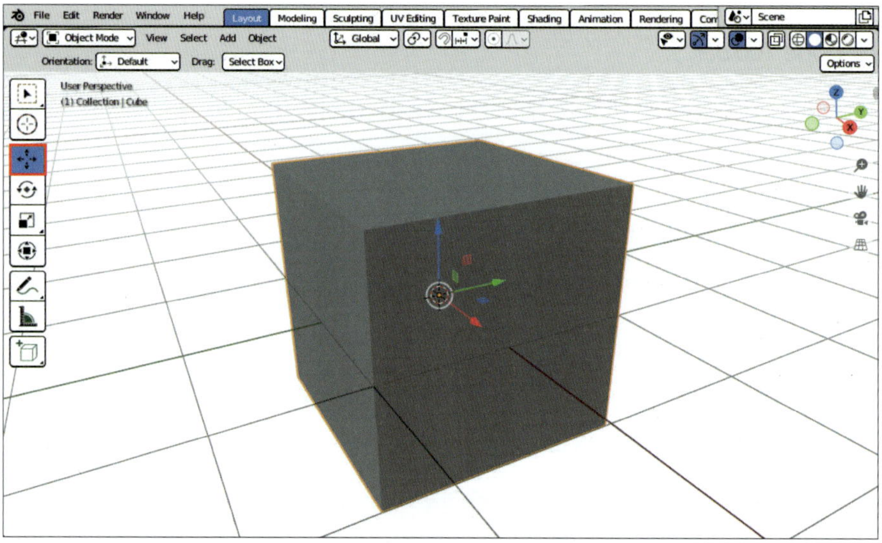

그림 1-25 Object Mode : 큰 틀을 수정하고 덩어리로 움직일 수 있음

화면에서 오브젝트나 점, 선, 면 등 이동할 객체를 선택하고 G-Y를 누르면 Y축으로만 이동됩니다. 이처럼 오브젝트를 각각의 개별 축으로 이동하려면 X축은 G-X, Y축은 G-Y, Z축은 G-Z로 이동할 수 있습니다. Alt+G를 누르면 움직임이 초기화되어 다시 원위치로 이동됩니다. 축을 설정한 상태로 수치값을 입력하면 입력한 수치만큼 오브젝트가 이동합니다. 예를 들어, G-Y-3을 누르면 오브젝트가 Y축으로 3칸 이동됩니다.

이때 Object Mode에서는 중앙 주황색 포인드 점이 같이 움직이며 Edit Mode에서는 중앙점 Origin(오리진)이 움직이지 않고 고정되어 있습니다.

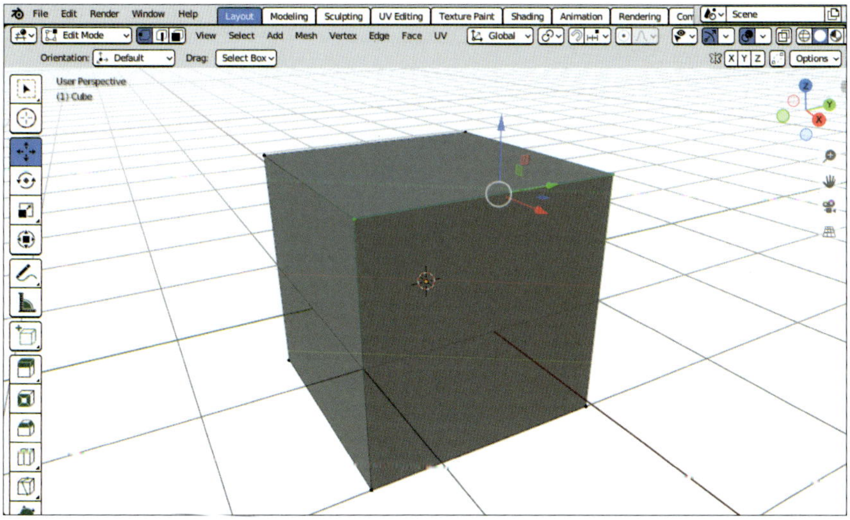

그림 1-26 Edit Mode : 오브젝트의 일부분 Mesh(표면)을 자세히 수정 변경 가능

3D Viewport 메뉴에서 〔Object〕 → Transform → Move를 실행하여 이동할 수도 있습니다. 이 메뉴에서 Rotate(로테이트, 회전), Scale(스케일, 축척)도 동일한 방법으로 사용할 수 있습니다.

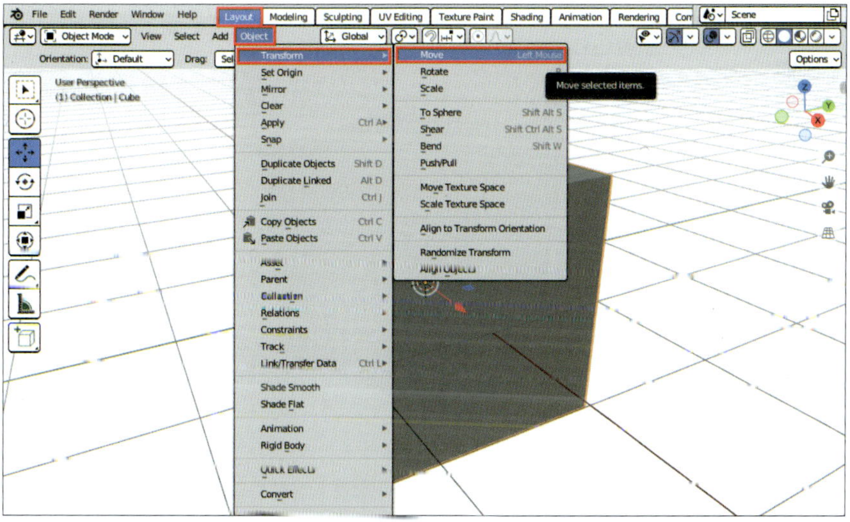

그림 1-27 3D Viewport 메뉴에서 이동

회전 방법은 이동 기능과 비슷합니다. Toolbar 패널에서 Rotate 도구를 선택하고 오브젝트를 선택한 다음 표시되는 Gizmo를 이용하여 회전합니다. 단축키는 R입니다.

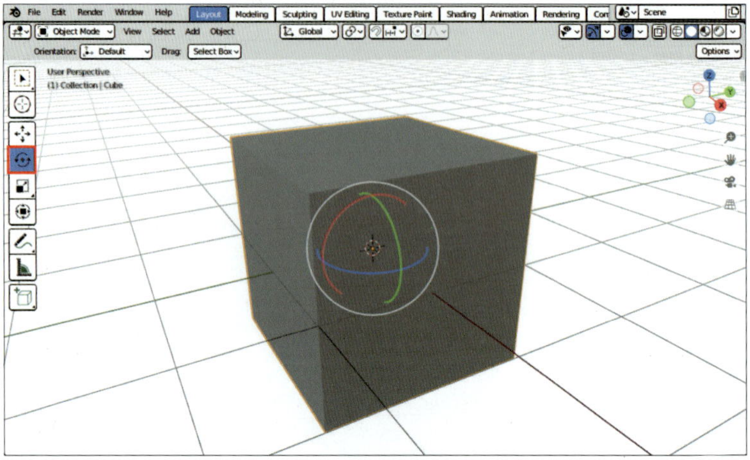

그림 1-28 Toolbar 패널의 Rotate를 사용하는 모습

마찬가지로 크기도 Toolbar 패널에서 Scale 도구를 선택하고 오브젝트를 선택한 다음 표시되는 Gizmo를 이용하여 크기를 조절합니다. 바깥으로 드래그하면 크기가 커지고, 안쪽으로 드래그하면 크기가 작아집니다. 단축키는 S입니다.

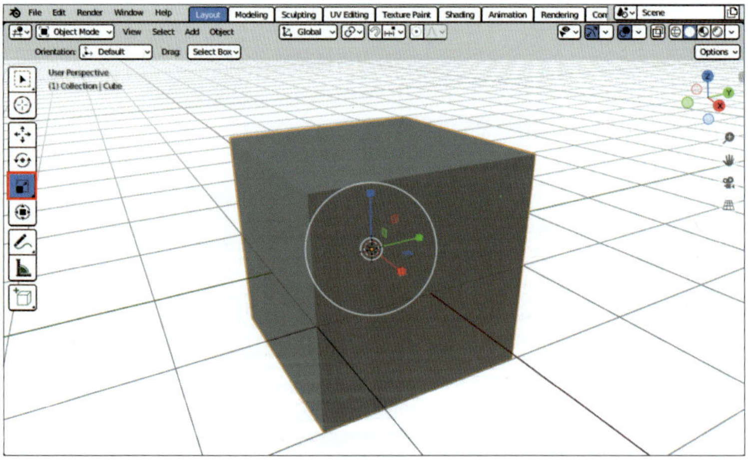

그림 1-29 Toolbar 패널의 Scale을 사용하는 모습

알아두세요 Gizmo(기즈모)는 X, Y, Z 좌표계의 이동, 회전, 크기를 나타냅니다.

단축키로 이동할 때의 작업 순서는 다음과 같습니다.

- **Move(이동)**: 오브젝트를 선택하고 G를 누른 다음 마우스 커서를 이동합니다.
- **Rotate(회전)**: 오브젝트를 선택하고 R을 누른 다음 마우스 커서를 이동합니다.
- **Scale(크기)**: 오브젝트를 선택하고 S를 누른 다음 마우스 커서를 오브젝트에 가까이 하면 작아지고 멀리하면 커집니다.

잠깐만요 옵션 설정으로 빠른 기능 활용

Header 패널의 'Gizmo' 아이콘(∨)을 클릭하고 표시되는 팝업 창에서 Object Gizmos의 'Move', 'Rotate', 'Scale'을 체크 표시하면 오브젝트에서 바로 보면서 적용할 수 있이 드래그할 때 단축키보다 빠르고, 편리하게 적용할 수 있습니다.

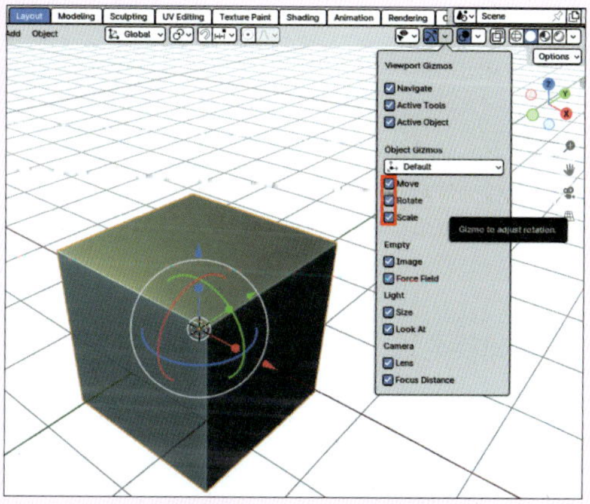

그림 1-30 Header 패널의 Object Gizmos

잠깐만요 한 축을 제외하고 조절하는 방법

G를 누른 후 Shift+X를 누르면 X축을 제외하고 Y, Z축으로만 이동 가능합니다. 즉, Shift를 누른 상태로 X, Y, Z를 누르면 그 축으로 제외한 나머지 축으로 이동할 수 있는 것입니다.

앞서 사용한 이동 도구처럼 다시 원점으로 되돌릴 때는 각 기능별로 Alt+G, Alt+R, Alt+S를 각각 누르면 초기화됩니다.

또한, 수치를 입력하여 원하는 값을 정확히 반를 수 있습니다. 예를 들어, S, X, 5를 순서대로 누르면 X축으로 크기가 반 줄어든 것을 확인할 수 있습니다.

잠깐만요 **한 축으로만 조절하는 방법**

크기에서도 R, S를 각각 누르고 X, Y, Z를 개별로 누르면 축마다 회전, 크기 조정이 가능합니다. 예를 들어 R-X를 누르면 X축으로만 회전 가능합니다. X축이 활성화되면 화면에 빨간색 선, Y축이 활성화되면 초록색 선, Z축이 활성화되면 파란색 선이 표시됩니다.

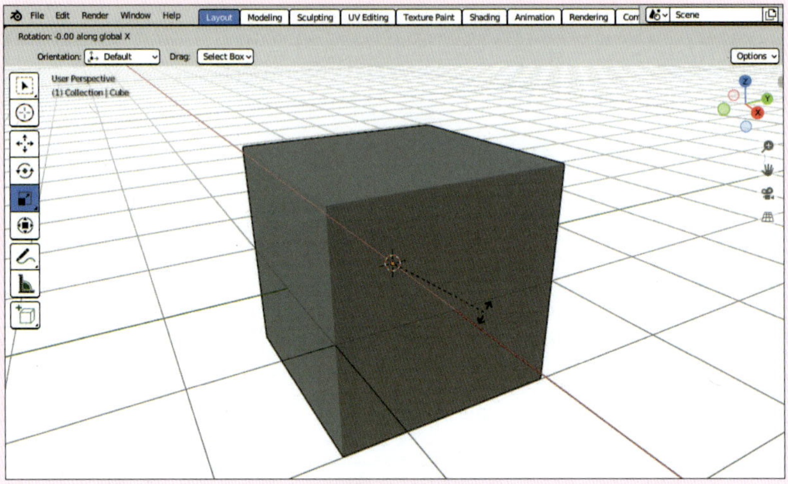

그림 1-31 R-X를 눌러 X축이 활성화되어 빨간색 선이 표시된 화면

동일한 방법으로 R-Y를 누르면 Y축으로만 회전할 수 있습니다.

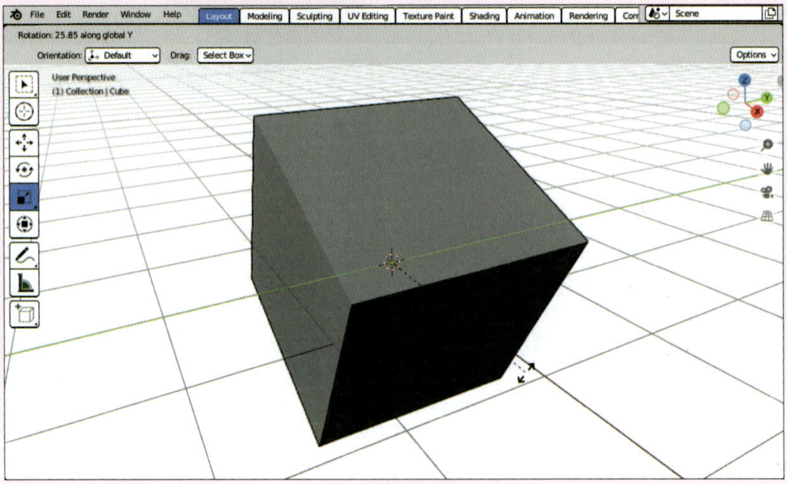

그림 1-32 R-Y를 눌러 Y축이 활성화되어 초록색 선이 표시된 화면

이동, 회전, 크기를 진행할 때 Ctrl을 누르면 스냅 기능이 활성화되어 더 정확한 수치만큼 이동할 수 있습니다.

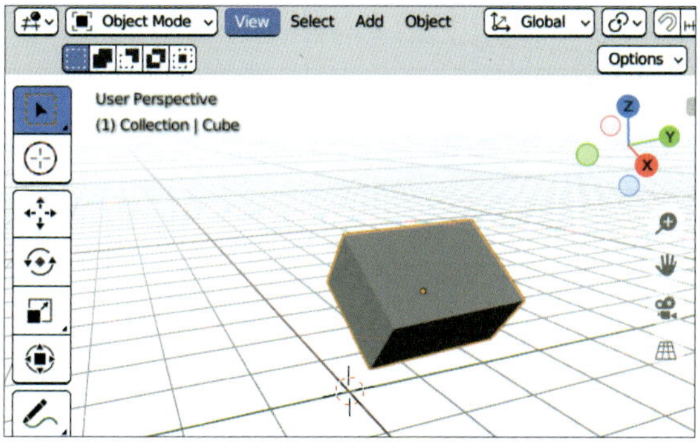

그림 1-33 Ctrl을 눌러 스냅 기능으로 크기를 조절하는 화면

이동, 회전, 크기를 각각 설정할 때 왼쪽 하단에 Operation 패널이 표시됩니다. 이 패널을 표시하여 정확하게 수치를 입력하여 조정하는 것도 가능합니다.

예를 들어, 크기를 조절하고 표시되는 'Resize'을 클릭하면 해당 옵션을 확인할 수 있습니다. 이처럼 어떤 기능이라도 왼쪽 하단에 표시되는 Operation 패널을 통해 옵션 기능을 제어할 수 있습니다. 하지만 이 창은 처음 실행했을 때만 나타나므로 나중에 추가적으로 설정할 수 없다는 것을 알아두세요.

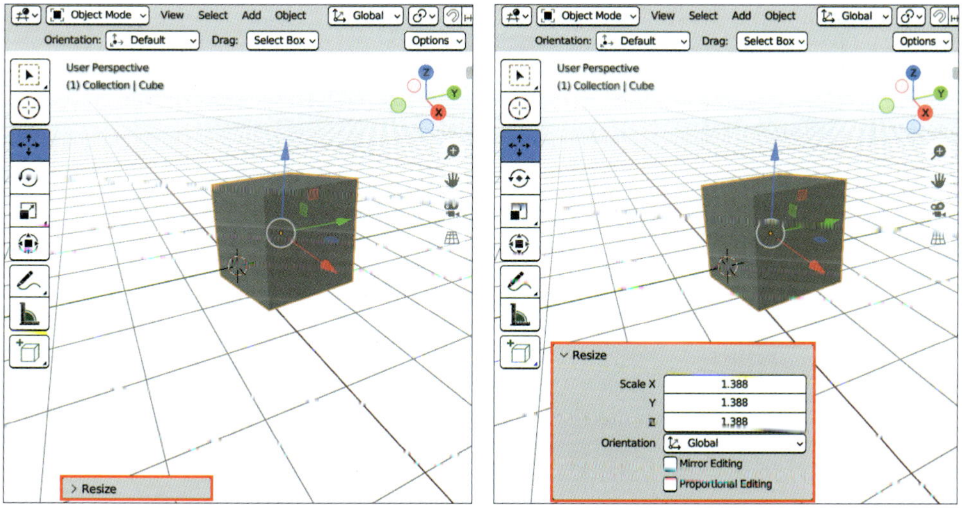

그림 1-34 Operation 패널이 활성화된 화면

단축키를 누르면 블렌더 가장 하단의 Status Bar(스테이터스 바)가 관련된 단축키를 보여주므로 작업에 참고하면 좋습니다. 기본적으로 설정되어 있지만, 표시되지 않는다면 〔Window〕 메뉴에서 'Show Status Bar'를 체크 표시하여 활성화합니다.

그림 1-35 Status Bar

Delete

Delete(딜리트)는 오브젝트나 점, 선, 면을 선택하여 삭제하는 기능입니다. Object Mode에서는 삭제할 오브젝트를 선택하고 X를 눌러 표시되는 창에서 Delete를 실행하거나 Delete를 눌러 오브젝트를 삭제할 수 있습니다.

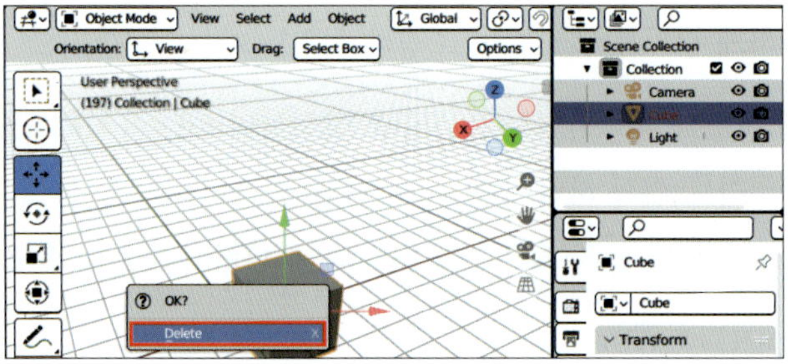

그림 1-36 Object Mode에서 X를 누른 화면

Edit Mode에서는 삭제할 점, 선, 면을 선택하고 X를 눌러 표시되는 Delete 창에서 삭제할 옵션을 선택하여 삭제할 수 있습니다.

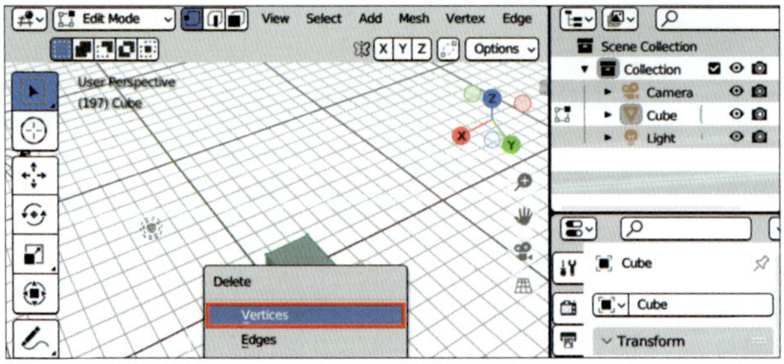

그림 1-37 Edit Mode에서 X를 누른 화면

Header

Main Region의 상단에 있는 메뉴를 Header라고 합니다. 이 Header는 작업하는 패널의 유형에 따라 표시되는 기능이 다릅니다. 여기에서는 가장 많이 사용하는 3D Viewport 패널을 기준으로 오른쪽 부분의 주요 기능만 설명합니다.

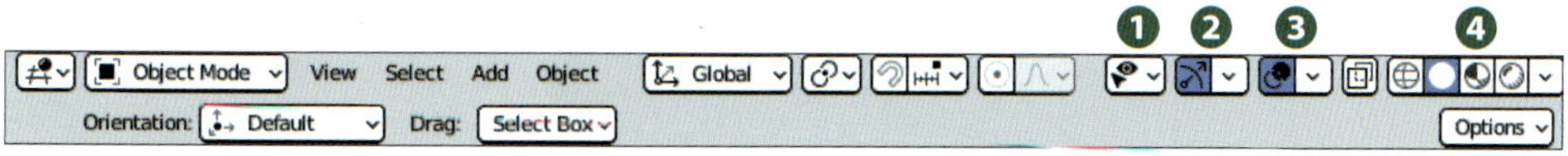

그림 1-38 3D Viewport의 Header

알아두세요 작업 화면이 좁아 Header 패널의 오른쪽에 있는 옵션이 보이지 않는다면, 마우스 커서를 Header 패널에 위치하고 마우스 휠을 돌리면 옵션을 좌우로 움직일 수 있습니다.

❶ **Selectability & Visibility** : 화살표 모양의 아이콘을 클릭하여 비활성화하면 해당 속성의 오브젝트가 선택되지 않습니다. 눈 모양의 아이콘을 클릭하여 비활성화하면 보이지 않게 만들 수 있습니다. 이처럼 Mesh부터 Speaker까지 활성화 여부를 설정할 수 있습니다.

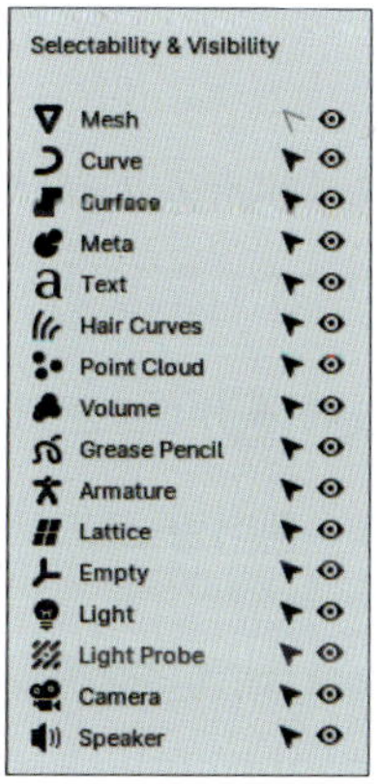

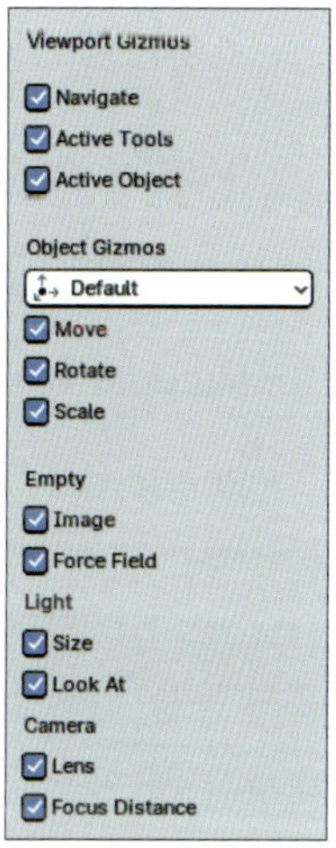

❷ **Show Gizmo** : 클릭하여 활성화하면 커브의 Move, Rotate, Scale 형태의 Gizmo를 보여 줄 수 있습니다.

❸ **Show Overlays** : 화면상 가이드, 오브젝트, 지오메트리 등 상위 보이는 기능의 활성화 여부를 결정할 수 있습니다. Axes의 X, Y, Z 중 Z를 활성화하면 오브젝트에 Z축의 파란선이 나타납니다. 디폴트 값은 X, Y만 선택되어 있습니다.

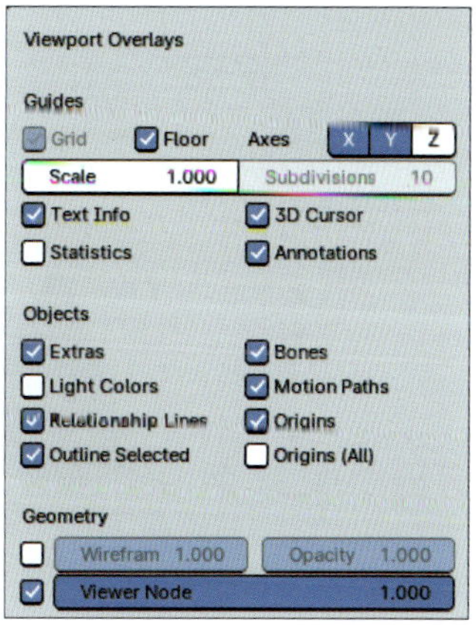

❹ **Viewport Shading** : 오브젝트의 셰이딩을 선택하여 다양하게 나타냅니다. Z를 누르면 파이 메뉴에서 모드를 선택할 수 있으며, 순서대로 다음과 같은 기능을 합니다.

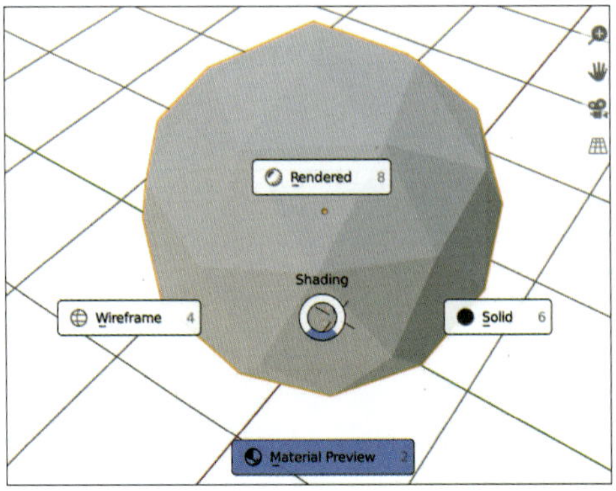

- Toggle X-Ray(, Alt+Z) : 오브젝트의 안 보이는 부분까지 선택하고 싶을 때 사용합니다.
- Wireframe(, Shift+Z) : 오브젝트를 선(라인)으로 묘사합니다.
- Solid(●) : 모델링 기본 화면입니다.
- Material Preview() : 오브젝트의 재질을 묘사합니다.
- Rendered() : 렌더링 모드로 표현됩니다.

Viewport Shading의 팝업 창에는 다양한 옵션들이 존재합니다. 조명, 컬러 배경, 기타 옵션 등을 선택할 수 있습니다. 옵션 중에서도 Color의 'Random'을 선택하면 오브젝트의 색상이 랜덤하게 변경됩니다.

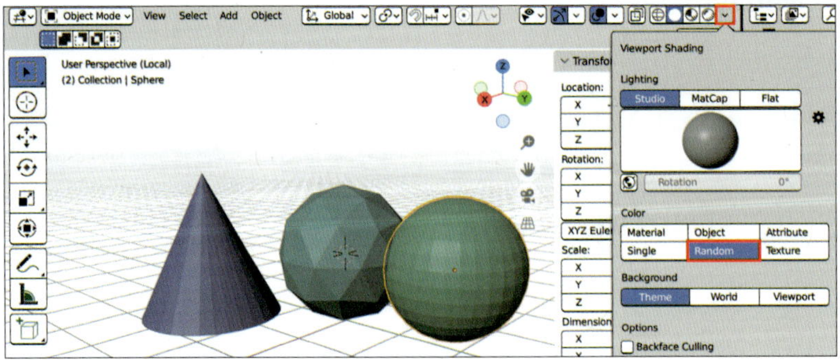

그림 1-39 오브젝트에 색상이 랜덤으로 지정된 모습

1.5

BLENDER

Pivot & Snap To

Transform Pivot Point & Snap To

Header 패널 중앙에는 다음과 같은 아이콘이 있습니다. 이 아이콘들은 Pivot(이하 피봇)과 Snap To를 설정하는 기능을 합니다.

그림 1-40 Header 패널에 있는 Pivot과 Snap To 기능

피봇은 3D 오브젝트의 변형(이동, 회전, 크기) 중심이 되는 점을 말합니다. 피봇의 위치와 설정을 이해하면 오브젝트를 더 정확하게 조작할 수 있습니다.

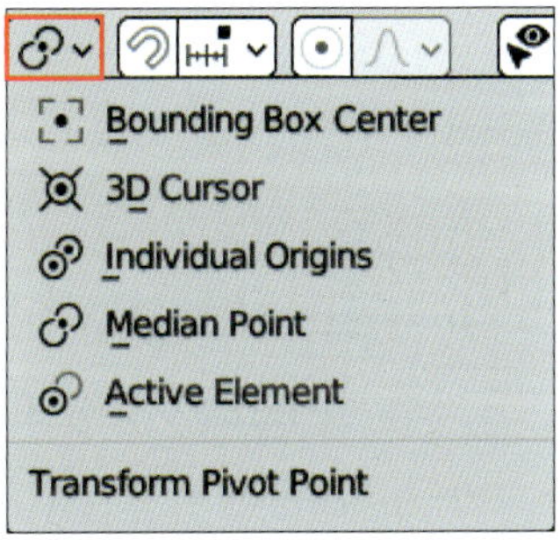

❶ **Transform Pivot Point** : 축의 위치를 정하는 기능입니다. 피봇은 축을 기준으로 회전 크기를 조정할 때 중심점을 기준으로 변화가 다르기 때문에 맞는 축을 설정하여 작업해야 합니다. Header 패널에서 아이콘을 클릭하여 축을 선택하거나 [.](dot : 점)을 눌러 표시되는 파이 메뉴에서 옵션을 선택할 수 있습니다.

표 1-8 Transform Pivot Points 옵션 설명

옵션	설명
Bounding Box Center	오브젝트들 중심에 가상의 박스를 통해 그 박스의 중심을 기준으로 위치를 잡습니다(기본값).
3D Cursor	3D Cursor 값을 중심으로 잡습니다(Shift+마우스 오른쪽 버튼 클릭 시 이동 가능).
Individual Origins	각각 Origin(주황색 중심점)을 오브젝트 개별 기준점을 중심으로 잡습니다.
Median Point	Bounding Box Center와 유사하며 Origin을 중앙으로 잡습니다.
Active Element	활성된 오브젝트(밝은 주황색)를 기준으로 잡습니다.

- Bounding Box Center : 물체들 중심에 내접하는 가상의 박스가 있다고 가정하고, 박스의 중심점을 기준으로 Transform이 변경됩니다.

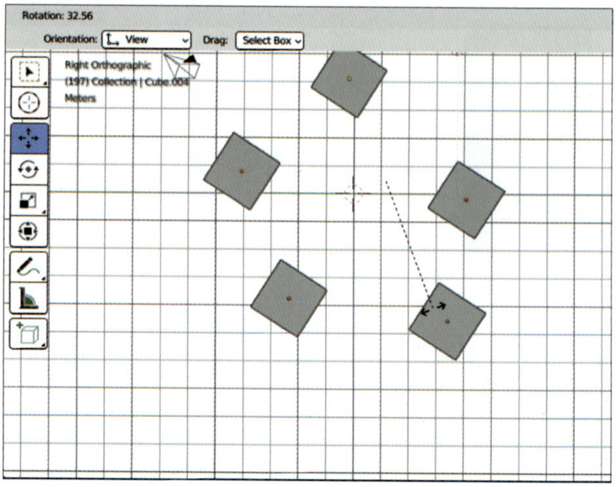

- 3D Cursor : 3D Cursor를 중심으로 Transform이 변경됩니다.

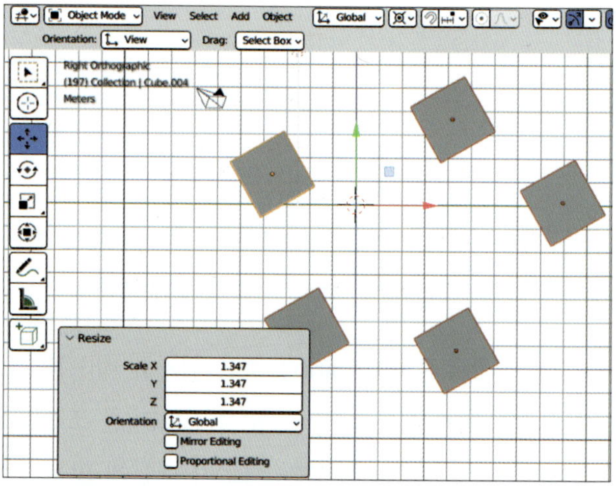

- Individual Origins : 각각의 Origin을 중심으로 Transform이 변경됩니다.

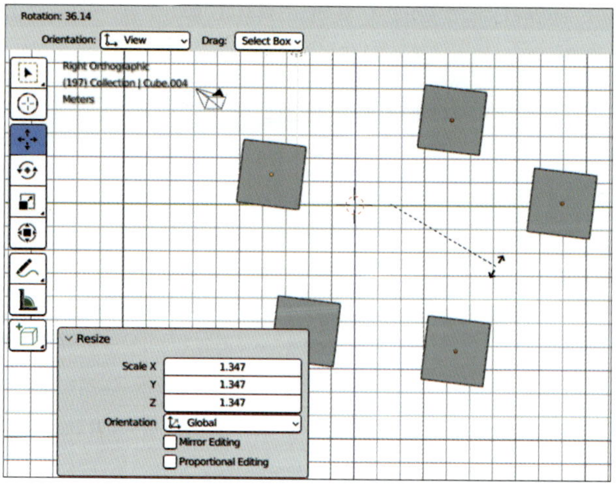

- Median Point : Bounding Box Center와 유사하지만, Bounding Box Center보다 더 정확한 중앙 위치를 잡습니다. 잡은 중심을 기준으로 Transform이 변경됩니다.

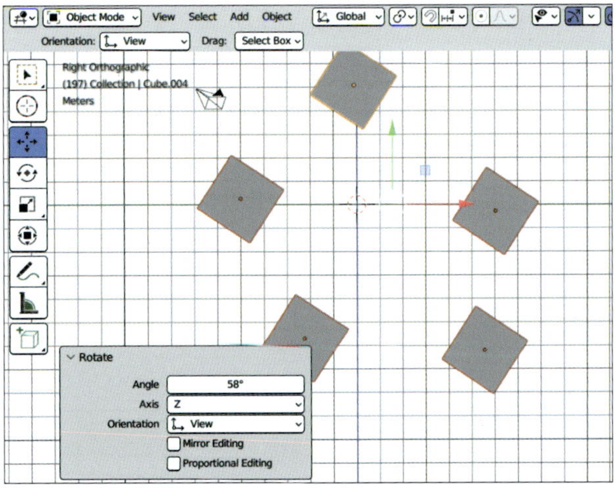

- Active Element : 가장 마지막에 선택된 오브젝트의 Active가 활성화된 것을 기준으로 Transform이 변경됩니다.

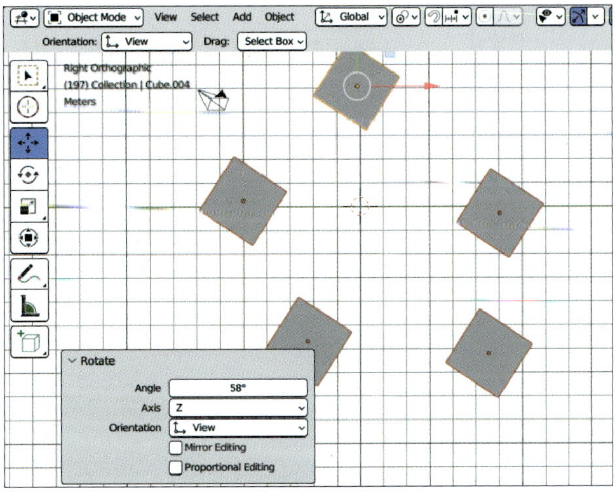

❷ **Snap** : 자석 모양 아이콘을 클릭하여 활성화하면 스냅(자석처럼 단위 위치 이동) 기능을 사용할 수 있습니다. 단축키는 Shift + Tab입니다.

❸ **Snapping** : 스냅에 관련된 옵션을 선택할 수 있습니다.

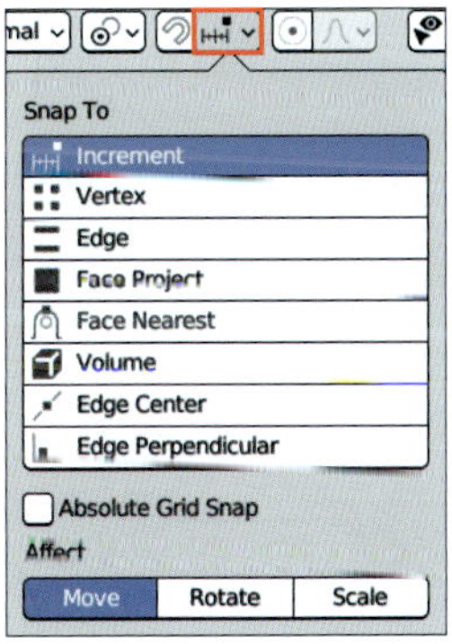

- Increment : 격자 스냅입니다(잘 사용하지 않습니다).
- Vertex : 점에 스냅합니다.
- Edge : 선에 스냅합니다.
- Face Project : 면의 스냅으로 정점을 숨겨진/가려진 형상에 스냅합니다.

- Face Nearest : 면의 스냅으로 보이는 형상만 스냅입니다.
- Volume : 볼륨에 스냅합니다.
- Edge Center : 센터 선에 스냅합니다.
- Edge Perpendicular : 수직 선에 스냅합니다.

❹ **Snap 파이 메뉴 :** Shift+S를 누르면 파이 메뉴가 표시됩니다. 이는 3D Cursor가 이동되는 기능입니다.

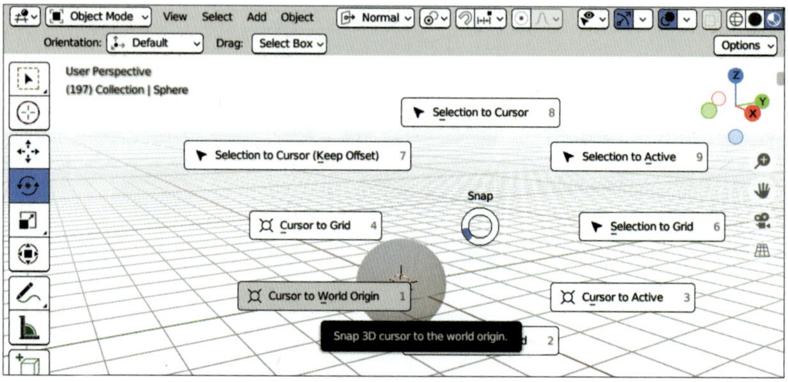

- Cursor to world Origin : 3D Cursor가 (0,0,0) 월드 원점으로 이동합니다.
- Cursor to Selected : 3D Cursor가 선택 항목으로 이동합니다.
- Selected to Cursor (Keep Offset) : Cursor to Selected와 반대되는 개념으로, 개체 원점을 기준으로 오브젝트가 3D Cursor로 이동합니다.
- Cursor to Active : 3D Cursor를 활성화된 오브젝트로 이동합니다.
- Cursor to Grid : 3D Cursor를 그리드로 이동합니다.
- Selected to Grid : 선택된 객체를 그리드로 이동합니다.
- Selected to Cursor : 선택된 객체를 3D Cursor로 이동합니다. Offset 유지가 아닙니다.
- Selected to Active : 선택된 객체를 활성화된 곳으로 이동합니다.

알아두세요 Origin 이동은 오브젝트에서 마우스 오른쪽 버튼을 클릭하고 Set Origin → 원하는 옵션을 선택하면 됩니다.

1.6

Orientation

Transform Orientation

Transform Orientation(트랜스폼 오리엔테이션)은 어떤 좌표계인지 활용하는 것입니다. 3D로 바뀌지 않는 X, Y, Z축은 바뀌지 않는 절대좌표계로, 이는 Default(기본값)인 Global 축입니다. Global(절대좌표계) 외에도 6개의 Transform Orientation이 존재하며, 상황에 맞게 좌표축을 변경할 수 있습니다.

,를 눌러 파이 메뉴로 사용 가능하고, Header 패널에서 변경할 수도 있습니다.

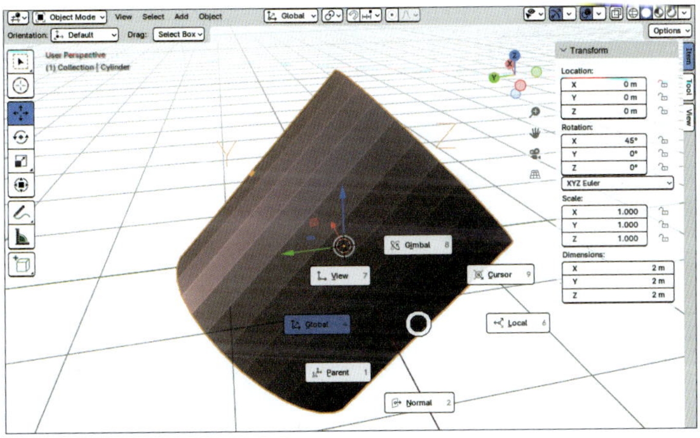

그림 1-41 ,를 눌러 파이 메뉴로 좌표계를 선택하는 화면

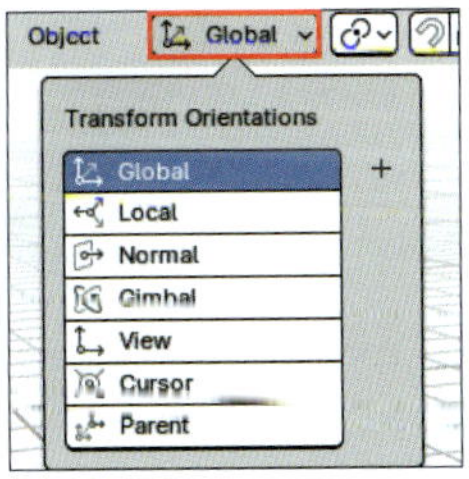

그림 1-42 Header 패널로 좌표계를 선택하는 화면

표 1-9 Transform Orientation 옵션과 설명

옵션	설명
Global	변하지 않는 절대좌표(기본값)로, X, Y, Z축이 고정입니다.
Local	오브젝트마다 개별적인 좌표계입니다.
Normal	면의 수직 방향을 Z축으로 맞춥니다. 면의 각도에 따라 변경되는 좌표로 Edit Mode에서 오브젝트의 빛에 반사되는 축입니다. 또한, 오브젝트 방향에 따라 좌표축이 변경됩니다.
Gimbal	Local 좌표계와 유사합니다. 짐벌 카메라처럼 실세계의 수평을 유지합니다.
View	모니터에서 바라보는 가로축 X, 세로축 Y, 깊이축 Z입니다. 화면을 회전시켜도 변하지 않습니다.
Cursor	3D Cursor의 위치, 회전에 따라 변경되는 좌표입니다.
Parent	부모의 상속에 따라 변하는 좌표계입니다.

Global은 절대좌표로 무조건 Z 위(파랑), Y 왼쪽(초록), X 깊이(빨강)으로 이루어져 있습니다. 반면, Local은 기울어진 원통의 기준으로 Z축(파랑), Y축(초록)은 45° 기울어진 방향으로 좌표계가 설정되어 있습니다.

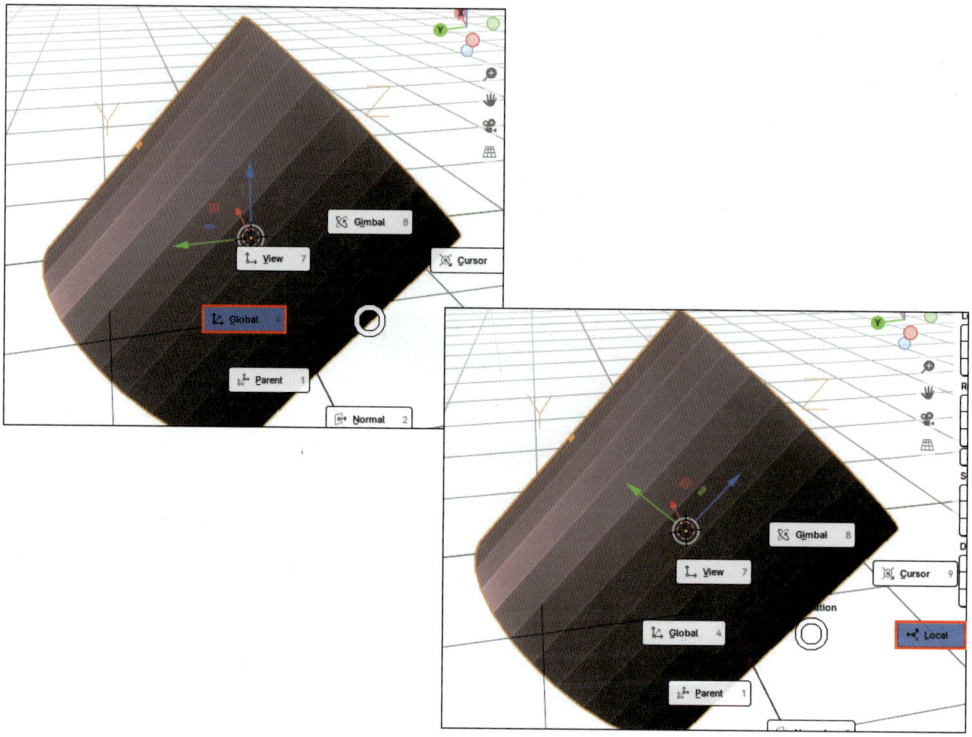

그림 1-43 Global 좌표계(좌)/Local 좌표계(우)

Edit Mode에서 Global 축은 절대좌표계로 변하지 않습니다.

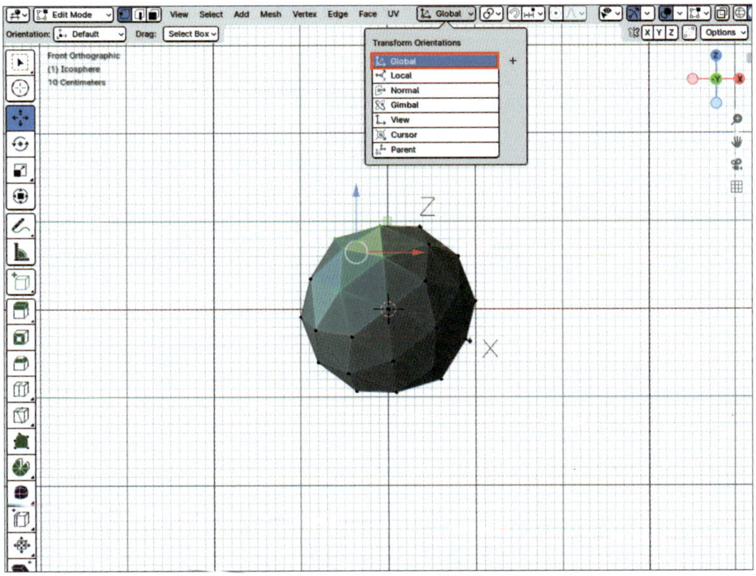

그림 1-44 Edit Mode의 Global 축

Edit Mode에서 Local 축은 회전된 값의 축입니다.

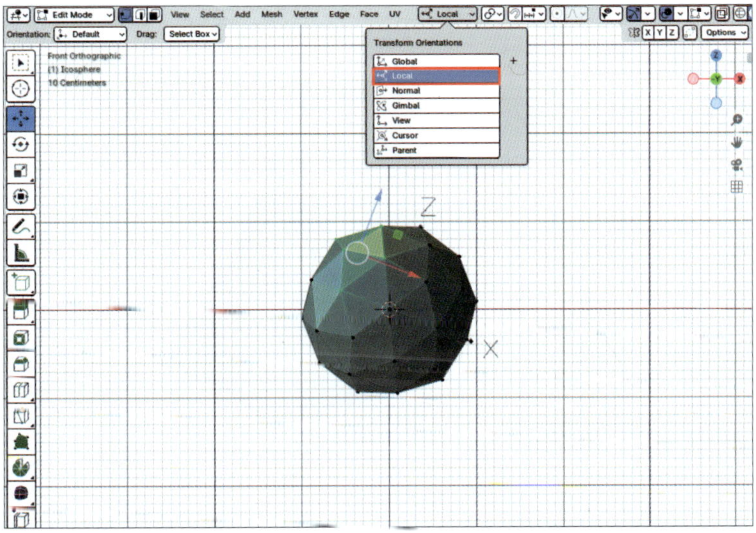

그림 1-45 Edit Mode의 Local 축

Edit Mode에서 Normal 축은 빛을 받는 오브젝트 윗부분, Top 축이 변경됩니다.

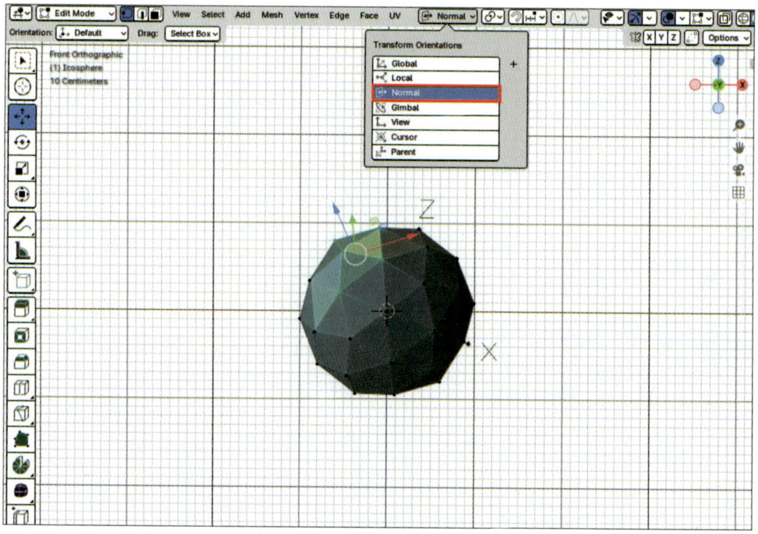

그림 1-46 Edit Mode의 Normal 축

Normal 축은 모델링할 때 편리합니다. 오브젝트 형태 그대로 수직 수평으로 깊이 값이 변경되어 상하좌우에서 점을 선택하고 G를 눌러 이동하면 다음과 같이 추출됩니다.

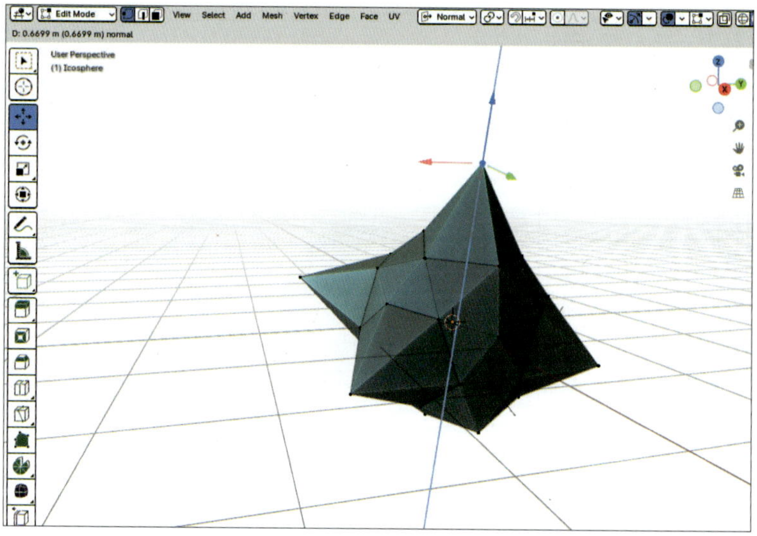

그림 1-47 Edit Mode의 Normal 축으로 이동하는 모습

Header 패널의 'Transform Orientation'을 클릭해서 표시되는 팝업 창에서 '+'를 사용자 정의 좌표계입니다. Cube 오브젝트를 생성하여 임의로 회전하여 기울이고 '+'를 클릭하여 등록하면 가장 하단에 Cube 옵션이 생성됩니다.

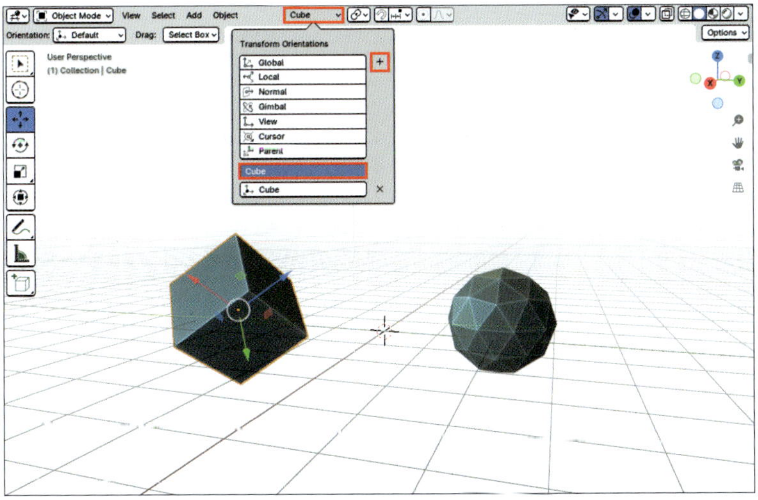

그림 1-48 사용사 징의 좌표계를 만드는 화면

다른 오브젝트를 선택하고 생성된 설정을 선택하여 설정하면 Cube 오브젝트의 좌표계를 그대로 상속해 표시됩니다.

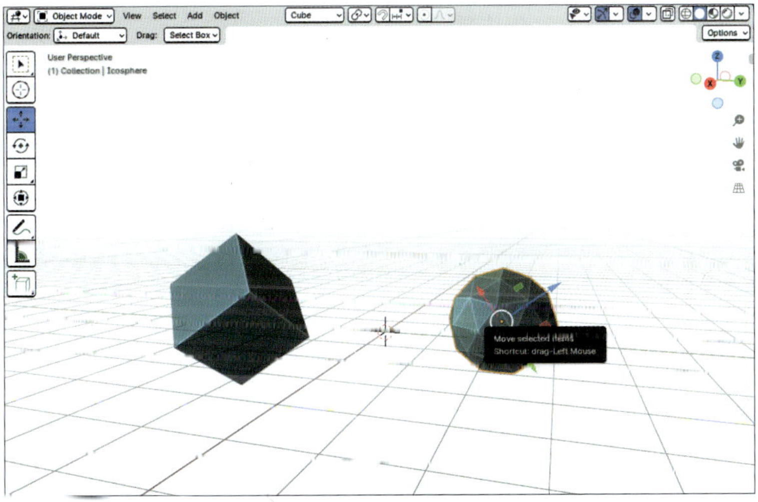

그림 1-49 사용자 정의 좌표계를 적용한 화면

1.7 Proportional Editing

Proportional Editing(프로포셔널 에디팅)은 위치(G), 회전(R), 스케일(S) 변경이 실행될 때 선택된 주변의 오브젝트에 영향을 줄 때 사용하는 기능입니다. Proportional Editing은 '비례 편집'이라는 의미를 가지며, Edit Mode에서만 사용할 수 있습니다. 예를 들어, 개별 요소가 위치를 변경했을 때 선택한 것만 이동되는 것이라면, Proportional Editing은 선택한 것의 주변의 모든 요소가 같이 묶여 움직임에 영향을 주며 서로가 영향을 받습니다. 즉, 점 하나만 이동되어도 연결된 그 주변 점들이 같이 이동되는 기능입니다.

Proportional Editing 기능은 O를 눌러 활성화 여부를 정할 수 있고, Header 패널에서 아이콘을 클릭하여 세부 옵션을 선택할 수 있는 팝업 창을 표시할 수 있습니다. 크기 형태는 총 8개로 선택하여 변경할 수 있습니다.

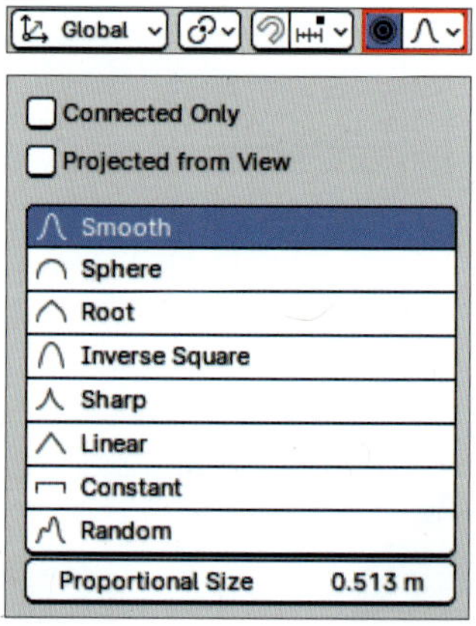

그림 1-50 Header 패널의 Proportional Editing

그림 1-51의 왼쪽은 Proportional Editing을 활성화하지 않고 점 1개만 이동한 경우입니다. 주변 요소가 영향받지 않고 이동됩니다.

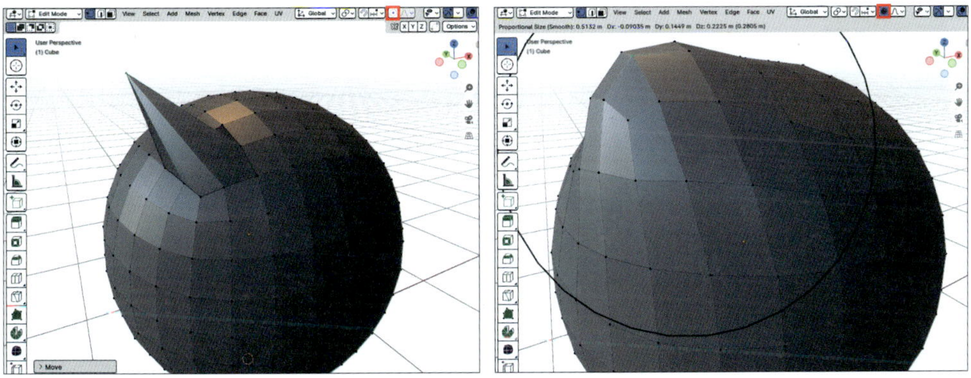

그림 1-51 Proportional Editing을 비활성화했을 때/활성했을 때

그림 1-51의 오른쪽처럼 표시되는 검은색 원은 마우스 휠을 돌려 크기 조절이 가능합니다. 이는 주변 영향을 얼마나 줄지 영역을 설정하는 기능으로, 이동(G), 회전(R), 크기(S) 등에 적용이 가능합니다.

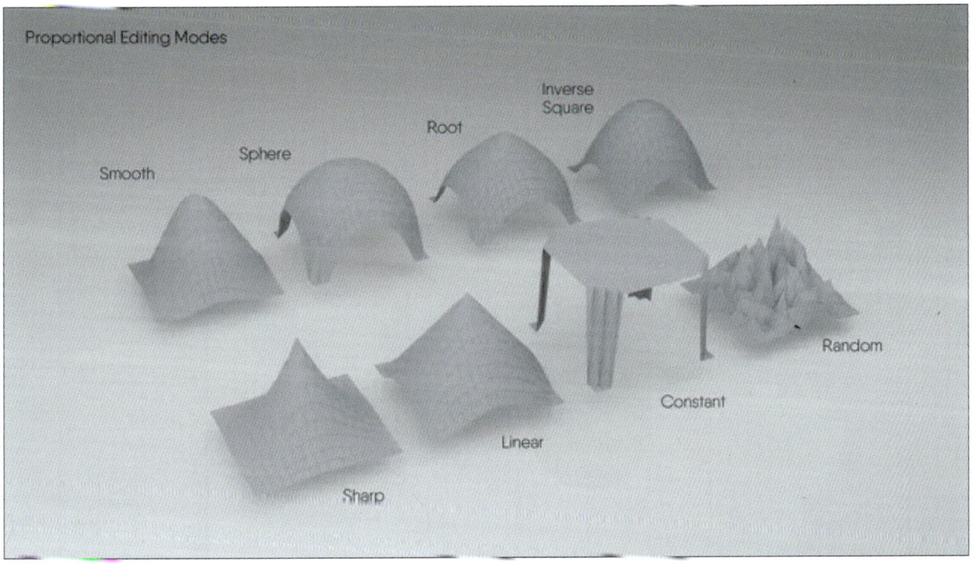

그림 1-52 Proportional Editing의 옵션 8개를 사용한 개체들

1.8 3D Cursor & Origin

중심점을 따라 모델링할 때 자주 사용하는 기능을 중점으로 기억할 내용을 정리합니다.

- **3D Cursor** : 십자 표시가 나타난 형태로 즉, 오브젝트 시작 지점 어떤 Mode와도 상관 없습니다.
- **Origin** : 오브젝트의 주황색 중심점으로 즉, 오브젝트 중심점, Object Mode에서 동일하게 이동됩니다.

3D Cursor

3D Cursor(3D 커서)는 오브젝트를 생성하는 기준이 됩니다. 3D Cursor는 Shift와 마우스 오른쪽 버튼을 클릭한 상태로 원하는 위치로 드래그하면 이동됩니다.

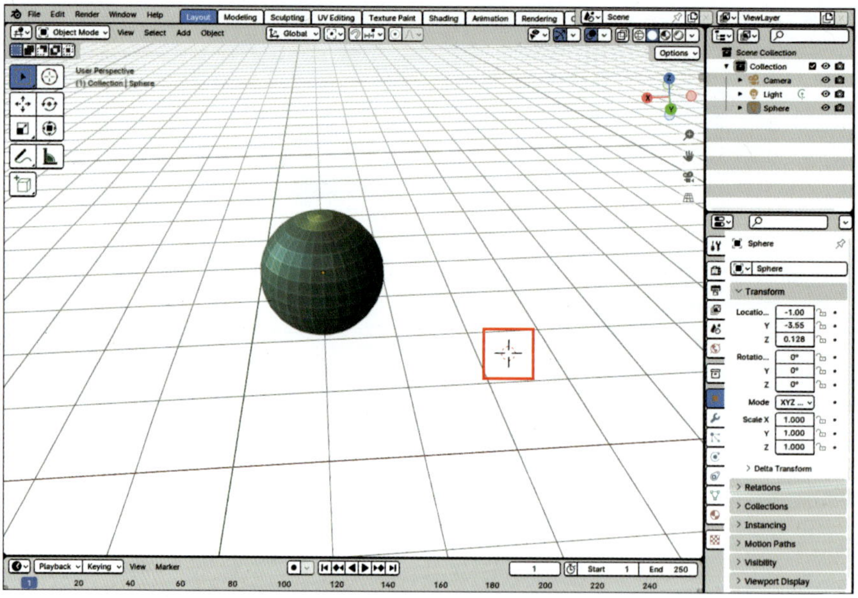

그림 1-53 3D Cursor 이동

메뉴에서 〔Edit〕 → Preferences를 실행해서 Blender Preferences 대화상자가 표시되면 〔Navigation〕 탭을 선택하고 Orbit & Pan에서 'Orbit Around Selection'을 체크 표시합니다. 이렇게 설정하면 오브젝트를 중심으로 회전합니다.

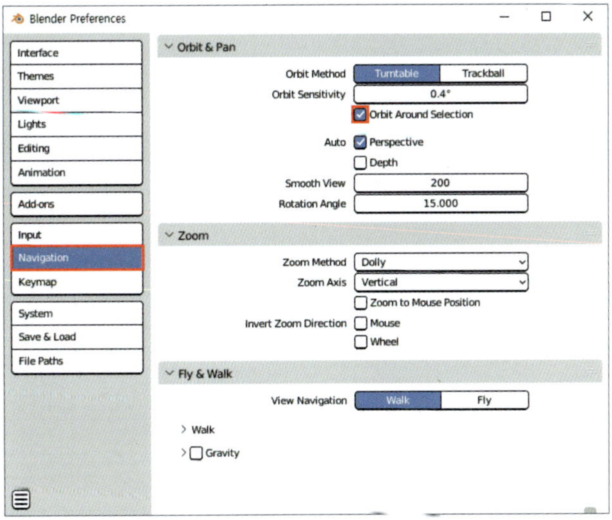

그림 1-54 Orbit Around Selection 체크 표시

대화상자를 닫고 Object Mode에서 Header 패널의 〔Add〕 → Mesh → Cube를 실행하여 Cube 오브젝트를 생성합니다. 3D Cursor가 위치한 자리에 오브젝트가 새로 생성되는 것을 알 수 있습니다.

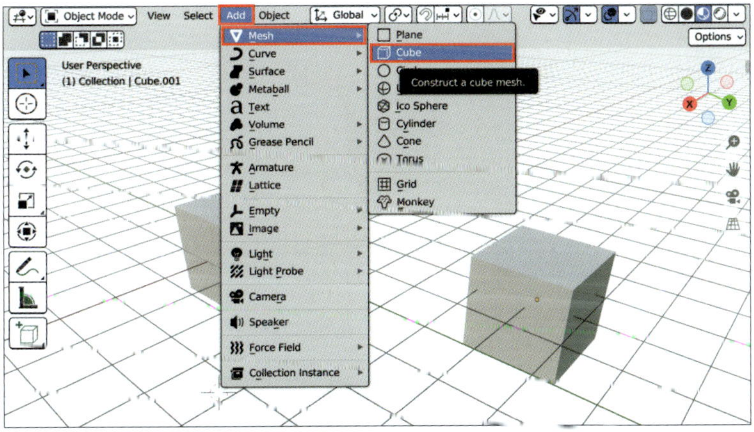

그림 1-55 Cube 오브젝트 생성

> **알아두세요** Shift+A를 눌러 Add 창이 표시되면 Mesh → Cube를 실행하여 Cube 오브젝트를 생성할 수도 있습니다.

Shift+S를 눌러 표시되는 파이 메뉴에서 Cursor to World Origin을 실행해 3D Cursor를 초기 위치(0,0,0)로 이동합니다.

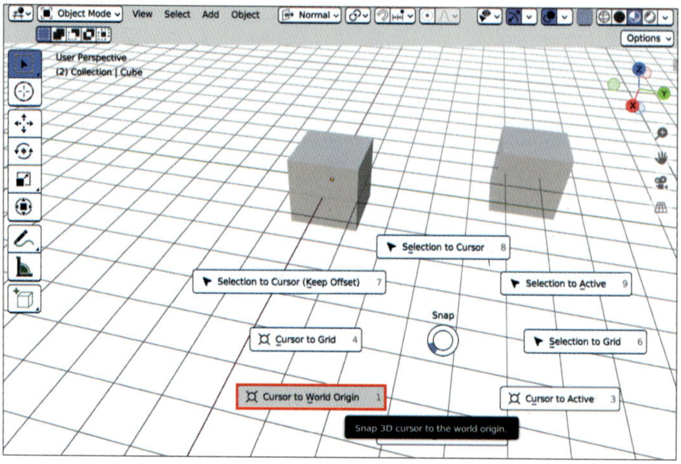

그림 1-56 Snap 파이 메뉴에서 Cursor to World Origin을 선택하는 화면

3D Cursor를 원하는 위치로 이동하려면 Cursor to Selected를 실행합니다.

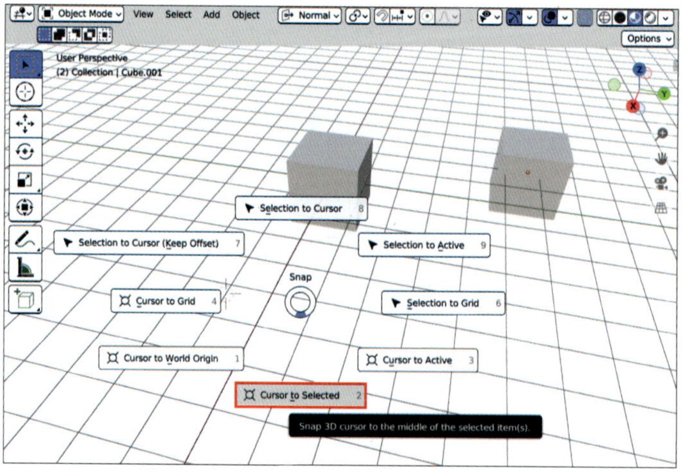

그림 1-57 Snap 파이 메뉴에서 Cursor to Selected를 선택하는 화면

Origin

Origin(오리진 : 중심점)은 오브젝트의 중심축으로 크기 위치 회전을 할 때 중심축으로 사용됩니다. 오브젝트를 선택하고 마우스 오른쪽 버튼을 클릭하여 표시되는 Object Context Menu 창에서 Set Origin → Origin to 3D Cursor를 실행하면 오브젝트가 3D Cursor가 있는 곳으로 이동합니다.

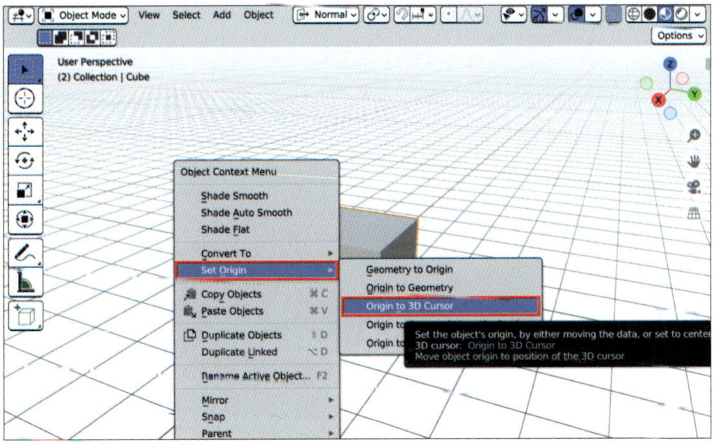

그림 1-58 Origin to 3D Cursor 실행

오브젝트가 선택된 상태로 R을 눌러 Scale 기능이 활성화된 상태로 마우스를 움직여 보면 Origin을 기준으로 회전되는 것을 알 수 있습니다.

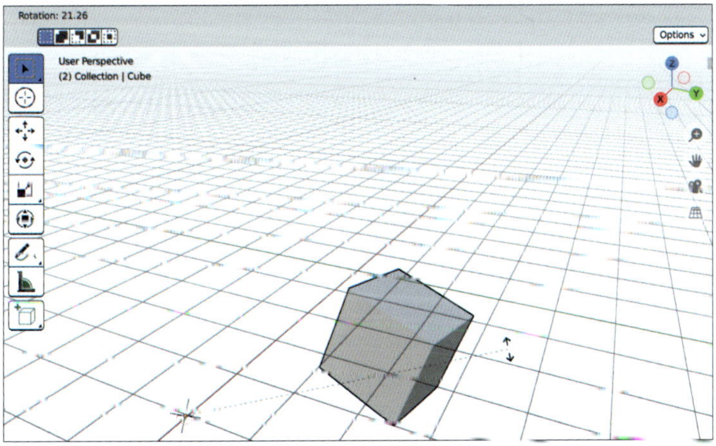

그림 1-59 Origin을 기준으로 회전되는 Cube 오브젝트

알아두세요 Object Mode에서 Origin은 오브젝트 덩어리 단위로 다 같이 움직입니다.

모드에 따라 다른 Origin

Origin은 Object Mode와 Edit Mode에서 따라 차이가 있습니다. Edit Mode에서 Origin은 항상 고정된 점으로 움직이지 않습니다.

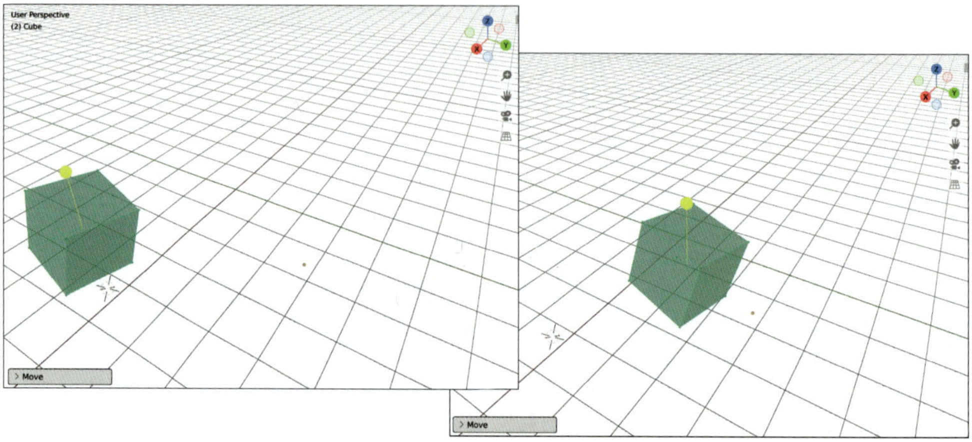

그림 1-60 Edit Mode에서의 Origin

그러나 Object Mode에서 Origin은 오브젝트가 움직일 때마다 같이 움직입니다.

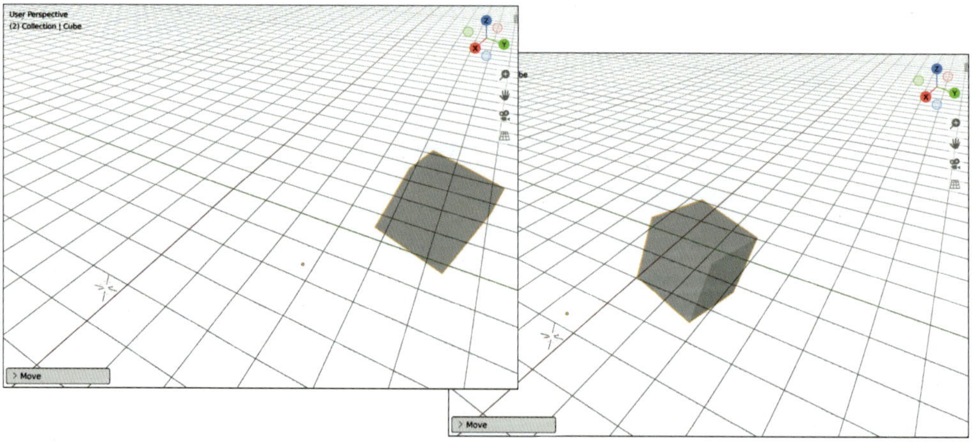

그림 1-61 Object Mode에서의 Origin

Origin 초기화

Origin을 초기화하려면 N을 눌러 Sidebar를 표시하고 Transform의 Location 값을 전부 '0'으로 설정합니다.

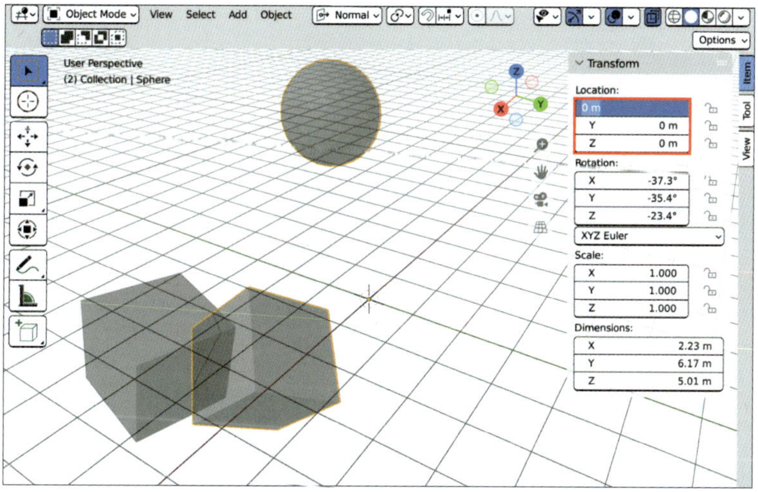

그림 1-62 Sidebar로 초기화하는 Origin

그다음 Shift+S를 눌러 표시되는 파이 메뉴에서 Cursor to Selected를 실행하면 Origin이 초기화 값으로 변경됩니다.

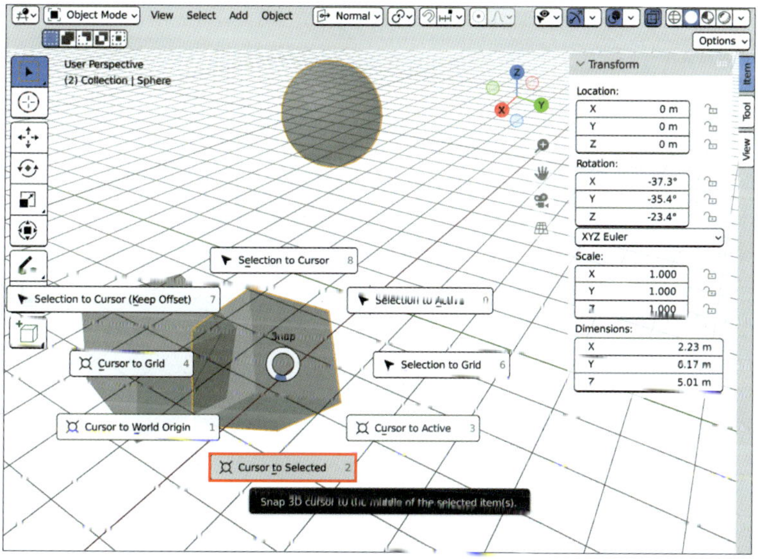

그림 1-63 Snap 파이 메뉴에서 Cursor to Selected를 선택

3D Cursor와 Origin 차이 정리

보통 Origin 값(오브젝트 중심점)을 기준으로 움직이며, 3D Cursor 값에 따라 회전할 때 Origin이 아닌 3D Cursor를 선택 시 3D Cursor 기준으로 회전되는 것을 볼 수 있습니다.

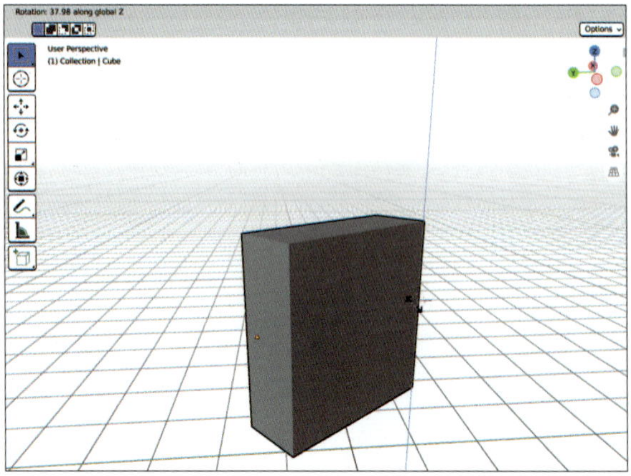

그림 1-64 Cursor를 기준으로 회전하는 오브젝트

1. 3D Cursor 이동 방법

Shift+S를 눌러 표시되는 파이 메뉴에서 'Cursor to World Origin', 'Cursor to Selected', 'Selection to Cursor'를 많이 사용합니다. 또는 Shift+C를 눌러 Center(중심)로 이동이 가능합니다.

Cursor to World Origin	선택한 오브젝트로 3D Cursor가 이동됩니다.
Cursor to Selected	(0,0,0) 원점으로 이동됩니다(초기화).
Selection to Cursor	오브젝트를 선택 후 3D Cursor가 스냅으로 이동됩니다.

2. Origin 이동 방법

- **Object Mode** : ❶ Window : Ctrl+., Mac : Cmd+.을 누르고 G를 눌러 이동합니다. ❷ 오브젝트에서 마우스 오른쪽 버튼을 클릭하여 표시되는 Object 창에서 Set Origin의 원하는 이동 옵션을 선택합니다.

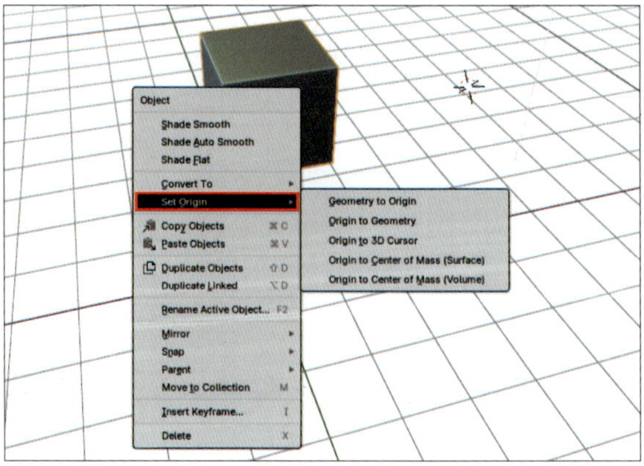

그림 1-65 Origin 이동 방법 (1)

• **Edit Mode** : 오브젝트 이동(G)을 통해 오브젝트를 이동하여 맞춥니다.

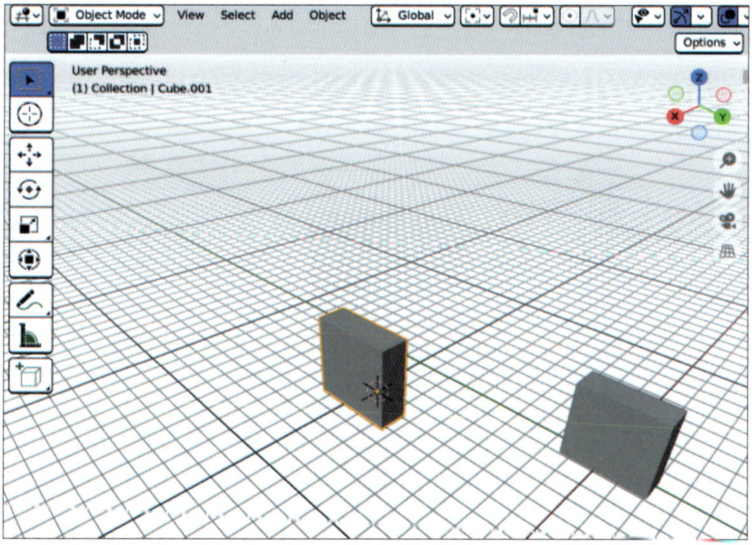

그림 1-66 Origin 이동 방법 (2)

• **Set Origin** : 옵션 선택에 따라 원하는 위치로 돌아갑니다.

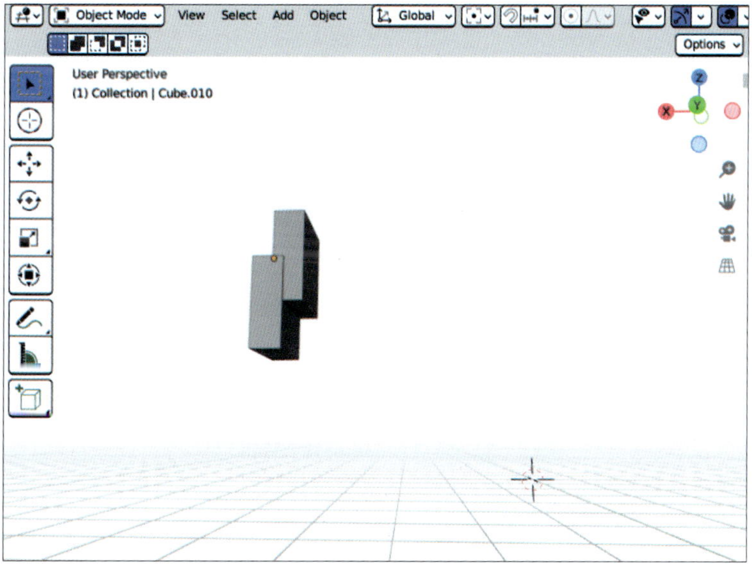

그림 1-67 Origin 이동 방법 (3)

잠깐만요 Snap과 Set Origin의 차이점

1. Origin 위치와 3D Cursor가 분리된 상태입니다. 오브젝트에서 마우스 오른쪽 버튼을 클릭하여 Set Origin → Origin to 3D Cursor를 실행하면 Origin과 3D Cursor가 하나로 합쳐지지만, 오브젝트의 위치는 그대로입니다.

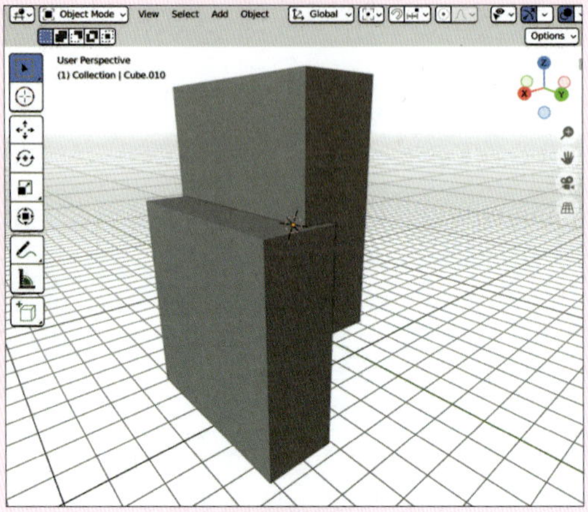

그림 1-68 Origin과 3D Cursor가 합쳐졌지만 오브젝트 위치가 그대로인 모습

2. 그러나 3D Cursor를 원하는 중심으로 위치시키고 Shift+S을 눌러 표시되는 파이 메뉴에서 Select to Cursor를 선택하면, Cursor와 Origin이 합쳐지고 오브젝트도 동일한 위치로 합쳐집니다.

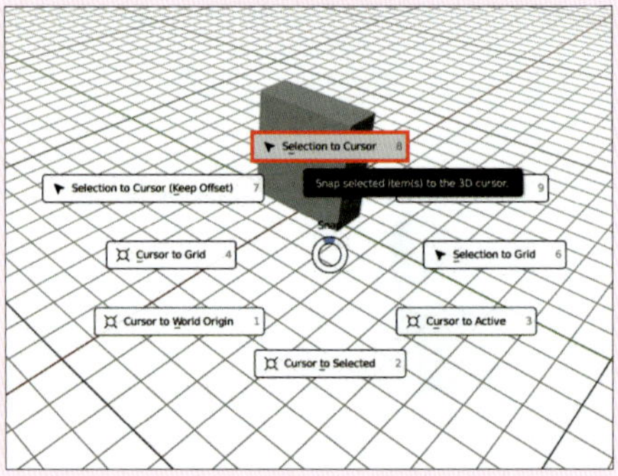

그림 1-69 Select to Cursor를 선택하는 모습

Shift+S(3D Cursor 관점)와 마우스 오른쪽 버튼 클릭의 Set Origin(Object 관점) 방법을 이해하면서 적절하게 잘 활용하면 원하는 위치로 이동시킬 수 있습니다(Geometry = 오브젝트 Object). 이 두 가지 방법은 초보자가 가장 어렵고 헷갈릴 수 있는 부분으로 직접 여러 번 시행착오를 위한 연습이 필요하기 때문에 스스로 이해해 보는 것을 추천합니다.

잠깐만요 Local View

두 가지 오브젝트가 있을 때 한 오브젝트를 숨기고 집중적으로 선택된 오브젝트를 확대하여 사용하는 방법입니다. Local View로 확인할 오브젝트를 선택하고 /를 누르면 다른 오브젝트는 화면에서 사라지며, 선택한 오브젝트가 확대됩니다.

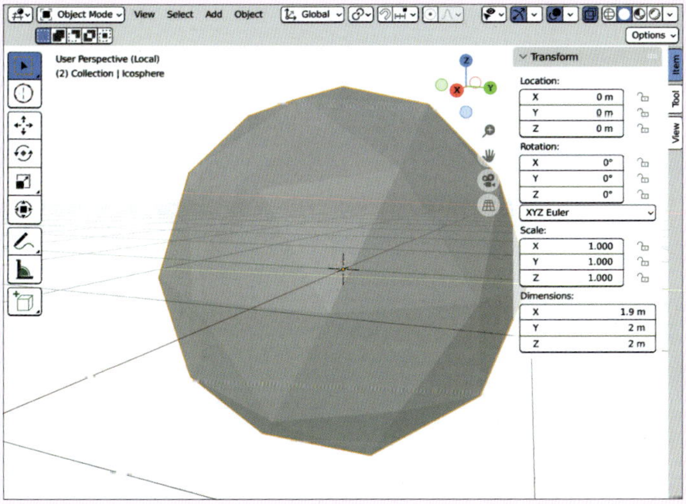

그림 1-70 Local View 시점

다시 /를 누르면 원래 View로 돌아갑니다.

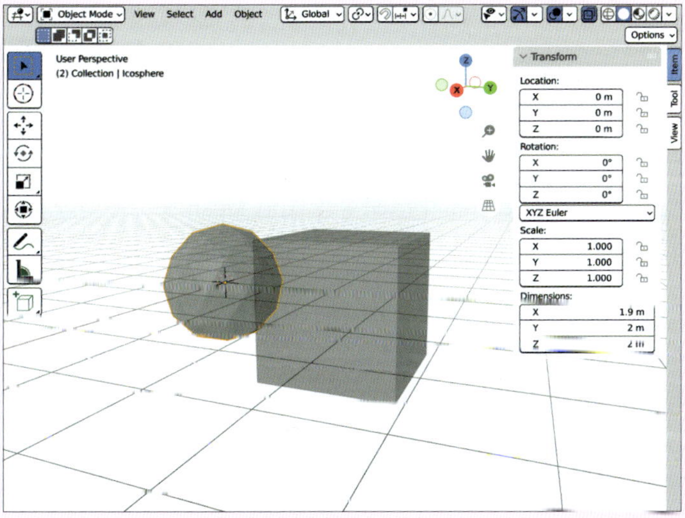

그림 1-71 원래 View로 돌아간 상태

Add Mesh

무엇을 만들기 위한 모델링을 할 때 기본형인 도형을 추가하여 시작합니다. 여기에서는 Add Mesh(애드 메시)를 추가하여 작업해 봅니다. 오브젝트를 메시를 추가하기 위해 Header 패널의 〔Add〕 → Mesh에서 원하는 옵션을 선택하여 생성합니다.

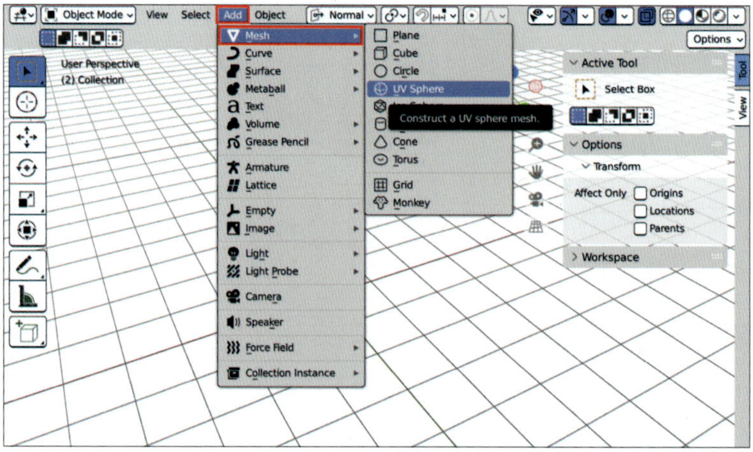

그림 1-72 Header 패널에서 오브젝트 생성

그림 1-73과 같이 어떤 대상과 유사한 모형을 Add Mesh에서 선택한 다음 모델링을 시작하는 것이 작업의 기본입니다.

그림 1-73 다양한 기초 모형들

오브젝트는 다양하므로 메시에서 기본이 되는 모형을 선택하여 출발해야 합니다. 기본형에 유사한 오브젝트와 비교하여 선택하는 눈이 필요합니다.

예를 들어, 유리병을 모델링을 한다면 원통 모양의 Cylinder 오브젝트를 기본 틀로 만들면 적합할 것입니다.

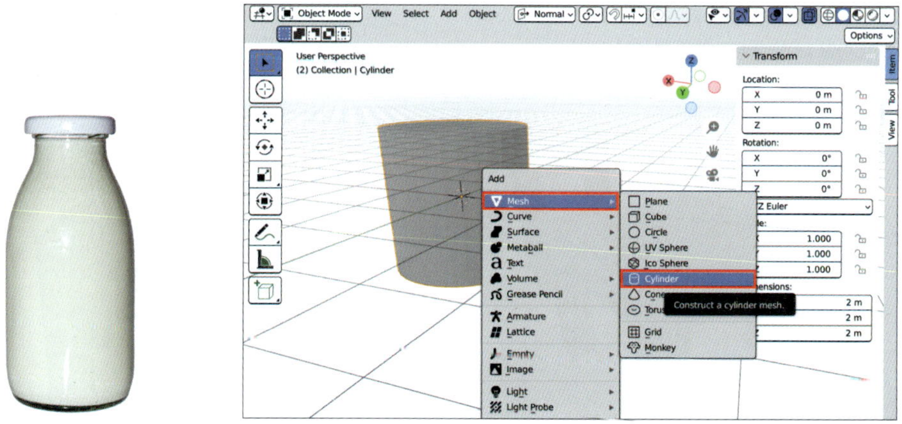

그림 1-74 유리병 모델링의 기초 메시 모형

또는, 곰 캐릭터를 모델링한다면 곰의 얼굴형과 비슷한 Ico Sphere나 UV Sphere가 적합할 것입니다.

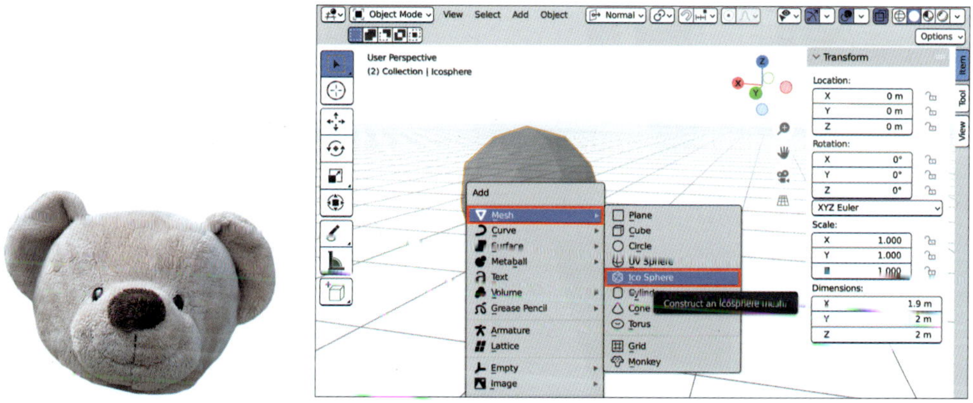

그림 1-75 곰 캐릭터 모델링의 기초 메시 모형

1.10 블렌더 실습 1 : 책상과 의자 만들기

가장 간단한 책상과 의자를 모델링합니다. 지금까지 배운 내용을 바탕으로 진행하는 단순한 모델링으로, 기초에 대한 연습과 빠른 기능 및 단축키를 익히는 과정이 될 것입니다.

완성 파일 : 01\책상과의자_완성.blend

책상 만들기

❶ 블렌더를 실행하고 3D Viewport 패널에서 Shift+A를 눌러 표시되는 Add 창에서 Mesh → Cube를 실행하여 Cube(Add Mesh)를 생성합니다.

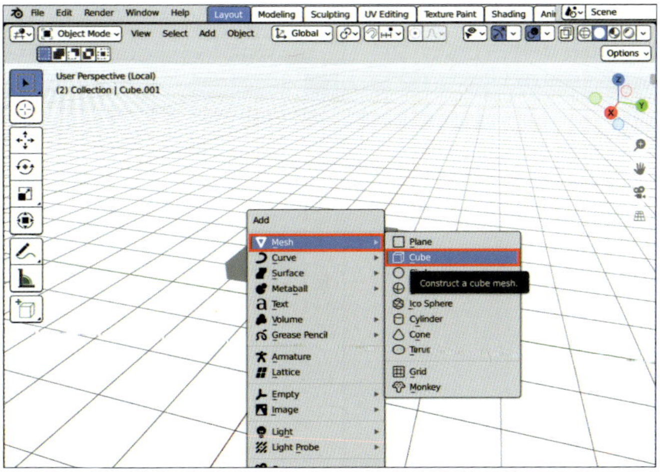

❷ Cube 오브젝트가 생성되면 선택된 상태로 S-Z를 눌러 Z축으로 크기 조절을 활성화하고 아래로 드래그하여 그림과 같이 납작하게 평면을 만듭니다.

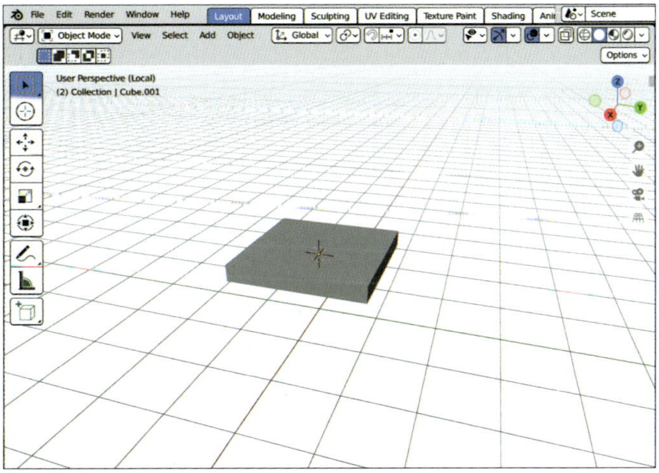

TIP 단축키를 사용할 때는 현재 설정이 영문/한글인지 확인해야 합니다.

❸ 같은 방법으로 S-Z와 S-X를 눌러 책상의 크기를 조절해 만듭니다.

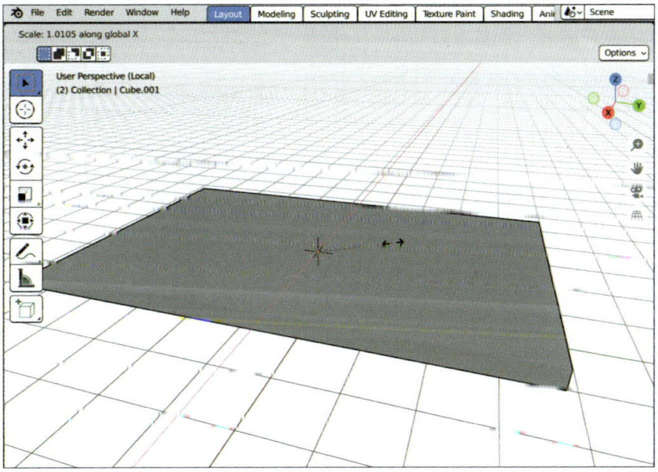

❹ 오브젝트가 선택된 상태로 Shift+D를 눌러 복제합니다. 복제한 오브젝트를 아랫면으로 만들어 위치를 조절하고 S-X 또는 S-Y를 눌러 작은 사이즈로 만듭니다.

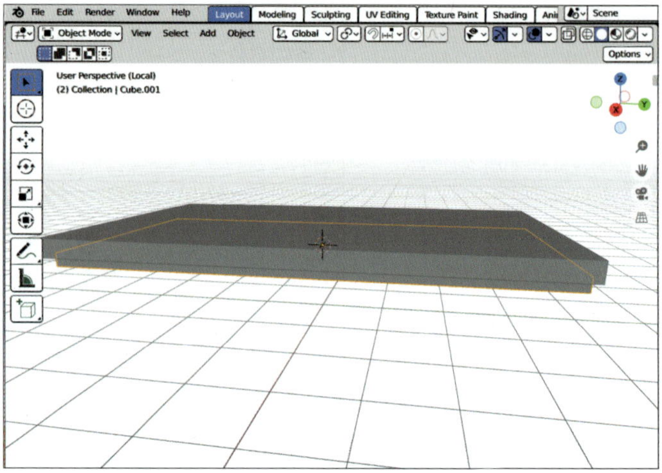

❺ Shift+A를 눌러 Cube 오브젝트를 하나 더 생성하고 책상의 다리가 되도록 위아래 길게 크기를 변형합니다. 그다음 Navigate의 Gizmo나 숫자 키패드를 이용하여 X 정면, Y 측면을 보면서 상판과 정확한 위치를 맞추어 줍니다.

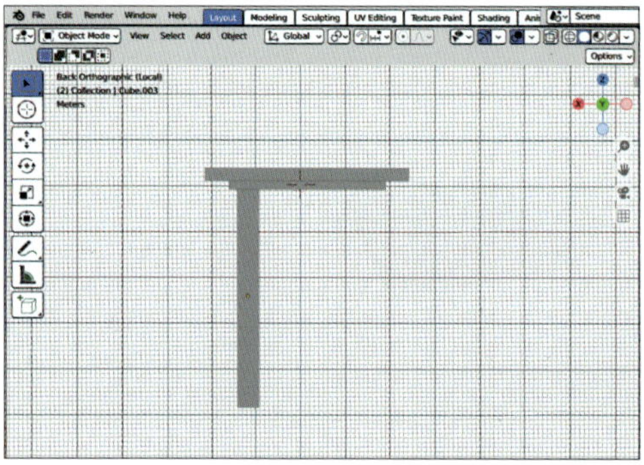

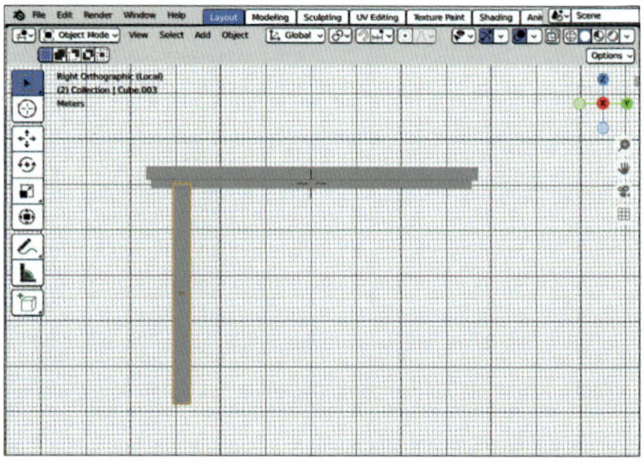

❻ 만든 책상 다리 오브젝트를 선택하고 복제(Shift+D)하여 나머지 책상 다리를 만듭니다. Shift를 눌러 이동하면 미세한 조정이 가능해 정확히 맞추는 데 도움이 됩니다.

❼ 책상의 발을 만들겠습니다. Shift+A를 눌러 표시되는 Add 창에서 Mesh → Cylinder를 실행해 오브젝트를 생성합니다.

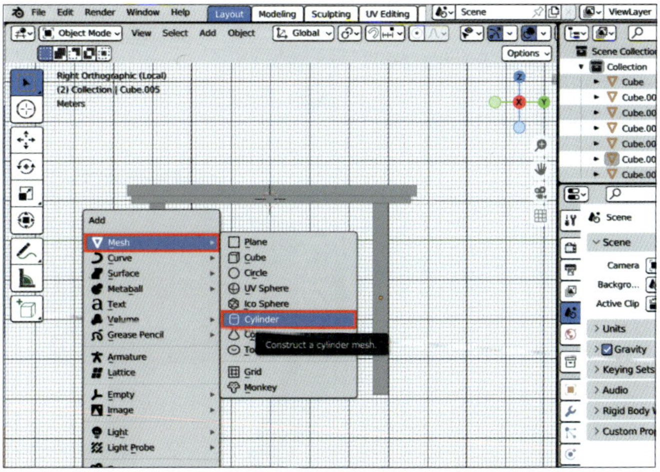

❽ 만든 Cylinder 오브젝트를 책상 다리 아래에 사이즈를 조절하여 배치합니다. 이때 G-X 또는 G-Y를 눌러 이동하면서 정확한 위치로 배치시킵니다.

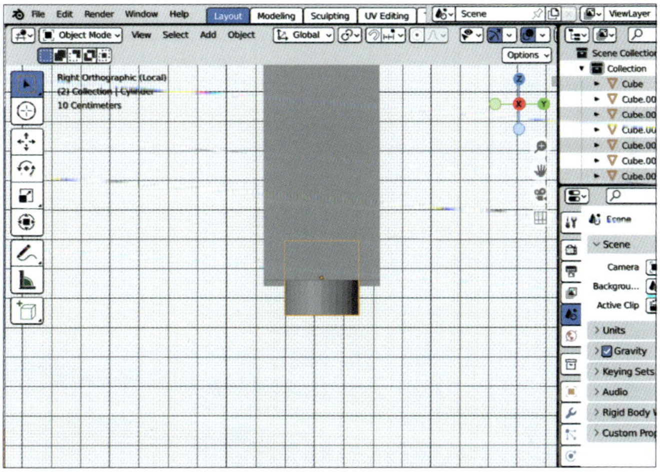

TIP X, Y축으로만 이동되기 때문에 속도가 빠르다면 Shift를 같이 눌러 정확하게 이동 지점에 배치합니다.

❾ 같은 방법으로 나머지 다리 오브젝트에도 발 받침을 만들어 책상을 완성합니다.

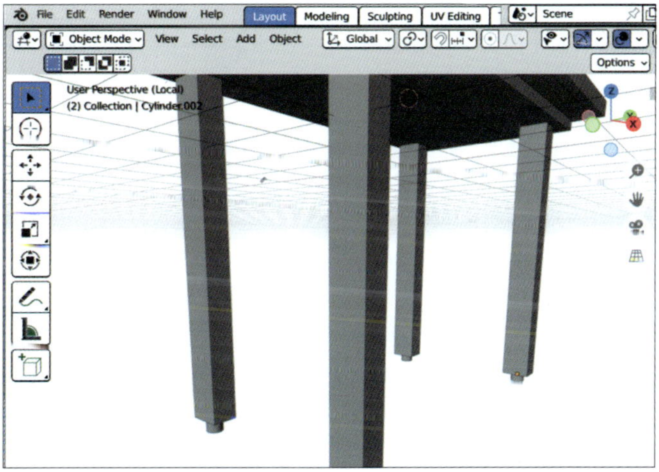

의자 만들기

❶ Shift+A를 눌러 표시되는 Add 창에서 Mesh → Cube를 실행하여 Cube 오브젝트로 의자 받침 모양을 만듭니다.

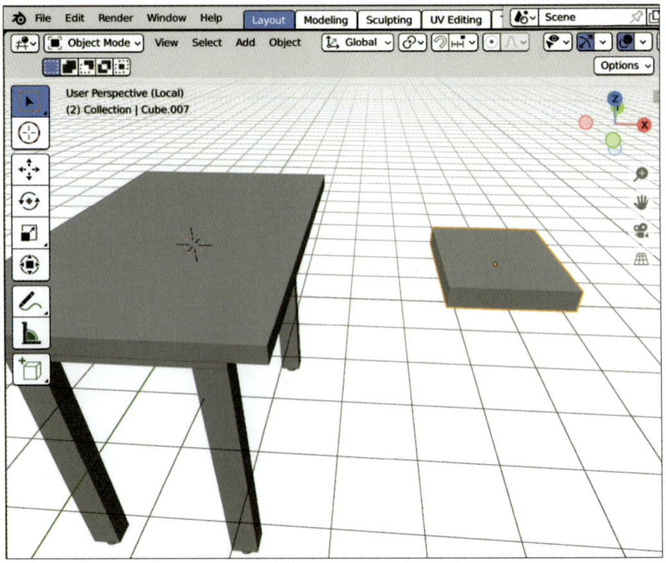

TIP 컬렉션 지정하기

책상과 의자를 분리해서 관리하기 위해 컬렉션(Collection)을 따로 지정하면 편리합니다. 책상을 만든 컬렉션을 더블클릭하고 '1'을 입력해 컬렉션 이름을 수정합니다.

그다음 의자에 해당되는 큐브를 선택하고 M을 눌러 표시되는 Move to Collection 창에서 New Collection을 실행해 컬렉션을 생성한 다음 이름을 '2'로 수정합니다. 이렇게 설정해 두면 Object Mode에서 1, 2를 눌러 1 컬렉션과 2 컬렉션으로 나누어 관리할 수 있습니다.

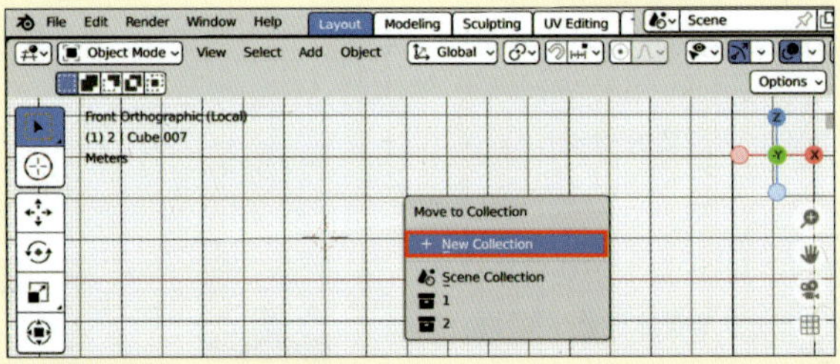

❷ 의자 받침으로 만든 Cube 오브젝트를 선택하고 Shift+D를 눌러 복제를 활성화한 다음 Z를 눌러 Z축 아래 방향으로 복제합니다.

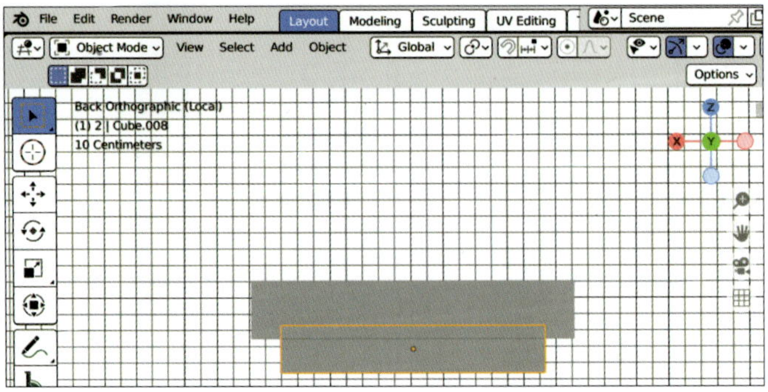

❸ 책상 다리를 만들었을 때와 같은 방법으로 Cube 오브젝트를 하나 더 생성하여 의자의 다리를 생성합니다. Gizmo 형태와 화면을 적절히 병행하여 위치를 정확히 잡아 줍니다.

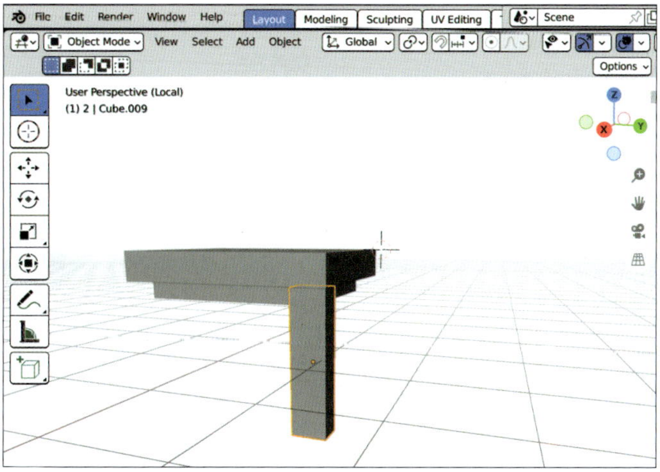

❹ 다리를 완성했다면 좌우 복제(Shift+D)하여 그림과 같이 배치합니다.

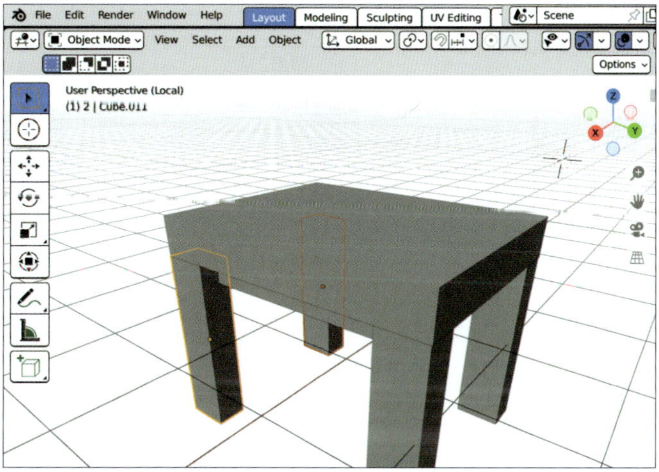

❺ 의자의 뒷받침을 만들기 위해 다리 부분을 복제(Shift+D)하여 Z축 위로 이동합니다.

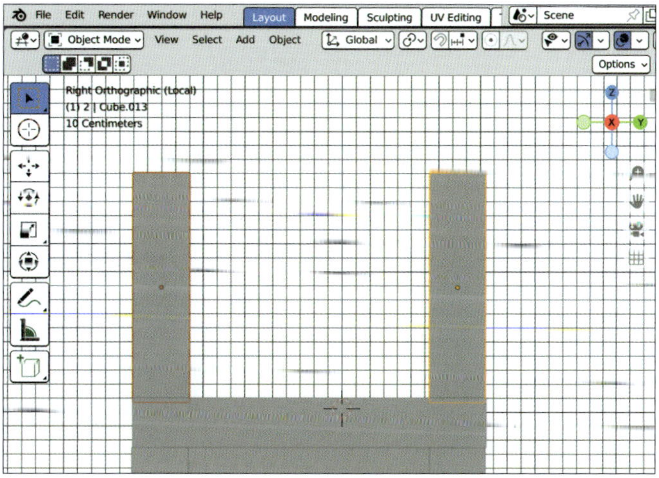

❻ 같은 방법으로 Cube 오브젝트를 다시 한번 복제(Shift+D)하고 위치(G)와 크기(S)를 조절하여 의자 뒷받침을 완성합니다.

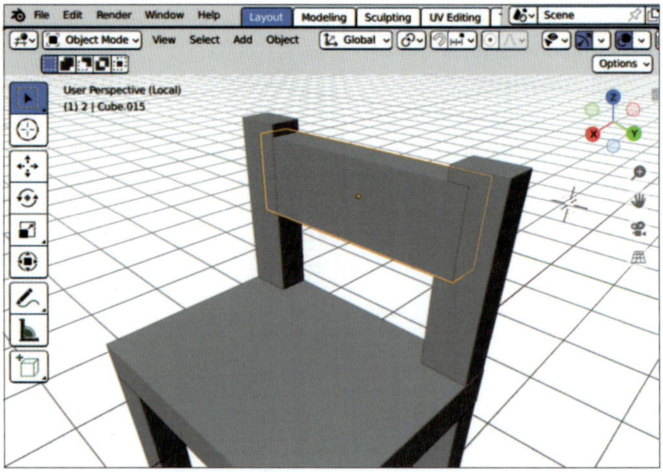

❼ 마지막으로 Cube 오브젝트를 다시 복제(Shift+D)하고 이동 배치하여 그림과 같이 만들어 의자를 완성합니다.

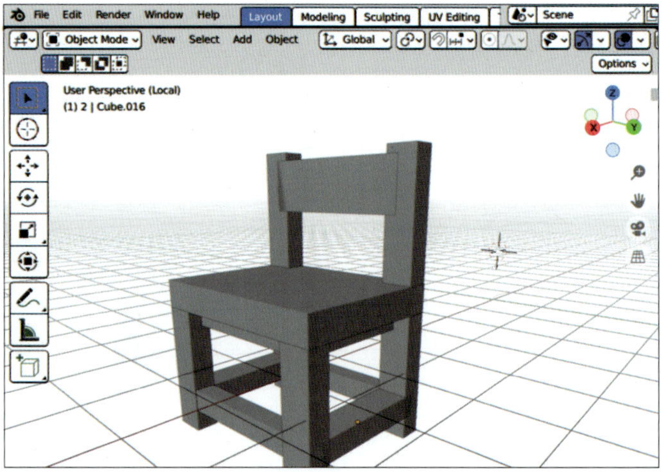

❽ 책상 모델링의 크기에 맞게 길이, 위치가 맞지 않는 부분을 수정하여 완성합니다.

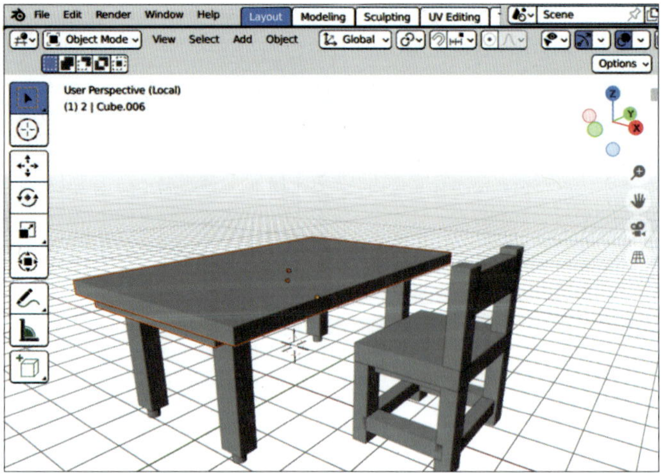

1.11 블렌더 실습 2 : 모니터 만들기

모니터도 오브젝트만 이용하여 모델링 연습을 합니다. 단순한 박스 형태의 단위를 붙이고, 움직임, 회전, 크기 등의 기능을 단축키로 사용하여 스스로가 직접 많은 연습을 통해 익힙니다. 작업에서 발생하는 오류나 실수도 접해 보며, 익숙한 도구들과 함께 오브젝트를 구성한 모니터 예제입니다.

완성 파일 : 01\모니터_완성.blend

❶ 블렌더를 실행하고 Shift+A를 눌러 표시되는 Add 창에서 Mesh → Cube를 실행하여 오브젝트를 생성합니다.

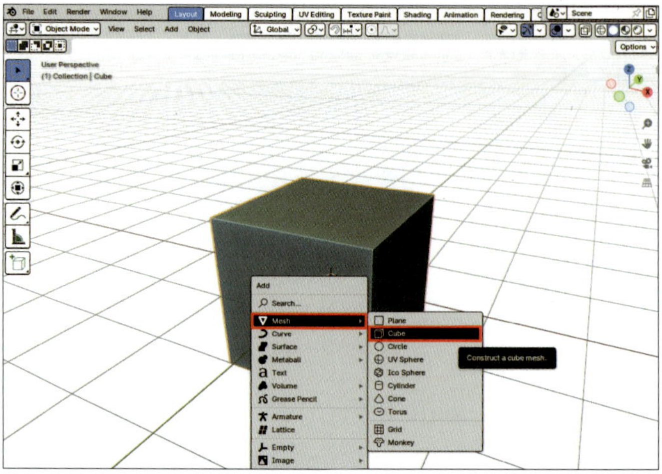

❷ 숫자 키패드 1을 누르거나 ~을 눌러 표시되는 파이 메뉴에서 Front를 실행하여 정면으로 시점을 변경합니다. Cube 오브젝트가 선택된 상태로 S를 눌러 모니터 사이즈만큼 크기를 늘립니다.

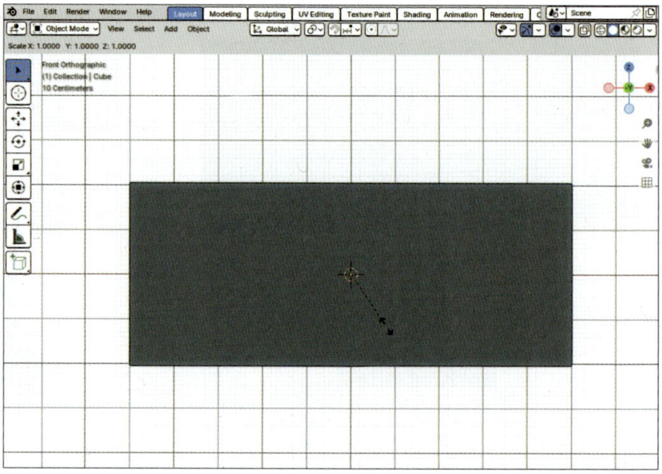

❸ 두께를 줄이기 위해 숫자 키패드 3을 눌러 측면으로 시점을 변경합니다. Y축으로 축소해야 하기에 S-Y를 눌러 오브젝트를 적절히 줄입니다. 그리드 사이즈에 크기를 맞추면 더 정확하고 정밀한 모델링을 만들 수 있습니다.

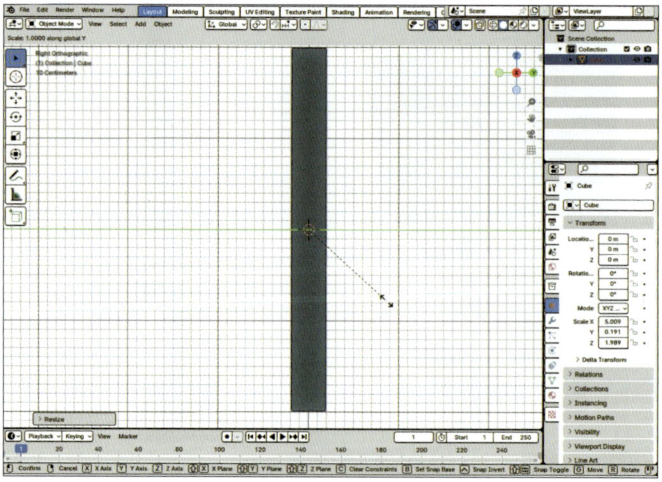

TIP 항상 축의 방향을 확인해야 하기에 Gizmo를 확인하면서 작업하면 편리합니다.

❹ 최신 와이드 모니터 화면 크기가 표현되었습니다. 그러나 현재 위치가 너무 지면에 닿는 부분에 있어 상위 Z축으로 이동시키겠습니다.

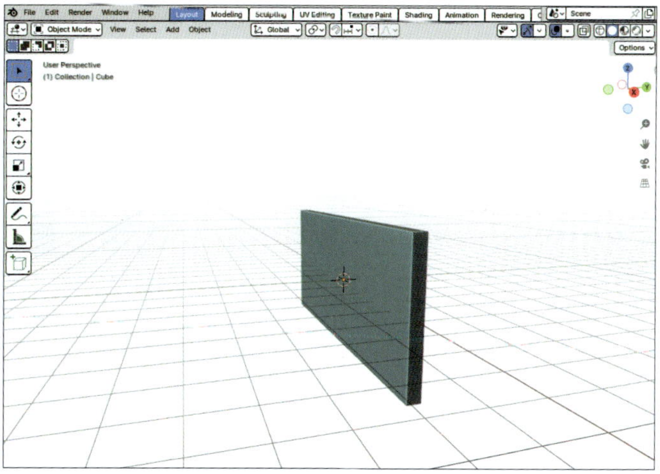

❺ 모니터 오브젝트를 선택한 다음 G-Z-2를 눌러 Z축 위로 2만큼 이동시킵니다. 수동으로 이동시키는 것도 가능합니다.

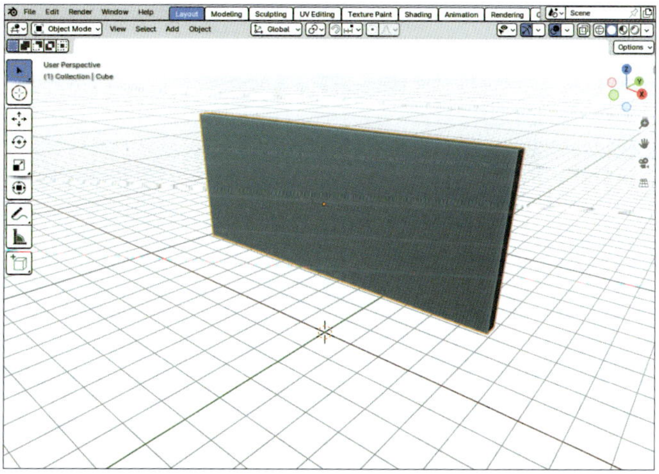

TIP 숫자 키패드 1을 눌러 Front View 시점으로 이동하면 정확하게 위치를 조절할 수 있습니다.

❻ 다리와 받침을 만들어서 단순한 모니터 형태를 완성하겠습니다. 같은 방법으로 Cube 오브젝트를 생성하거나 모니터 오브젝트를 복제(Shift+D) 변형해서 만들어도 좋습니다.

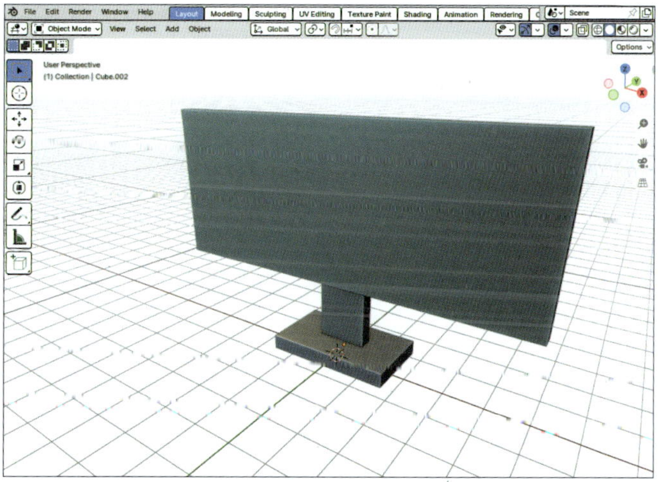

TIP 항상 숫자 키패드 화면 뷰와 G-X-수치값 또는 드래그를 통하여 오브젝트를 움직이고, R, S를 눌러 회전과 크기를 조절해 오브젝트를 만드는 습관을 가지세요. 그렇지 않으면 원하지 않는 방향으로 오브젝트가 표현될 수 있어 더 어려움을 느낄 수 있습니다.

❼ Object Mode에서 생성 기능만으로 형태를 완성했습니다. Edit Mode에서 더 정밀하게 전에 모니터 오브젝트를 모두 선택하고 Ctrl+J를 누르거나 마우스 오른쪽 버튼을 클릭하여 Join을 실행해 오브젝트를 합칩니다.

TIP 각각의 오브젝트를 선택했을 때는 오브젝트 외각의 선 색상이 조금 달랐지만, 하나로 합쳤을 때는 하나의 오브젝트 색상으로 구성되는 것을 확인해 오브젝트가 모두 합쳐진 것을 인식할 수 있습니다.

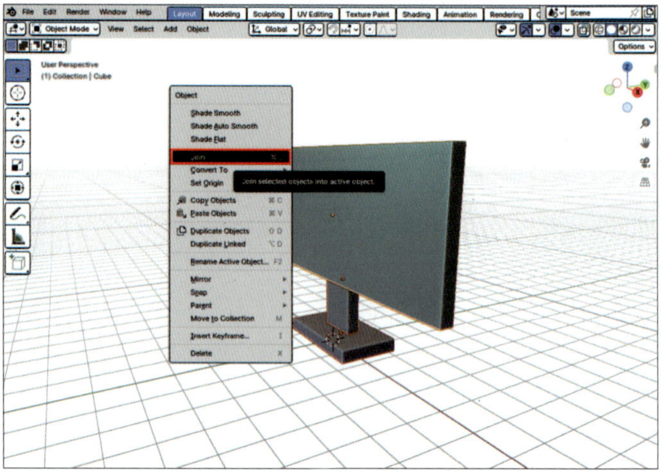

❽ 이제 Tab을 눌러 Edit Mode로 전환합니다. 3을 눌러 선택 모드를 Face로 변경하고 모니터의 면을 선택한 다음 I를 눌러 안쪽으로 면을 만들어 모니터 틀을 만듭니다.

TIP Edit Mode와 Object Mode는 Toolbar 패널의 도구로 빠르게 인지할 수 있습니다.

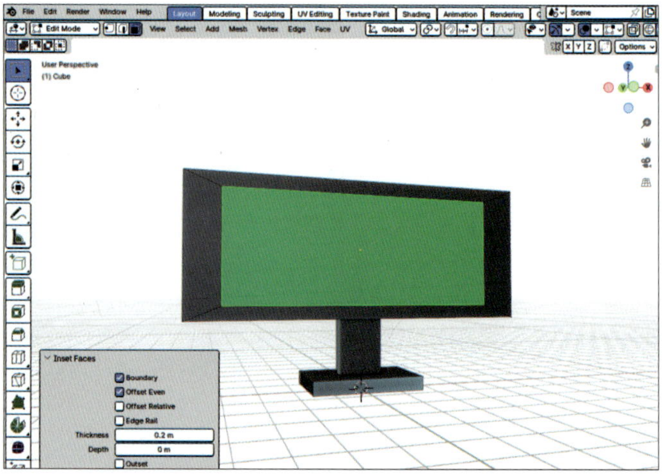

❾ 그러나 틀의 폭이 같은 크기의 형태가 아닙니다. Operation 패널에서도 면의 두께를 같게 맞춰주는 'Offset Even'이 체크 표시되어 있으나 결과는 같고 문제는 해결되지 않습니다.

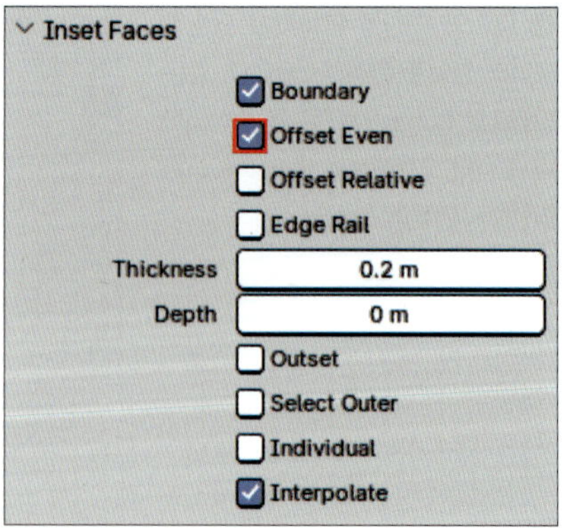

TIP 이러한 문제가 발생하는 이유는 Object Mode에서 S를 눌러 크기를 강제로 늘렸기 때문입니다. 이를 해결하기 위해서는 오브젝트 원본을 유지하고 Edit Mode에서 크기를 조절해야 합니다.

⑩ Object Mode에서 오브젝트를 원본 크기가 유지된 형태로 변경합니다.

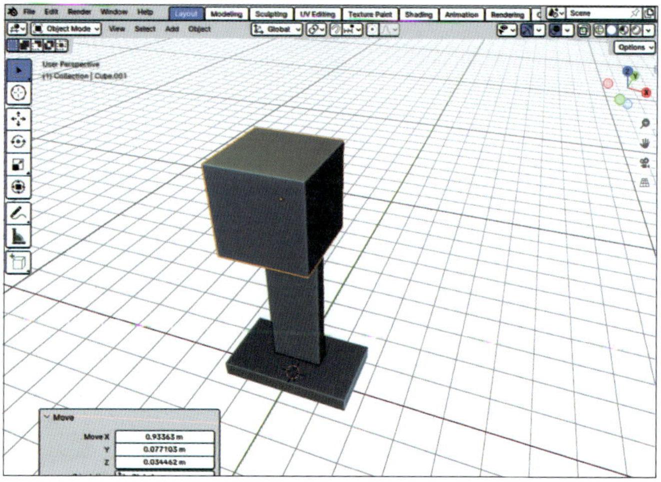

TIP 이렇게 문제가 발생하는 이유는 중요하므로 외워둡시다. 꼭 숙지하여 작업 사전에 오류를 방지하세요.

⑪ Edit Mode에서 Alt+E를 눌러 표시되는 Extrude 창에서 Extrude Manifold를 실행하면 면 공간을 늘려 확장할 수 있습니다.

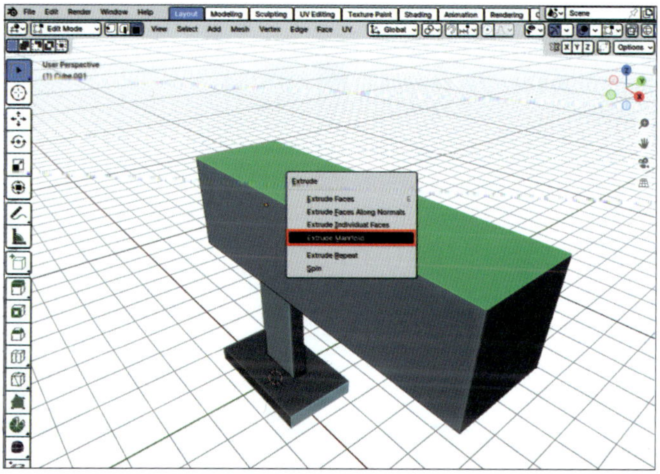

TIP ⑪번처럼 면을 확장하지 않고 E를 눌러 돌출했다면 그림과 같이 돌출된 부분을 기준으로 선이 생깁니다. 따라서 ⑪번의 돌출 방법을 사용해야 합니다.

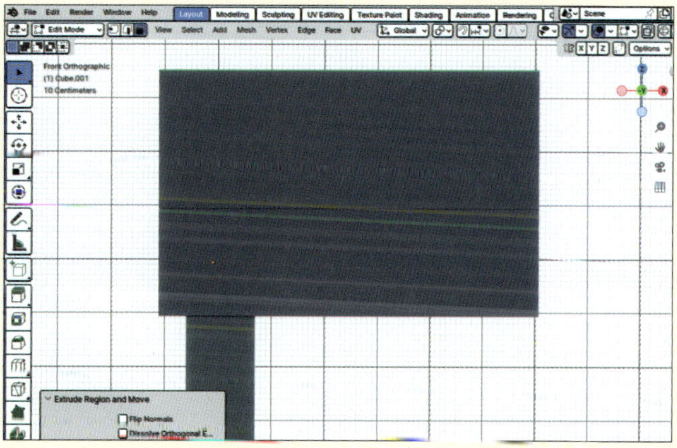

⑫ 원본을 유지한 채 Edit Mode에서 크기 추출(Alt+E)과 이동(G)으로 모니터 형태를 만들었습니다.

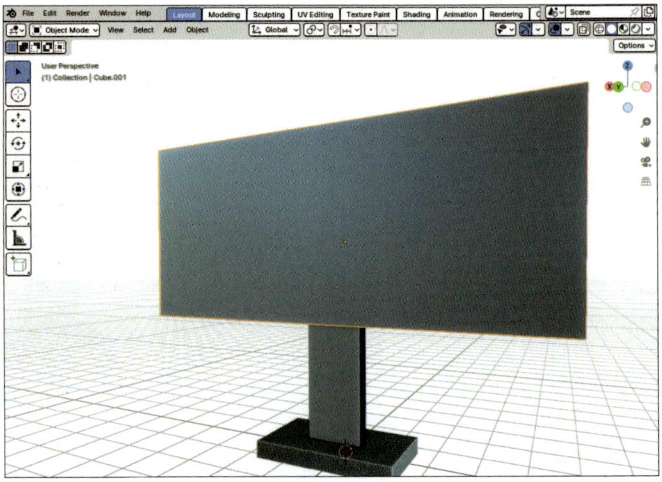

⑬ 이제 모니터 면을 선택하고 I를 눌러 안쪽으로 면을 만들면 동일한 크기로 면이 들어가는 것을 확인할 수 있습니다.

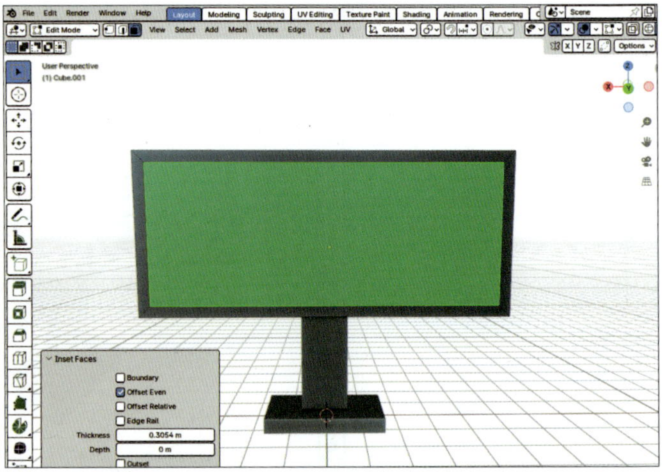

⑭ 기본 도구를 이용하여 모니터를 완성하였습니다.

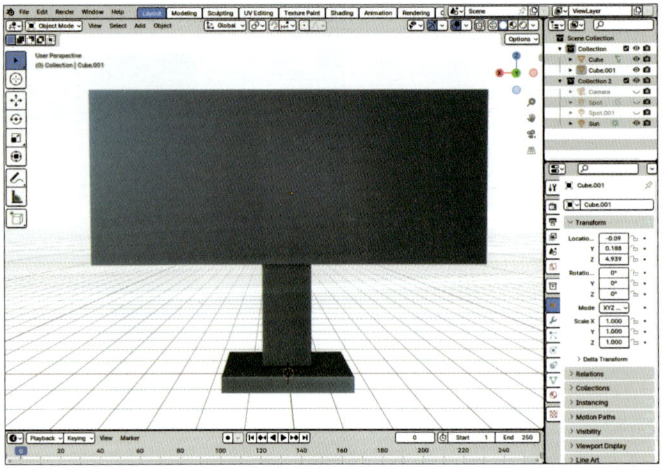

2장

Object Mode

학 습 목 표

- 오브젝트 모드에서 자식과 상속 관계 연결 및 해제 방법을 학습합니다.
- 커브를 사용하여 오브젝트 생성 방법을 익힙니다.
- 오브젝트의 다양한 기능을 이해합니다.
- 기초 작업 진행 및 복습을 통해 이해를 심화합니다.

2.1

Join

Join(조인)은 두 가지 오브젝트를 하나의 오브젝트로 합치는 기능입니다. 그래서 Edit Mode의 유사 기능인 Connect Vertex Path와 Selection 기능은 함께 알아두면 좋습니다.

다음 그림 2-1과 같이 오브젝트 2개가 붙어 있지만, 이 오브젝트들은 독립적으로 움직입니다. 이 독립적인 오브젝트들을 하나로 합치는 기능이 바로 Join입니다.

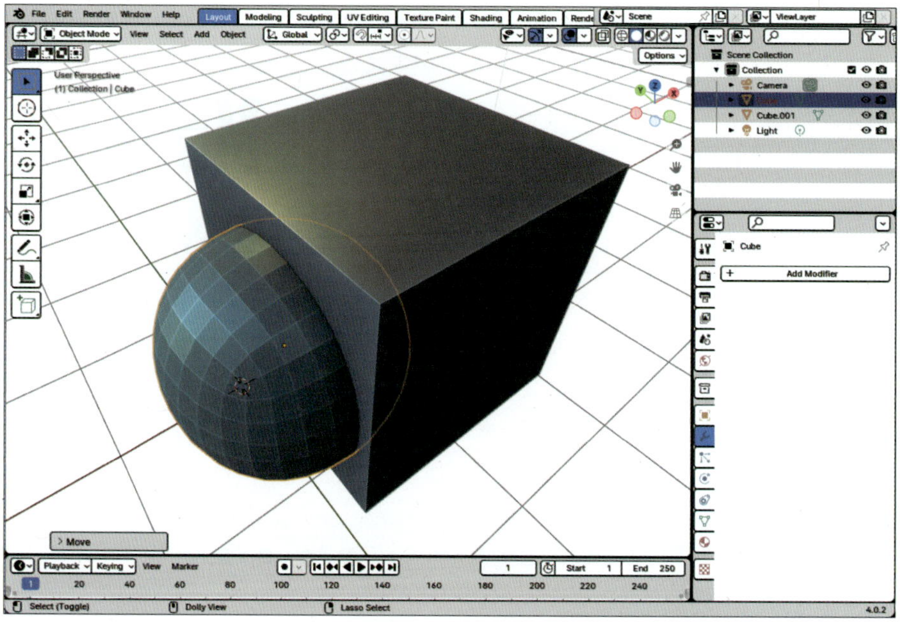

그림 2-1 붙어있지만 독립적인 오브젝트들

Shift나 A를 눌러 연결할 오브젝트 2개를 선택하고 Ctrl+J를 누르거나 Header 패널에서 〔Object〕→ Join을 실행하면 선택한 오브젝트가 하나로 합쳐집니다. 합친 후에 오브젝트를 선택했을 때 외곽선이 같은 색상으로 변경되어 있다면 문제없이 합쳐진 것입니다.

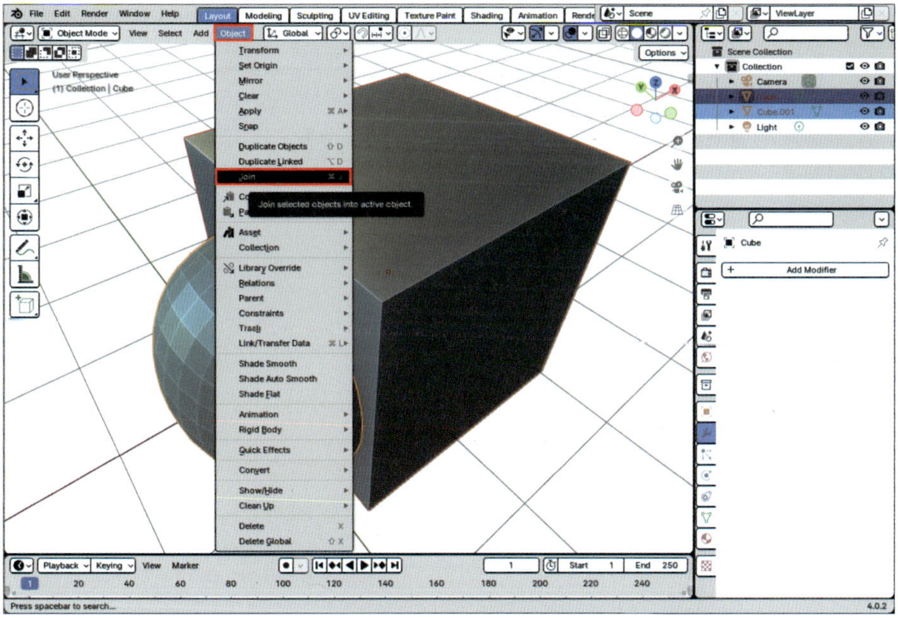

그림 2-2 Join 실행

알아두세요 카메라와 조명 오브젝트가 있을 때 A를 누른다면 모든 객체가 선택되므로 확인이 필요합니다.

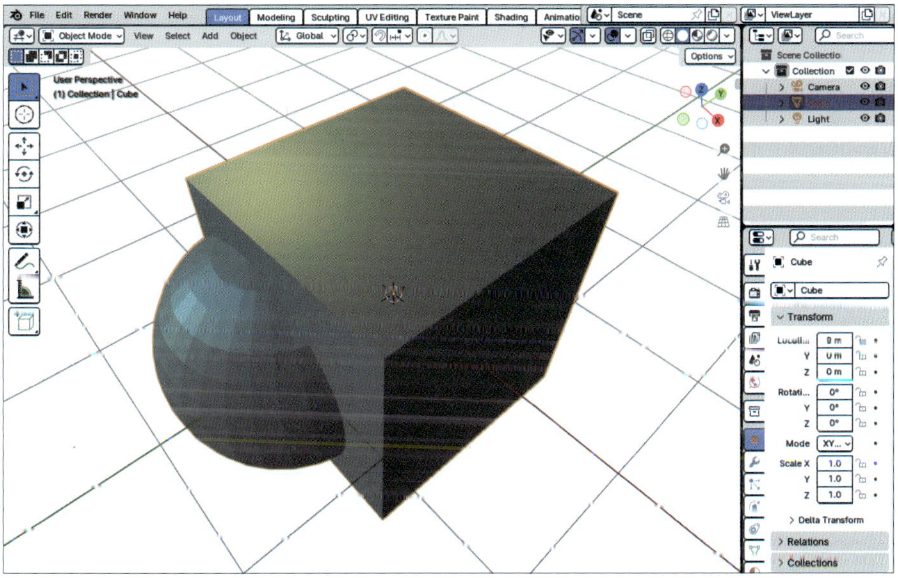

그림 2-3 오브젝트가 합쳐진 모습

2.2 Connect Vertex Path

Connect Vertex Path(커넥트 버텍스 패스)는 Edit Mode에서 두 가지 점을 하나의 점으로 합치는 기능입니다. Edit Mode의 기능이지만, Join과 유사한 기능이므로 이어서 살펴보겠습니다.

하나로 합칠 점들을 선택하고 마우스 오른쪽 버튼을 클릭해서 Connect Vertex Path를 실행하거나 Header 패널에서 〔Vertex〕 → Connect Vertex Path를 실행합니다.

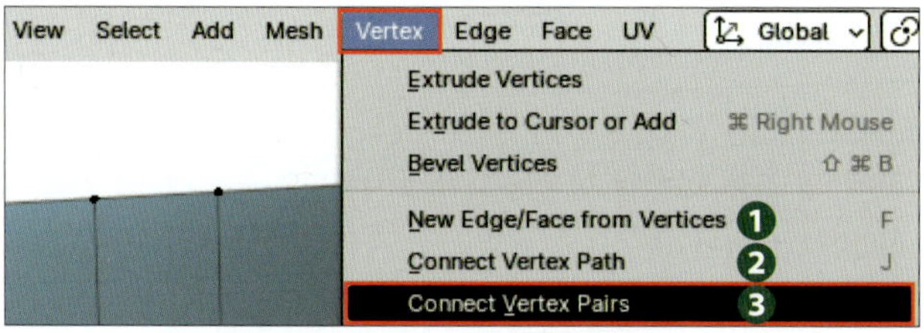

그림 2-4 Header 패널의 〔Vertex〕 메뉴

❶ **New Edge/Face from Vertices(F) :** 점으로부터 연결되고 면 또는 선만 생성됩니다. 나머지 부분과 유기적으로 연결되지 않습니다.

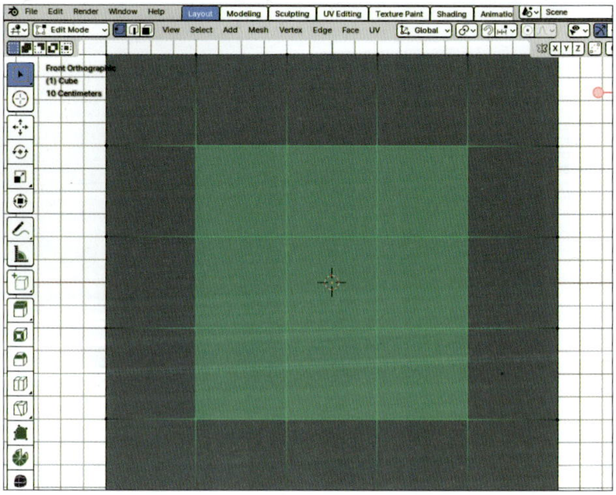

❷ **Connect Vertex Path(J) :** 점으로부터 연결되고 나머지 이웃 면과 선이 연결되어 함께 움직입니다. 쌍 단위로 연결이 불가능하고, 점–점만 가능합니다.

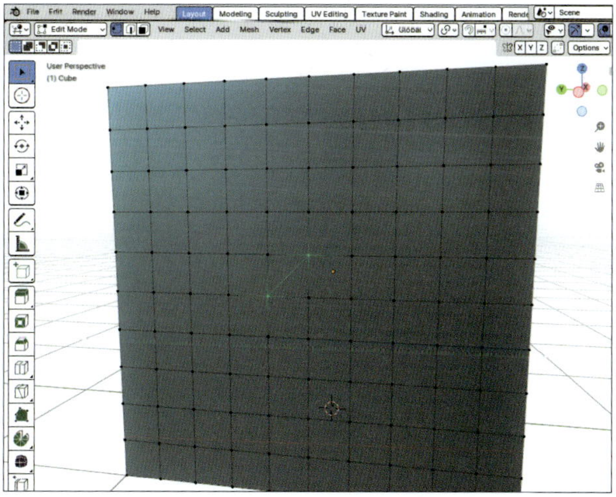

❸ **Connect Vertex Pairs(쌍 단위) :** 점으로부터 연결되고 쌍 단위로 연결 가능합니다.

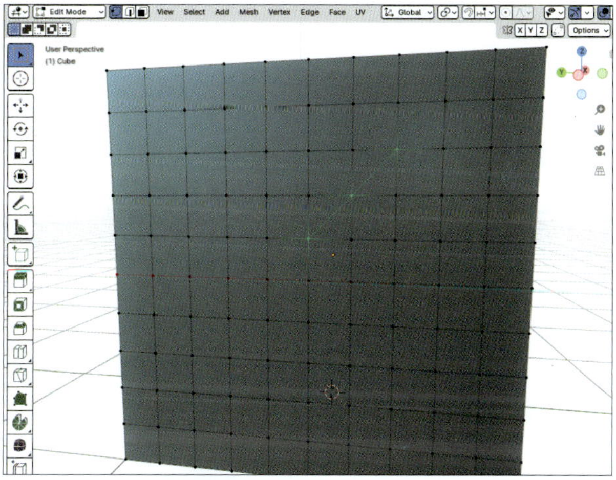

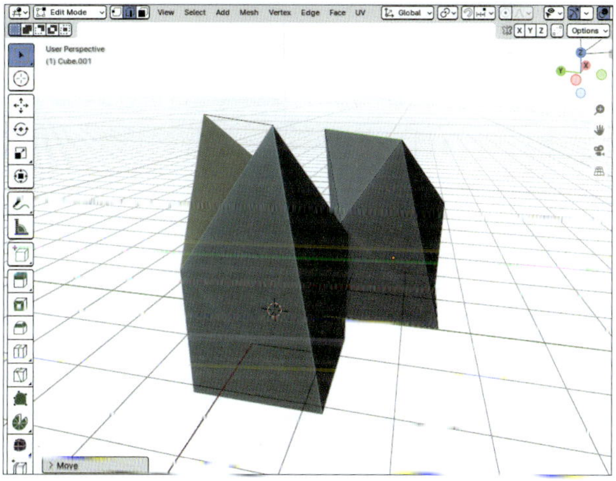

BLENDER

2.3

Selection, Split

Selection(셀렉션)과 Split(스플릿)는 두 가지 오브젝트를 하나의 독립적으로 오브젝트를 분리하는 기능입니다. Edit Mode에서만 사용 가능한 기능이지만, Join의 반대되는 기능이므로 살펴보고 넘어가겠습니다.

Selection

분리할 오브젝트나 면 등을 선택하고 P를 눌러 표시되는 Separate 창에서 Selection을 실행하면 선택한 객체가 기존 오브젝트로부터 전혀 다른 객체로 떨어져 독립적으로 분리됩니다.

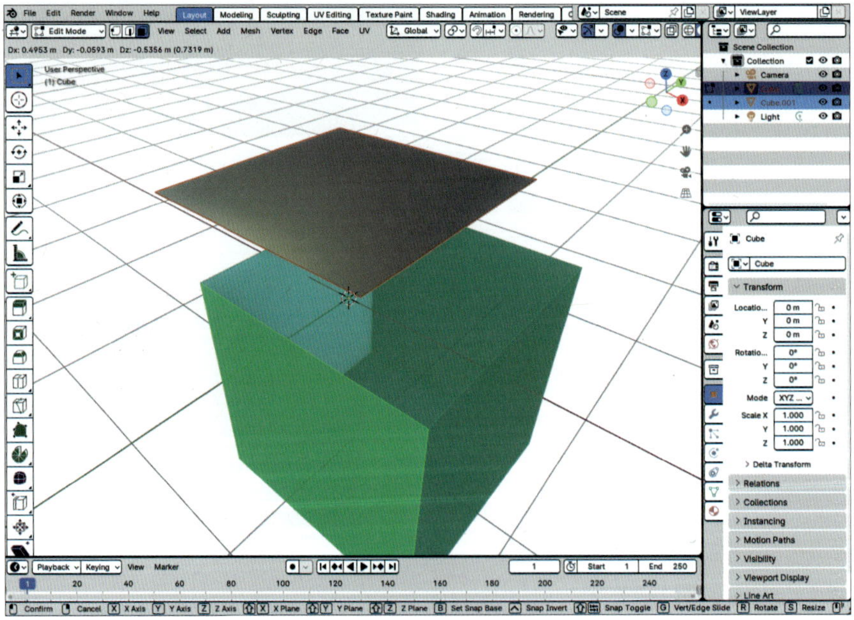

그림 2-5 Selection으로 오브젝트를 분리한 모습

Split

Selection처럼 분리되는 것은 맞지만, 같은 객체인 상태에서 선택된 특정 부분만 독립적으로 분리된다는 차이가 있습니다. 단축키는 Y입니다.

Split 기능은 하나의 오브젝트에서 분리하고 싶은 오브젝트를 선택해서 분리하는 기능이므로 Edit Mode에서만 사용할 수 있습니다.

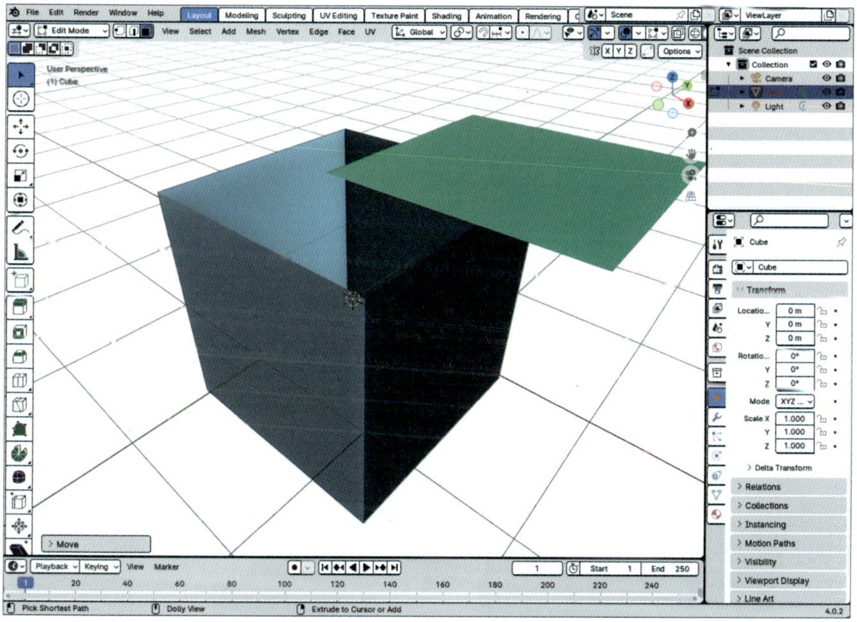

그림 2-6 Split로 오브젝트를 분리한 모습

2.4 Parent/Child

부모 자식의 관계를 형성하여 연속적인 단순 작업을 피할 수 있고, 효율적 작업능률을 향상시키기 위해 필요한 기능입니다. 프로그램에서도 이렇게 상속 관계가 필요한 이유는 객체지향 언어로부터 시작한다고 볼 수 있습니다.

여기에서 중요한 점은 부모는 그 아래 여러 명의 자식을 가질 수 있다는 점입니다. 자세히 보면 오브젝트 사이마다 점선이 연결되어 있습니다.

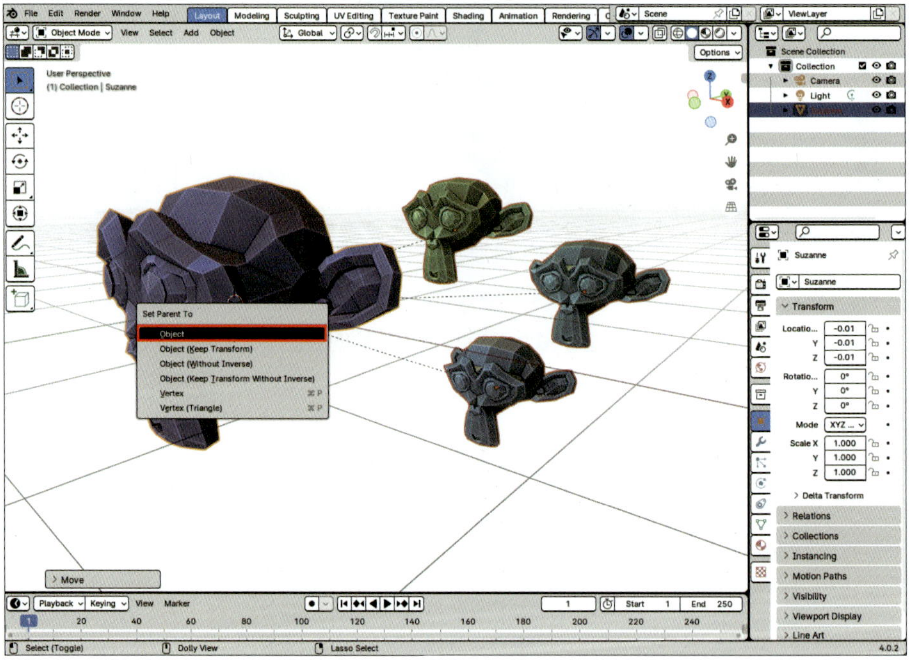

그림 2-7 점선으로 연결되어 있는 부모와 자식 객체

이렇게 부모 자식 형태로 만들려면 자식으로 만들 오브젝트들을 선택하고, 부모로 만들 오브젝트를 가장 마지막에 선택한 다음 Ctrl+P를 눌러 Object를 실행하면 됩니다.

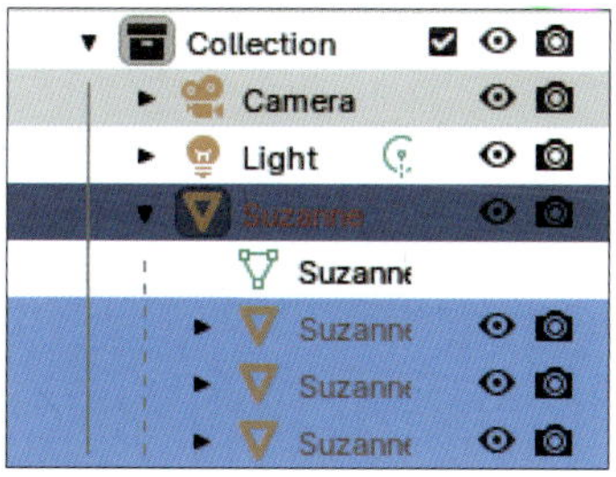

그림 2-8 자식으로 만들어진 오브젝트가 하위 속성으로 배치된 모습

그림 2-8처럼 오브젝트들이 연결되어 있는 상태에서 부모 오브젝트를 선택하고 G를 눌러 위치를 이동하면 부모와 연결된 자식들이 따라서 움직입니다.

해제할 때는 자식 오브젝트들을 선택하고 Alt+P를 눌러 Clear Parent를 실행합니다.

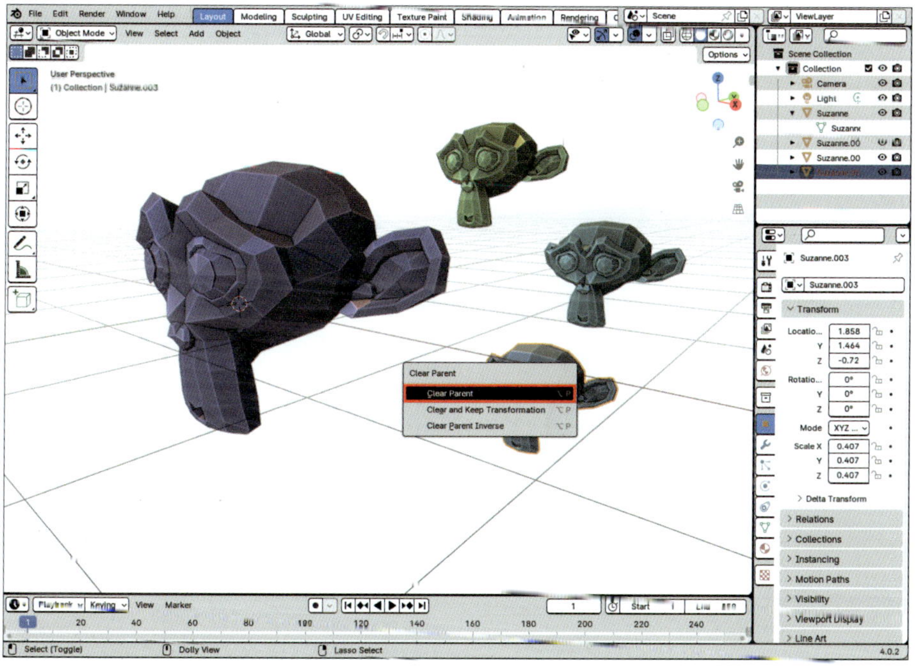

그림 2-9 부모와 자식 관계를 해제하는 모습

알아두세요 이전 작업을 반복적으로 수행할 때 Shift+R을 누르면 빠르게 진행할 수 있습니다

2.5

Link

Link(링크)는 오브젝트를 서로 링크를 걸어서 상호관계를 만들어 줄 때 사용합니다. 여기서 부모-자식 관계와의 차이점은 무엇인지 비교해서 이해할 필요가 있습니다.

Link를 사용하는 방법은 연결할 오브젝트들을 모두 선택하고 Ctrl+L을 누른 다음 Link Object Data를 실행합니다.

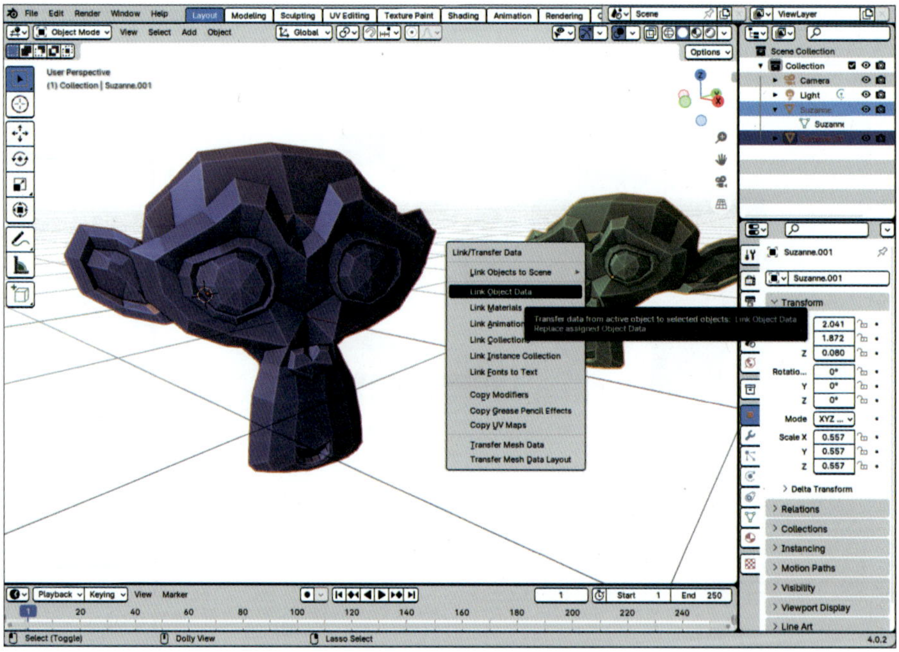

그림 2-10 Link Object Data 실행

그렇다면 부모 자식 상속 관계와 차이점은 무엇일까요? 부모 자식은 Object Mode에서 크기, 회전, 이동에 대한 영향을 받지만, Link는 Object Mode에서 크기, 회전, 이동에 대한 영향을 받지 않습니다.

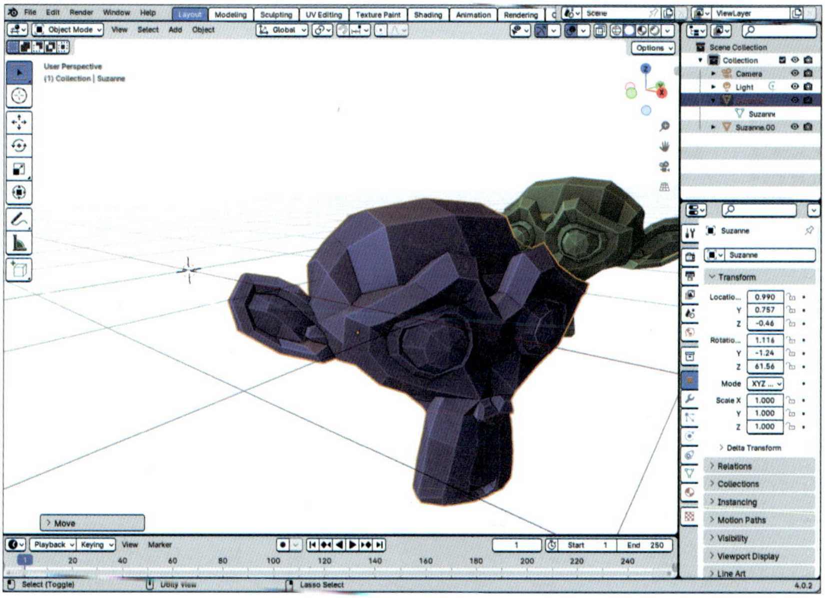

그림 2-11 Object Mode에서 이동했지만 Link된 오브젝트가 이동되지 않은 모습

Edit Mode에서 Link의 기능은 영향을 받습니다. Edit Mode에서 오브젝트를 이동한다면 Link된 오브젝트가 같이 이동하는 것을 확인할 수 있습니다.

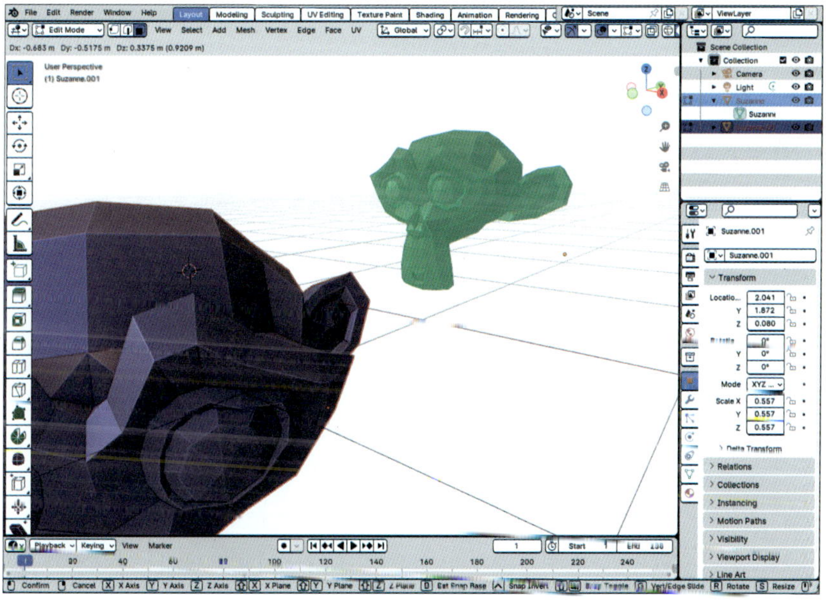

그림 2-12 Edit Mode에서 이동하여 Link된 오브젝트가 이동되는 모습

2.6 Hide

오브젝트를 보이지 않게 만드는 Hide(하이드)는 Object Mode에서 오브젝트를 선택하고 H를 누르면 보이지 않게 만들 수 있습니다. 이 기능은 Outliner 패널의 '눈' 아이콘( ) 과 같은 기능을 합니다.

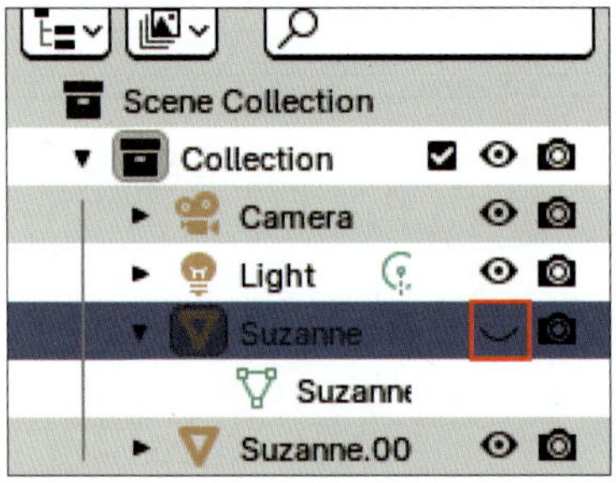

그림 2-13 Outliner 패널에서 눈 아이콘이 변경된 모습

Alt+H를 누르면 오브젝트가 다시 화면에 나타납니다. 마찬가지로 Outliner 패널에서 '눈' 아이콘( )이 변경된 것을 알 수 있습니다.

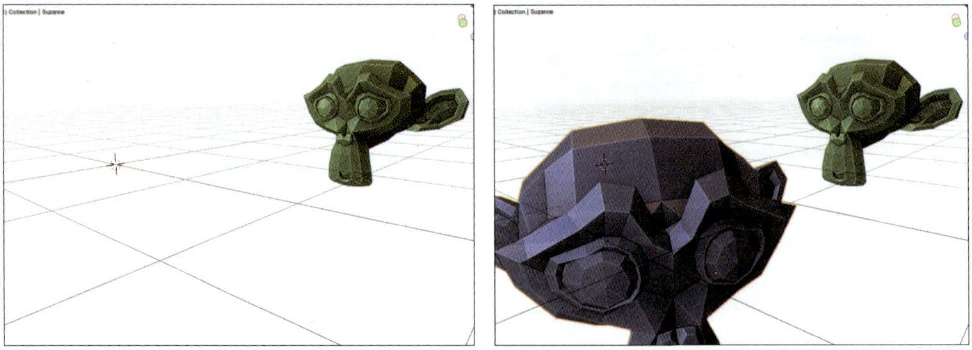

그림 2-14 오브젝트를 숨긴 모습(좌)/Alt+H를 눌러 다시 오브젝트를 다시 보이게 만든 모습(우)

2.7 Curve

Curve(커브)는 곡선을 그려 원하는 오브젝트 모델링을 할 수 있는 메시 방법 중 하나입니다. Curve를 만드는 방법은 메시 오브젝트를 만드는 방법과 마찬가지로 Shift+A를 눌러 표시되는 Add 창에서 Curve의 원하는 메뉴를 선택하면 됩니다.

Bezier

먼저 Bezier Curve(이하 베지어 곡선)에 대해 간단하게 살펴보고 블렌더에서 사용하는 방법을 알아보겠습니다. 베지어 곡선은 컴퓨터 그래픽과 디자인에서 널리 사용되는 곡선으로, 주로 곡선의 형태를 매끄럽고 자연스럽게 표현하는 데 활용됩니다. 시작점, 조절점, 끝점으로 이루어지고, 실제 곡선인 빨간선을 만들기 위한 보조선과 그래픽 선을 만듭니다.

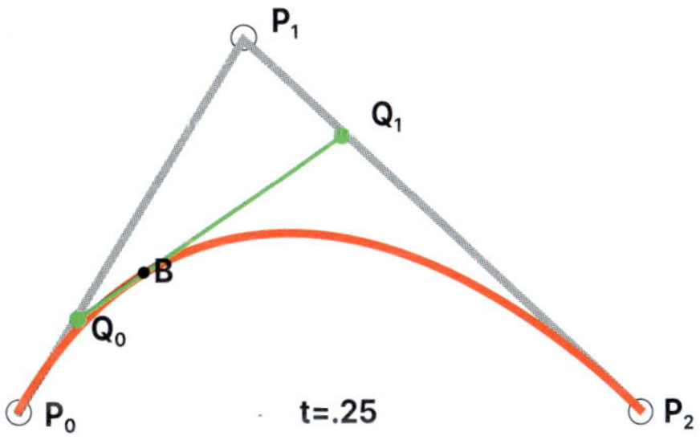

그림 2-15 베지어 곡선

- P0, P1, P2 : 시작점, 조절점, 끝점입니다.
- Q0, Q1 : 선형 보간을 통해 계산된 중간점입니다.
- B : Q0과 Q1 사이의 선형 보간을 통해 계산된 점으로, 실제 곡선 위의 점입니다.
- t=0.25 : 보간 비율을 나타내며, 0에서 1 사이의 값을 가집니다. 이 값에 따라 곡선 위의 점 B의 위치가 결정됩니다.
- **빨간선** : 베지어 곡선의 실제 형태를 나타냅니다.

베지어 곡선은 이러한 원리를 통해 세 점 사이의 매끄럽고 자연스러운 곡선을 생성합니다. 다양한 조절점을 추가하면 더욱 복잡한 형태의 곡선을 만들 수 있습니다.

Bezier 선을 알아보기 위해 블렌더에서 Shift+A를 눌러 표시되는 Add 창에서 Bezier를 실행합니다.

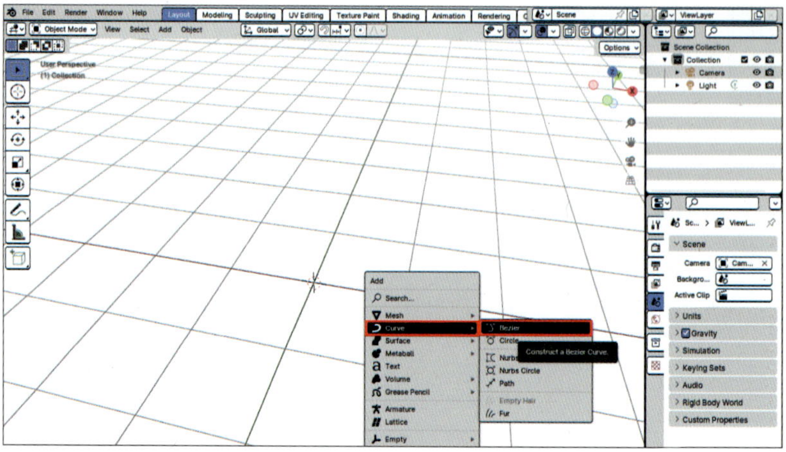

그림 2-16 Bezier를 생성하는 화면

Tab을 눌러 Edit Mode로 전환하면 베지어 곡선의 핸들이 보입니다. 점들을 선택하고 G를 눌러 이동하면 곡선의 커브를 수정할 수 있습니다.

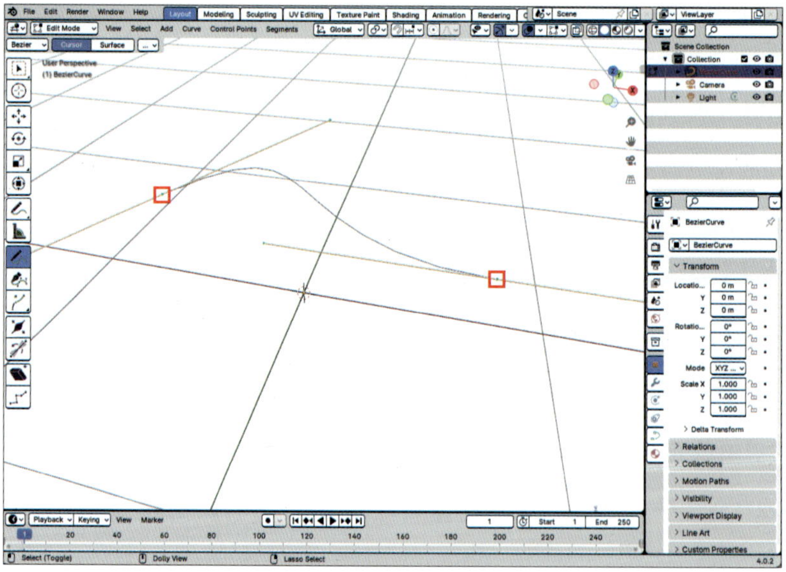

그림 2-17 Edit Mode에서 커브 수정

Toolbar 패널에서 'Draw' 도구(✍)를 선택하고 그림 그리듯이 움직이면 커브를 자유롭게 그릴 수 있고, 커브를 자유롭게 수정 편집하는 것도 가능합니다.

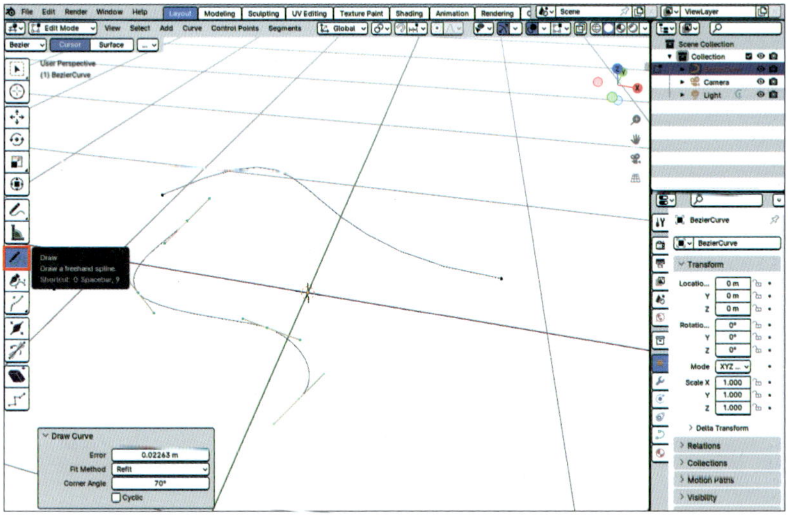

그림 2-18 Draw 도구 사용

삭제할 점을 선택하고 X를 눌러 표시되는 Delete 창에서 Vertices를 실행하여 점을 삭제할 수 있습니다.

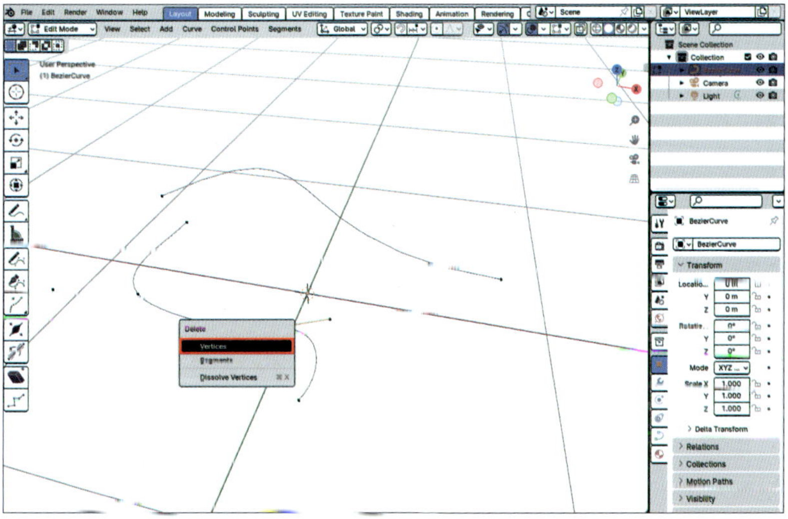

그림 2-19 커브의 점 삭제

Toolbar 패널의 'Curve Pen' 도구( )를 이용하면 포토샵 프로그램의 패스 도구처럼 커브를 그릴 수 있습니다.

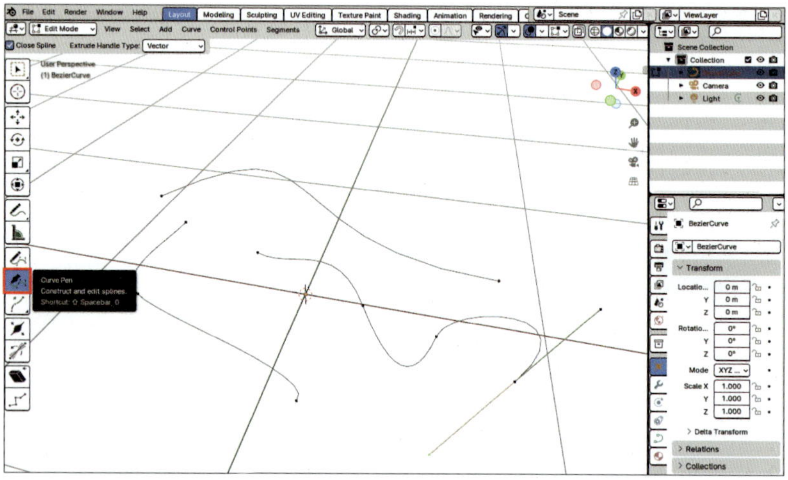

그림 2-20 Curve Pen 도구 사용

Toolbar 패널의 'Extrude' 도구(, E)를 선택하고 표시되는 노란색 핸들을 원하는 방향으로 드래그하여 돌출시킬 수 있습니다.

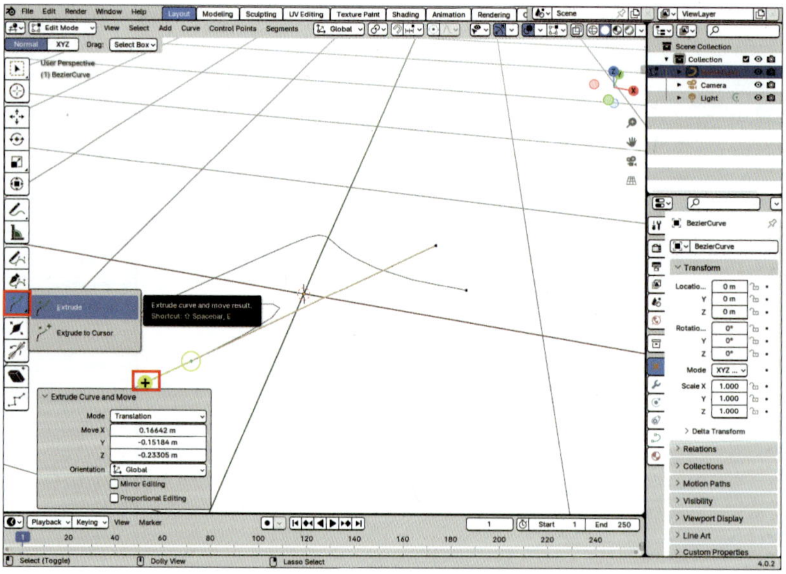

그림 2-21 Extrude 도구 사용

Path

Object Mode에서 Shift+A를 눌러 표시되는 Add 창에서 Curve → Path를 실행합니다.

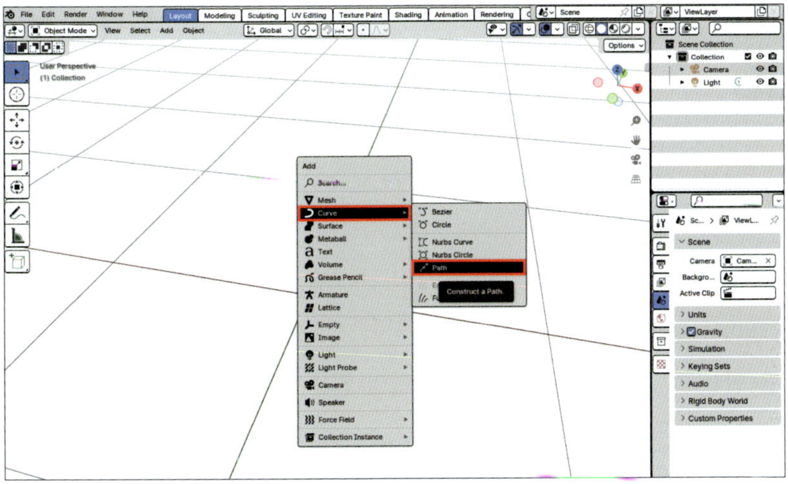

그림 2-22 Path 선 생성

점 5개로 구성된 패스선이 생성됩니다. Tab을 눌러 Edit Mode로 전환하면 점과 점으로 이어진 선을 이동(G)해서 수정할 수 있습니다.

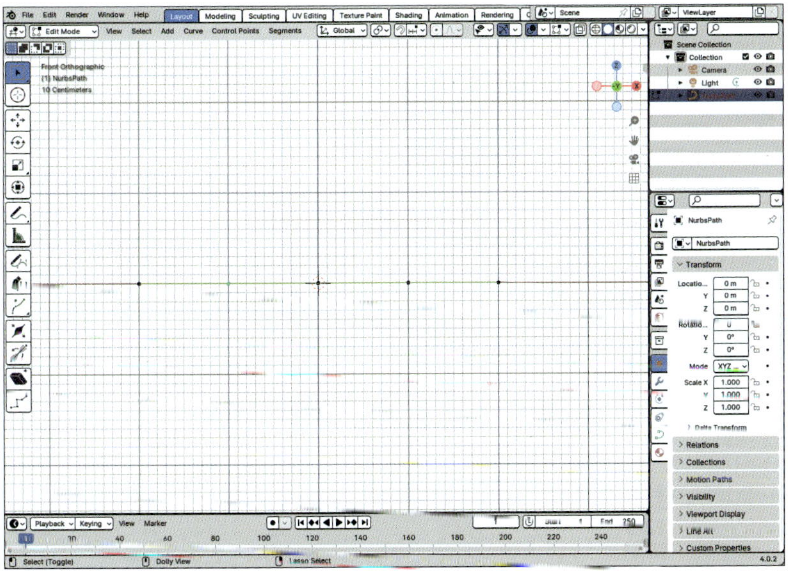

그림 2-23 Edit Mode의 Path 선

Etc(기타)

Camera

블렌더에서 Camera(이하 카메라)는 카메라에서 비친 모습 각도 그대로 렌더링되는 모습입니다. 따라서 블렌더 모델링 시 카메라의 초점과 거리 각도가 그대로 출력됩니다. 또는 영상 애니메이션을 만들 때 각도에 따른 카메라 움직임 연출 방법을 활용할 수 있습니다.

Navigate에서 카메라 모양 아이콘을 클릭하거나 숫자 키패드 0을 눌러 Camera View를 활성화할 수 있습니다.

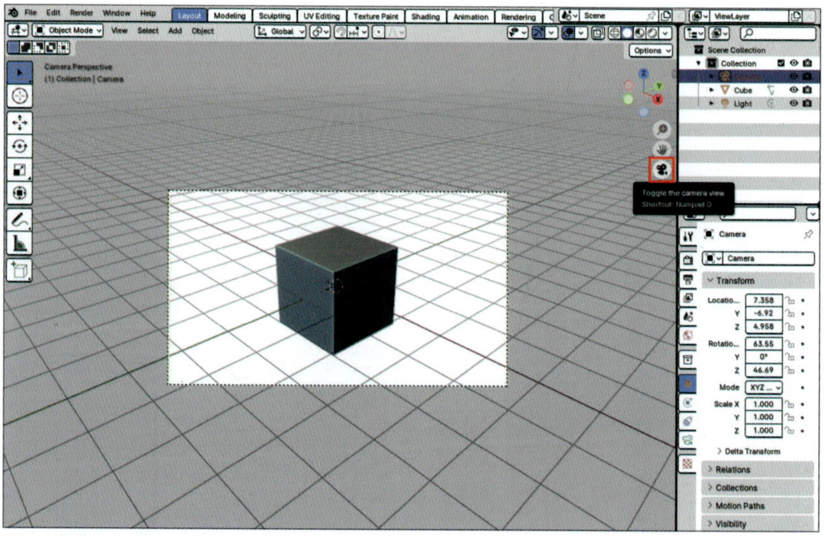

그림 2-24 Camera View를 활성화한 화면

N을 눌러 Sidebar를 표시하고 [View] 탭에서 'Camera to View'를 체크 표시하면 카메라의 각도를 조절할 때 G를 눌러 이동할 수 있어 원하는 각도를 알맞게 설정하기 쉽습니다. 점선 박스가 Camera View의 크기입니다.

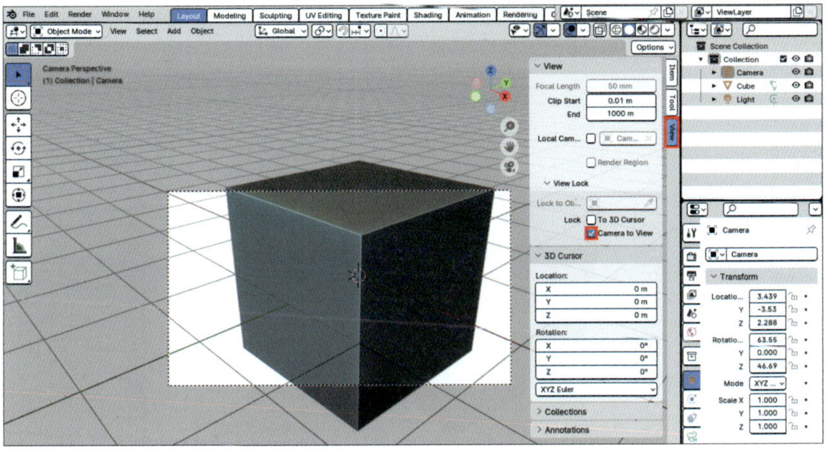

그림 2-25 Camera to View를 체크 표시한 화면

Light

Light(라이트)는 처음부터 Light 오브젝트가 존재하는 데 이는 태양의 빛과 같습니다.

Viewport Shading을 'Rendered'로 선택하여 확인하면 라이트가 있어 환하게 비치는 부분이 생깁니다. 조명을 삭제하면 어두운 방 같은 연출을 할 수 있습니다.

Light 오브젝트는 Properties 패널에서 컬러 및 Power 등의 조정으로 빛의 밝기, 색상, 범위 등을 조절하여 나만의 빛 연출을 할 수 있습니다.

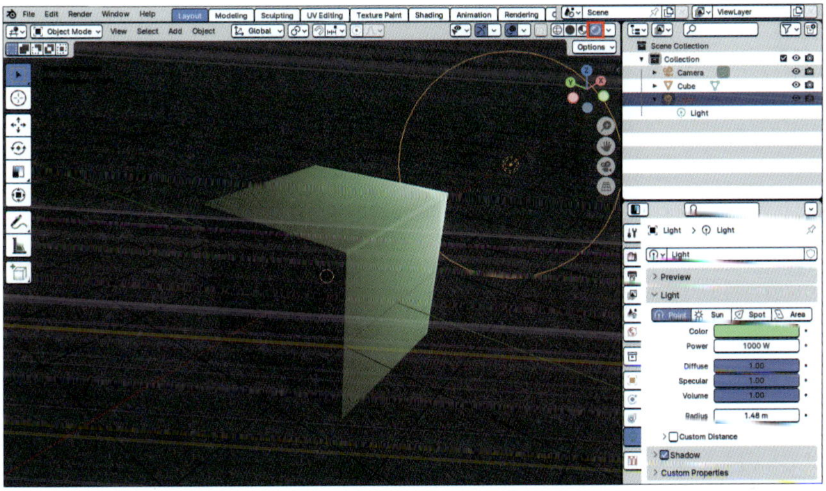

그림 2-26 Rendered 화면

Light는 Shift+A를 눌러 표시되는 Add 창의 Light에서 네 가지 종류의 형태를 선택하여 만들 수 있습니다.

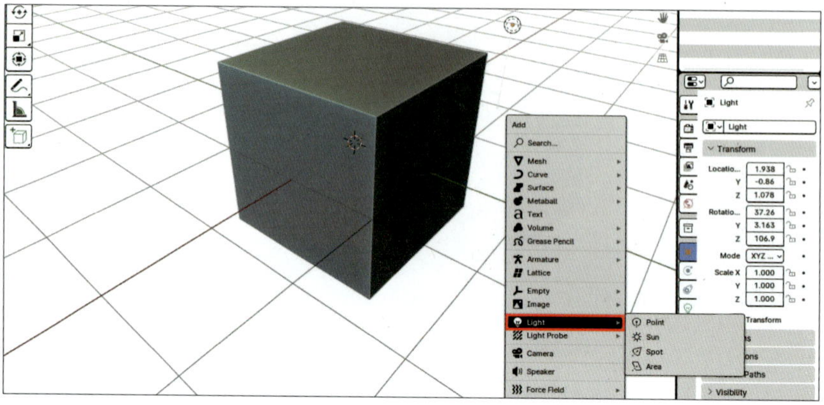

그림 2-27 Light를 생성하는 화면

❶ **Point** : Point Light(포인트 라이트)는 전 방향성 빛의 점을 의미하고 모든 방향의 같은 양의 빛을 반사하는 조명을 의미합니다. 단순하게 점의 시작이라고 생각하면 됩니다.

❷ **Sun** : Point Light와 유사하며, 태양광처럼 자연적인 조명을 제공합니다. 유무에 따라 낮과 밤의 차이를 나타냅니다.

❸ **Spot** : 위의 점에서 아래로 내려진 조명을 의미하고, 원뿔 모양의 특정 방향으로 광선을 방출합니다. 각도와 빛의 전력(와트 값), 즉 강도, 거리, 반지름 등의 영향으로 빛의 값을 다르게 조절할 수 있습니다.

❹ **Area** : 표면의 반사체로 발생하는 빛을 만들고 특정 영역의 조명을 생성합니다. 모양별로 직각형, 정사각형, 타원 등의 크기 값에 따른 조명입니다.

잠깐만요 생성한 라이트 종류 변경

생성되어 있는 라이트의 종류를 변경할 수 있습니다. 변경할 라이트를 선택하고 Properties 패널의 [Object Data()] 탭을 살펴보면 그림 2-28처럼 라이트의 종류가 표시되며, 옵션을 설정해 색상이나 빛의 세기 등을 원하는 형태로 조절할 수 있습니다.

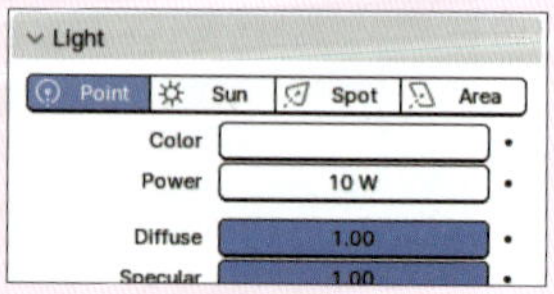

그림 2-28 Light 옵션

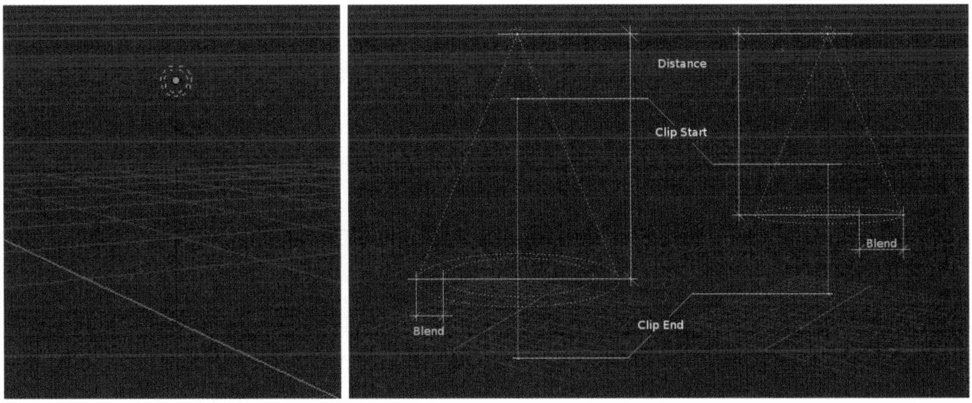

그림 2-29 Point/Sun Light 전 방향성 조명(좌)/Sport Light 원뿔 조명(우)

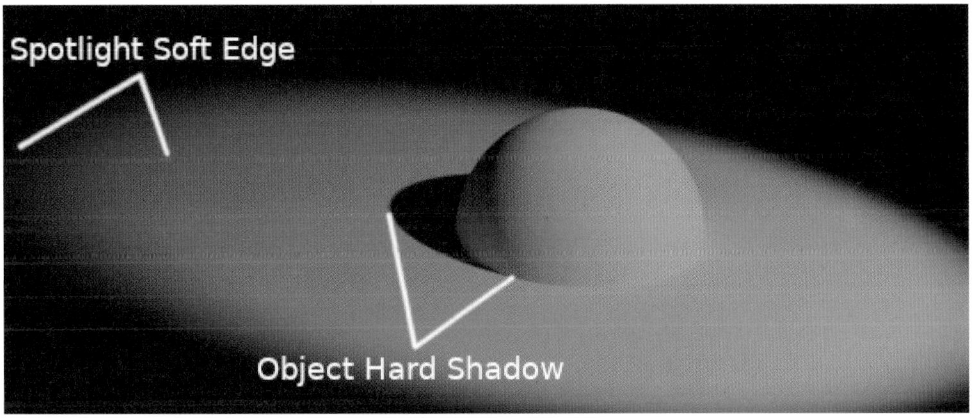

그림 2-30 빛과 그림자

조명의 Spotlight(스포트라이트)가 비추는 영역과 특정 원뿔 각도에 따라 그림자가 형성되며, Spotlight의 중심부로부터 부드럽게 퍼집니다. 2개 이상의 조명을 사용하여 다양한 색상을 연출할 수도 있습니다.

Save

파일을 저장하는 방법입니다. 작업하고 있는 원본 파일을 저장하려면 메뉴에서 〔File〕 → Save(Ctrl+S)를 실행합니다.

다른 이름으로 저장하려면 같은 경로에서 Save as를 실행하거나 Shift+Ctrl+S를 눌러 표시되는 Blender File View 대화상자에서 경로를 지정하고 이름을 설정해 저장합니다.

알아두세요 사본 저장은 Ctrl + Alt + S입니다.

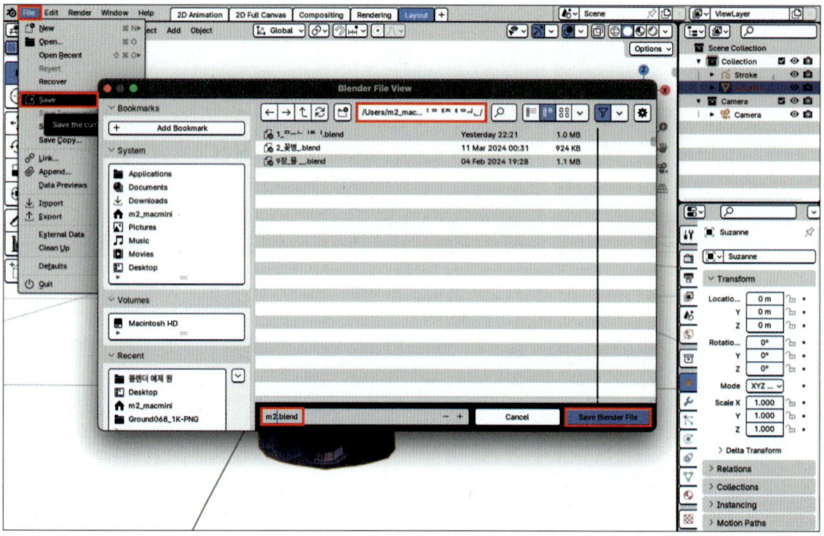

그림 2-31 파일을 저장하는 화면

잠깐만요 가져오기와 내보내기

저장 외의 Import(가져오기) & Export(내보내기) 확장자 파일은 그림 2-32와 같습니다.

이 중에서도 중요한 몇 가지 확장자 파일만 살펴보겠습니다.

- **STL** : 건축 3D 캐드나 3D 인쇄 프린팅에 사용되는 확장자 파일입니다.
- **FBX(Autodesk Filmbox)** : 타 프로그램의 제품에서 게임 개발사용 또는 애니메이션을 포함된 개체를 내보내고 많이 사용합니다. 특히 유니티와 연계된 파일을 보낼 때 많이 사용하는 확장자 파일입니다. 오토데스크 사, 즉 3D MAX, Maya 등 프로그램 제작사로 Node, 3D Mesh, Video, Data 동작이 저장됩니다.
- **DAE(Collaborative : Digital Asset Exchange)** : Sony 사에서 제공하는 xml 기반 3D 이미지 파일입니다.

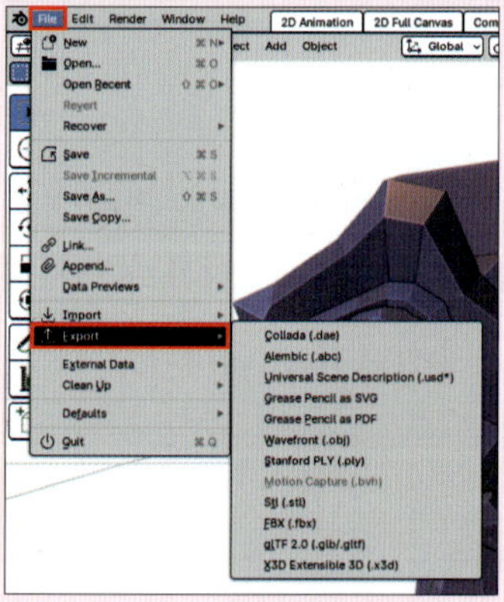

그림 2-32 블렌더에서 사용할 수 있는 확장자 파일들

2.9 블렌더 실습 1 : 회전의자 만들기

회전된 곡선 의자를 만들기 위해 처음 이미지를 접하면 어려움을 느낄 수 있습니다. 예제에서는 어렵지 않게 과정을 하나씩 따라하면서 배우며, 스스로 다른 오브젝트를 구성할 때 사용할 수 있도록 구성한 활용 예제입니다. 처음부터 곡선을 생각하는 것이 아니라 면, 박스(큐브) 형태에서 변형해서 만드는 과정을 실습합니다.

완성 파일 : 02\회전의자_완성.blend

의자 앉는 부분 만들기

❶ Shift+A를 눌러 표시되는 Add 창에서 Mesh → Cube를 실행하여 오브젝트를 생성합니다.

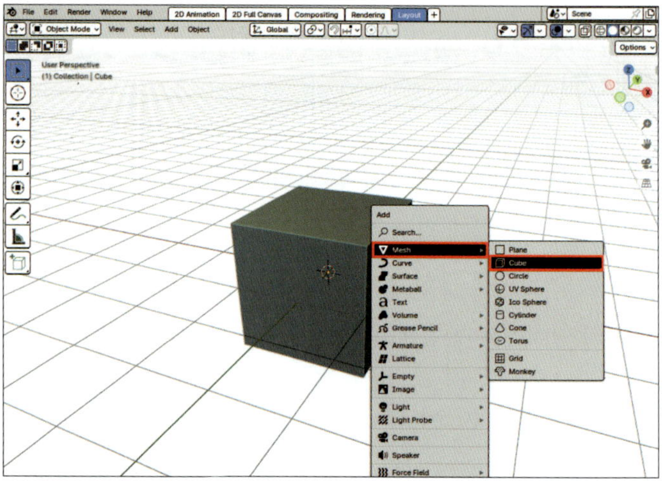

TIP 3D Cursor는 World Origin(X, Y, Z 공통 중심점)에서 시작합니다.

❷ Tab을 눌러 Edit Mode로 전환합니다. 3을 눌러 선택 모드를 Face로 변경합니다. 위/앞/왼쪽/오른쪽 등 앉는 면과 등받이를 제외한 나머지 면을 선택하고 X를 누르고 Faces를 실행하여 삭제합니다.

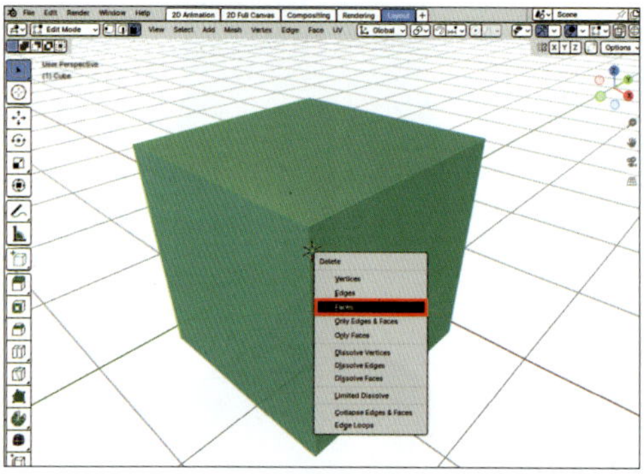

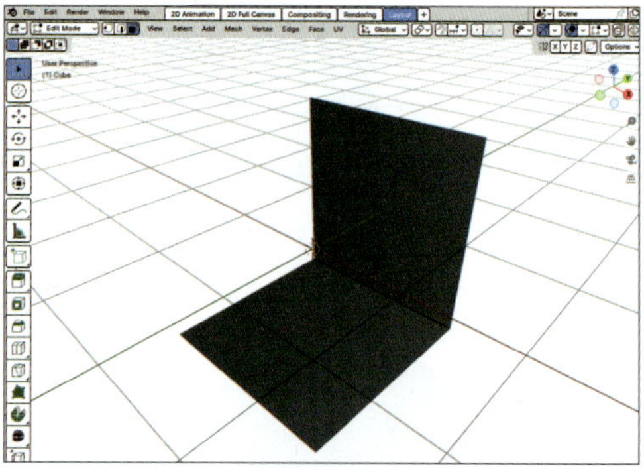

❸ 오브젝트를 수평선 위로 올리겠습니다. Tab을 눌러 Object Mode로 전환합니다. 의자 오브젝트를 선택하고 G–Z를 누른 다음 '1'을 입력하여 수평선 위로 이동합니다. 1을 입력할 때는 두 번 눌러 11이 되지 않게 주의합니다.

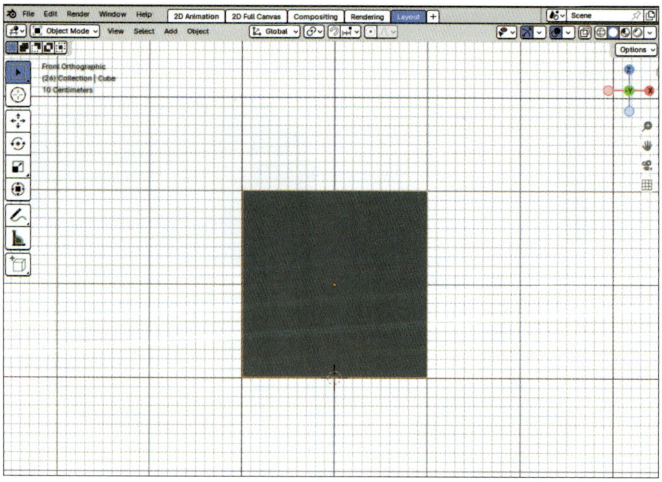

TIP 단축키를 입력할 때 대소문자 구분은 없습니다. 하지만 항상 영문 키로 설정되어 있는지, 월드 중심점인지, Object/Edit Mode인지 확인해야 합니다.

❹ 아직 배운 기능은 아니지만 Loop Cut으로 오브젝트를 자르겠습니다. Loop Cut을 사용하기 위해 Tab을 눌러 Edit Mode로 전환하고 Ctrl+R을 눌러 그림과 같이 오브젝트 중심에 선을 추가하여 잘라냅니다.

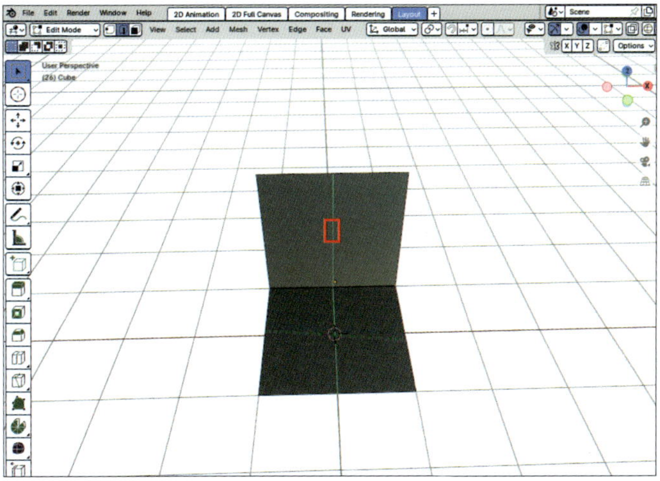

TIP Loop Cut은 3단계를 거치는 작업 방법입니다. ❶ 클릭 후 어디를 만들지 가로세로 선택 ❷ 마우스 휠을 돌려 선의 수를 설정 ❸ 클릭하여 위치를 잡을 수 있습니다.

❺ 3을 눌러 선택 모드를 Face로 변경합니다. 왼쪽 면을 선택하고 X를 눌러 Faces를 실행해 삭제합니다.

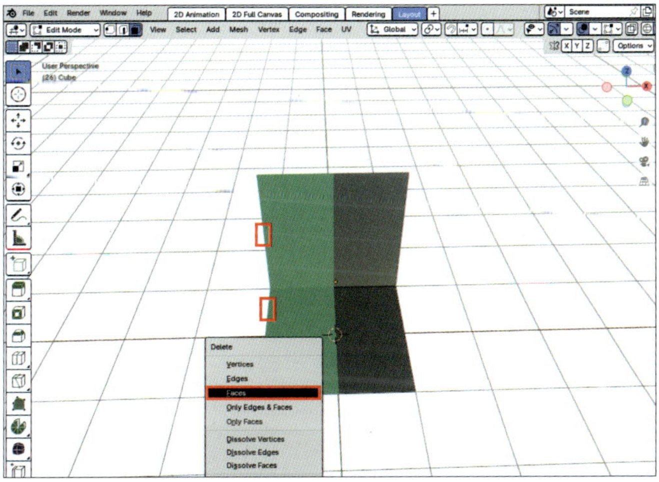

❻ 다시 Tab을 눌러 Object Mode로 전환하고 3D Cursor를 중심으로 이동하기 위해 먼저 오브젝트를 이동하겠습니다. 숫자 키패드 3을 눌러 오른쪽 시점으로 변경하고 G-Y를 누른 다음 '1'을 눌러 3D Cursor를 의자 중심으로 이동합니다.

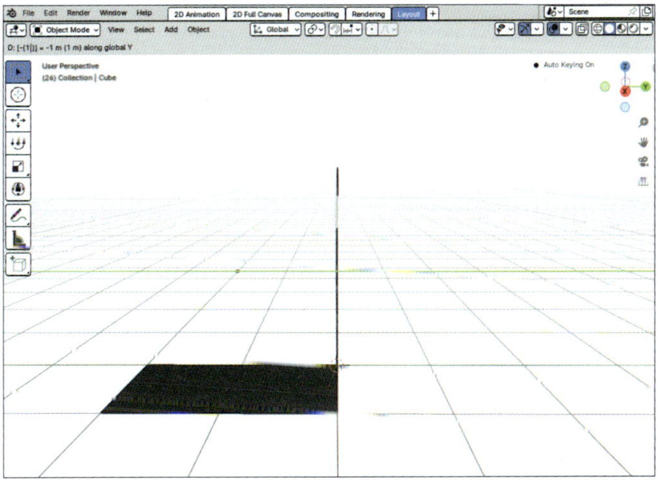

TIP 3D Cursor를 이동할 때 세부적인 수치는 시작 위치에 따라 달라질 수 있습니다. 목적은 중앙으로 이동하는 것으로 세부적인 수치를 조절하여 오브젝트를 중앙으로 이동해 보세요.

❼ 중앙에 있는 Origin을 3D Cursor로 이동하기 위해 마우스 오른쪽 버튼을 클릭하여 Set Origin → Origin to 3D Cursor를 실행해 이동합니다.

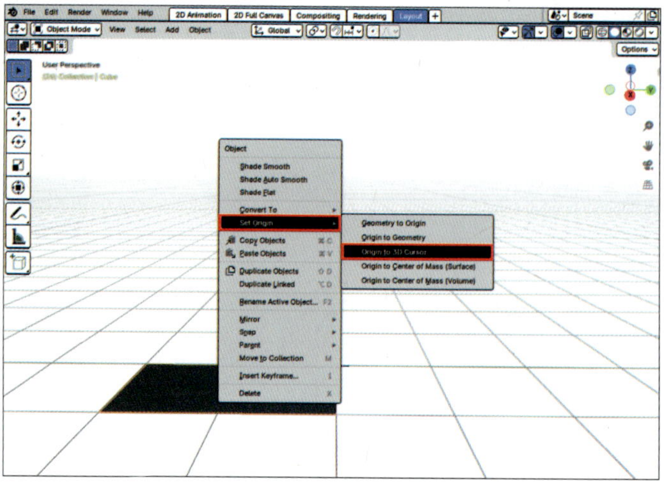

❽ Properties 패널의 〔Modifiers(🔧)〕 탭을 선택합니다. 의자 오브젝트를 선택하고 'Add Modifier'를 클릭한 다음 Generate → Mirror를 실행합니다.

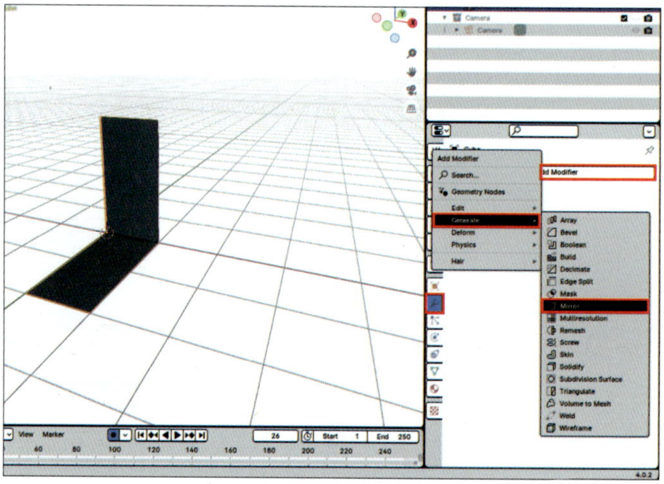

❾ 〔Modifiers(🔧)〕 탭에 Mirror 설정 창이 표시되면서 X축(Axis)으로 반전 복사된 오브젝트가 나타납니다.

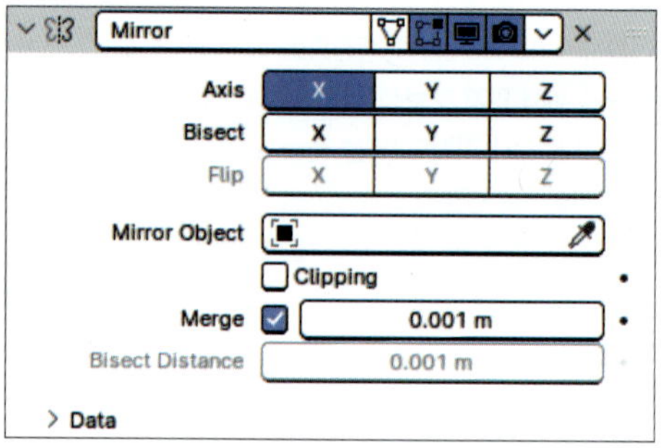

⑩ Mirror 설정으로 반전 복사한 오브젝트를 Loop Cut으로 자르겠습니다. Tab을 눌러 Edit Mode로 전환하고 Ctrl+R을 눌러 그림과 같이 아랫면과 옆면에 각각 2줄을 만들어 잘라냅니다. 어디까지나 예제이며, 똑같이 2줄로 만들 필요는 없습니다. 줄거나 오히려 더 늘려도 무방합니다. 중요한 것은 제작하는 방법을 이해하면 됩니다.

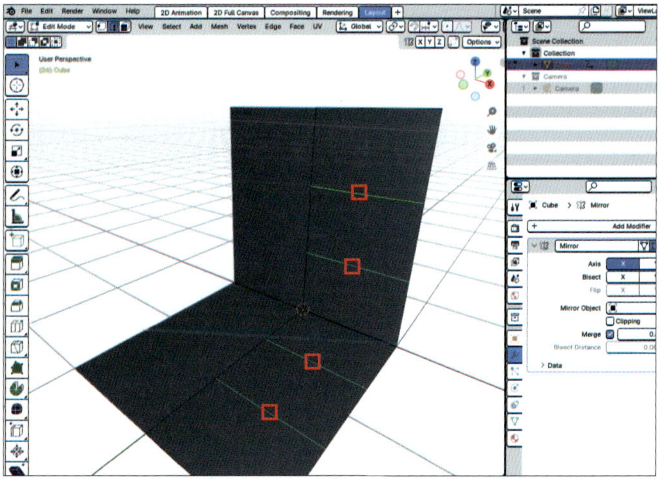

⑪ 숫자 키패드 3를 눌러 Right View로 시점을 이동하고 1을 눌러 선택 모드를 Vertex로 변경합니다. 이동할 점을 선택하고 G를 눌러 이동하면서 그림과 같이 면을 살짝 둥글게 만듭니다.

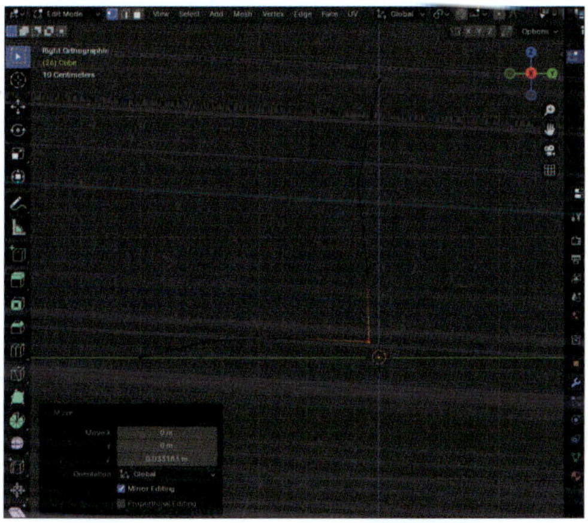

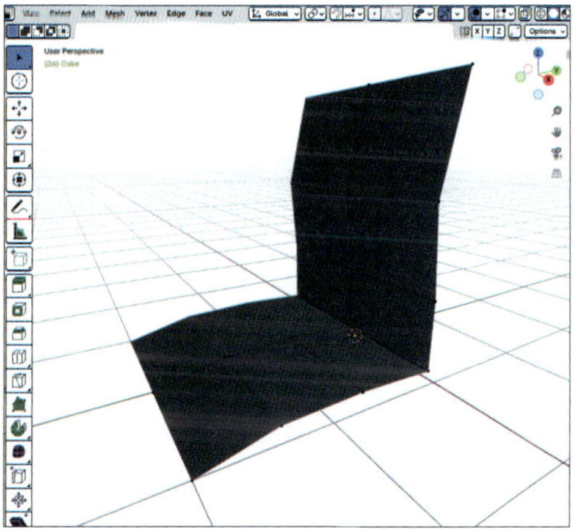

⑫ Ctrl+R을 눌러 그림과 같이 세로로 Loop Cut을 하나 더 추가합니다.

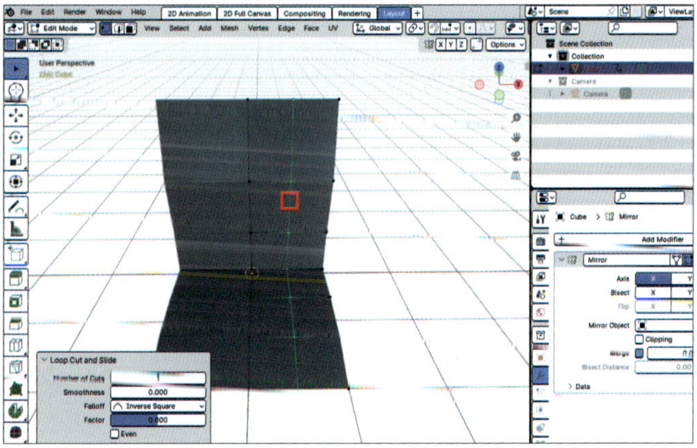

⑬ 숫자 키패드 [7]을 눌러 Top View로 시점을 변경하고 이동할 점을 선택한 다음 [G]를 눌러 둥근 모양의 굴곡선을 하나씩 만들어갑니다.

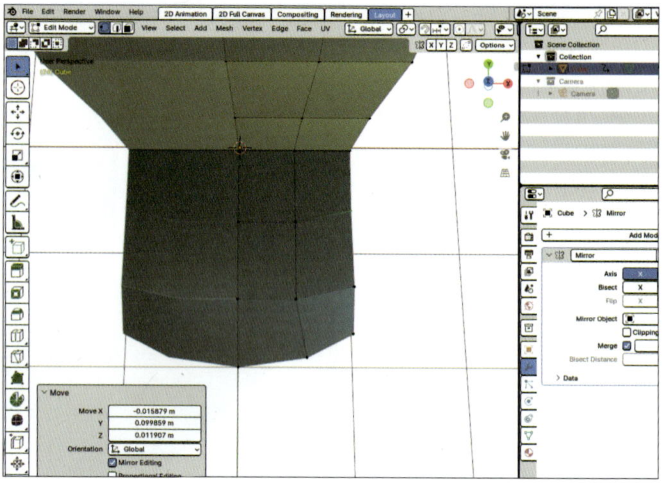

⑭ Mirror 기능을 보이지 않게 하면 좀 더 복잡하지 않는 곡선을 쉽게 알아볼 수 있습니다. Properties 패널의 Mirror 설정 창에서 모니터 모양의 'Realtime' 아이콘()을 클릭하여 비활성화합니다.

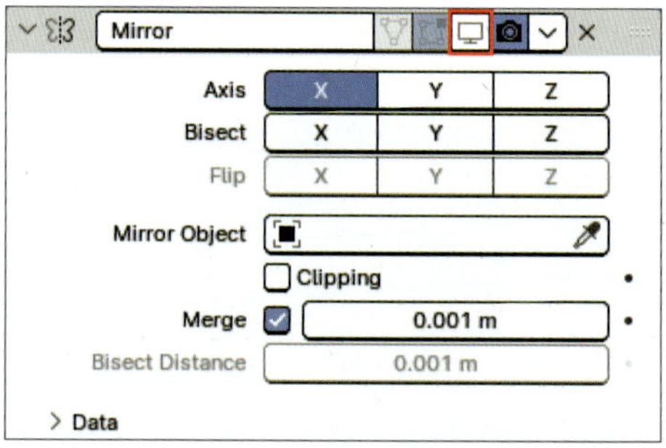

⑮ 숫자 키패드 [1]을 눌러 Front View 시점으로 변경하고 점을 선택한 다음 [G]를 눌러 점을 이동해 등 받침의 곡선을 자연스럽게 만듭니다.

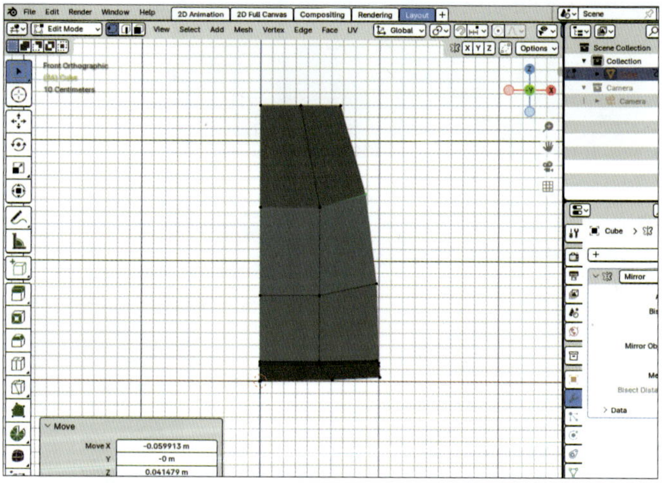

⑯ 2를 눌러 선택 모드를 Edge로 변경합니다. Alt를 누른 상태로 그림과 같이 안쪽 꺾이는 선을 선택하여 루프 선택하고 E를 눌러 면을 돌출시켜 증가합니다.

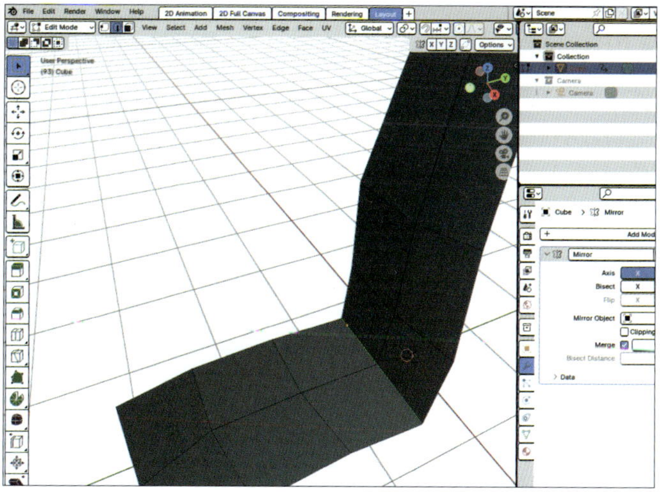

TIP 이어진 특정 선을 선택할 때는 Alt를 누른 상태로 클릭합니다. 만약 선이 연결되지 않는다면 Shift를 누른 상태로 하나하나 선을 클릭하여 선택합니다.

⑰ Bevel을 실행하기 위해 Ctrl+B를 누르고 클릭하여 면을 둘로 쪼개어 줍니다. Bevel은 선 면을 추가로 나누어 주는 기능입니다.

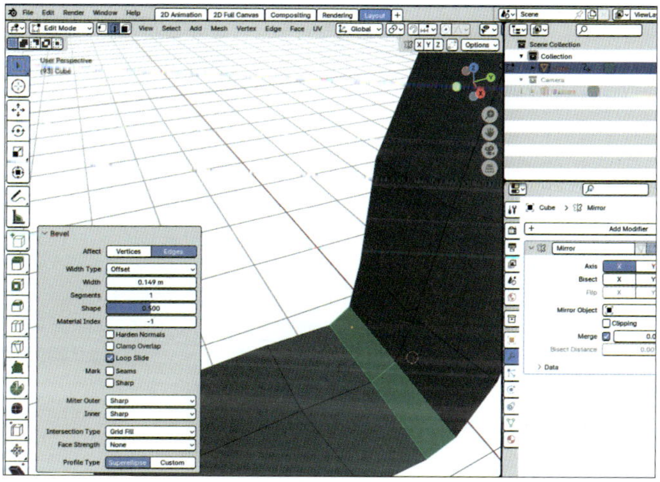

⑱ Bevel은 적용된 상태에서 드래그하면 됩니다. 만약 2개 이상 증가시키고 싶을 땐 휠을 돌리거나 Operation 패널에서 Segments 개수를 설정하여 증가시킵니다.

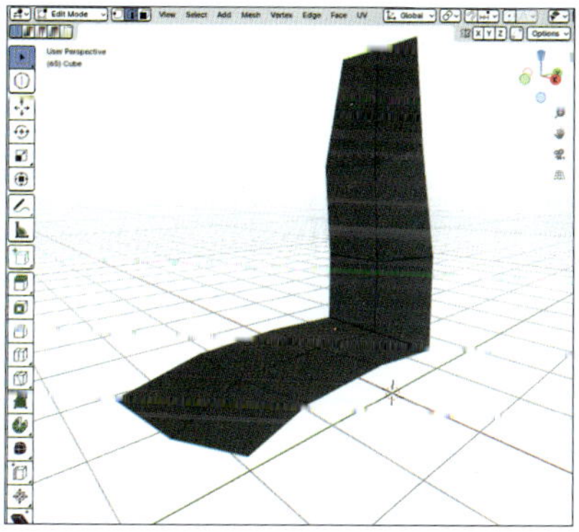

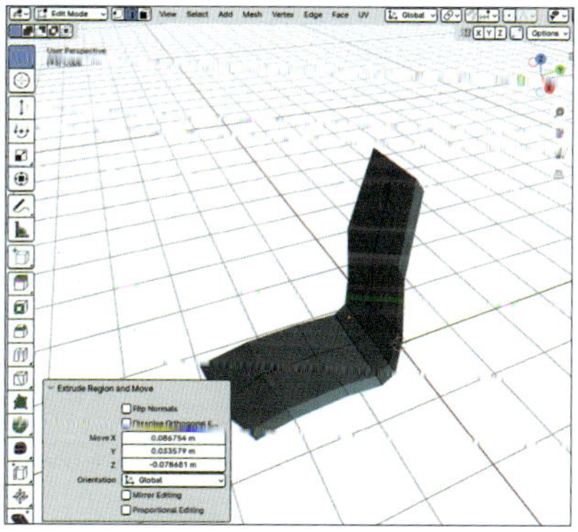

⑲ Properties 패널에서 Mirror 기능을 다시 보이게 하면 양 끝 쪽 벌어진 부분이 생깁니다.

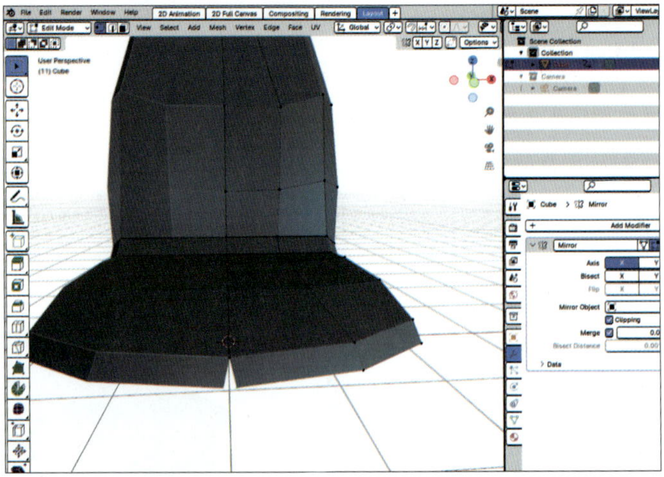

⑳ 'Clipping'을 체크 표시하면 서로 붙는 순간 더 이상 떨어지지 않습니다. 이는 한 점을 선택해서 서로에게 가깝게 이동시키면 자석처럼 붙습니다.

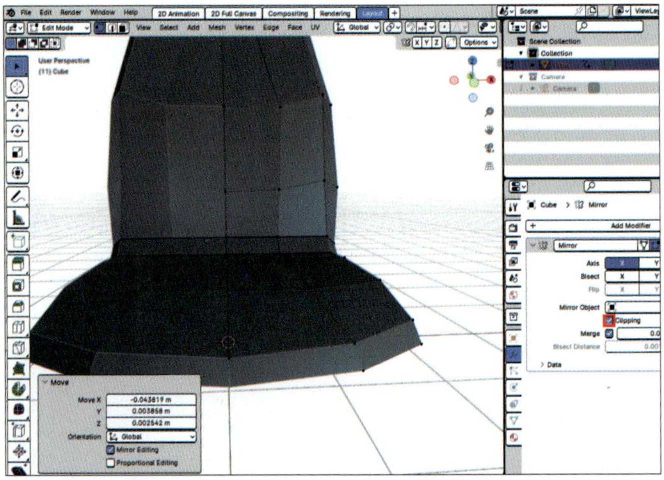

㉑ Add Modifier → Generate → Subdivision Surface를 실행하고 Levels Viewport를 '3'으로 설정합니다.

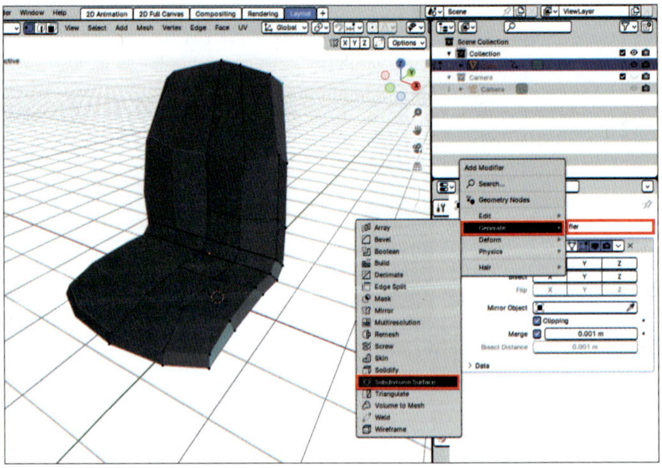

TIP Subdivision Surface 기능은 자주 사용하므로 단축키를 알고 있으면 빠르게 적용시킬 수 있습니다. Ctrl+1~6을 누르면 바로 적용됩니다.

㉒ Object Mode에서 오브젝트에서 마우스 오른쪽 버튼을 클릭하여 Shade auto Smooth를 실행합니다.

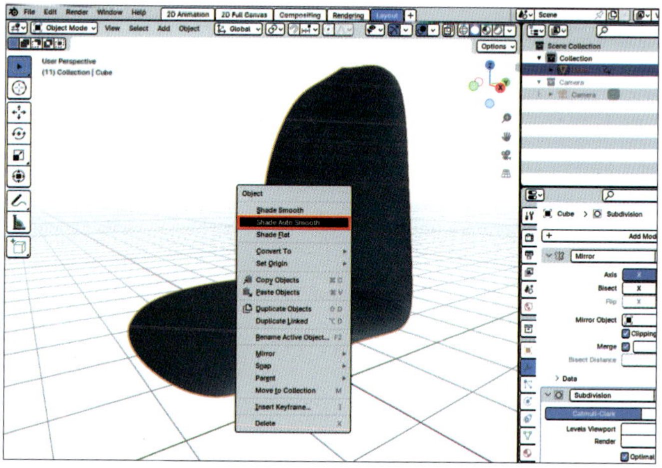

㉓ 오브젝트에 두께를 주기 위해 Properties 패널에서 Add Modifier – Solidify를 실행하고 설정 창에서 Thickness 값을 증가시켜 두께감을 추가합니다. Solidify는 두께를 생성하는 Modifier(모디파이어)로, 두께 크기 및 방향은 안쪽, 바깥쪽으로 조절이 가능합니다.

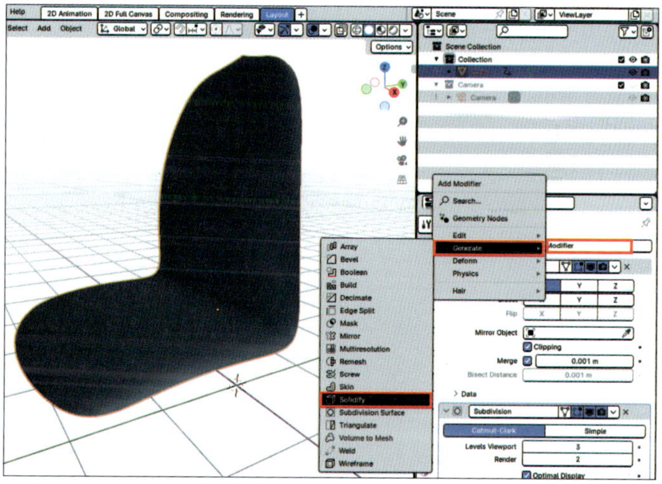

㉔ 의자의 앉는 부분이 완성되었습니다. 참고로 완성된 의자 모양은 결과물과 동일할 수 없으나 많은 연습을 통해 결과물은 향상됩니다.

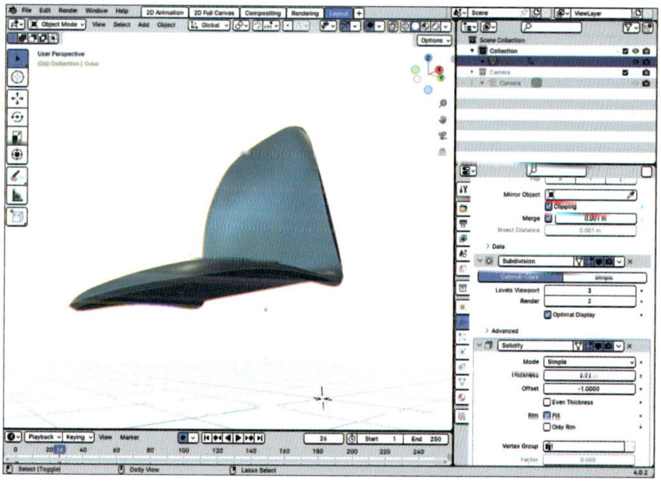

의자 다리 만들기

❶ 다리 모양을 만들면 회전의자 모델링이 완성됩니다. 간단하게 만들기 위해 Object Mode에서 Shift+A를 눌러 표시되는 Add 창에서 Mesh → Circle을 실행해서 원 오브젝트를 만듭니다.

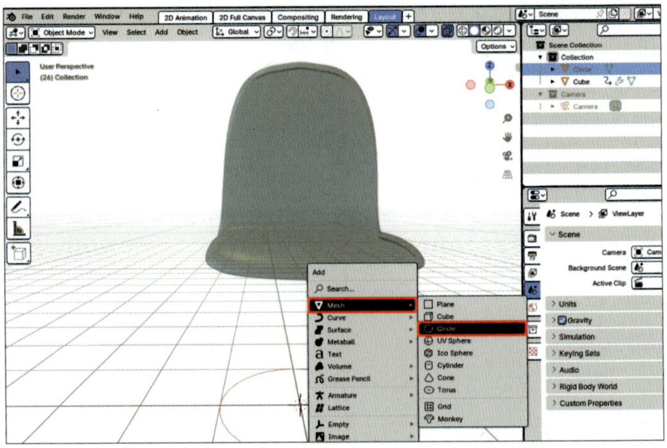

❷ Tab을 눌러 Edit Mode로 전환합니다. 오브젝트의 뒷면까지 전체 선택하기 위해 Alt+Z를 눌러 Toggle X-Ray를 활성화하고 오브젝트의 모든 점을 선택합니다.

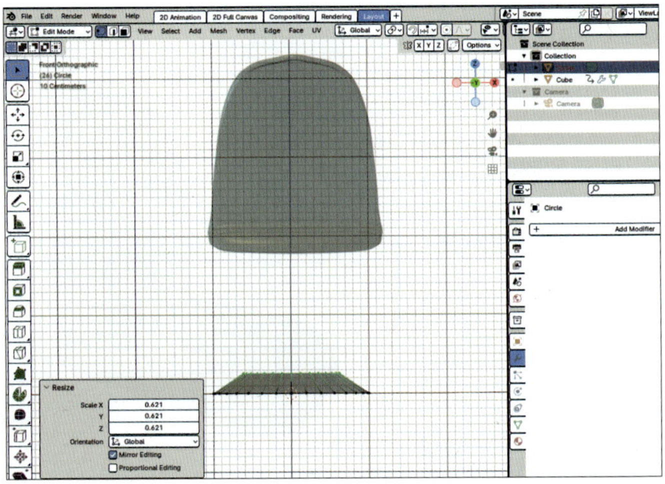

TIP 이때 편집은 2D 단면에서 편집하는 것이 편리하므로 숫자 키패드 1을 눌러 시점을 Front View로 변경하면 좋습니다.

❸ E-Z를 눌러 위로 돌출한 면을 만들고 S를 이용하여 위로 갈수록 크기를 줄여 모델링을 완성합니다.

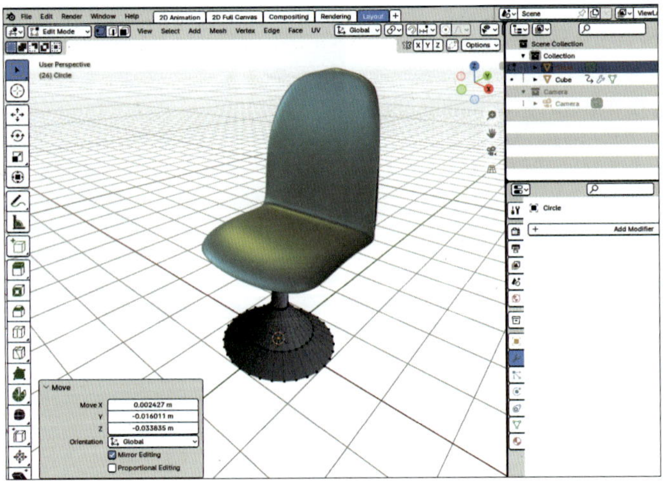

2.10 블렌더 실습 2 : 꽃병 만들기

곡면을 만들기 위해 커브를 사용한 예제입니다. 직선과 박스를 이용한 모델링으로 기초 모델링을 시작하여 기초를 잡았다면, 곡면 곡선을 이용한 모델링도 활용하는 것이 좋습니다. 곡면 곡선은 커브를 사용하여 간단하게 컵, 잔 등을 만들 때 응용할 수 있습니다.

완성 파일 : 02\커브꽃병_완성.blend

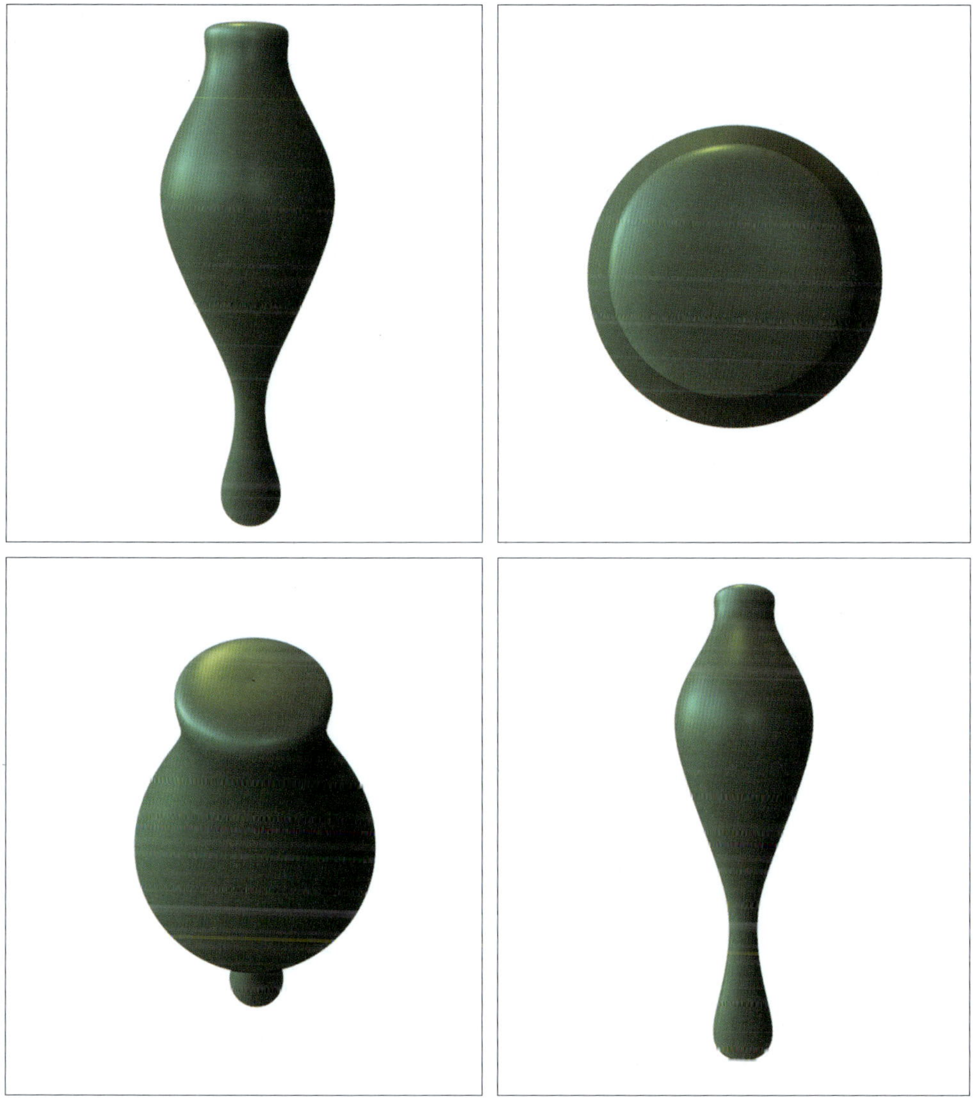

❶ Shift+A를 눌러 표시되는 Add 창에서 Curve → Path를 실행하여 패스선을 만듭니다.

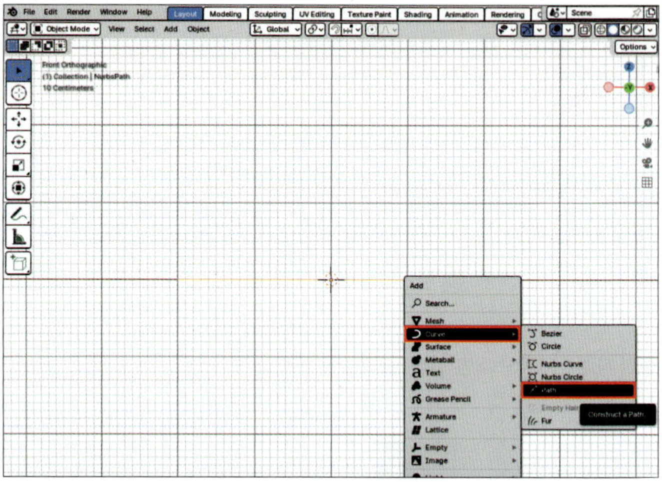

❷ 숫자 키패드 1을 눌러 Front View로 시점을 변경해 정확한 모양을 만들기 위한 환경을 만듭니다.

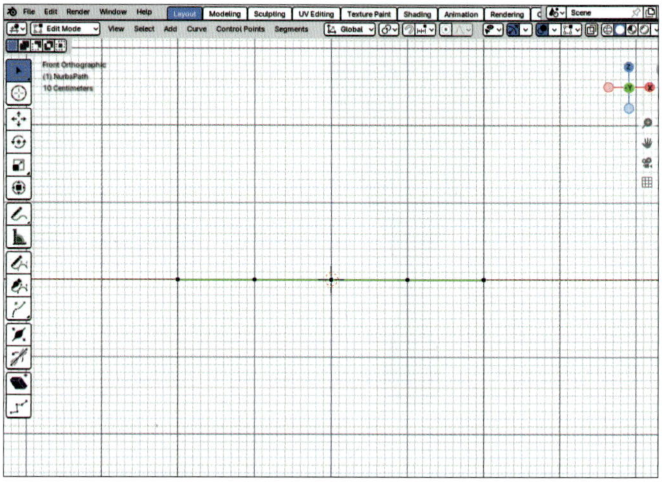

❸ R를 누르고 '90'을 입력하여 수직으로 회전합니다.

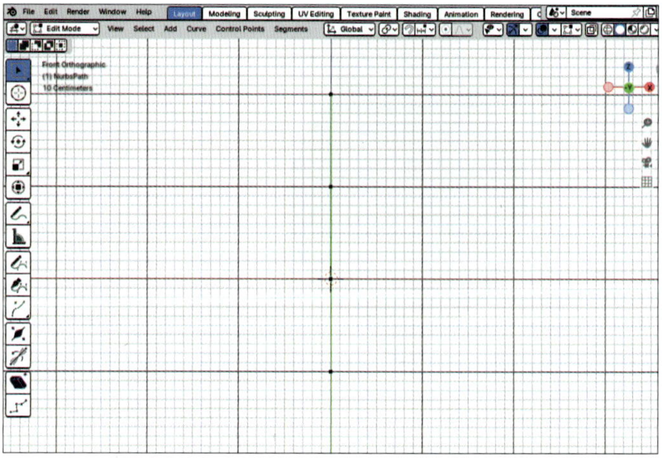

❹ 길이를 늘이기 위해 마지막 점을 선택하고 G-Z를 눌러 이동합니다. 점의 수를 늘리기 위해 오브젝트의 점을 모두 선택하고 마우스 오른쪽 버튼을 클릭한 다음 Subdivide를 실행합니다.

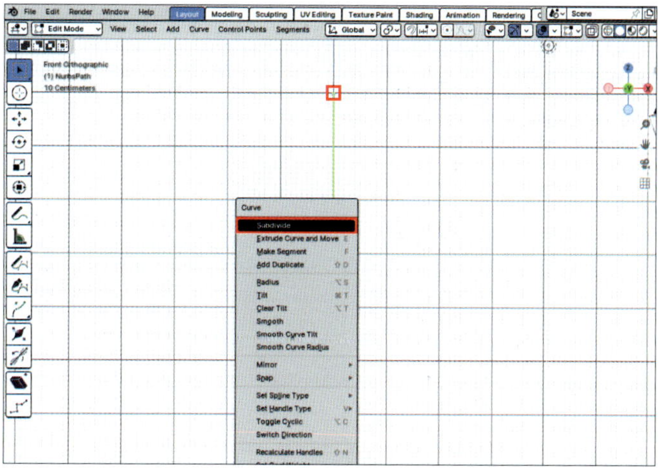

❺ 왼쪽 하단에 표시되는 Operation 패널에서 원하는 수치로 세부적으로 조절할 수도 있습니다.

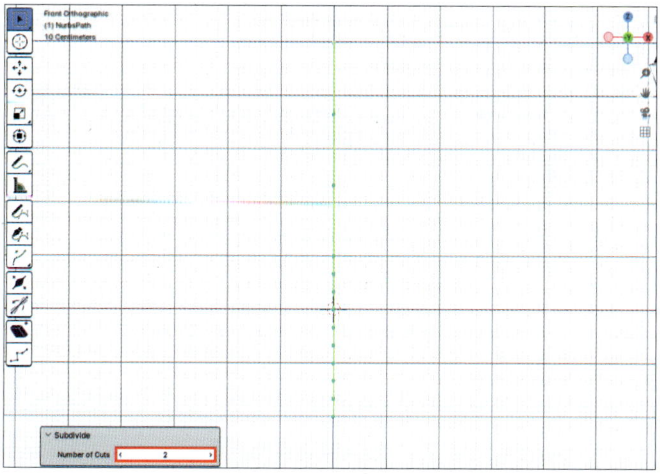

❻ 꽃병 모양으로 회전될 모양을 생각하면서 점을 하나씩 선택하고 G를 눌러 이동해 곡선 모양을 만듭니다.

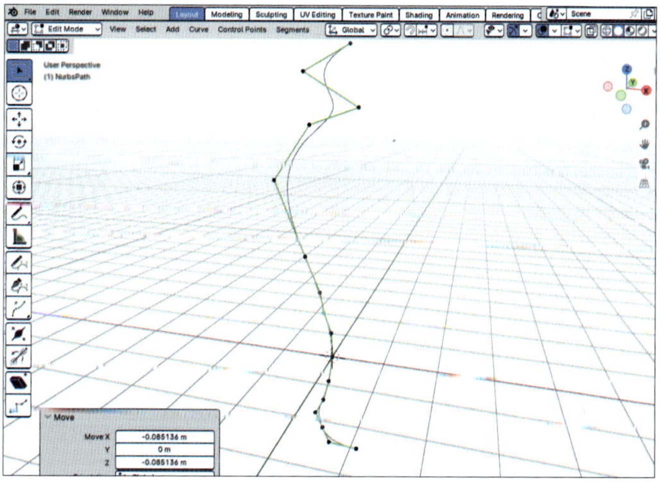

❼ Tab 을 눌러 Object Mode로 전환하고 3D Cursor와 Origin의 중심으로 Path를 이동합니다.

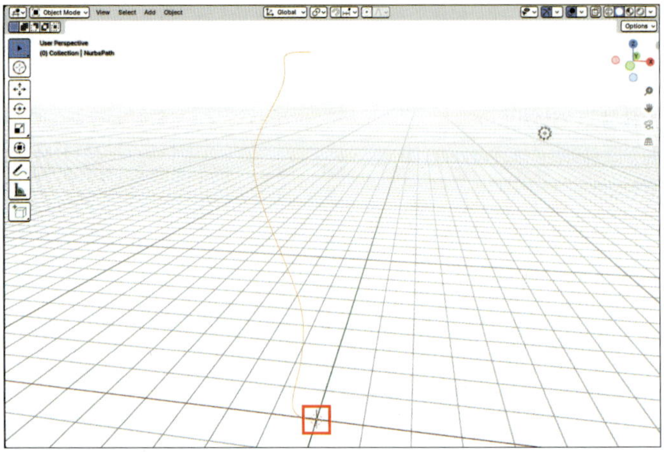

❽ 3D 오브젝트로 만들기 위해 선으로 된 Path를 선택하고 Properties 패널의 [Modifiers( )] 탭에서 Add Modifier → Screw를 실행합니다.

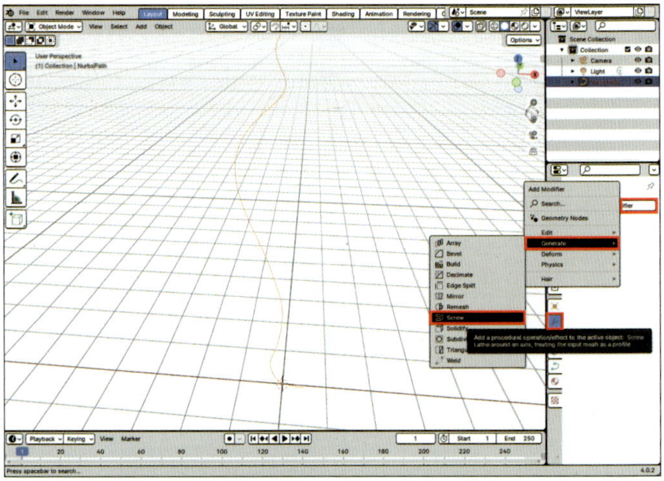

❾ 오브젝트가 360° 회전되어 모델링됩니다. 회전된 오브젝트가 마음에 들지 않는다면 여러 번 점들의 위치를 재수정해서 원하는 형태로 완성합니다.

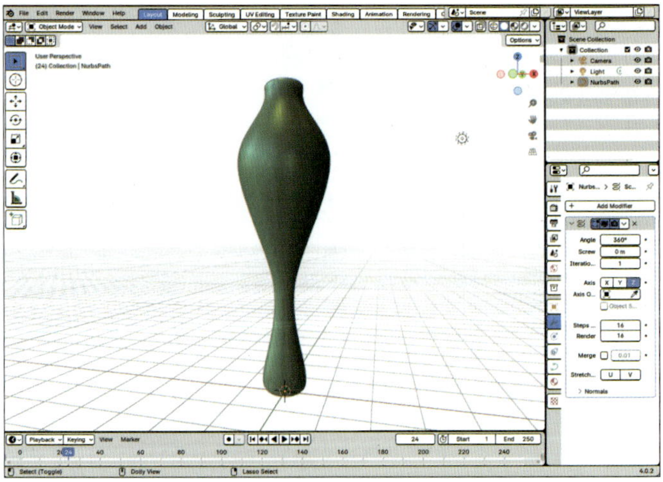

응용 문제

다양한 꽃병, 유리잔, 컵, 와인잔 등 360° 회전되어 나타나는 모든 오브젝트를 만들 수 있습니다. 이 부분은 초보자 수준의 커브 기능을 활용한 예제로, 좀 더 디테일한 작업은 앞으로 배우는 기능들을 하나씩 배워 응용해 퀄리티를 높입니다.

이 예제에서는 Axis 축의 값에 따라 회전 모양이 달라집니다. Angle의 값 360을 활용해 사용자가 원하는 모양의 오브젝트를 만들 수 있습니다. 그림 2-33처럼 커브를 통해 다양한 예제를 만들 수 있습니다.

그림 2-33 다양한 형태의 와인잔 모델링

2.11 블렌더 실습 3 : 와인잔 만들기

Curve를 이용하여 와인잔을 만들겠습니다. 와인잔은 다양한 방법으로 만들 수 있지만, 여기에서는 Curve 기능을 학습하기 위해 Curve의 기능을 활용하는 것에 집중합니다. 다양한 응용력으로 유사한 모델링을 만들 수 있는 능력을 길러봅시다.

예제 파일 : 02\와인잔.png　　완성 파일 : 02\커브와인잔_완성.blend

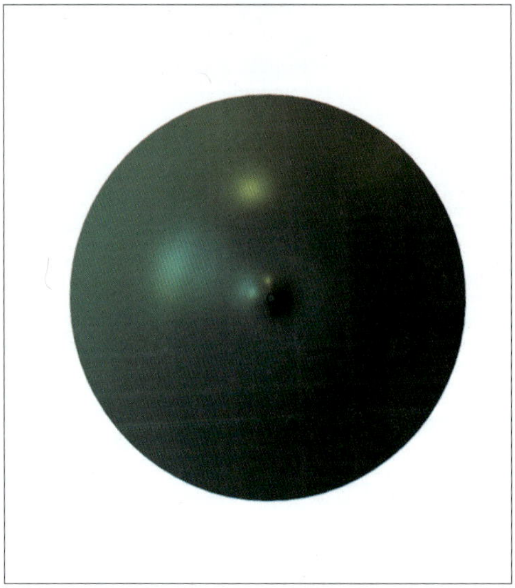

❶ 앞서 작업한 예제와 같이 Curve를 통해 응용한 와인잔을 만들어 봅니다. Shift+A를 눌러 표시되는 Add 창에서 Curve → Path를 실행합니다.

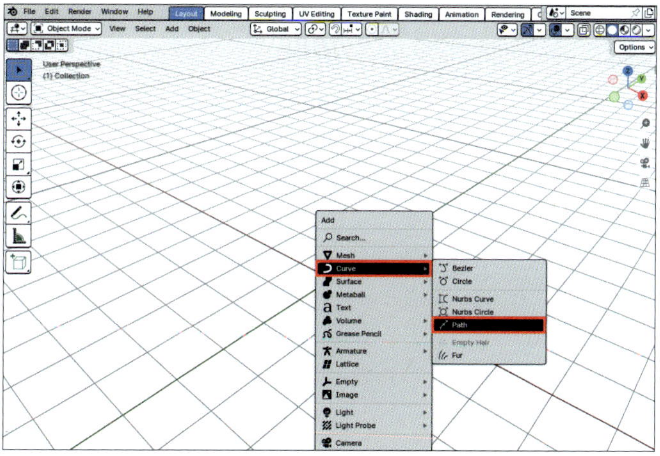

❷ 이미지를 이용한 모양 그대로의 모습으로 모델링하겠습니다. 와인잔의 정교함을 위해 02 폴더에서 '와인잔.png' 파일을 불러옵니다.

TIP 이미지를 불러오려면 Object Mode의 Header 패널에서 [Add] → Image → Reference를 실행합니다.

❸ 이미지의 투명도를 낮추기 위해 Properties 패널의 [Object Data( )] 탭을 선택하고 'Opacity'를 체크 표시한 다음 '0.8'로 설정합니다. 이미지가 불투명해지면 만든 Path 오브젝트를 선택하고 Tab을 눌러 Edit Mode로 전환합니다.

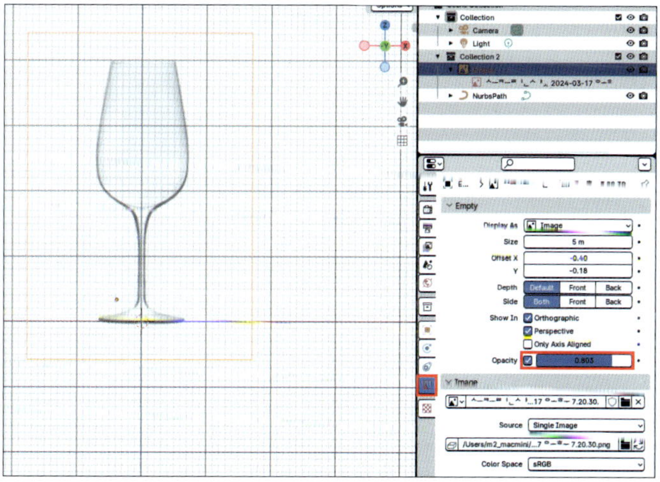

❹ 패스선에서 마우스 오른쪽 버튼을 클릭하여 Subdivide를 실행해 점을 나누어 추가합니다.

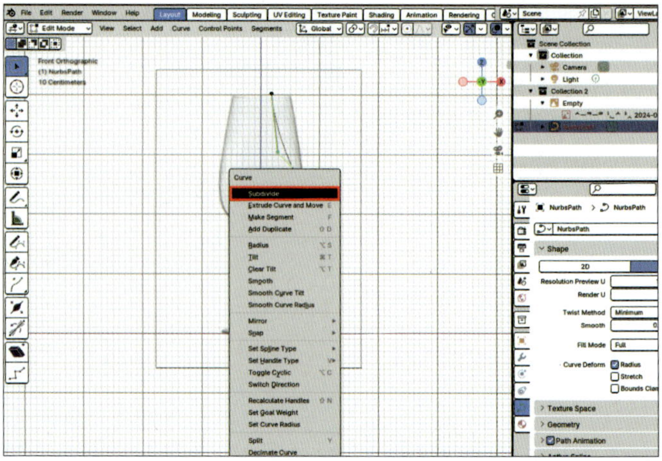

❺ 점들을 선택하고 G를 눌러 이미지의 와인잔 모양에 맞춰 이동합니다.

TIP 또 다른 방법은 점을 선택하고 E를 눌러 증가(추출)시키면서 추가할 수 있습니다.

❻ 반쪽 와인잔 모양이 완성되면 Properties 패널의 [Modifiers(🔧)] 탭에서 Add Modifier → Generate → Screw를 실행합니다.

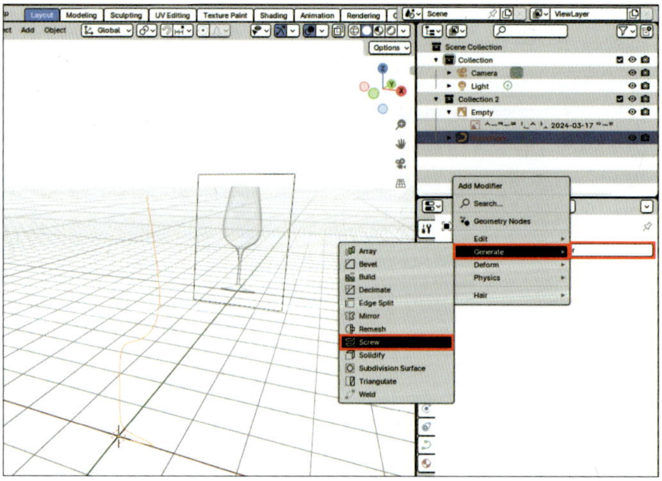

❼ 패스선이 회전되면서 와인잔 모델링이 완성됩니다.

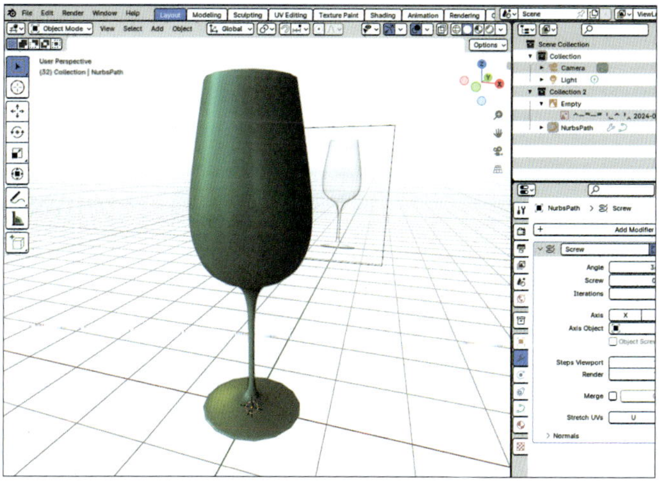

❽ 마지막으로 오브젝트를 선택하고 Ctrl+2를 눌러 Subdivision Surface 기능을 적용해 부드러운 곡선으로 완성도를 높여줍니다.

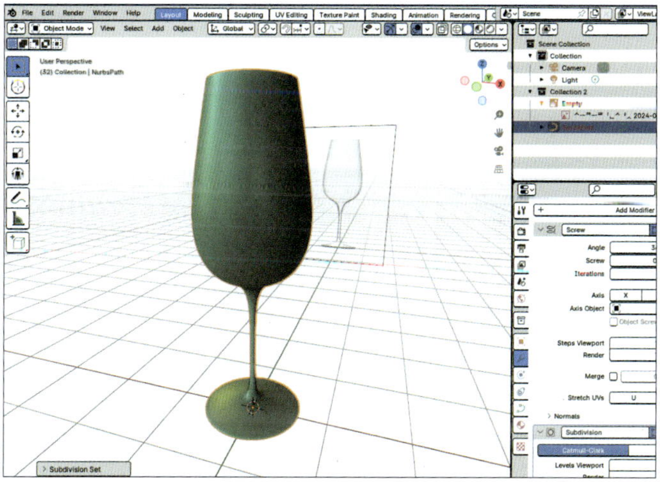

TIP 커브 작업 시 눈에 잘 안보일 때

커브를 작업할 때 화면에 커브가 잘 보이지 않을 수 있습니다. 이때 두께를 조절하여 커브를 잘 보이게 할 수 있습니다. Properties 패널의 〔Object Data(▽)〕 탭 → Geometry → Bevel의 〔Round〕 탭에서 Depth 값을 설정하면 커브에 두께가 생겨 작업 과정이 좀 더 편리합니다.

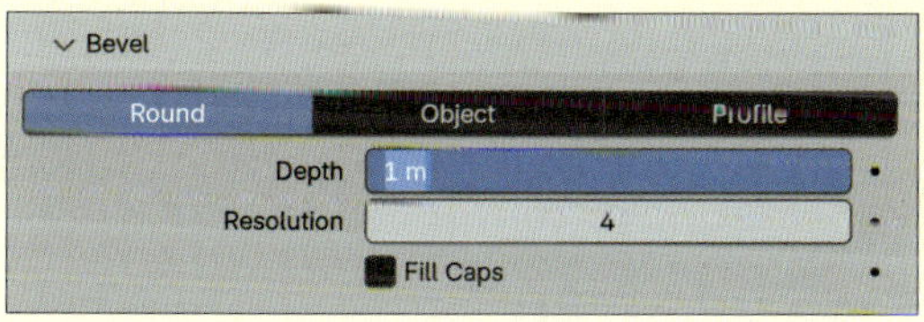

3장

Edit Mode 1

학 습 목 표

- Edit Mode를 학습합니다.
- Edit Mode와 Modifiers를 활용한 디테일한 모델링을 연습합니다.
- 반복 연습을 통해 Edit Mode를 숙달합니다.

3.1 Vertex / Edge / Face

Edit Mode에서 Vertex(점), Edge(선), Face(면)는 중요하고 기본 핵심이 되는 요소입니다. 앞으로 점, 선, 면은 버텍스, 엣지, 페이스로 기억하길 바랍니다. 이는 3D 프로그램 또는 게임엔진을 다룬다면 많이 사용되는 용어로, 익숙해지는 것이 좋습니다.

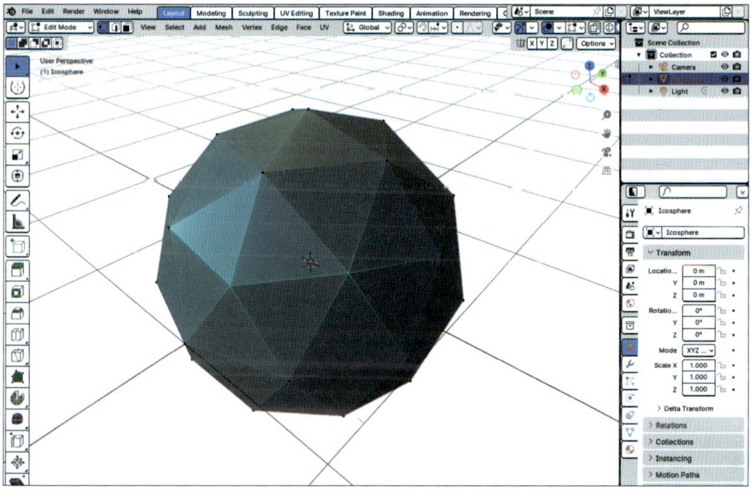

그림 3-1 블렌더의 Edit Mode

Edit Mode에서 Header 패널의 왼쪽에는 3개의 아이콘이 존재합니다. 왼쪽부터 점, 선, 면을 의미하며 보통 단축키를 많이 사용합니다. 키보드 숫자 [1], [2], [3]을 누르면 아이콘 선택이 변경되는 것을 확인할 수 있습니다. 이 선택 모드들을 이용하여 오브젝트의 이동, 회전, 크기를 변형할 수 있습니다.

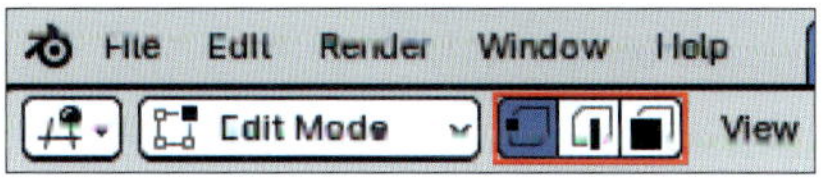

그림 3-2 Edit Mode의 선택 모드

선택 모드를 선택하고 변형할 점, 선, 면을 선택한 다음 G, R, S를 눌러 형태를 변형합니다. 작업 순서를 정리하면 '선택 모드 선택 – 형태 변형 G, R, S – 축 방향 결정 X, Y, Z – 세부 설정값 입력 또는 마우스로 형태 변형' 순서로 진행됩니다.

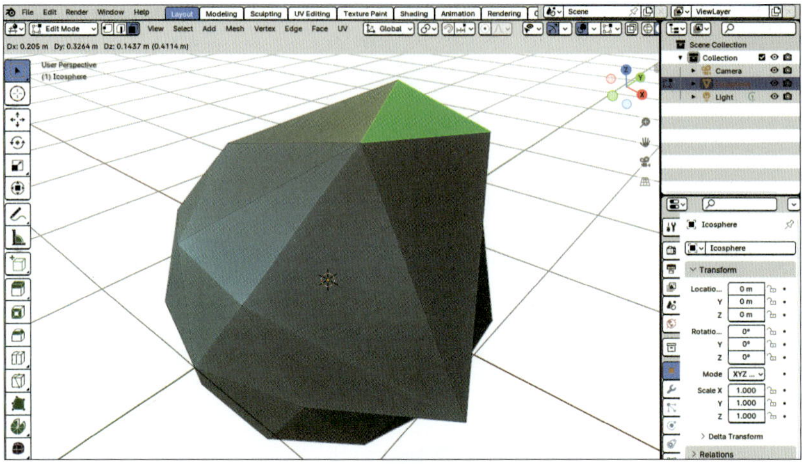

그림 3-3 Edit Mode에서 변형한 오브젝트

예를 들어, 숫자 키패드 1(또는 ~ → Front 실행)을 눌러 Front View 시점으로 변경한 모습에서 임의의 면을 선택하고 G – Z를 누른 다음 '2'를 입력하면 그림 3-4처럼 Z축으로 2칸 이동한 결과를 얻을 수 있습니다.

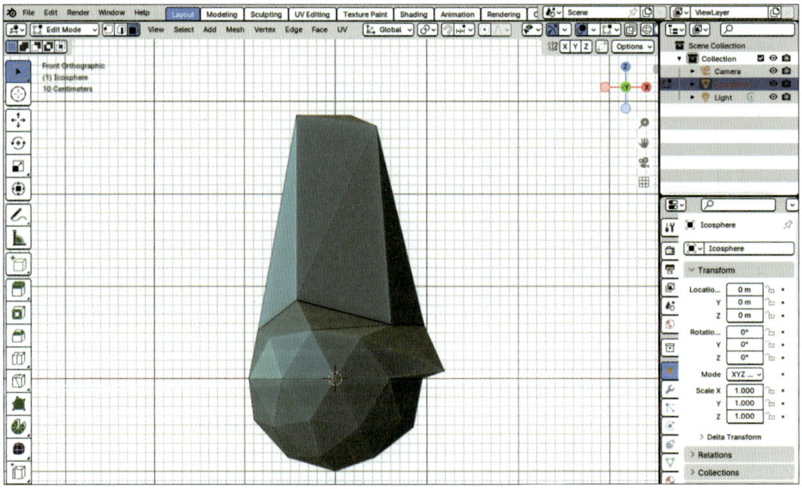

그림 3-4 Edit Mode에서 면을 이동한 모습

3.2 Edit Select

Select

Select(셀렉트)는 선택 툴로 Toolbar(T)에서 가장 위에 있는 도구입니다. 단축키는 W로, Edit Mode에서 사용할 수 있는 옵션은 다음과 같습니다.

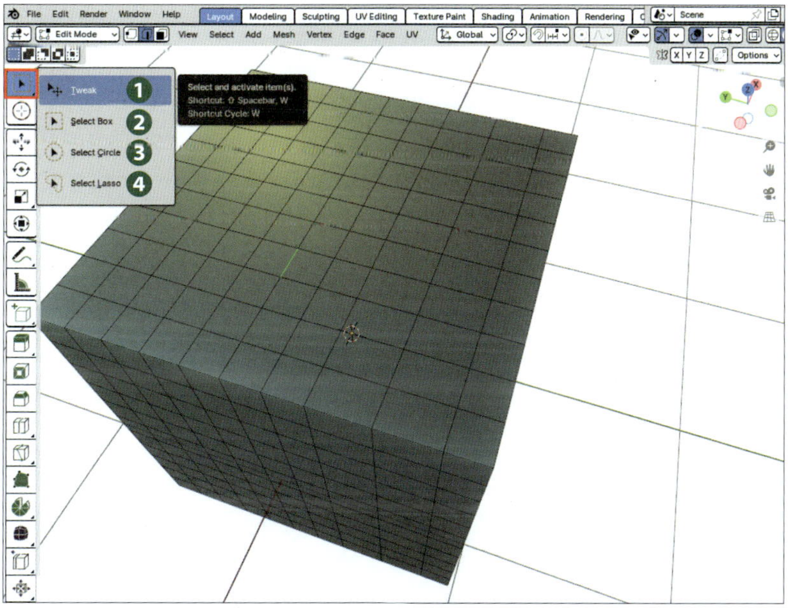

그림 3-5 Edit Mode의 Select

❶ **Tweak(비틀기)** : 활성화 도구입니다.

❷ **Select Box** : 박스 형태로 선택할 수 있는 도구입니다.

❸ **Select Circle** : 원 형태로 선택할 수 있는 도구입니다.

❹ **Select Lasso** : 라소 툴(자율) 형태로 선택할 수 있는 도구입니다.

Delete

앞서 〈1장〉에서 살펴본 것과 같이 Object Mode와 Edit Mode에서 선택 삭제는 다릅니다. Object Mode는 오브젝트를 선택하고 X를 눌러 삭제하거나 Header 패널에서 〔Object〕 → Delete를 실행하여 삭제합니다.

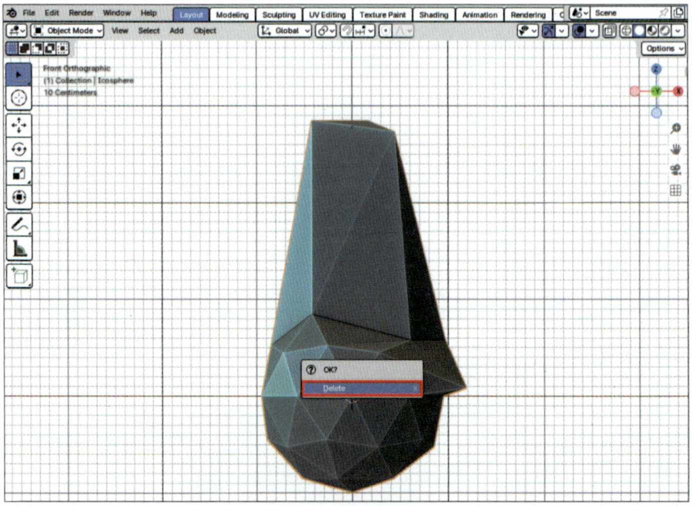

그림 3-6 Object Mode에서의 Delete

Edit Mode에서 점, 선, 면을 선택하고 X를 누르면 Object Mode와 다르게 다음과 같은 메뉴들이 표시됩니다.

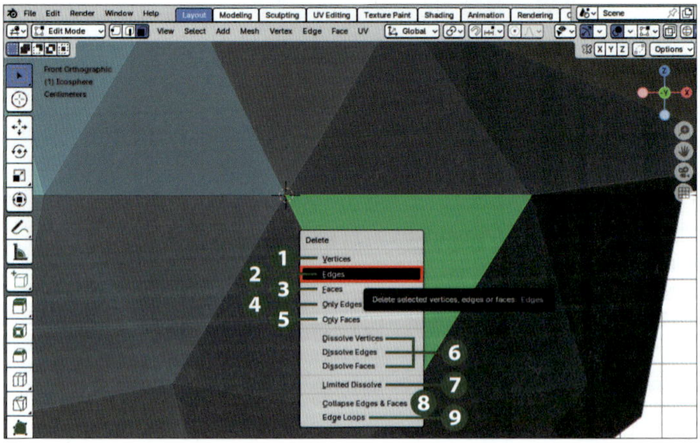

그림 3-7 Edit Mode에서의 Delete

❶ **Vertices** : 점을 삭제합니다.

❷ **Edges** : 선을 삭제합니다.

❸ **Faces** : 면을 삭제합니다.

❹ **Only Edges** : 오직 선만 삭제합니다.

❺ **Only Faces** : 오직 면만 삭제합니다.

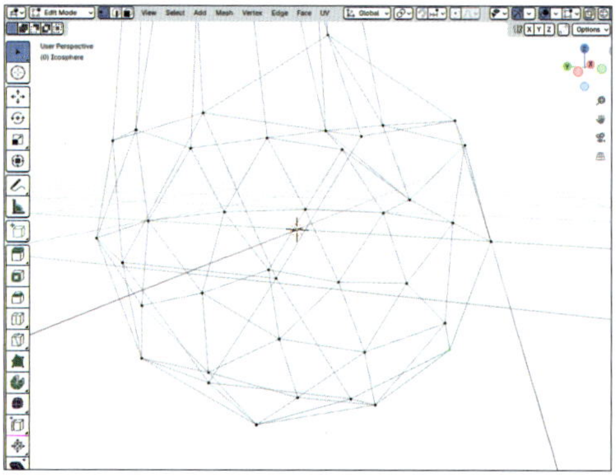

> **알아두세요** 면을 삭제하면 구멍이 생깁니다. 다시 구멍을 메우려면 F(New Edge/Face from Vertices)를 누릅니다.

❻ **Dissolve Vertices/Dissolve Edges/Dissolve Faces** : 형태는 그대로 유지되면서(구멍이 나지 않음) 표면에 있는 점, 선, 면이 삭제됩니다.

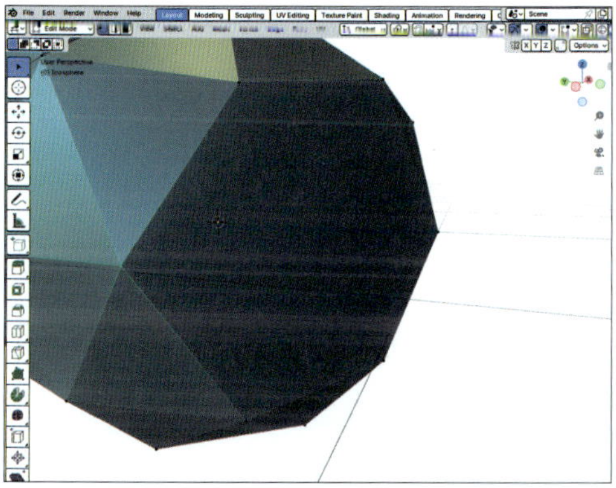

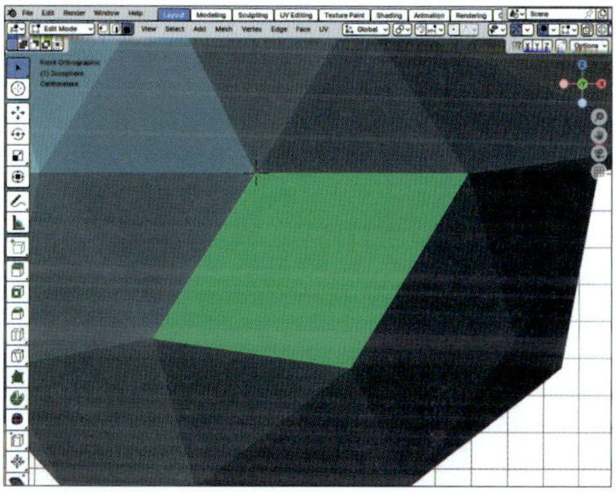

❼ **Limited Dissolve** : 형태는 그대로 유지되며 그 주변(인접한 것)까지 삭제되어 통합 면을 만듭니다.

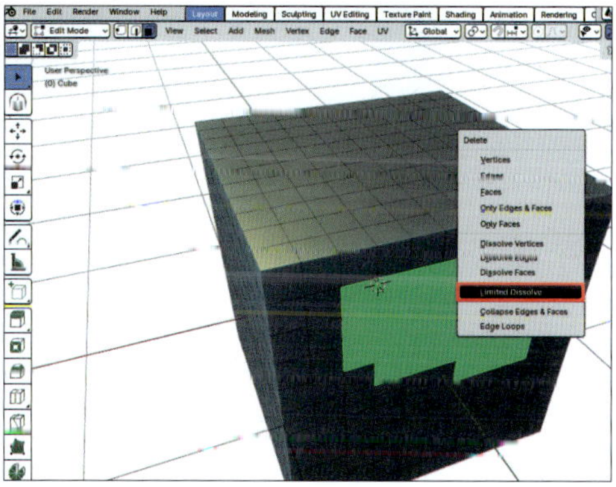

❽ **Collapse Edges & Faces :** 선과 면을 삭제하고 그 자리를 제외한 나머지가 합쳐집니다. 형태는 유지되며 선 또는 면의 일부가 사라집니다.

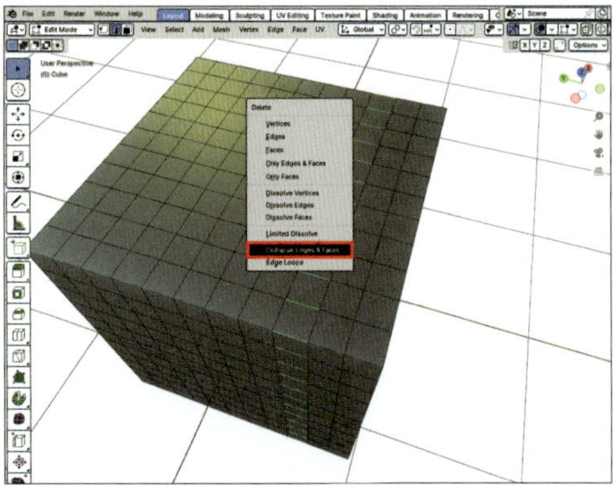

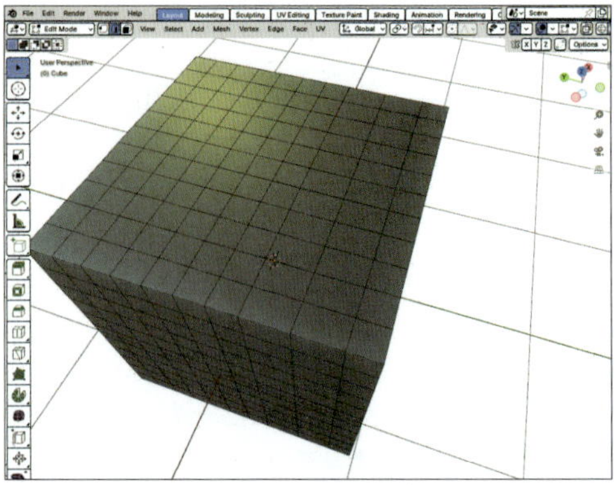

❾ **Edge Loops :** 연결된 선이 삭제됩니다.

Create

점을 새로 생성하려면 2개의 점을 선택하고 나누어야 선택한 점 사이에 새로운 점이 생성됩니다. 2개의 점을 선택하고 마우스 오른쪽 버튼을 클릭하여 Subdivide를 실행하면 새로운 점이 생성되는 것을 알 수 있습니다.

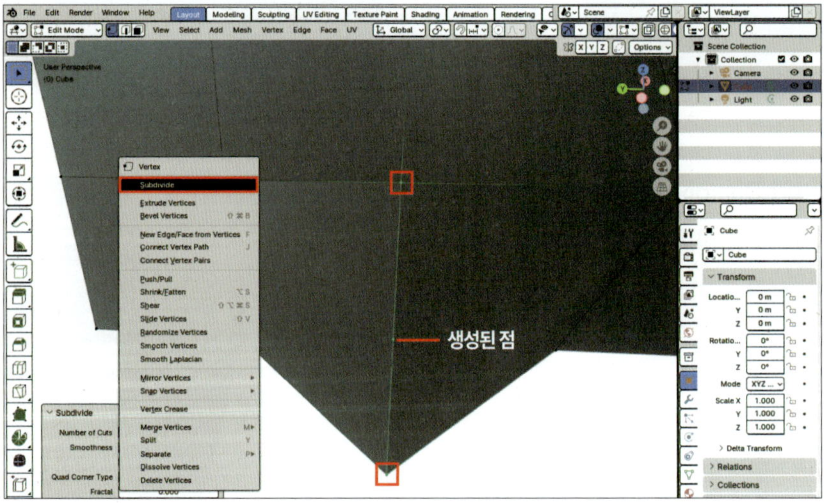

그림 3-8 Subdivide를 실행해 점을 생성한 화면

선과 면의 생성은 점을 선택하고 Header 패널에서 〔Vertex〕 → New Edge/Face from Vertices를 실행하거나 마우스 오른쪽 버튼을 클릭하여 New Edge/Face from Vertices를 실행합니다.

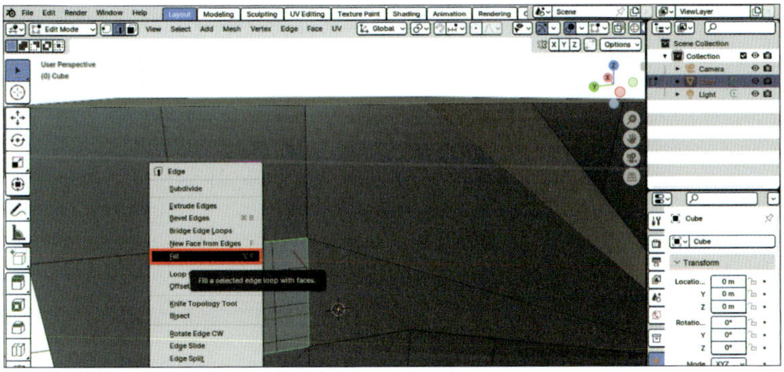

그림 3-9 마우스 오른쪽 버튼을 클릭하여 표시된 창

보통 F, Alt+F 단축키를 이용하여 생성하는데, 두 단축키의 차이점이 있습니다.

❶ **New Edge/Face from Vertices(F) :** 채우면 선이 없는 깨끗한 면으로 채워집니다.
❷ **Fill(Alt+F) :** 채우면 선이 생성됩니다.

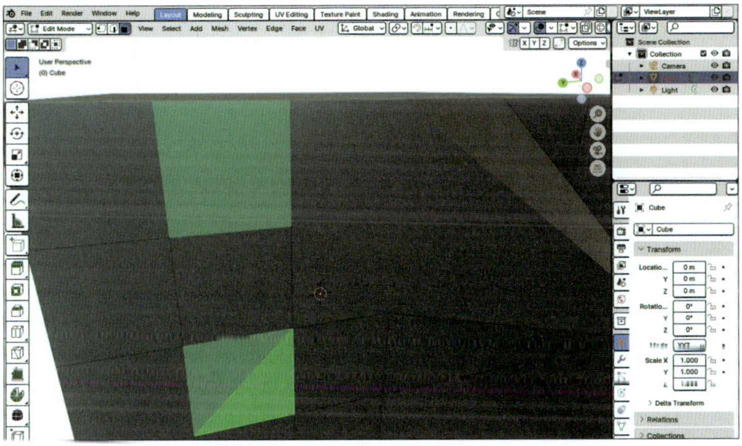

그림 3-10 단축키를 이용하여 면을 채운 화면

알아두세요 그림과 같이 새로운 선을 생성하는 가장 빠른 방법은 Knife(K) 도구를 이용하여 선을 새로 생성하는 것입니다. 자세한 내용은 〈3장〉 7절을 확인하세요.

Merge

메시에서 Merge(머지, M)하면 병합 기능이 실행됩니다. 병합은 2개 이상의 선택된 점, 선, 면이 필요하며, 하나로 합치는 기능입니다.

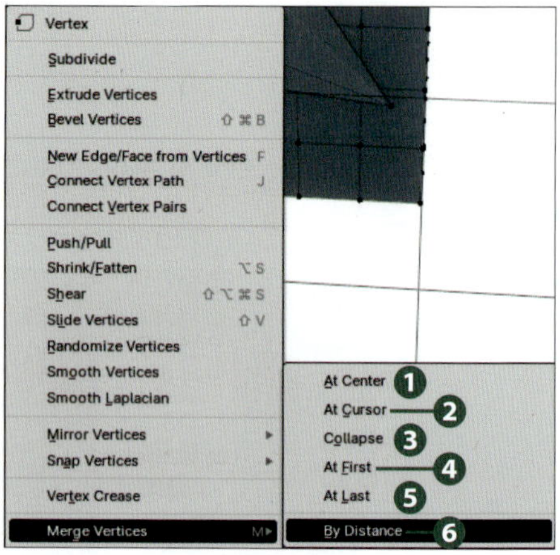

그림 3-11 Merge 메뉴

❶ **At Center** : 중앙으로 점을 합칩니다.

❷ **At Cursor** : 3D Cursor의 위치로 점을 합칩니다.

❸ **Collapse** : 선택된 정점들이 각각 연결되어 있는 선 중앙에 합쳐집니다.

❹ **At First** : 먼저 선택된 정점에 점을 합칩니다.

❺ **At Last** : 마지막에 선택된 정점에 점을 합칩니다.

❻ **By Distance** : 선택된 장점들이 설정한 거리 내에 있으면 점을 합칩니다.

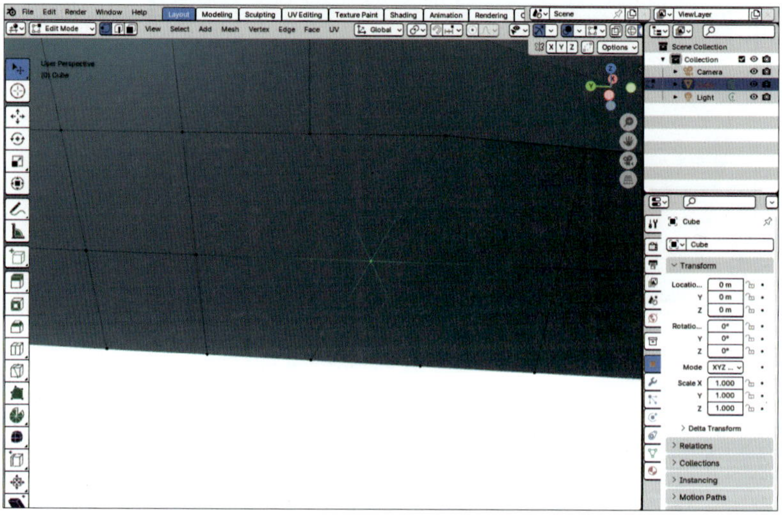
그림 3-12 하나로 병합된 점들

Subdivide

나누는 것은 Subdivide(서브디바이드) 기능을 사용합니다. 이 기능은 Edit Mode의 오브젝트에서 오른쪽 마우스 버튼 클릭하여 표시되는 창에 있습니다.

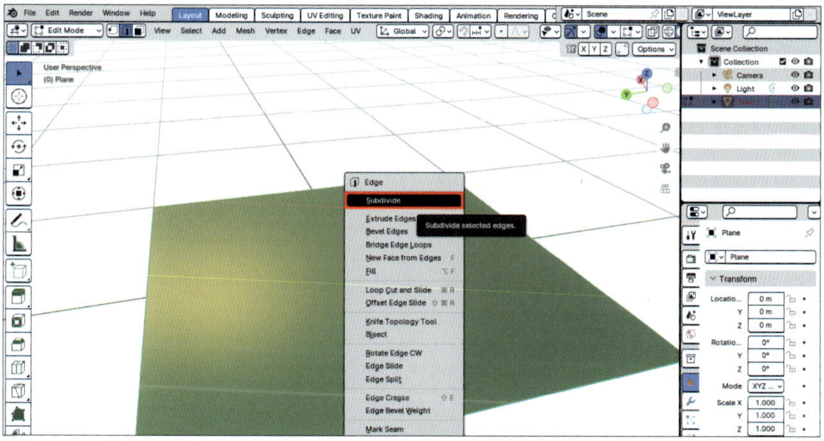

그림 3-13 창에서 기능 실행하는 화면

Subdivide를 실행하면 왼쪽 하단의 Operation 패널이 표시됩니다. Number of Cuts 설정값 수치를 올리면 값에 맞게 오브젝트의 점, 선, 면이 나눠집니다.

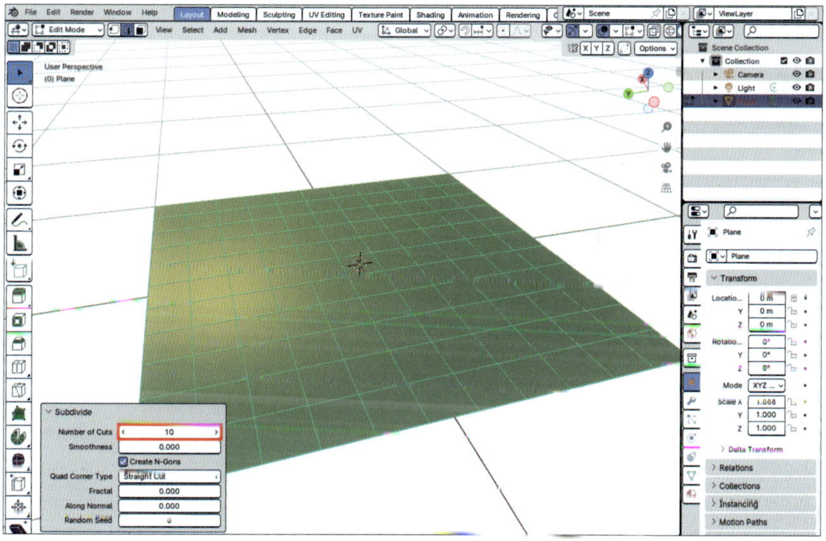

그림 3-14 Operation 패널에서 설정값을 조절한 화면

3.3 Extrude

Extrude(익스트루드)는 돌출하는 기능으로 블렌더에서 많이 사용하고 중요한 기능입니다. Toolbar 패널에서 도구를 선택하거나 E를 눌러 작업할 수 있습니다. Extrude는 Toolbar 패널에서 선택하는 것보다 단축키를 사용하는 것이 작업에 효율적이기에 단축키로 작업하는 것을 권합니다. 점, 선, 면을 선택하고 원하는 방향으로 E를 눌러 돌출시킬 수 있습니다.

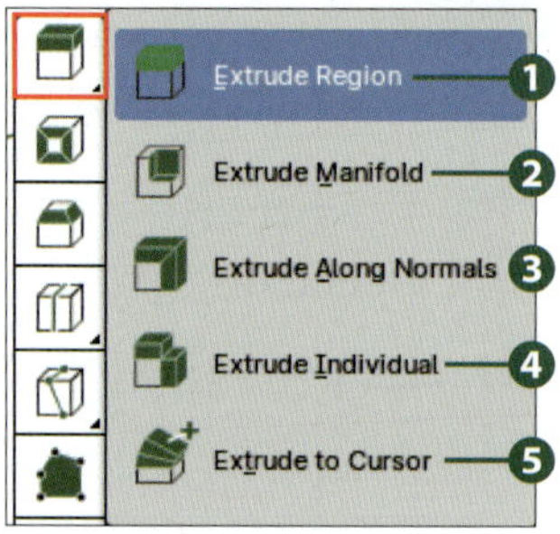

그림 3-15 Extrude 도구

❶ Extrude Region(E) : 기본 돌출(확장) 기능입니다.

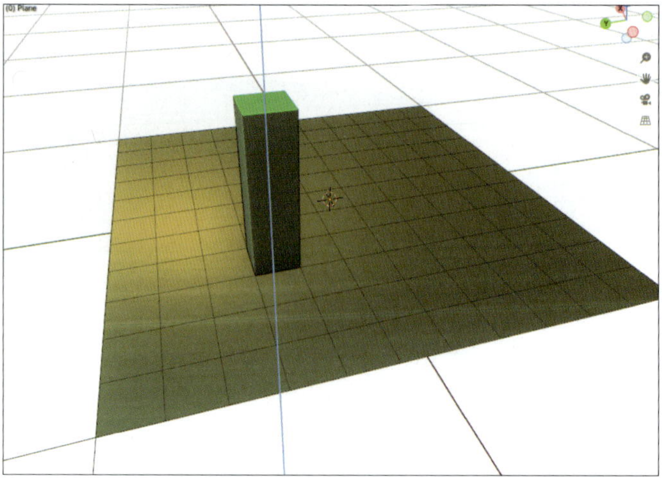

② **Extrude Manifold(Alt+E) :** Manifold는 다양체라는 의미로, 면을 나누지 않고 연결되어 돌출시킵니다.

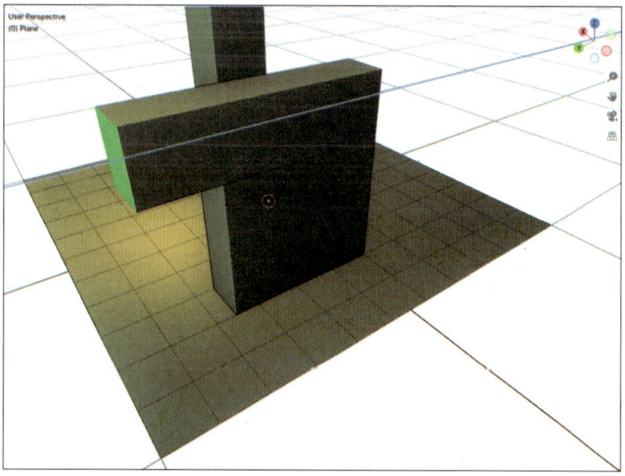

③ **Extrude Along Normals (Alt+E) :** 선택한 요소의 Normal 방향으로 균일하게 돌출시킵니다.

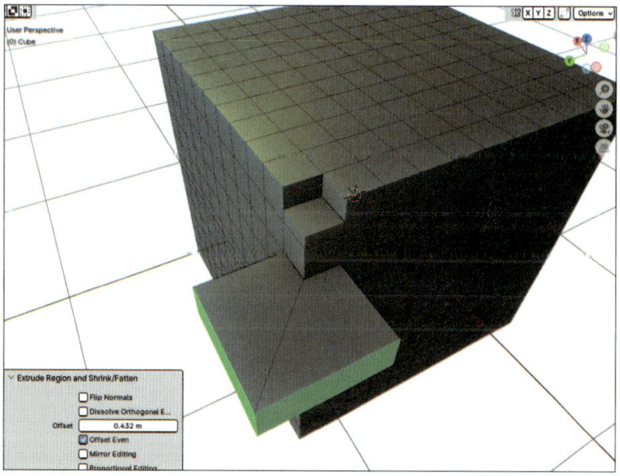

④ **Extrude Individual(Alt+E) :** 각 요소를 개별적으로 돌출시킵니다.

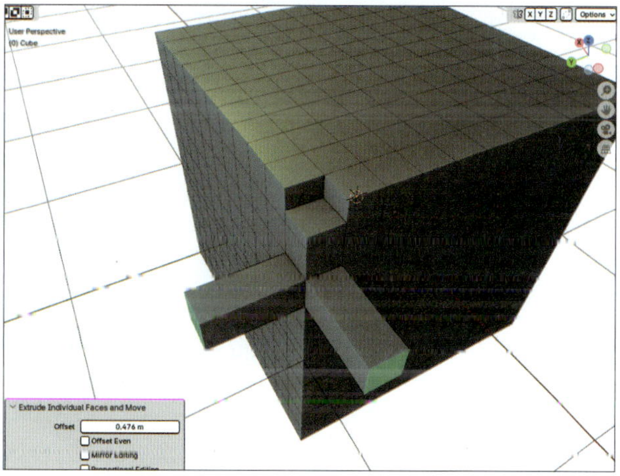

⑤ **Extrude to Cursor(Alt+E) :** 커서의 위치를 기준으로 돌출시킵니다.

● Extrude Region과 Extrude Manifold 차이

Extrude Region 기능은 면을 아래로 내릴 때 선택한 면은 내려가지만, 주변에 있던 면은 그대로 남아 있습니다.

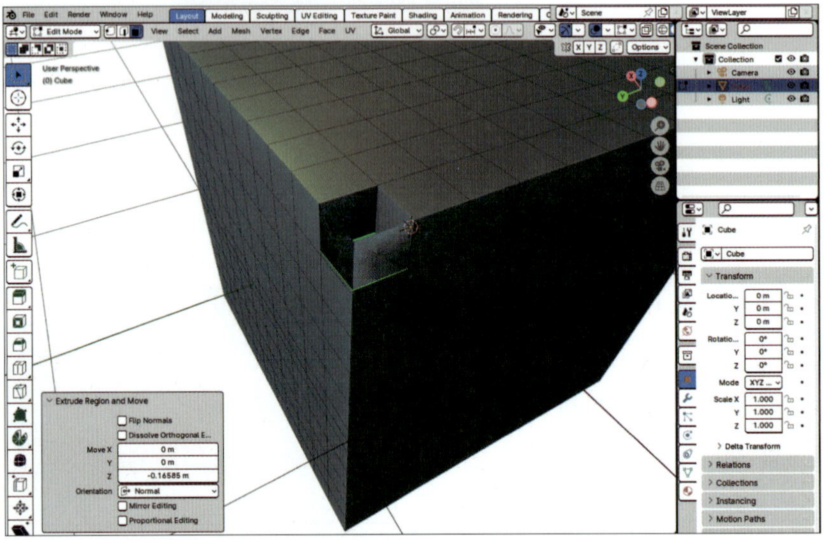

그림 3-16 Extrude Region 기능

Extrude Manifold 기능은 선택한 면과 함께 주변에 있는 면들이 함께 움직입니다.

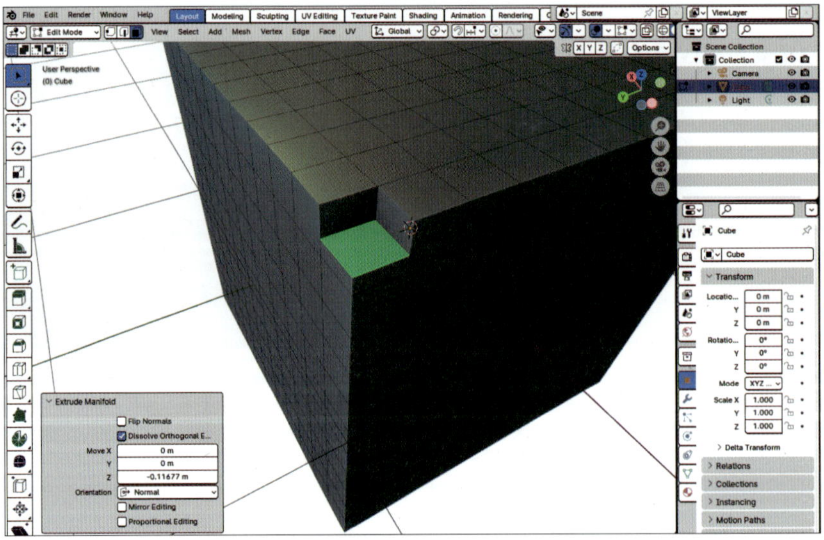

그림 3-17 Extrude Manifold 기능

3.4 Inset Faces

Inset(인셋)은 '삽입', '끼워 넣기'라는 의미로, 블렌더에서는 '안으로 들어 넣다'라는 의미에 더 가깝습니다. 이 기능을 사용하기 위해서는 Edit Mode의 Toolbar 패널에서 Inset Faces 도구를 선택하거나 I를 누르면 됩니다.

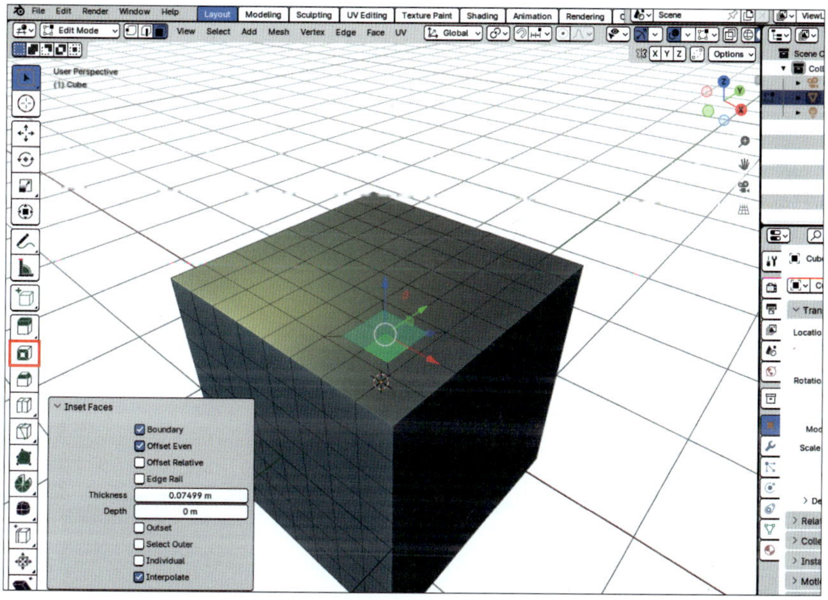

그림 3-18 Inset Faces 기능을 사용한 화면

이 기능은 면에서 자주 사용하며, 특정 면을 선택하고 I를 누른 다음 마우스로 움직여 조절이 가능합니다. Inset Faces(인셋 페이스) 기능을 활성화한 상태로 왼쪽 하단의 Operation 패널에서 Thickness를 정밀한 수치로 설정할 수 있으며, Depth를 클릭해서 입력하거나 설정값에서 마우스를 드래그했을 때 수치가 변경되는데, 이 값은 면을 앞으로 돌출하거나 들어갈 수 있게 합니다.

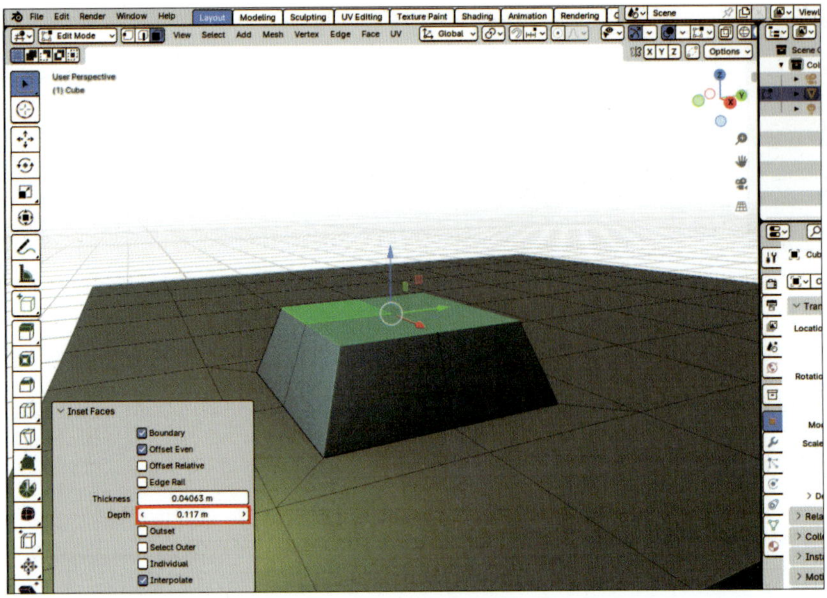

그림 3-19 Depth 설정값을 조절한 화면

'Individual'을 체크 표시하면 개별 요소가 안쪽으로 들어가면서 면이 생성됩니다.

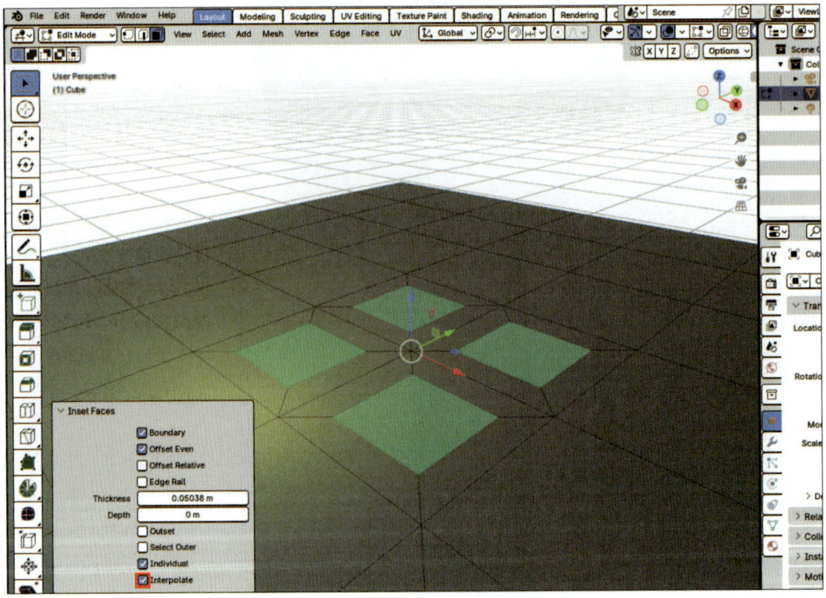

그림 3-20 Individual을 체크 표시한 모습

이때 빠른 단축키가 있습니다. I를 누른 상태에서 다시 한번 I를 누르면 상단 메뉴 아래 Individual(I)가 활성화(ON) 또는 비활성화(OFF)됩니다.

Confirm: Enter/LClick, Cancel: (Esc/RClick), Thickness: 0 m, Depth (Ctrl to tweak): 0 m (OFF), Outset (O): (OFF), Boundary (B): (ON), Individual (I): (OFF)

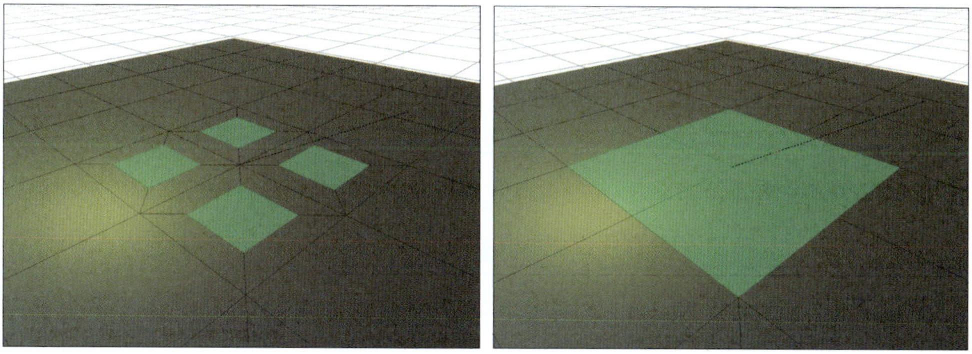

그림 3-21 단축키로 Individual을 활성화/비활성화한 화면

Boundary 기능은 체크 표시를 해제했을 때 중간에 겹치는 높이를 없앱니다. Modifiers(모디파이어)의 Mirror 기능을 사용했을 때(섭섬 시 변이 삭제되어야 하고 Clipping 기능이 체크 표시되어야 함) 활성화/비활성화 차이가 나타납니다. 단축키는 B입니다.

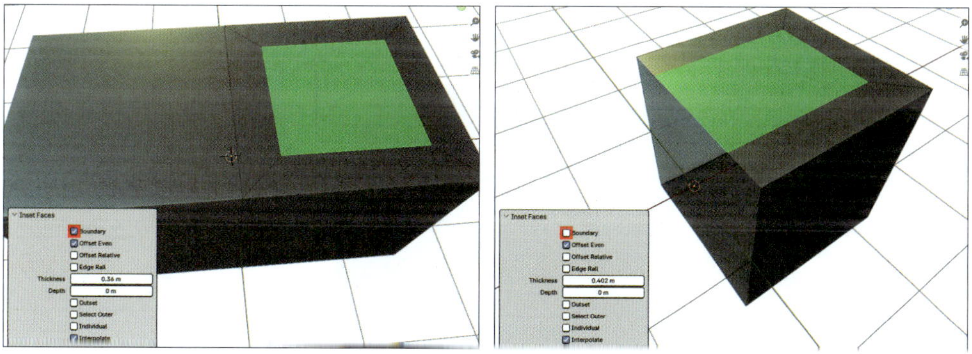

그림 3-22 Boundary 활성화(ON)/비활성화(OFF)

알아두세요 Outset(O) 기능은 안쪽이 아닌 바깥쪽을 활성화하는 기능입니다.

3.5 Bevel

각진 것을 부드럽게 만들어 주는 Bevel(베벨)은 중요한 기능입니다. 곡선의 부드러운 셰이프(형상)를 구성하거나 면 분할을 만들어 메시 구성에도 사용됩니다. Bevel 기능을 실행했을 때 3단계 과정이 있습니다. 다음 기능에 대한 설명을 살펴봅시다.

Edit Mode에서 선으로 Box 오브젝트의 일부 모서리 선을 선택하고 Ctrl+B를 누르면 Bevel 기능이 활성화됩니다. 이 상태에서 드래그하면 모서리가 1단계로 깎여서 만들어집니다.

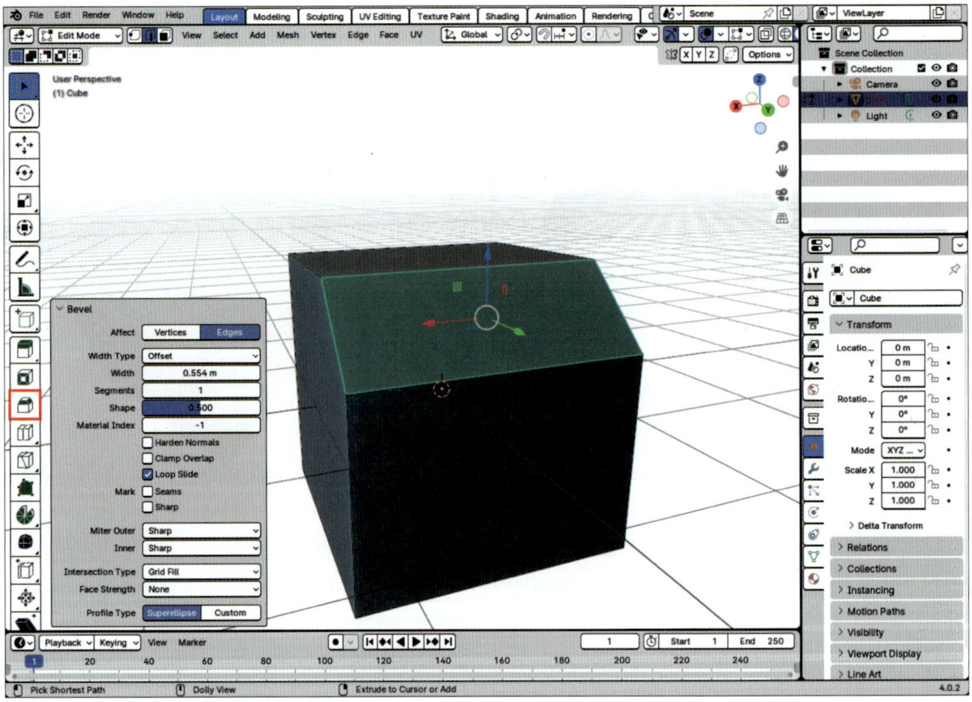

그림 3-23 Bevel을 적용한 화면

❶ **Segments** : 선의 수를 늘리는 기능입니다. 기본적으로 '1'로 설정되어 있습니다. Segments 값을 임의로 '36'까지 늘려 설정했을 때(입력하거나 드래그해서 설정) 선택한 선의 중간에 선들이 36개로 늘어나면서 1개의 선으로 각져있던 선보다 부드럽게 완만한 곡선을 그려냅니다.

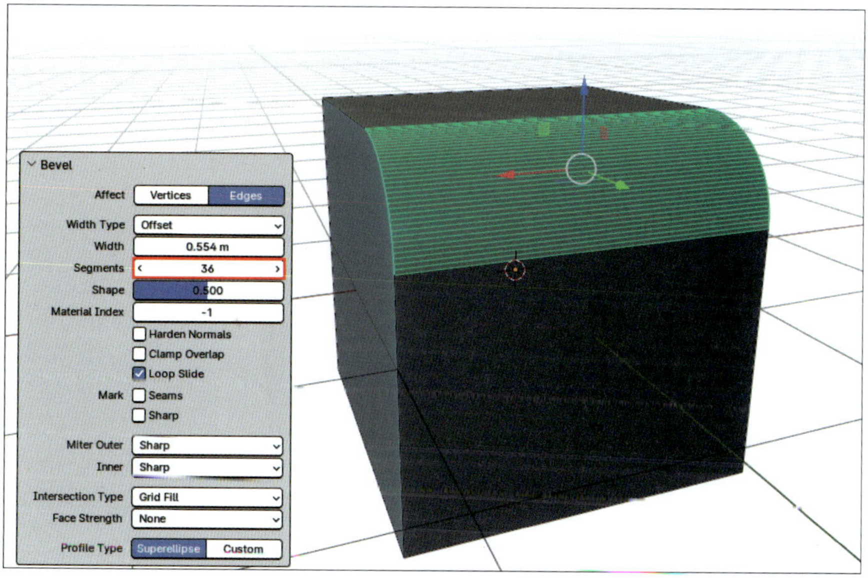

❷ **Shape** : 설정값을 0에 가깝게 조절하면 안쪽으로 들어가는 곡선이 되고, 1에 가깝게 조절하면 바깥쪽으로 나오는 곡선이 됩니다.

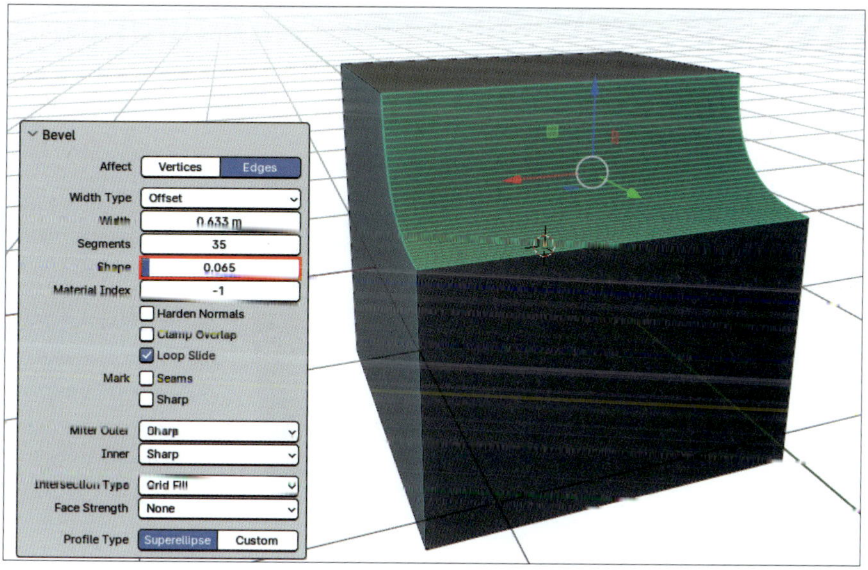

❸ **Profile Type** : 〔Custom〕 탭을 선택하고 그래프를 자유롭게 변형하면, 곡선도 자율적으로 변경할 수 있습니다.

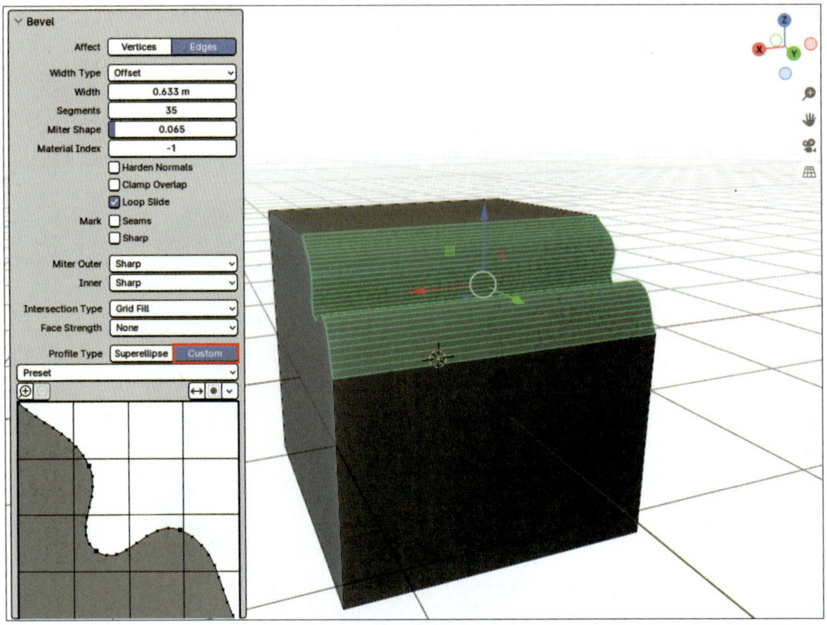

❹ **Affect** : 〔Vertices〕 탭을 선택해서 변경하면 모서리 부분이 부드럽게 깎여 있는 것을 볼 수 있습니다. 이 기능은 점을 선택하고 Shift + Ctrl + B를 누르면 바로 적용됩니다.

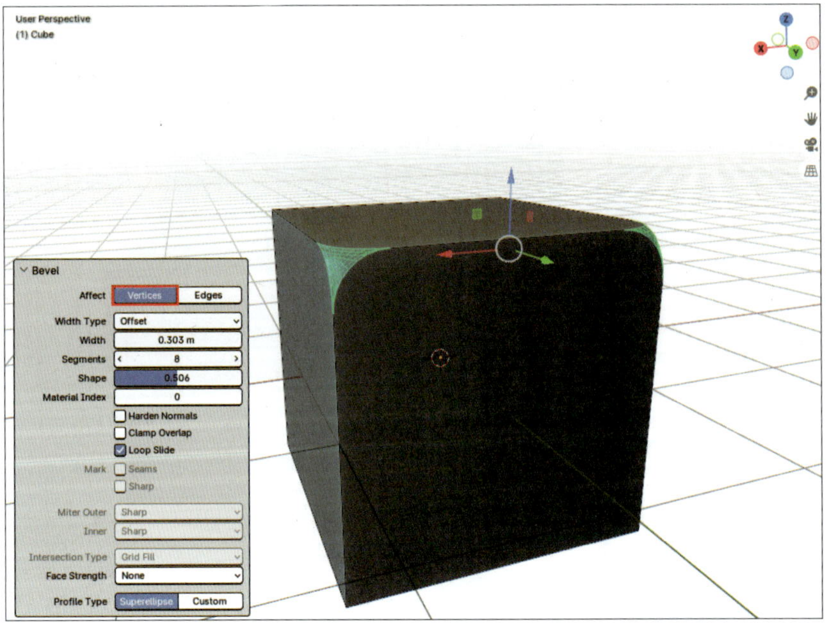

3.6 Loop Cut

Loop Cut(루프 컷)은 선을 만들어 주는 역할로, 표면에 선을 나누어 세부적으로 모델링할 때 자주 사용합니다. Loop Cut을 사용할 때는 일반적으로 단축키 Ctrl+R을 많이 사용합니다.

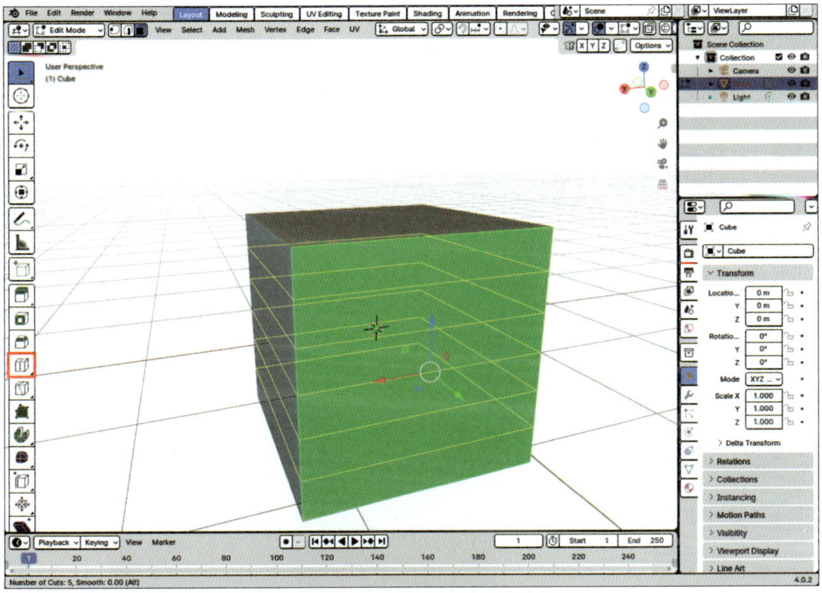

그림 3-24 Loop Cut을 적용한 화면

Loop Cut 3단계 과정

1. 원하는 선, 면을 선택하고 Ctrl+R을 눌러 Loop Cut을 활성화합니다.
2. 선을 몇 개로 만들지에 대한 결정은 마우스 휠을 돌려 정할 수 있습니다.
3. 마우스 왼쪽 버튼을 클릭하면 위치를 어디로 할지 지정할 수 있습니다.

❶ **Number of Cuts** : 컷 수를 재수정하여 만들 수 있습니다.

❷ **Smoothness** : 부드럽게 볼록 오목 형태로 수치를 통해 모델링할 수 있습니다.

❸ **Falloff** : 오목과 볼록의 모양으로 지정하여 선택할 수 있습니다.

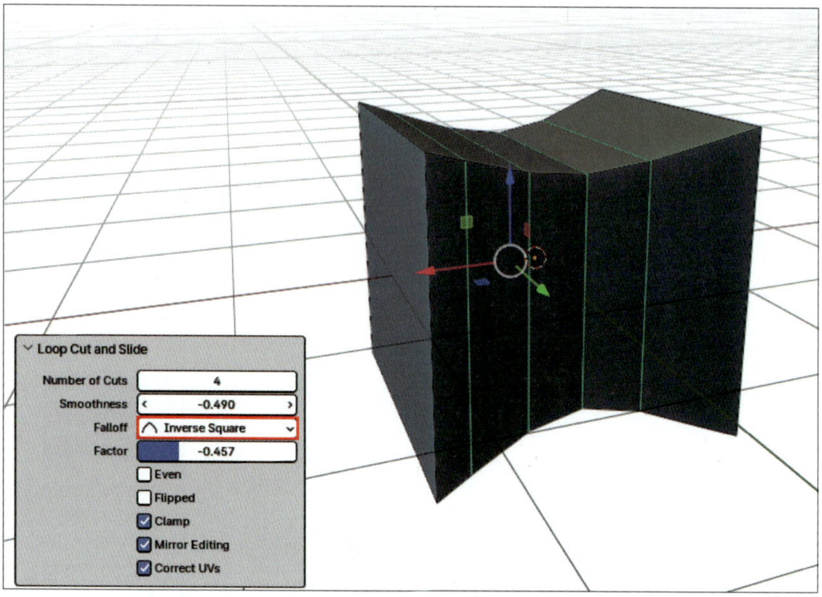

❹ **Factor** : 선의 위치를 재위치시킬 수 있습니다.

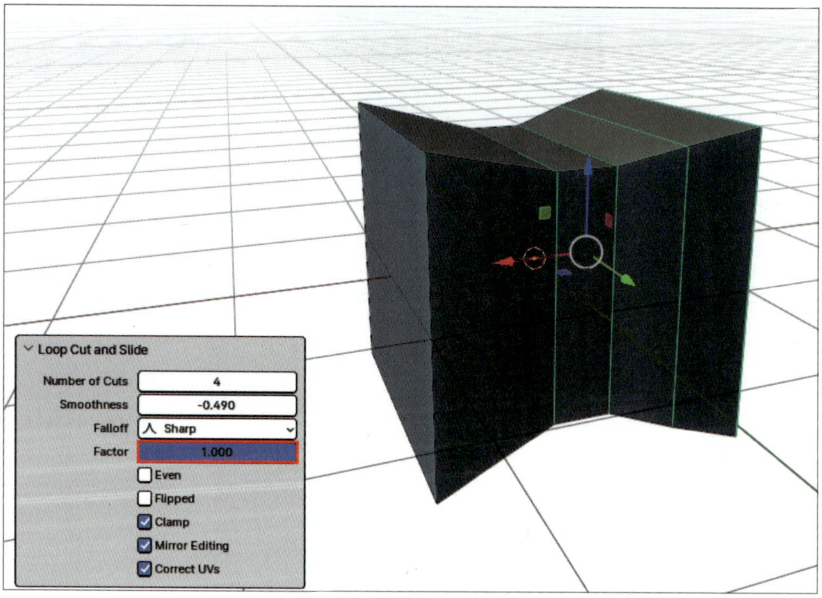

Slide

모델링 작업에서 선의 거리를 좌우로 벌려 서로의 끝쪽으로 이동하는 기능을 많이 사용합니다. 이 기능을 Slide(슬라이드)라고 하며 Loop Cut과 함께 사용하는 방법은 다음과 같습니다.

Ctrl+R을 누르고 마우스 휠을 돌려 선의 수를 2개로 정합니다. 위치를 변경할 때 S-X(원하는 방향축 선택)를 누르고 드래그하면 좌우로 X축이 고정된 상태로 크기가 조절되어서 좌우 위치로 Loop Cut이 생성됩니다.

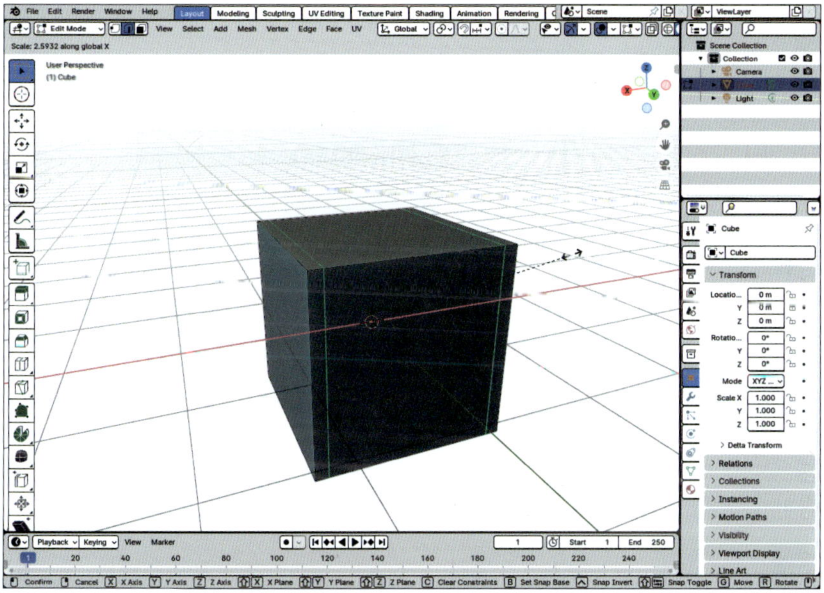

그림 3-25 좌우에 Loop Cut을 생성한 모습

잠깐만요 추가할 선의 수를 정하고 나누는 방법

Toolbar 패널에서 'Loop Cut' 도구( )를 선택하고 Sidebar(N)의 [Tool] 탭을 살펴보면 Loop Cut의 Number of Cuts 기능이 표시되어 있습니다. 추가할 선의 수를 설정하고 오브젝트에서 생성할 방향의 선을 클릭하면 사전에 설정한 수만큼 선이 생성됩니다.

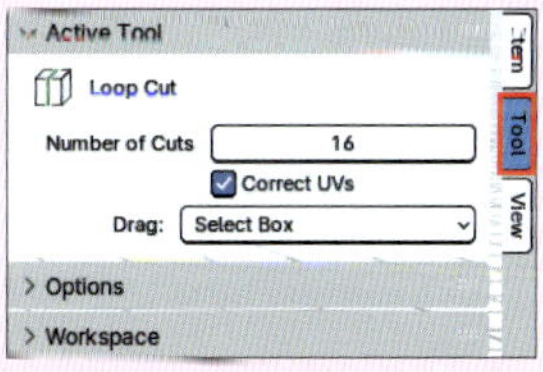

그림 3-26 Sidebar의 도구 옵션

3.7 Knife, Spin

Knife

Knife(나이프)는 칼로 자르는 역할을 합니다. 즉, 메시 표면에 선을 추가할 때 사용합니다.

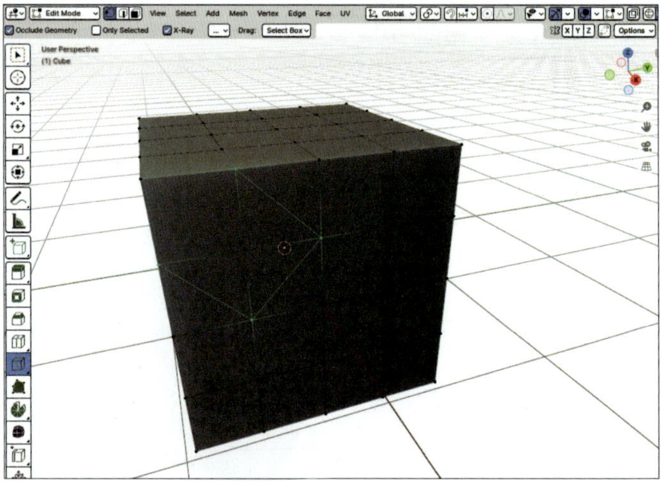

그림 3-27 Knife 도구 사용 (1)

K를 눌러 자를 선들을 연결해서 클릭하고 마지막에 Enter를 눌러 자릅니다. 작업을 취소하고 싶을 때는 Esc를 누릅니다.

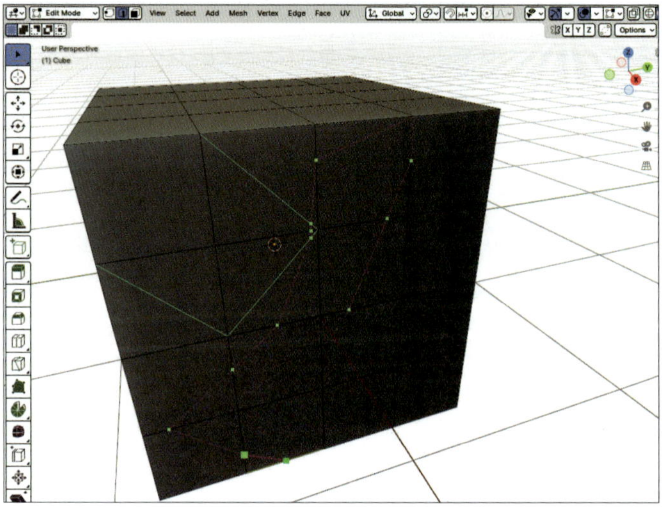

그림 3-28 Knife 도구 사용 (2)

Spin

Spin(스핀)은 회전하면서 오브젝트를 생성해 나가는 기능입니다. 선, 면을 선택하고 회전축을 기준으로 회전하여 축 형태의 오브젝트가 생성됩니다. 숫자 키패드 7 또는 ~를 눌러 Top을 실행하여 Top View로 시점을 변경해 Gizmo를 변경할 수 있습니다.

Toolbar 패널에서 'Spin' 도구( )를 선택하고 3D Cursor를 기준축으로 회전할 수 있습니다. 임의의 면을 선택하고 회전하면 그림과 같이 회전된 것을 볼 수 있습니다. 보통 손잡이나 회전 곡선으로 모델링이 필요한 부분에 사용하면 편리합니다. 항상 중심축을 기준으로 어떻게 그려지는냐에 따라 모델링이 달라질 수 있습니다.

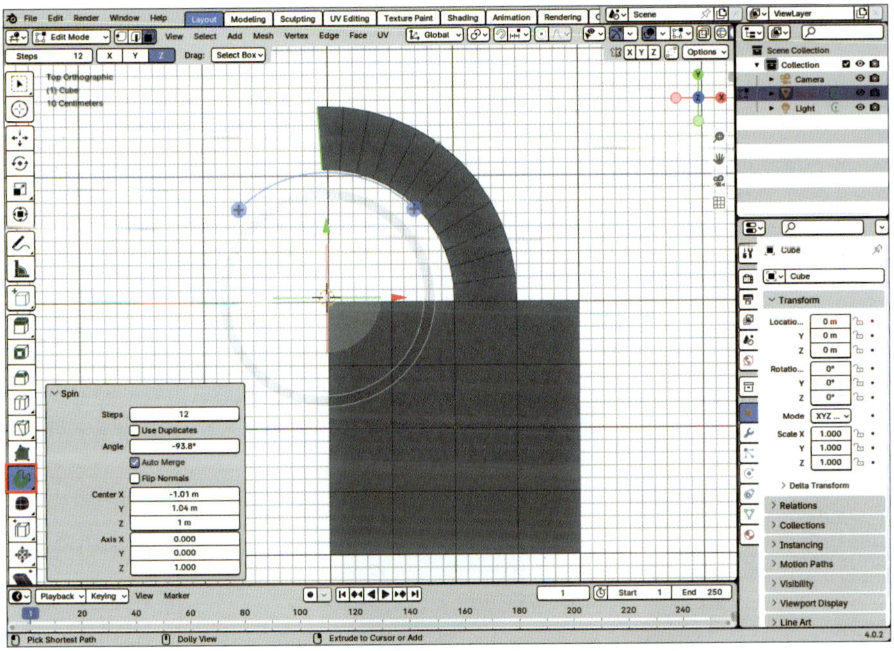

그림 3-29 Spin 도구 사용

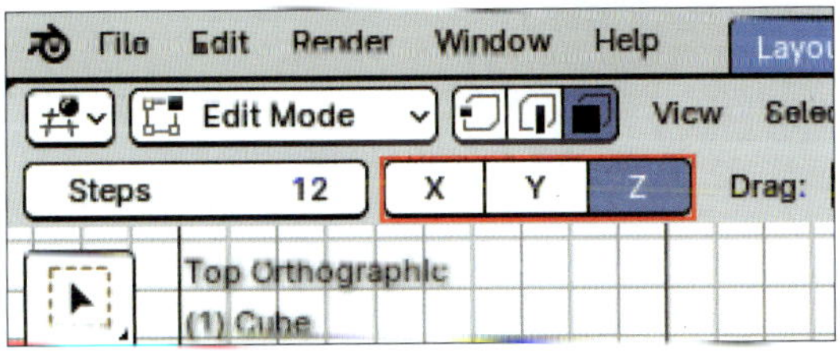

그림 3-30 X, Y, Z축이 표시된 Header 패널

3D Cursor 외에도 Spin의 중심축을 표현하는 Gizmo 원을 움직여 회전 축을 변경할 수도 있습니다.

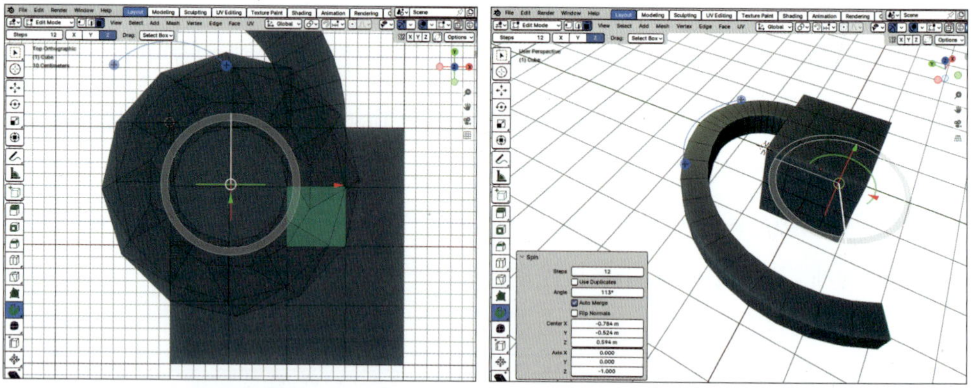

그림 3-31 중심축 이동

'Spin' 도구( )를 사용하여 표시되는 Operation 패널에서 Steps의 개수를 설정하고 'Use Duplicates'를 체크 표시하면 그림 3-32와 같이 면 조각 형태로 변형됩니다. 또한, Angle의 설정에 따라 회전각이 변경됩니다.

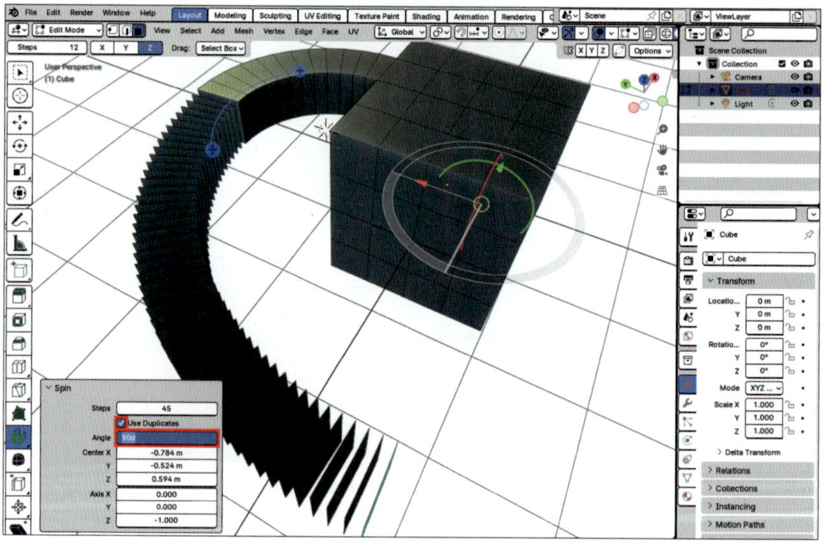

그림 3-32 Operation 패널에서 설정을 조절해 회전각 변경

3.8 Smooth, Slide

Smooth

Smooth(스무스)는 선택된 메시의 점(꼭짓점), 선(모서리), 또는 면(페이스)를 부드럽게 만들어 줍니다. 이를 통해 거친 표면이나 날카로운 모서리를 매끄럽게 하여 오브젝트 형태를 부드럽게 변형할 수 있습니다. 기능 사용의 전/후를 비교하면 그림 3-33과 같습니다.

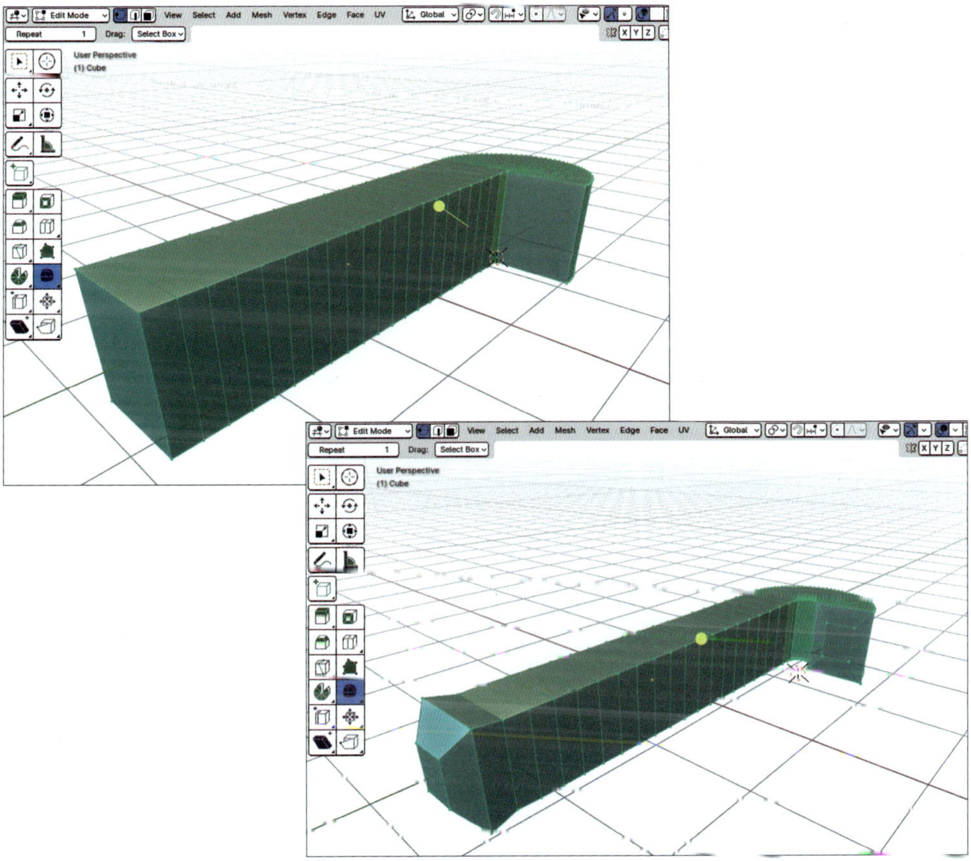

그림 3-33 Smooth 적용 전/후

Slide

Slide(슬라이드)는 선택된 선이나 점을 메시의 표면을 따라 미끄러뜨리며 이동시키는 도구입니다. 이를 통해 메시의 형태를 유지하면서도 위치를 조정할 수 있습니다. 이 기능은 주로 모델의 세부 부분을 미세하게 조정하거나 균형을 맞출 때 사용됩니다.

'Slide' 도구( )는 Toolbar 패널에서 두 가지 형태로 사용할 수 있습니다.

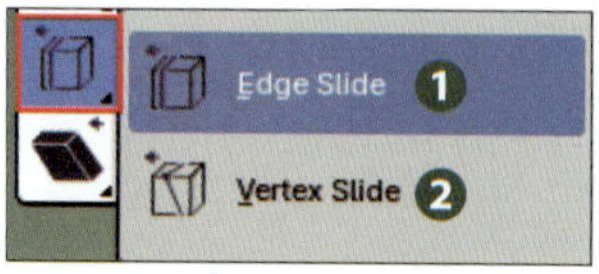

그림 3-34 Slide 도구

❶ **Edge Slide :** 간단히 엣지 슬라이스 선으로 슬라이스 이동을 쉽게 하는 기능입니다.

❷ **Vertex Slice :** 점의 슬라이스 이동입니다.

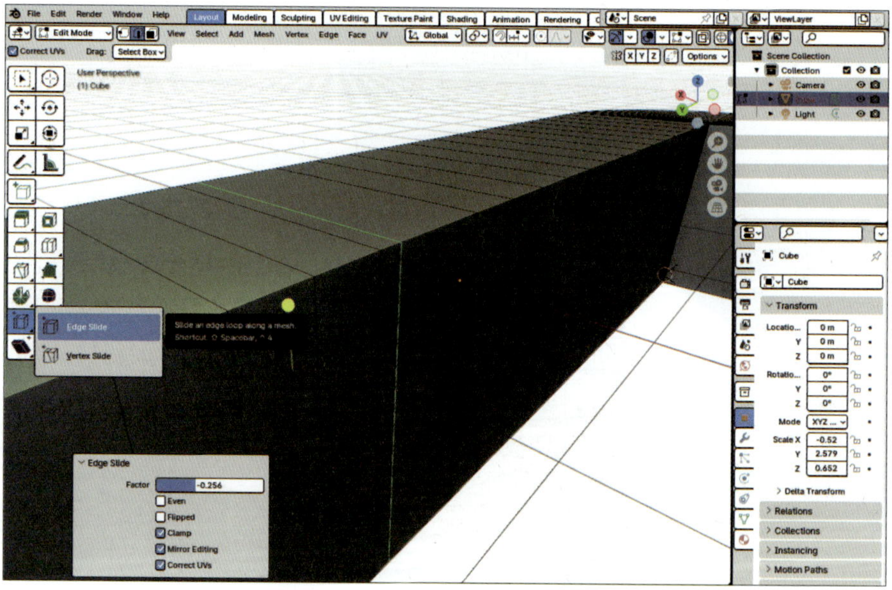

알아두세요 루프(고리 형태 반복된 의미) 선택은 Alt 를 누른 상태로 원하는 루프 방향의 선을 클릭하면 됩니다.

3.9 Shrink/Fatten, Shear

Shrink/Fatten

Shrink/Fatten(쉬링크/패튼)은 '수축/팽창'이라는 의미를 갖고 있습니다. 풍선에 바람을 넣으면 부풀어 오르는 효과를 만든다고 이해하면 좋습니다. 크기를 조절하는 Scale(S)과 비교 분석하면 그림 3-35와 같습니다. 왼쪽 오브젝트는 전체 크기 확대/축소 기능을 사용했고, 오른쪽 오브젝트는 'Shrink/Fatten' 도구( )를 사용하여 바람을 넣어 크게 부풀어 팽창된 효과입니다.

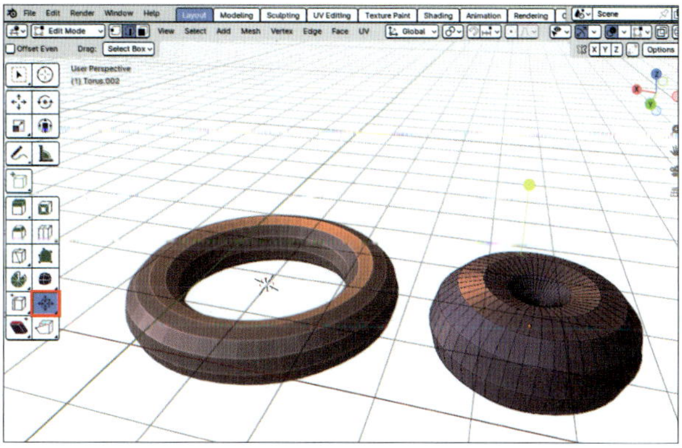

그림 3-35 Scale과 Shrink/Fatten 비교

Shear

각도 즉, 기울기를 정확하게 설정하기 위해 Shear(시어) 기능을 사용하면, 원하는 각도로 모델링 할 수 있습니다.

Shear는 Rotation 기능과 비슷해 보이지만, 각도 조절에 따라 차이가 있습니다.

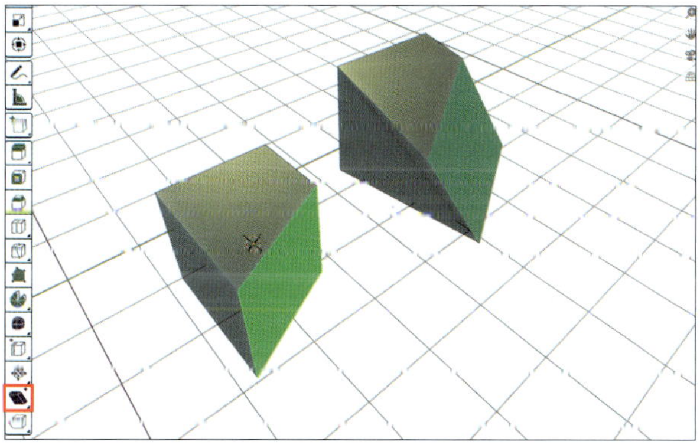

그림 3-36 Rotation과 Shear 비교

Shear는 일정한 직각으로 각을 변형할 때 편리합니다. 숫자 키패드 [7]을 눌러 Top View로 시점을 변경하고 각을 원하는 만큼 틀어주면 선택한 객체에 각각의 원하는 기울기를 만들 수 있습니다.

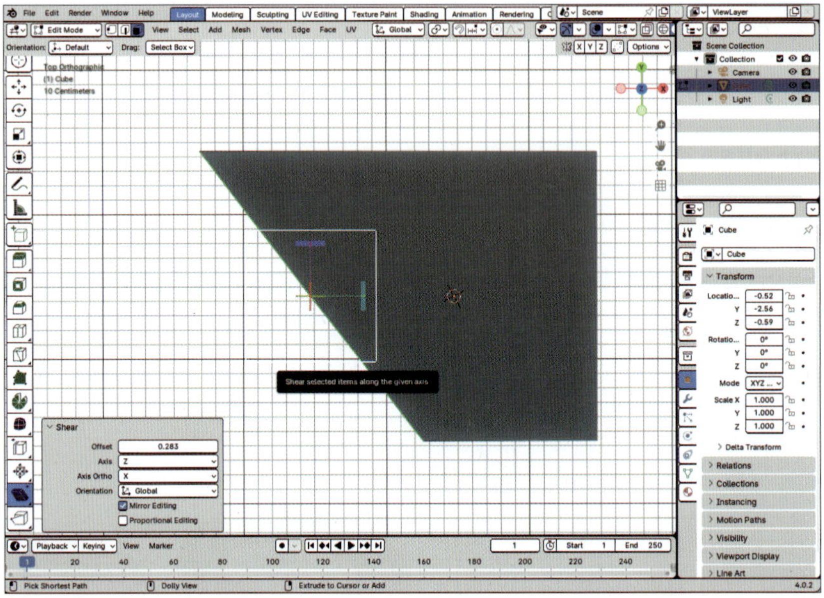

그림 3-37 Top View에서 Shear 이용

Shear를 이용하면 그림 3-38과 같이 직각으로 수월하게 표현할 수 있습니다.

그림 3-38 Shear로 직각 표현

3.10 Rip Region

Rip Region(립 레기온)은 '찢기', '지역', '특정 부위', '부분'이라는 의미로 일부의 부분을 찢어 내는 기능을 갖고 있습니다. Edit Mode에서 점을 선택하고 Toolbar 패널에서 'Rip Region' 도구( )를 선택한 다음 드래그하면 선택한 점이 떨어져 찢어지면서 이동됩니다.

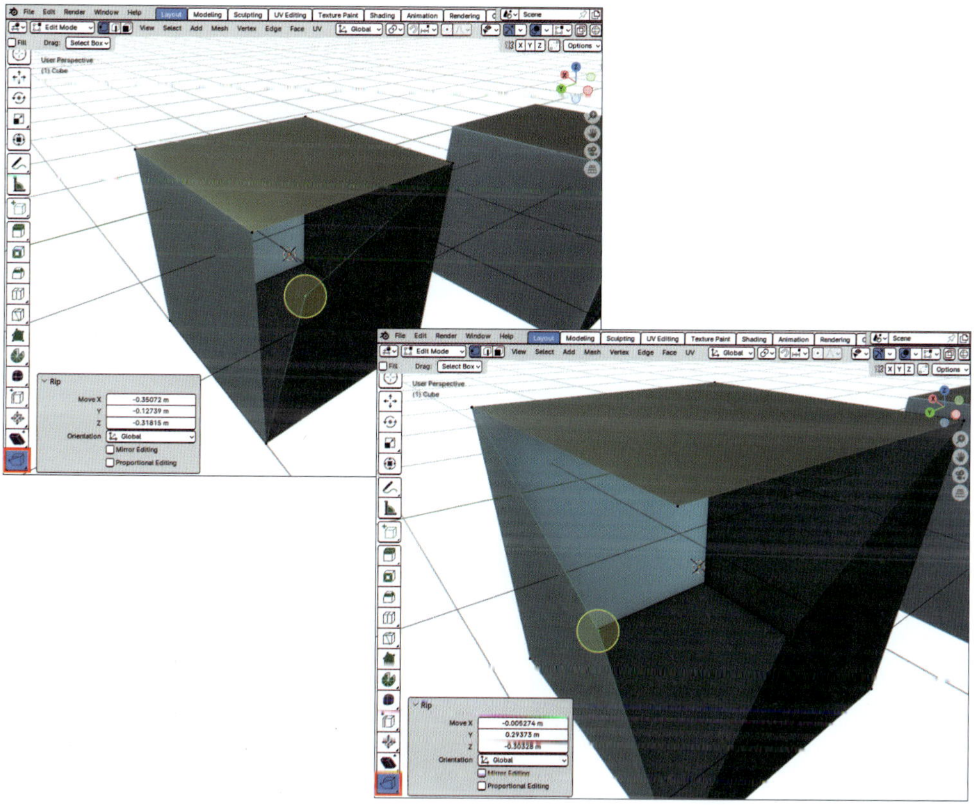

그림 3-39 Rip Region 도구 사용

알아두세요 반대로 떼어낸 것을 다시 붙일 때는 Merge(M)를 통해 붙일 수 있습니다.

3.11 블렌더 실습 1 : 머그컵 만들기

3D 프로그램에서 가장 기본이 되는 모델링 오브젝트는 머그컵입니다. 예제에서는 Edit Mode의 기능들을 활용하여 모델링을 진행합니다.

완성 파일 : 03\머그컵_완성.blend

❶ 블렌더를 실행하고 Shift+A를 눌러 표시되는 Add 창에서 Mesh → Cylinder를 실행하여 Cylinder 오브젝트를 생성합니다.

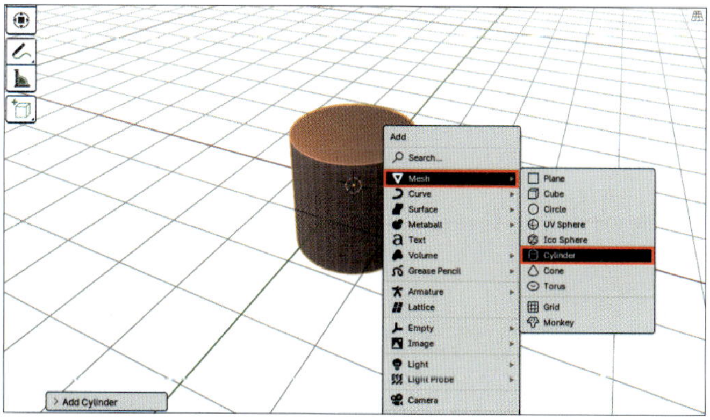

TIP 머그컵은 모델링의 기본 중 가장 기초로 인터넷에서 예제와 다른 방법을 찾아 스스로 응용하여 활용하면 더욱 좋습니다.

❷ Tab을 눌러 Edit Mode로 전환하고 3을 눌러 선택 모드를 Face로 선택합니다. Cylinder 오브젝트의 윗면을 선택하고 Inset Faces(I)를 이용해 안쪽으로 면을 추가합니다.

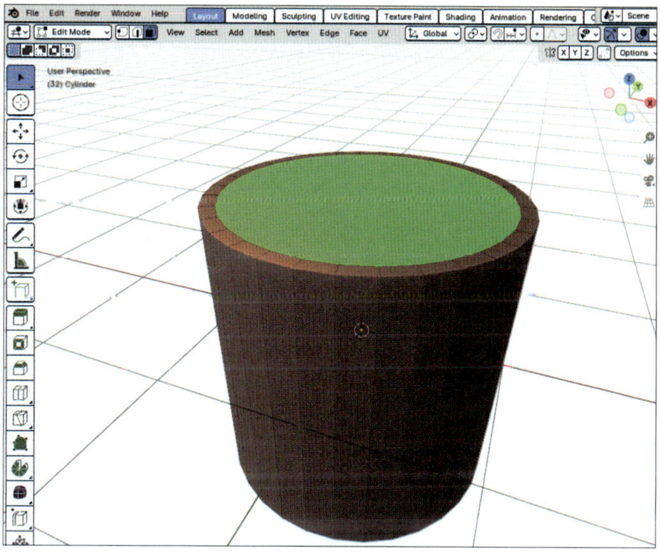

❸ Extrude를 이용하여 컵 모양 형태를 만들겠습니다. 안쪽 면이 선택되어 있는 상태로 숫자 키패드 1을 눌러 Front View로 시점을 변경하고 E를 눌러 면을 안으로 내립니다. 이때 Alt+Z를 눌러 Toggle X-Ray를 활성화해 어디까지 들어가는지 확인합니다.

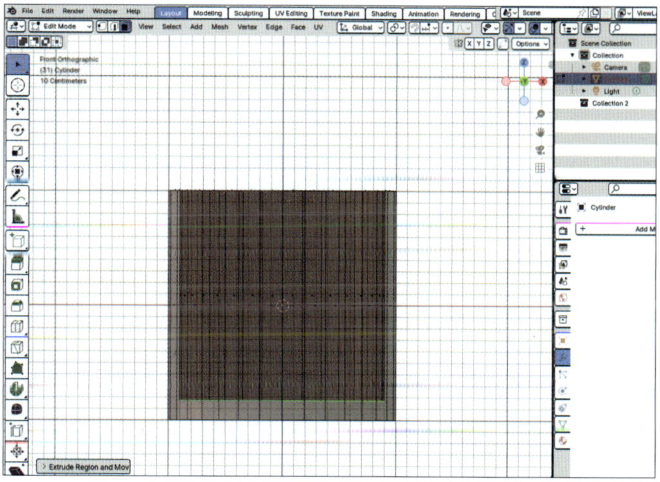

TIP 작업이 끝나면 다시 Alt+Z를 눌러 Toggle X-Ray를 비활성화합니다.

❹ Inset Faces(I), Extrude Region(E), Scale(S)을 이용하여 오브젝트 바닥면을 그림과 같이 모델링을 합니다.

TIP 이 부분은 작업자의 취향에 따라 자유롭게 만들어 주세요.

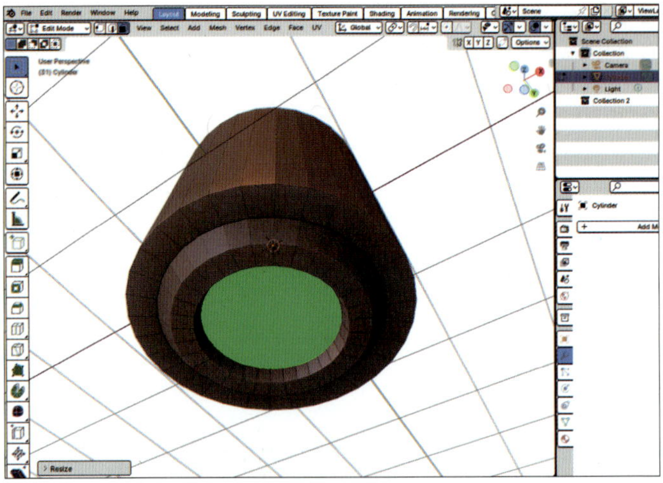

❺ Loop Cut(Ctrl+R)을 이용하여 5개의 세로선을 만듭니다.

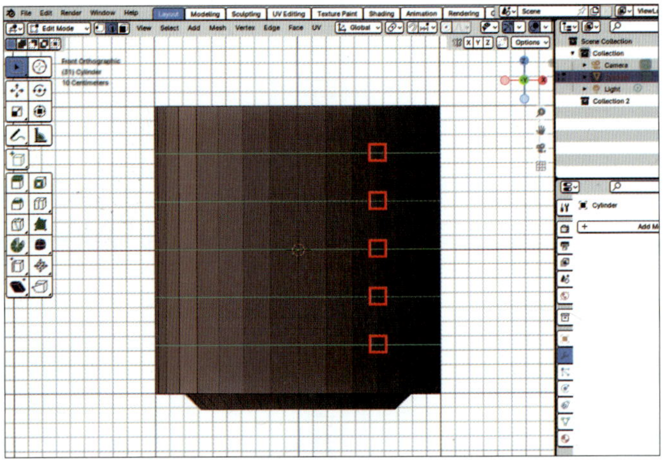

❻ Face 선택 모드(3)로 그림과 같이 손잡이의 윗부분 시작이 될 면을 2개 선택합니다.

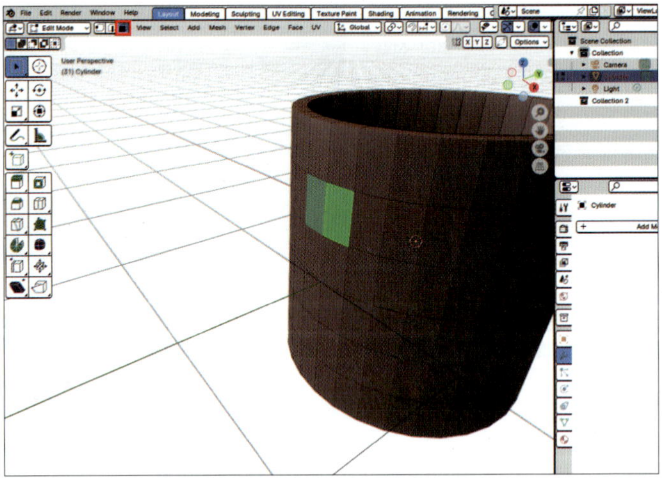

❼ Toolbar 패널에서 'Spin' 도구( )를 선택하고 Hcader 패널에서 'X'를 선택하여 X축으로 설정합니다. 중심축은 3D Cursor를 중심으로 이동되므로 손잡이를 회전하기 위해 왼쪽 끝으로 이동해야 합니다. 그림과 같이 Shift를 누른 상태로 오브젝트의 왼쪽 중심 끝을 마우스 오른쪽 버튼으로 클릭하여 3D Cursor를 이동합니다.

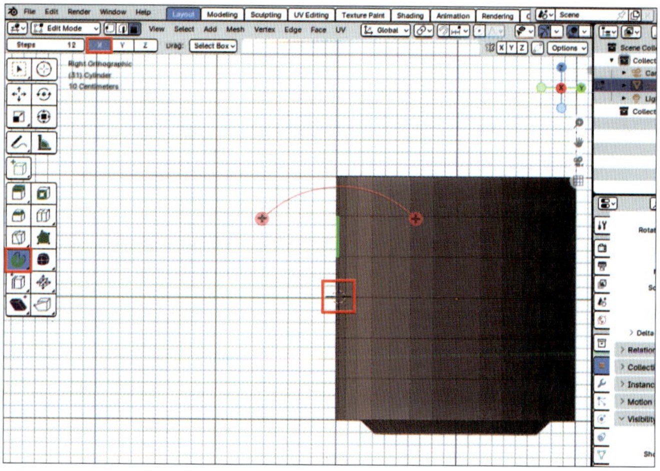

❽ 'Spin' 도구( )를 선택하면 가로 세로 화살표가 표시되는데 이를 위아래로 움직여 도착하는 면에 위치를 잡습니다.

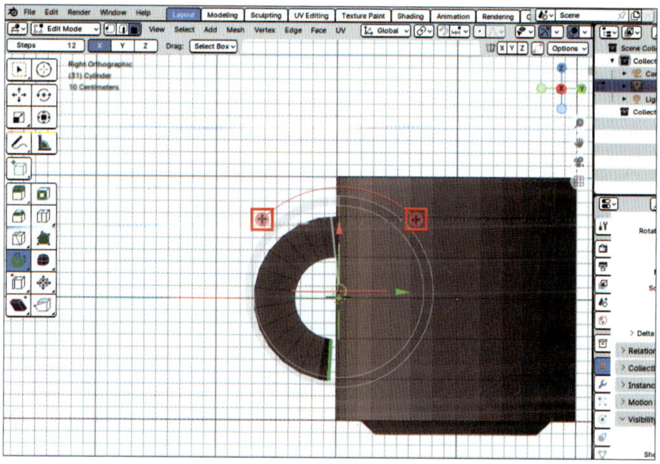

❾ 이제는 면과 면을 연결하겠습니다. Shift를 누른 상태로 연결할 면들을 클릭해 다중 선택하고 마우스 오른쪽 버튼을 클릭하여 Bridge Faces를 실행해 선택한 면들을 연결합니다.

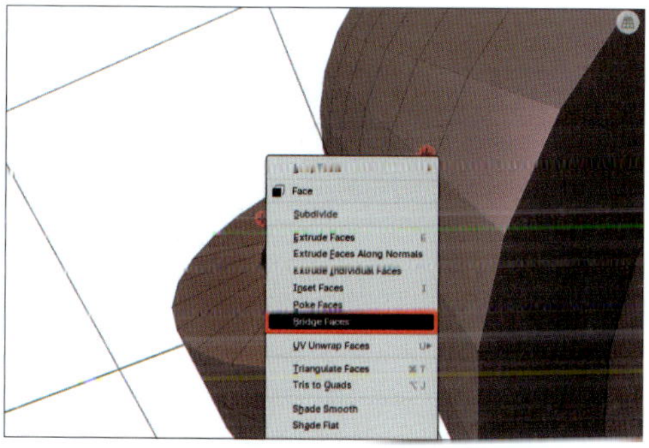

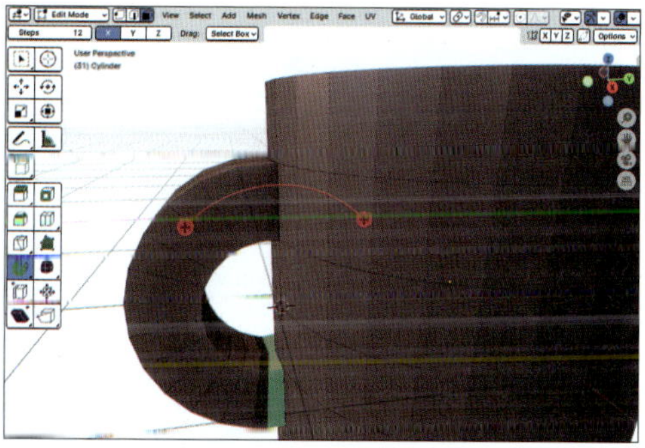

TIP 2개의 면을 연결하려면 연결할 수의 개수도 동일해야 하므로 2개를 더 선택해야 합니다.

⑩ Object Mode로 전환하고 Ctrl+3을 눌러 Subdivision Surface를 적용하면 면이 나뉘어 부드럽게 적용됩니다. 마지막으로 오브젝트에서 마우스 오른쪽 버튼을 클릭하고 Auto Smooth를 실행하면 부드러운 형태의 머그컵이 완성됩니다.

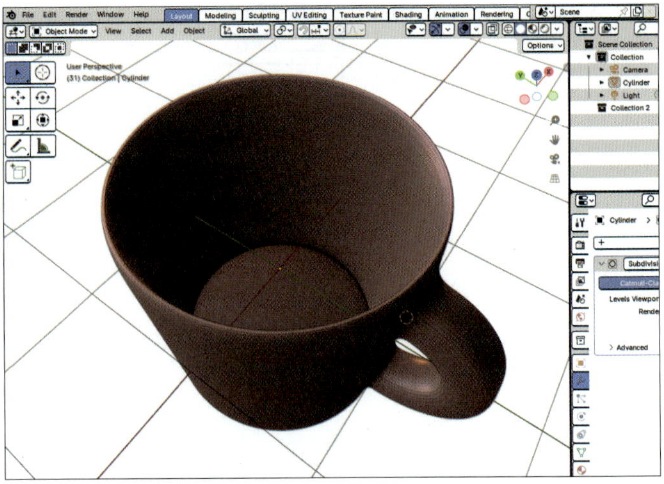

TIP Subdivision Surface 적용 시 발생하는 오류 해결 방법

Subdivision Surface를 사용하여 작업할 때 그림과 같이 쭈글쭈글한 면으로 변경되는 경우가 있습니다. 블렌더를 처음 사용하는 초보자들은 이러한 문제에 당황할 수 있습니다.

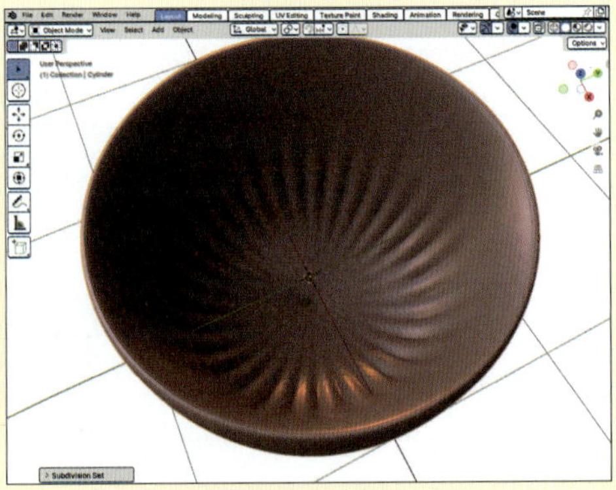

이때 오류가 생기는 부분 중간에 Loop Cut으로 선(Ctrl+R)을 추가하거나 면을 추가하면 부드럽게 생성되어 이상하게 적용되는 현상을 간단히 해결할 수 있습니다. 중간과 정면에 있을 때 완만한 면의 굴곡을 없애고 원하는 면의 곡면을 표현할 수 있습니다.

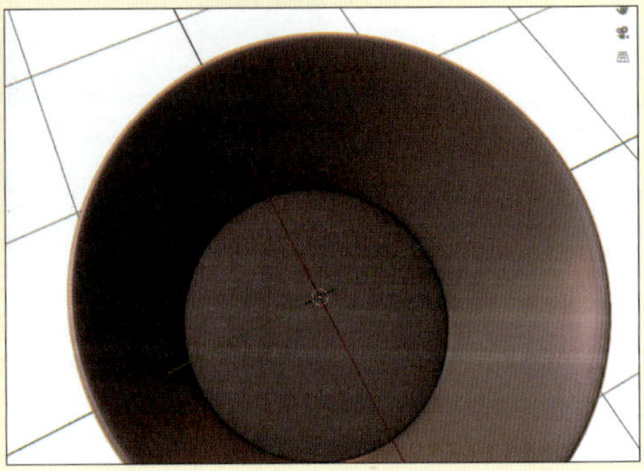

3.12 블렌더 실습 2 : 망치 만들기

망치를 모델링하기 위해 Extrude Individual Faces(Alt+E) 기능을 배우고, Loop Cut(Ctrl+R)과 함께 사용합니다. 모델링의 기능을 구체적으로 활용하면서 망치 모양을 응용해 만들어 보세요.

완성 파일 : 03\망치_완성.blend

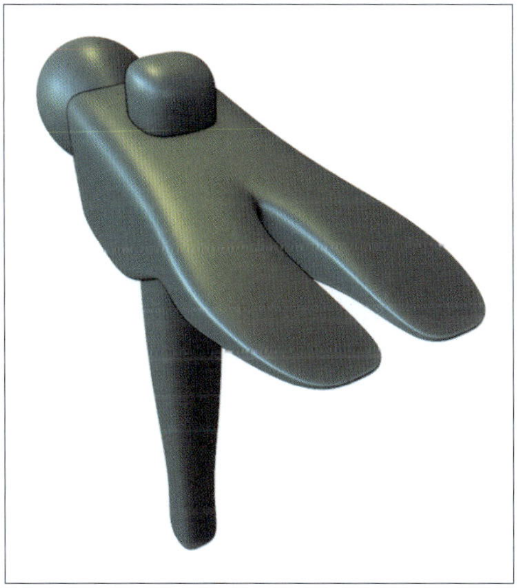

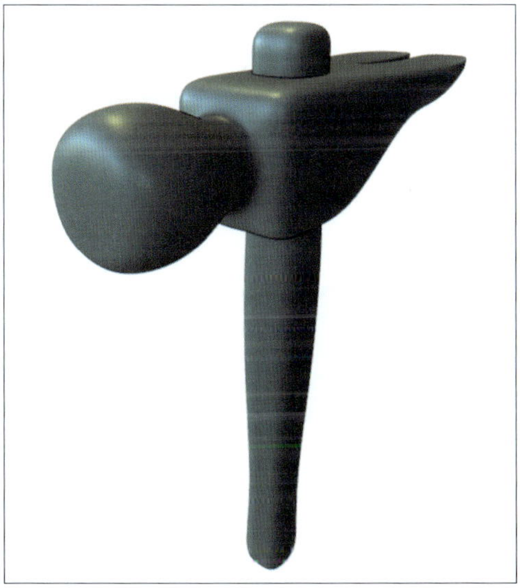

❶ Object Mode에서 Shift+A를 눌러 표시되는 Add 창에서 Mesh → Cube를 실행하여 오브젝트를 만듭니다. Cube 오브젝트가 선택되어 있는 상태로 순서대로 G-Z를 누르고 '1'을 입력하여 그림과 같이 상위 지면까지 높이를 이동시킵니다.

❷ Tab을 눌러 Edit Mode로 전환하고 3을 눌러 선택 모드를 Face로 선택합니다. Cube 오브젝트의 오른쪽 면을 선택하고 순서대로 E-X를 누른 다음 오른쪽으로 드래그하여 면을 돌출합니다.

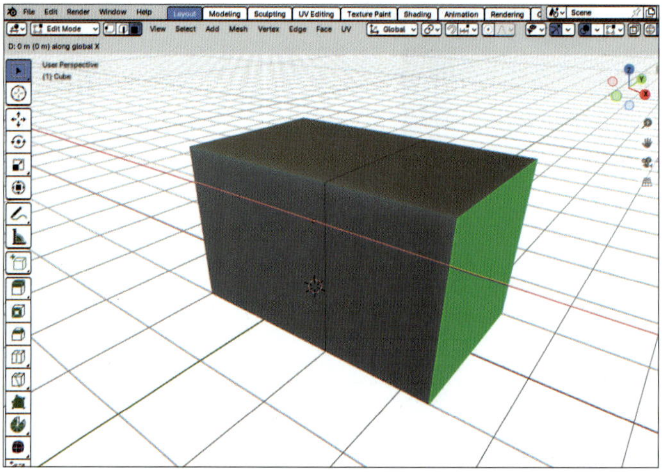

❸ Ctrl+R을 눌러 Loop Cut으로 세로선을 추가해 면을 나눕니다.

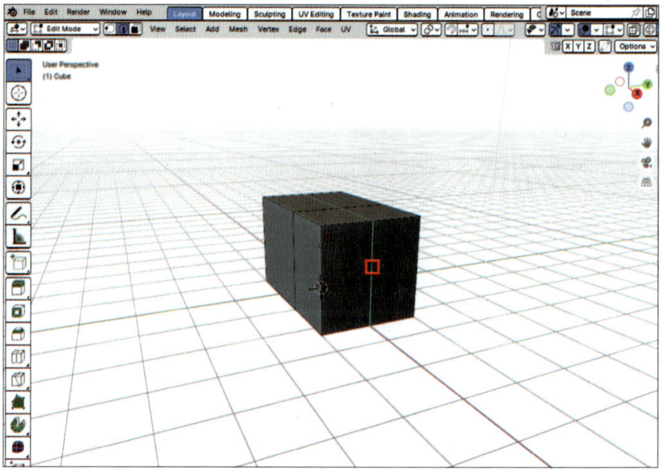

❹ 오른쪽 아래 선을 선택하고 G-Z를 누른 다음 위로 드래그하여 이동합니다.

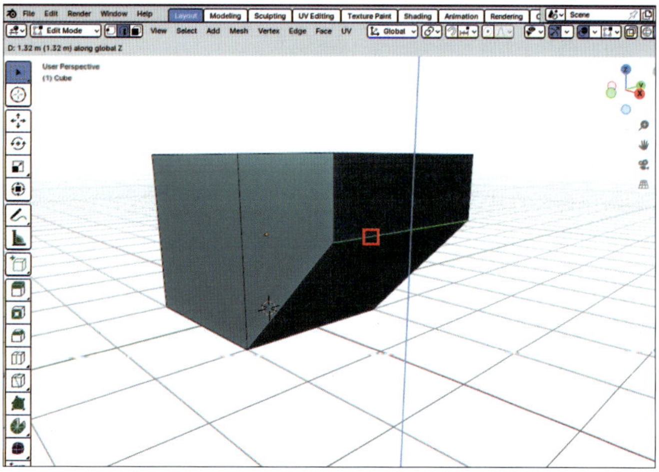

❺ Face 선택 모드(3)에서 그림과 같이 면을 2개 선택합니다. Alt+E를 눌러 표시되는 Extrude 창에서 Extrude Individual Faces를 실행하여 면을 개별로 추출하겠습니다.

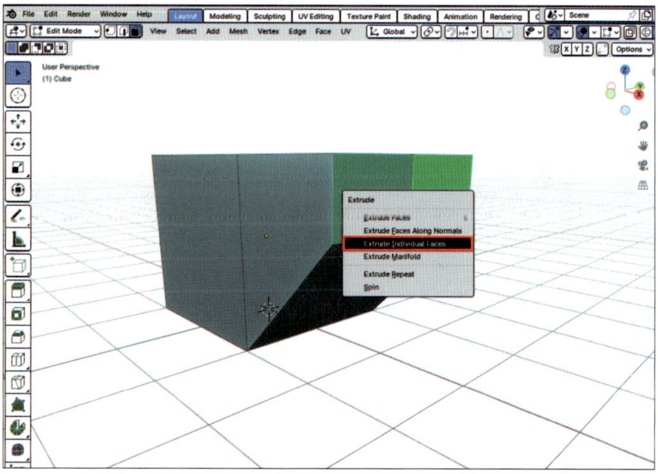

❻ 숫자 키패드 3을 눌러 Right View로 시점을 변경하고 G-Y를 누른 다음 바깥으로 면의 좌우를 이동해 사이에 공간을 줍니다.

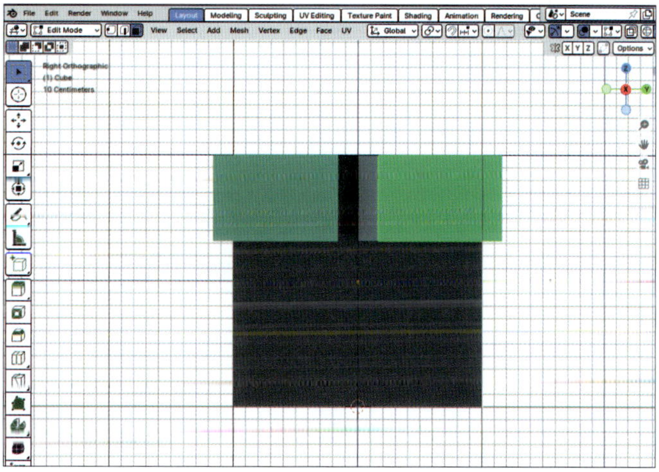

❼ 선택되어 있는 면들의 아래 선을 선택하고 ❹번과 같은 방법으로 G-Z를 눌러 선을 위로 올립니다.

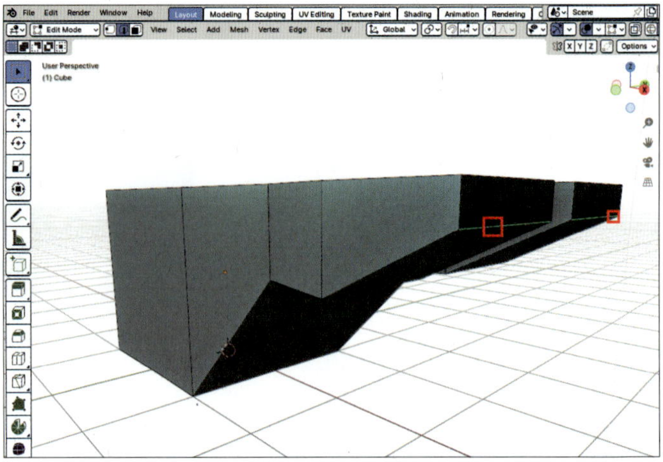

❽ 같은 방법으로 선을 더 높여 면을 좁힙니다. S를 눌러 좌우를 줄여도 됩니다.

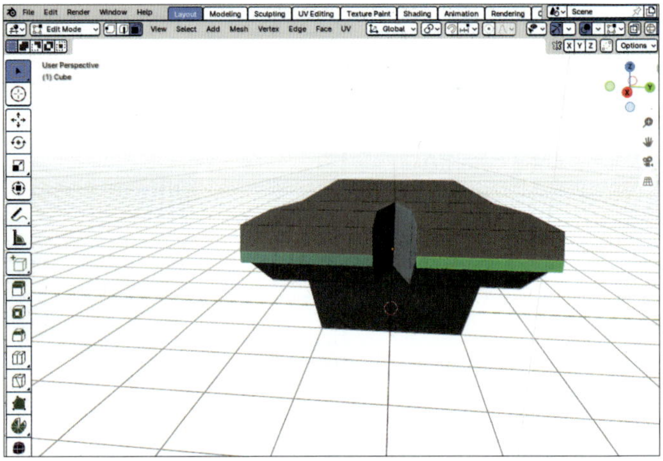

TIP 단축키로 오브젝트를 빠르게 선택하려면 오브젝트를 선택 시 Ctrl+ 넘패드 − 또는 + 선택하면 오브젝트가 증가, 감소로 인해 복잡한 면 또는 빠른 선택을 위한 단축키 팁을 알고 있으면 유용합니다.

❾ 이번에는 반대쪽 면으로 시점을 변경하고 면을 분할하겠습니다. Ctrl+R을 눌러 Loop Cut으로 3개의 가로선을 생성합니다.

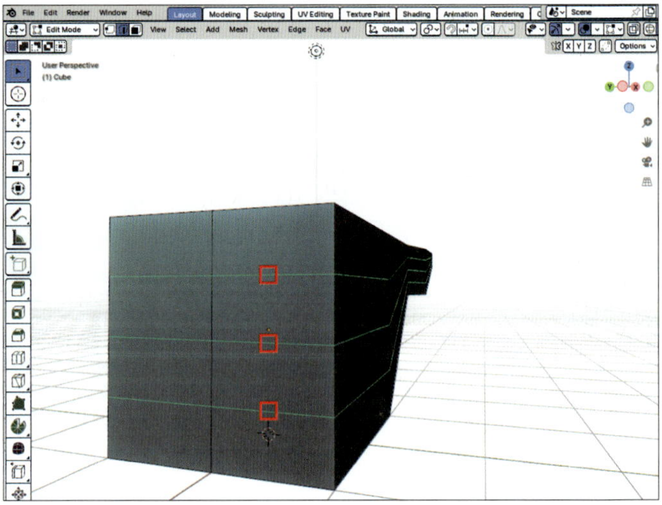

⑩ 같은 방법으로 세로선을 2개 더 생성합니다.

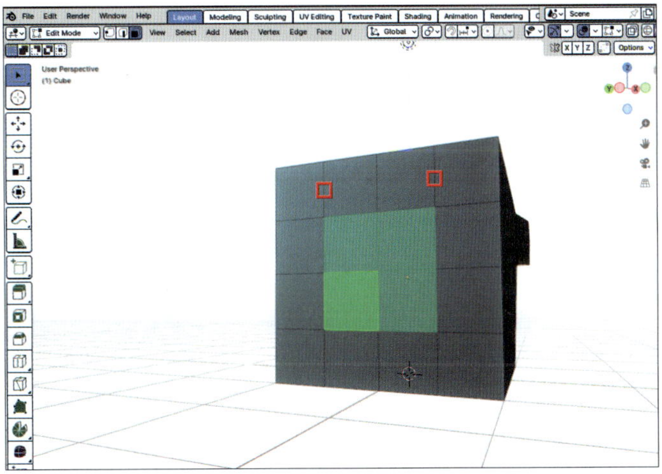

⑪ 원 형태로 만들기 위해 플러그인을 사용하겠습니다. 메뉴에서 [Edit] → Preferences를 실행하여 Blender Preference 대화상자를 표시합니다. [Add-ons] 탭에서 'loop'를 검색하여 'Mesh : LoopTools'를 체크 표시한 다음 〈Install〉 버튼을 클릭하여 Add-ons를 설치합니다.

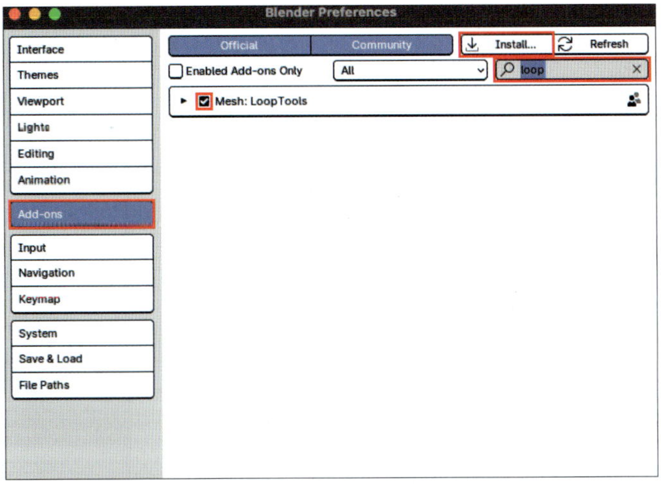

TIP 이 방법은 원을 만드는 첫 번째 방법입니다.

⑫ 안쪽의 4개 면을 선택하고 마우스 오른쪽 버튼을 클릭하여 Loop Tools → Circle을 실행합니다.

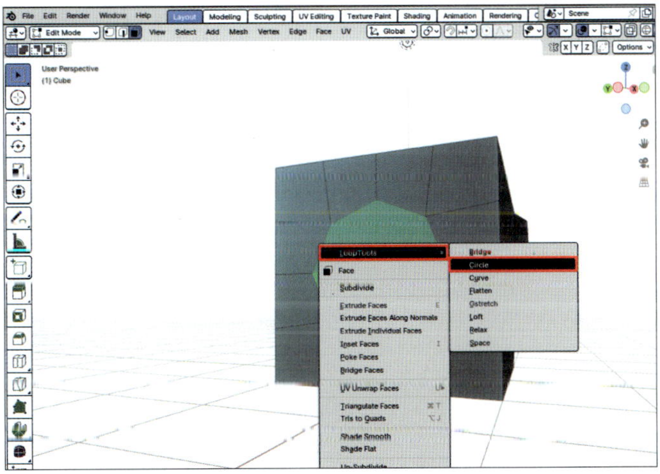

TIP 플러그인이 설치되어 Loop Tools 기능이 표시되는 것입니다. 이 기능이 표시되지 않으면 플러그인이 제대로 설치되지 않은 것이므로 ⑪번 과정으로 돌아가 다시 설치합니다.

⑬ E-S를 눌러 반복적으로 돌출하고 크기를 변형하면서 그림과 같이 만듭니다.

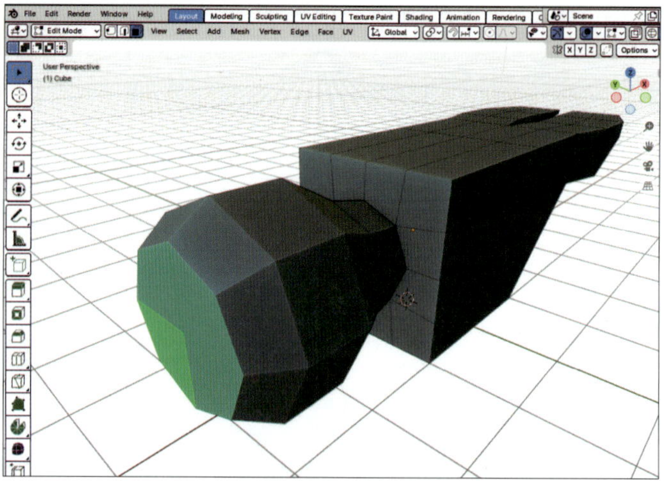

TIP 원을 만드는 두 번째 방법

LoopTools를 사용하지 않고 면에서 원으로 변경하는 다른 방법은 베벨(Bevel)을 이용하는 것입니다. 점을 선택하고 Shift+Ctrl+B를 눌러 면을 원으로 만들 수 있습니다.

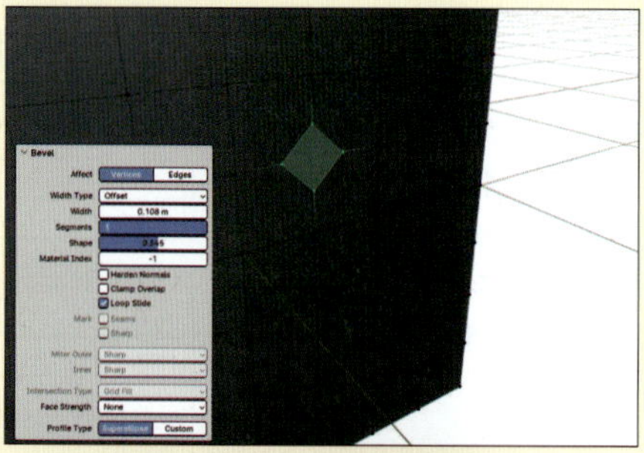

Segments 설정값(촘촘할수록 원에 가까운)을 올리고 Shape(Shape 0.85 : 원에 가까운 수치)를 조정하여 원(미세 조정)에 가까운 것으로 변경할 수 있습니다.

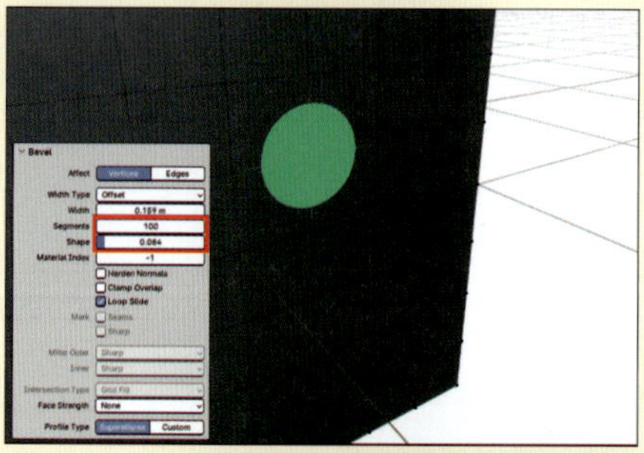

또는, Segments : 5, Shape : 0.1로 설정해 원을 만들 수 있습니다.

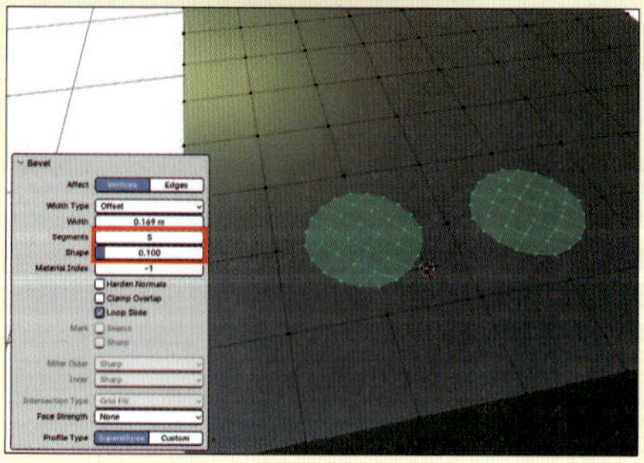

TIP 원을 만드는 세 번째 방법

Edit Mode의 Vertex 선택 모드(1)에서 원으로 만들 사각형의 각 모서리 점을 선택합니다.

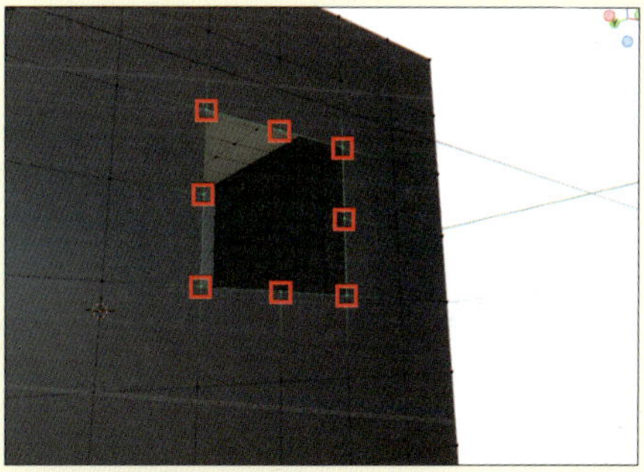

Header 패널에서 [Mesh] → Transform → To Sphere를 실행합니다.

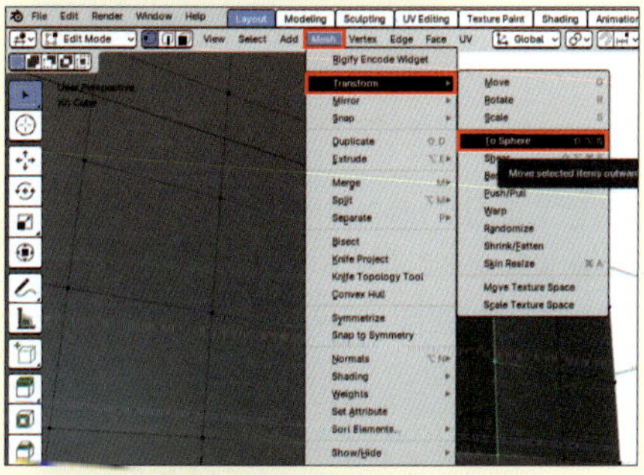

기존 사각형으로 구성되어 있던 구멍이 원 형태에 가깝게 다각형으로 변형됩니다. 이 상태에서 Ctrl+4를 눌러 Subdivision을 적용하면 부드럽게 적용되어 원 형태를 만들 수 있습니다.

⑭ 망치의 손잡이를 만들기 위해 Ctrl+R을 눌러 Loop Cut으로 선을 추가해 옆면을 나눕니다.

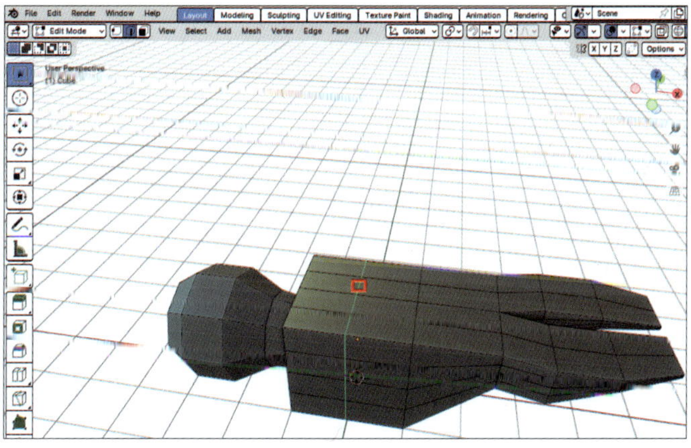

⑮ 윗면의 돌기를 추출하기 위해 면을 선택하고 [E]를 누른 다음 위로 드래그하여 면을 돌출합니다.

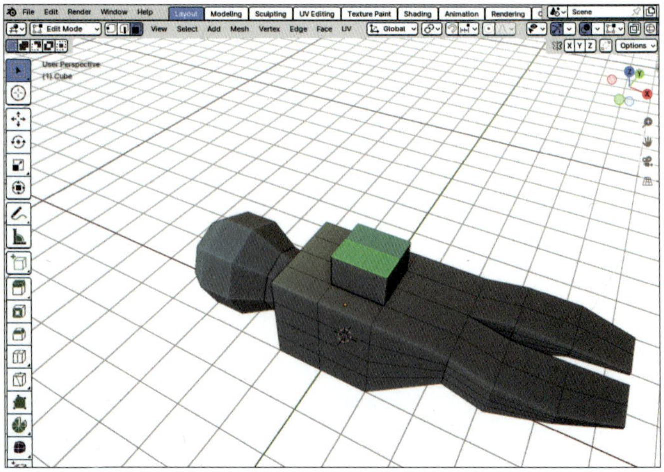

⑯ 같은 방법으로 아랫면을 선택하고 [E]를 눌러 아래로 길게 드래그하여 면을 돌출해 망치의 손잡이를 완성합니다.

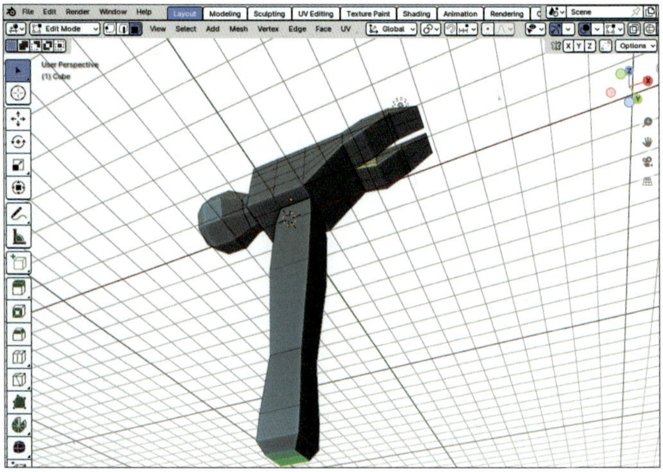

⑰ 별도의 면을 생성하거나 부드러운 연결을 막기 위해 Extrude Manifold를 적용하겠습니다.
먼저 망치 손잡이 가장 윗면을 [Alt]를 누른 상태로 클릭하여 루프 선택합니다.

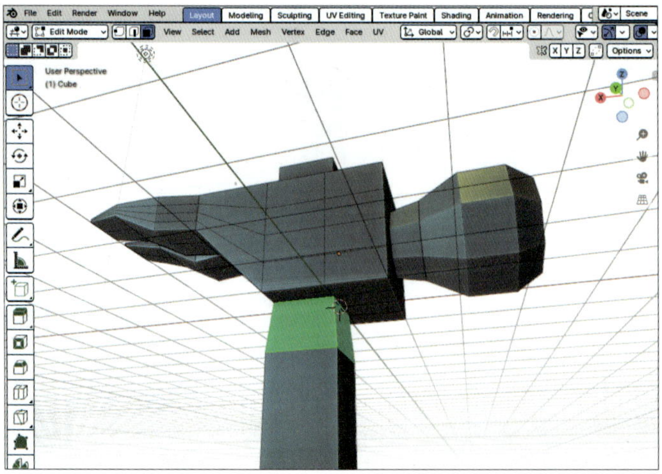

⑱ 망치 가장 윗부분 옆면을 Shift + Alt 를 누른 상태로 클릭하여 다중 루프 선택합니다.

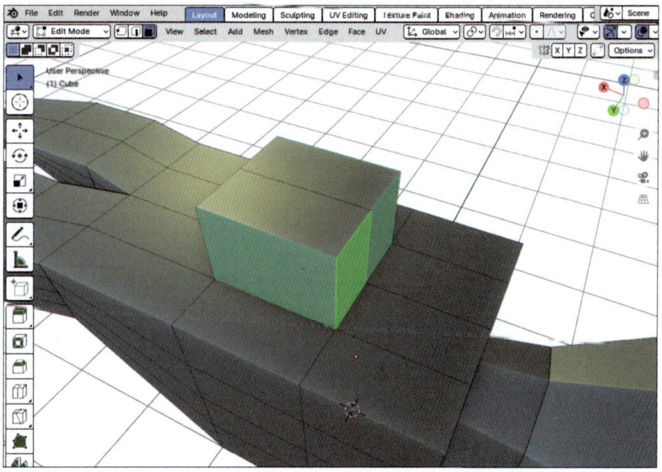

⑲ 면을 선택한 상태로 Alt + E 를 눌러 표시되는 Extrude 창에서 Extrude Manifold를 실행하면 딱딱한 면과 부드러운 면의 경계를 명확히 할 수 있습니다.

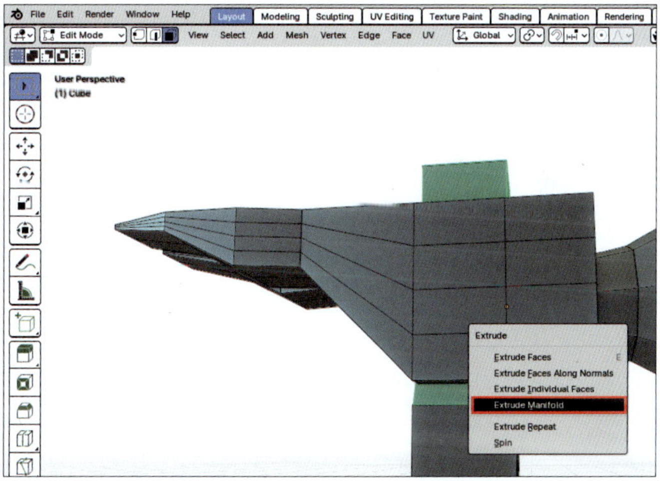

⑳ Tab 을 눌러 Object Mode로 전환합니다. 오브젝트를 선택하고 Ctrl + 4 를 눌러 Subdivision을 적용해 부드러운 면으로 만들어 완성합니다.

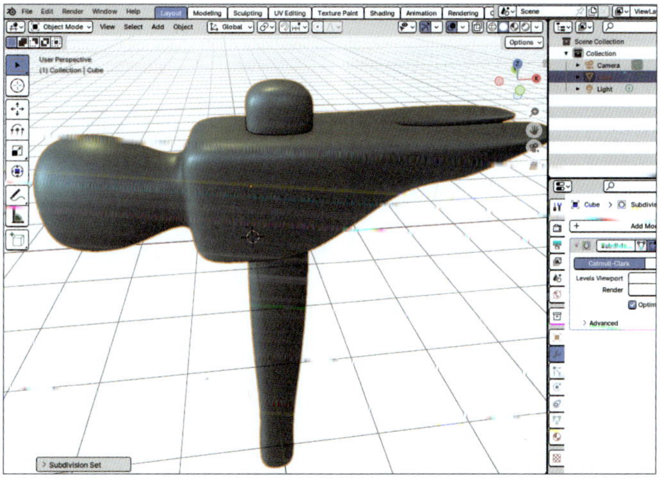

3.13 블렌더 실습 3 : 소파 만들기

이번 예제에서는 Bevel(B)을 활용하며, 오브젝트의 크기를 초기화하는 Object Scale(Ctrl+A) 기능을 활용해 오브젝트를 자유자재 형태로 변형하며 모델링의 기본을 익힙니다. 또한, 소파를 구성하기 위한 기본 모델링 방법 기능들이 함께 포함되어 중급 수준으로 도약하기 위한 도움이 될 수 있는 예제입니다.

완성 파일 : 03\소파_완성.blend

❶ Shift+A를 눌러 표시되는 Add 창에서 Mesh → Cube를 실행해 오브젝트를 만듭니다.

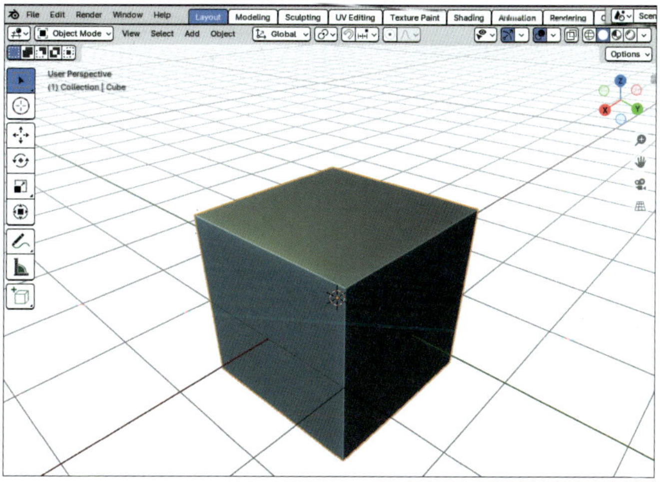

❷ Tab을 눌러 Edit Mode로 전환하고 숫자 키패드 1을 눌러 Front View로 시점을 변경한 다음 3을 눌러 선택 모드를 Face로 변경합니다. A 또는 L을 눌러 모든 면을 선택하고 S-X를 누른 다음 X축 방향으로 크기를 늘려줍니다.

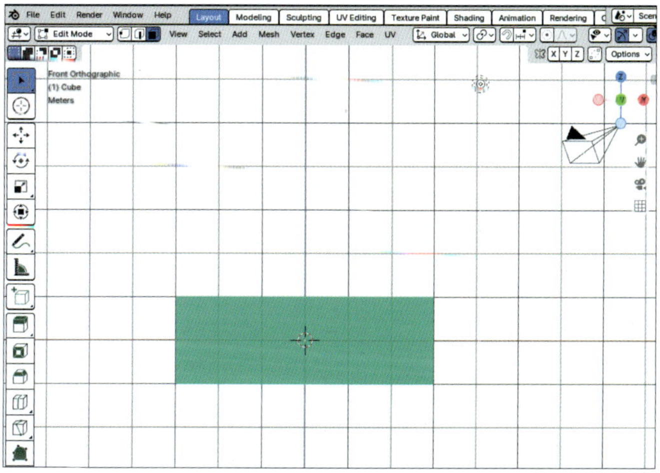

❸ S-Z를 누르고 아래로 좁혀 직사각형을 만듭니다. 형태가 변형되었기 때문에 오브젝트로 가서 Ctrl+A 눌러 Scale 눌러주면 늘어진 형태를 바로잡아줍니다. 뒷부분 **TIP**에서 참고하세요.

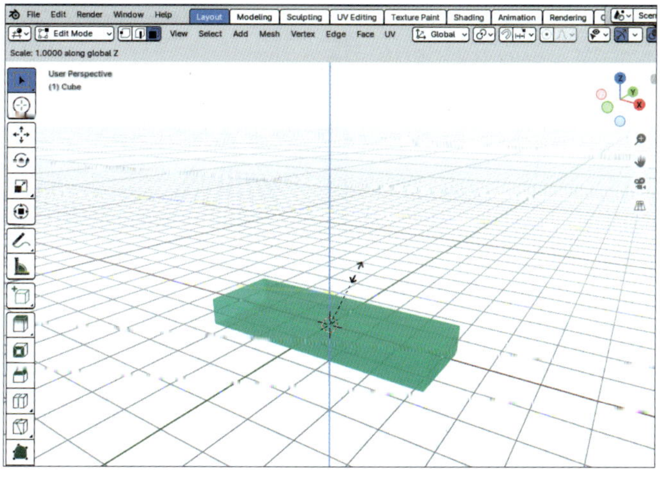

❹ 모든 면이 선택되어 있는 상태로 마우스 오른쪽 버튼을 클릭하여 Subdivide를 실행한 다음 Operation 패널에서 Number of Cuts를 '10'으로 설정하여 10개의 선을 만듭니다.

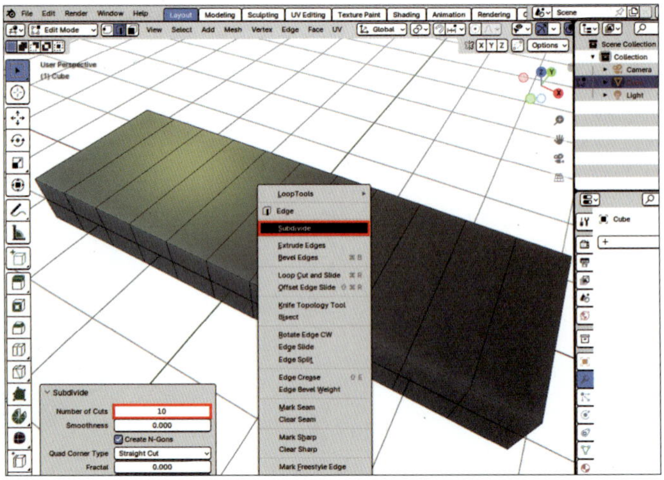

❺ Properties 패널의 (Physics(◉)) 탭에서 'Cloth'를 클릭합니다.

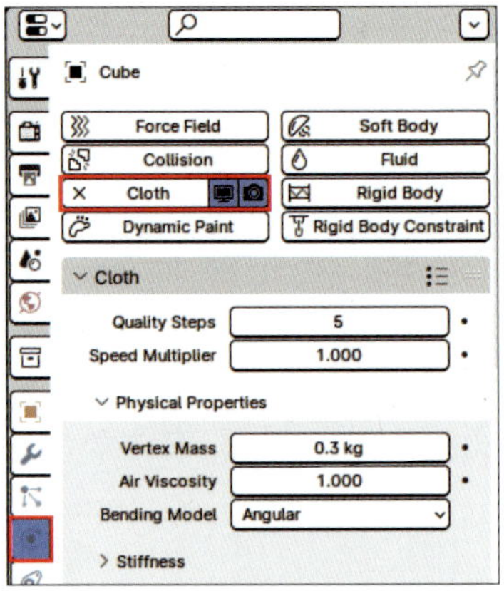

❻ 속성이 표시되면 'Pressure'를 체크 표시하고 하위의 Pressure를 '2.0', Fleid Weights 속성의 Gravity를 '0'으로 설정하여 무중력 상태로 설정합니다.

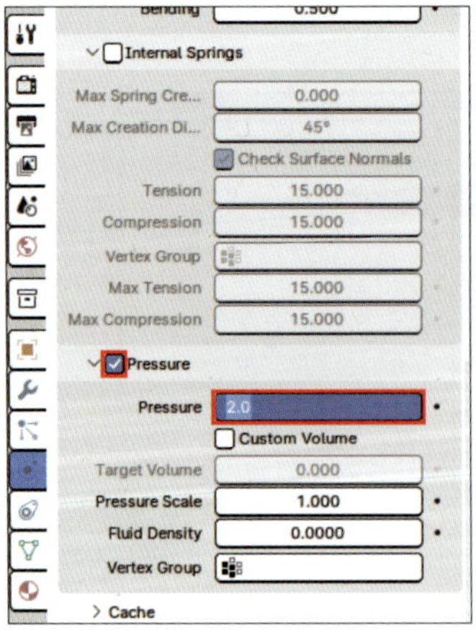

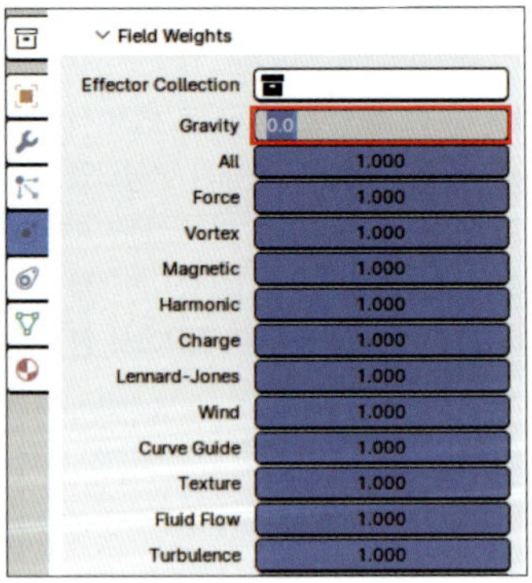

❼ Tab을 눌러 Object Mode로 전환합니다. Spacebar를 누르면 애니메이션이 재생되면서 파직스 물리적 엔진이 반영됩니다. 이때 Ctrl+5를 눌러 Subdivision Surface를 설정하면 부드러운 모델링이 됩니다. Subdivision Levels Viewport 수치 5 설정은 무조건 하지 않아도 되며, 5이하로만 설정하면 됩니다.

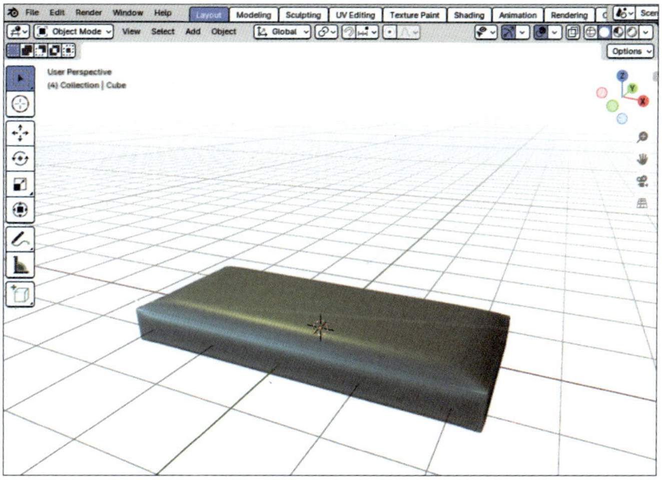

❽ 오브젝트를 선택하고 Shift+D를 눌러 복제해 3개의 소파 쿠션을 만듭니다.

하나의 오브젝트를 선택하고 아래로 내린 다음 Edit Mode에서 복제한 좌우를 늘려줍니다.

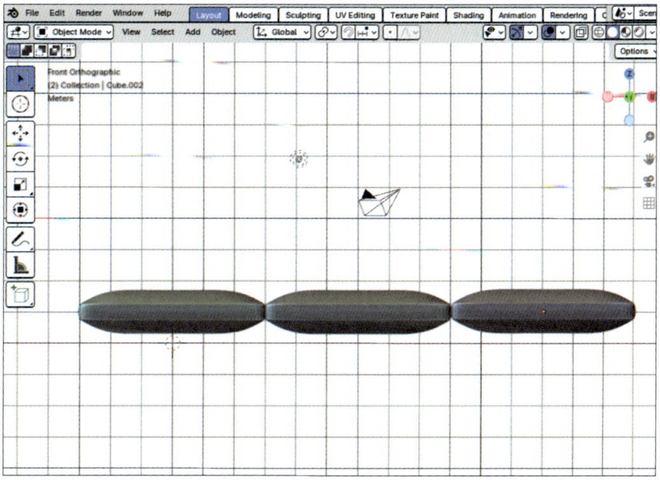

TIP 이 과정을 진행할 때 끝부분을 강제로 늘렸기 때문에 왜곡이 발생합니다. 이 오류는 오브젝트에서 강제로 늘렸을 때 불균형 비율로 늘어진 형태이기 때문에 Bevel(B)을 적용해도 마찬가지입니다.

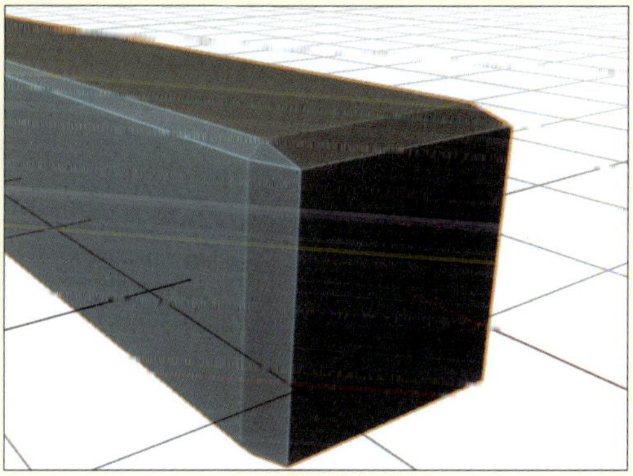

이때 Edit Mode에서 Scale(S)로 크기를 늘려주거나 Object Mode에서 Ctrl+A를 눌러 Scale을 실행해 Scale 비율을 재설정하는 방법으로 동일한 크기 설정이 필요합니다. 재설정하면 오른쪽 그림과 같이 비율이 일정한 간격으로 수정됩니다.

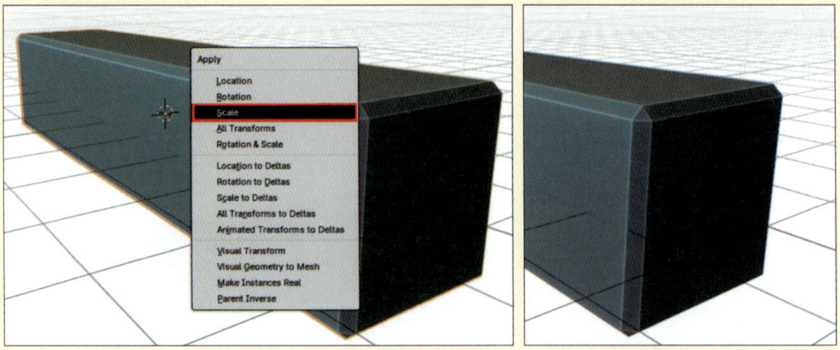

❾ Object Mode에서 Shift+A를 눌러 Cube 오브젝트를 만듭니다.

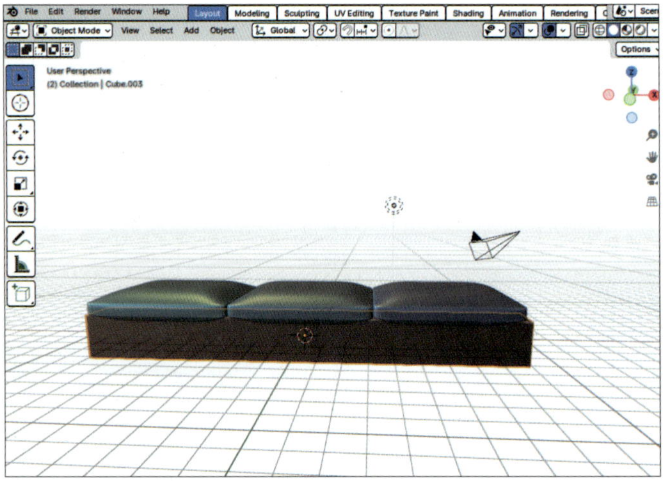

❿ S를 눌러 그림과 소파 쿠션에 맞게 크기를 조절하고 G를 눌러 아래로 이동해 배치합니다.

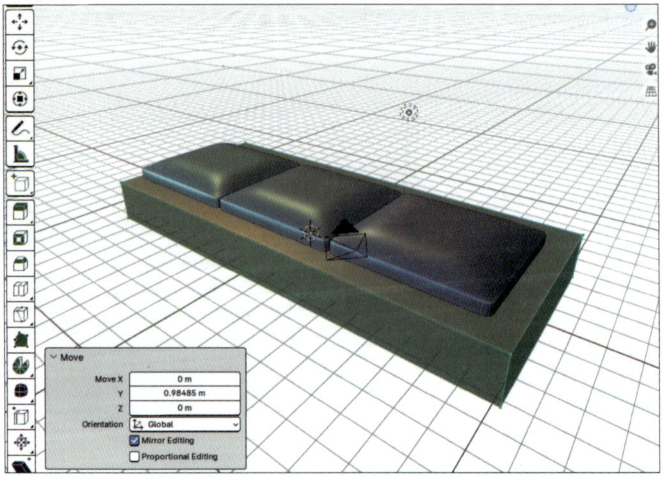

⓫ 아래 받침으로 만든 Cube 오브젝트를 선택하고 Tab을 눌러 Edit Mode로 전환한 다음 Alt+Z를 눌러 Toggle X-Ray를 활성화합니다. 2를 눌러 선택 모드를 Edge로 변경하고 모든 선이 선택되어 있는 상태로 Ctrl+B를 눌러 Bevel을 활성화한 다음 휠을 돌려 중간 선을 늘려줍니다.

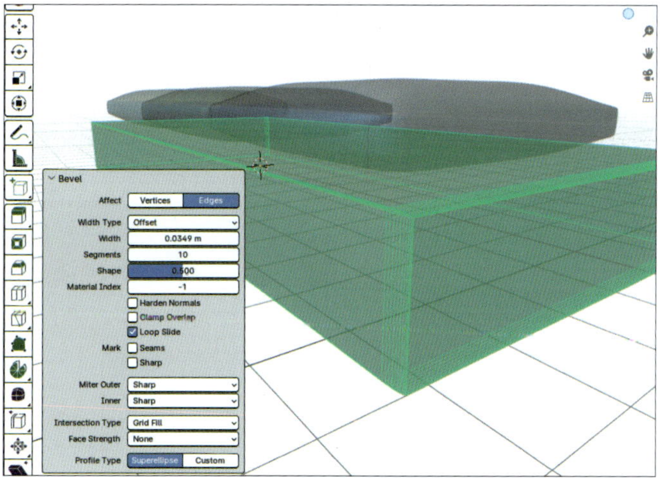

TIP Segments 값을 수정하여 설정할 수도 있습니다.

⓬ Ctrl+2 또는 Ctrl+4를 눌러 Subdivision Surface를 2~4 사이로 설정해 면을 부드럽게 만듭니다.

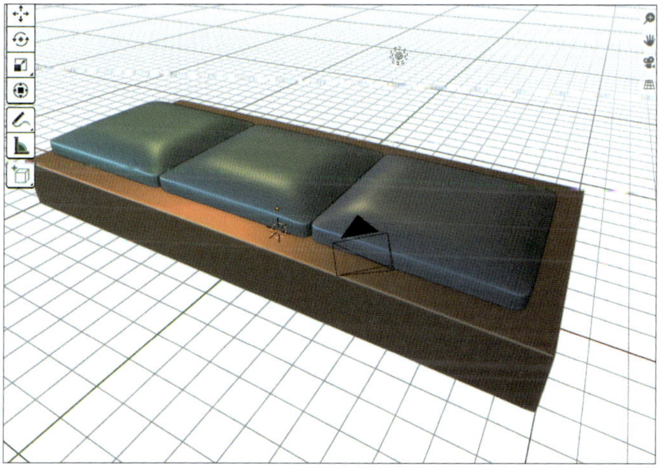

⓭ Object Mode에서 Cube 오브젝트를 새로 생성하고 그림과 같이 소파의 팔걸이 부분이 되도록 위치합니다.

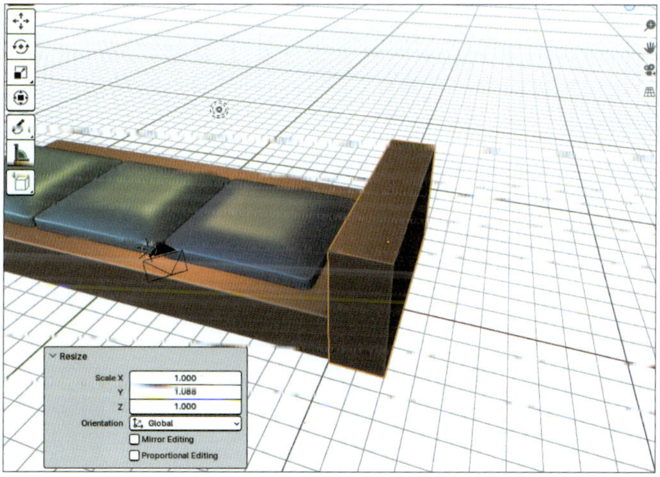

⓮ Front View(숫자 키패드 1)와 Right View(숫자 키패드 3)에서 S-Z, S-Y를 눌러 크기를 맞추어 줍니다.

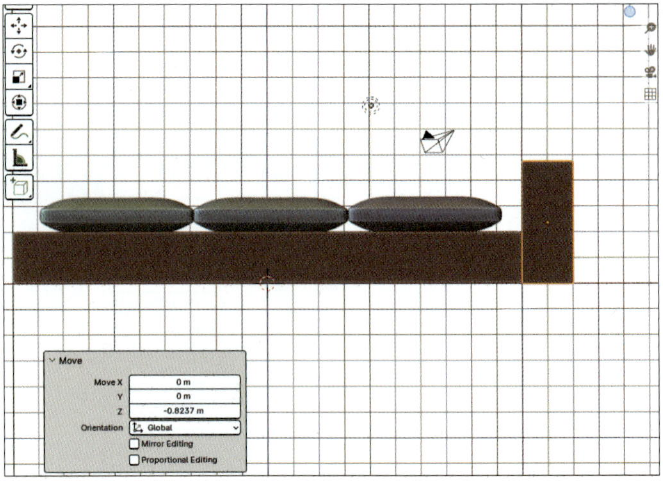

⓯ 팔걸이가 될 오브젝트가 선택된 상태로 Tab을 눌러 Edit Mode로 전환합니다. Ctrl+R을 눌러 그림과 같이 가로선을 추가합니다.

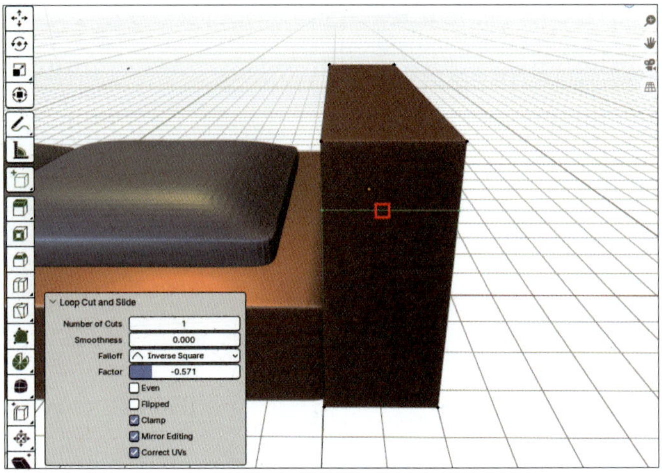

⓰ 가장 상단의 양옆 선을 선택하고 Ctrl+B를 누른 다음 휠을 돌려 면수를 증가시켜 그림과 같이 곡선을 만들어 줍니다.

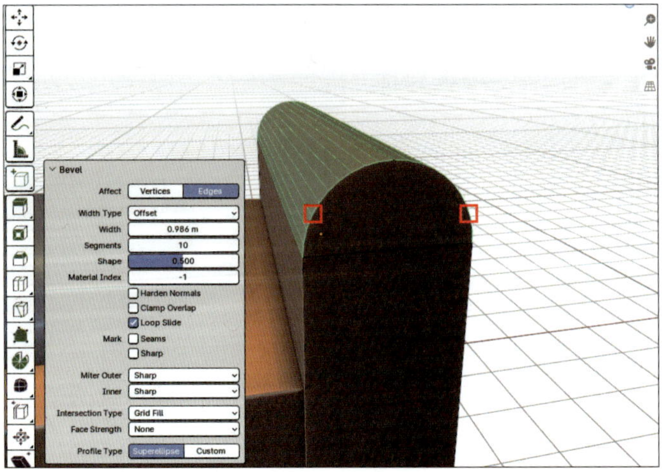

⑰ 불필요한 선을 제거하기 위해 ⑮번에서 만든 선을 Alt를 누른 상태로 클릭하여 루프 선택하고 X를 눌러 Dissolve Edges를 실행해 선을 삭제합니다.

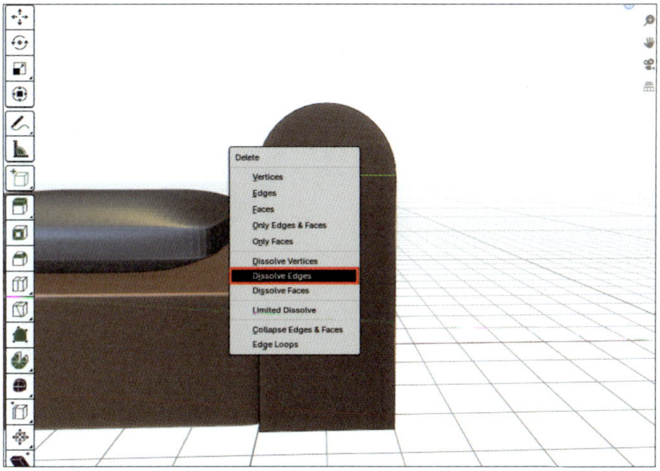

⑱ 그림과 같이 앞면을 선택하고 I를 눌러 안쪽으로 들어간 면을 하나 만든 다음 E를 눌러 면을 안쪽으로 돌출합니다.

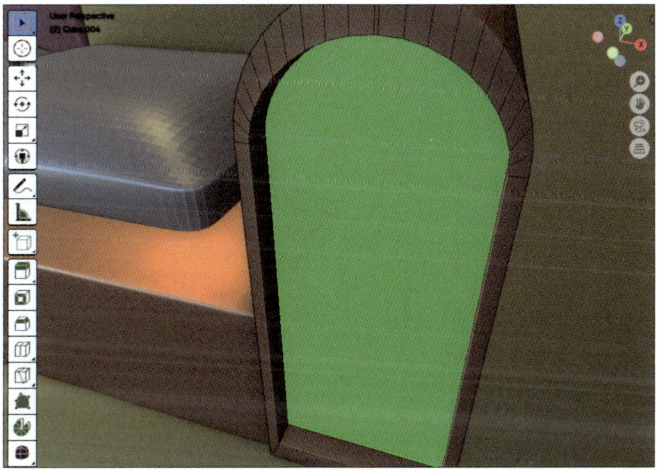

⑲ 좌우 동일하게 적용하기 위해 반전 복사하겠습니다. Object Mode에서 팔걸이 오브젝트를 선택합니다. Properties 패널의 [Modifiers(🔧)] 탭에서 Add Modifier → Mirror를 실행합니다. Mirror Object를 바닥면 오브젝트인 'Cube 003'으로 지정하고 Axis를 'X'로 선택하면 반전 복사되어 좌우로 배치됩니다.

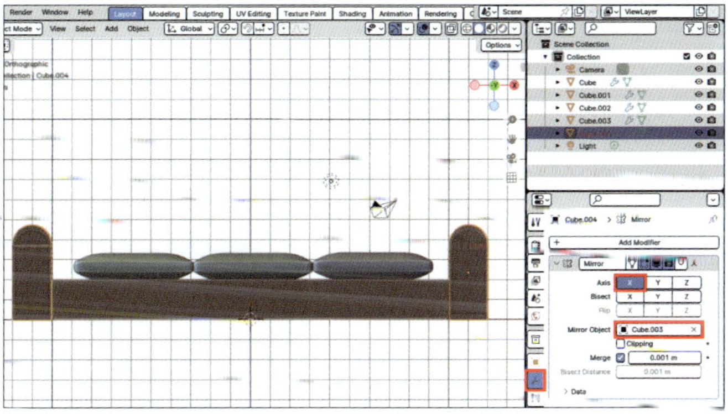

TIP 3D Cursor가 좌우를 배치할 중심점에 있어야 좌우 Mirror가 적용됩니다. 적용하기 전에 3D Cursor 위치를 먼저 확인하고 적용하세요.

⓴ 소파의 등받이를 만들기 위해 Shift+A를 눌러 Cube 오브젝트를 만들고 원하는 위치로 이동합니다.

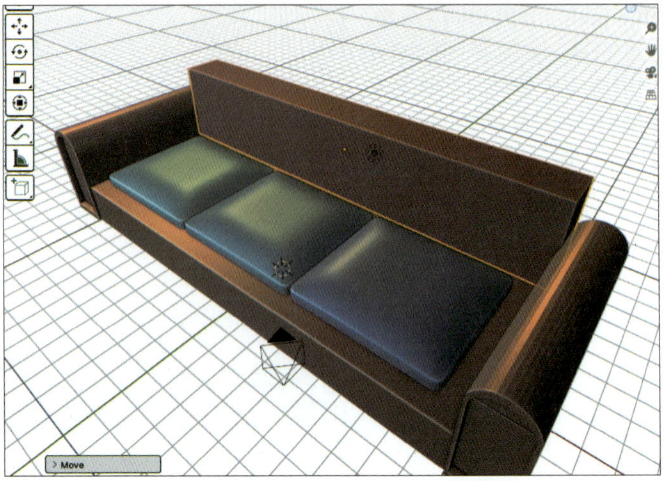

TIP 항상 2D View(Front, Side, Top, Back, Bottom)에서 단축키를 사용하여 정확히 이동합니다(G–Z 드래그 및 수치 이동).

㉑ 이번에는 모서리를 부드럽게 만들겠습니다. 등받이 오브젝트를 선택한 상태로 Properties 패널의 〔Modifiers(🔧)〕 탭에서 Add Modifier → Generate → Bevel을 실행하여 모서리가 부드러운 곡면을 적용합니다.

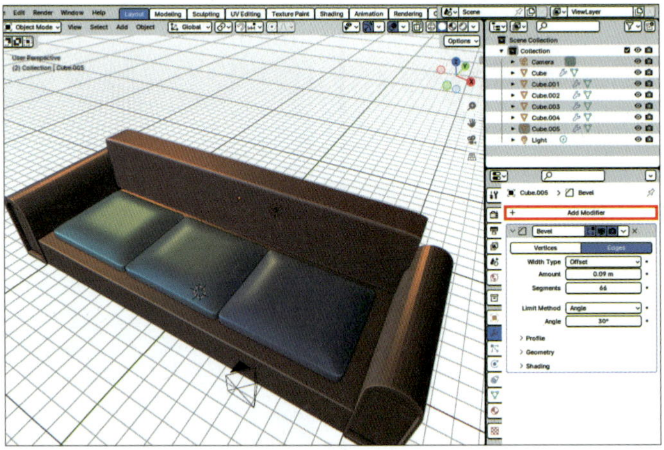

㉒ 3개의 쿠션을 선택합니다. Shift+D를 눌러 복제한 상태로 R–X를 누르고 '90'을 입력하여 회전해 세웁니다. 그림과 같이 등받이 쿠션을 배치하여 완성합니다.

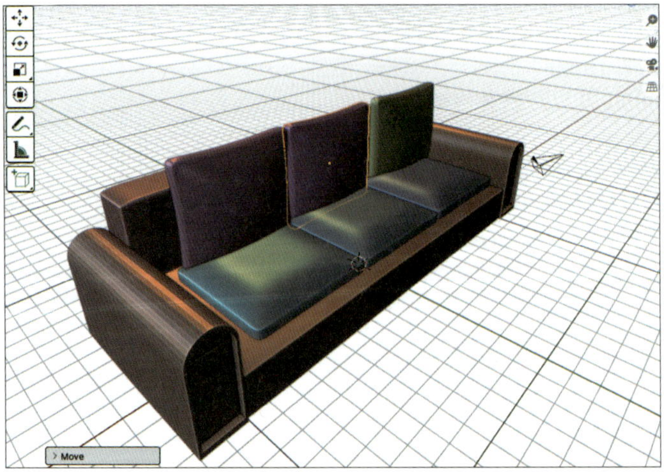

4장

Edit Mode 2

학 습 목 표

- Edit Mode 2는 핵심 기능 외의 기능과 기타 내용을 배웁니다.
- Edit Mode의 기능과 함께 예제를 학습합니다.
- 지금까지 학습한 Object Mode와 Edit Mode의 기능들을 응용 예제와 함께 학습합니다.

4.1 Face Fill

Face Fill(페이스 필)은 면을 채운다는 의미로, '빈 면을 채워서 닫는다'라는 뜻으로 해석합니다. 이 기능은 모델링 중에 공간을 채우기 위해 다각형 면을 생성하는 작업을 의미하며, 모델링 과정에서 빈 공간을 채우는 데 매우 유용합니다. 특히 불완전한 면을 완전하게 만들거나 구멍이나 공백을 메우는 데 사용됩니다. 이를 통해 모델의 완성도를 높이고, 더 자연스러운 외관을 구현할 수 있으며, 빠르고 효율적인 방법으로 모델링 작업을 진행할 수 있도록 도와줍니다.

● Fill

블렌더에서 Fill(필)은 편집 중인 면 사이의 공간을 채우기 위해 Edit Mode로 진입하여 F를 누르거나 오른쪽 마우스 버튼을 클릭한 다음 Fill을 실행하여 사용할 수 있습니다.

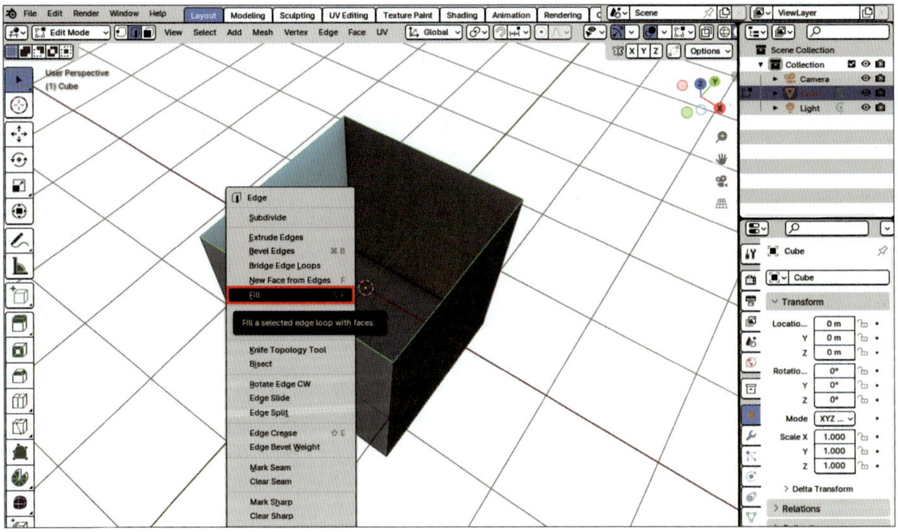

그림 4-1 Face Fill 실행

그림 4-2처럼 뚫려있는 오브젝트를 선택하고 F를 누르면 면을 채운 결과가 나타납니다.

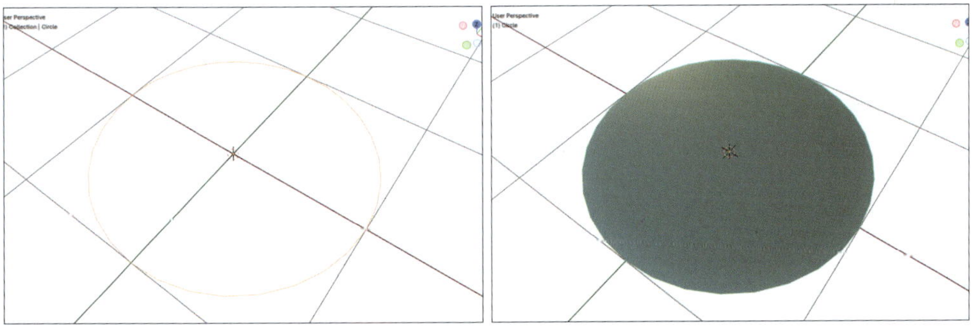

그림 4-2 면이 채워진 모습

Grid Fill

Grid Fill(그리드 필)은 연결된 가장자리 루프쌍이나 하나의 닫힌 가장자리를 기준으로 루프를 사용하여 주변 형상을 따라 채우는 작업을 의미합니다. 이는 Fill과 유사하지만, 표면의 폴리곤을 나누어 채우는 것과는 나릅니다. Grid Fill은 주변 형상을 따라 공간을 채우는 데에 중점을 두며, 모델의 완성도를 높이고 자연스러운 외관을 구현하는 데에 활용됩니다.

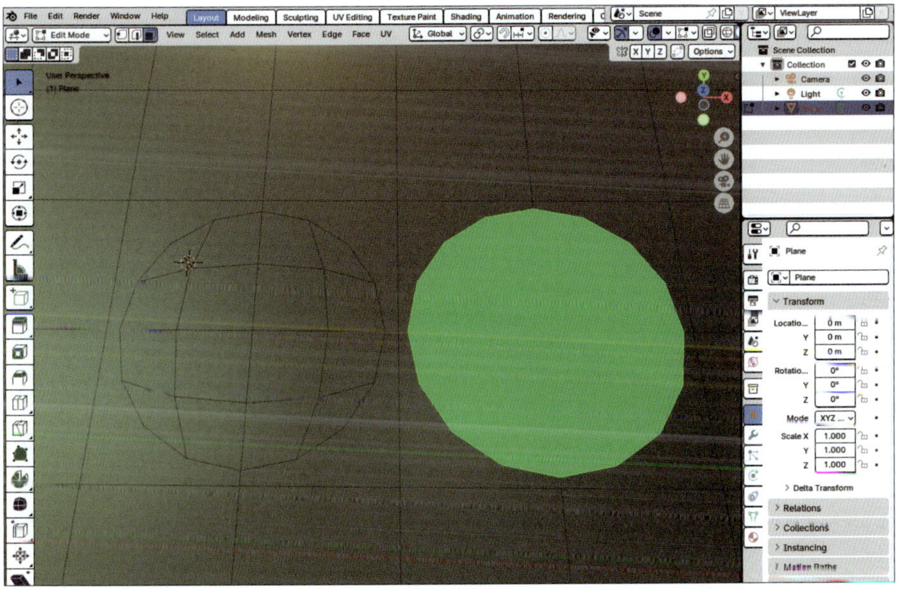

그림 4-3 Grid(좌)/Fill(우)

4.2 Face Orientation

모델링 작업 중에는 종종 블렌더에서 의도치 않게 면이 깨지거나 겉과 속이 뒤집힌 상황이 발생할 수 있습니다. 이럴 때는 면의 방향이 올바른지 확인해야 합니다. 이를 위해 블렌더에서는 Face Orientation(페이스 오리엔테이션, 면의 방향, 자세, 각도, 위치 등 배치)을 활용하여 간단하게 확인할 수 있습니다. 이 기능은 모델의 각 면이 내부를 향하고 있는지를 시각적으로 확인할 수 있도록 도와줍니다. Object Mode나 Edit Mode에서 모두 이 기능을 활용할 수 있고, 모델링 작업 시 잠재적인 문제를 사전에 발견하고 수정해 오류를 방지할 수 있습니다.

Header 패널의 'Viewport Overlays'를 클릭하여 팝업 창을 표시하고 'Face Orientation'을 체크 표시하면 오브젝트의 앞면과 뒷면을 구분할 수 있습니다.

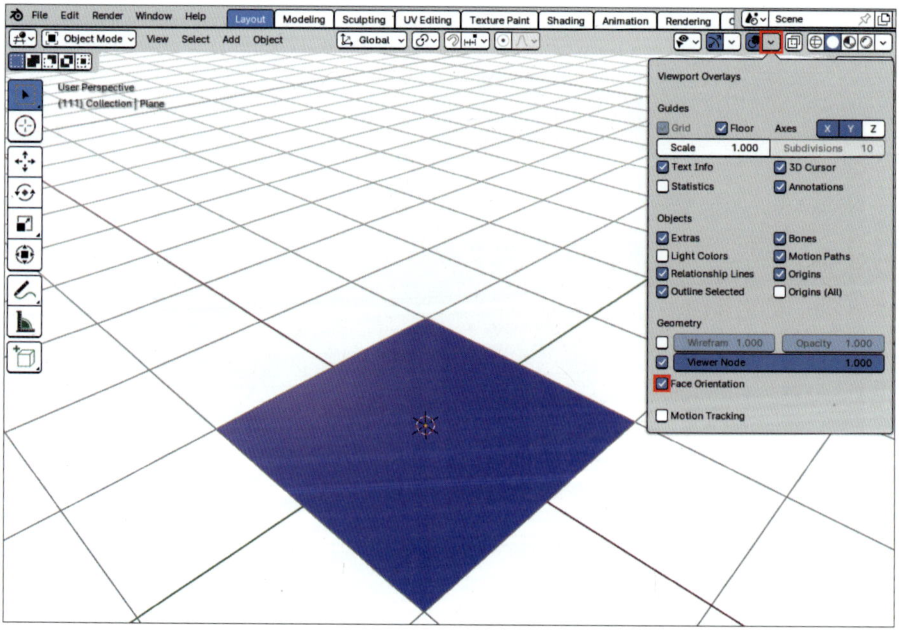

그림 4-4 Face Orientation 체크 표시

Shift + A를 눌러 Cube 오브젝트를 생성하고 윗면을 삭제하면 안쪽 면은 빨간색으로, 바깥면은 파란색으로 표시되어 겉과 속의 방향에 대한 구분을 할 수 있습니다.

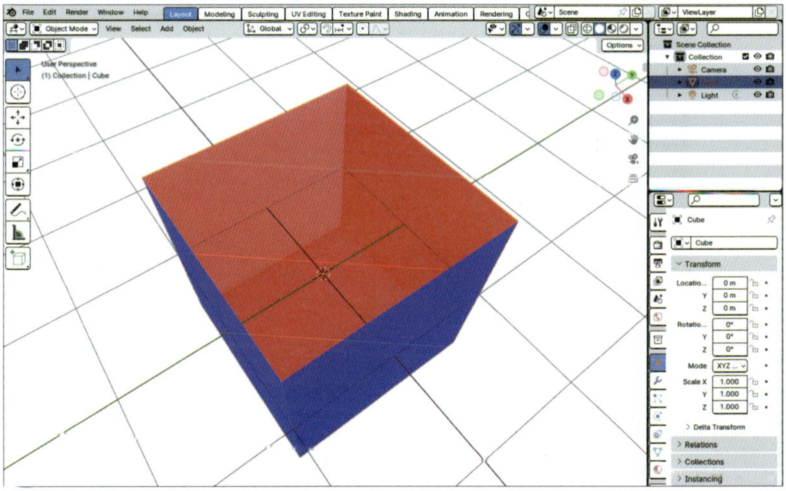

그림 4-5 앞뒷면이 구분되는 오브젝트

같은 방법으로 Edit Mode도 Header 패널의 'Viewport Overlays'를 클릭하여 옵션을 표시하고 'Face Orientation'을 체크 표시해 앞뒷면 구분이 가능합니다.

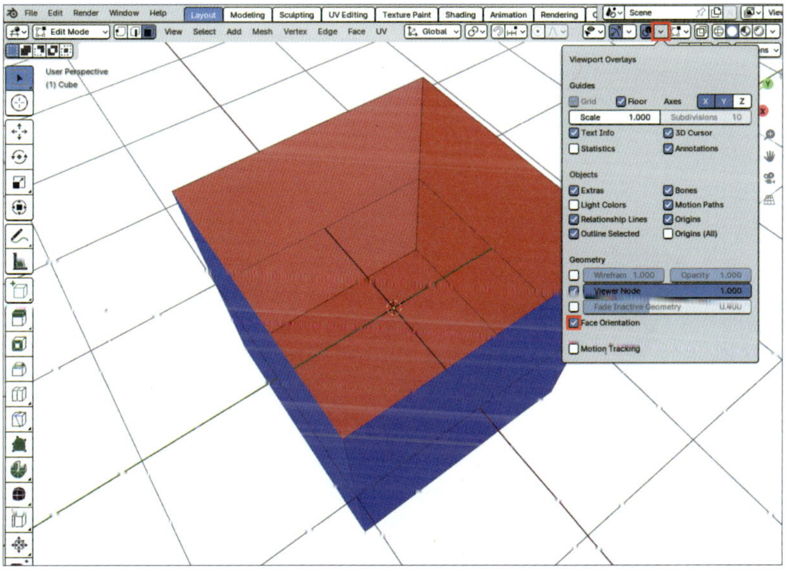

그림 4-6 Edit Mode에서 확인한 Face Orientation

잠깐만요 법선 벡터

법선 벡터는 폴리곤 중앙에 있는 선을 말하며, 평면의 수직 벡터(90°)를 Normal Map(노멀 맵)이라고 합니다.

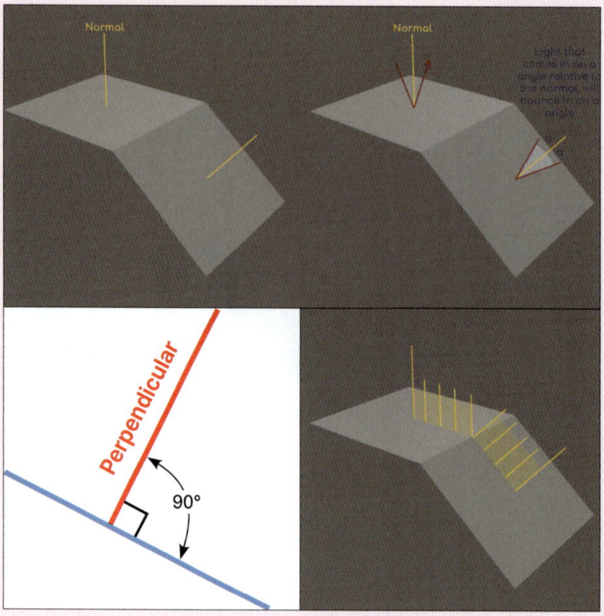

그림 4-7 법선 벡터

Header 패널의 'Mesh Edit Mode Overlays'(Blender 4.0 기준)를 클릭하여 표시되는 팝업 창에서 Normals의 법선 벡터를 선택하거나 설정할 수 있습니다.

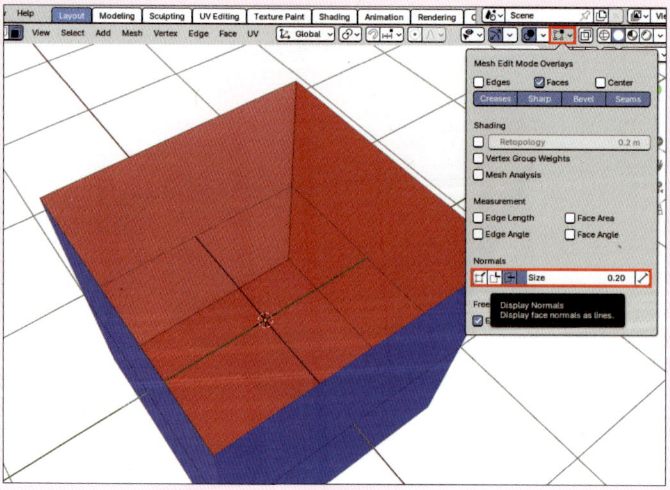

그림 4-8 블렌더의 법선 벡터

4.3

Bridge Edge Loops

Bridge Edge Loops(브릿지 에지 루프)는 루프된 선을 연결하는 작업을 의미하며, 2개의 선을 서로 연결하여 이어지는 것을 의미합니다. 이 작업은 모델링 과정에서 2개의 엣지 루프를 서로 연결하여 새로운 면을 생성하고, 모델의 구조를 보강하는 데 사용됩니다. 예를 들어, 한 객체의 상단과 하단을 연결하여 구멍을 메우거나, 두 부분을 부드럽게 연결하여 자연스러운 전환을 만드는 데에 활용됩니다.

Bridge Edge Loops를 진행하려면 먼저 루프 선을 선택해야 합니다. Edit Mode에서 2를 눌러 선택 모드를 Edge로 변경하고 Alt를 누른 상태로 루프로 선택할 오브젝트의 선을 클릭하면 360° 회전하여 루프 선택이 됩니다.

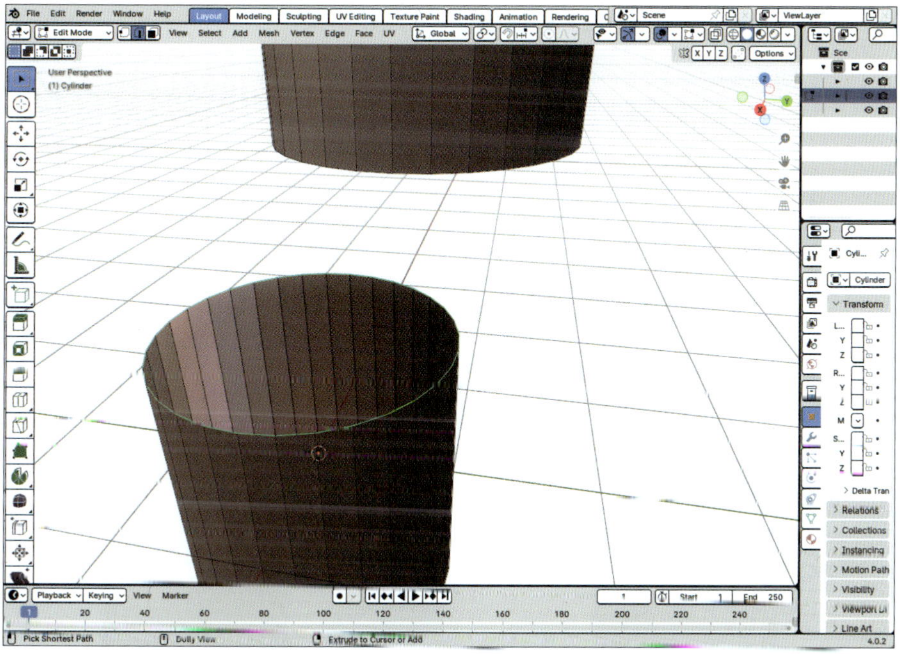

그림 4-9 루프 선택한 모습

위아래 면을 삭제하고 Shift+Alt를 누른 상태로 연결할 선을 클릭하여 다중으로 루프 선택합니다.

두 원기둥의 선이 루프 선택되어 있는 상태로 마우스 오른쪽 버튼을 클릭하고 Bridge Edge Loops를 실행하면 두 원기둥의 선이 이어지며 면이 생성됩니다.

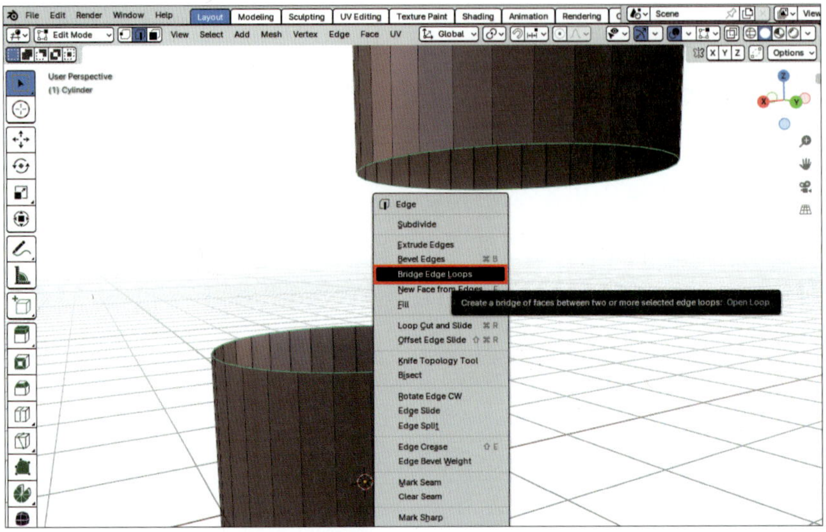

그림 4-10 Bridge Edge Loops 실행

표시되는 Operation 패널에서 Twist 설정값을 높게 설정하면 회전된 연결선으로 변형됩니다.

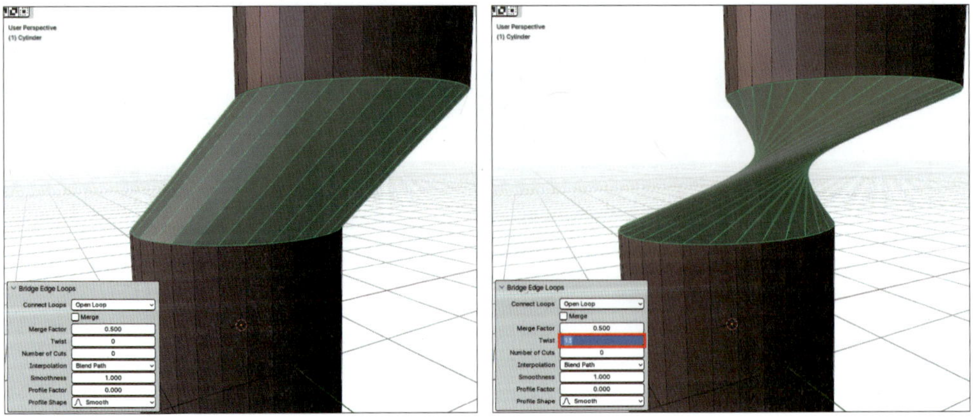

그림 4-11 연결된 선(좌)/Twist 설정 적용(우)

4.4 Triangulate Faces, Tris to Quads, Poke Faces

Triangulate Faces

전체 면을 삼각형으로 변형하는 작업입니다. 이는 모델링 과정에서 다각형으로 이루어진 면을 삼각형으로 분할하여 처리하는 것을 의미합니다. 일반적으로 삼각형은 다각형보다 계산이 간단하고 예측 가능하기 때문에 복잡한 모델에서도 일관된 결과를 얻을 수 있습니다.

이 기능은 Edit Mode의 Header 패널에서 〔Faces〕 → Triangulate Faces를 실행하거나 Ctrl+T를 눌러 실행하면 됩니다.

Object Mode에서 Shift+A를 눌러 Monkey 오브젝트를 생성하고 Tab을 눌러 Edit Mode로 전환한 다음 Ctrl+T를 누릅니다. 이렇게 하면 Triangulate Faces(트라이앵귤레이트 페이스) 기능이 적용되어 삼각형으로 분할되어 잘게 나눈 형태로 변형됩니다.

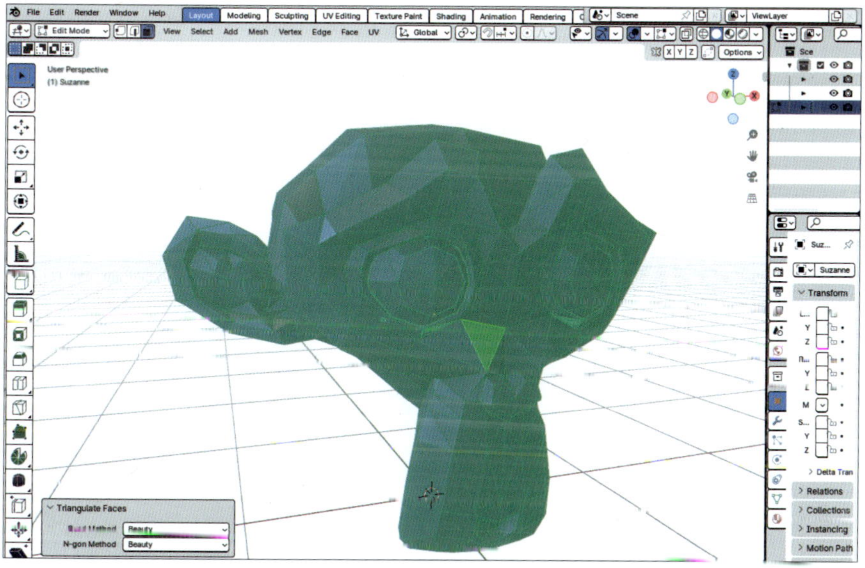

그림 4-12 Triangulate Faces 기능이 적용된 오브젝트

이때 면을 루프 선택하려고 하면 면이 삼각형으로 변형되었기 때문에 루프 선택이 어려울 수 있습니다.

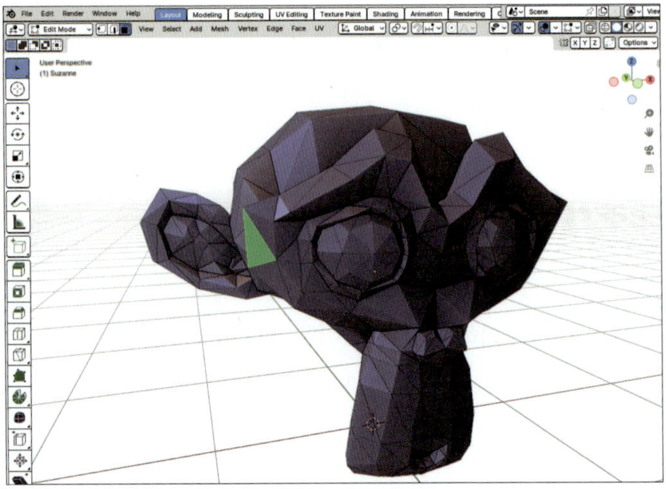

그림 4-13 루프 선택이 되지 않는 오브젝트

Tris to Quads

Tris to Quads(트리스 투 쿼드)로 3개의 면을 4개의 면으로 변형시키겠습니다. 즉, 앞에서 Triangulate Faces 기능으로 삼각형으로 변형한 면을 다시 4개의 면으로 변형하여 되돌리는 기능입니다. 옵션 수치를 올릴수록 변형 형태가 변경되므로 설정값을 조절하여 원하는 면의 형태를 만드는 것이 중요합니다.

Edit Mode의 Header 패널에서 〔Faces〕→ Tris to Quads를 실행하여 면을 사각형 형태로 만듭니다.

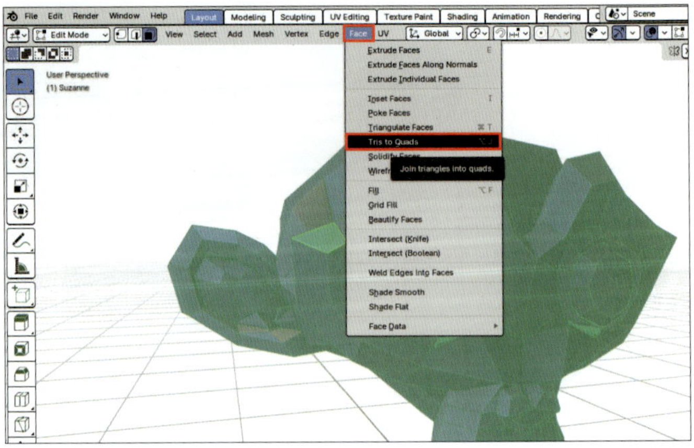

그림 4-14 Tris to Quads 실행

면이 사각형 형태로 변경되면 Operation 패널에서 Max Shape Angle을 설정합니다.

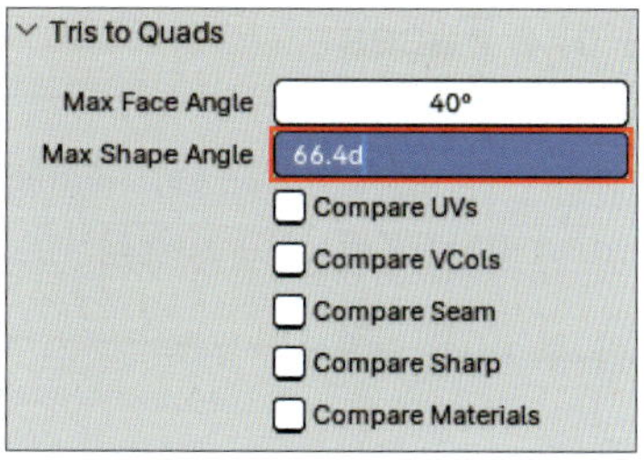

그림 4-15 Max Shape Angle 설정

잠깐만요 Tris to Quads 옵션

- **Max Face Angle** : 변환될 삼각형 간의 최대 면 각도입니다.
- **Max Shape Angle** : 변환될 삼각형 간의 최대 형태 각도입니다.
- **Compare UVs** : UV 좌표를 비교하여 삼각형을 사각형으로 합칠지를 결정합니다.
- **Compare Vcols** : 정점 색상을 비교하여 삼각형을 사각형으로 합칠지를 결정합니다.
- **Compare Seam** : 경계선을 비교하여 삼각형을 사각형으로 합칠지를 결정합니다.
- **Compare Sharp** : Sharp Edges(샤프 엣지)를 비교하여 삼각형을 사각형으로 합칠지를 결정합니다.
- **Compare Materials** : Material(재질)을 비교하여 삼각형을 사각형으로 합칠지를 결정합니다.

삼각형 형태의 면이 사각형 면으로 변형되었습니다. 이 상태에서 면 하나를 루프 선택(Alt를 누른 상태로 클릭)하면 주변에 연결되어 있는 면들이 원활하게 선택됩니다.

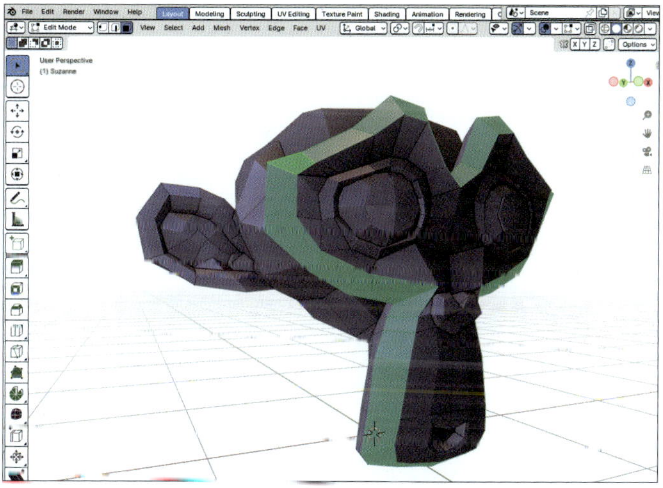

그림 4-16 루프 선택된 면들

Poke Faces

Poke Faces(포크 페이스)는 양 대각선으로 면을 자르는 기능입니다. 면의 중심으로부터 여러 개의 삼각형을 생성하여 면을 분할하여 면을 더 세분화하고 세부적인 디테일을 추가할 수 있습니다.

Edit Mode에서 면을 선택하고 Header 패널에서 〔Faces〕 → Poke Faces를 실행합니다.

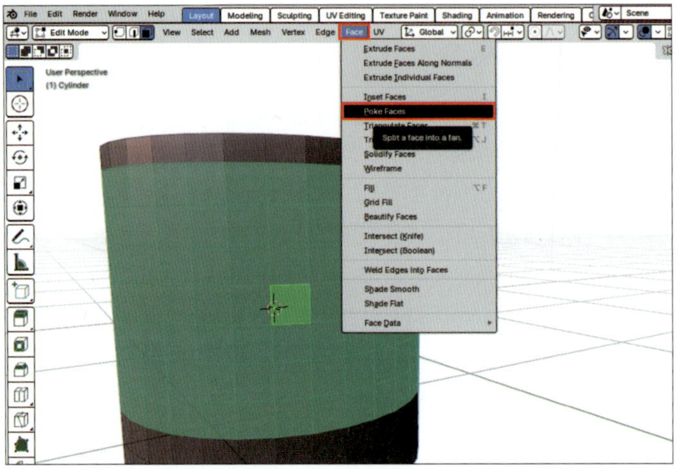

그림 4-17 Poke Faces 실행

사각형의 면이 양 대각선으로 잘려 여러 개의 삼각형 면이 생성되었습니다.

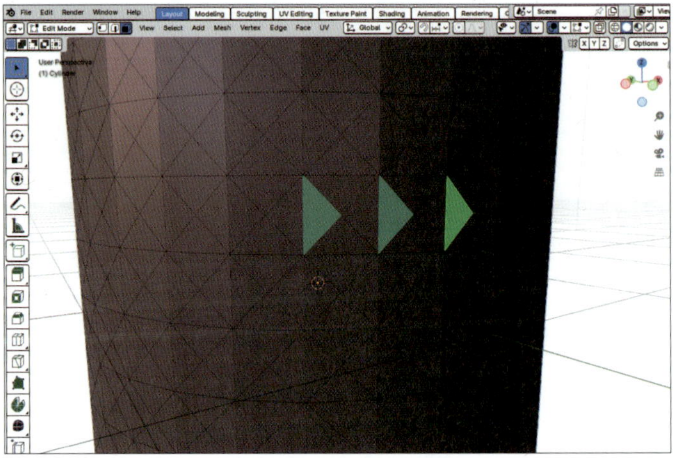

그림 4-18 대각선 형태로 분할된 면들

4.5 Solidify Faces

Solidify Faces(솔리디파이 페이스) 기능은 평면에 '두께'를 부여하여 입체적인 형태를 만들어 내는 기능입니다. 특히, Solidify Faces 기능은 면에 두께를 부여하는 데 중점을 두며, 이를 통해 모델의 입체적인 특성을 강조하고 뚜렷하게 표현할 수 있습니다. 이 기능은 Modifiers로 사용할 수 있을 뿐만 아니라 직접 면에서도 적용할 수 있습니다.

Edit Mode에서 입체로 변경할 부분을 선택하고 Header 패널에서 〔Faces〕 → Solidify Faces를 실행합니다.

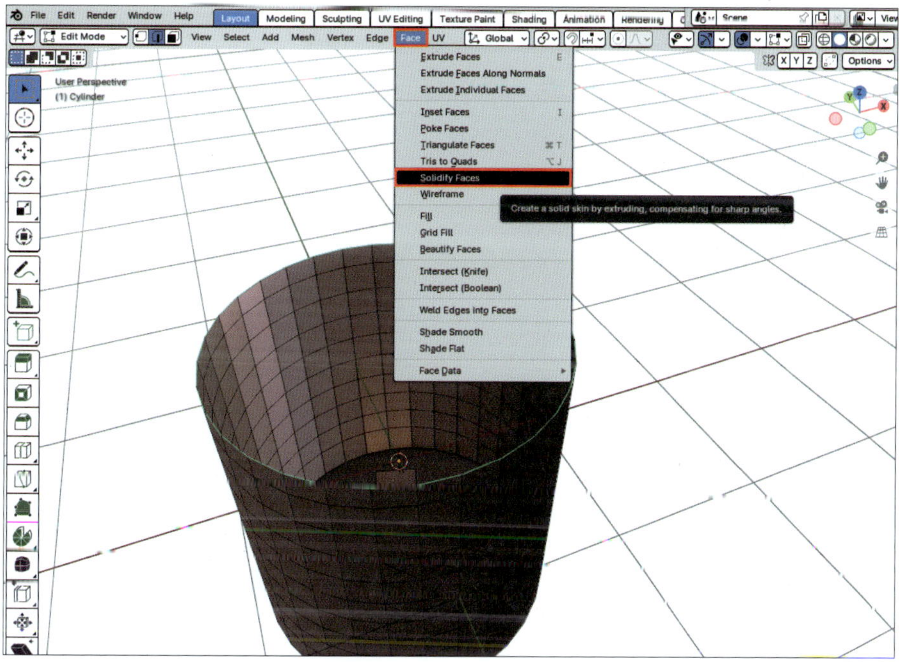

그림 4-19 Solidify Faces 실행

선택한 부분을 기준으로 평면이 입체로 변형되었습니다.

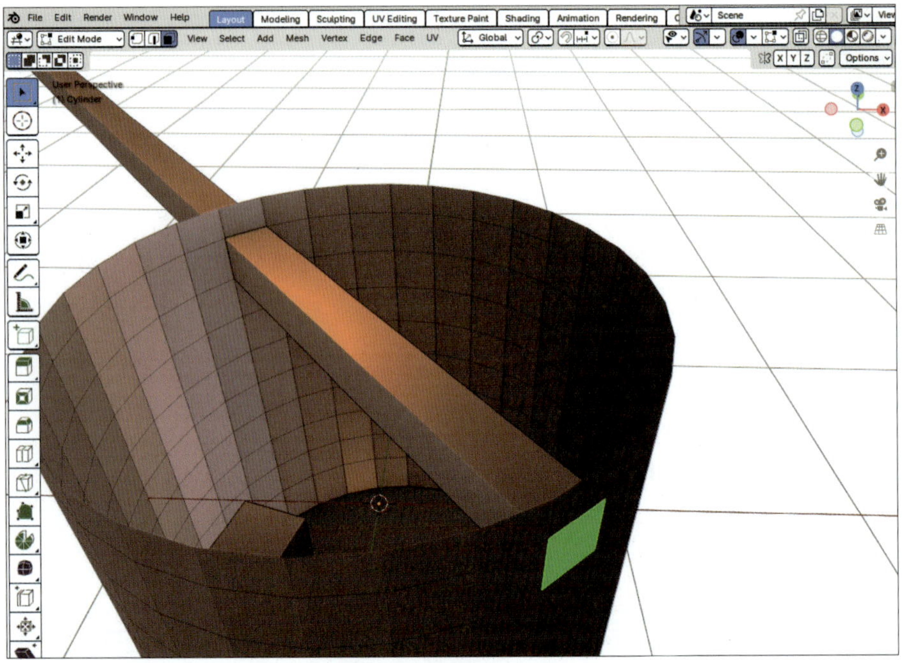

그림 4-20 입체로 변형된 면

Operation 패널에서 Thickness를 설정하면 두께의 길이를 변형할 수 있습니다. 설정값에 따라 길이가 다르게 반영됩니다.

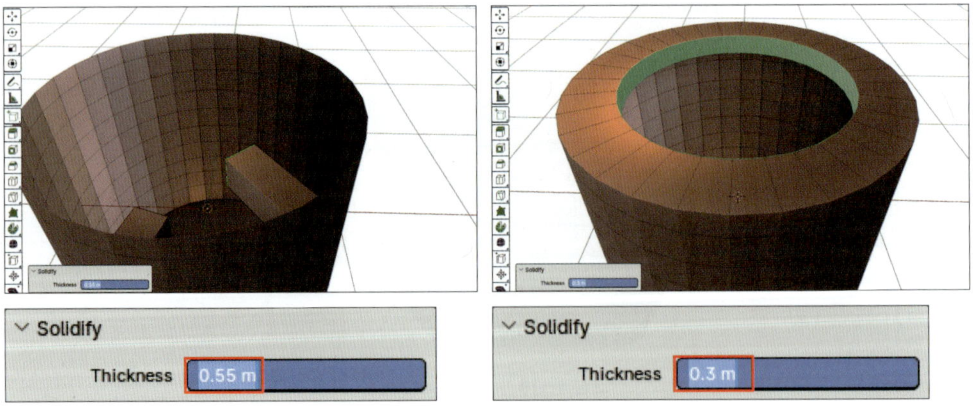

그림 4-21 Thickness를 0.55/0.3으로 설정했을 때

4.6 Mirror Editing

Edit Mode에서 Mirror Editing(미러 에디팅) 기능은 좌우 반사된 형태를 생성하여 모델의 위치, 크기, 회전 등을 지배받아 동일한 형태로 변경하는 기능입니다. 모델링 작업 중에 한쪽 절반을 작업하고 나머지 절반은 자동으로 생성할 수 있습니다. Mirror Modifiers도 같은 기능을 제공하여 모델의 대칭성을 쉽게 유지하고 작업할 수 있습니다.

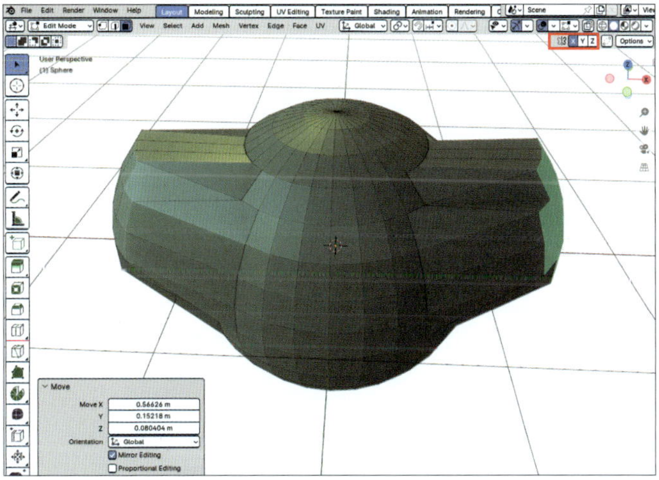

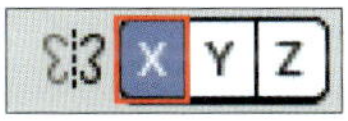

그림 4-22 X축을 선택하고 Mirror 기능으로 오브젝트의 오른쪽을 변형한 모습

X, Y, Z 세 가지 축을 모두 선택할 수 있습니다.

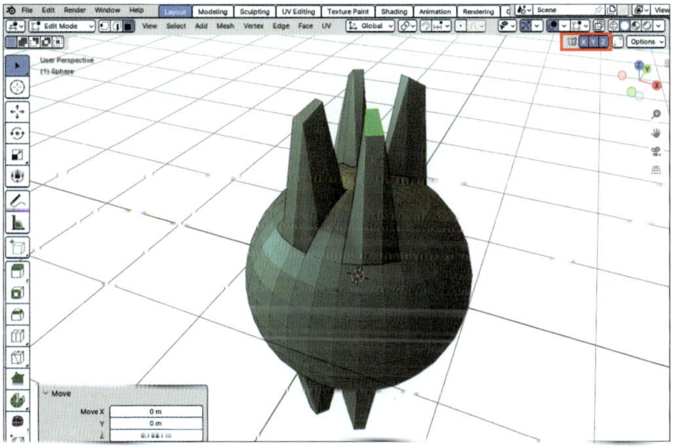

그림 4-23 X, Y, Z축을 선택하고 오브젝트의 위를 변형한 모습

4.7 블렌더 실습 1 : 알루미늄 캔 만들기

알루미늄 캔을 만드는 이번 예제에서는 형태를 정확하게 만들기 위해 실제 사진을 블렌더로 불러와 참고하여 모델링합니다. 또한, 캔의 따개가 되는 클립 부분은 Modifiers의 Boolean 기능을 활용하겠습니다.

예제 파일 : 04\알루미늄캔.png　　완성 파일 : 04\알루미늄캔_완성.blend

❶ Object Mode의 Header 패널에서 [Add] → Image → Reference를 실행하여 04 폴더에서 '알루미늄캔.png' 파일을 불러옵니다. 숫자 키패드 1을 눌러 Front View 시점으로 변경합니다. front view 시점에서 이미지를 최적화해서 맞춥니다. 왼쪽(■) object에서 Transform 위치, 회전으로 값으로 화면뷰에 맞게 맞추면 됩니다.

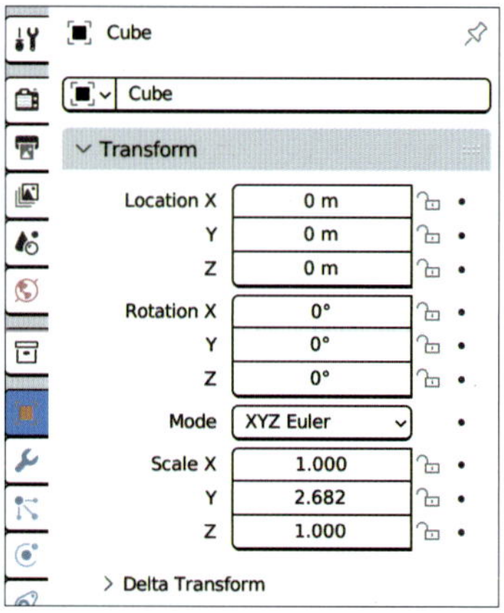

❷ 이미지를 선택한 상태로 G-Y를 눌러 이동합니다. 이미지에 맞는 오브젝트를 생성하기 위해 Shift+A를 눌러 표시되는 Add 창에서 Mesh → Cylinder 오브젝트를 생성합니다.

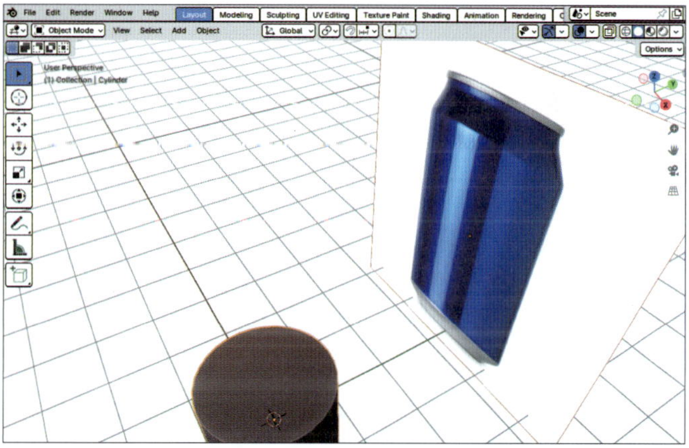

❸ Cylinder 오브젝트를 이미지의 밑부분과 맞게 크기와 위치를 조절합니다.

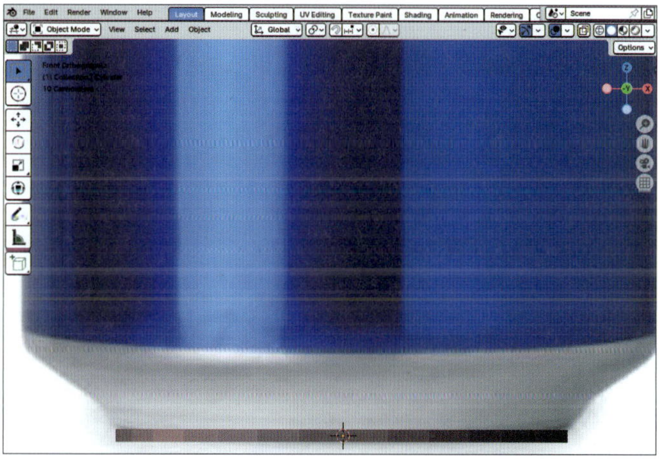

❹ Cylinder 오브젝트를 선택하고 Edit Mode로 전환합니다. E를 눌러 위로 면을 추출하고 S를 눌러 줄이는 작업을 반복해 그림과 같이 캔의 밑부분을 모델링합니다.

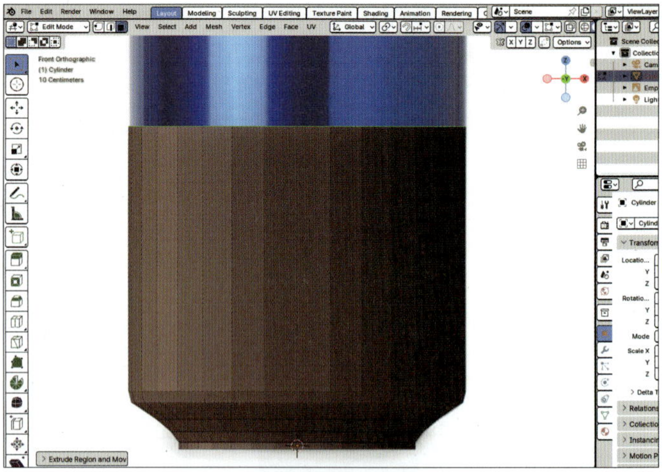

❺ 2D View에서 모델링 작업을 하고 3D View에서 작업 과정을 확인하면 형태를 파악하기 좋습니다. 같은 방법으로 윗부분도 모델링해 완성합니다.

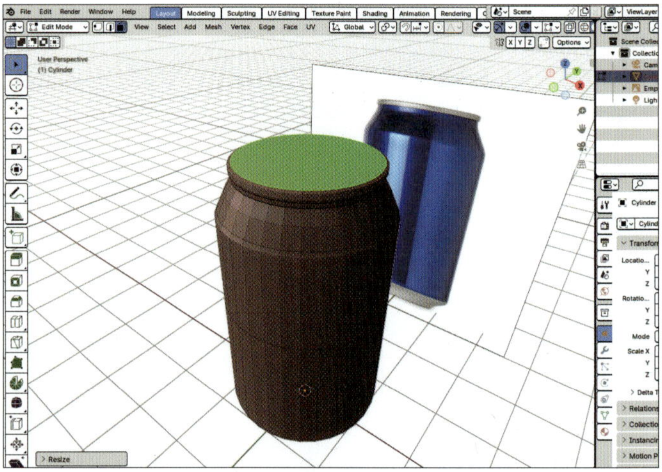

❻ 캔의 윗부분 면을 선택하고 I를 눌러 안으로 면을 생성하고 E를 눌러 아래로 면을 추출해 입체적인 형태를 만듭니다.

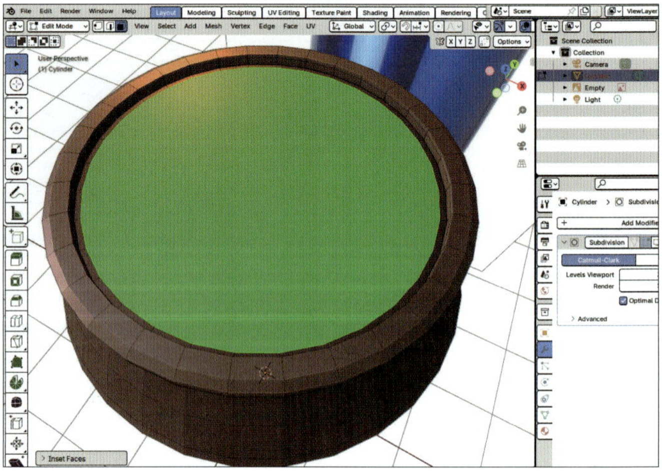

❼ Ctrl+3을 눌러 Subdivision을 적용해 부드럽게 만듭니다.

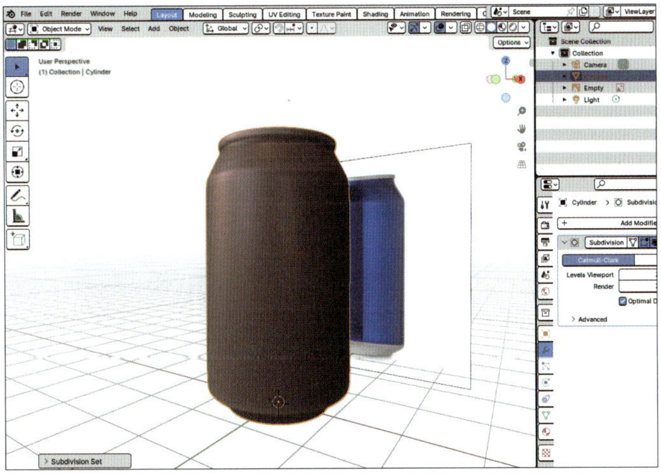

TIP Properties 패널의 [Modifiers(🔧)] 탭에서 Add Modifier → Subdivision을 실행해도 됩니다.

❽ 캔 음료가 나오는 음료 구멍을 만들겠습니다. Object Mode로 전환하고 Shift+A를 눌러 Cylinder 오브젝트를 하나 더 생성한 다음 그림과 같이 변형해 배치합니다.

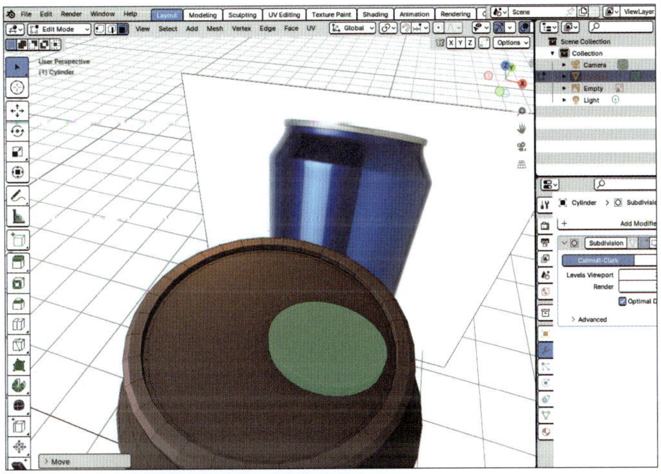

❾ 캔 오브젝트를 선택한 상태로 Properties 패널의 [Modifiers(🔧)] 탭에서 Add Modifier → Generate → Boolean을 실행합니다.

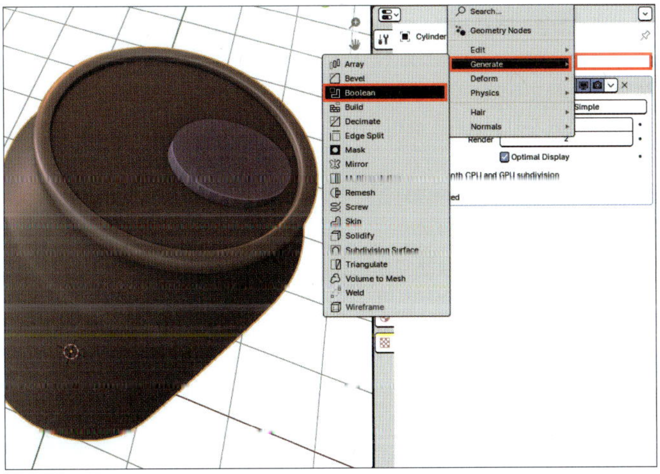

⑩ Boolean 설정 창에서 [Difference] 탭을 선택하고 Object의 '스포이트' 아이콘(🖉)을 클릭한 다음 작게 만든 Cylinder 오브젝트를 클릭하여 지정합니다.

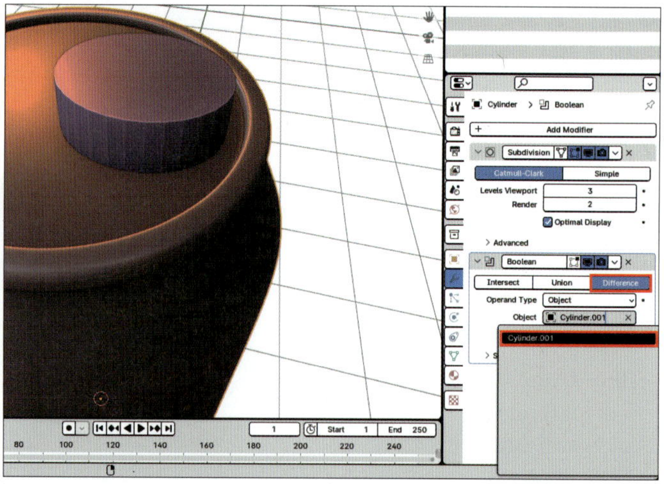

⑪ 지정해도 겉으로 보기에는 크게 달라진 것이 없습니다. Outliner 패널에서 작게 만든 Cylinder 오브젝트의 '눈' 아이콘(👁)을 클릭하면 오브젝트의 모양대로 제외되어 구멍이 난 것처럼 보입니다.

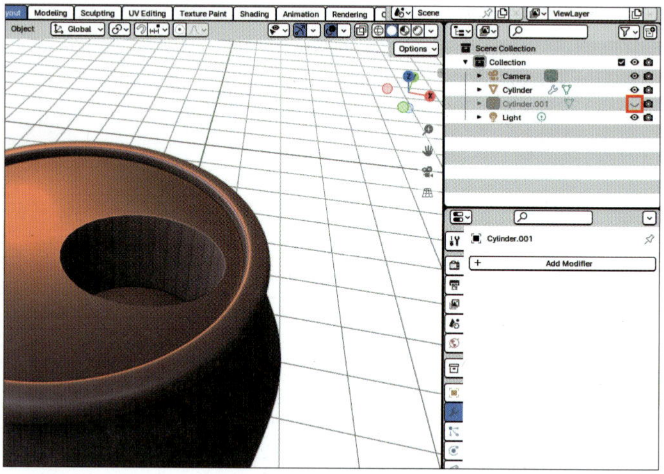

⑫ 캔의 클립을 만들기 위해 Object Mode에서 Cylinder 오브젝트를 생성(Shift+A)하고 두께를 작게 만들어 캔 오브젝트의 구멍 부분으로 위치시킵니다.

새로 생성한 오브젝트가 선택되어 있는 상태로 Edit Mode로 전환하고 오브젝트의 점을 절반 선택한 다음 G를 눌러 이동해 타원의 형태를 만듭니다.

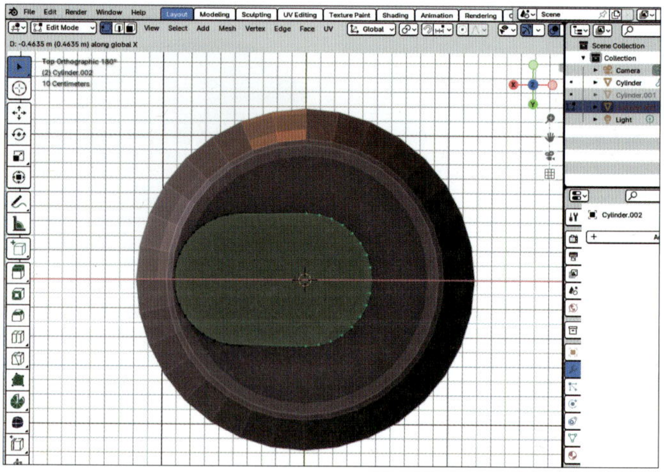

⑬ 다시 Object Mode로 전환하고 새로운 Cylinder 오브젝트를 생성(Shift+A)하여 형태를 조절해 그림과 같이 타원형인 Cylinder 오브젝트 위에 배치합니다.

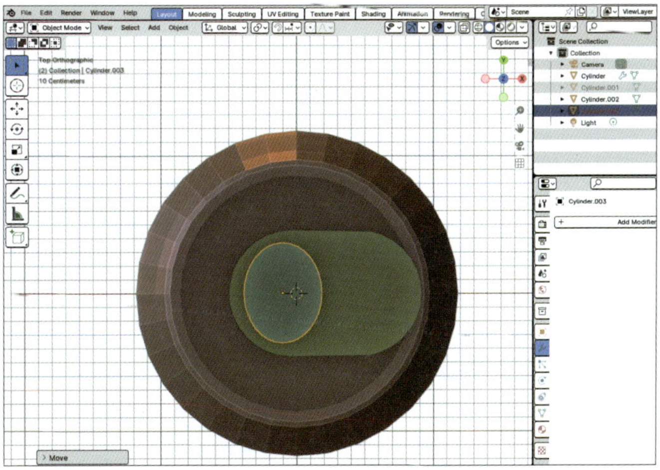

⑭ 배치한 Cylinder 오브젝트를 복제(Shift+D)하여 옆쪽 빈 부분에 좀 더 작게 배치하고 2개의 Cylinder 오브젝트를 선택한 상태로 마우스 오른쪽 버튼을 클릭한 다음 Join(Ctrl+J)을 실행해 하나의 오브젝트로 만듭니다.

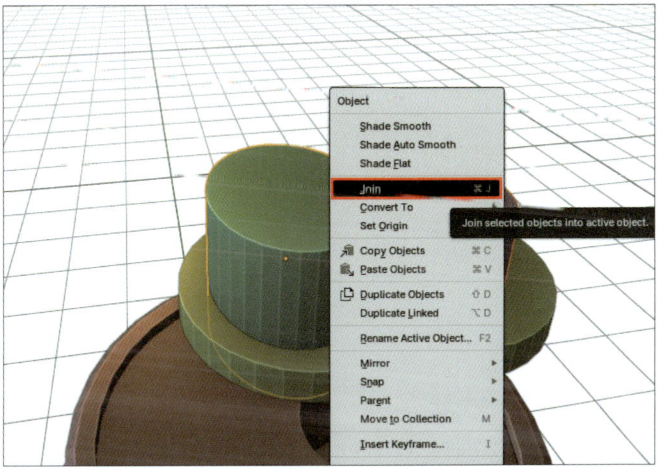

⑮ 구멍을 만들기 위해 타원 형태의 Cylinder 오브젝트를 선택하고 Properties 패널의 〔Modifiers(🔧)〕 탭에서 Add Modifier → Boolean을 실행합니다. Boolean 설정 창이 표시되면 Object를 Join을 적용한 Cylinder 오브젝트로 지정합니다.

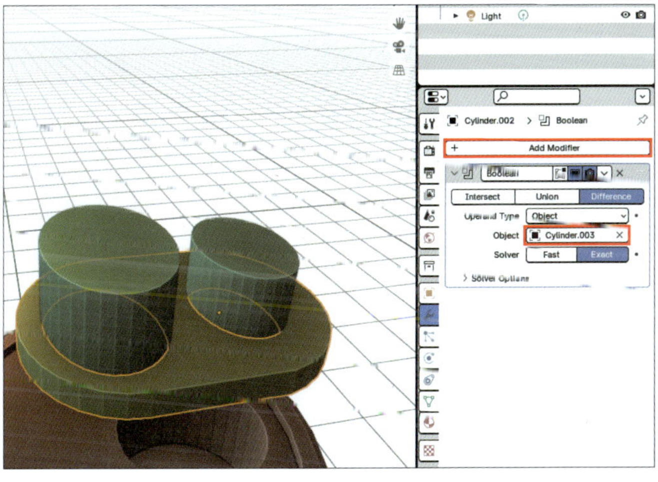

⑯ Outliner 패널에서 작게 만든 Cylinder 오브젝트의 '눈' 아이콘(👁)을 클릭하여 2개의 Cylinder 오브젝트를 보이지 않게 합니다.

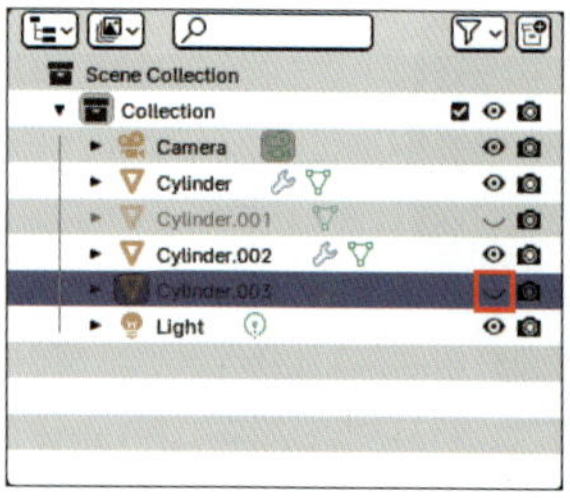

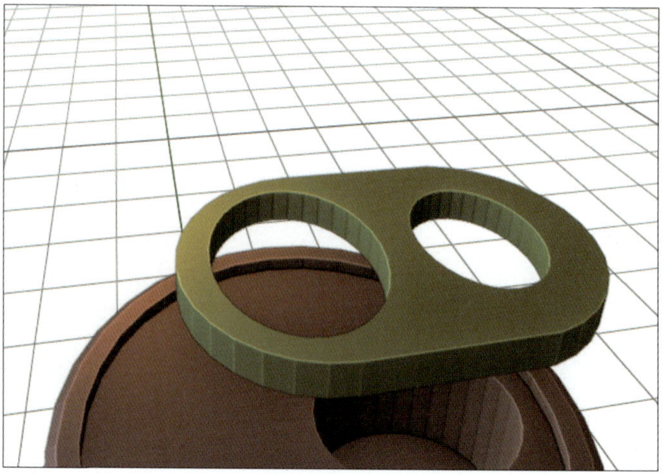

⑰ 작업이 마무리되면 Boolean 설정 창에서 '∨' 아이콘을 클릭하고 'Apply'를 선택해 Modifiers를 적용합니다.

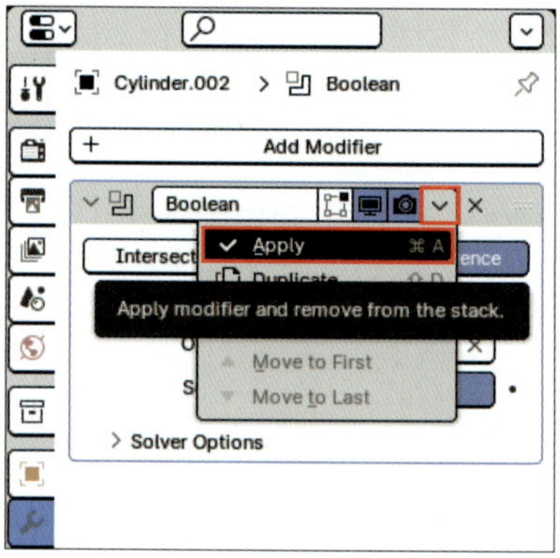

⑱ 클립의 위치를 조절하여 캔을 완성합니다.

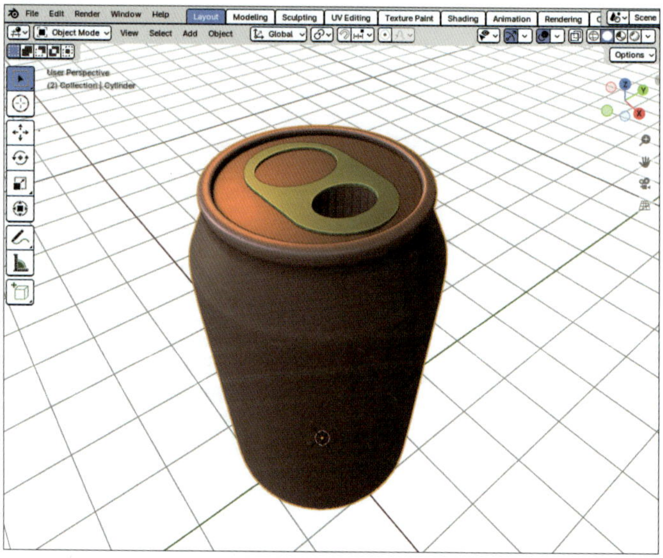

4.8 블렌더 실습 2 : 도넛 만들기

크림과 스프링클이 올라간 도넛을 만들겠습니다. 도넛의 크림은 Physics 물리적 기능을 활용해 크림이 도넛 형태에 덮이는 듯한 효과를 적용하고, 스프링클은 Particle 기능을 활용하여 랜덤 오브젝트를 적용하겠습니다.

완성 파일 : 04\도넛_완성.blend

❶ Shift+A를 눌러 표시되는 Add 창에서 Mesh → Torus를 실행해 오브젝트를 생성합니다.

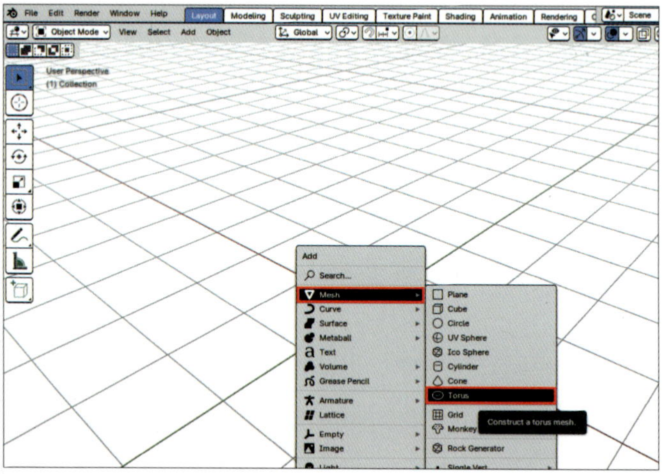

❷ Operation 패널에서 Major와 Minor Segments를 높게 설정하고 Radius를 적절하게 설정하여 부드럽게 만듭니다.

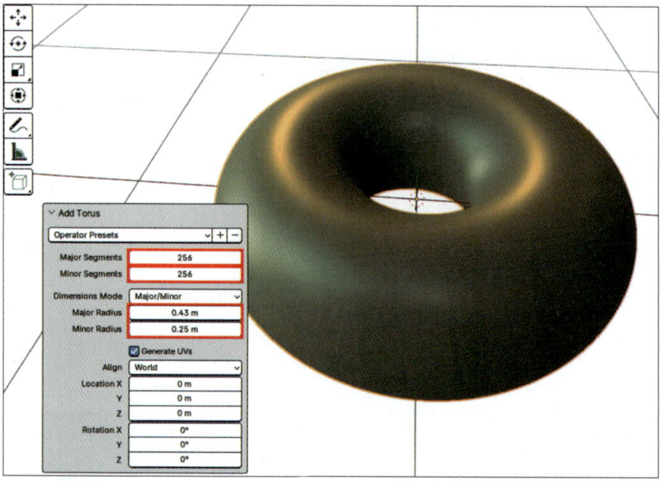

❸ 하지만 Segments는 용량이 많이 들기 때문에 다른 방법으로 적용하겠습니다. Segments 값을 원 상태로 되돌리고 Torus 오브젝트를 선택한 상태로 Ctrl+3을 눌러 Subdivision Surface를 적용합니다.

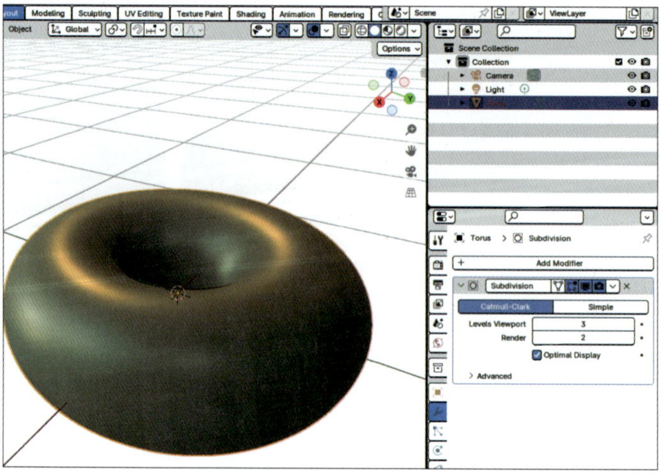

TIP Ctrl+Z를 누르면 되돌리기 기능이 적용되어 원 상태로 되돌릴 수 있습니다.

❹ Edit Mode로 전환하고 Header 패널의 'Proportional Editing'을 클릭해 비례 편집 모드를 활성화합니다. Vertex 선택 모드(1)에서 점을 하나 선택하고 G를 눌러 위로 이동합니다. 카메라 시점을 변경하면서 영역의 크기 변화를 관찰해 도넛에 가까운 형태를 만듭니다.

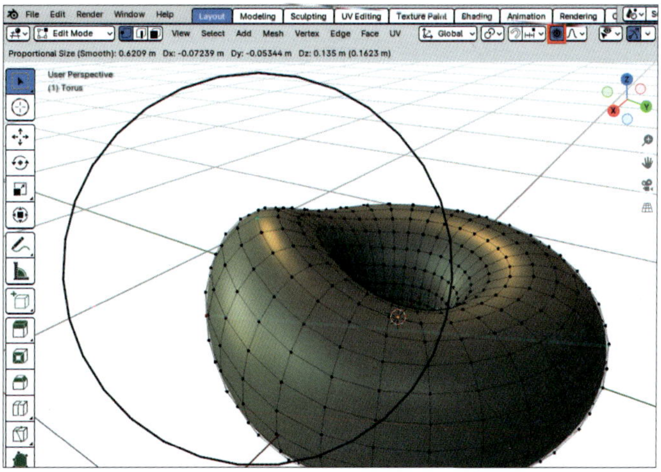

❺ 아랫부분도 조정하기 위해 아래쪽 점을 하나 선택하고 G를 눌러 아래로 이동해 오브젝트의 형태를 변형합니다.

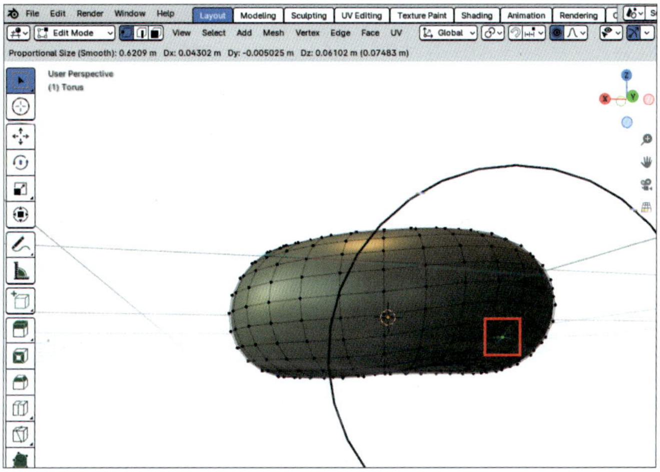

❻ Alt를 누른 상태로 옆면의 점을 하나 클릭해 루프 선택하고 S를 눌러 크기를 조절해 변형합니다.

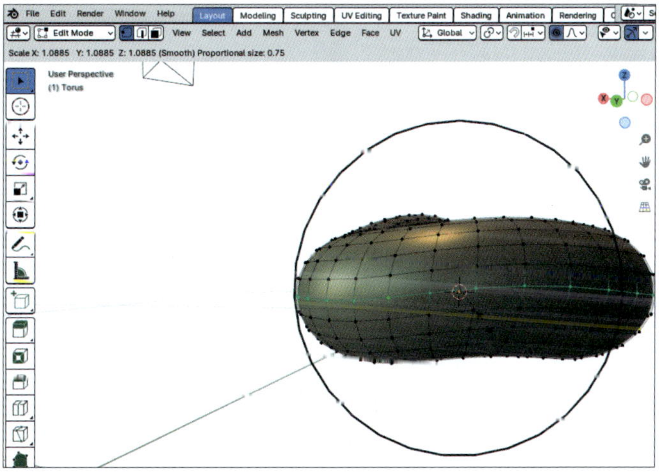

TIP 형태 작업이 끝나면 Header 패널의 'Proportional Editing'을 클릭하여 비례 편집 모드를 비활성화시킵니다.

❼ 도넛 위의 크림을 만들기 위해 Object Mode로 전환합니다. 도넛 오브젝트가 선택된 상태로 Shift+D를 누르고 위로 올린 다음 클릭하여 오브젝트를 복제합니다.

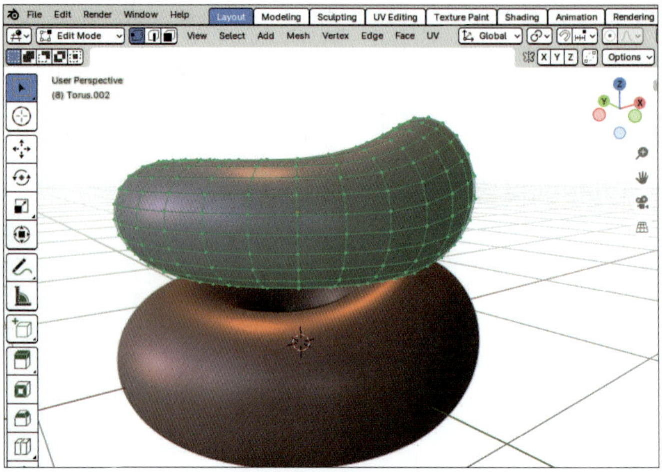

❽ 크림 효과를 만들겠습니다. 복제된 도넛 오브젝트를 선택하고 Edit Mode로 전환한 다음 Alt를 누른 상태로 S-Z를 눌러 크림을 흘린다는 정도만큼 줄여 납작하게 만듭니다. 많은 양이면 초과된 크림으로 연출되므로 원하는 도넛이 되기 어렵습니다.

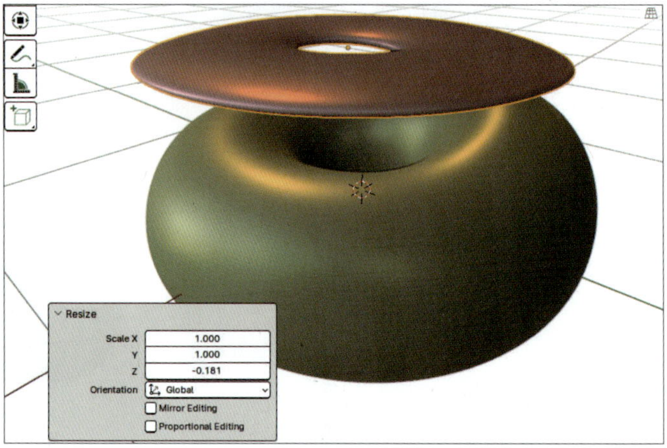

TIP 프로세스를 정확하게 따라해야 효과가 이루어집니다. 잘 안 될 수도 있으니 몇 번의 시도를 통해 정확하게 작업하는 것이 좋습니다.

❾ Object Mode로 전환하고 크림이 될 도넛 오브젝트를 선택한 다음 Header 패널에서 [Object] → Quick Effects → Quick Liquid를 실행합니다.

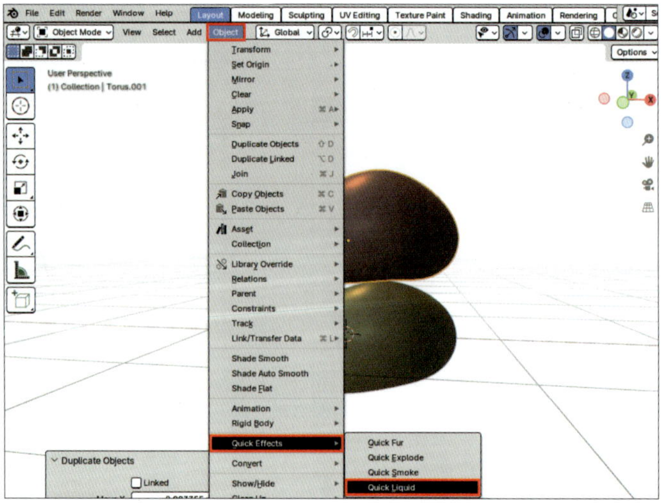

⑩ 아래에 있는 도넛 오브젝트를 선택하고 Properties 패널의 [Physics([⊙])] 탭을 선택합니다. 'Fluid'를 클릭하고 Type을 'Effector'로 지정한 다음 Sampling Susteps를 '2'로 설정합니다.

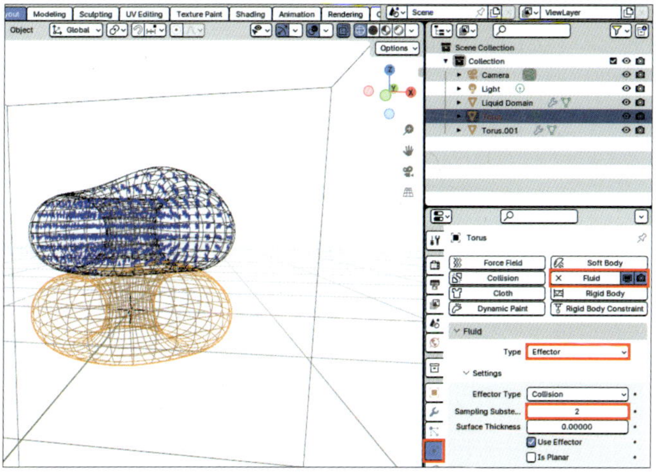

TIP 오류가 발생할 수 있으니 반드시 정확한 정보 선택과 효과를 선택했는지 한 번 더 확인하는 작업을 진행합니다.

⑪ 오브젝트 주위에 생긴 박스 선을 선택하고 선택하고 [Physics([⊙])] 탭에서 Resolution Divisions를 '40'으로 설정한 다음 'Mesh'를 체크 표시합니다.

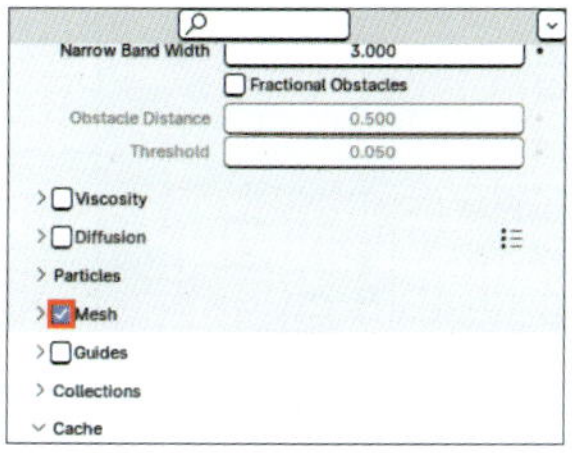

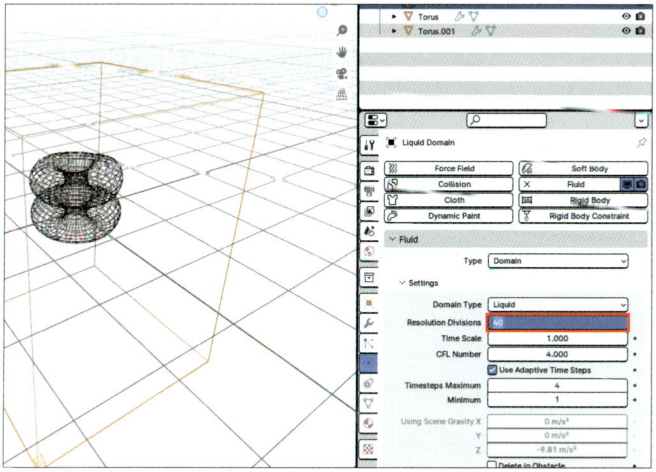

⑫ Spacebar를 누르면 애니메이션이 진행되면서 위에서 크림이 흐르는 모델링을 만들 수 있습니다. 마음에 드는 모양이 되었을 때 다시 Spacebar를 눌러 정지시킵니다.

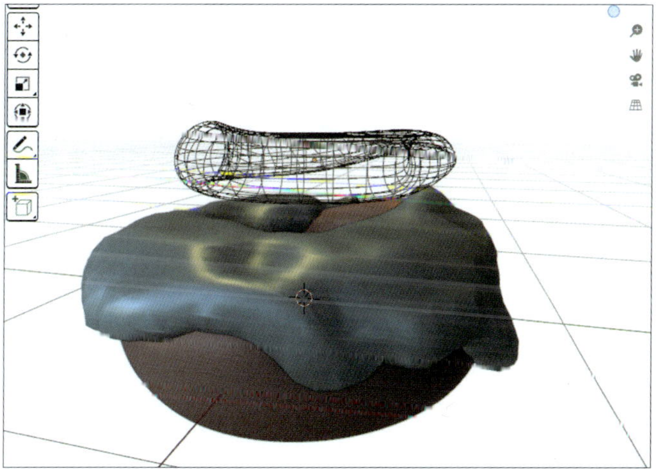

TIP 원하지 않는 모양이 된다면 다시 Spacebar를 눌러 마음에 드는 모양을 찾거나 위치 크기 등의 수치를 변경합니다.

⓭ Header 패널에서 〔Object〕 → Convert → Mesh를 실행하여 메시로 변형합니다.

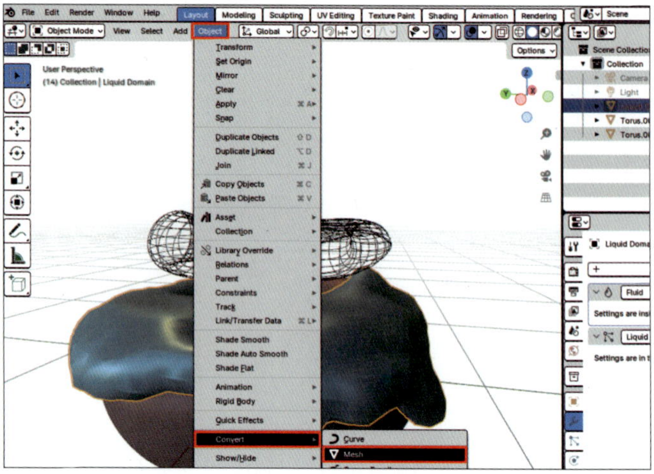

⓮ Shift+A를 눌러 Mesh → Cube를 실행해 오브젝트를 생성합니다.

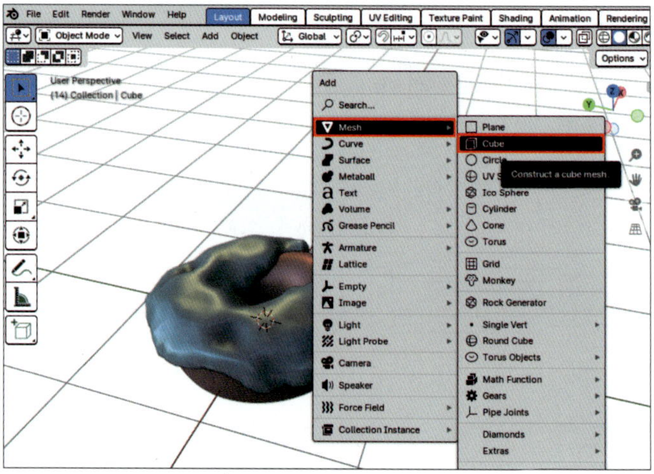

⓯ Tab을 눌러 Edit Mode로 전환하고 Alt+Z를 눌러 Toggle X-Ray를 활성화해 그림과 같이 오브젝트를 변형합니다. 작업이 끝나면 다시 Alt+Z를 눌러 Toggle X-Ray를 비활성화합니다.

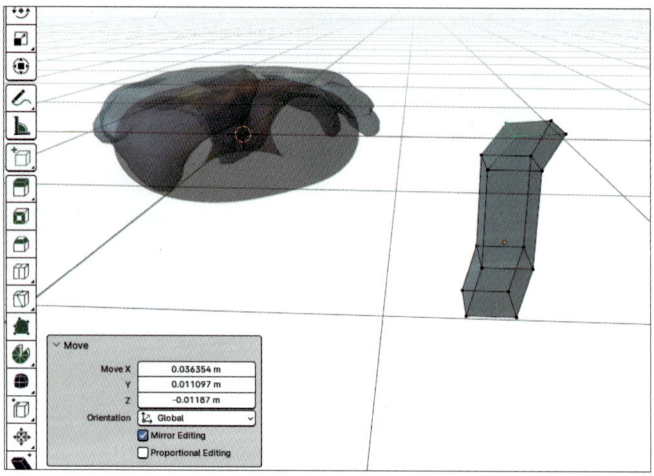

⑯ Tab을 눌러 Object Mode로 전환하고 Ctrl+4를 눌러 Subdivision Surface를 적용해 오브젝트를 부드럽게 만듭니다.

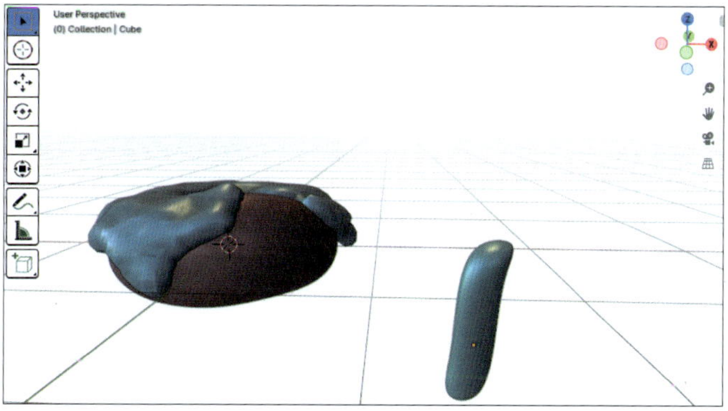

⑰ 크림 오브젝트를 선택하고 Properties 패널의 [Particle( )] 탭에서 '+'를 클릭하여 Particle System을 추가합니다. [Hair] 탭을 선택하고 Emission 속성의 Number를 '500'으로 설정합니다.

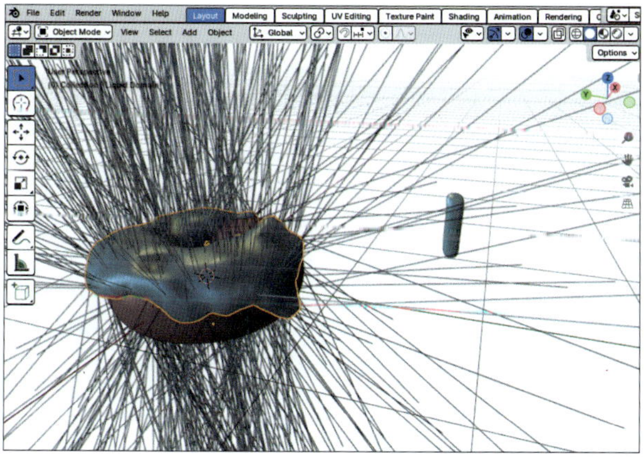

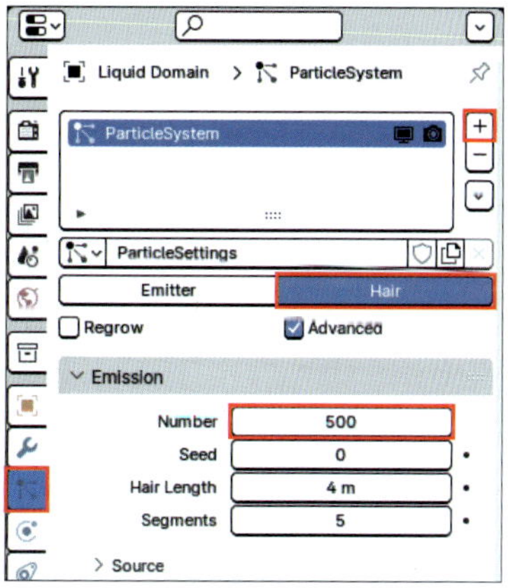

⑱ Render 속성을 클릭하고 Render As를 'Object'로 지정합니다. 추가로 옵션이 표시되면 Instance Object를 새로 만든 Cube 오브젝트로 지정합니다. Render 속성의 Scale을 '0.034', Scale Randomness를 '0.1', Rotation 속성의 Phase '1', Randomize Phase를 '2'로 설정합니다.

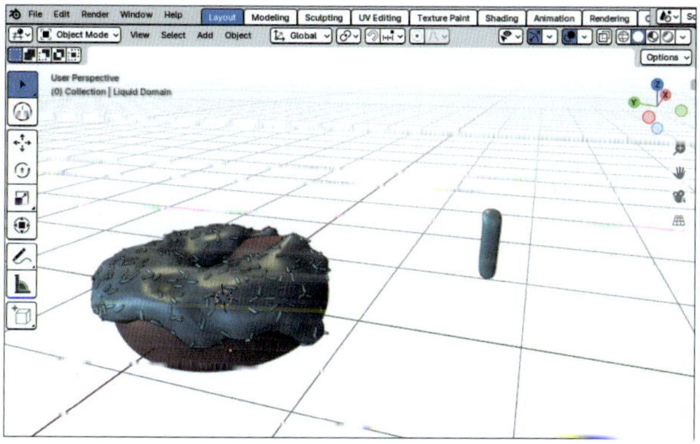

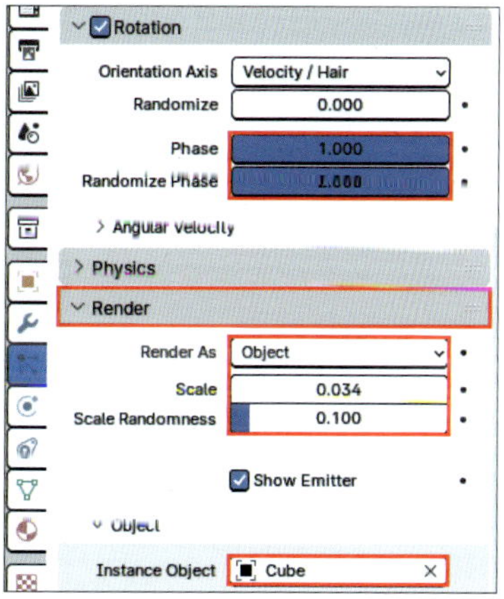

⑲ 도넛에 색상을 적용하겠습니다. Workspaces에서 [Shading] 탭을 선택하여 작업 환경을 변경합니다. Shader Editor 패널에서 마우스 오른쪽 버튼을 클릭하고 Add → Input → Object Info를 실행하여 노드를 생성합니다.

TIP 셰이더는 뒷부분에 자세한 내용이 나올 예정으로 참조하면 좋습니다. 이번 예제는 무작정 따라해 보는 체험으로 진행합니다.

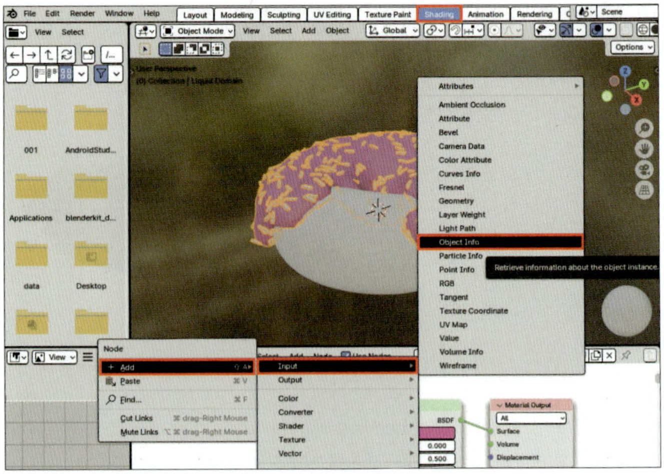

⑳ Shader Editor 패널에서 마우스 오른쪽 버튼을 클릭하고 Add → Color → Hue/Saturation/Value를 실행하여 노드를 생성합니다.

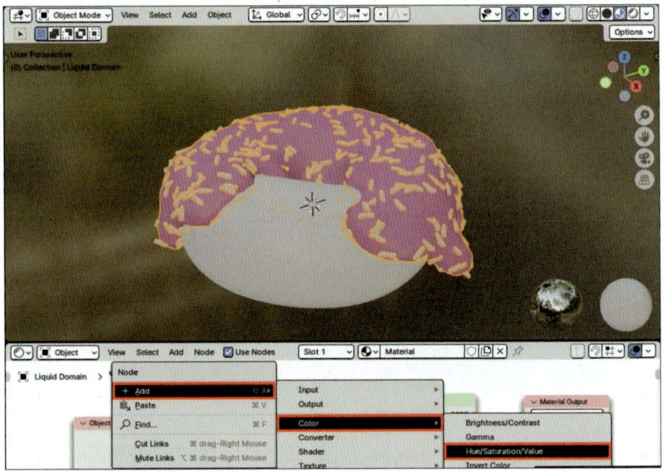

㉑ 그림과 같이 노드의 소켓을 연결하고 Hue/Saturation/Value 노드의 Color를 지정하면 랜덤으로 색이 적용되는 것을 확인할 수 있습니다.

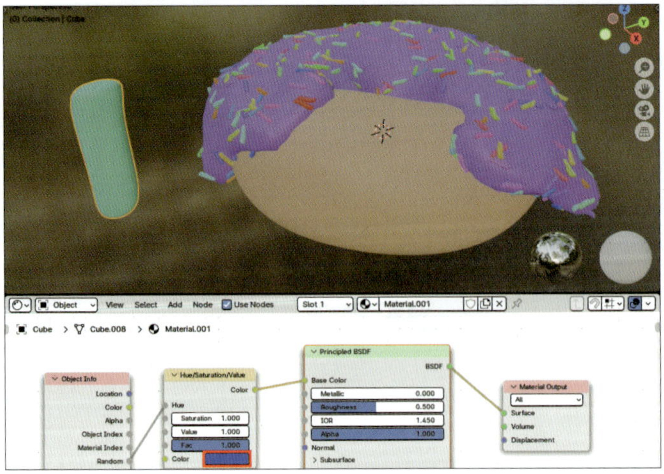

5장

Common Modifiers

학 습 목 표

- Modifiers 기능에 대해 알아봅니다.
- 각 기능마다 어떤 효과를 주는지 학습합니다.
- 다양한 Modifiers를 응용하여 모델링 예제를 학습합니다.

5.1 Modifiers

Modifiers(이하 모디파이어)는 오브젝트를 수정하거나 변형시키는 기능을 제공합니다. 이는 모델의 형태를 수정하거나 기능적인 효과를 적용할 때 사용되고, 다양한 도구와 기능을 제공하며, 클릭 한 번으로 간편하게 작업을 해결할 수 있습니다.

모디파이어를 통해 원본 오브젝트에 직접적인 영향을 주지 않고 가상으로 변형을 적용하고 결과를 확인할 수 있으며, 만족스러운 결과를 얻으면 Apply를 통해 변형을 완전히 적용시킬 수 있습니다. 모디파이어의 적용 순서에 따라 결과가 달라지므로, 순서를 변경하여 다양한 결과를 얻을 수 있습니다.

먼저 모델링 작업에서 가장 자주 사용되는 모디파이어를 중심으로 학습하는 것이 중요합니다. 이를 통해 사용 빈도에 따라 모디파이어의 기능을 이해할 수 있고 자연스레 기능을 익힐 수 있습니다. 처음부터 모든 모디파이어를 상세히 알 필요는 없으며, 자주 사용되는 것들을 중심으로 익혀가는 것이 좋습니다.

블렌더 4.0에서는 UI가 변경되었지만, 이전 버전을 사용해도 무방합니다. 주요 차이점은 3 이하 버전에서는 전체를 한눈에 볼 수 있었지만, 4 이상 버전에서는 각각의 카테고리를 선택한 후 접근해야 합니다. 따라서 사용 빈도가 높은 모디파이어를 중심으로 익히는 것이 좋습니다.

먼저 모델링 작업 시에는 주로 Generate 기능을 활용하므로, 이를 중점적으로 학습하는 것이 좋습니다.

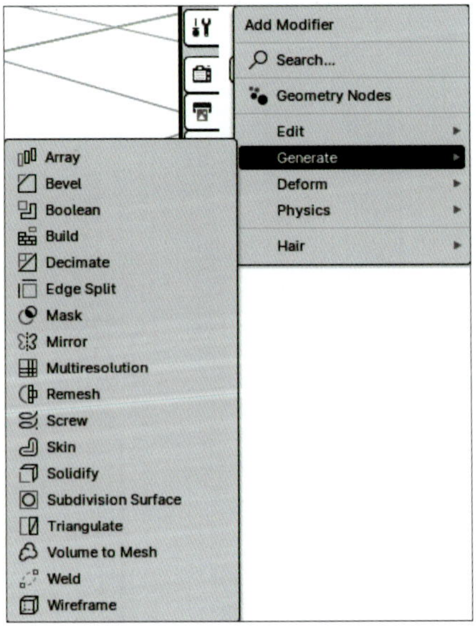

그림 5-1 4.0 버전의 모디파이어

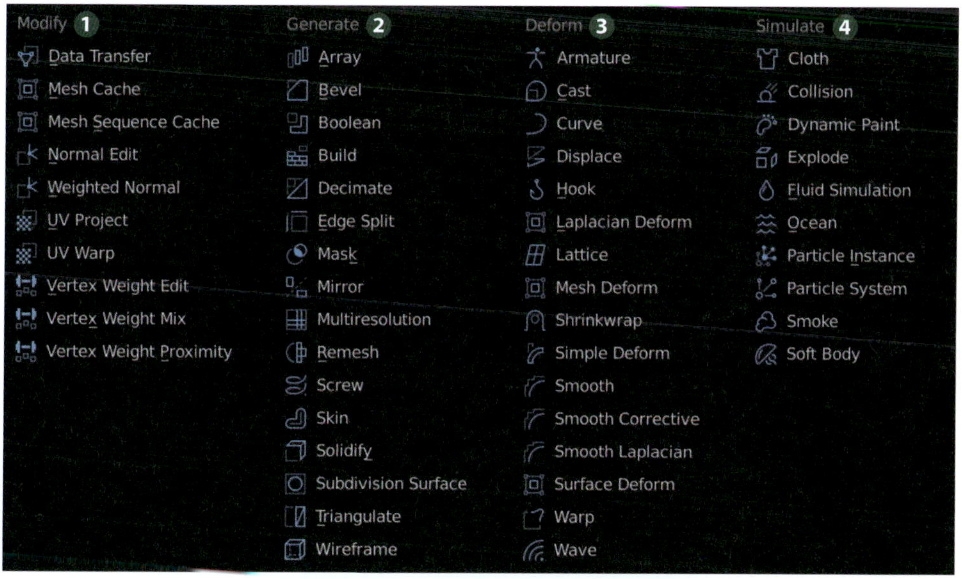

그림 5-2 3.6 버전 이상 4.0 버전 미만의 모디파이어

❶ **Modify(모디파이, 수정) :** 여러 개 장점이나 UV처럼 메시 데이터를 수정합니다.

❷ **Generate(제너레이트, 생성) :** 오브젝트의 기하 도형 점, 선, 면을 생성합니다.

❸ **Deform(데폼, 변형) :** 도형을 비틀거나 구부립니다.

❹ **Physics(파직스, 물리) :** 천 조각 연기 액체 등의 물리적인 기능을 수행합니다.

Properties 패널에서 모디파이어는 너트 볼트를 풀거나 조일 때 사용하는 도구 모양의 아이콘으로 표현되어 있습니다.

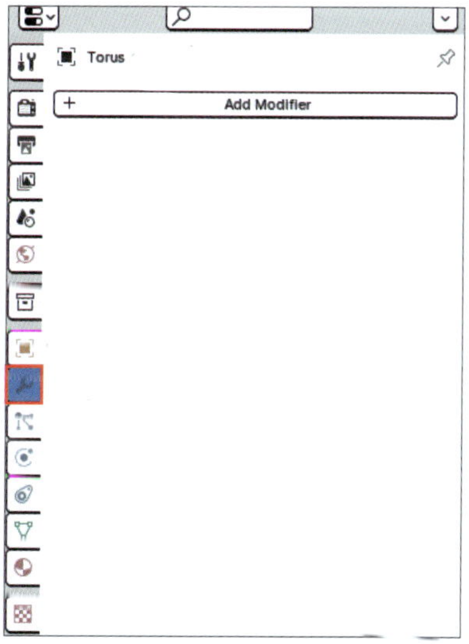

그림 5-3 Properties 패널의 [Modifiers(🔧)] 탭

Mirror

대칭적인 작업을 수행해야 할 때 거울 효과를 나타내는 Mirror(미러) 기능을 활용합니다. 이는 한쪽을 편집할 때 반대편이 동일하게 수행되도록 도와주는 기능으로, 대칭적으로 동일한 오브젝트를 생성하거나 편집할 때 특히 유용해 작업의 효율성이 높아집니다.

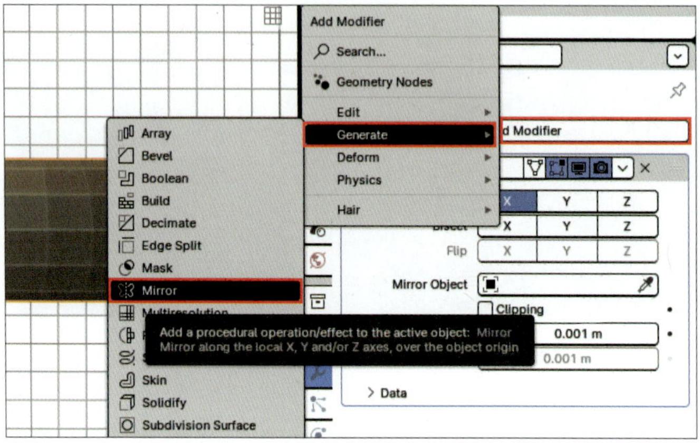

그림 5-4 Properties 패널에서 Mirror 기능 실행

● Origin

Shift+A를 눌러 Torus 오브젝트를 생성하고 위치를 조정하기 위해 숫자 키패드 1을 누르거나 ~를 눌러 표시되는 파이 메뉴에서 Front를 실행해 시점을 Front View로 변경합니다.

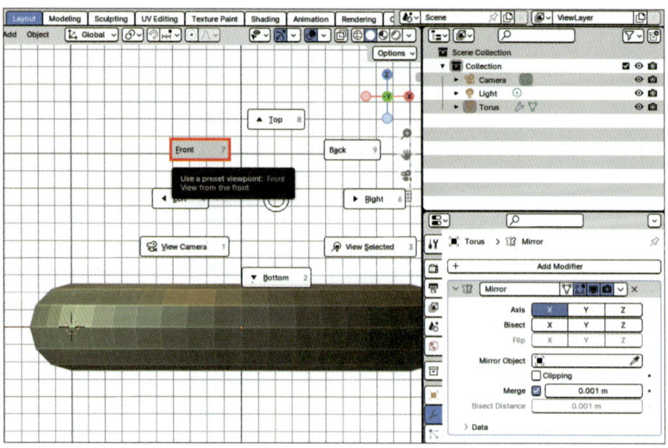

그림 5-5 ~를 눌러 표시되는 파이 메뉴

G - X를 누르고 '1'을 입력하여 X축으로 1만큼 이동합니다. 이때 그리드의 전체 작은 크기가 10칸이므로 Origin이 중심축으로 정확히 이동되었는지 확인할 수 있습니다.

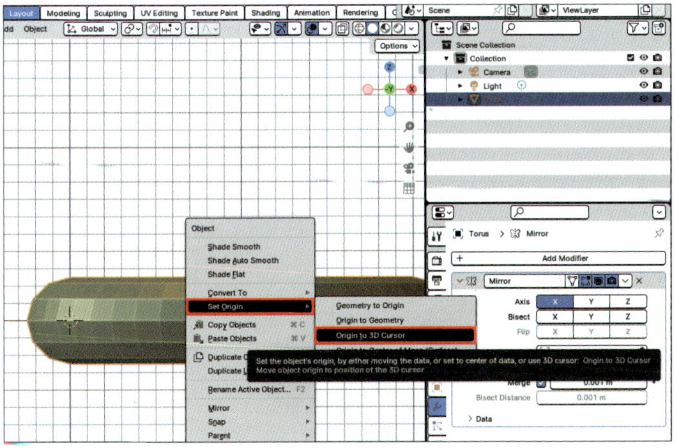

그림 5-6 Origin 위치 변경

모디파이어에서 Mirror 기능을 사용할 때 초보자들이 자주 하는 실수 중 하나는 Mirror 기능을 활성화해도 아무런 변화가 일어나지 않아 당황하는 것입니다.

Mirror 기능을 사용할 때 중요한 점은 Origin을 중심으로 대칭된다는 사실입니다. 따라서 Origin을 3D Cursor의 위치로 이동시켜야 효과가 나타납니다. 이를 위해선 Origin의 위치를 변형해야 합니다. 오브젝트를 선택하고 오른쪽 마우스 버튼을 클릭한 다음 Set Origin → Origin to 3D Cursor를 실행하면, 월드 중심점을 기준으로 Origin이 위치되고 Mirror 기능에 의해 대칭 구조로 복사된 결과가 나타납니다.

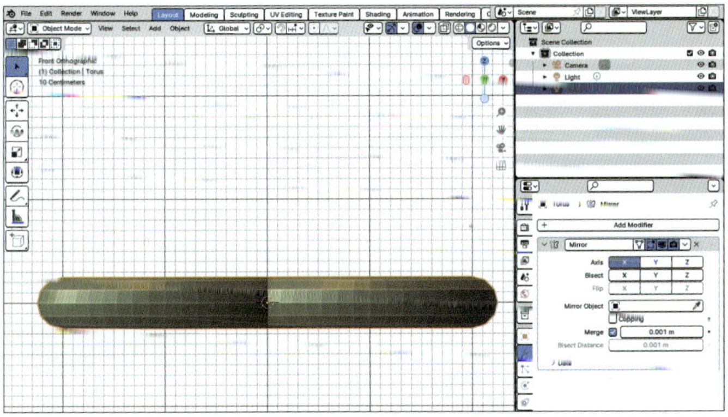
그림 5-7 Origin 위치 변경으로 진행된 Mirror 기능

● Axis

Tab을 눌러 Edit Mode로 전환해 원본의 Torus 오브젝트를 이동하고 Modifiers → Mirror 설정 창에서 Axis(축)의 'X', 'Y', 'Z'를 모두 선택합니다. G를 눌러 이동하면 X, Y, Z축으로 복제된 Torus 오브젝트들이 생성되어 나타납니다. 중요한 점은 Edit Mode에서는 Origin의 위치가 그대로 유지되므로 중심점이 움직이지 않는 축으로 복사된다는 것입니다.

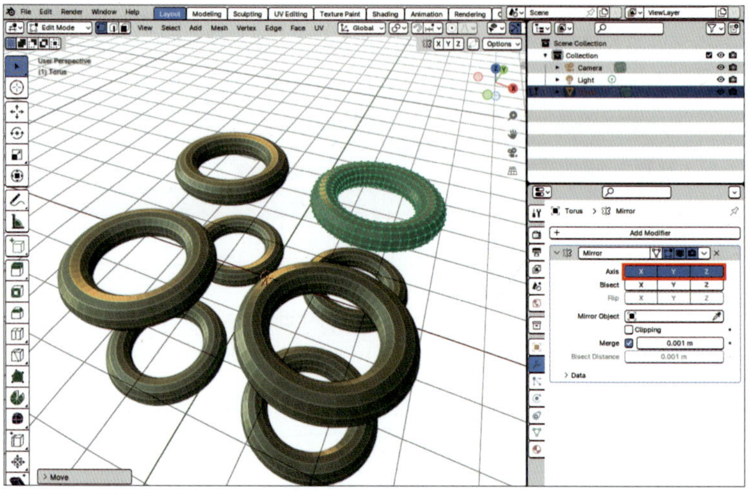

그림 5-8 X, Y, Z 축으로 복제된 도넛 오브젝트들

● Clipping

오브젝트를 좌우가 중첩된 위치로 모으면 2개의 오브젝트가 서로 뚫려서 통과되는 것을 알 수 있습니다. 그러나 Mirror 옵션 중 Clipping을 체크 표시하면 중첩된 오브젝트가 더 이상 통과되지 않고 서로 겹치지 않습니다.

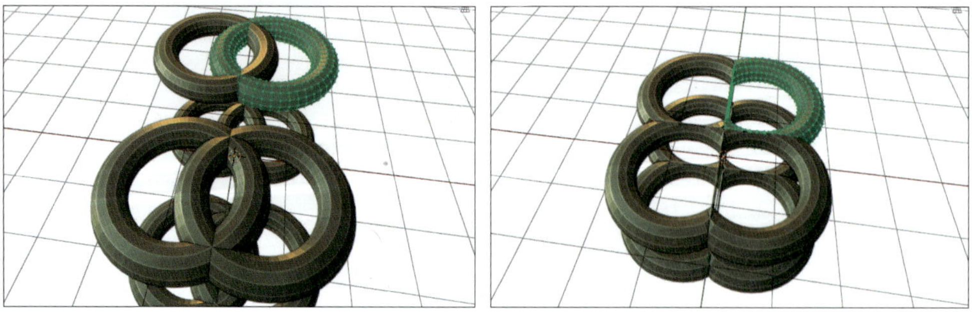

그림 5-9 미적용 : 마주치는 오브젝트가 점점 기준점 이상으로 초과/적용 : 오브젝트가 접점에서 초과되지 않음

- **Mirror Object**

Mirror Object는 대칭할 때 어떤 오브젝트를 대상으로 할지 설정할 수 있습니다. Cube 오브젝트를 하나 생성하고 이를 타겟으로 지정하여 Mirror 기능을 사용할 때, Cube 오브젝트의 Origin 위치를 중심으로 도넛 오브젝트가 X축 좌우로 대칭되어 생성된 것을 볼 수 있습니다.

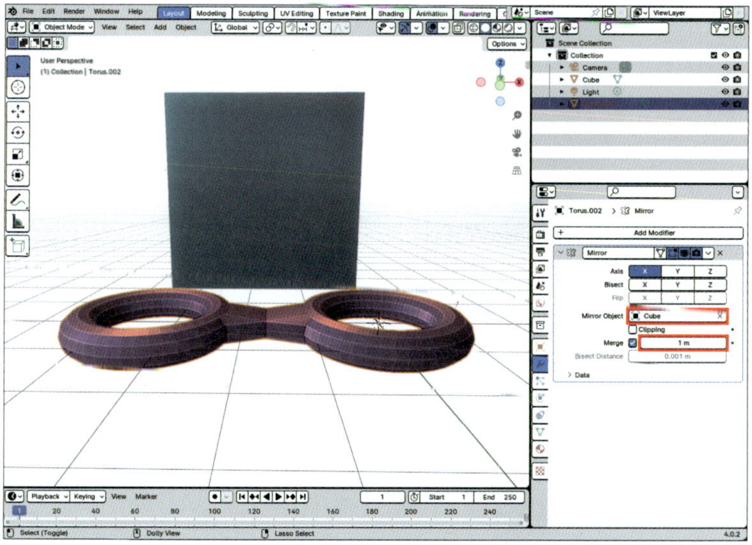

그림 5-10 Mirror Object를 Cube 오브젝트로 지정하고 Merge 값을 올린 모습

> **알아두세요** Merge는 최댓값을 '1'로 올려 설정했을 때 2개의 도넛 오브젝트가 합쳐진 결과를 볼 수 있습니다.

Subdivision Surface

Subdivision Surface(섭디비전 서페이스)는 자주 사용되는 모디파이어 중 하나입니다. 따라서 중요하게 익혀두는 것이 좋습니다. 심지어 자주 사용되어 단축키도 있습니다. Ctrl + 1 ~ 5 를 누르면 해당 번호에 해당하는 Subdivision Surface 기능이 바로 적용됩니다. 이 기능의 핵심은 딱딱한 메시를 부드럽게 만들어 주는 것으로, 숫자의 값이 높을수록 메시가 부드러워집니다.

메시를 새로 생성하기 위해 Shift+A를 눌러 표시되는 Add 창에서 Ico Sphere를 실행하여 각진 형태의 오브젝트를 생성합니다.

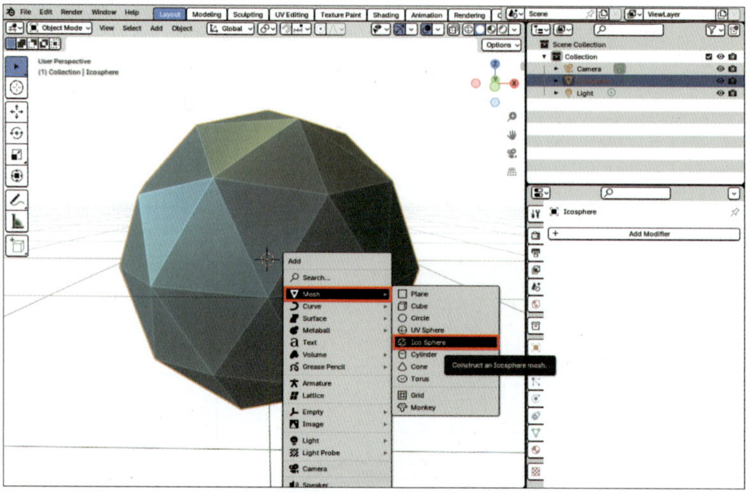

그림 5-11 Ico Sphere 생성

Properties 패널에서 [Modifiers(🔧)] 탭을 선택하고 'Add Modifier'를 클릭한 다음 Generate → Subdivision Surface를 실행합니다.

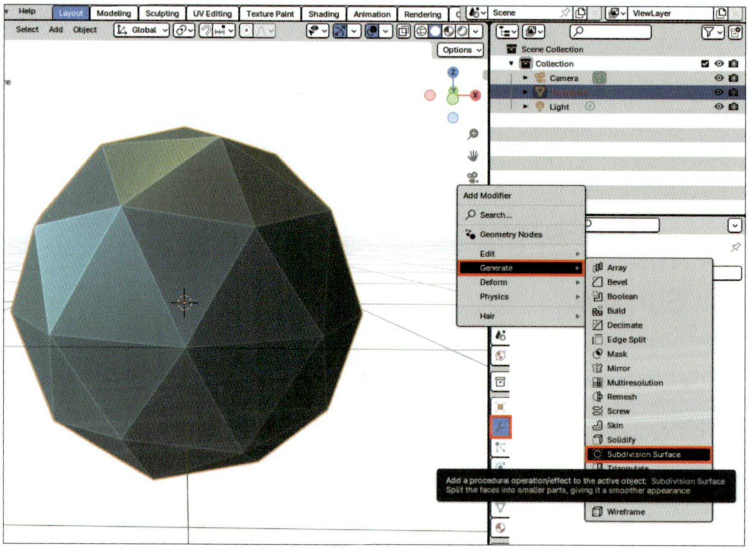

그림 5-12 Properties 패널에서 Subdivision Surface 실행

오브젝트를 선택한 상태로 Ctrl+5를 누르거나 Subdivision Surface 설정 창의 Levels Viewport를 '5'로 설정하면 그림 5-13과 같이 메시의 증가로 구에 가까운 가장 부드러운 오브젝트로 변형됩니다.

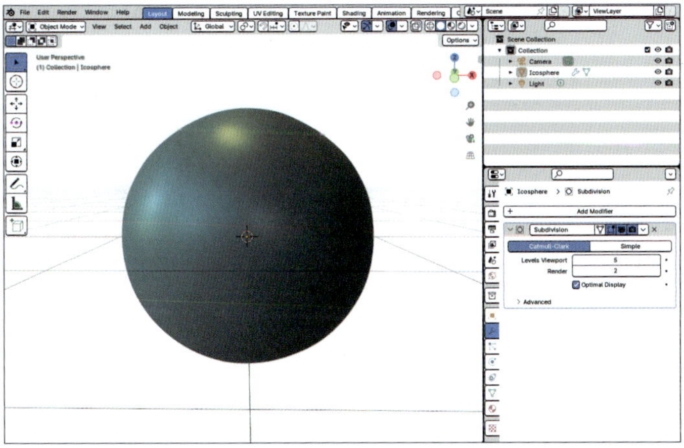

그림 5-13 Levels Viewport를 설정하여 부드러워진 오브젝트

Decimate

Decimate(데시메이트)는 폴리곤을 최적화해 주는 기능으로, 메시를 단순하게 만드는 Subdivision Surface와 반대되는 기능입니다. Decimate의 각 모드는 최적화하는 방식을 선택할 수 있습니다. 각 모드를 살펴봅시다.

❶ **Collapse** : 무너지다라는 의미로, 형태를 파괴합니다.

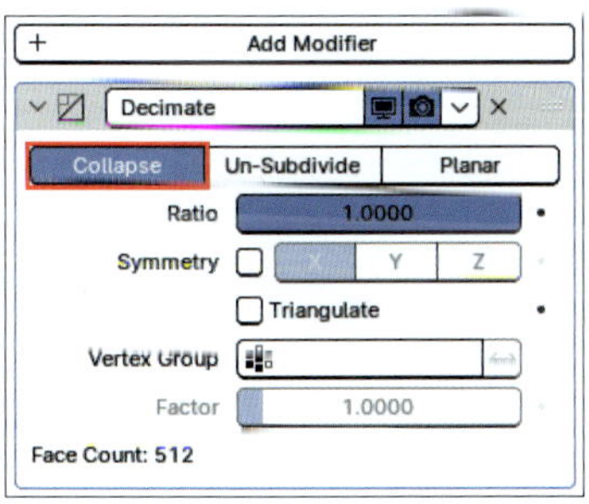

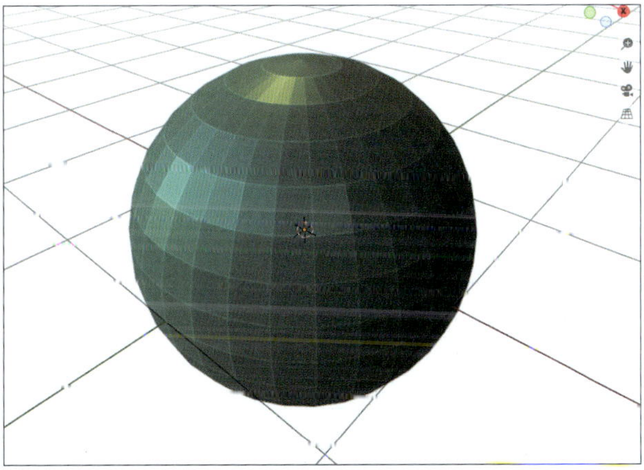

- Ratio : 값을 내릴수록 폴리곤 수(Faces의 %)가 작아집니다.
- Symmetry : 대칭될 축을 설정합니다.
- Triangulate : 삼각형으로 면을 줄입니다.

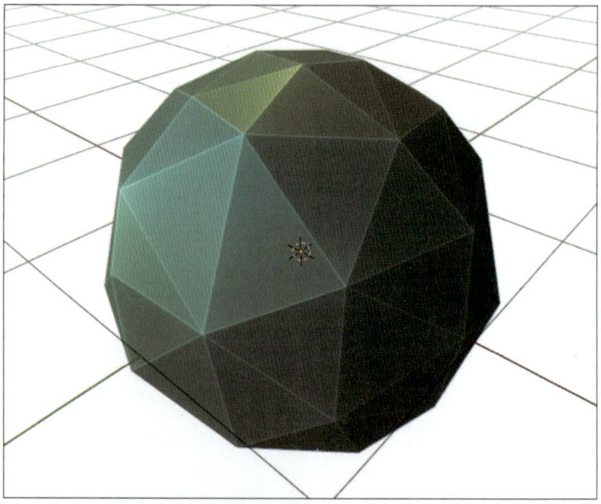

❷ **Un-Subdivide** : 줄이고 싶은 Subdivide 단계에 따라 축소시킵니다.

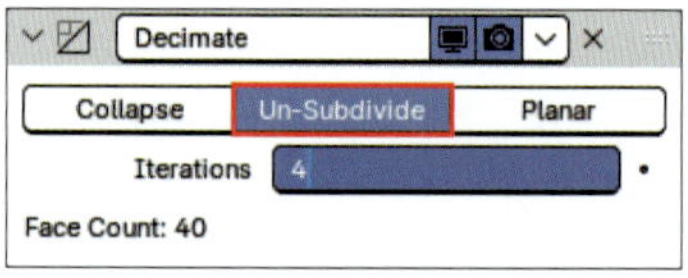

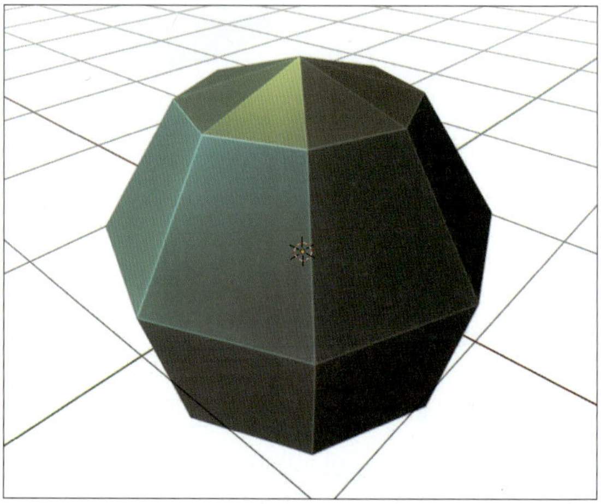

❸ **Planar** : 평면으로 만듭니다.

- Angle Limit : 줄일 각도의 한계로 평면화시킵니다.
- Delimit : 면을 줄일 기준을 정합니다.

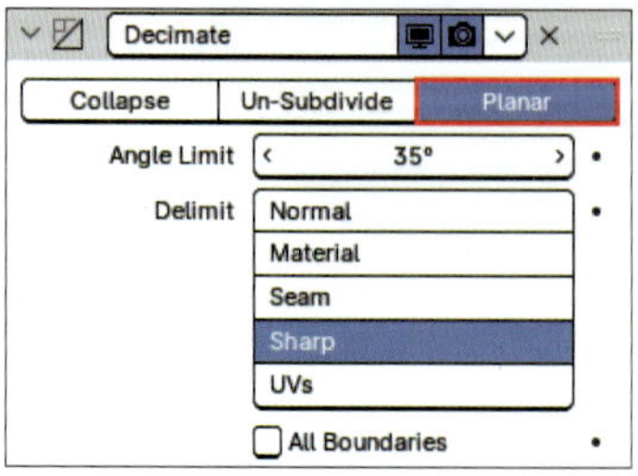

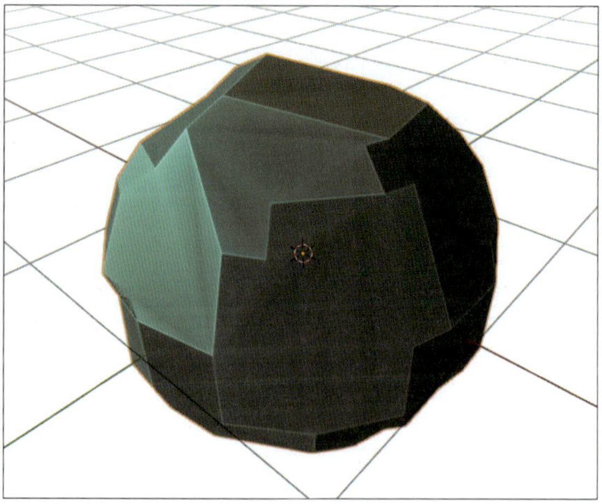

Bevel

Bevel(베벨)은 오브젝트에 추가 폴리곤을 넣어 부드럽게 만드는 기능입니다. Edit Mode의 Bevel 도구와 유사한 기능으로, 모디파이어에서도 사용할 수 있습니다.

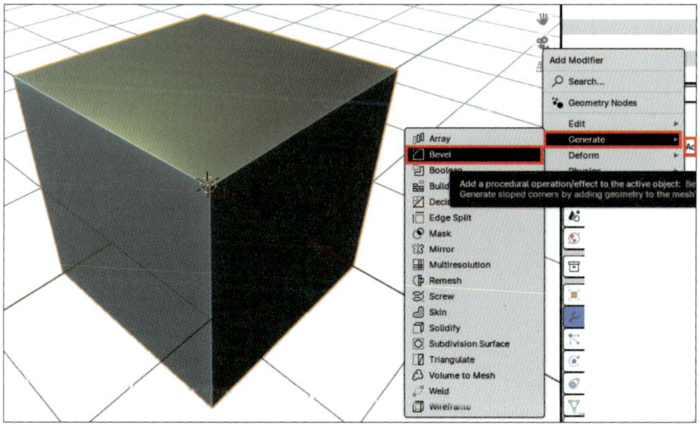

그림 5-14 Properties 패널에서 Bevel 실행

❶ **Edges** : 적용 라인에 따라 부드러운 곡선을 표현합니다.

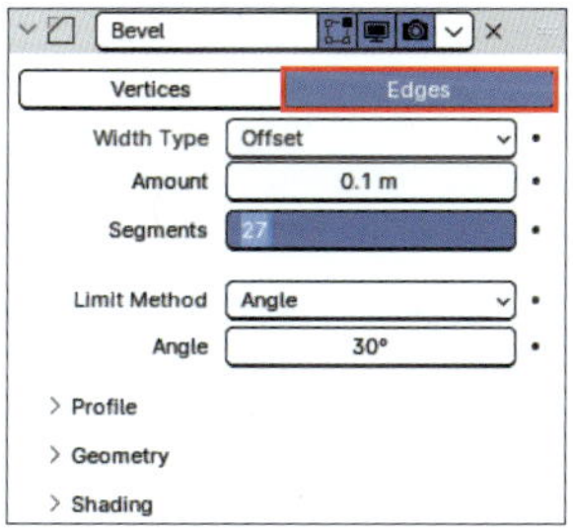

❷ **Vertices** : 점 적용 시 각 모서리 점에서 부드러워집니다.

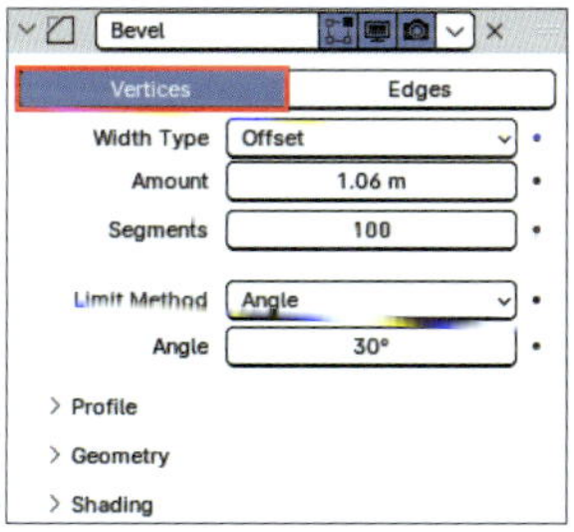

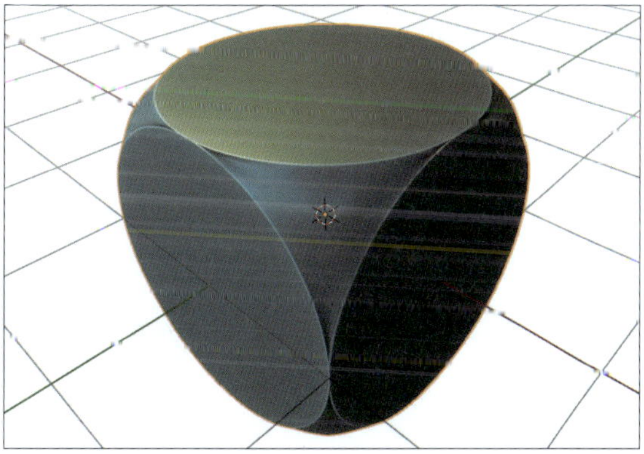

Boolean

Boolean(불리언)은 두 가지 오브젝트를 Intersection(인터섹션, 교집합), Union(유니온, 합집합), Difference(디퍼런스, 차집합) 모드로 계산된 새로운 형태의 조형을 만드는 기능입니다. Sphere 오브젝트와 Cube 오브젝트, 총 2개의 오브젝트가 있다고 가정해 각 모드마다 어떤 차이가 있는지 살펴봅시다.

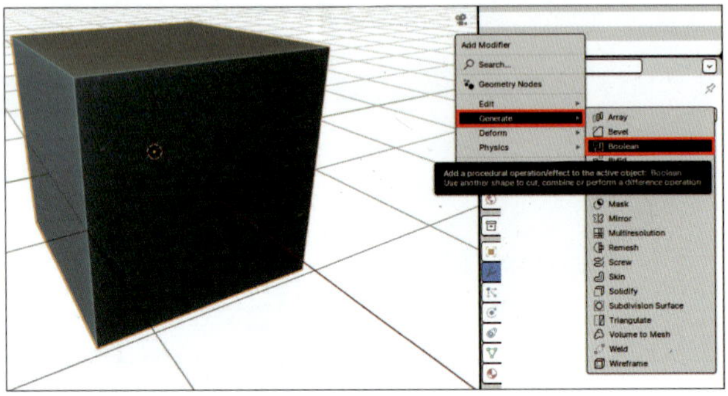

그림 5-15 Properties 패널에서 Boolean 실행

❶ **Intersection(교집합) :** Sphere 오브젝트와 Cube 오브젝트, 두 부분이 겹치는 공통된 부분만 남습니다.

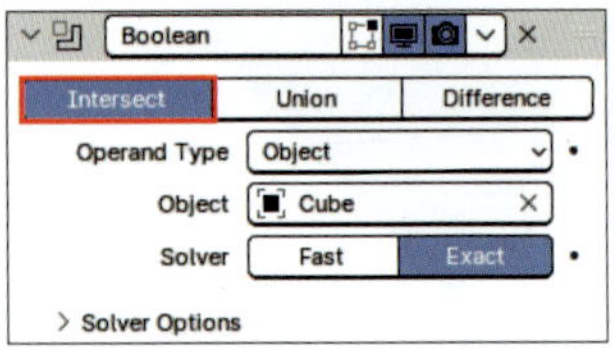

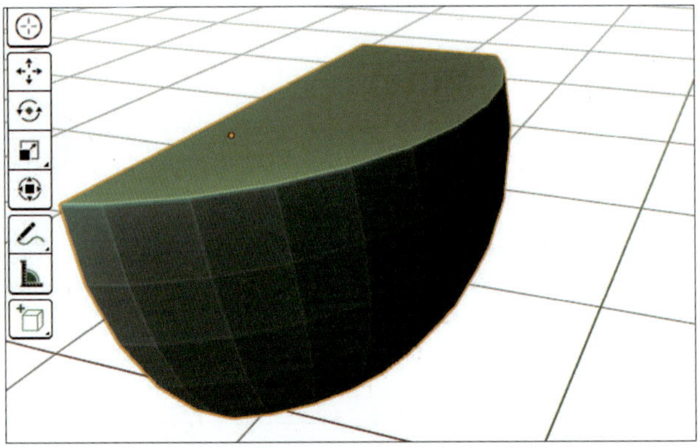

❷ **Union(합집합) :** 2개의 오브젝트가 붙어 버려 하나의 오브젝트 형태로 만들어집니다. Cube 오브젝트는 별개의 오브젝트가 되어 이동이 가능합니다.

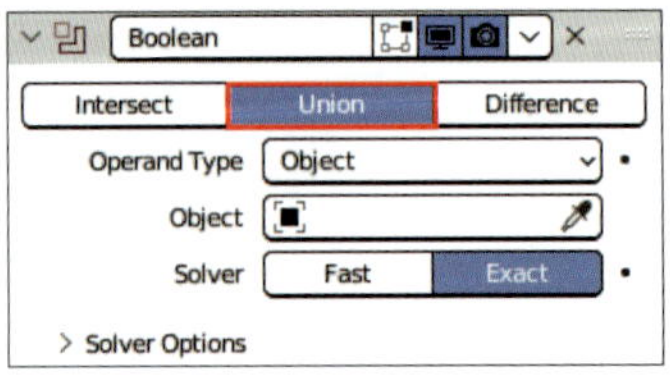

❸ Difference(차집합) : Sphere 오브젝트에 Cube 오브젝트가 겹쳐진 만큼 뺀 상태로 변경됩니다.

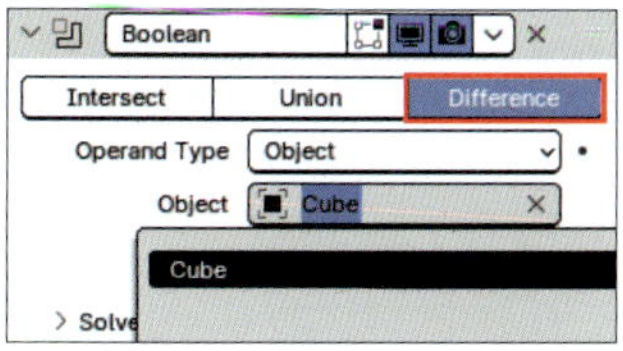

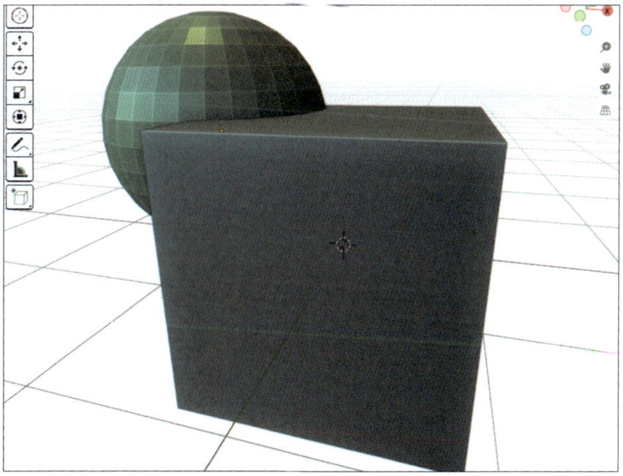

Outliner 패널의 Collection에서 Cube 오브젝트의 '눈' 아이콘(👁)을 클릭하면 Sphere 오브젝트가 Cube 오브젝트와 겹쳐진 만큼 삭제된 모습을 확인할 수 있습니다.

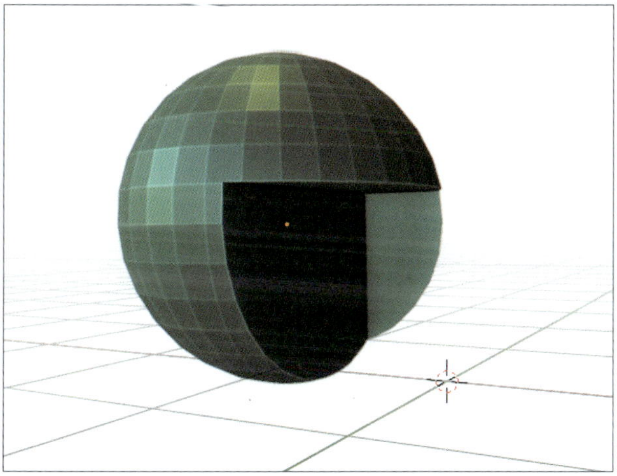

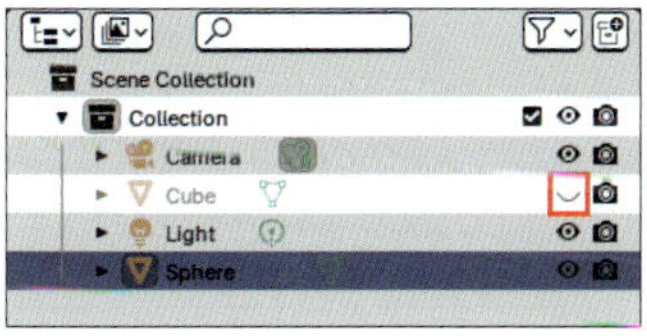

마음에 드는 형태로 오브젝트가 삭제되었다면 Boolean 설정 창에서 'V' 아이콘을 클릭하고 'Apply'를 선택하여 작업을 마무리합니다.

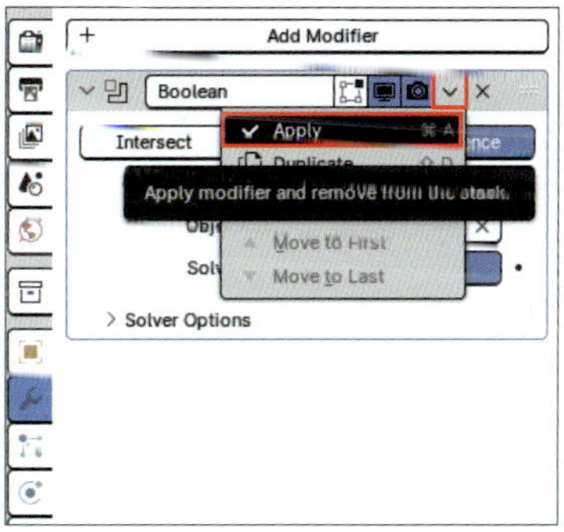

Array

Array(어레이)는 개발 언어에서 배열이라고 합니다. 배열은 데이터 값을 순서대로 나열한 것을 의미하며, 마찬가지로 오브젝트를 순차적으로 나열하는 기능을 말합니다. 오브젝트를 여러 개 복제하여 배열 형태로 배치할 때 Array 모디파이어를 사용하면 편리합니다. 이 모디파이어를 통해 3D 환경에서 X, Y, Z 축 방향으로 배열을 생성할 수 있는 것이 특징입니다.

〔Modifiers( )〕 탭에서 'Add Modifier'를 클릭하고 Generate → Array를 실행합니다.

그림 5-16 Properties 패널에서 Array 실행

Array 설정 창에서 '100'으로 설정했을 때 선택한 오브젝트가 100개로 열거됩니다. 이 상태에서 Factor X를 '1.1'로 설정하면 열거된 100개의 오브젝트 사이 간격이 X축으로 1.1만큼 여유 있게 열거되는 것을 확인할 수 있습니다.

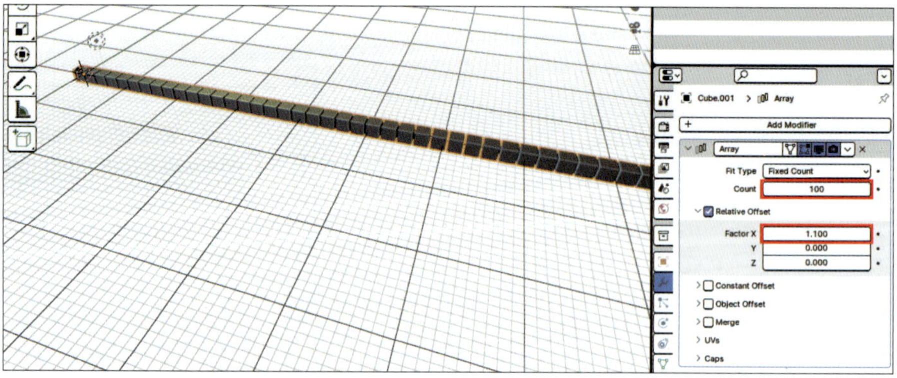

그림 5-17 100개로 열거하고 1.1만큼의 간격을 준 배열

Factor Y의 설정값을 증가시키면 Y축으로 열거됩니다.

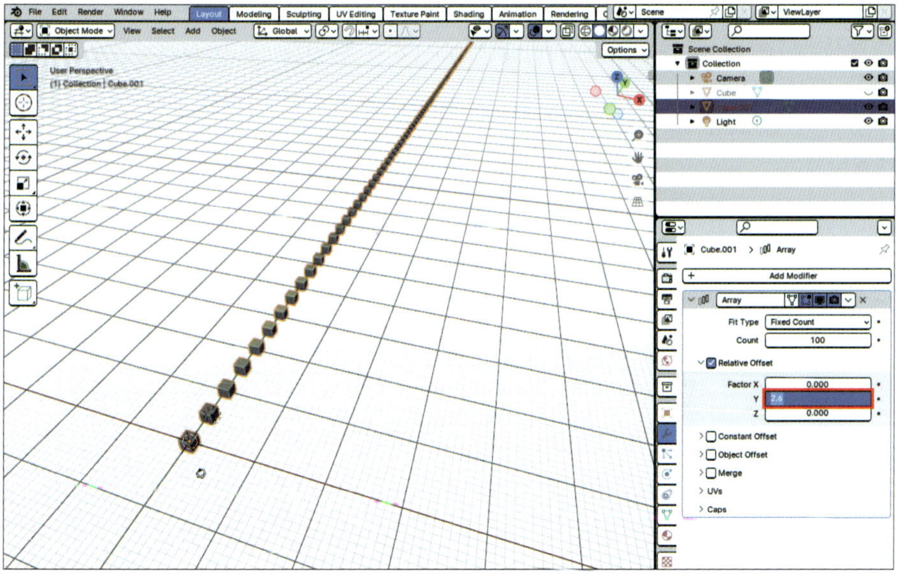

그림 5-18 Factor Y를 설정하여 Y축으로 열거

Factor의 X, Y, Z 설정값을 랜덤하게 설정하면 각각 3D 축으로 영향을 받아 열거됩니다.

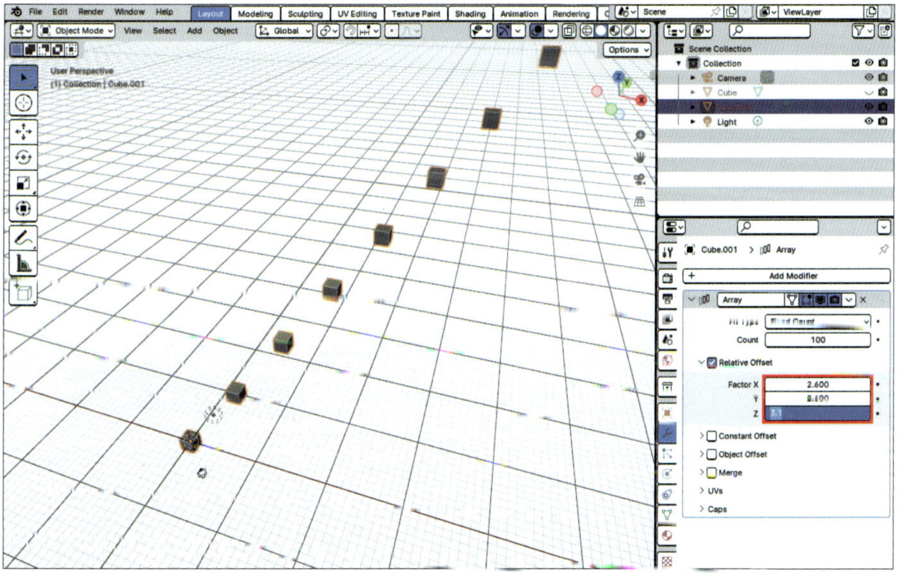

그림 5-19 Factor X, Y, Z를 랜덤하게 설정하여 열거

Curve

Curve(커브)는 곡선을 나타내는 요소입니다. Add 기능을 통해 새로운 곡선을 생성할 수 있으며, 이를 통해 오브젝트의 형태를 곡선으로 변형할 수 있습니다. 모디파이어의 Deform(변형되다)에서는 이러한 곡선을 이용하여 오브젝트의 형태를 조정할 수 있는 기능을 제공합니다.

Array 기능을 적용한 기다란 Cube 오브젝트가 있다고 가정합니다. Shift+A를 눌러 표시되는 Add 창에서 Curve → Circle을 실행하여 오브젝트를 생성합니다.

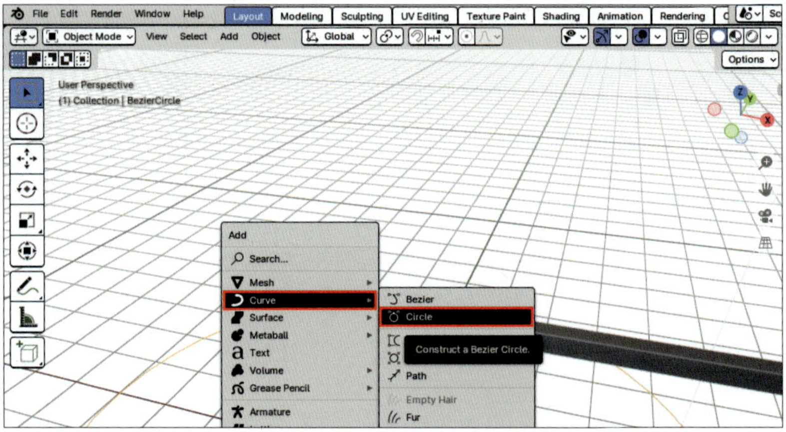

그림 5-20 Curve 생성

긴 Cube 오브젝트를 선택하고 [Modifiers(🔧)] 탭에서 'Add Modifier'를 클릭한 다음 Deform → Curve를 실행합니다.

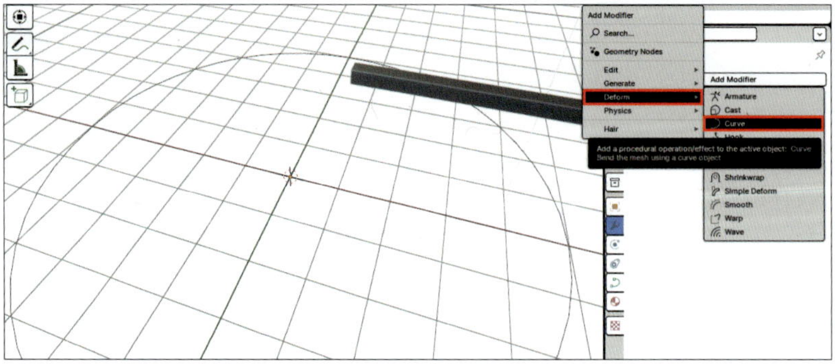

그림 5-21 Properties 패널에서 Curve 실행

Cube 오브젝트에 미리 Array를 적용했다는 가정이 있어 Curve 설정 창이 Array 설정 창 아래에 표시됩니다.

Curve 설정 창에서 Curve Object를 Bezier Circle 오브젝트로 지정하면, Cube 오브젝트가 Bezier Circle 오브젝트 모양대로 배열되는 것을 확인할 수 있습니다. 원 밖으로 X, Y, Z축을 변경할 수도 있고 −X, −Y, −Z로 설정하여 안쪽으로 배열할 수도 있습니다.

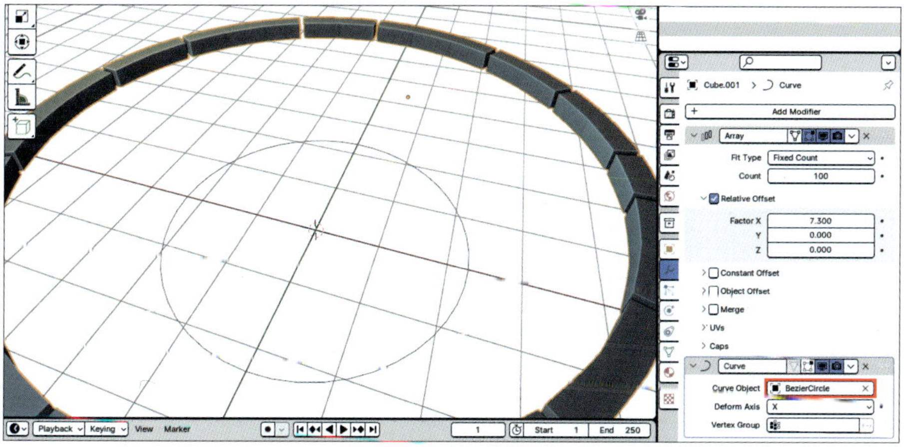

그림 5-22 Curve 설정 창에서 Curve Object 설정

Array 설정 창에서 Fit Type을 'Fit Curve'로 지정하고 Curve를 Bezier Circle 오브젝트로 설정하면, 원 모양을 따라 Cube 오브젝트가 회전되는 것을 알 수 있습니다.

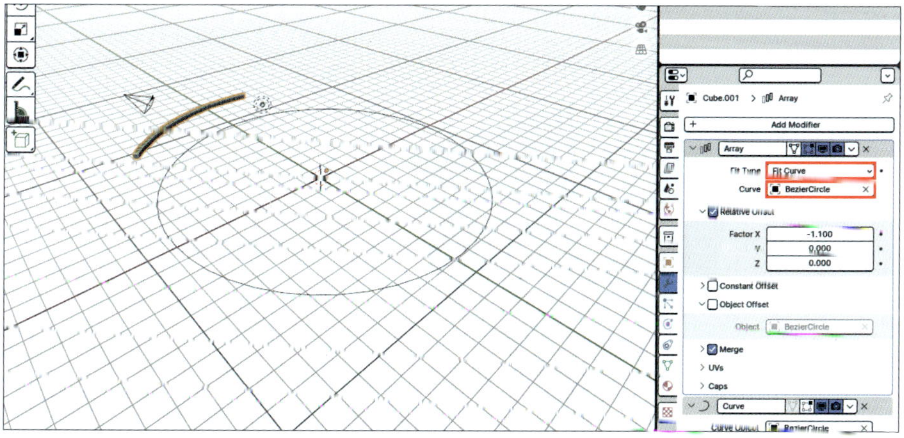

그림 5-23 Array 설정 창에서 Curve 설정

Screw

Screw(스크류)는 곡선을 만들 때 주로 활용되어 스프링과 같은 나선형 입체를 생성할 때 자주 사용됩니다. 이를 통해 Origin을 기준으로 나선 모양의 입체를 만들 수 있습니다.

Shift + A를 눌러 표시되는 Add 창에서 Mesh → Plane을 실행하여 Plane 오브젝트를 생성합니다.

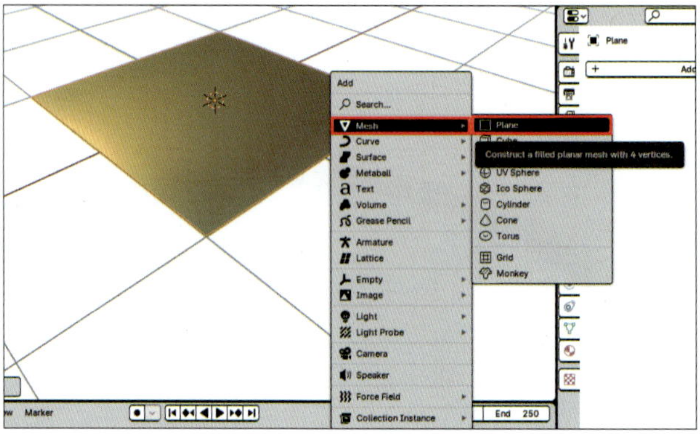

그림 5-24 Plane 오브젝트 생성

알아두세요 Plane 오브젝트는 입체가 아닌 단면 오브젝트입니다.

〔Modifiers( )〕 탭에서 'Add Modifier'를 클릭하고 Screw를 실행합니다. Screw 설정 창에서 Angle을 '0'으로 설정하면 각도가 없으므로 평면의 Plane 오브젝트가 박스 형태의 모양이 됩니다.

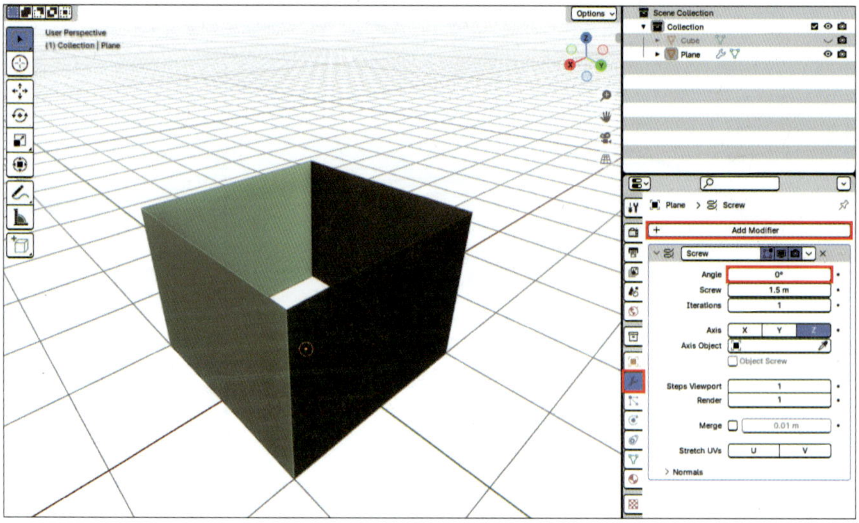

그림 5-25 박스 형태가 된 Plane 오브젝트

잠깐만요 Screw 설정 창의 옵션

- **Angle** : 회전할 각도를 조절합니다.
- **Screw** : 나선의 높이를 조절합니다.
- **Iterations** : 복제할 오브젝트의 개수를 설정합니다.

- **Axis** : 회전시킬 축을 지정합니다.
- **Axis Object** : 원하는 위치의 오브젝트를 축으로 설정합니다.

- **Steps Viewport** : 뷰포트에 표현될 Face 해상도를 결정합니다.
- **Render** : 렌더링 할 때 표현될 Face 해상도를 결정합니다.
- **Merge** : 가까이 있는 부근의 점을 합칩니다.
- **Stretch UVs** : UV를 생성할 때 늘어날 방향을 지정합니다.

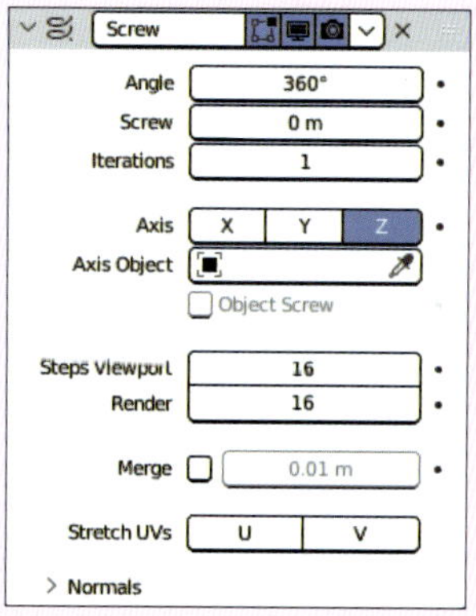

그림 5-26 Screw 설정 창

Angle을 '360', Steps Viewport를 '90'으로 설정하면 오브젝트가 꽈배기처럼 회전되는 형태로 변형되는 것을 확인할 수 있습니다.

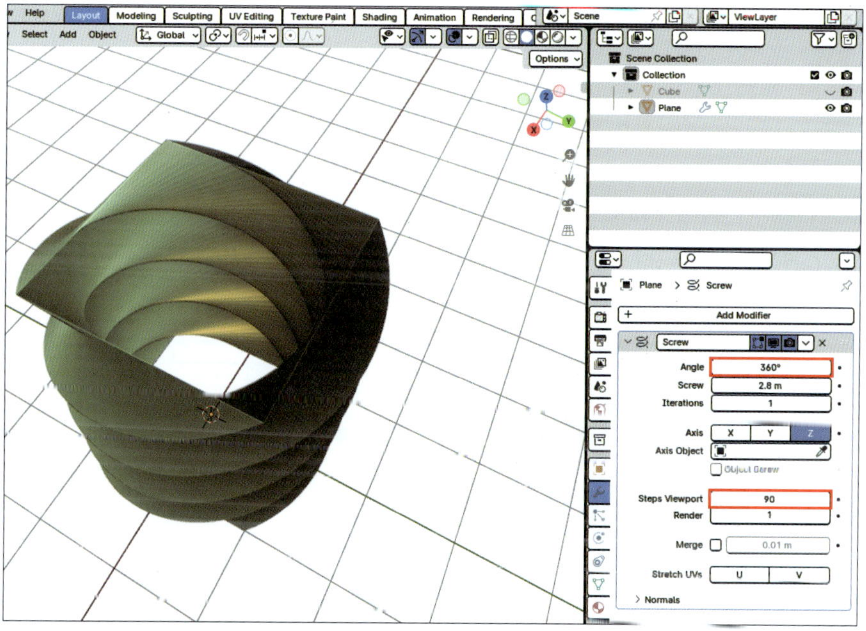

그림 5-27 꽈배기 형태 모양 설정

Shrinkwrap

'수축하여 감싸다'라는 의미를 가진 Shrinkwrap(쉬링크랩)은 오브젝트를 다른 오브젝트의 표면에 달라붙이는 기능입니다. 이 기능을 사용하여 오브젝트를 다른 표면에 밀착시킬 수 있습니다.

Shift+A를 눌러 Sphere 오브젝트와 Plane 오브젝트를 생성하여 90°로 회전해 세웁니다. 이 2개의 오브젝트로 Shrinkwrap을 사용하여 매끄러운 Sphere 오브젝트에 Plane 오브젝트를 감싸게 만들겠습니다.

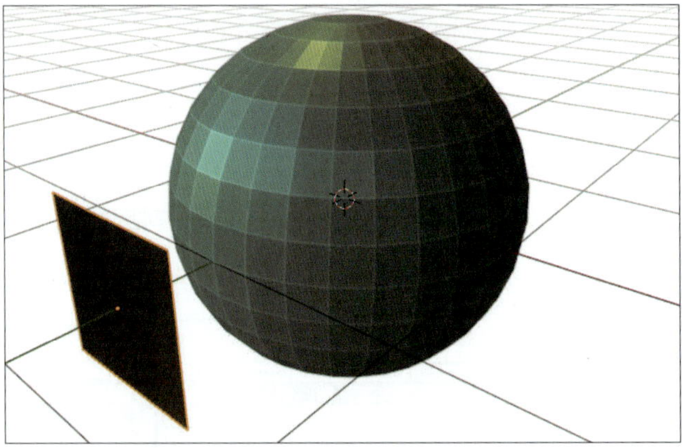

그림 5-28 Sphere 오브젝트와 Plane 오브젝트

기능을 적용하기 위해 Plane 오브젝트를 선택하고 〔Modifiers(🔧)〕 탭에서 Deform → Shrinkwrap을 실행합니다.

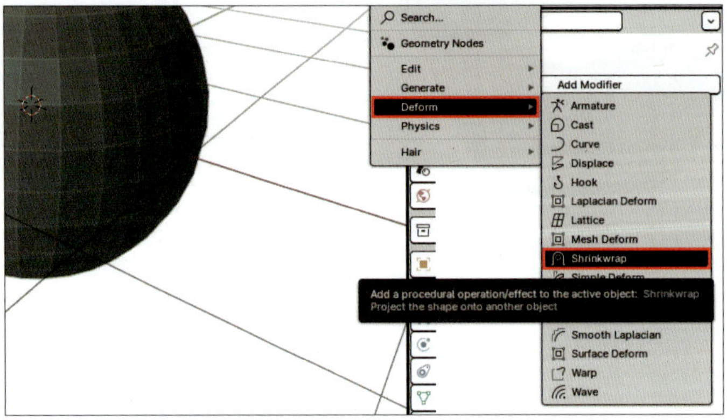

그림 5-29 Properties 패널에서 Shirinkwrap 실행

표시되는 Shrinkwrap 설정 창에서 Target을 Sphere 오브젝트로 설정하면, Sphere 오브젝트에 Plane 오브젝트가 붙은 효과를 만들 수 있습니다. 조금 더 자연스러움을 위해 Subdivision Surface 기능도 실행하여 설정을 적용합니다. 이때 기능의 순서를 맞게 설정하기 위해 그림과 같이 설정 창의 순서를 위아래로 변경합니다.

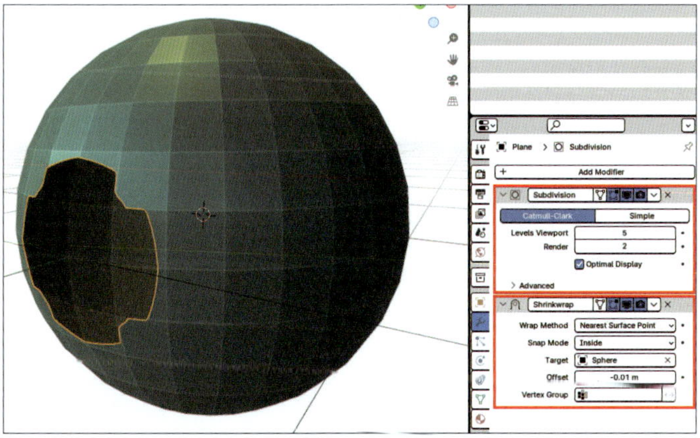

그림 5-30 Target을 설정하고 Subdivision Surface 기능을 설정한 오브젝트

여기서 Solidify 기능을 추가하면 선택되어 있는 부분에 두께를 줄 수 있습니다. 참고하여 모델링 작업을 할 때 사용하면 좋습니다.

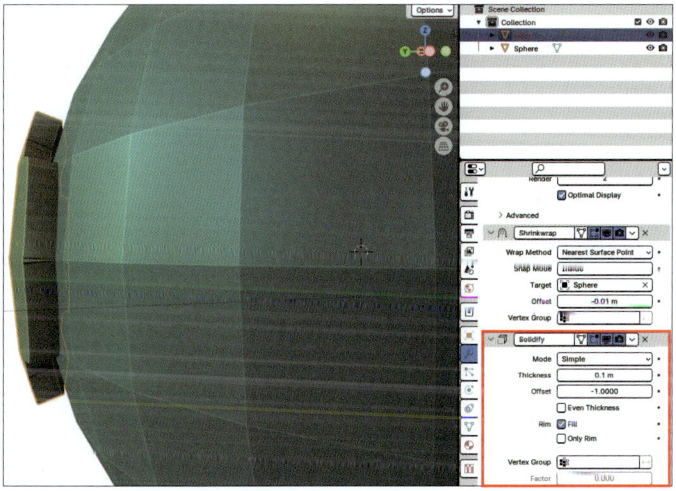

그림 5-31 Solidify 기능으로 두께감을 준 오브젝트

5.2 블렌더 실습 1 : 테니스 공 만들기

Edit Mode의 기능들과 Add-ons를 활용하여 기본 오브젝트를 테니스 공 형태로 변형해 만들겠습니다.

완성 파일 : 05\테니스공_완성.blend

❶ 먼저 Add-ons을 설정하겠습니다. 블렌더를 실행하고 메뉴에서 [Edit] → Preferences를 실행합니다.

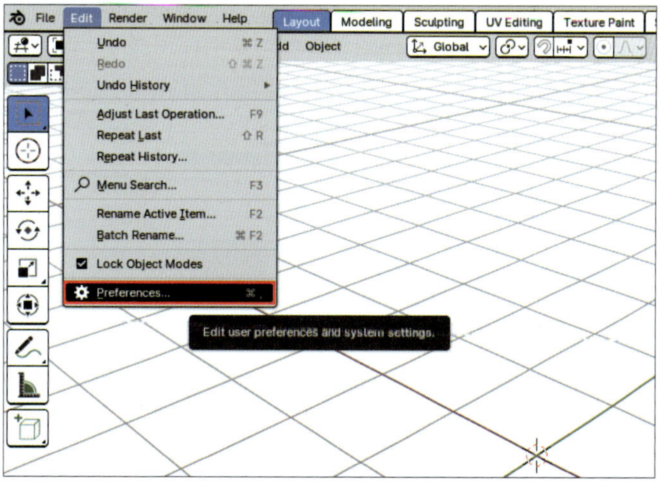

❷ Blender Preferences 대화상자가 표시되면 [Add-ons] 탭을 선택하고 검색창에 'loop'를 입력한 다음 표시되는 화면에서 'Mesh: LoopTools'를 체크 표시합니다.

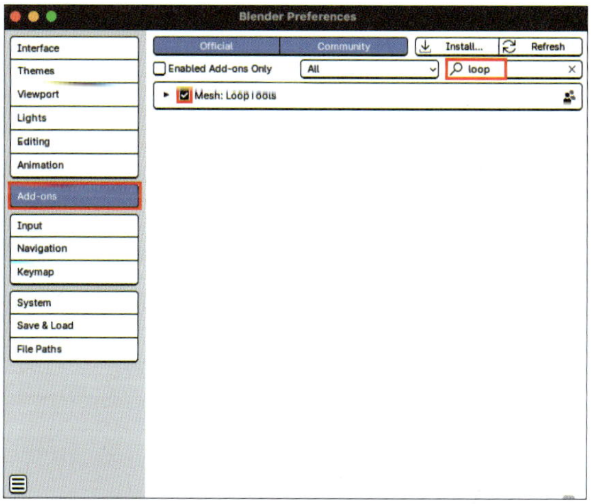

TIP Mesh: LoopTools는 루프와 관련된 다양한 작업을 쉽게 수행할 수 있게 도와주는 애드온입니다.

❸ 이번에는 검색창에 'add'를 입력하고 'Add Curve: Extra Objects', 'Add Mesh : Extra Objects'를 체크 표시한 다음 〈Install〉 버튼을 클릭합니다.

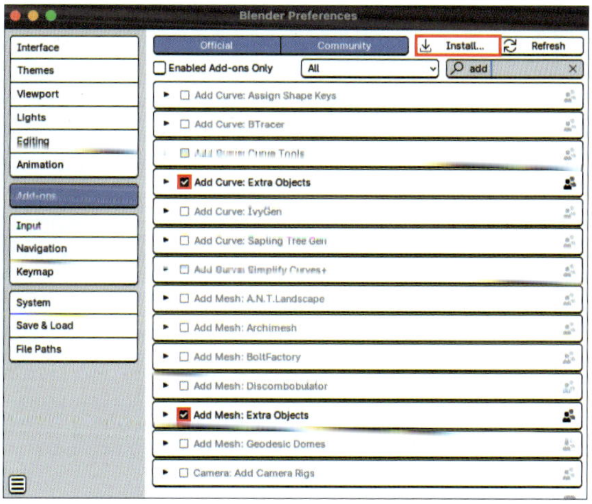

TIP Add Mesh: Extra Objects와 Add Curve: Extra Objects는 기본 Mesh 도형 외에도 추가적인 도형을 제공하는 애드온입니다.

❹ Blender File View 대화상자가 표시되면 경로를 지정하고 〈Install Add-on〉 버튼을 클릭합니다.

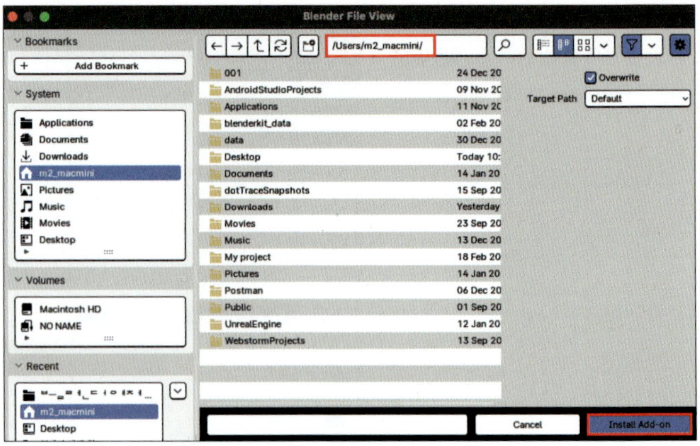

❺ Shift+A를 눌러 표시되는 Add 창에서 Mesh → Round Cube를 실행하여 각진 원 형태의 오브젝트를 생성합니다. Operation 패널에서 Radius를 '1', Divisions Arc를 '6'으로 설정합니다.

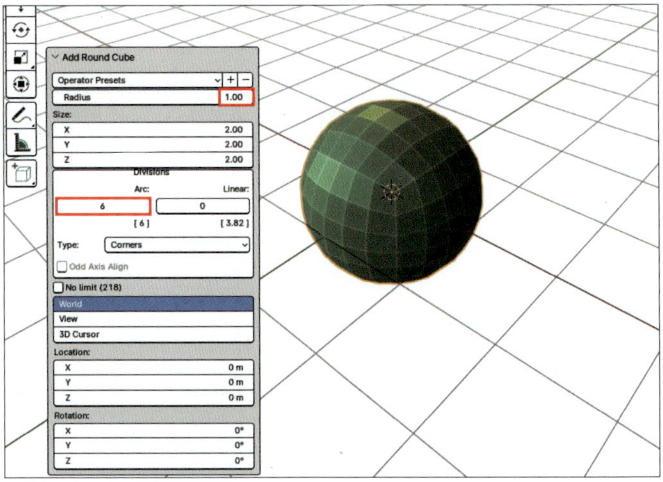

TIP Add Mesh: Extra Objects 애드온을 설치하지 않으면 Round Cube 오브젝트를 생성할 수 없습니다.

❻ Tab을 눌러 Edit Mode로 전환하고 2를 눌러 선택 모드를 Edge로 변경합니다. Alt를 누른 상태로 그림과 같은 위치를 클릭하여 루프 연결된 동일 평행선까지 선택합니다.

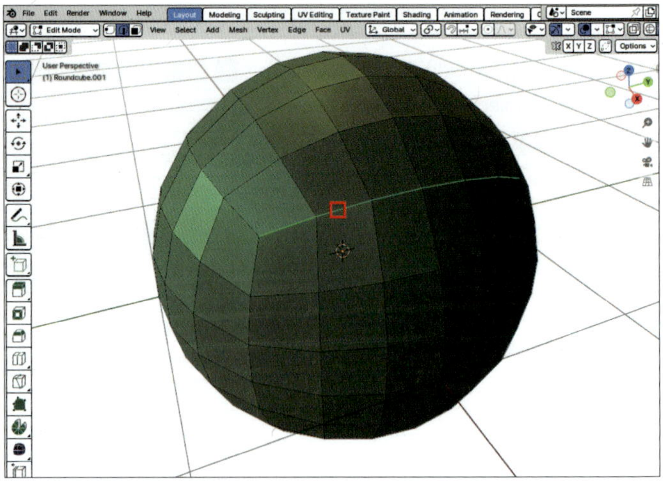

❼ Shift와 Alt를 누른 상태로 선을 클릭하여 그림과 같이 다중 선택합니다. 왼쪽 그림은 측면에서 선택한 선을 보여 주고, 오른쪽 그림은 정면에서 선택한 선을 보여 주는 화면입니다.

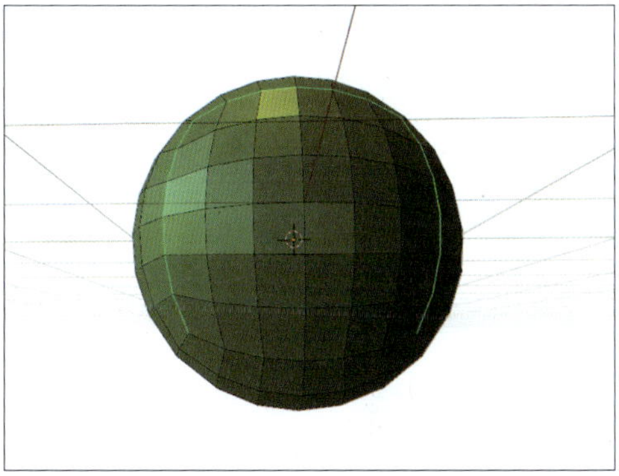

Side View

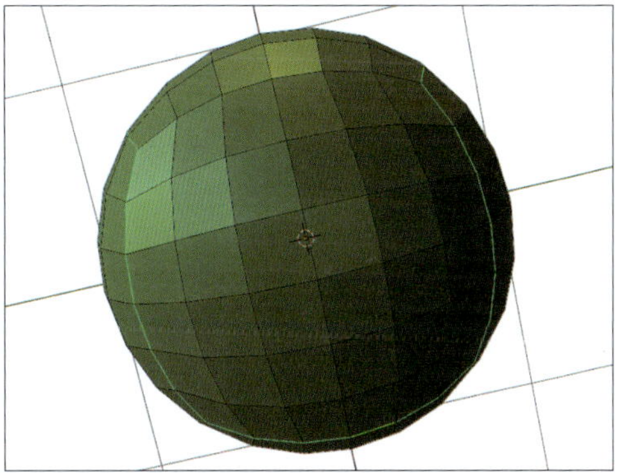

Front View

❽ 선이 선택된 상태에서 마우스 오른쪽 버튼을 클릭한 다음 LoopTools → Relax를 실행합니다.

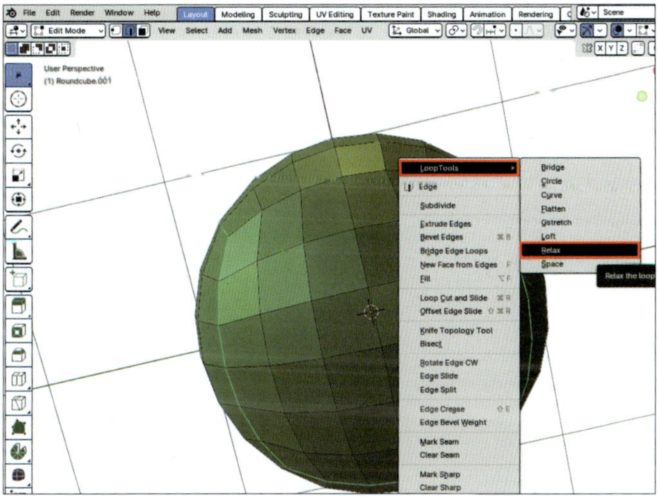

❾ Operation 패널에서 Iterations를 '10'으로 지정합니다.

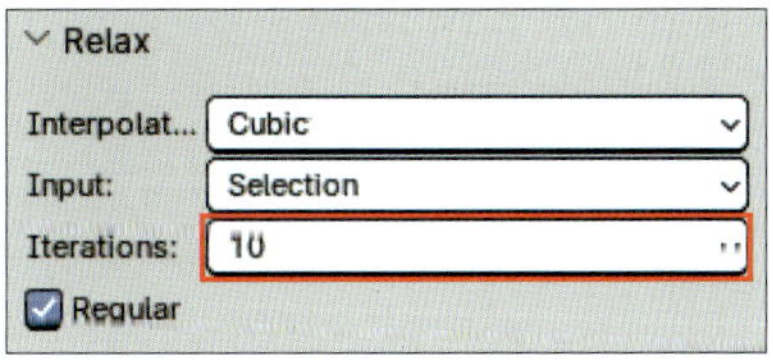

❿ 선이 계속 선택되어 있는 상태로 Ctrl+B를 눌러 Bevel을 적용합니다.

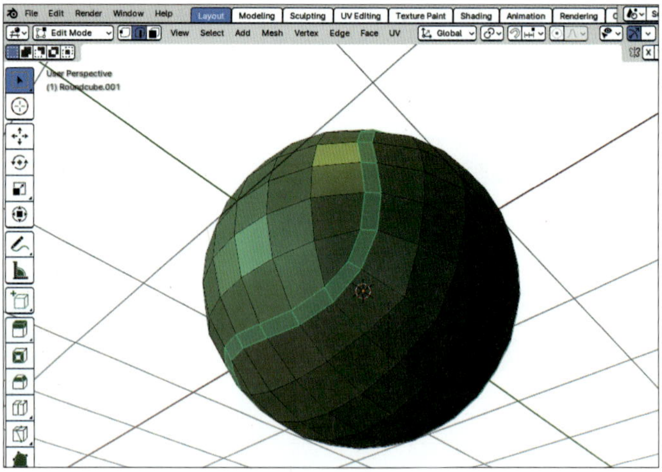

⓫ I를 눌러 Inset Faces를 적용해 안으로 면을 추가합니다.

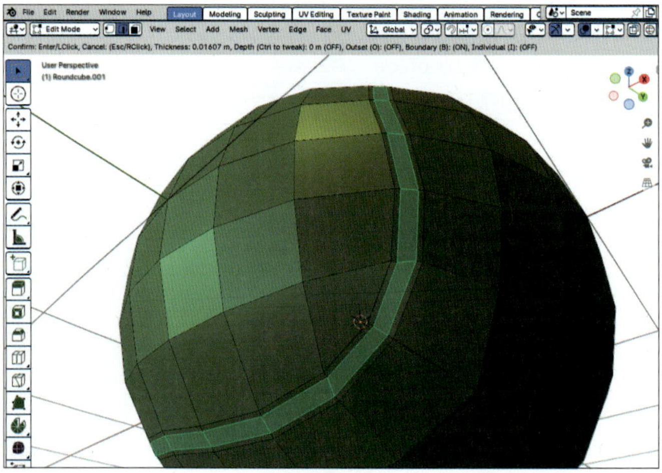

⓬ E를 눌러 Extrude Region을 적용해 안쪽으로 생성한 면들이 홈 안으로 들어가게 만듭니다.

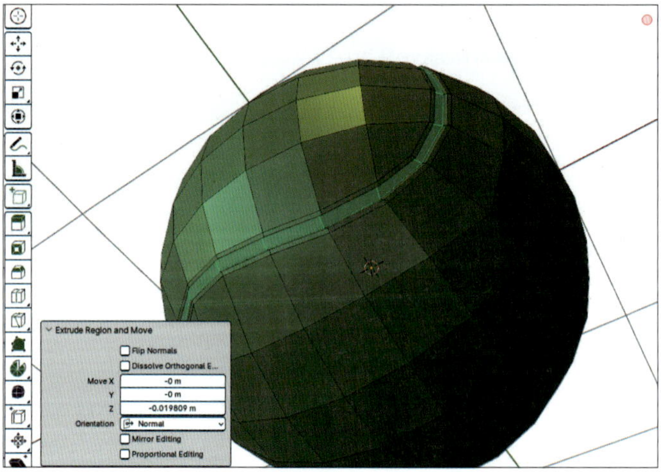

⓭ 3을 눌러 선택 모드를 Face로 변경하고 안쪽으로 들어간 면들이 선택되어 있는 상태로 P를 눌러 표시되는 Separate 창에서 Selection을 실행하여 분리합니다.

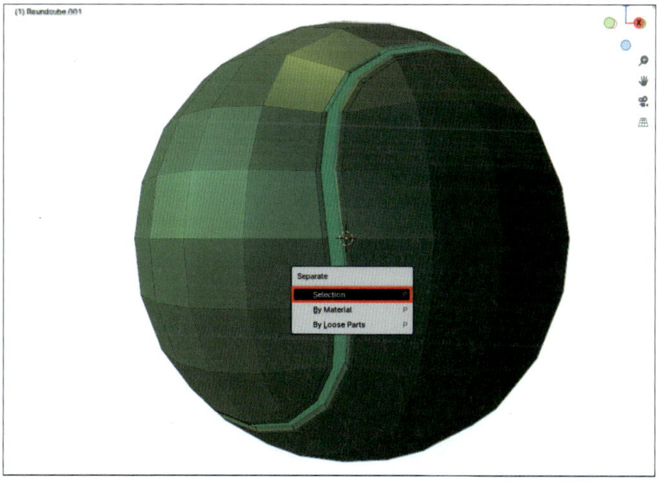

⓮ Object Mode로 전환합니다. Properties 패널의 [Modifiers(🔧)] 탭에서 'Add Modifier'를 클릭하고 Subdivision을 실행합니다. 설정 창에서 Levels Viewport를 '4'로 설정하여 4단계로 부드럽게 만듭니다.

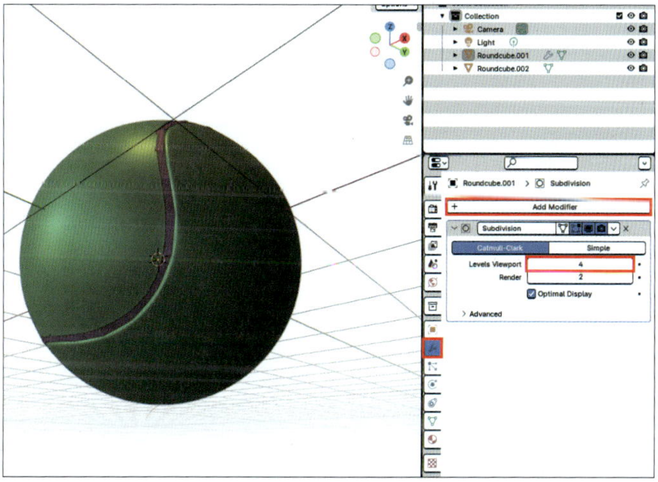

TIP 선택된 상태로 Ctrl+4를 눌러 Subdivision Surface를 적용해도 됩니다.

⓯ 같은 방법으로 야구공의 안쪽면과 바깥쪽 공을 선택하고 Ctrl+4를 눌러 Subdivision Surface를 적용해 모델링을 완성합니다.

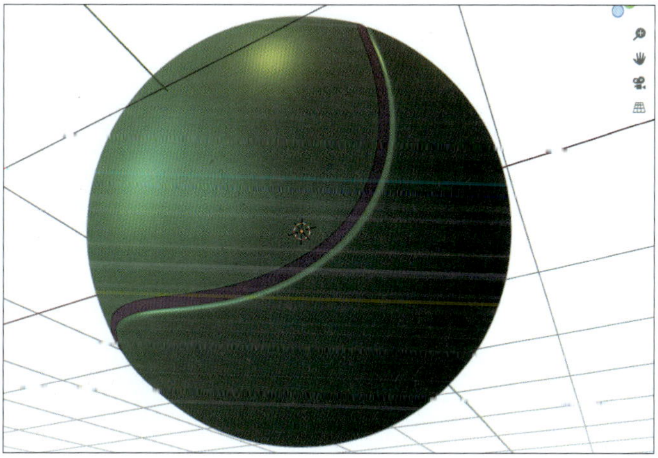

5.3 블렌더 실습 2 : 나무 바구니 만들기

나무 판으로 이루어진 나무 바구니를 만들겠습니다. Edit Mode에서 전체적인 모델링을 진행하면서 나무 판들 사이에 간격을 추가해 살짝 벌어진 느낌을 주어 입체적인 느낌이 들게 만듭니다.

완성 파일 : 05\나무바구니_완성.blend

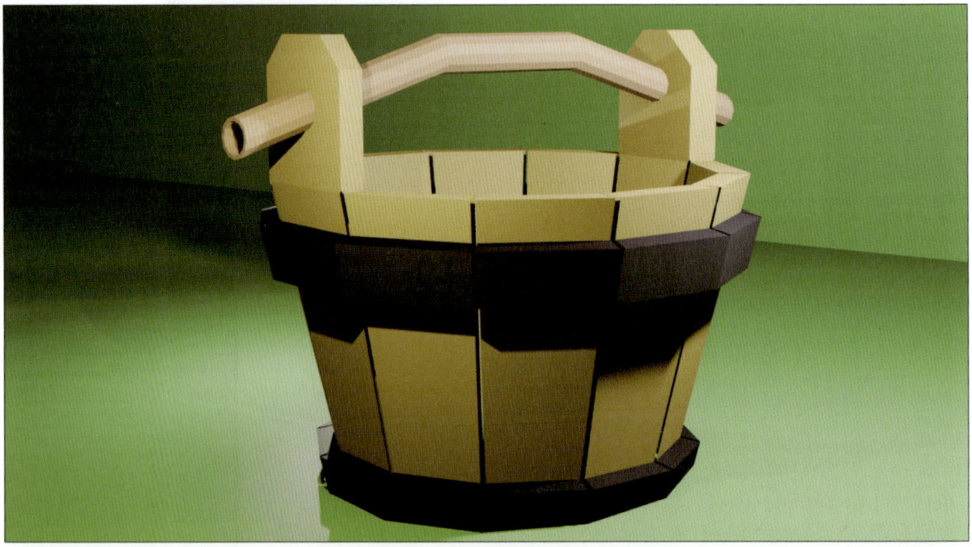

❶ 블렌더를 실행하고 Shift+A를 눌러 표시되는 Add 창에서 Mesh → Cylinder를 실행하여 오브젝트를 생성합니다.
Operation 패널이 표시되면 Vertices를 '12'로 설정합니다.

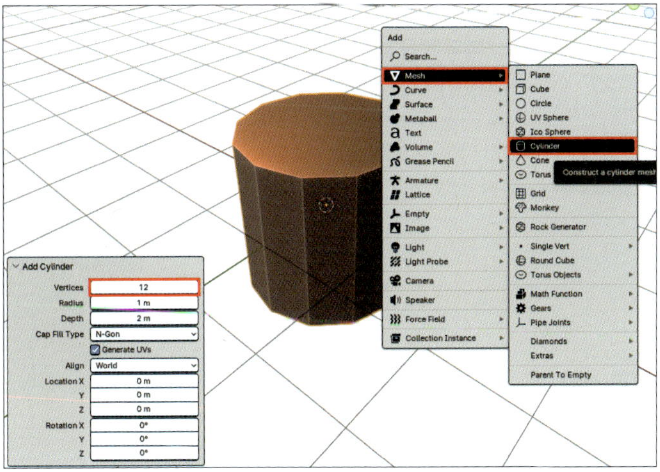

❷ Tab을 눌러 Edit Mode로 전환하고 3을 눌러 선택 모드를 Face로 변경한 다음 Cylinder 오브젝트의 윗면을 선택합니다.
I를 눌러 Inset Faces로 면을 안으로 만들고 E를 눌러 Extrude Region로 면을 아래로 내려 들어간 형태를 만듭니다.

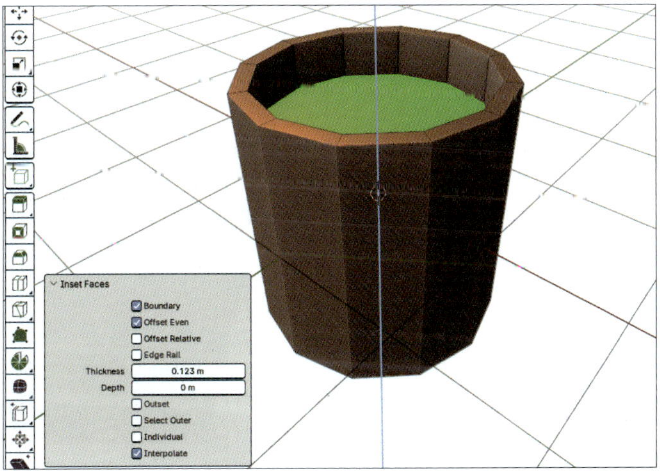

❸ 같은 방법으로 아랫면도 I를 눌러 안쪽으로 면을 만들고 E를 눌러 위로 올려 들어간 형태를 만들어 공간을 만듭니다.

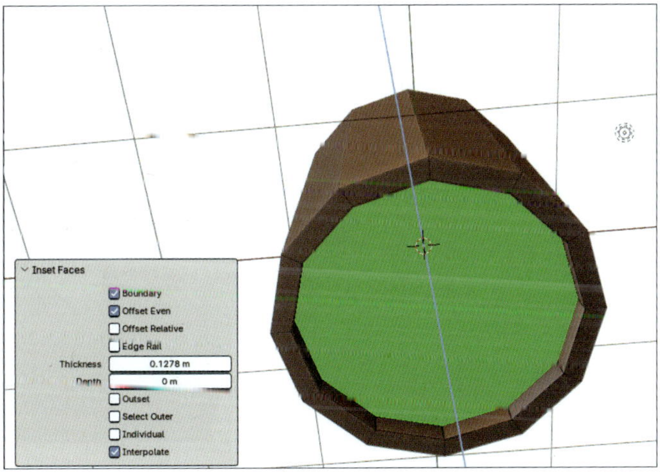

❹ Alt+Z를 눌러 Toggle X-Ray를 활성화하고 숫자 키패드 1을 눌러 Front View로 시점을 변경합니다. 윗면을 선택한 상태로 S를 눌러 크기를 넓혀주고 같은 방법으로 아랫면은 좁혀줍니다.

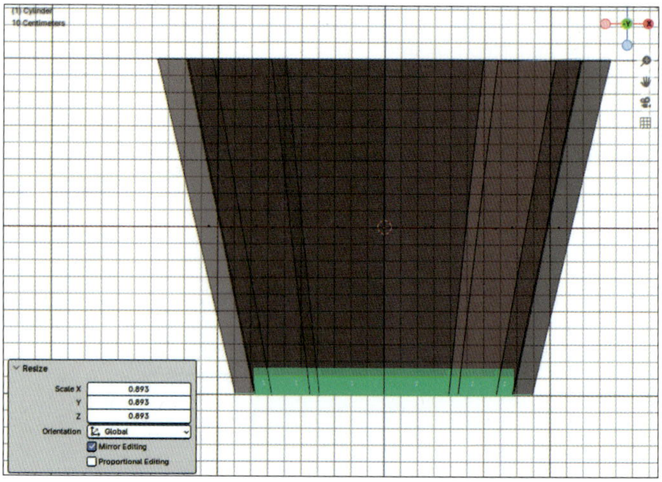

TIP 작업이 끝나면 다시 Alt+Z를 눌러 Toggle X-Ray를 비활성화합니다.

❺ Ctrl+R을 눌러 Loop Cut으로 선을 만들고 Ctrl+B를 눌러 Bevel로 4개의 수평선을 만듭니다.

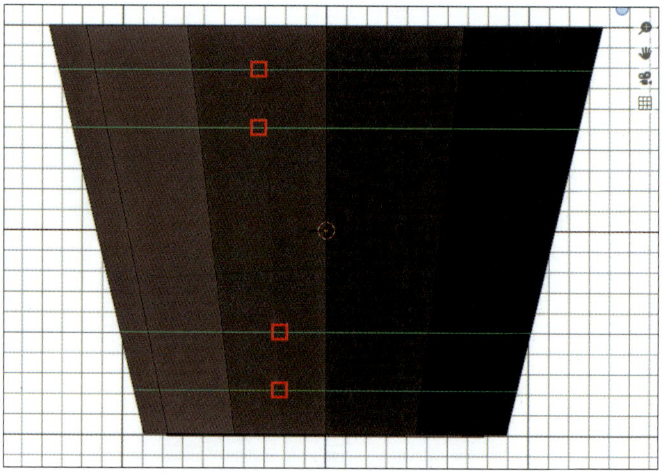

❻ Face 선택 모드(3)에서 다중 루프 선택을 하기 위해 Shift+Alt를 누른 상태로 그림과 같이 위아래 면을 선택합니다.

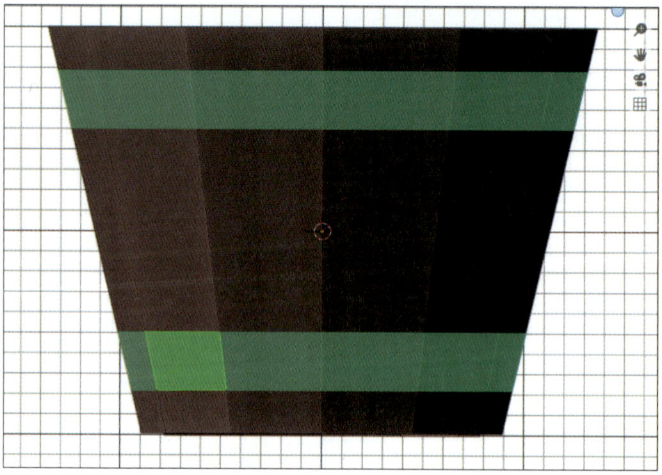

❼ 면들이 선택된 상태로 P를 눌러 표시되는 Separate 창에서 Selection을 실행하여 별도의 오브젝트로 분리합니다. 분리되었기 때문에 오브젝트가 나뉘어집니다. 개별 분리된 것을 선택하기 위해서는 오브젝트 모드로 나갔다가 다시 선택 후 에디트 모드로 들어와야 합니다.

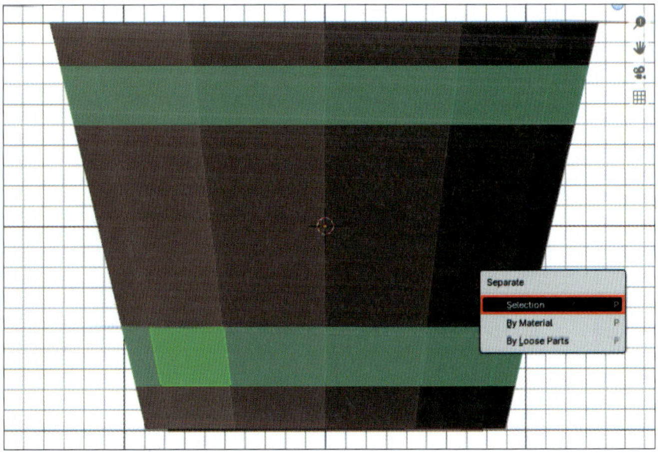

❽ 분리된 오브젝트가 선택된 상태로 Alt+E를 눌러 표시되는 Extrude 창에서 Extrude Faces Along Normals를 실행합니다.

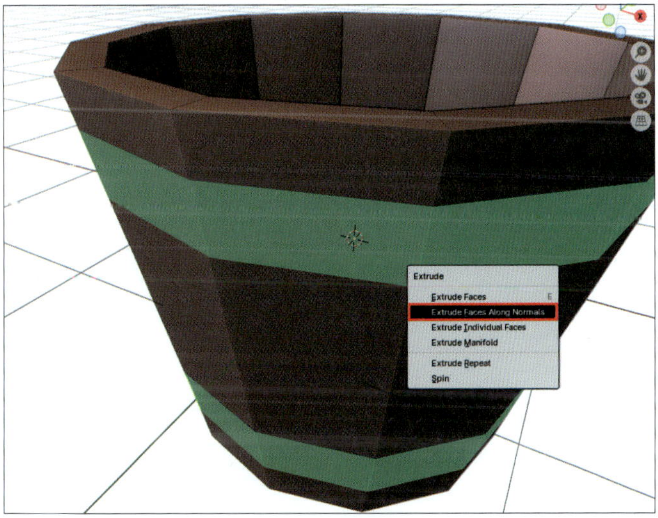

❾ 기능이 활성화되면 별도의 오브젝트로 연결된 도출이 됩니다. 그림과 같이 면을 추출합니다.

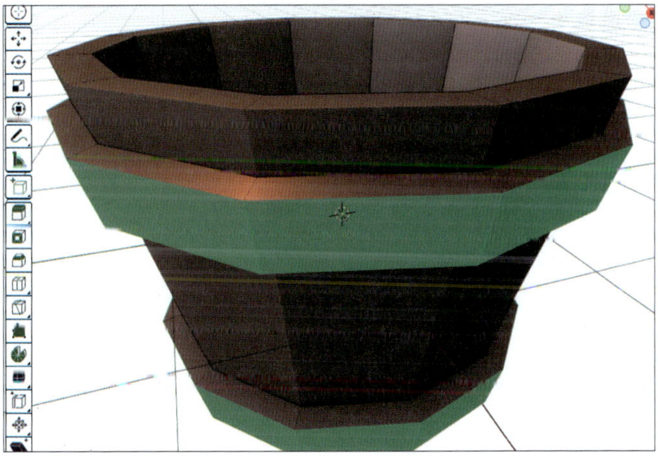

⑩ 손잡이를 만들기 위해 특정 대칭 면을 2개 선택하고 E를 눌러 위로 돌출합니다.

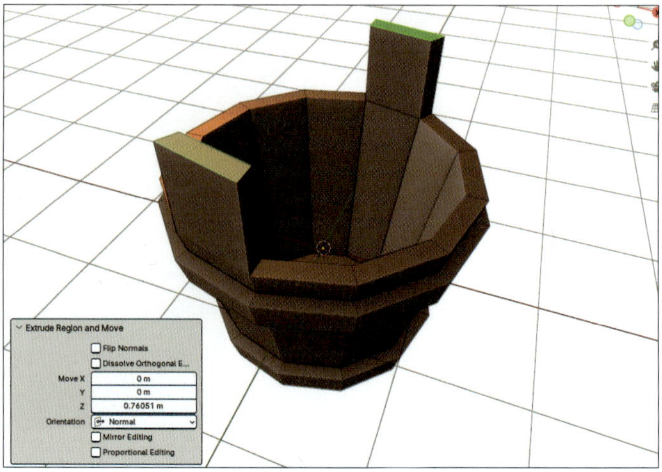

⑪ 2를 눌러 선택 모드를 Edge로 변경하고 손잡이 부분의 선을 선택한 다음 Ctrl+B를 눌러 Bevel로 모서리를 깎아 줍니다.

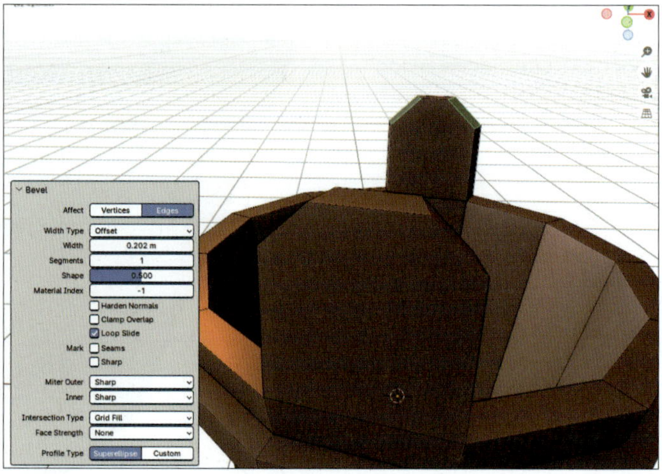

⑫ Tab을 눌러 Object Mode로 전환하고 Shift+A를 눌러 표시되는 Add 창에서 Mesh → Cylinder를 실행합니다. Cylinder 오브젝트가 생성되면 G, R, S를 각각 눌러 그림과 같이 오브젝트를 변형해 손잡이 형태로 만듭니다.

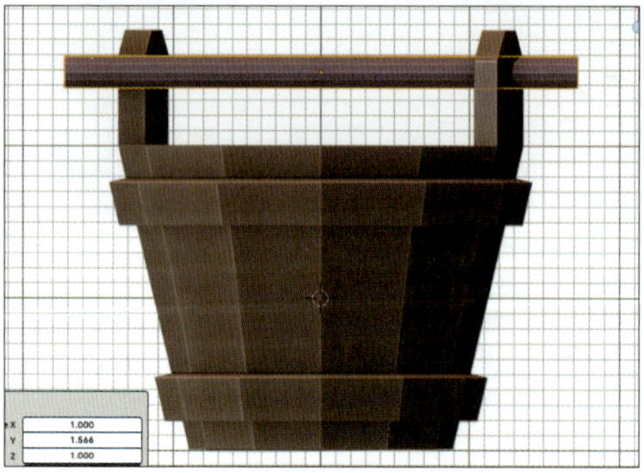

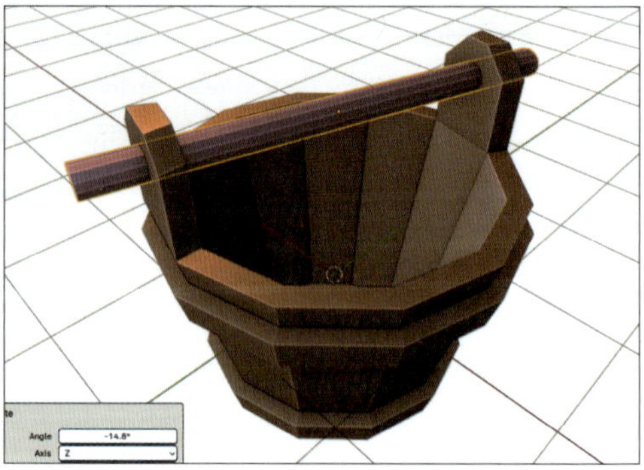

⑬ Ctrl+R을 눌러 Loop Cut으로 가로선을 만들고 Ctrl+B를 눌러 Bevel로 좌우를 수평하게 간격을 준 다음 선만 선택한 상태로 G-Z를 눌러 위로 올리면 그림과 같은 손잡이 형태가 만들어집니다.

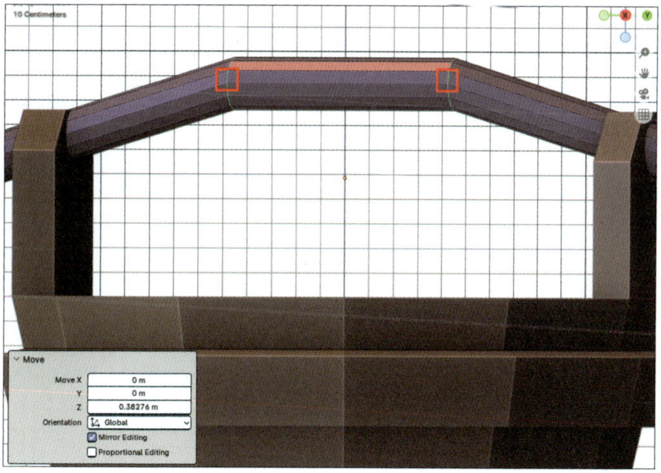

TIP Ctrl+R을 눌러 Loop Cut으로 2개의 선을 만들어 위로 올려도 같은 모양의 형태가 됩니다.

⑭ 3을 눌러 선택 모드를 Face로 변경하고 한쪽 손잡이의 면을 선택합니다. I를 눌러 안쪽 면을 추가하고 E를 눌러 면을 안쪽으로 넣습니다. 같은 방법으로 반대쪽 손잡이도 면을 만들어 안쪽으로 넣어줍니다.

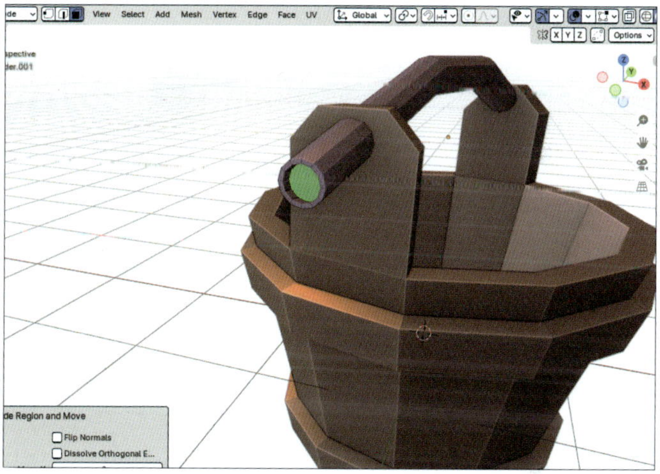

⑮ 2를 눌러 선택 모드를 Edge로 변경하고 Alt+Shift를 눌러 그림과 같이 선을 다중 루프 선택합니다.

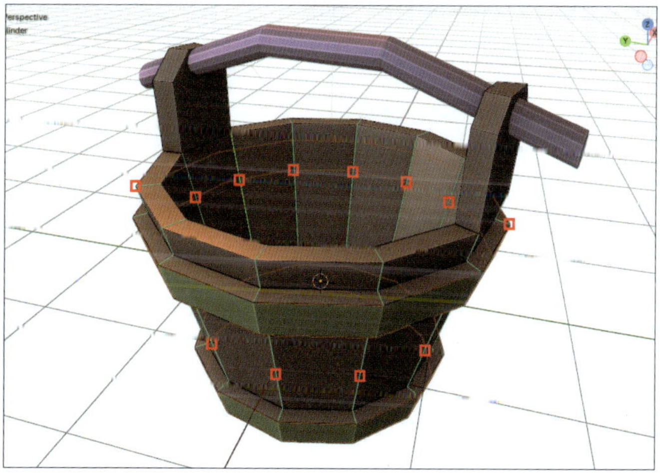

5 Common Modifiers

⑯ Ctrl+B를 눌러 Bevel로 간격을 벌려줍니다.

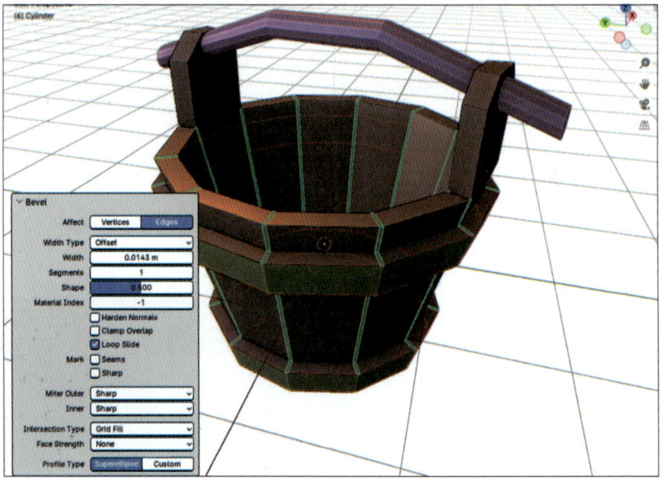

⑰ X를 눌러 표시되는 Delete 창에서 Faces를 실행하여 면을 삭제합니다.

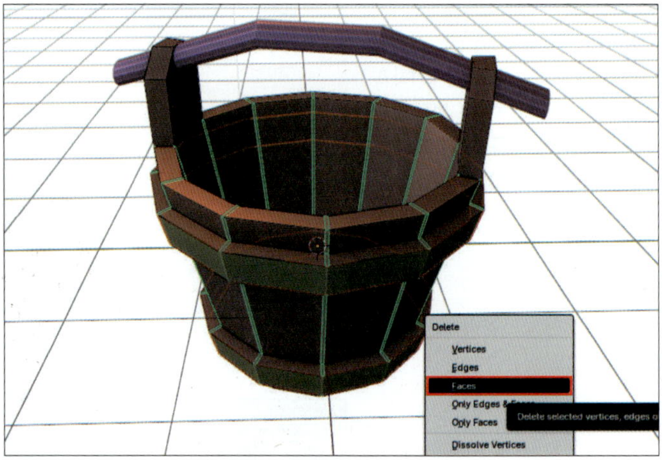

⑱ Tab을 눌러 Object Mode로 전환합니다. Ctrl+1을 눌러 Subdivision Surface를 적용하고 Properties 패널에서 [Object Data(▽)] 탭을 선택한 다음 Normals의 'Auto Smooth'를 체크 표시하여 자동으로 부드러운 메시를 만들어 완성합니다.

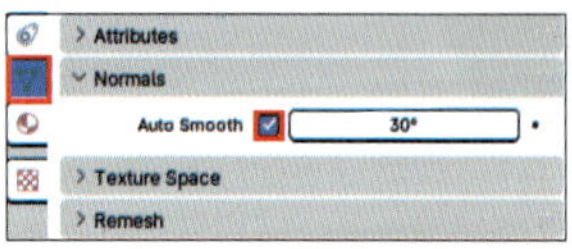

5.4 블렌더 실습 3 : 텀블러 만들기

Modifiers 기능을 활용하여 텀블러를 모델링하겠습니다. 거울 효과와 배열되는 패턴, 그리고 비트는 효과 등 다양한 Modifiers를 활용해 실제 모델링에 활용할 수 있는 방법과 기능을 배웁니다.

완성 파일 : 05\텀블러_완성.blend

5

Common Modifiers

❶ Object Mode에서 Shift+A를 눌러 표시되는 Add 창에서 Mesh → Plane을 실행하여 Plane 오브젝트를 생성합니다.

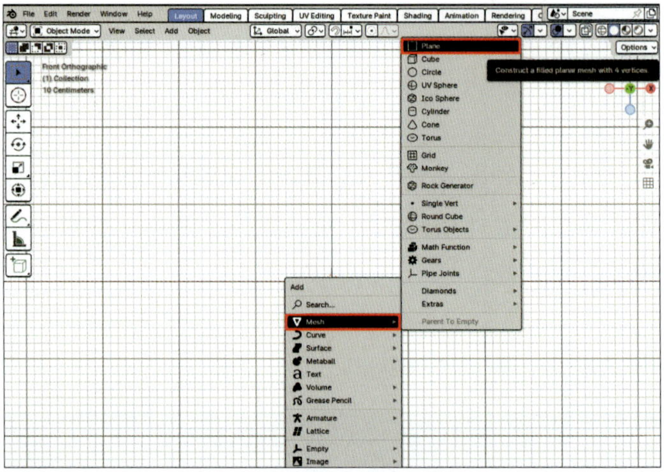

❷ 오브젝트를 선택한 상태로 R-X를 누르고 '90'을 입력하여 X축으로 90° 회전합니다. 그다음 G-Z를 누르고 '1'을 입력하여 위로 한 칸 이동합니다.

TIP Front View(숫자 키패드 1)에서 편집 작업을 진행하면 작업이 수월합니다.

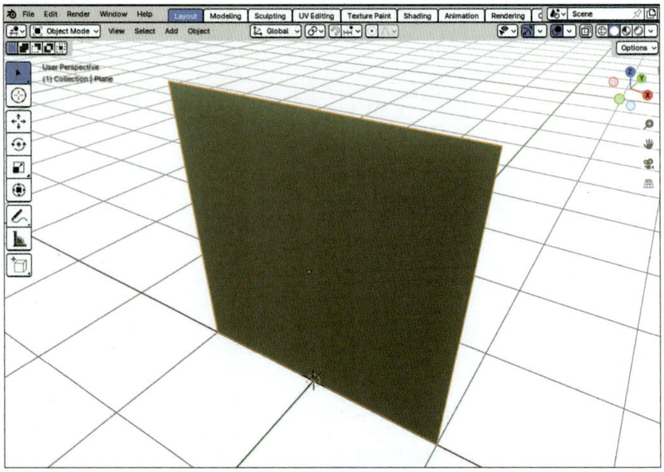

❸ Tab을 눌러 Edit Mode로 전환합니다. 상단의 좌우 점 2개를 선택하고 Ctrl+Shift+B로 Bevel을 실행한 다음 휠을 돌려 조절해 그림과 같이 중앙의 점이 가까이 접점하게 만듭니다.

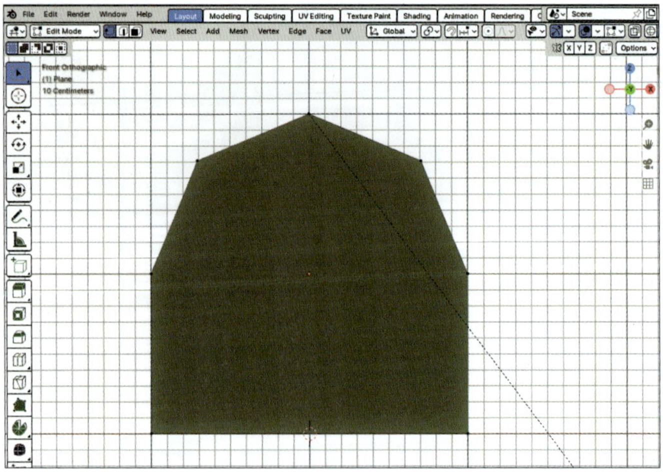

❹ 접점한 점 2개를 선택하고 M을 눌러 표시되는 Merge 창에서 At Center를 실행하여 점을 센터로 합칩니다.

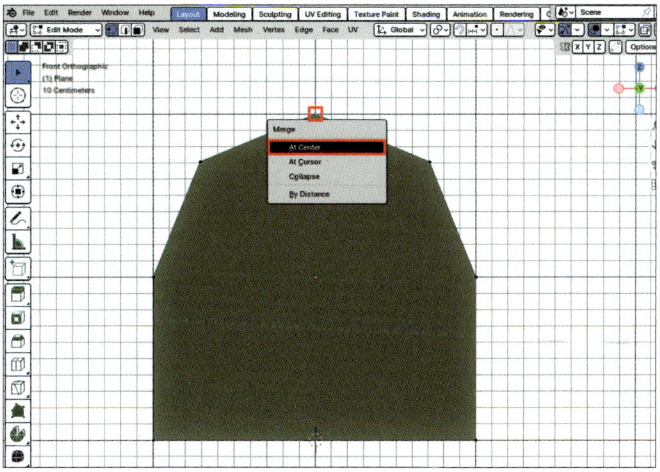

TIP Merge를 실행하기 전에 반드시 점이 2개 선택되어 있는지 확인합니다.

❺ 하단의 점 2개를 제외한 5개의 점을 모두 선택하고 G-Z를 누른 다음 위로 드래그하여 높게 위치시킵니다.

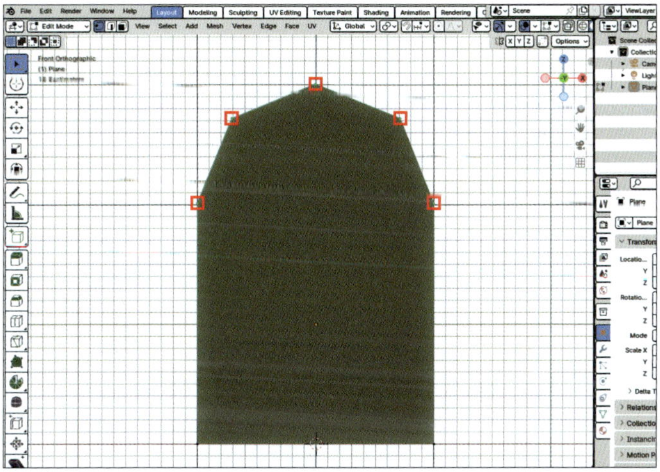

❻ K를 눌러 Knife를 활성화하고 위에서 아래로 드래그하여 자른 다음 Enter를 누릅니다. 같은 방법으로 그림과 같이 좌우도 자릅니다.

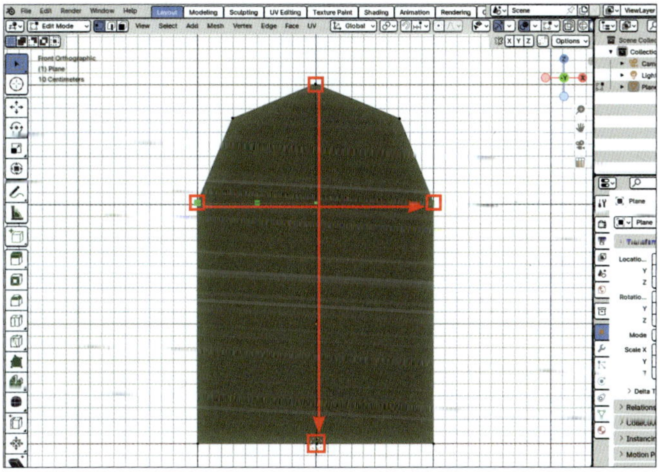

❼ 면으로 선택하거나 외곽선 또는 외각점을 모두 선택하고 Ⓘ를 눌러 Inset Faces를 활성화하고 안으로 면을 추가합니다.

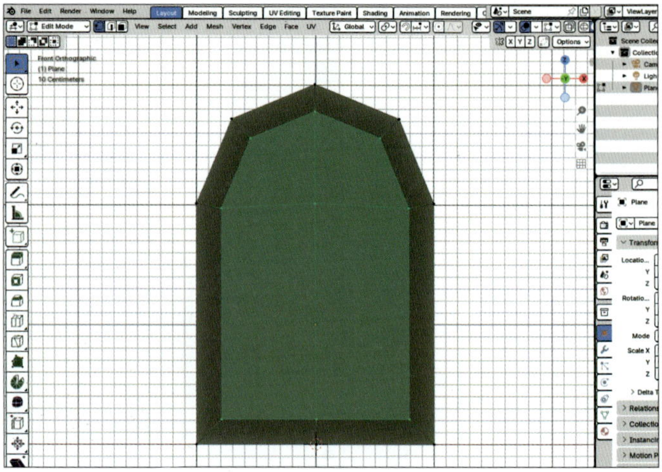

❽ 중심점을 기준으로 왼쪽 점들을 모두 선택하고 Ⓧ를 눌러 삭제합니다. 절반 남은 점을 모두 선택하고 Properties 패널의 [Modifiers(🔧)] 탭에서 Add Modifier → Mirror를 실행하여 반대쪽 면을 대칭 복사합니다.

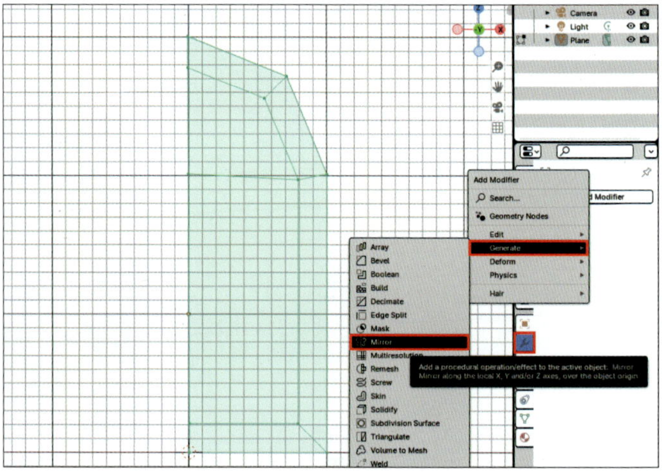

❾ 하단의 점 2개를 모두 선택하고 Ⓖ를 눌러 아래로 이동한 다음 Ⓔ를 눌러 추출하여 확장합니다.

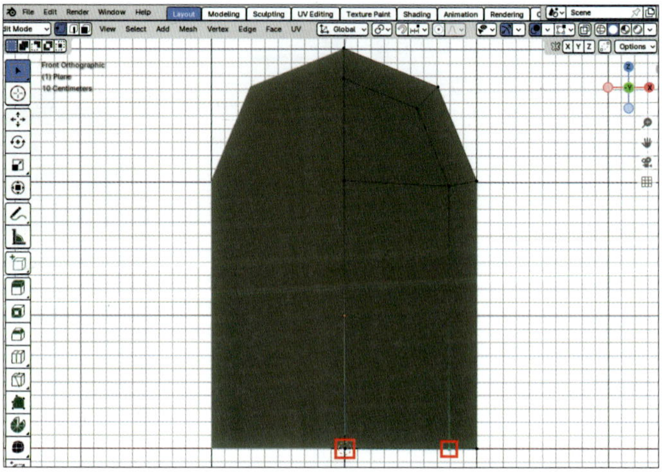

⑩ 외곽점을 모두 선택하고 E를 눌러 추출하고 점을 선택한 다음 G를 눌러 이동해 오른쪽 그림과 같이 상하좌우와 수평, 수직을 맞춥니다.

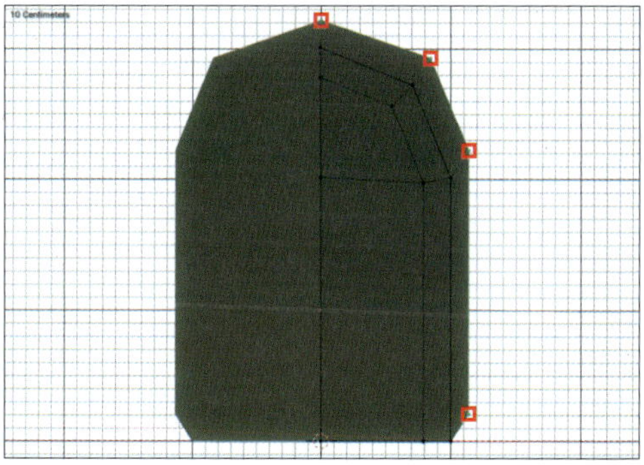

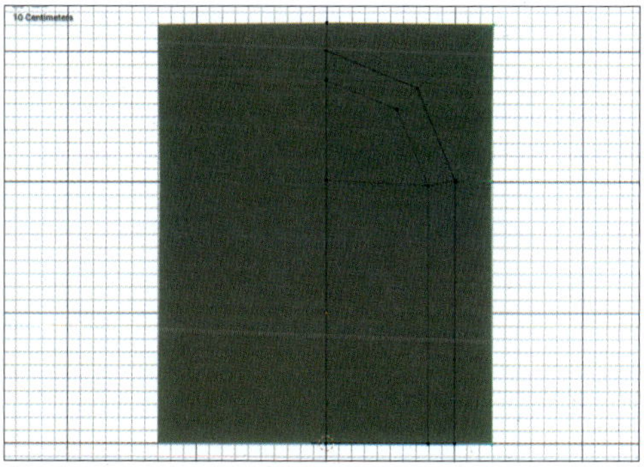

⑪ 그림과 같이 안쪽 점들을 선택하고 G-Y를 누른 다음 안쪽으로 드래그하여 면이 안으로 들어간 듯한 입체 효과로 만듭니다. 중심점은 다시 한번 안쪽으로 이동하여 좀 더 들어가게 만듭니다.

TIP 아직 Mirror 기능이 적용되어 있어 한쪽만 점을 선택하면 됩니다.

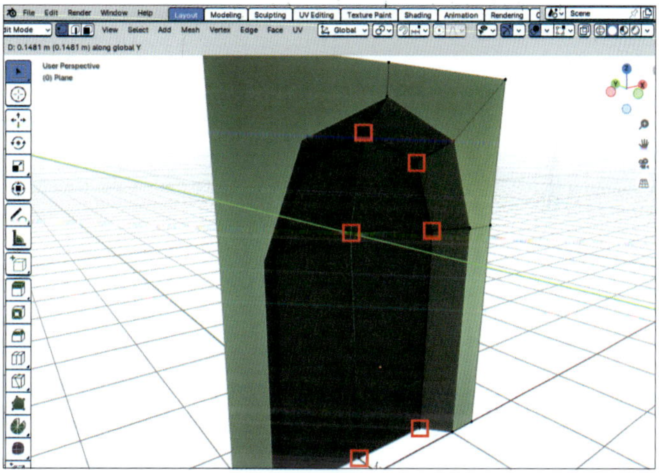

⑫ 아래 점들을 선택하고 G-Z를 누른 다음 아래로 드래그하여 길게 늘린 형태로 만듭니다.

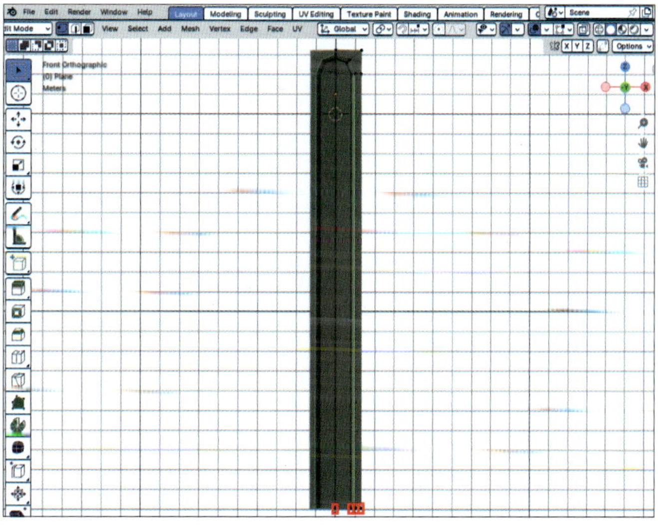

⓭ Tab을 눌러 Object Mode로 전환합니다. 오브젝트를 선택하고 Properties 패널의 〔Modifiers(🔧)〕 탭에서 Add Modifier → Array를 실행한 다음 설정 창에서 Count를 '10'으로 설정하여 나열한 형태를 만듭니다.

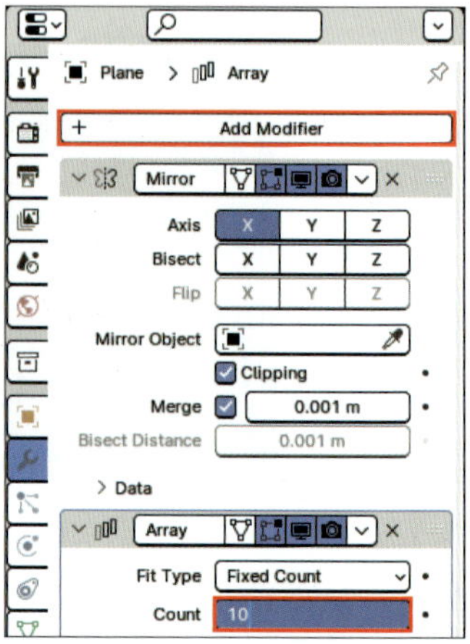

⓮ Shift+A를 눌러 표시되는 Add 창에서 Mesh → Empty → Arrow를 실행합니다. 비어있는 오브젝트가 생성되면 방향값을 중심축으로 사용하기 위해 기준점을 지정합니다.

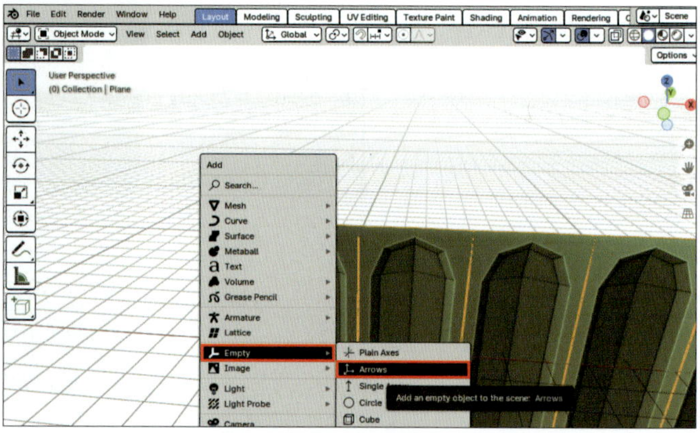

⓯ 〔Modifiers(🔧)〕 탭에서 Add Modifier → Simple Deform을 실행합니다.

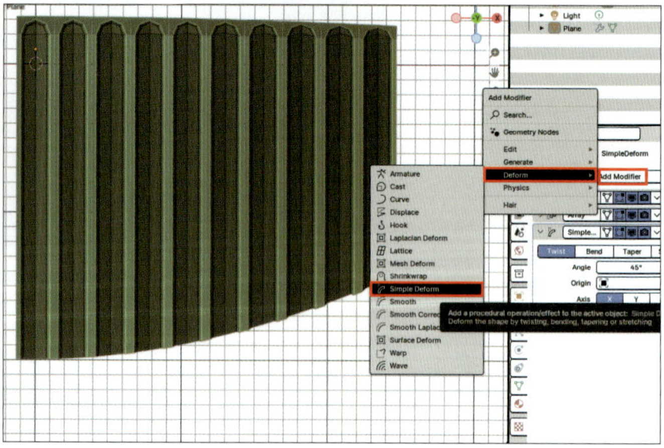

⑯ Simple Deform 설정 창에서 Angle을 '360'으로 설정하고 Origin을 'Empty'로 지정한 다음 Axis를 'Z'로 선택하여 그림과 같이 원기둥 형태로 이어지게 만듭니다.

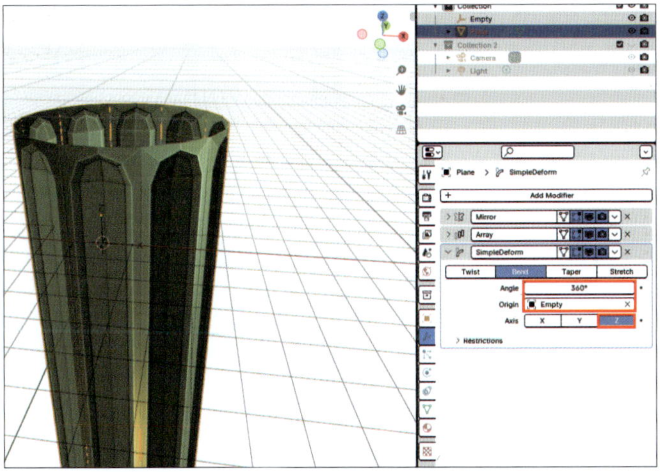

⑰ Tab을 눌러 Edit Mode로 전환하고 Edge 선택 모드(2)에서 오브젝트의 중앙 선들을 선택합니다. Ctrl+B를 눌러 Bevel을 활성화하고 휠을 돌려 Segments를 '2'로 설정해 좌우로 선을 더 만듭니다.

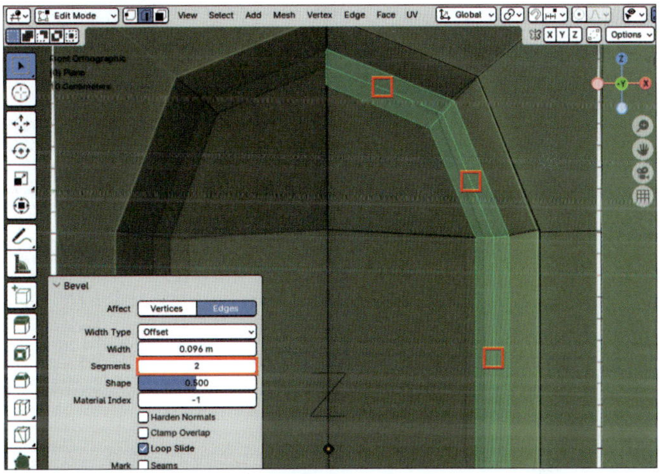

⑱ Vertex 선택 모드(1)에서 아래 있는 하단 점들을 모두 선택하고 S-Y를 누른 다음 '0'을 입력하여 일렬 수평으로 만듭니다.

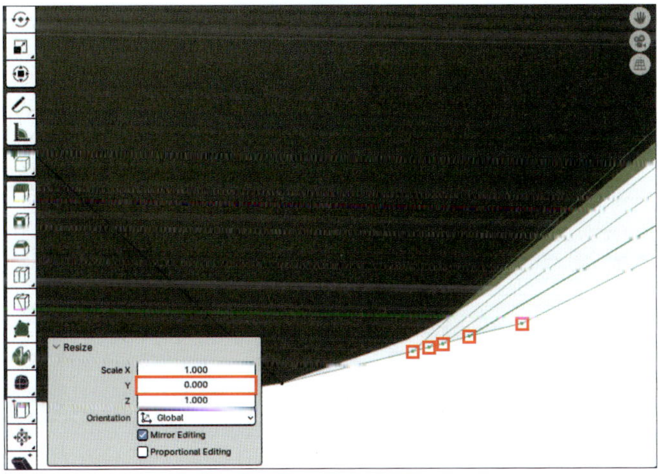

⓳ 점이 선택되어 있는 상태로 E-Z를 눌러 아래로 추출하여 돌출합니다.

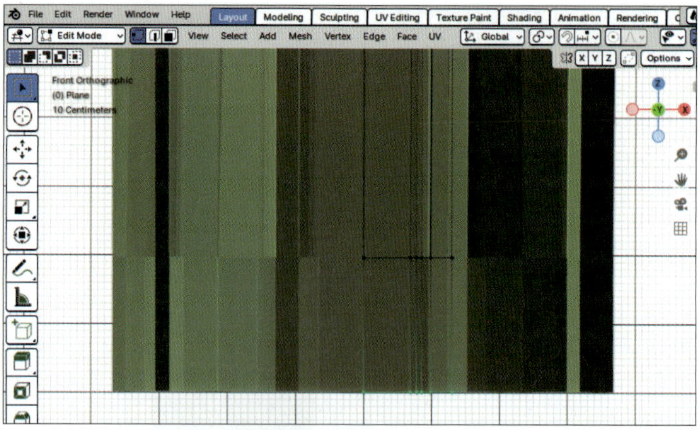

⓴ Tab을 눌러 Object Mode로 전환하고 오브젝트에서 마우스 오른쪽 버튼을 클릭한 다음 Shade Auto Smooth를 실행하여 부드럽게 만듭니다.

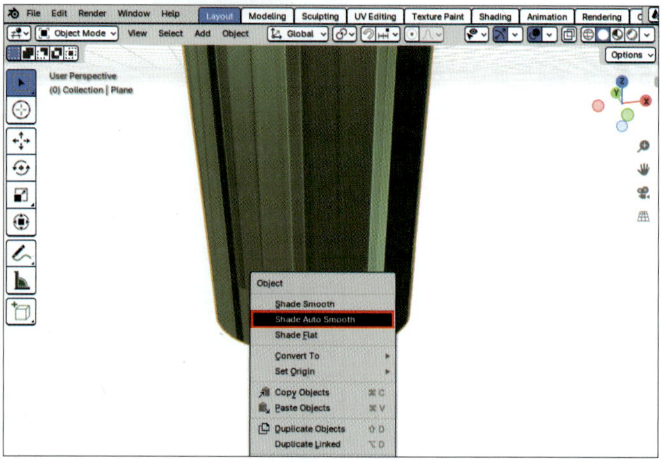

㉑ [Modifiers(🔧)] 탭에서 적용한 3개의 모디파이어를 모두 Apply로 적용합니다.

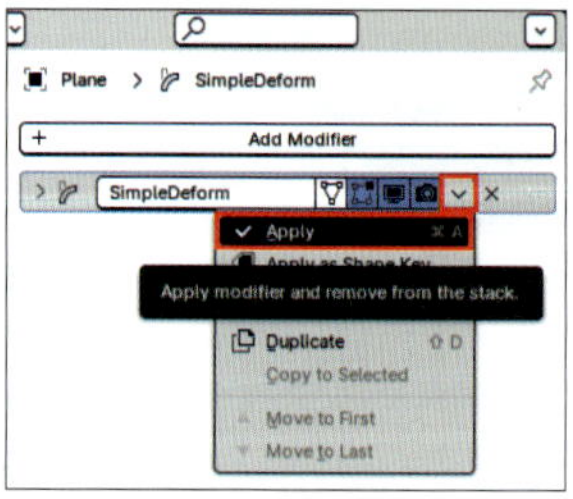

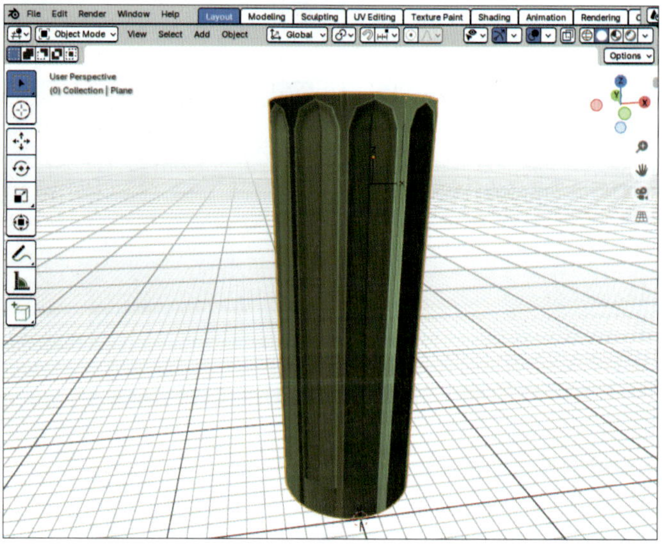

㉒ Tab을 눌러 Edit Mode로 전환합니다. Vertex 선택 모드(1)에서 A를 눌러 모든 점을 선택하고 M을 누른 다음 표시되는 Merge 창에서 By Distance를 실행합니다.

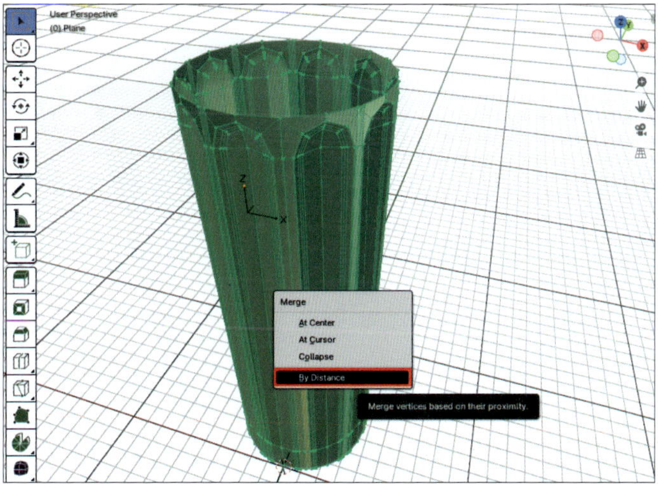

㉓ Tab을 눌러 Object Mode로 전환합니다. Shift+A를 눌러 표시되는 Add 창에서 Mesh → Lattice를 실행하여 오브젝트를 생성합니다.

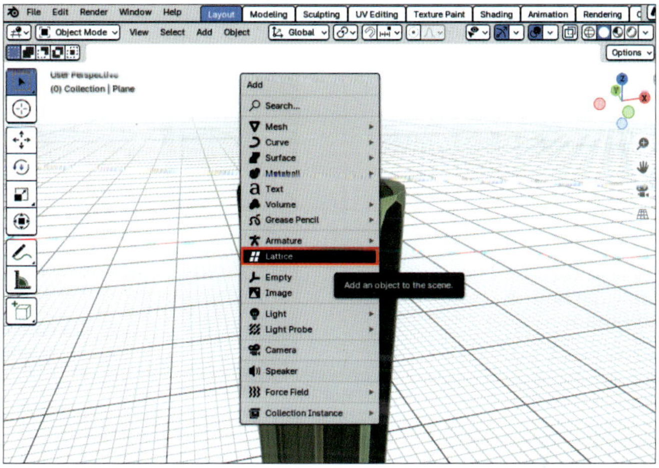

㉔ Lattice 오브젝트가 선택된 상태로 S를 누르고 텀블러 오브젝트 크기에 맞게 조절합니다.

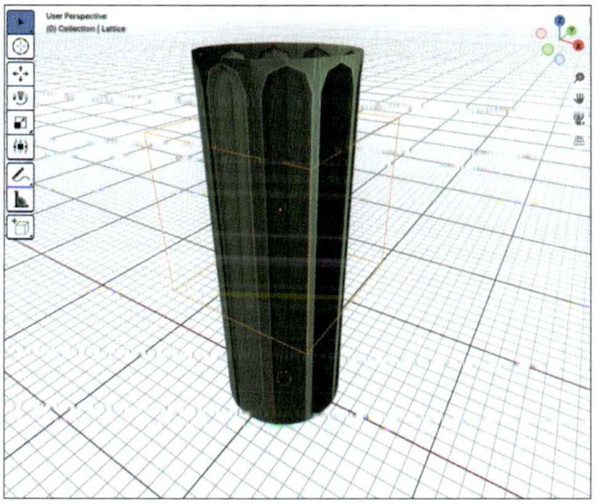

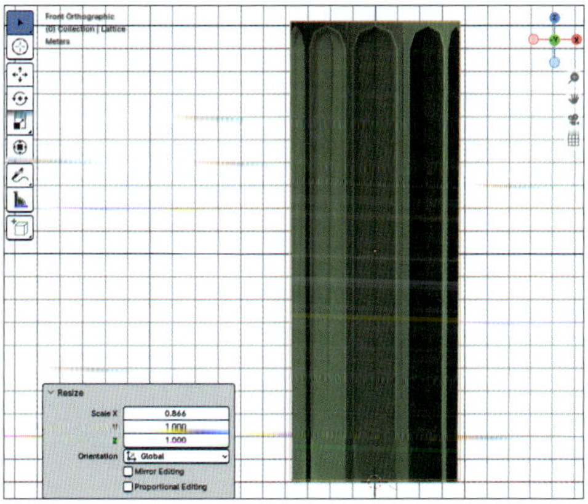

㉕ 전체 모양을 변형하겠습니다. 텀블러 오브젝트를 선택하고 [Modifiers(🔧)] 탭에서 Add Modifier → Deform → Lattice를 실행합니다.

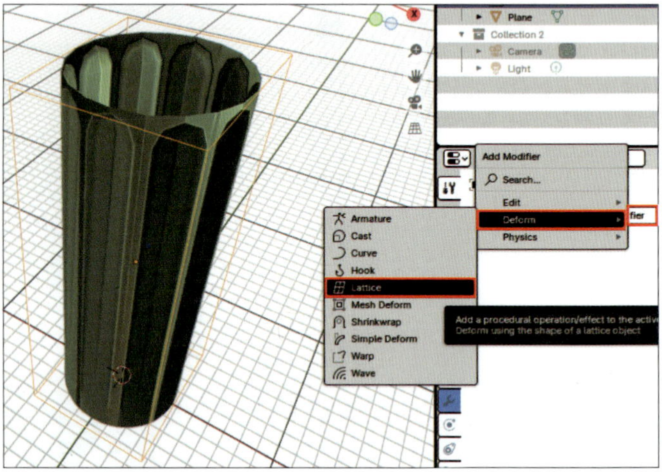

TIP Lattice는 전체 모양을 비틀거나 기울기를 활용한 모형 변형 기능입니다.

㉖ 이때 모디파이어는 텀블러에 적용해야 하므로 주의해야 합니다. Object를 'Lattice'로 지정합니다.

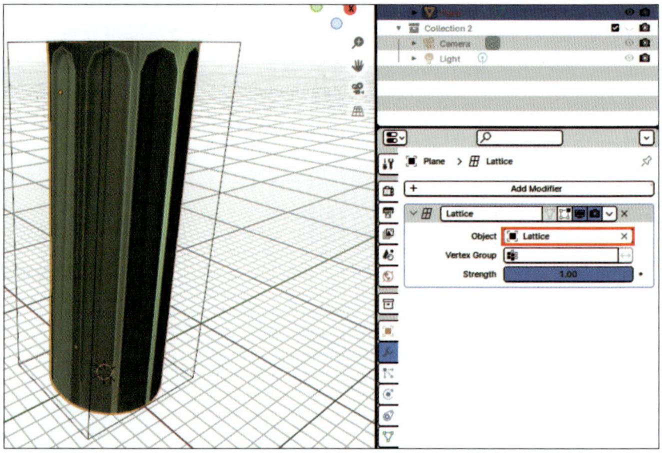

㉗ Tab을 눌러 Object Mode로 전환하고 Lattice 오브젝트를 선택한 다음 다시 Tab을 눌러 Edit Mode로 전환합니다. Alt+Z를 눌러 Toggle X-Ray를 활성화하고 아래에 있는 4개의 점을 선택합니다.

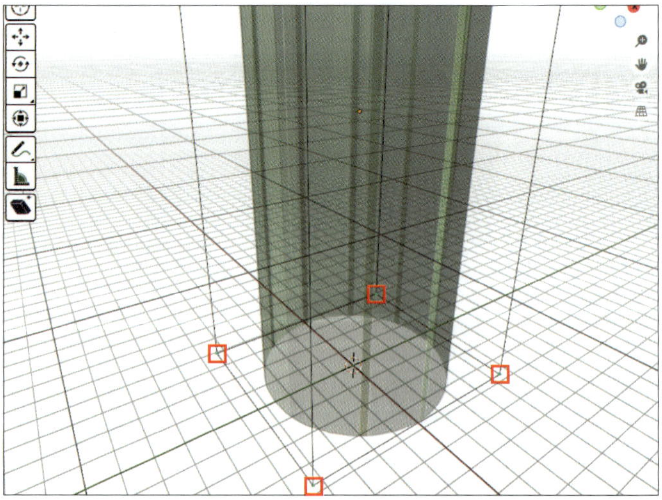

㉘ R-Z를 누르고 '3'을 입력하거나 드래그를 활용하여 전체 모양을 비틀어 변형합니다.

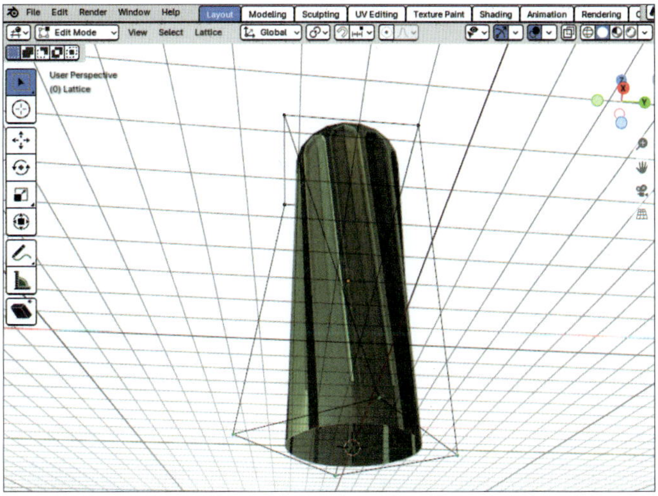

㉙ 비틀어진 형태의 모델링이 완성되면 Lattice 설정 창에서 '∨' 아이콘을 클릭하고 'Apply'를 선택해 설정을 적용합니다.

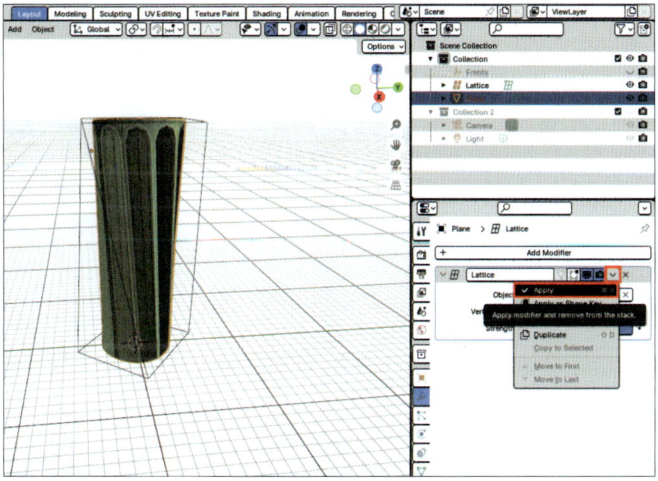

㉚ E를 눌러 위로 추출하여 면을 올리고 Alt를 누른 상태로 외각선을 클릭하여 루프 선택합니다. Ctrl+B를 눌러 Bevel을 실행해 공간에 면을 생성하고 S-E를 눌러 면을 채웁니다.

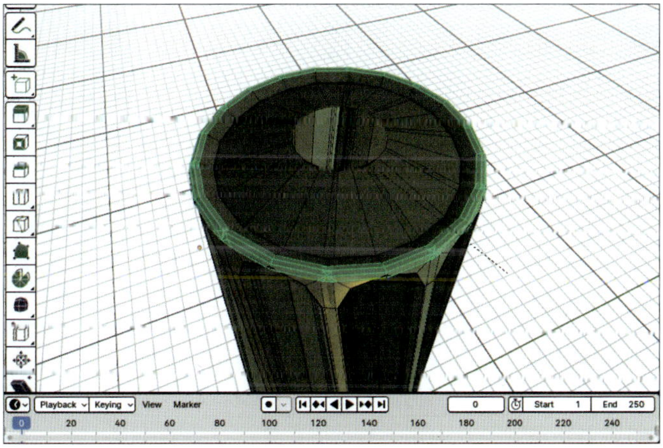

㉛ 중간의 선을 루프 선택(Alt+클릭)하고 F를 눌러 공간면을 채웁니다.

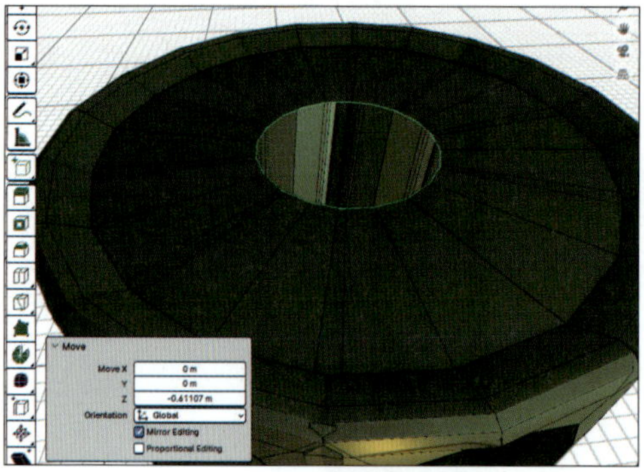

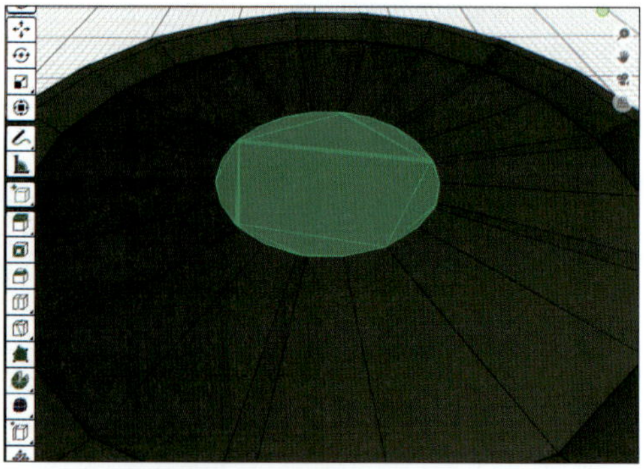

㉜ 안쪽의 면을 모두 선택한 상태로 E-Z를 누르고 위로 드래그하여 뚜껑 모양을 만들어 면을 채웁니다.

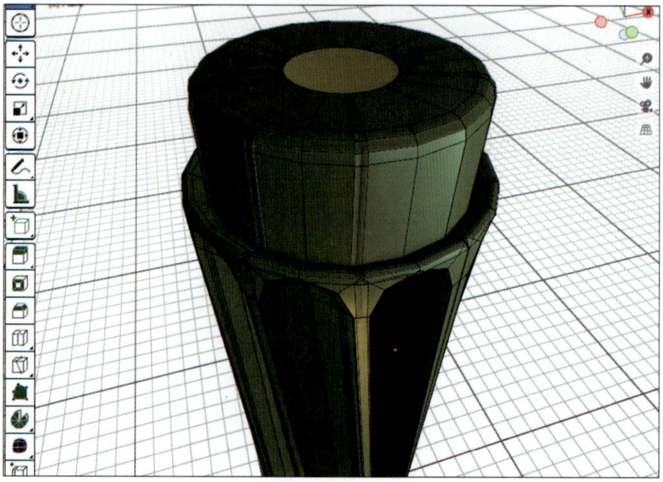

㉝ Properties 패널의 [Object Data(▽)] 탭에서 Normals 속성의 Auto Smooth를 '85'로 설정하여 텀블러를 완성합니다.

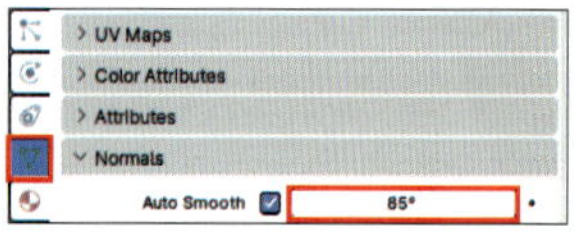

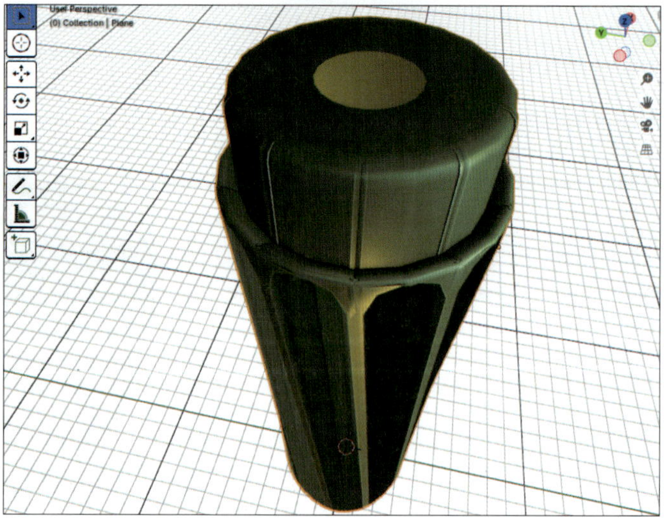

5.5 블렌더 실습 4 : 타이어 만들기

다소 복잡한 구조의 형태를 모델링하겠습니다. 패턴을 구성하고 Array로 배열한 다음 Simple Deform을 이용하여 타이어 형태로 연결하는 과정을 진행해 봅시다.

완성 파일 : 05\타이어_완성.blend

❶ Shift+A를 눌러 표시되는 Add 창에서 Mesh → Plane을 실행하여 오브젝트를 생성하고 S-Y를 누른 다음 '2'를 눌러 크기를 Y축으로 2만큼 키웁니다.

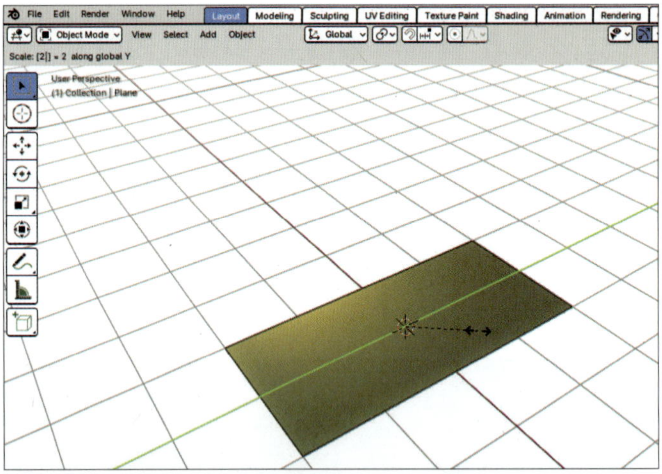

❷ Tab을 눌러 Edit Mode로 전환하고 Ctrl+R을 눌러 Loop Cut으로 선을 2개 만든 다음 G-Z를 눌러 위로 올립니다.

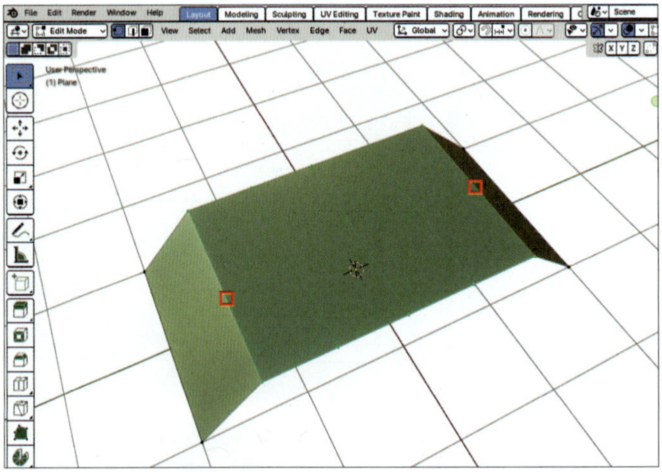

❸ 2를 눌러 선택 모드를 Edge로 변경하고 양쪽 선을 선택한 다음 E를 눌러 아래로 면을 돌출하여 중심축으로 그림과 같이 오므립니다.

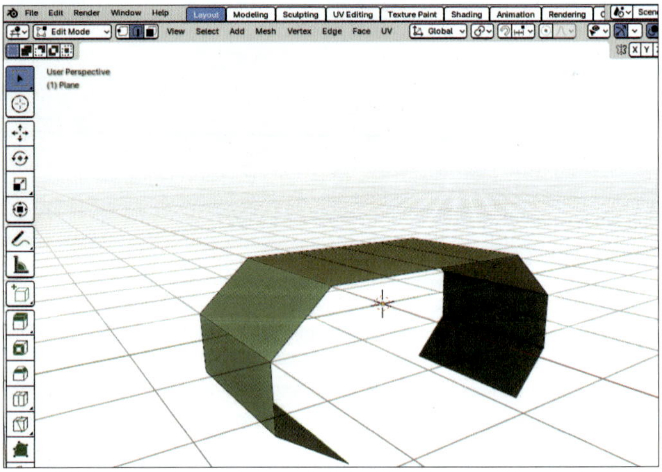

❹ 오브젝트를 선택하고 G-Y를 눌러 중심점을 그림과 같이 화면의 중심으로 이동합니다.
중심선을 기준으로 오른쪽 선들을 모두 선택하고 X를 눌러 표시되는 Delete 창에서 Faces를 실행해 삭제합니다.

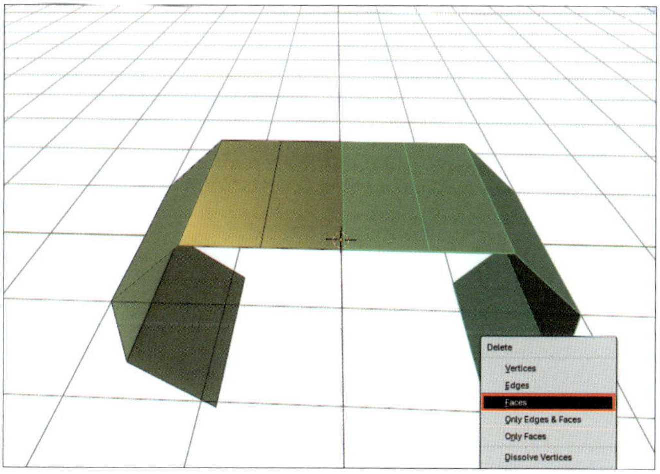

❺ 오브젝트의 모든 선이 선택되어 있는 상태로 Properties 패널의 (Modifiers(🔧)) 뎁을 선택하고 'Add Modifier'를 클릭한 다음 Generate → Mirror를 실행합니다. Mirror 설정 창이 표시되면 Axis의 'Y'를 선택하여 Y축으로 대칭 복사합니다.

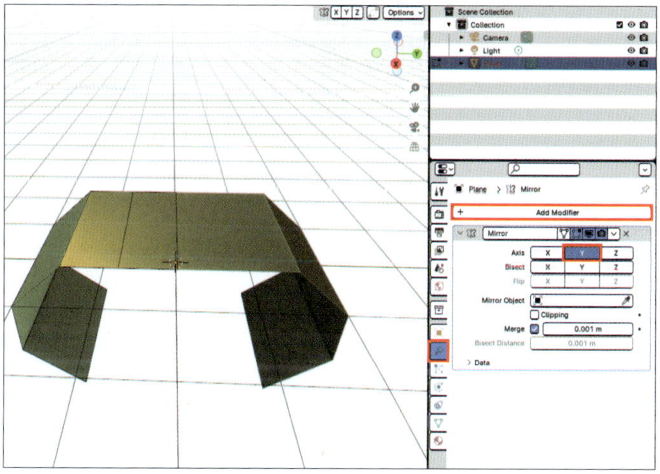

❻ Ctrl+R을 눌러 Loop Cut으로 그림과 같이 선을 추가합니다. Mirror 기능이 적용되어 있어 한쪽에만 적용하면 됩니다.

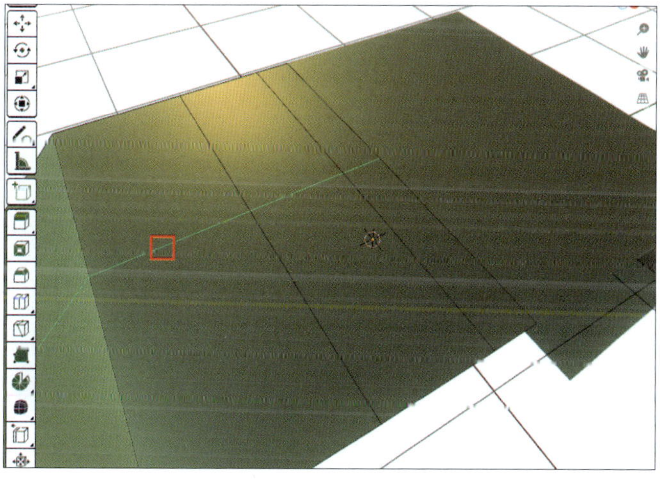

❼ 타이어의 홈이 있는 형태를 만들겠습니다. 3을 눌러 선택 모드를 Face로 전환하고 E를 눌러 그림과 같이 Z축으로 돌출한 다음 좌우의 면을 삭제합니다.

❽ Tab을 눌러 Edit Mode로 전환하고 Ctrl+R을 눌러 Loop Cut으로 선을 2개 만든 다음 G-Z를 눌러 위로 올립니다.

❾ 같은 방법으로 아랫면도 나누어 그림과 같이 개별 추출합니다.

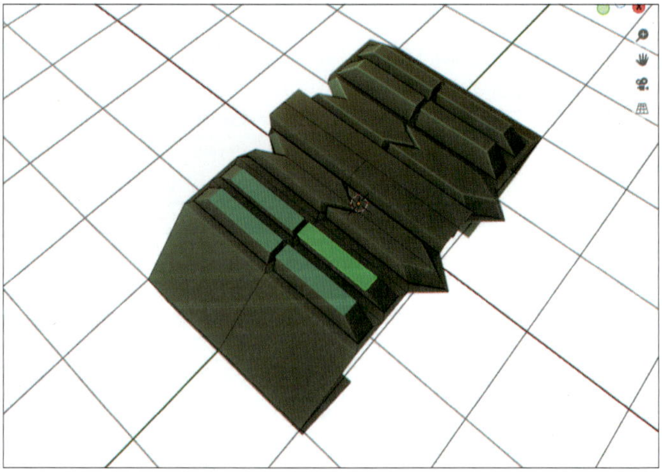

⑩ 아랫면은 선택하고 마우스 오른쪽 버튼을 클릭한 다음 Subdivide를 실행하여 면을 균등하게 나눕니다.

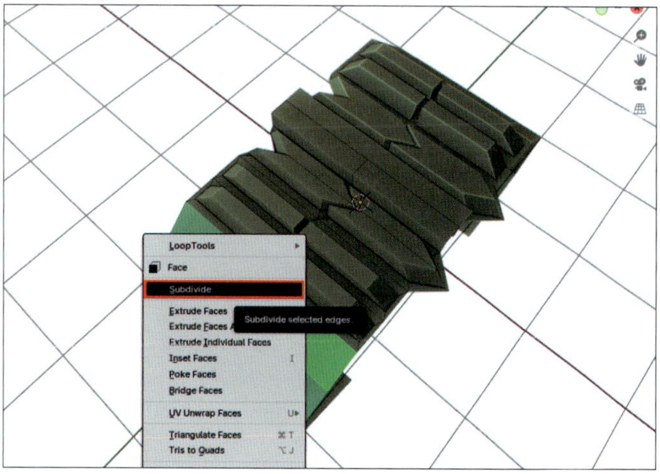

⑪ 오브젝트를 배열하여 길게 만들겠습니다. [Modifiers(🔧)] 탭에서 'Add Modifier'를 클릭하고 Generate → Array를 실행하여 적용합니다.

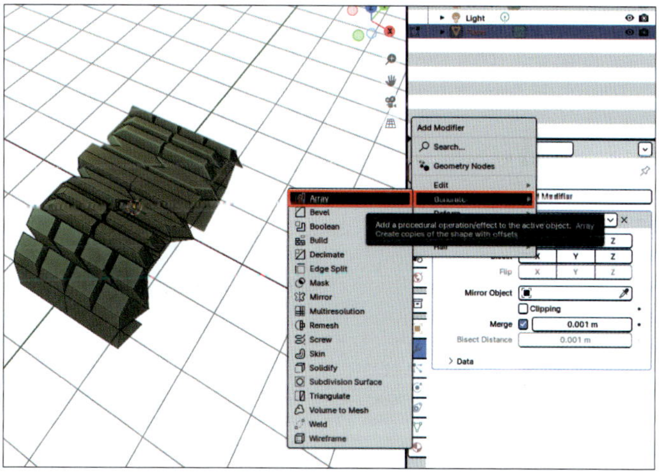

⑫ 표시되는 Array 설정 창에서 Count를 '25', Factor X를 '0.845'로 설정합니다.

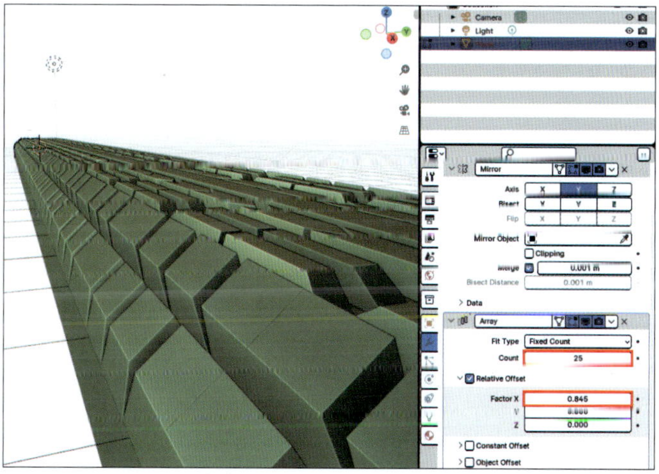

⓭ 빈 오브젝트를 생성하겠습니다. Object Mode로 전환하고 Shift+A를 눌러 표시되는 Add 창에서 Mesh → Empty → Plain Axes를 실행합니다.

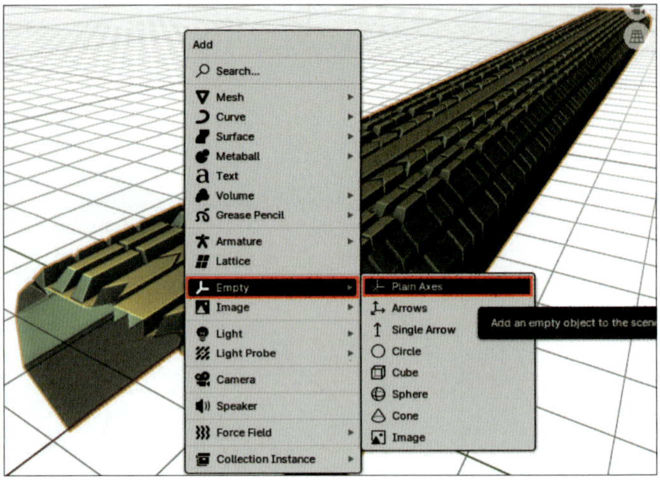

⓮ 빈 오브젝트가 생성되면 선택된 상태로 S를 눌러 크기를 늘립니다. 크기가 늘어나면 Gizmo 좌표가 커집니다.

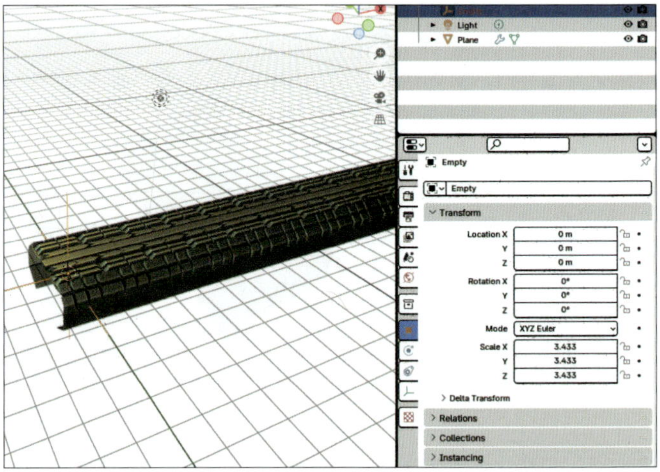

⓯ Mirror 기능을 완전히 적용하기 위해 Mirror 설정 창에서 'V' 아이콘을 클릭하고 'Apply'를 선택하여 적용합니다.

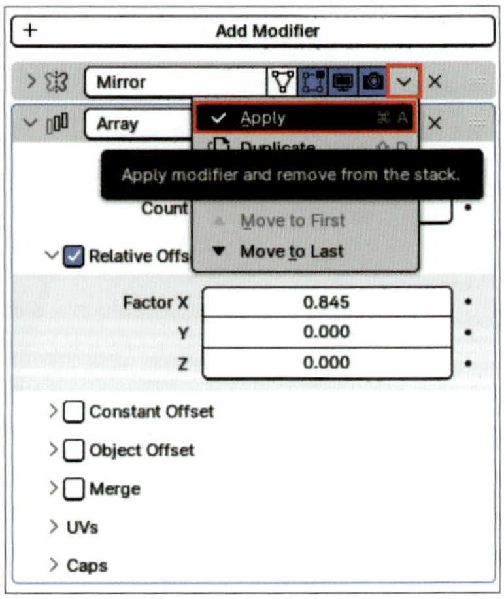

TIP Apply를 적용하면 더 이상 수정할 수 없으니 모델링에 문제가 없는지 확인하여 실행하길 바랍니다.

⑯ 배열한 오브젝트가 선택된 상태로 〔Modifiers(🔧)〕 탭에서 'Add Modifier'를 클릭한 다음 Deform → Simple Deform을 실행합니다. Simple Deform 설정 창이 표시되면 〔Bend〕 탭을 선택하고 Origin을 빈 오브젝트로 설정한 다음 Axis를 'Z'로 선택합니다. 그림과 같이 배열한 오브젝트가 변형되는 것을 확인합니다.

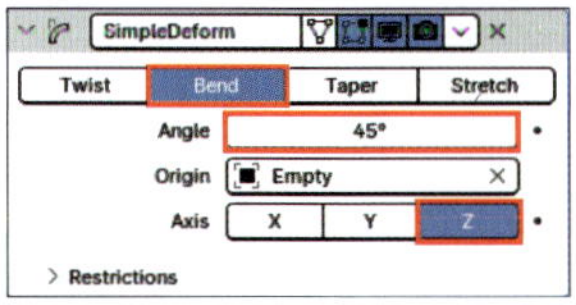

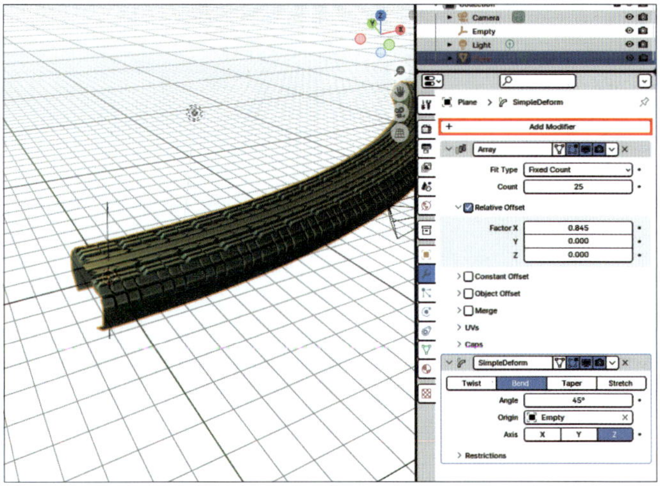

⑰ 빈 오브젝트를 선택하고 R-X를 누른 다음 '-90'을 입력하여 오브젝트를 X축으로 -90° 회전합니다.

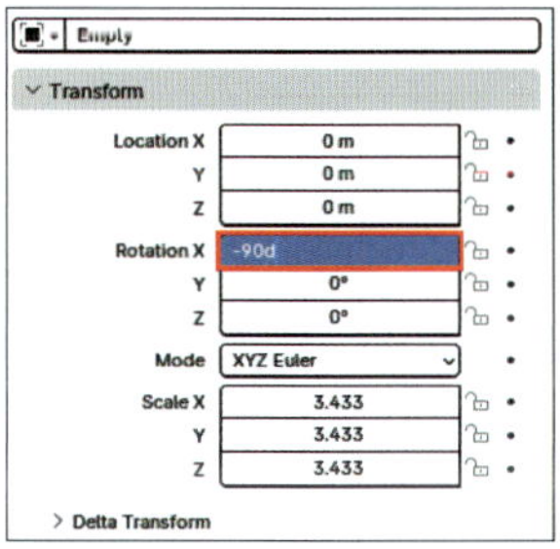

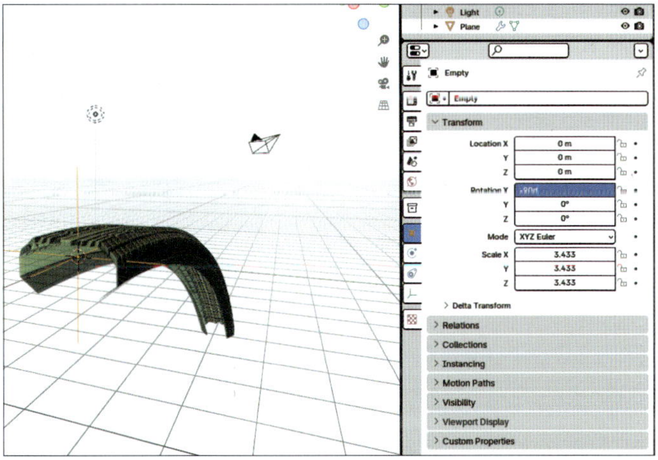

⑱ 타이어의 형태를 만들기 위해 배열한 오브젝트를 선택한 상태로 Properties 패널의 Simple Deform 설정 창에서 Angle을 '360'으로 설정합니다.

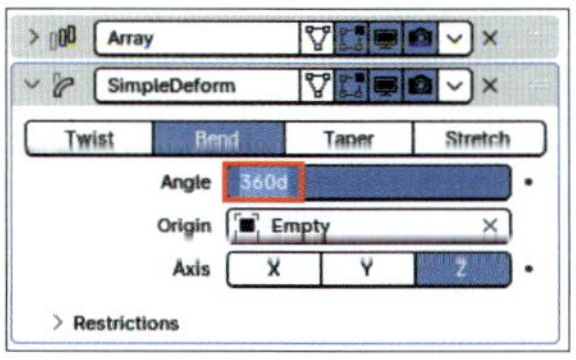

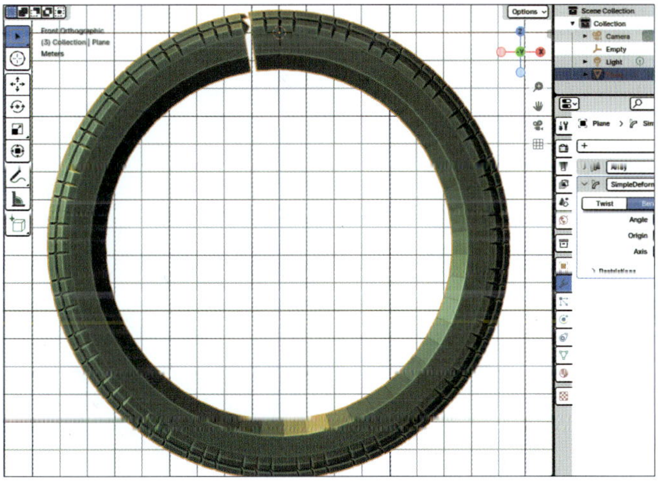

⑲ 360°를 적용했으나 끝부분이 정확히 붙지 않아서 화면을 확대하고 Angle을 '363' 정도로 좀 더 높게 오버 값으로 설정하여 빈 부분이 없게 합니다.

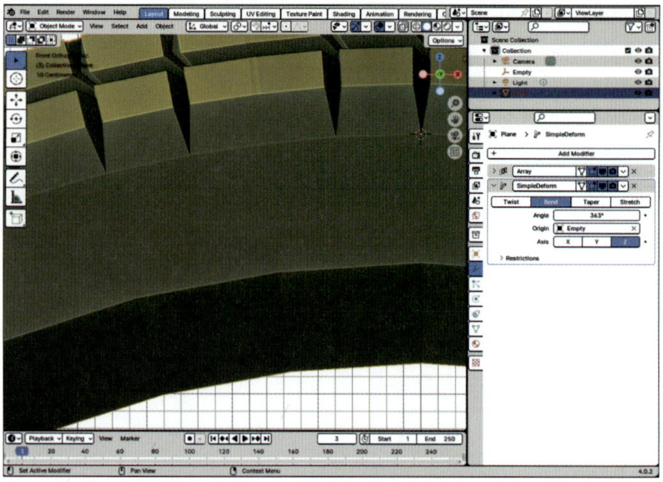

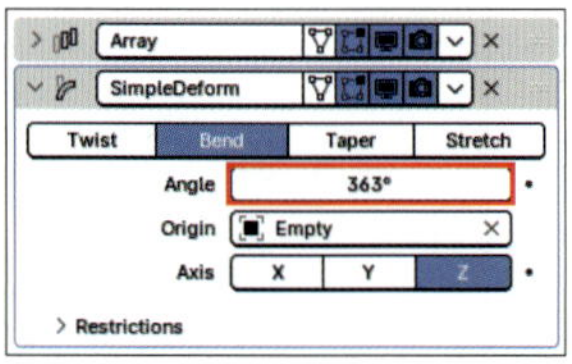

⑳ 타이어 오브젝트를 선택하고 Tab을 눌러 Edit Mode로 전환하고 A를 눌러 선을 모두 선택한 다음 S-Z를 눌러 Z축으로 좀 더 길게 늘려 조금 더 타이어 크기 형태와 유사하게 맞춥니다.

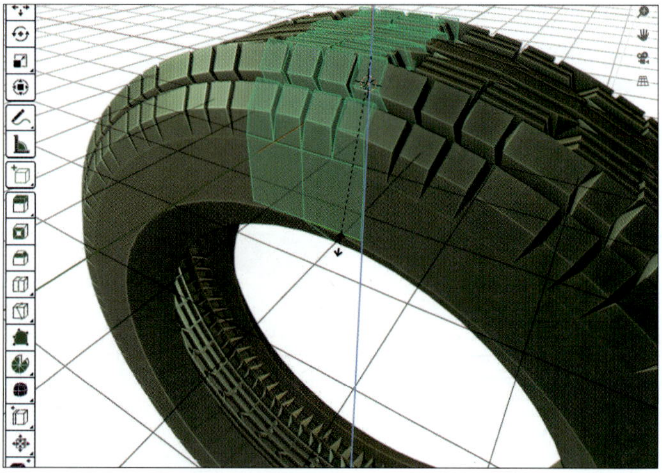

㉑ 모델링이 깔끔하게 완성되면 Array 설정 창에서 'Merge'를 체크 표시하고 '∨' 아이콘을 클릭하고 'Apply'를 선택하여 적용합니다.

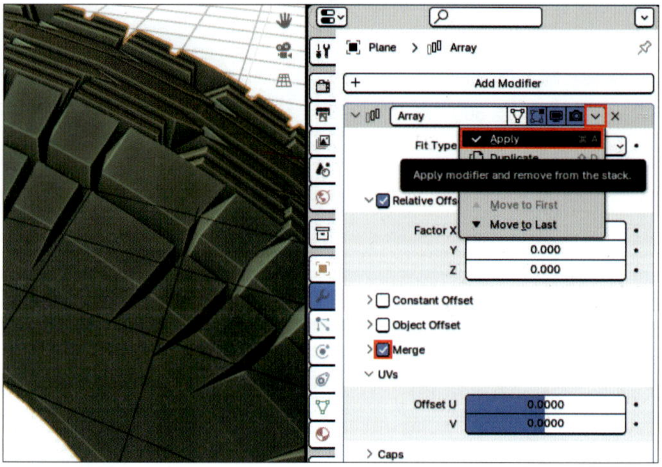

㉒ 같은 방법으로 모든 Modifiers를 Apply하고 Tab을 눌러 Object Mode로 전환합니다. 타이어 오브젝트를 선택하고 마우스 오른쪽 버튼을 클릭한 다음 Set Origin → Origin to Geometry를 실행합니다.

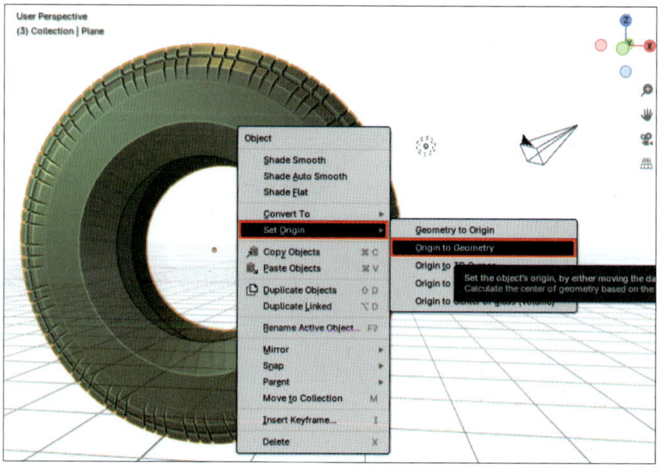

㉓ 선택된 상태에서 Shift+S를 눌러 표시되는 파이 메뉴에서 Selection to Cursor를 실행합니다.

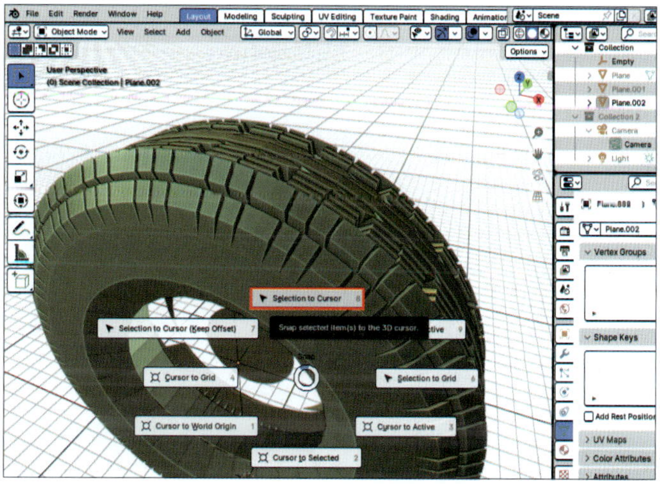

TIP 3D Cursor가 World Origin 위치에 있는 것이 전제입니다.

㉔ Shift+A를 눌러 새로운 Cylinder 오브젝트를 생성합니다. 오브젝트를 중앙으로 위치하여 배치하기 위해 Alt+Z를 눌러 Toggle X-Ray를 활성화하여 정확하게 배치합니다.

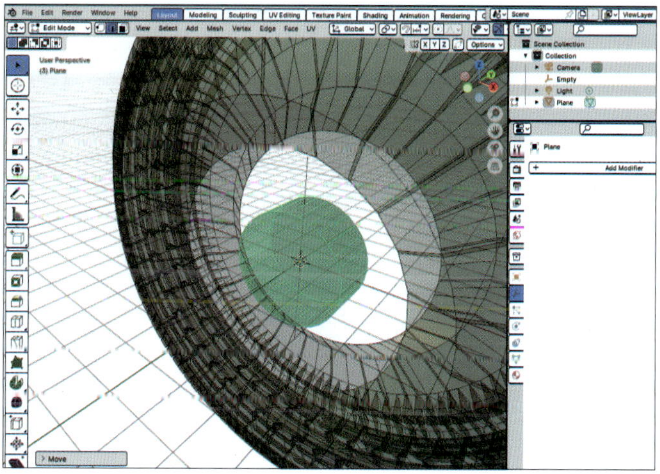

㉕ 3을 눌러 선택 모드를 Face로 변경하고 면을 선택해 E를 눌러 면을 추출한 다음 S를 눌러 크기 조절 등으로 내용 안을 메꿉니다. Alt를 누른 상태로 옆면의 선을 클릭하여 루프 선택하고 Alt+E를 눌러 표시되는 Extrude 창에서 Extrude Faces Along Normals를 실행합니다.

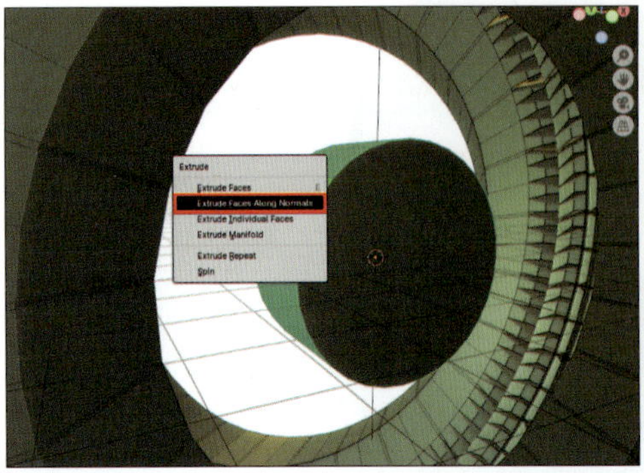

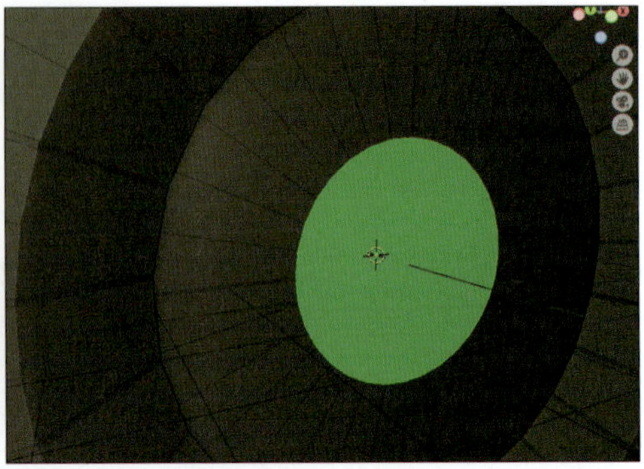

㉖ 안쪽 면이 선택되어 있는 상태로 E, I, S를 눌러 기능들을 활용해 그림과 같이 원형을 만듭니다.

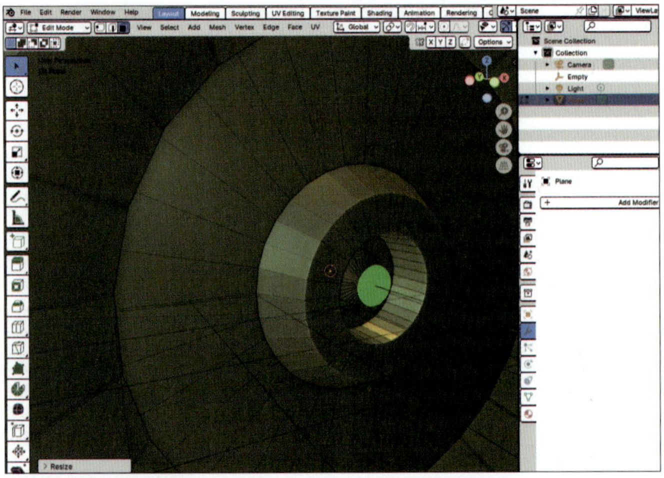

㉗ 안쪽 면을 한 칸씩 건너 뛴 상태로 선택하고 E를 눌러 앞쪽으로 면을 추출한 다음 S를 눌러 크기를 조절해 모델링을 완성합니다.

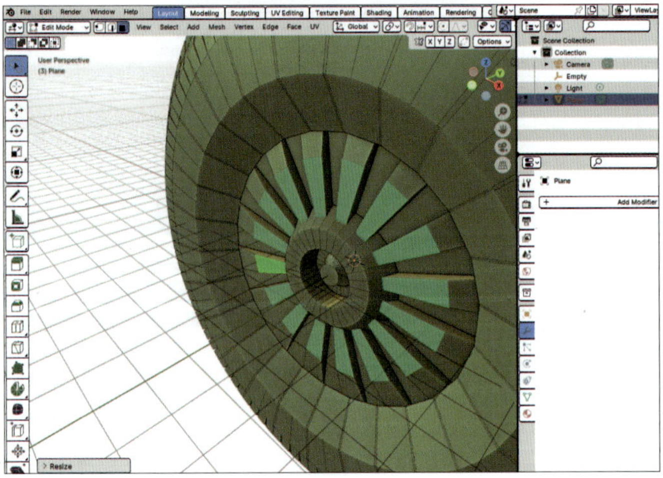

6장

Add-ons

학 습 목 표

- 외부에서 Add-ons 플러그인을 다운로드하여 설치하는 방법을 배웁니다.
- 설치한 플러그인을 활용하는 방법을 익힙니다.
- 사용 빈도가 높은 일부 주요 기능들을 학습합니다.
- 다양한 사용 용도에 따라 Add-ons를 추가하는 방법을 익힙니다.

6.1

BLENDER

플러그인

3D 프로그램의 플러그인 Add-ons(이하 애드온)은 블렌더의 기능을 더욱 유익하고 효율적으로 빠르게, 수월하게 만들어 주는 기능입니다. 애드온은 유료와 무료로 나뉘며, 주로 해외 커뮤니티 사이트를 통해 다운로드하고 설치하면 됩니다. 몇몇 사이트를 추천하며, 내장 및 외장 플러그인에 대해 안내하겠습니다. 일부의 애드온은 외부에서 다운받아야 합니다. 버전이 변경되면서 https://extensions.blender.org/add-ons/ 사이트에서 다운로드 받을 수 있습니다.

Add-ons 설치

블렌더 내부에서 애드온을 설치하겠습니다. 메뉴에서 〔Edit〕 → Preferences를 실행합니다.

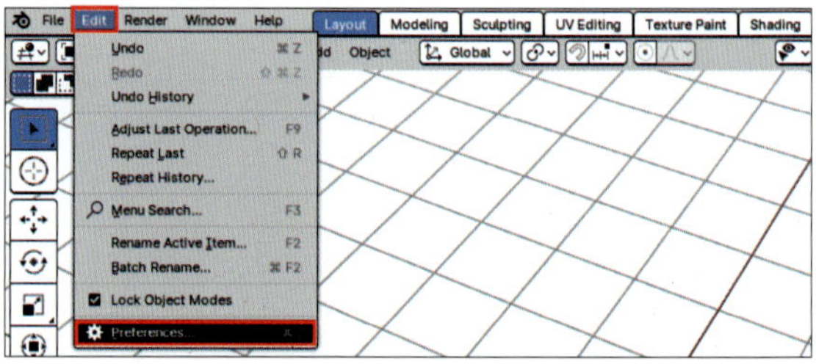

그림 6-1 Preferences 실행

Blender Preferences 대화상자가 표시되면 〔Add-ons〕 탭을 선택합니다.

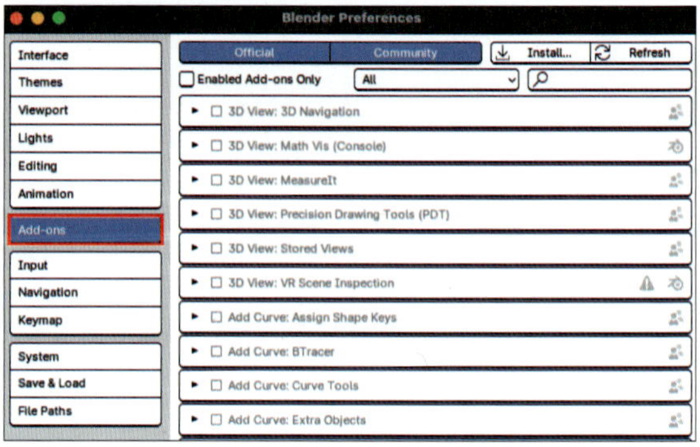

그림 6-2 Blender Preferences 대화상자의 〔Add-ons〕 탭

검색창에 'loop'를 입력하여 검색하고 Mesh : LoopTools가 표시되면 체크 표시한 다음 〈Install〉 버튼을 클릭합니다.

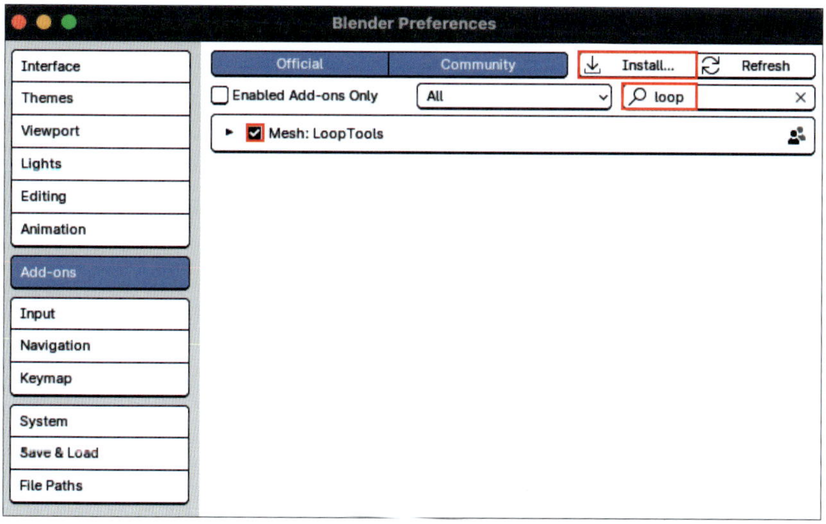

그림 6 3 loop 검색

Blender File View 대화상자가 표시되면 설치할 경로를 지정하고 〈Install Add-on〉 버튼을 클릭하여 설치합니다.

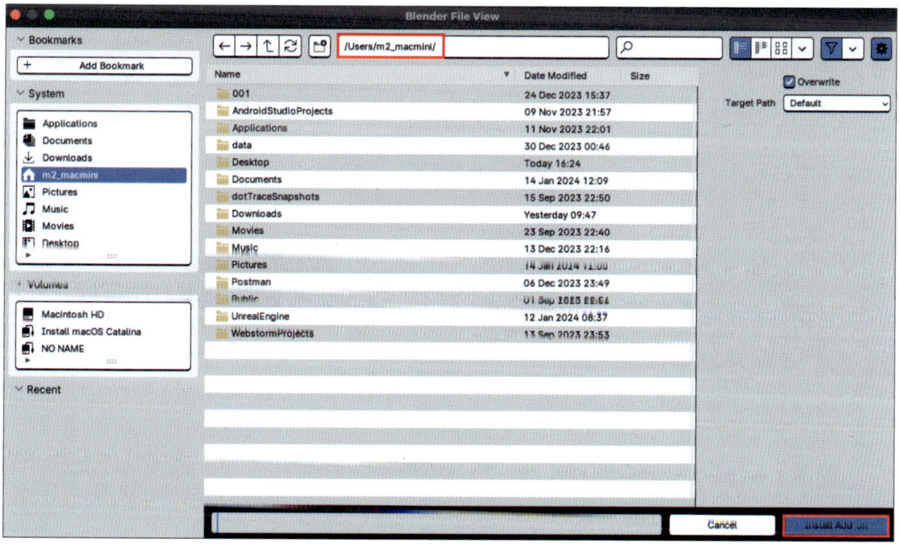

그림 6-4 Blender File View 대화상자

설치하고 다시 Blender Preferences 대화상자에서 'Enabled Add-ons Only'를 체크 표시하면 새로운 애드온이 설치되어 표시되는 것을 확인할 수 있습니다.

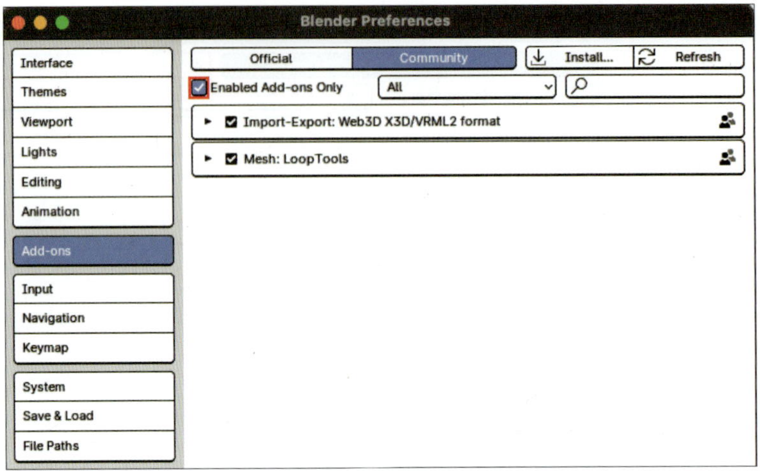

그림 6-5 설치된 애드온

Edit Mode에서 Cube 오브젝트를 선택하고 마우스 오른쪽 버튼을 클릭하면 옵션 창에 LoopTools가 설치되어 표시되는 것을 확인할 수 있습니다.

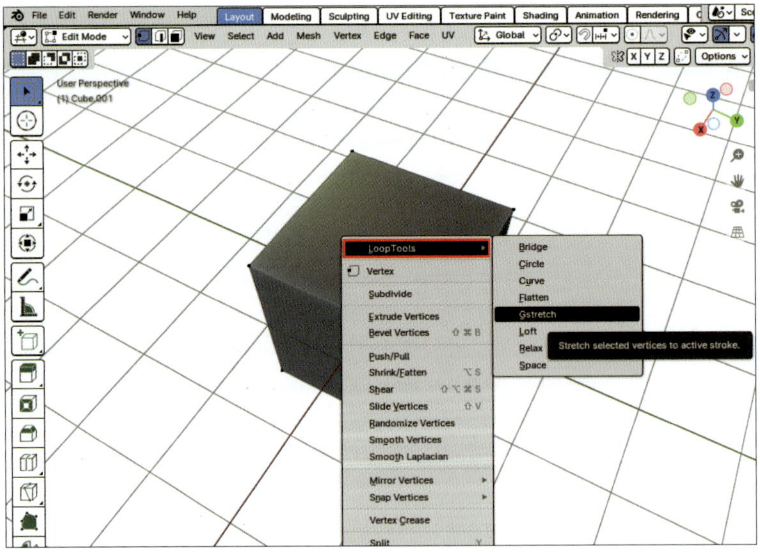

그림 6-6 옵션 창에 추가된 LoopTools

LoopTools → Circle을 실행하면 그림 6-7처럼 선택한 점이 구의 형태로 변형되는 것을 확인할 수 있습니다.

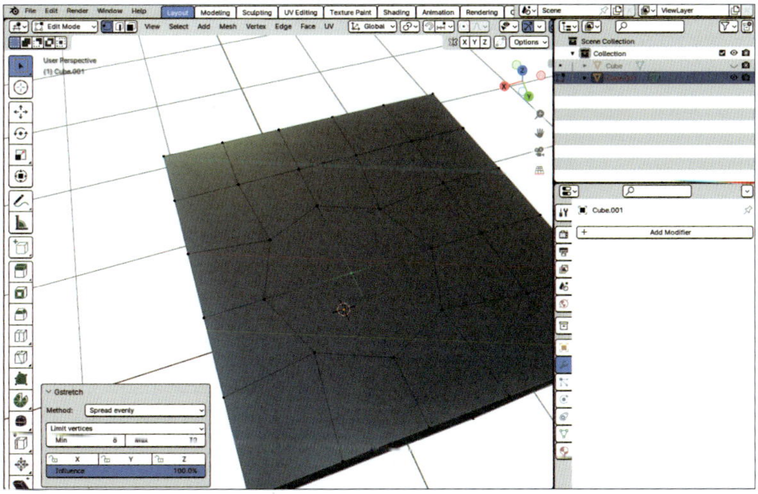

그림 6-7 애드온을 활용하여 구 형태로 변형

내부/외부 Add-ons

블렌더의 내부 애드온과 외부 애드온을 알아보겠습니다. 각 애드온을 살펴보고 필요한 애드온을 설치하여 활용하면 작업 효율성과 생산성을 크게 향상시킬 수 있습니다.

표 6-1 내부 애드온

내부 애드온	설명
Mesh: LoopTools	모델링 작업에서 필수적인 도구로, 특히 루프 선택 및 편집에 유용한 기능을 제공합니다. 기존에 없는 추가 기능으로 쉽게 조작하여 빠르게 모델링 할 때 사용합니다.
Node : Node Wrangler	셰이딩 작업을 효율적으로 만들어 주는 애드온입니다. 이 애드온은 노드를 빠르게 연결하거나 미리 보기 기능을 통해 노드 설정을 쉽게 조정하고, 효율성을 높일 수 있는 다양한 기능을 제공합니다.
F2	간단하지만 강력한 모델링 도구로, 기존의 면을 확장하여 새로운 면을 쉽게 생성할 수 있게 도와줍니다. 이를 통해 복잡한 모델링 작업을 단축키 하나로 빠르고 효율적으로 수행할 수 있습니다.
Interface: 3D Viewport Pie Menus	다양한 메뉴 옵션을 파이 메뉴 형태로 제공하여 작업 속도를 높이는 애드온입니다. 빠르고 직관적으로 명령을 실행할 수 있어 워크플로를 개선합니다.

6

Add-ons

Mesh: Auto Mirror	모델링 과정에서 대칭적인 작업을 쉽게 만들어 줍니다. 이 애드온을 통해 모델을 자동으로 미러링하여 대칭성을 유지할 수 있습니다.
Interface: Modifiers Tools	블렌더에서 자주 사용하는 모디파이어를 빠르게 적용하고 관리할 수 있게 해 주는 애드온입니다. 모디파이어 적용, 복사, 제거 등의 작업을 한 번에 적용하거나 미리 보기의 끄기/켜기를 지원하여 효율적으로 수행할 수 있습니다.
Add Curve: Extra Objects/ Add Mesh: Extra Objects	기본 제공되는 메시 객체 외에도 추가적인 3D 객체를 생성할 수 있는 애드온입니다. 이를 통해 다양한 형태의 객체를 생성하여 모델링 작업에 활용할 수 있습니다.
Material: Material Library	다양한 재질을 라이브러리 형태로 제공하여 재질 설정을 쉽게 해 주는 애드온입니다. 이를 통해 복잡한 재질 설정 없이 미리 정의된 재질을 바로 적용할 수 있습니다.
Add Mesh: Archimesh	건축 모델링에 특화된 애드온으로, 벽, 창문, 문 등 다양한 건축 요소를 쉽게 생성할 수 있게 도와줍니다. 이를 통해 벽과 베이스 보드에 두께 수정자(모든 두께)가 있는 메시 평면을 사용할 수 있습니다.
Animation: Pose Library	애니메이션 작업을 할 때 매우 유용한 애드온으로 포즈를 저장하고 재사용할 수 있게 도와줍니다. 이를 통해 애니메이션 작업의 효율성을 크게 향상시킬 수 있습니다.
Rigging : Rigify	리깅을 할 때 유용한 애드온입니다. 리깅에 필요한 뼈의 형태를 모델링 형태에 맞춰 선택해 진행할 수 있습니다.

표 6-2 외부 애드온

외부 애드온 : 무료	설명
RetopoFlow	복잡한 3D 모델의 리토폴리지 작업을 용이하게 만들어 주는 도구입니다. 이를 통해 복잡한 모델링 작업의 폴리곤 수를 최적화하고 애니메이션 및 렌더링 효율성을 쉽고 빠르게 진행할 수 있습니다. • 깃허브(github.com/CGCookie/retopoflow/releases)
Offset Edge	블렌더 사용자에게 엣지 오프셋 작업을 간단하고 정밀하게 수행할 수 있는 도구를 제공합니다. 선을 로컬 방향으로 이동하여 돌출할 수 있는 기능을 제공하여 모델링 작업의 정확성과 생산성을 높일 수 있습니다. • Offset Edges(blenderartists.org/t/offset-edges/584283/330)
Quick Bridge	주로 2개의 메시를 연결하거나 브리지 형태로 이어주는 기능을 제공합니다. 새로운 단축키를 사용하여 빠르게 처리할 수 있습니다. • Kushiro(kushiro.gumroad.com/l/qignp)
Blender Nodes Graph Install	블렌더 노드를 유니티에 연동하여 적용할 수 있는 플러그인입니다. 다운로드하고 블렌더의 [Add-ons] 탭에서 경로를 지정하여 설치할 수 있습니다. • 깃허브(github.com/Warwlock/blender-nodes-subgraph)
그외 무료 애즈온	이외에도 기능을 확장하고 작업 효율을 높일 수 있는 다양한 애드온이 있습니다. 모델링, 텍스처링, 애니메이션 등 여러 분야가 있으며 원하는 도구를 찾아 애드온을 다운로드할 수 있습니다. • Kushiro(kushiro.gumroad.com/)

Add-ons 추천 사이트

애드온을 무료/유료로 다운로드할 수 있는 사이트를 알아보겠습니다. 각 사이트를 살펴보며 작업에 필요한 애드온을 다운로드해 사용하세요.

● Blender Market(블렌더 마켓)

Blender Market(blendermarket.com)은 블렌더 사용자를 위한 다양한 유료 애드온, 모델, 텍스처 등을 제공합니다. 고품질의 제품들을 구매할 수 있으며, 대부분의 애드온은 사용 전 리뷰와 평가를 통해 신뢰성 검증이 가능합니다.

인기있는 애드온은 'Auto-Rig Pro(오토 리깅 프로)'입니다. 이는 Unity(이하 유니티), Unreal Engine(이하 언리얼 엔진) 등에 대한 설정과 함께 캐릭터를 리깅하고 애니메이션을 도와주는 블렌더용 애드온으로, 40달러를 지불하여 사용할 수 있습니다.

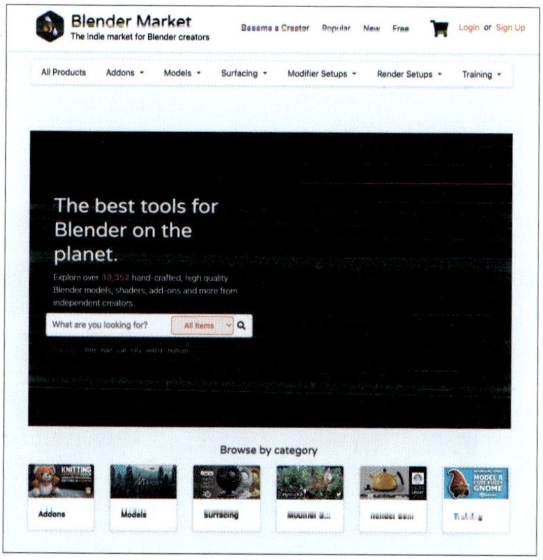

그림 6-8 Blender Market 웹사이트

그림 6-9 오토 리깅 프로 애드온

알아두세요 Blender Market 메뉴에서 [Free] 탭을 선택하면 무료로 제공하는 애드온만 확인할 수 있습니다.

● Blender Addons(블렌더 애드온)

Blender Addons(blender-addons.org)는 다양한 블렌더 애드온에 대한 리뷰와 사용법을 제공하며, 무료로 사용할 수 있는 애드온이 많이 소개되어 있어 비용 부담 없이 다양한 기능을 시험해 볼 수 있습니다.

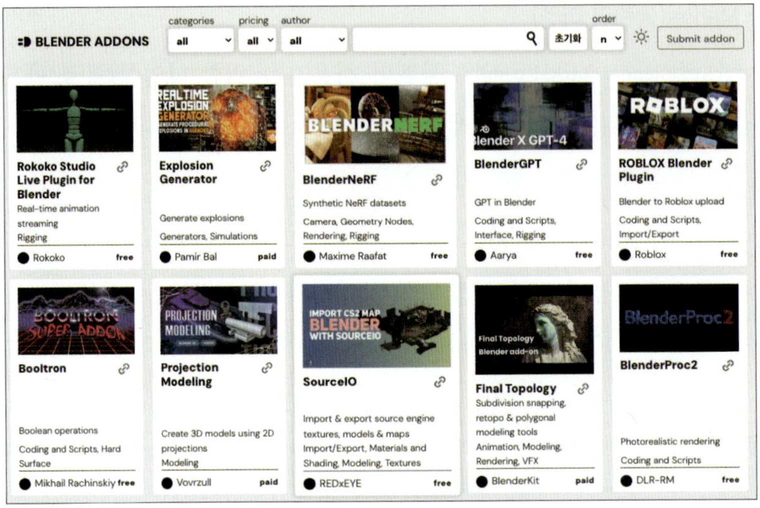

그림 6-10 Blender Addons 웹사이트

'Node Fx 1.0(Node Effect) Procedural Shaders'는 노드 이펙트로 셰이더 기능을 자동으로 만들어 주는 애드온입니다. 12달러를 지불하여 사용할 수 있습니다.

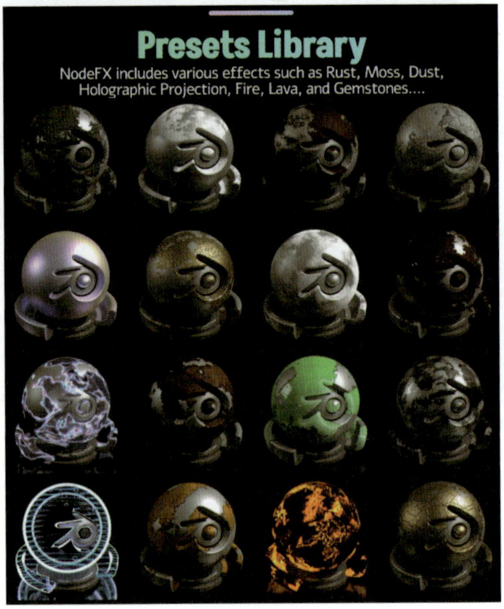

그림 6-11 노드 이펙트 Add-ons

BlenderKit(블렌더키트)

BlenderKit(blenderkit.com)는 블렌더 내에서 직접 액세스할 수 있는 자산 라이브러리 애드온을 제공합니다. 수천 개의 무료 및 유료 3D 모델, 텍스처, 브러시 등을 제공하며, 블렌더 내에서 검색하고 사용할 수 있습니다.

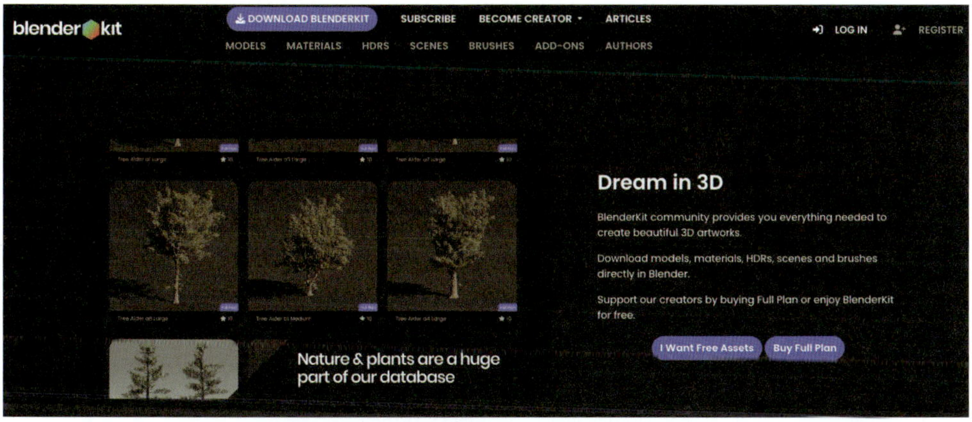

그림 6-12 BlenderKit 웹사이트

Poliigon(폴리곤)

Poliigon(poliigon.com/blender)은 고품질의 텍스처와 메테리얼을 제공합니다(주로 유료). 텍스처 외에도 HDRI, 모델 등 다양한 3D를 다운로드할 수 있으며, 전문가를 위한 고품질 리소스를 제공합니다.

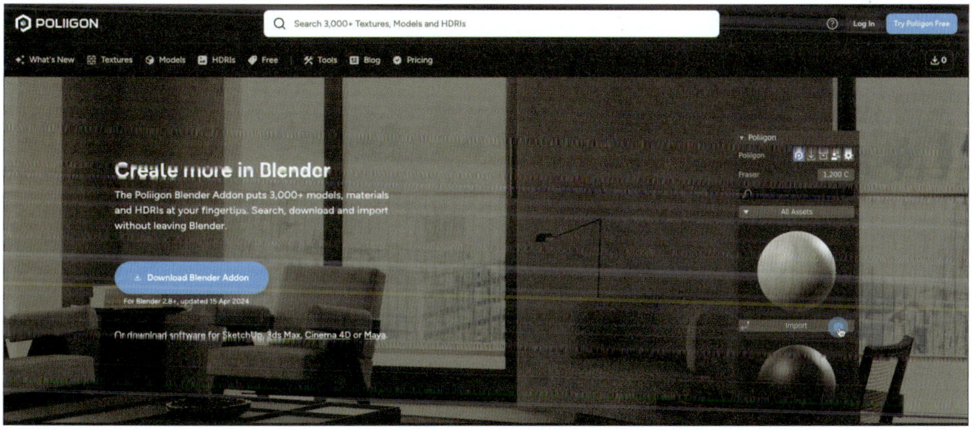

그림 6-13 Poliigon 웹사이트

● BlenderNation(블렌더내이션)

BlenderNation(blendernation.com)은 블렌더 관련 뉴스, 업데이트, 튜토리얼, 그리고 애드온을 소개합니다. 커뮤니티 중심으로 블렌더 사용자들의 프로젝트와 작품을 소개하는 플랫폼입니다. 소통을 강조하여 유료 및 무료 애드온에 대한 리뷰와 소식을 제공합니다.

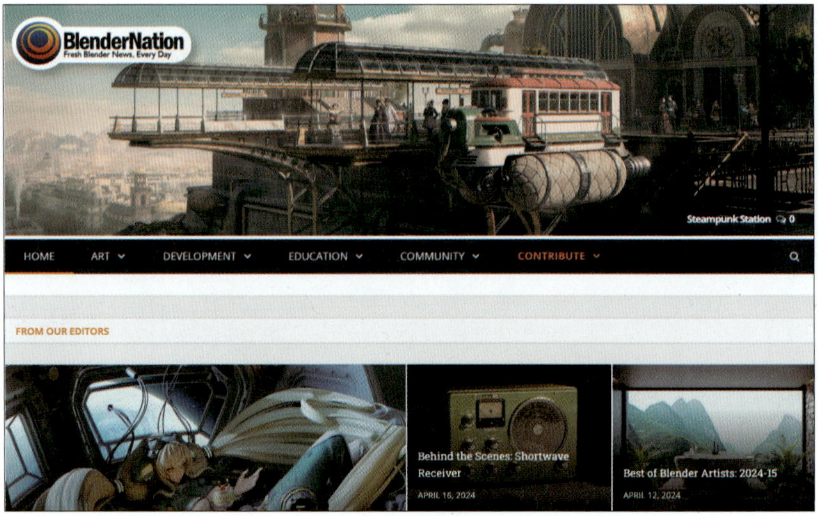

그림 6-14 BlenderNation 웹사이트

● Ko-fi(코파이)

Ko-fi(ko-fi.com)는 크리에이터가 자신의 작품과 애드온을 공유하고 후원을 받을 수 있는 플랫폼으로, 많은 크리에이터들이 무료로 애드온을 제공합니다. 애드온을 직접 다운로드할 수 있고, 개발자를 직접 지원할 수 있는 기능을 제공합니다.

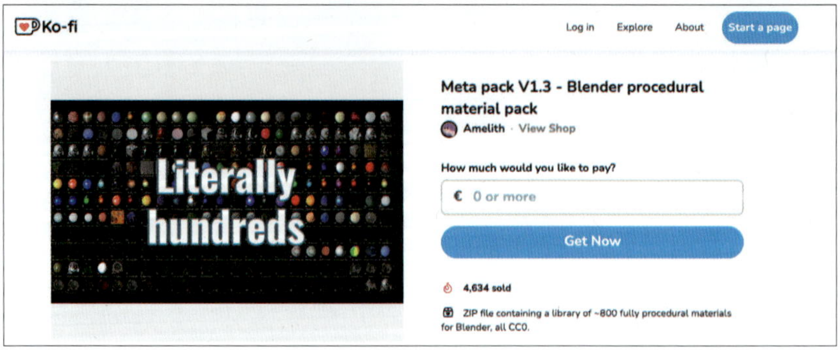

그림 6-15 Ko-fi의 Meta pack 애드온

- **Curtis Holt on Gumroad(커티스 홀트 온 검로드)**

Curtis Holt on Gumroad(curtisjamesholt.gumroad.com)는 Curtis Holt가 제공하는 커뮤니티에서 블렌더 사용자들을 위한 유용한 메테리얼 팩과 애드온을 제공하여 다운로드할 수 있습니다. 일부 콘텐츠는 무료로 제공하며, 추가 콘텐츠는 유료로 구매할 수 있습니다.

그림 6-16 Curtis Holt on Gumroad의 메테리얼 팩

유니티 연동 Add-ons

- **Blender Node Graph Add-ons 설치**

블렌더에서 노드를 내보내 유니티에서 적용할 수 있는 애드온을 알아보겠습니다. 책에서는 유니티가 설치되어 있다고 가정하여 설치 방법은 소개하지 않습니다.

잠깐만요 유니티 참조

애드온을 설치하기 전에 유니티에서 제공하는 설명을 참조하세요.

- 참조 사이트 : forum.unity.com/threads/beta-blender-nodes-in-unity.1249171/

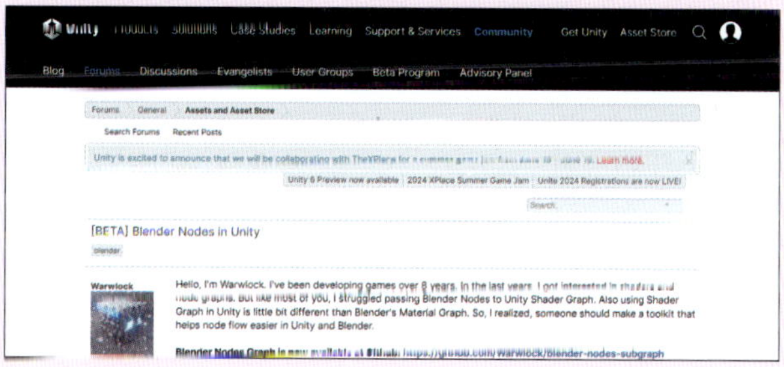

그림 6-17 유니티 참조 사이트

Add-ons 6

Add-ons를 설치하기 위해 깃허브(github.com/Warwlock/blender-nodes-subgraph) 사이트에 접속하고 〈Code〉 버튼을 클릭한 다음 'Download.zip'을 클릭하여 다운로드합니다.

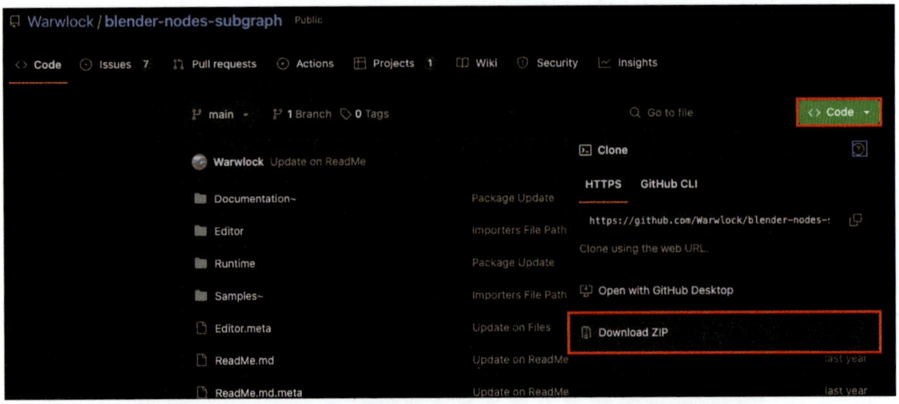

그림 6-18 깃허브 사이트

블렌더를 실행하고 Blender Preferences 대화상자의 [Add-ons] 탭에서 〈Install〉 버튼을 클릭합니다.

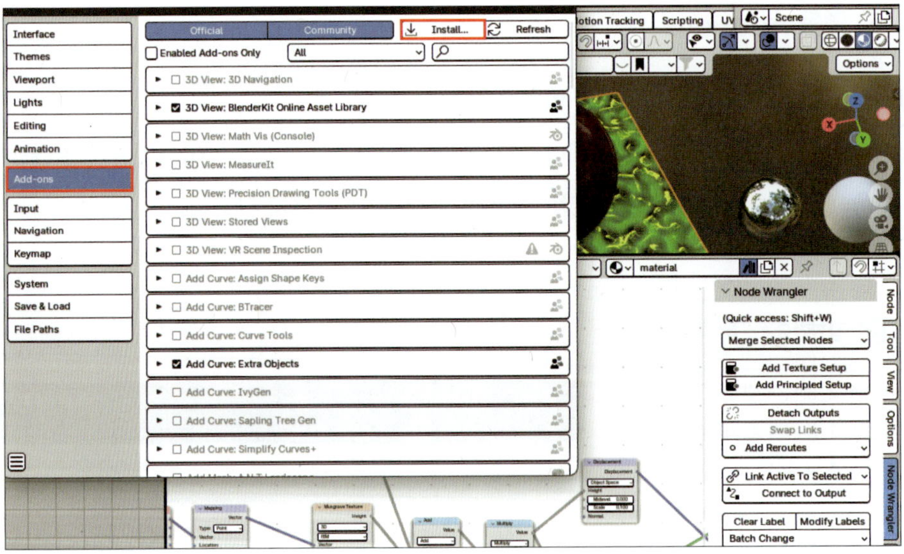

그림 6-19 Blender Preferences 대화상자

다운로드한 파일의 압축을 풀고 simples~ 폴더에 접근하기 위해 그림 6-20과 같이 폴더 경로에서 마우스 오른쪽 버튼을 클릭하여 폴더의 경로를 복사합니다.

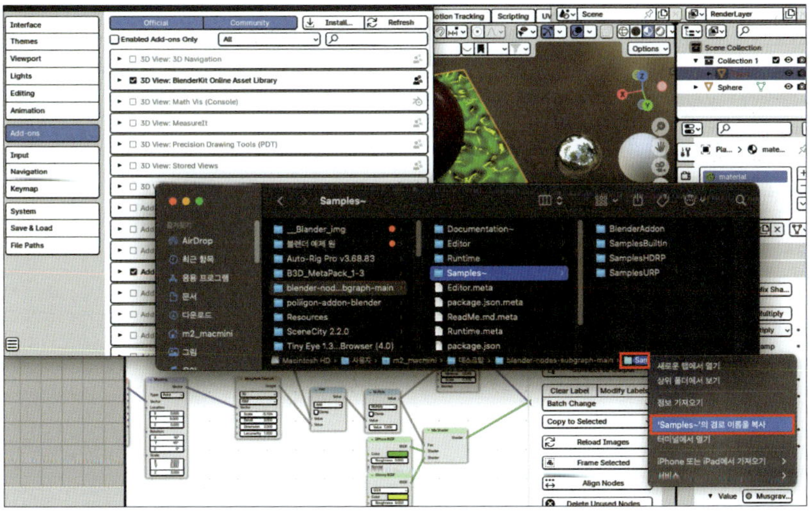

그림 6-20 파일 경로 복사

폴더의 'BlenderAddon'을 선택하고 'blender_unity_exporter.py' 파일을 선택한 다음 〈Install Add-ons〉 버튼을 클릭하여 설치합니다.

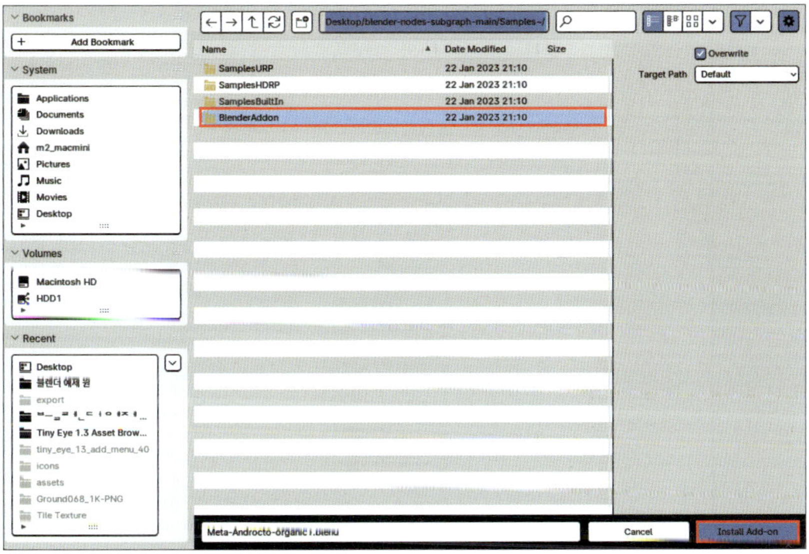

그림 6-21 'blender_unity_exporter.py' 파일 설치

Blender Preferences 대화상자에서 'Node: Blender to Unity Node Exporter'를 체크 표시합니다. 이제 블렌더에서 노드로 제작한 것을 유니티에서 적용할 수 있습니다.

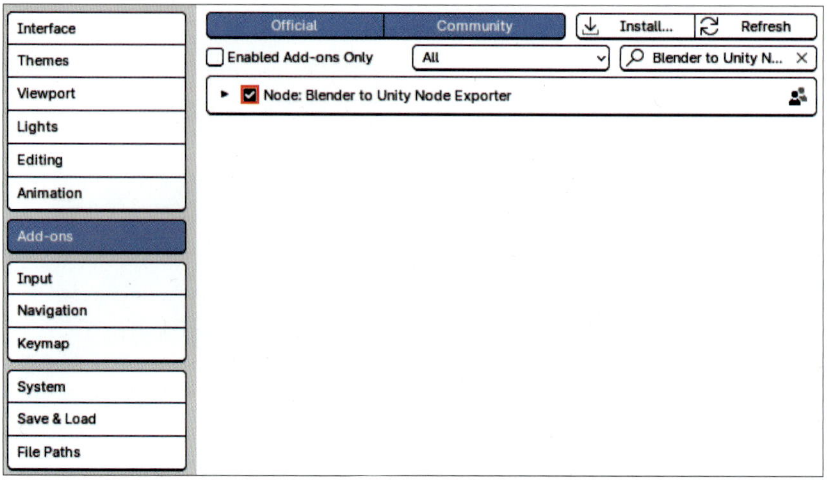

그림 6-22 'Node: Blender to Unity Node Exporter' 체크 표시

Shader Editor 패널에서 N을 눌러 Sidebar를 표시합니다. 〔Node Exporter〕 탭을 선택하고 〈Export Node Graph〉 버튼을 클릭하여 JSON 확장자 파일 형태로 외부 출력합니다.

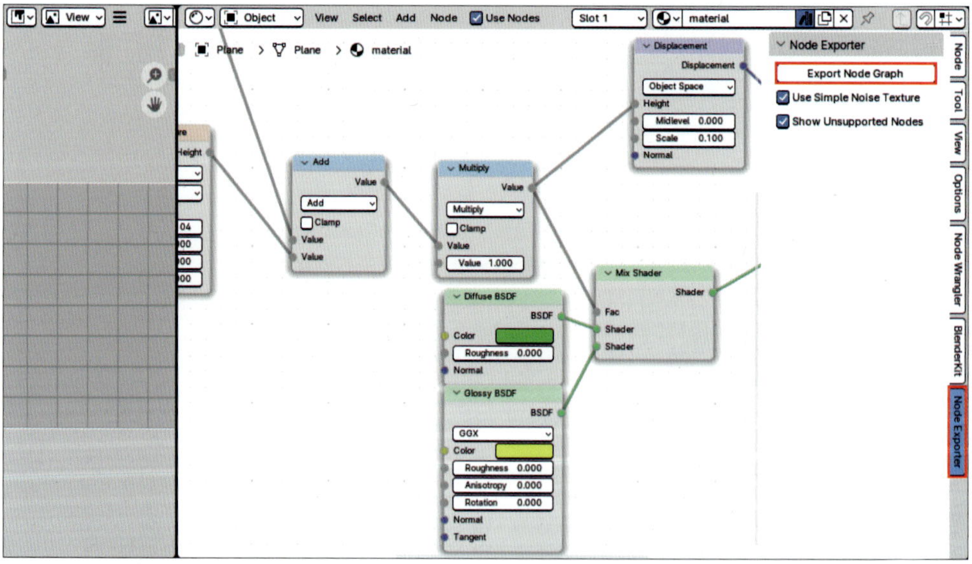

그림 6-23 노드 외부 출력

유니티를 실행하고 Package Manager 대화상자를 표시합니다. 〈+〉 버튼을 클릭하고 'Add package from git URL'을 선택한 다음 공유했던 경로 'https://github.com/Warwlock/blender-nodes-subgraph.git'을 입력하여 추가합니다.

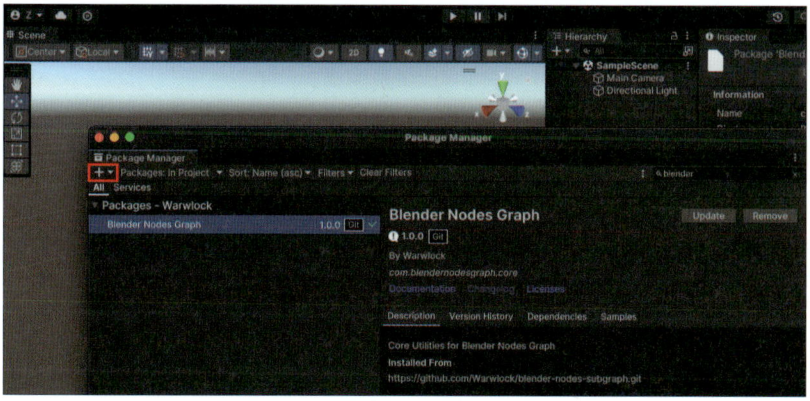

그림 6-24 유니티의 Package Manager 대화상자

알아두세요 Package Manager 대화상자는 유니티의 〔Window〕 메뉴에서 실행하여 표시할 수 있습니다.

메테리얼을 설정할 수 있는 노드 그래프 화면을 표시하기 위해 Project 패널에서 마우스 오른쪽 버튼을 클릭한 다음 Create → Material Nodes Graph를 실행합니다.

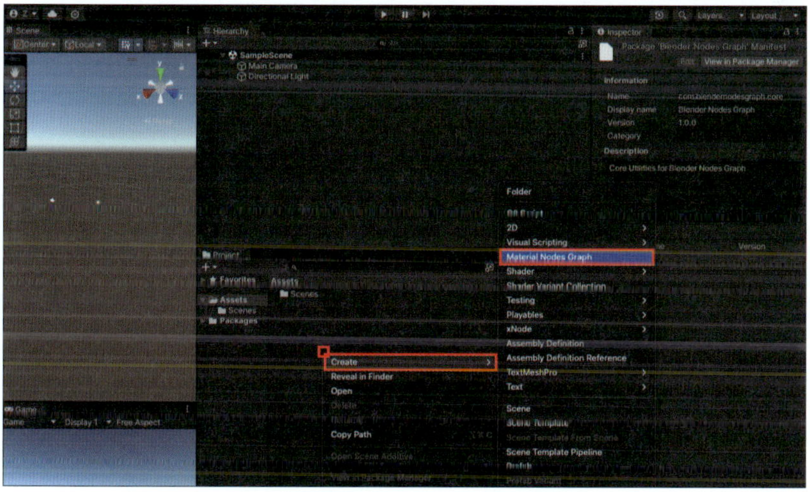

그림 6-25 Material Nodes Graph 실행

Inspector 패널에서 〈Edit Graph〉 버튼을 클릭합니다.

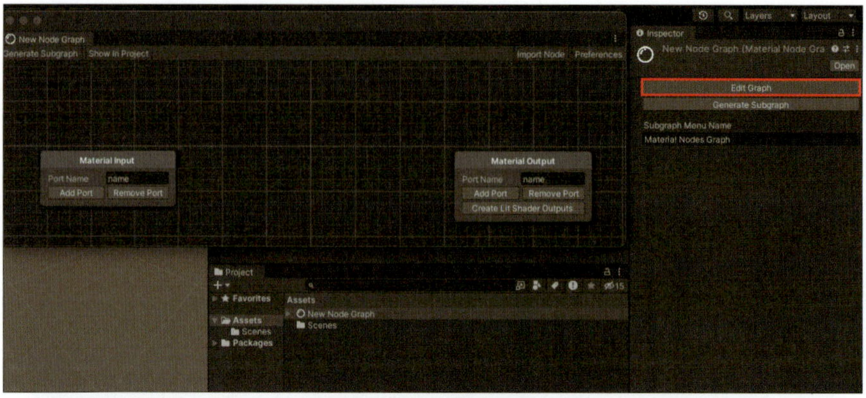

그림 6-26 〈Edit Graph〉 버튼 클릭

표시되는 창에서 블렌더에서 출력한 JSON 파일을 프로젝트로 가져오고 New Node Graph 패널로 드래그하면, 노드를 그대로 가져올 수 있어 Material Output에 연결할 수 있습니다.

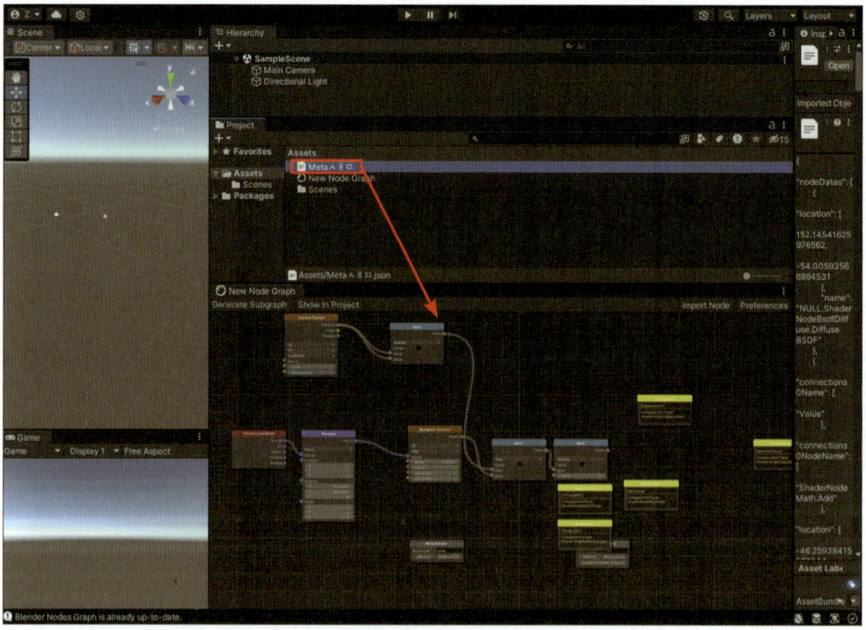

그림 6-27 유니티로 가져온 블렌더 노드

6.2 블렌더 실습 1 : 철조망 쓰레기통 만들기

Poke Faces, Tris to Quads를 이용할 수 있는 예제입니다. 철조망의 그물을 사선 등으로 표현할 수 있는 기능을 익히며, 외부 Add-ons를 가져와 메테리얼을 적용하겠습니다.

완성 파일 : 06\철조망쓰레기통_완성.blend

순수한 모델링 적용

외부 메테리얼(재질)을 다운로드하여 렌더링에 적용한 예시

❶ 쓰레기통의 틀을 만들기 위해 Shift+A를 눌러 표시되는 Add 창에서 Mesh → Cylinder를 실행하여 Cylinder 오브젝트를 생성합니다.

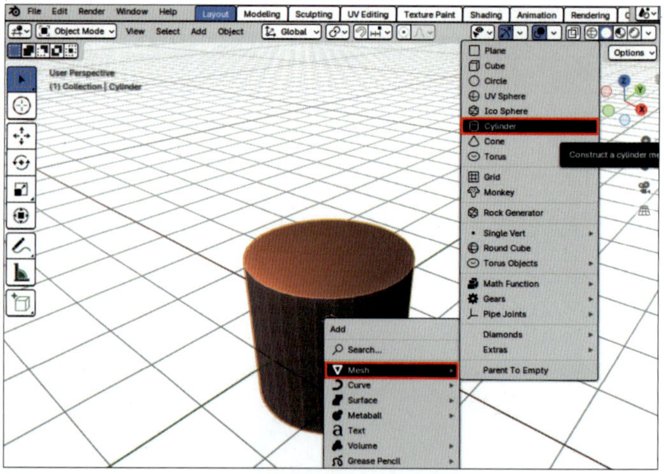

❷ 오브젝트를 선택한 상태로 Tab을 눌러 Edit Mode로 전환하고 숫자 키패드 1을 눌러 Front View로 시점을 변경합니다. Alt+Z를 눌러 Toggle X-Ray 모드를 활성화하고 그림과 같이 윗부분 점만 선택한 다음 S를 눌러 크기를 늘립니다.

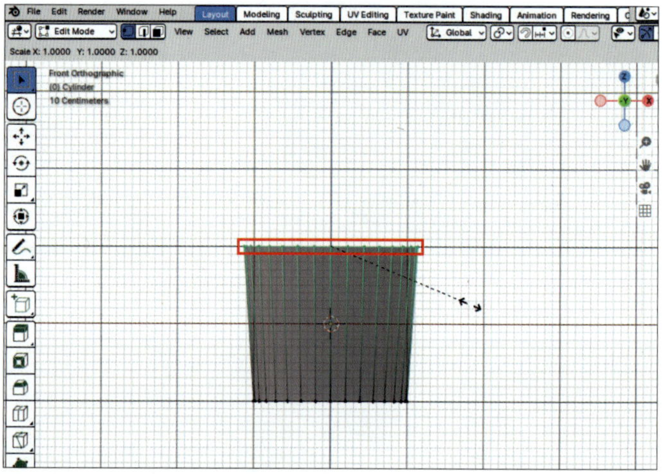

❸ 3을 눌러 선택 모드를 Face로 변경하고 윗면을 선택한 다음 X를 눌러 표시되는 Delete 창에서 Faces를 실행하여 삭제합니다.

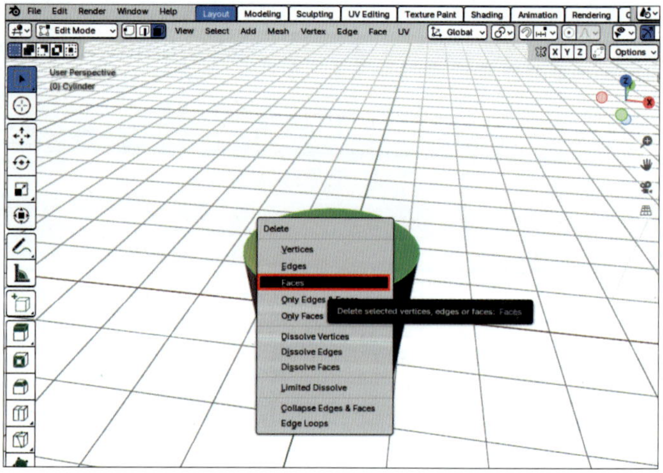

❹ 그림과 같이 그릇의 형태가 만들어집니다.

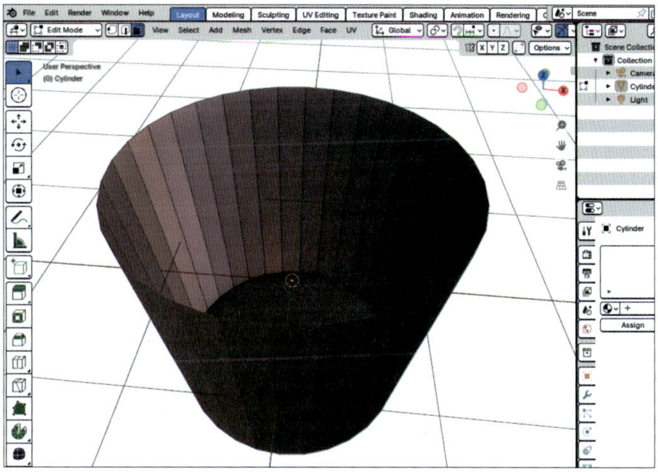

❺ 위아래 부분에 경계를 만들기 위해 Ctrl+R을 눌러 Loop Cut을 활성화하고 클릭하여 1개의 중앙선을 만듭니다. 이어서 Ctrl+B를 눌러 Bevel을 활성화하고 그림과 같이 선이 위아래로 배치되게 벌려줍니다.

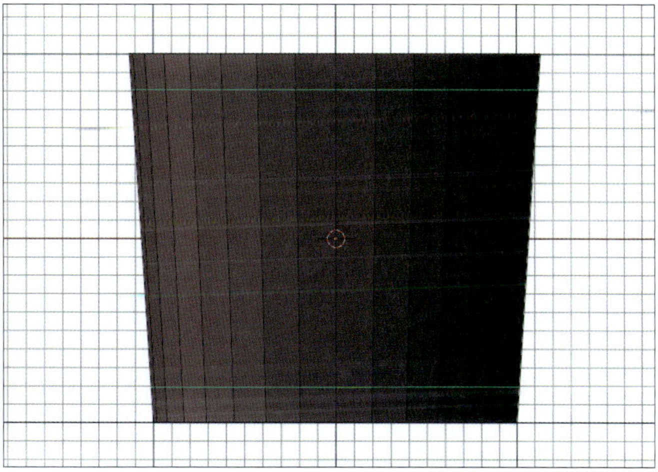

❻ 3을 눌러 선택 모드를 Face로 변경하고 Alt를 누른 상태로 안쪽 면을 클릭하여 루프 선택합니다.

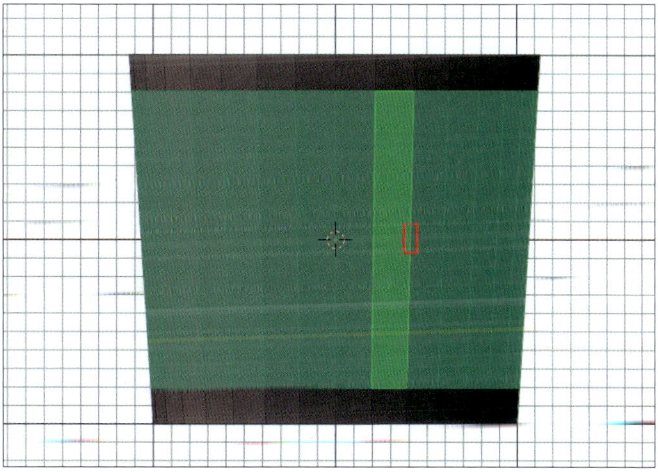

❼ P를 눌러 표시되는 Separate 창에서 Selection을 실행하여 개별 오브젝트로 분리시킵니다.

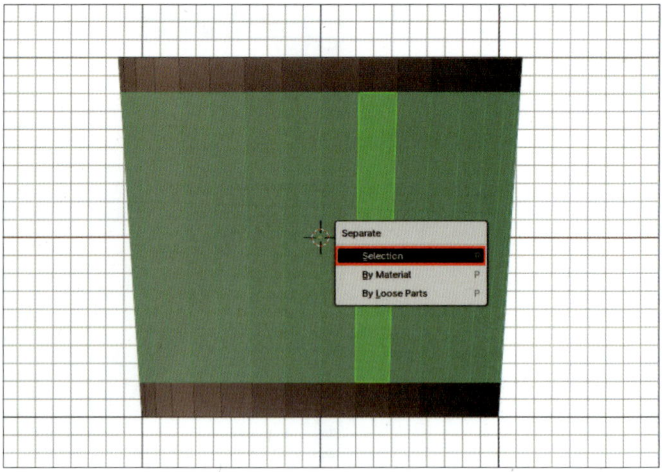

❽ Tab을 눌러 Object Mode로 전환하고 개별 분리한 중앙 면을 선택한 다음 다시 Tab을 눌러 Edit Mode로 전환합니다. Ctrl+R을 눌러 Loop Cut을 활성화하여 그림과 같이 위아래 가로선을 만듭니다.

TIP 휠을 돌려 선을 나누면 작업을 좀 더 빠르고 간편하게 진행할 수 있습니다.

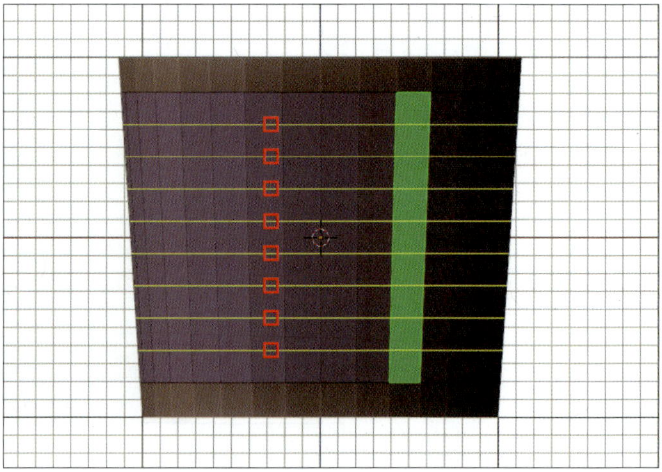

❾ 임의의 선을 하나 선택하고 A를 눌러 모든 선을 선택한 상태에서 F3을 눌러 검색창을 표시합니다. 검색창에서 'poke'를 입력하고 'Poke Faces'를 선택합니다.

TIP Poke Faces는 각 면을 분할하여 새로운 중심점과 원래의 면 모서리를 정점으로 변경해 삼각형으로 만드는 기능입니다.

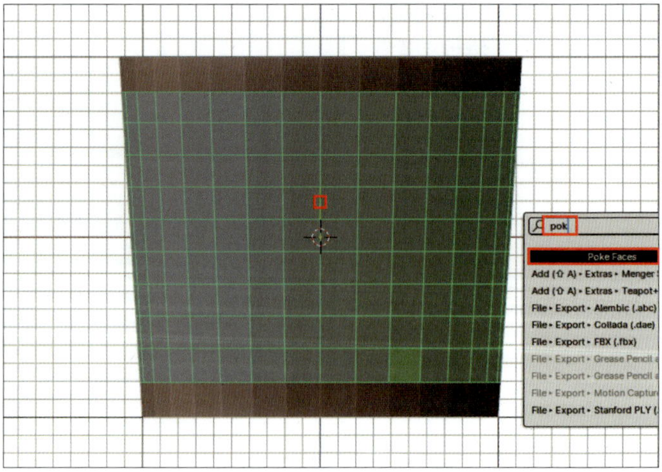

⑩ 그림과 같이 선이 변경되면 다시 F3 을 눌러 'Tris'를 입력하고 'Tris to Quads'를 선택합니다.

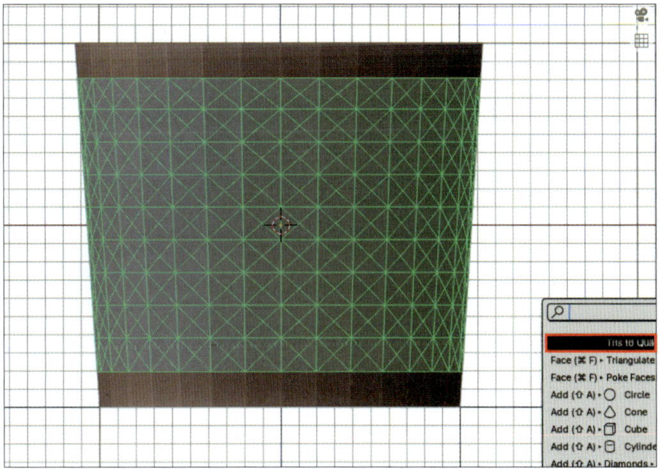

TIP Tris to Quads는 인접한 삼각형을 가져와 모서리를 제거하고, 이미 정사각형인 모양의 삼각형을 사각형으로 만들 수 있는 기능입니다. 이때 2개의 인접한 삼각형이 필수로 존재해야 사각형으로 만들 수 있습니다.

⑪ Object Mode로 전환합니다. Properties 패널의 [Modifiers(🔧)] 탭에서 'Add Modifier'를 클릭하고 Generate → Wireframe을 실행합니다. 철조망 모양으로 변경되면 Wireframe 설정 창에서 Thickness를 '0.03m'로 설정합니다.

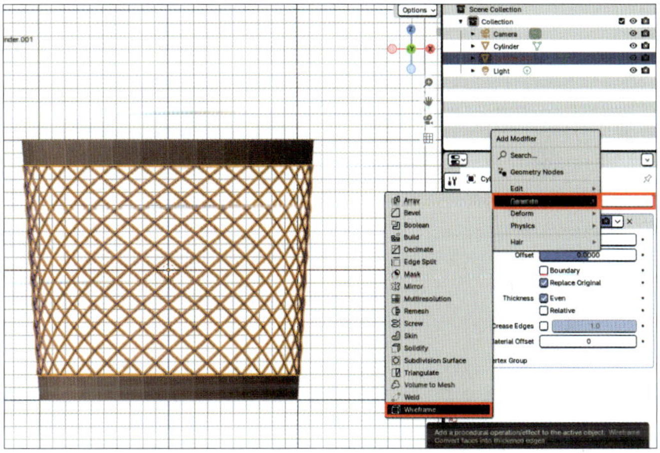

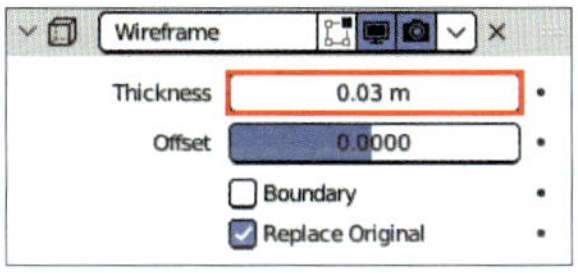

⑫ 철조망 외 나머지 위아래 오브젝트를 선택하고 [Modifiers(🔧)] 탭에서 'Add Modifier'를 클릭한 다음 Solidify를 실행합니다. Solidify 설정 창에서 Thickness를 '0.05m'로 설정하여 좀 더 두께감을 표현합니다.

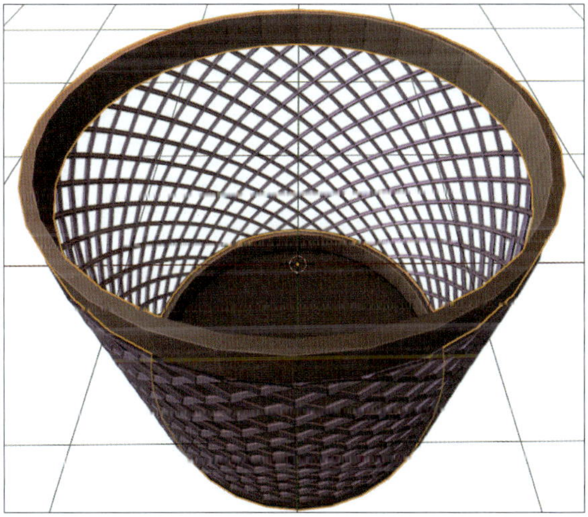

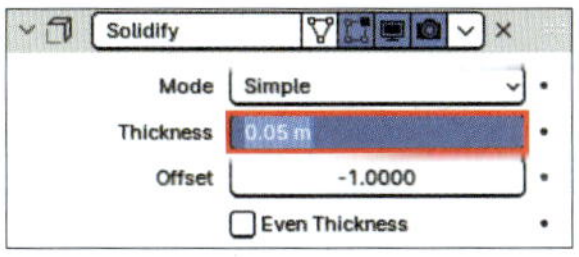

⑬ 위아래 오브젝트가 선택되어 있는 상태로 Ctrl+2를 눌러 Subdivision을 적용하거나 마우스 오른쪽 버튼을 클릭한 다음 Shade Auto Smooth를 실행하여 오브젝트를 부드럽게 만듭니다.

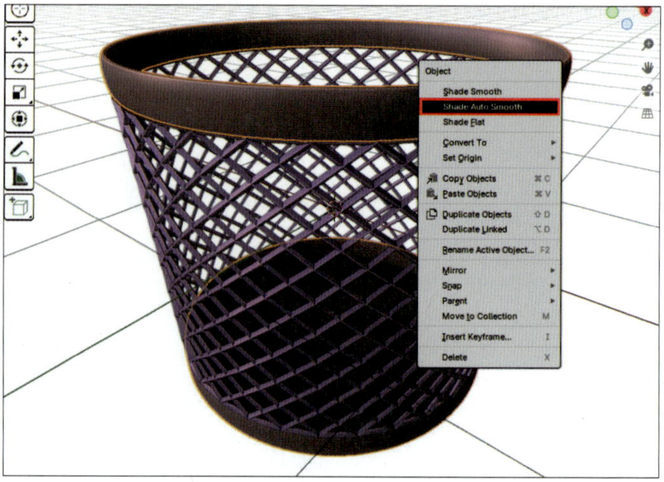

⑭ 무료 Add-ons를 다운로드하여 모델링에 적용하겠습니다. 웹브라우저에서 'ko-fi.com/s/a6cf8c7883'을 입력하여 Ko-fi 사이트에 접속하고 Meta pack을 다운로드한 다음 바탕화면에 압축 파일을 풉니다.

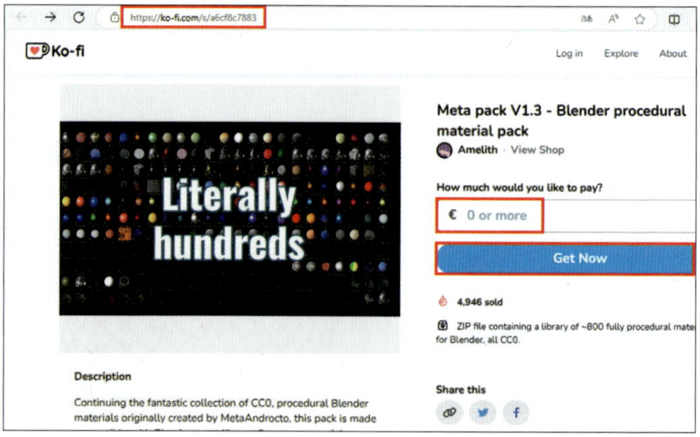

⑮ 다시 블렌더로 돌아와 메뉴에서 (Edit) → Preferences를 실행하여 Blender Preferences 대화상자를 표시합니다. (File Paths) 탭을 선택하고 Asset Libraries의 '+'를 클릭합니다.

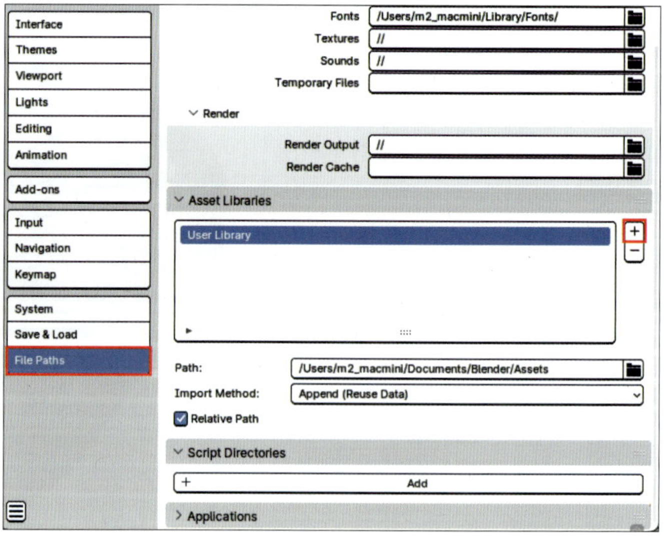

⑯ Blender File View 대화상자가 표시되면 다운로드한 폴더에서 'Add Asset Library' 폴더를 선택하고 〈Add Asset Library〉 버튼을 클릭합니다.

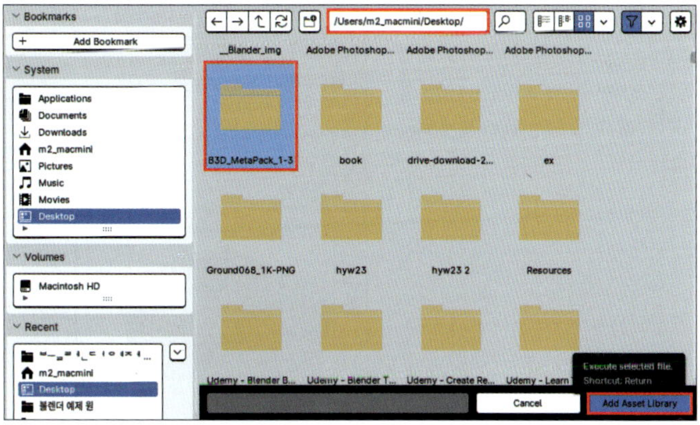

⑰ Blender File View 대화상자 왼쪽 하단의 'Save & Load' 아이콘(☰)을 클릭하고 'Save Preferences'를 선택하여 설정 사항을 저장합니다.

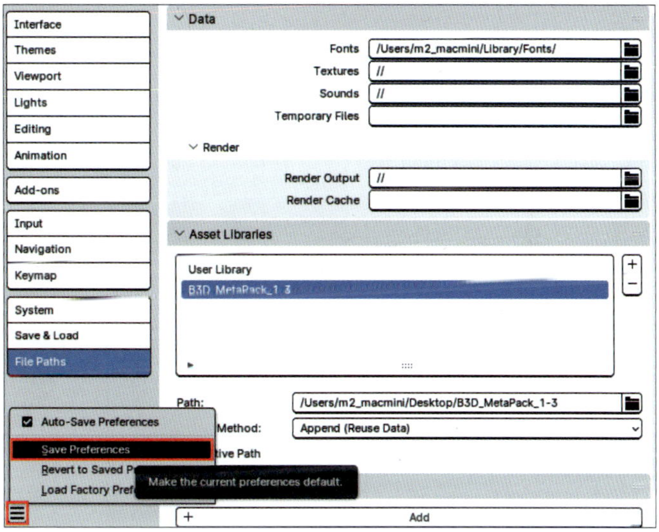

⑱ 3D Viewport 패널 오른쪽 경계선에서 마우스 오른쪽 버튼을 클릭하고 Vertical Split를 실행하여 그림과 같이 창을 2개로 나누어 변경합니다.

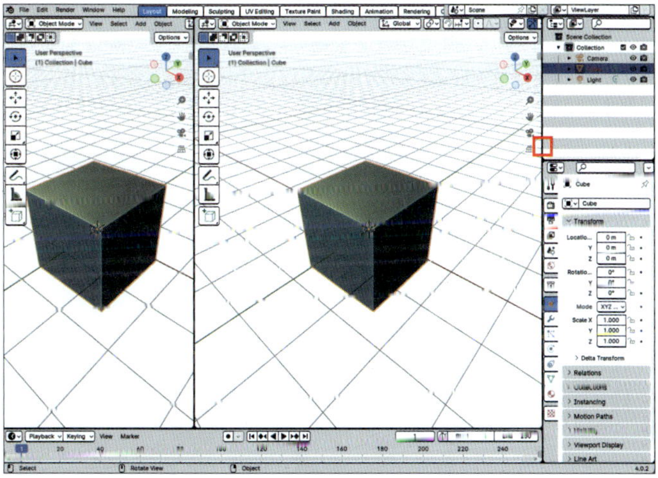

⑲ 왼쪽 화면에 메테리얼을 표시하겠습니다. 왼쪽 화면의 Header 패널에서 'Editor Type' 아이콘()을 클릭한 다음 'Asset Browser'를 선택합니다.

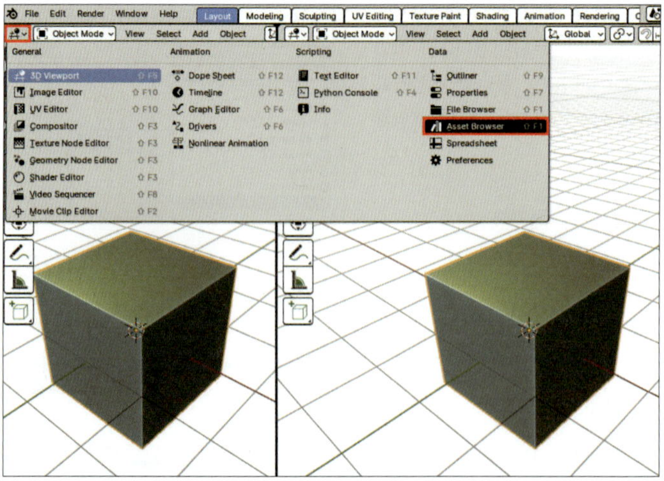

⑳ 변경된 패널에 메테리얼들이 표시됩니다. 원하는 메테리얼을 선택하고 Properties 패널로 드래그하면 재질이 적용되어 결과를 확인할 수 있습니다.

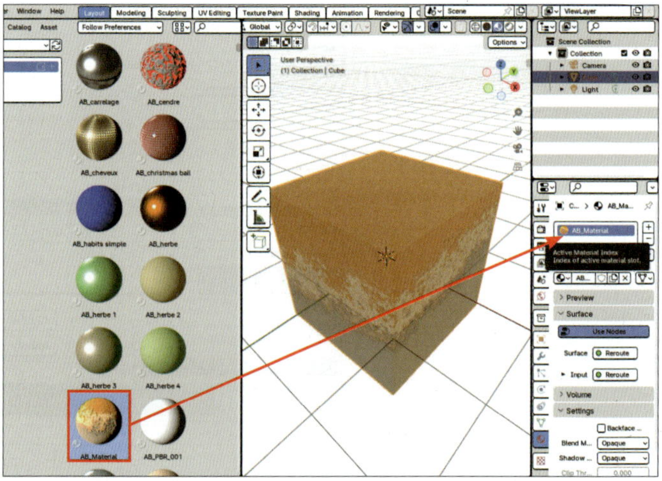

㉑ 철조망 쓰레기통 모델링에 원하는 재질을 적용하여 완성합니다.

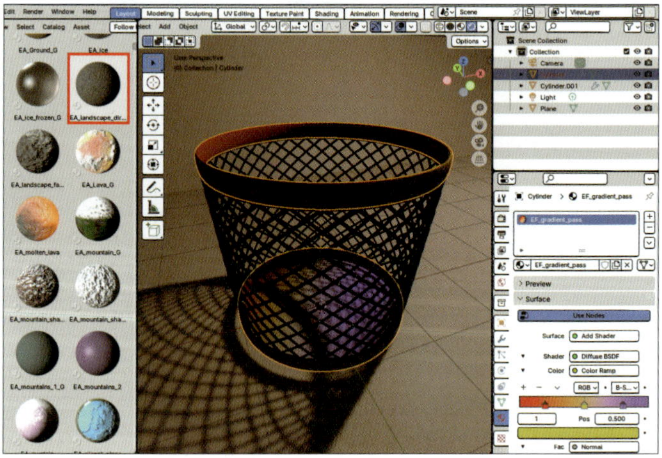

6.3 블렌더 실습 2 : 꽃병과 꽃장식 만들기

꽃병을 만들고 그 안에 꽃을 만들어 하나의 완성된 꽃과 병을 만들겠습니다. 특히 병을 모델링할 때는 Mean Crease 기능을 활용하는 방법과 꽃잎을 360°로 회전하여 만드는 방법에 중점을 두고 작업합니다.

완성 파일 : 06\꽃병꽃장식_완성.blend

꽃병 만들기

❶ 먼저 꽃병을 만들겠습니다. Cube 오브젝트를 생성(Shift+A)하고 지평선 위로 올리기 위해 숫자 키패드 1을 눌러 Front View로 시점을 변경합니다. 오브젝트가 선택된 상태로 G-Z를 누르고 '1'을 입력하여 위로 1만큼 이동합니다.

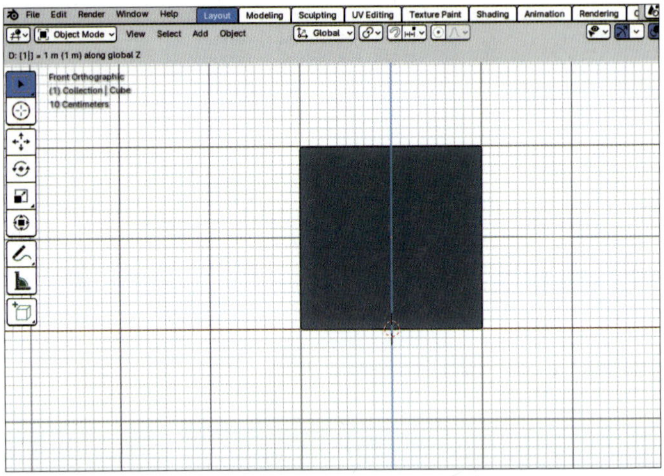

❷ 오브젝트가 선택된 상태로 Ctrl+2를 눌러 Subdivision Surface를 적용해 부드럽게 만듭니다.

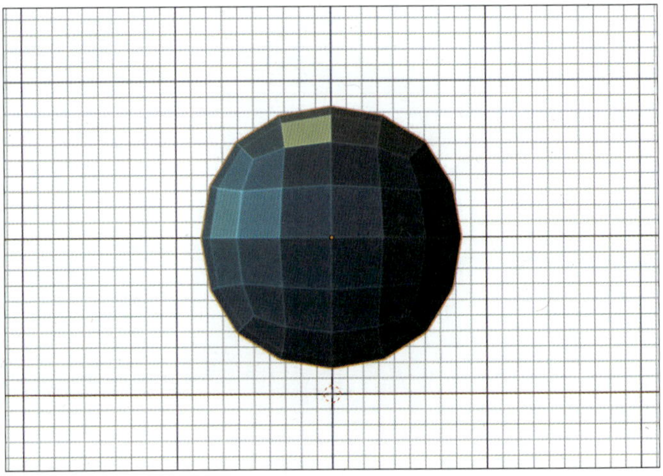

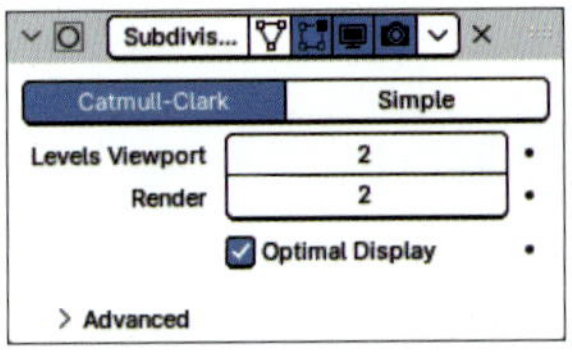

❸ Ctrl+A를 눌러 Apply 창이 표시되면 Scale을 실행하여 동일한 크기로 변경합니다. N을 눌러 Sidebar를 표시하고 Transform의 Scale을 확인하면 X, Y, Z의 값이 모두 동일하게 적용된 것을 확인할 수 있습니다.

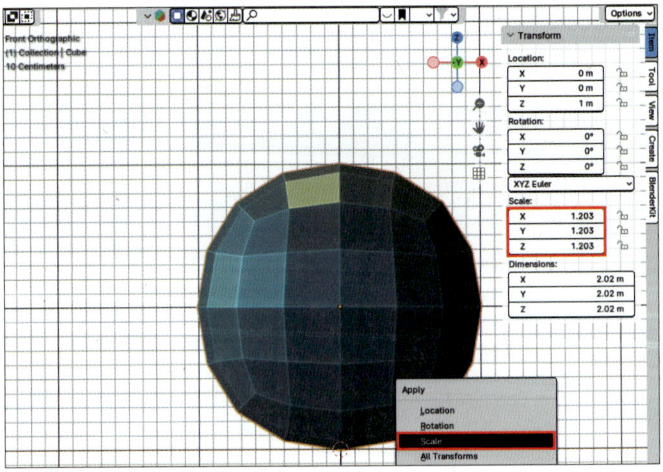

❹ Tab을 눌러 Edit Mode로 전환하고 Alt+Z를 눌러 Toggle X-Ray를 활성화합니다. 그림과 같이 하단의 점을 모두 선택합니다.

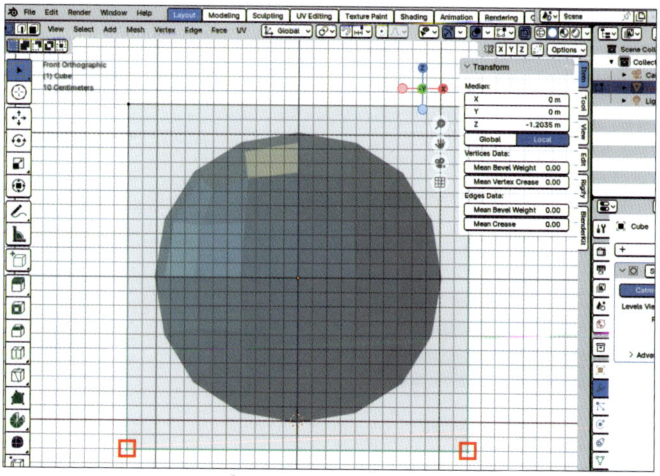

❺ Sidebar → Transform의 Edges Data 속성에서 Mean Crease를 '1'로 설정하면 선택한 점의 메시가 바닥면으로 달라붙습니다.

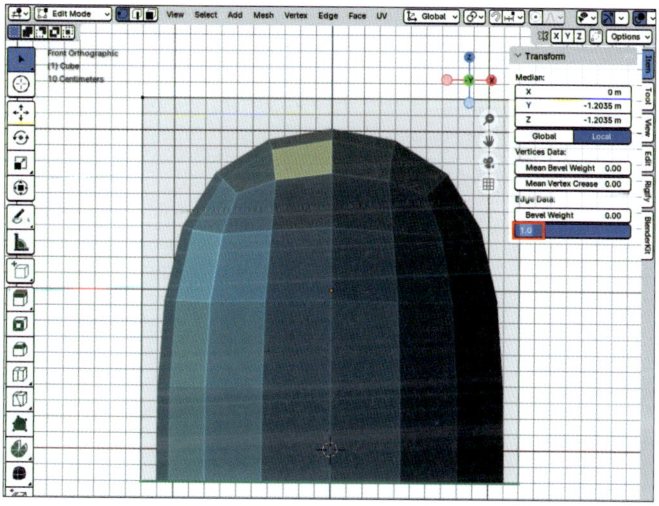

❻ Toggle X-Ray가 활성화되어 있는 상태에서 아랫면을 선택하고 S를 눌러 줄입니다. 윗면은 E-S를 누르면서 반복적으로 추출 후 크기를 키우거나 줄여 병 모양 형태로 모델링을 진행합니다.

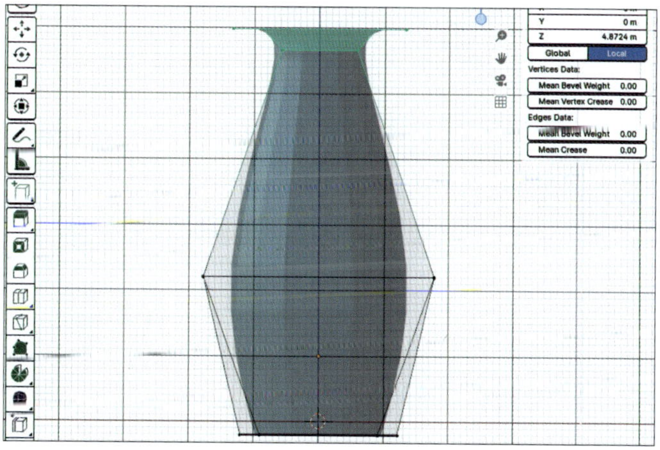

❼ Tab을 눌러 Object Mode로 전환하고 Properties 패널의 Subdivision 설정 창에서 '∨' 아이콘을 클릭하고 'Apply'를 선택하여 설정을 적용합니다.

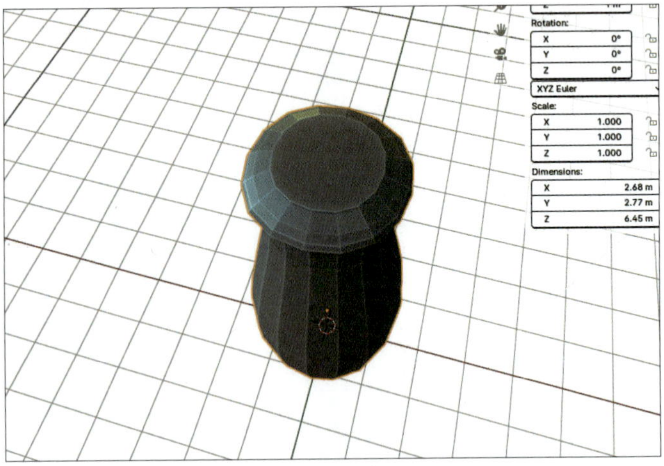

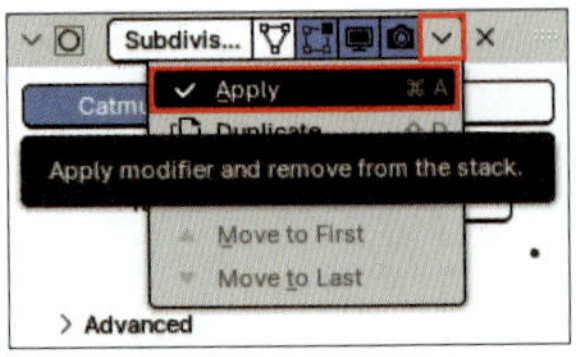

❽ 다시 Ctrl+2를 눌러 부드럽게 만들고 Tab을 눌러 Edit Mode로 전환한 다음 3을 눌러 선택 모드를 Face로 변경합니다. 윗면을 선택하고 I를 눌러 안으로 면을 생성한 다음 E를 눌러 아래로 돌출하여 그림과 같이 만듭니다.

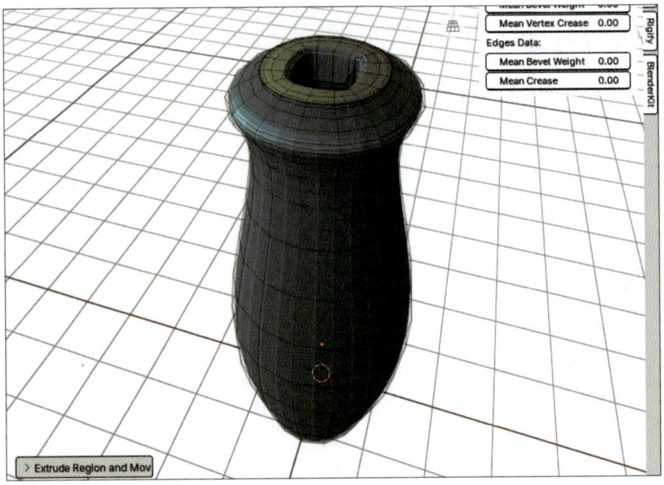

❾ 병에 좀 더 섬세함을 주기 위해 Alt+Z를 눌러 Toggle X-Ray를 활성화하고 1을 눌러 선택 모드를 Vertex로 변경합니다.
O를 눌러 Proportional Editing을 활성화하고 S로 가운데 점들은 크기를 키우고 아랫부분은 줄여 병의 디테일을 만듭니다.

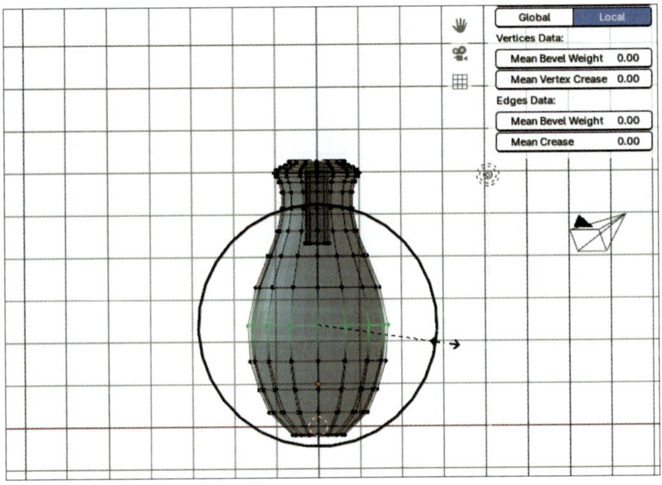

꽃장식 만들기

❶ 꽃장식을 만들겠습니다. 줄기를 만들기 위해 Object Mode에서 꽃병 상단 입구로 3D Cursor를 이동(Shift+마우스 오른쪽 버튼 클릭)하고 Cylinder 오브젝트를 생성(Shift+A)합니다.

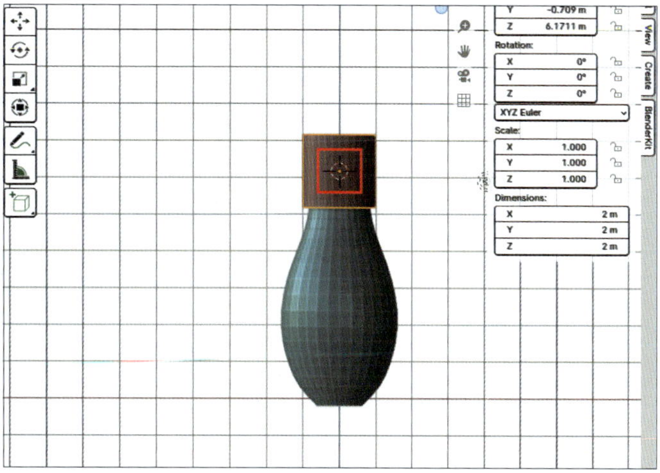

❷ Cylinder 오브젝트를 선택하고 S를 눌러 크기를 줄이고 다시 S-Z를 눌러 줄기처럼 길게 만듭니다. Tab을 눌러 Edit Mode로 전환하고 Loop Cut(Ctrl+R)으로 선을 여러 개 만들어 줍니다.

TIP 그림과 같이 여러 선을 만들어야 자연스러운 곡선으로 줄기의 구부린 정도를 표현할 수 있습니다.

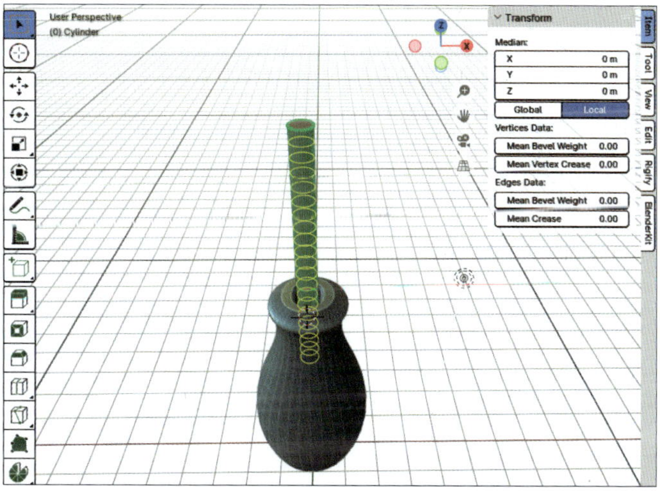

❸ 꽃의 중심이 될 부분을 만들기 위해 가장 윗면을 선택하고 E-S-E를 눌러 모양을 돌출합니다.

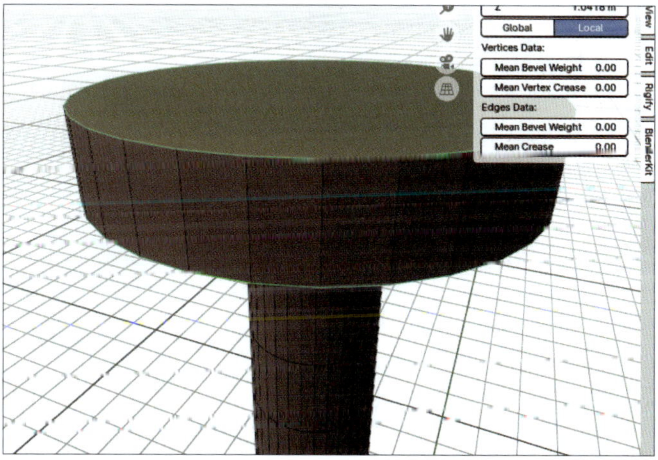

❹ Alt+Shift를 누른 상태로 돌출한 부분의 위아래 선을 클릭하여 루프 선택하고 Ctrl+B를 눌러 부드럽게 만듭니다.

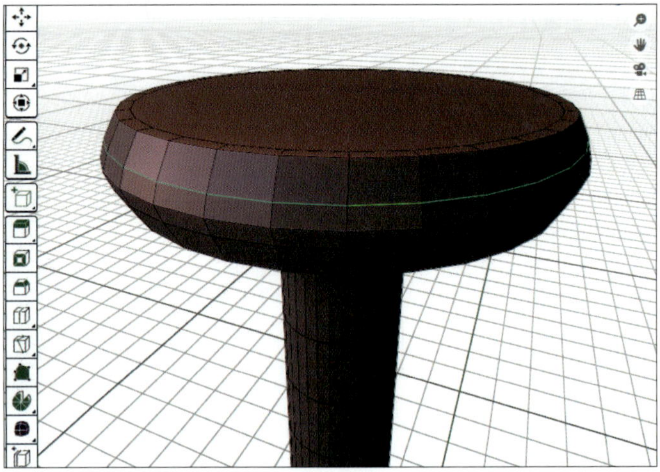

❺ 윗면을 선택하고 Shift+S를 눌러 표시되는 파이 메뉴에서 Cursor to Selected를 실행합니다. 선택한 면 부분으로 3D Cursor가 이동됩니다.

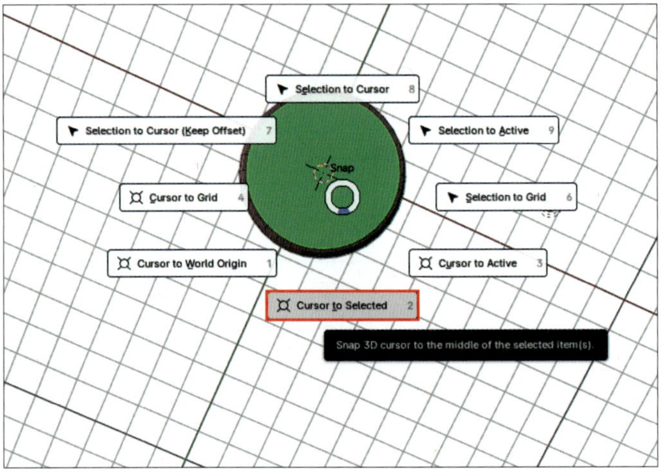

❻ 꽃잎을 만들겠습니다. Tab을 눌러 Object Mode로 전환하고 Plane 오브젝트를 생성(Shift+A)합니다. 3D Cursor가 위치한 곳을 기준으로 오브젝트가 생성되었습니다.

❼ Plane 오브젝트를 선택하고 [Tab]을 눌러 Edit Mode로 전환합니다. [Ctrl]+[R]을 눌러 선을 추가하고 [S]를 눌러 크기를 늘립니다.

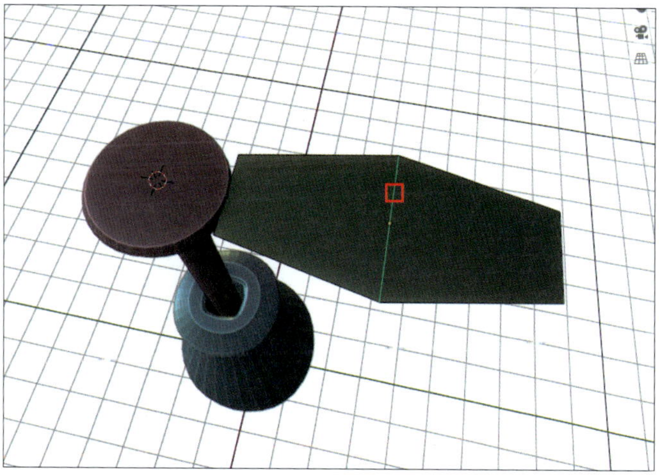

❽ [Ctrl]+[R]을 눌러 선을 더 추가해 그림과 같이 잎사귀 모양으로 만듭니다.

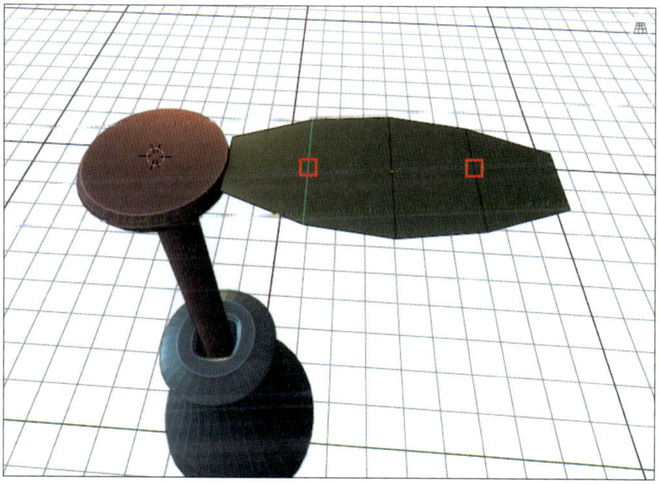

❾ [3]을 눌러 선택 모드를 Face로 변경합니다. 윗면을 선택하고 [E]를 누른 다음 위로 올려 두께를 줍니다.

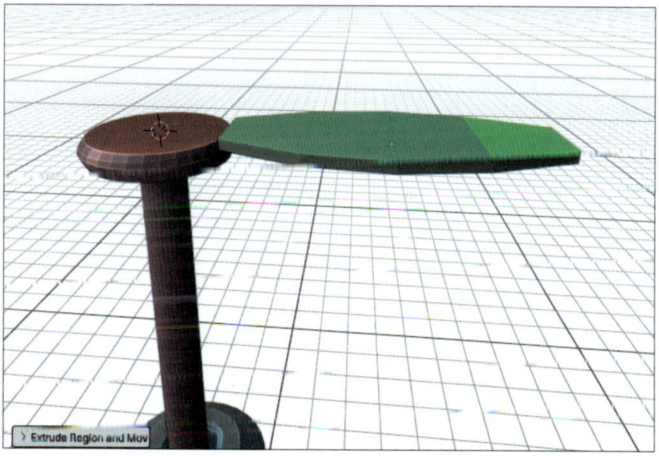

⑩ Tab을 눌러 Object Mode로 전환합니다. Plane 오브젝트를 모두 선택한 상태로 Ctrl+1을 눌러 Subdivision Surface를 적용하여 부드럽게 만들고 다시 Tab을 눌러 Edit Mode로 전환합니다.

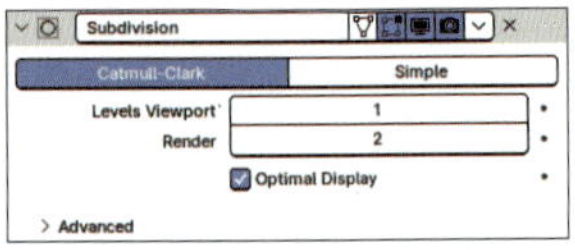

⑪ E를 눌러 다시 한번 두께를 미세하게 조정합니다.

⑫ Tab을 눌러 Object Mode로 전환하고 Ctrl+2를 눌러 Subdivision Surface를 적용하거나 마우스 오른쪽 버튼을 클릭한 다음 Shade Smooth를 실행하여 오브젝트에 부드러움을 적용합니다.

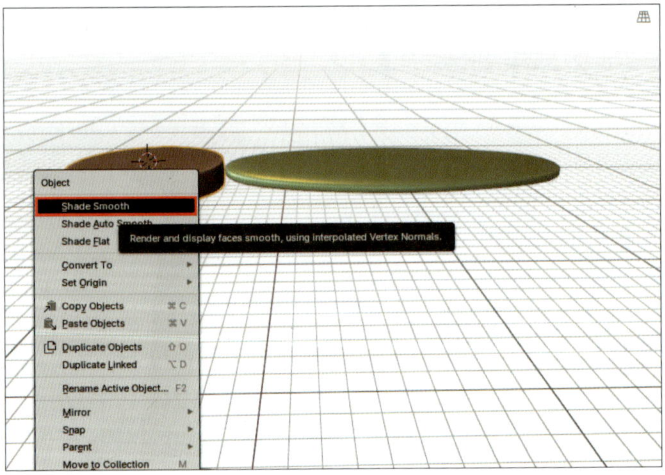

⑬ 잎사귀를 회전하여 복사하기 위해 오브젝트에서 마우스 오른쪽 버튼을 클릭하고 Set Origin → Origin to 3D Cursor를 실행합니다. Origin 위치가 3D Cursor 위치로 이동됩니다.

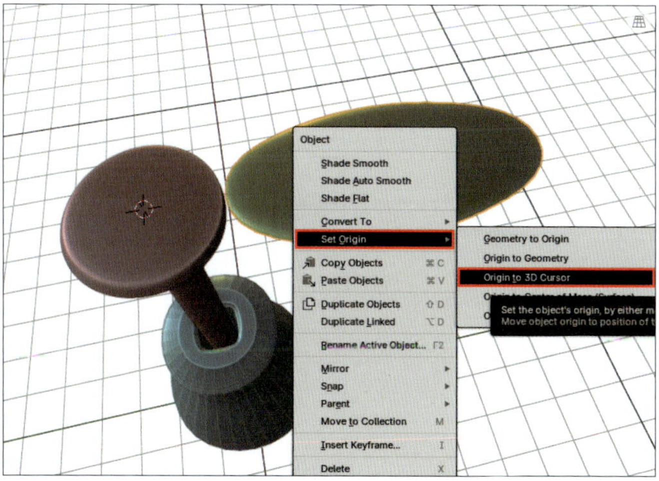

⑭ 잎사귀 오브젝트를 선택한 상태로 Shift+D-R-Z를 누르고 '72'를 입력합니다. 그러면 하나의 잎사귀가 72° 회전되어 복제됩니다. Shift+R을 누르면 동일한 값을 동시에 적용할 수 있습니다. 3번 더 눌러 5개의 잎사귀를 만듭니나.

⑮ 연속적으로 G-Y-Y를 누르면 중심점으로 멀고 가깝게 오브젝트를 이동할 수 있습니다. 적절한 모양을 위해 안쪽으로 조금 들어간 위치로 배치합니다. G 이동, R 회전, S 크기이므로 R-Y-Y 또는 S-X-X, G-Z-Z 등의 조합으로 다양하게 변경할 수 있습니다.

⑯ Tab을 눌러 Object Mode로 전환합니다. Shift를 누른 상태로 잎사귀와 줄기 오브젝트를 모두 선택하고 Ctrl+J를 눌러 오브젝트를 하나로 합칩니다.

⑰ 합친 오브젝트를 선택한 상태로 Tab을 눌러 Edit Mode로 전환합니다. O를 눌러 Proportional Editing을 활성화하고 그림과 같이 윗부분을 선택합니다.

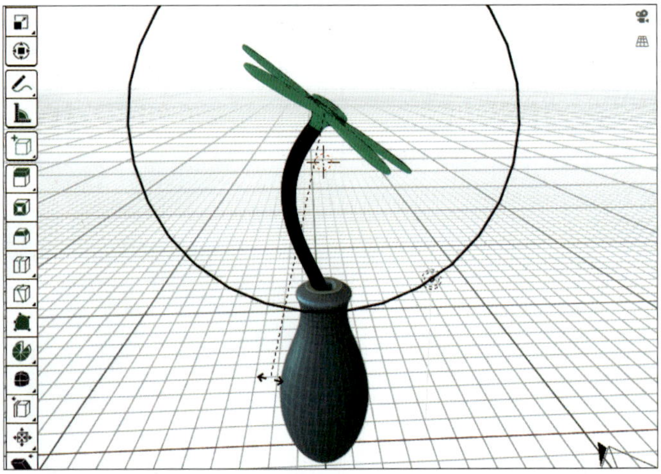

⑱ R을 눌러 회전하면서 구부러진 꽃잎으로 모양을 잡아 모델링을 완성합니다.

6.4 블렌더 실습 3 : 쿠션, 이불, 카펫 만들기

이번 예제에서는 쿠션과 이불, 카펫을 모델링하겠습니다. 쿠션은 기본적인 쿠션의 형태와 중앙에 단추가 있어 들어간 두 가지 형태로 만들고, 이불은 Physics를 이용하여 천의 질감을 표현합니다. 또한, 카펫은 원형 형태로 털의 질감을 표현하겠습니다.

완성 파일 : 06\쿠션1_완성.blend, 쿠션2_완성.blend, 이불_완성.blend, 카펫_완성.blend

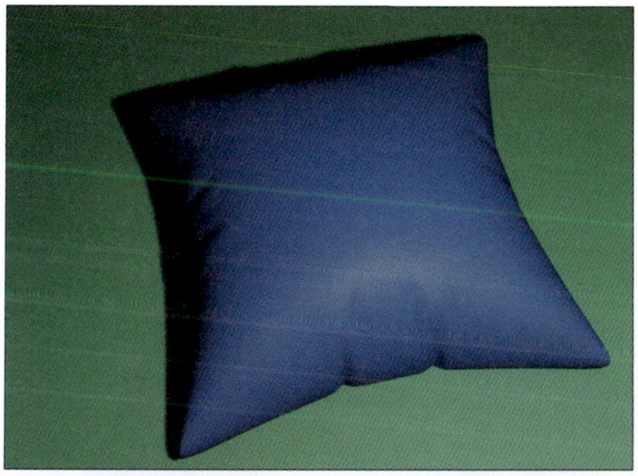

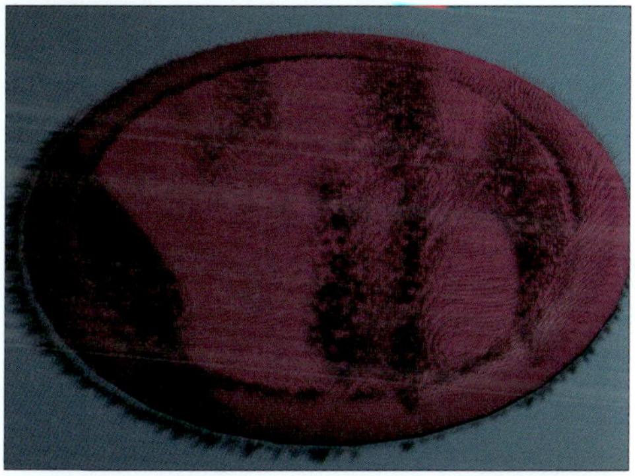
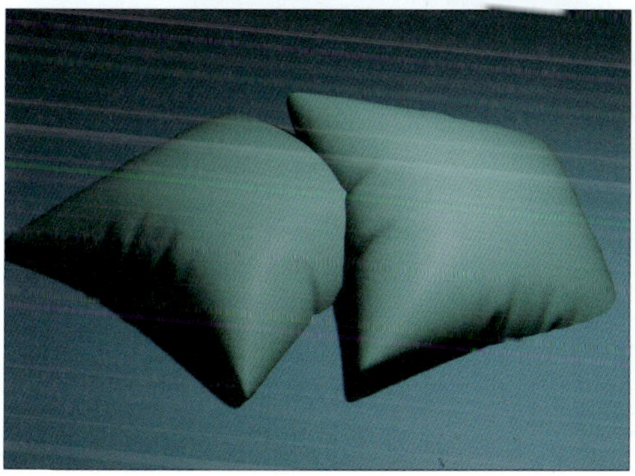
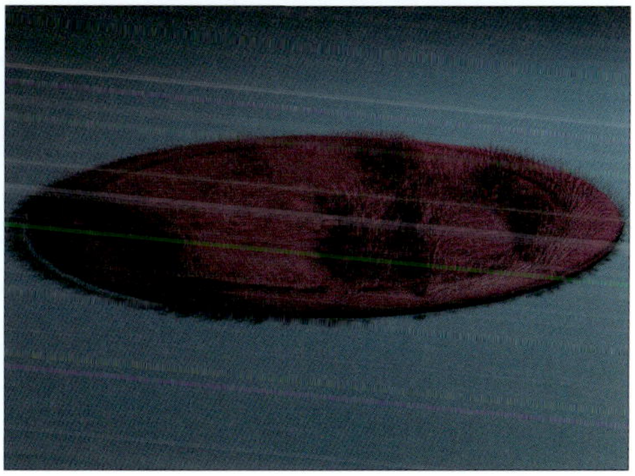

기본 쿠션 만들기

❶ 기본 쿠션 형태를 만들겠습니다. Shift+A를 눌러 표시되는 Add 창에서 Mesh → Plane을 실행하여 오브젝트를 생성합니다.

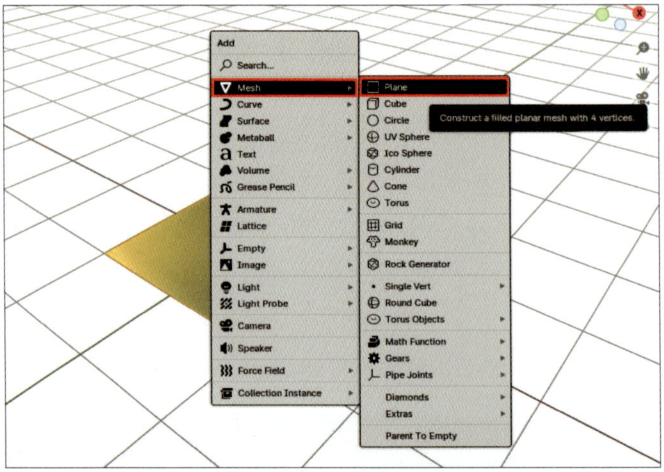

❷ 오브젝트를 선택한 상태로 Tab을 눌러 Edit Mode로 전환합니다. 오브젝트에서 마우스 오른쪽 버튼을 클릭하고 Subdivide를 실행하여 면을 분할하여 수를 늘립니다.

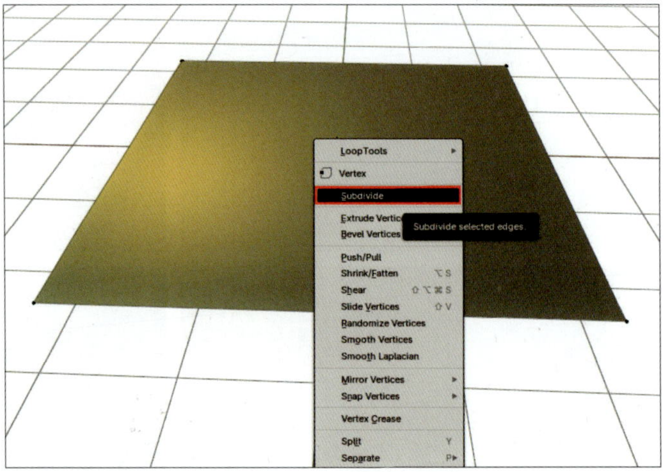

❸ Operation 패널에서 Number of Cuts를 '40'으로 설정합니다.

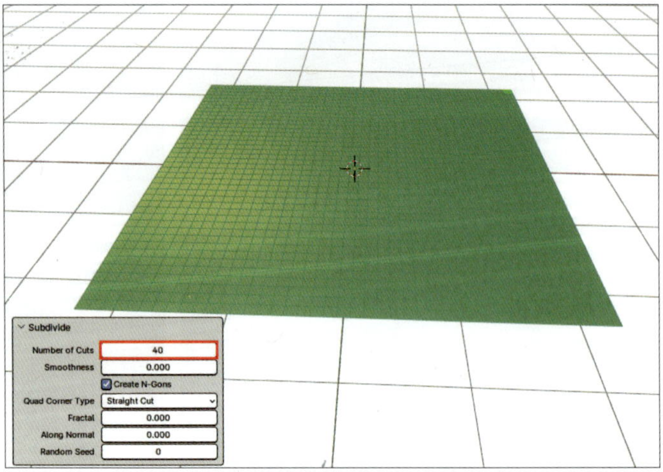

❹ 면이 모두 선택되어 있는 상태에서 E를 눌러 위로 두께를 만들고 Ctrl+R을 눌러 옆면에 선을 만든 다음 S를 눌러 크기를 늘립니다.

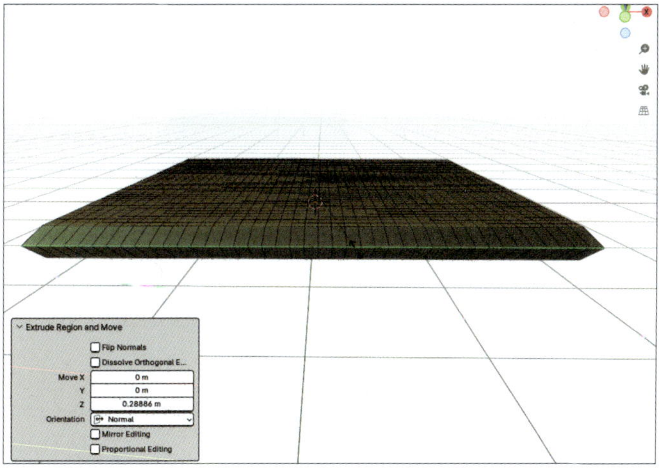

❺ 오브젝트가 부풀어 올라 입체감 있는 형태로 만들기 위해 설정을 하겠습니다. Tab을 눌러 Object Mode로 전환합니다. Properties 패널에서 (Physics(⊙)) 탭을 선택하고 'Cloth'를 클릭합니다.

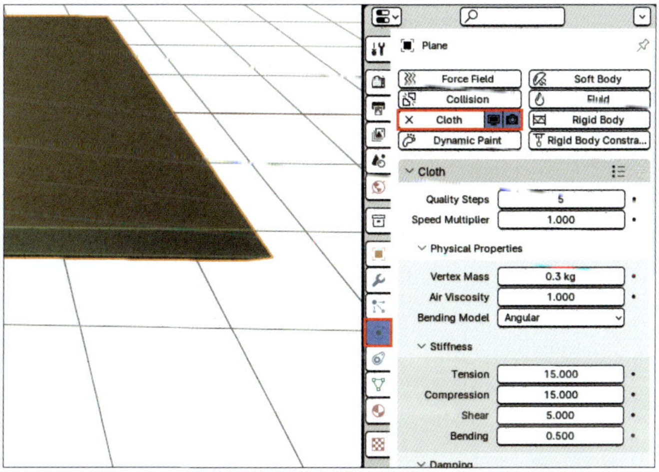

❻ 옵션들이 표시되면 'Pressure'를 체크 표시하고 '3'으로 설정한 다음 Collisions의 'Self Collisions'를 체크 표시합니다.

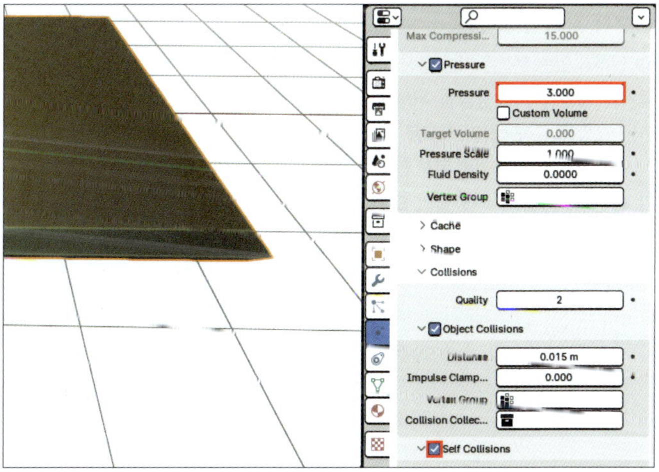

❼ 가장 아래에 있는 Field Weights 옵션을 클릭하고 Gravity를 '0'으로 설정하여 무중력 상태를 만듭니다.

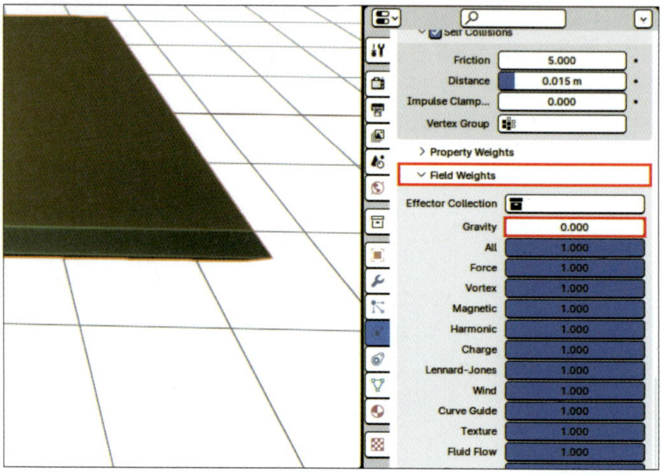

❽ Spacebar를 누르면 오브젝트가 쿠션처럼 부풀어 오릅니다. 원하는 형태에서 다시 Spacebar를 눌러 원하는 모델링으로 만들어 기본 형태의 쿠션을 완성합니다.

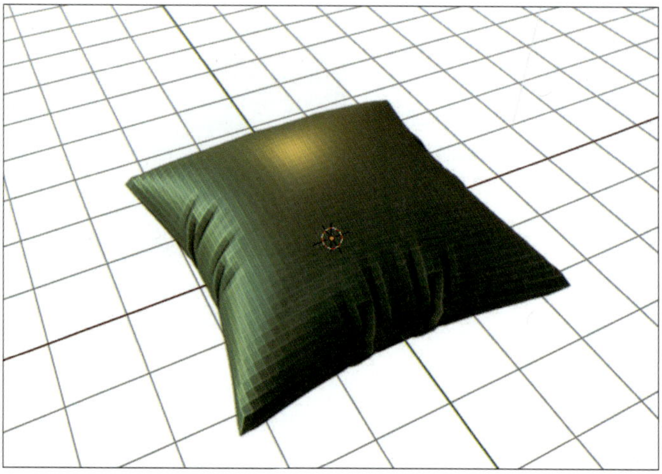

단추가 있는 쿠션 만들기

❶ 단추가 있는 쿠션은 기본 쿠션 만들기와 동일합니다. 중앙점 위아래 면을 고정하여 적용하면 되므로 쉽게 만들 수 있습니다. 기본 쿠션 만들기 ❹번 상태에서 Tab을 눌러 Edit Mode로 전환합니다.

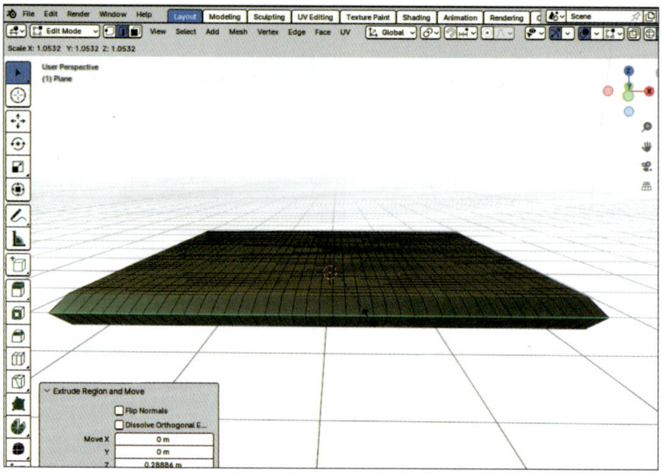

❷ 위아래 면을 고정하여 적용하기 위해 3을 눌러 선택 모드를 Face로 변경합니다. 위아래 고정할 면을 선택하기 위해 숫자 키패드 7, Ctrl+숫자 키패드 7을 눌러 Top View, Bottom View로 변경해 같은 위치의 위아래 면을 다중 선택(Shift)합니다.

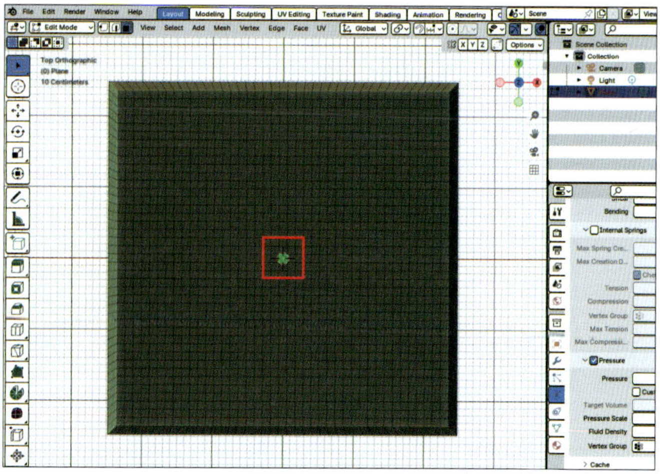

❸ Properties 패널에서 〔Object Data(▽)〕 탭을 선택하고 Vertex Groups의 '+'를 클릭 후 〈Assign〉 버튼을 클릭합니다.

Tab을 눌러 Object Mode로 전환하고 기본 쿠션 만들기의 ❺~❼번과 같은 방법으로 Physics → Cloth를 적용합니다.

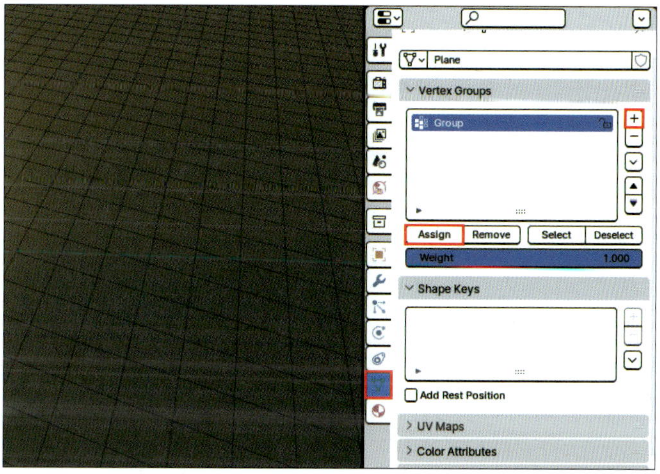

❹ Shape 항목을 선택하고 Pin Group을 저장한 Group으로 지정한 다음 Spacebar를 누릅니다. 선택했던 면들이 고정된 상태가 되어 고정된 지정 외에 바람이 들어가 단추가 있는 형태의 쿠션을 완성하였습니다.

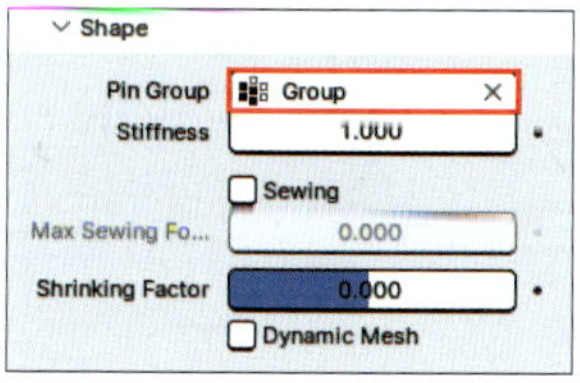

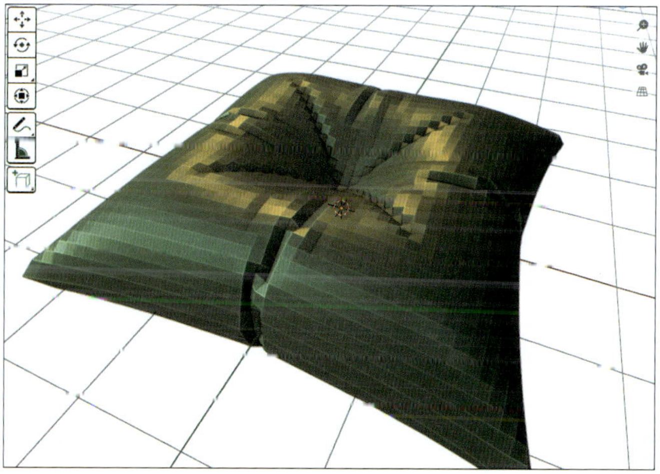

이불 모델링하기

❶ Tab을 눌러 Edit Mode로 전환하고 Mesh → Cube(Shift+A)를 실행하여 Cube 오브젝트를 만듭니다. 오브젝트 점이 모두 선택되어 있는 상태로 S를 눌러 매트리스나 침대 매트 크기만큼 길쭉하게 모델링합니다.

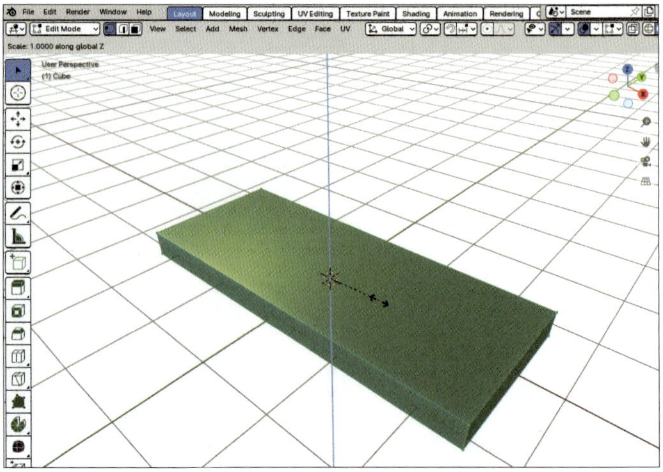

TIP 여기서 Edit Mode에서 오브젝트를 생성하는 이유는 오브젝트의 크기를 키웠을 때 비례값이 늘어나는 것을 방지하기 위함입니다.

❷ Object Mode로 전환합니다. Properties 패널의 〔Modifiers(🔧)〕 탭을 선택하고 'Add Modifier'를 클릭하여 Generate → Bevel을 실행합니다. 외각 라인 부분이 부드러운 형태로 변경되었습니다.

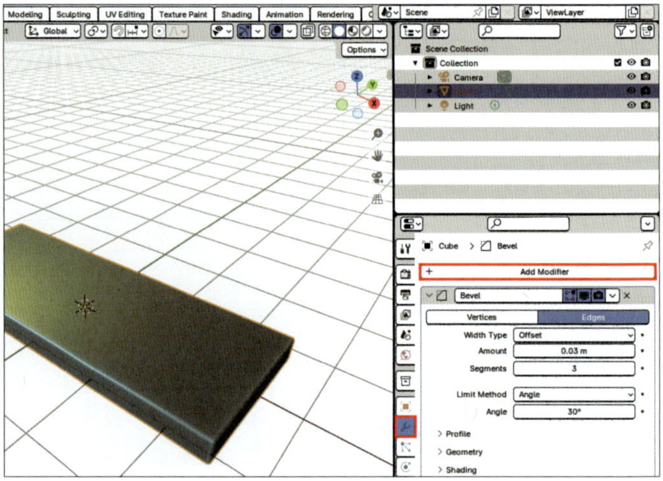

❸ Mesh → Plane(Shift+A)을 실행하여 Plane 오브젝트를 매트리스 위로 생성합니다.

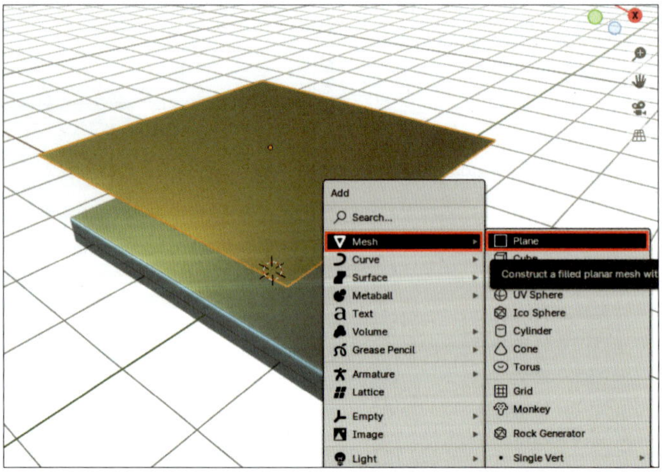

❹ Plane 오브젝트를 선택한 상태로 Tab을 눌러 Edit Mode로 전환하고 마우스 오른쪽 버튼을 클릭하여 Subdivide를 실행합니다. Operation 패널에서 Number of Cuts를 '40'으로 설정하여 면의 수를 늘려줍니다.

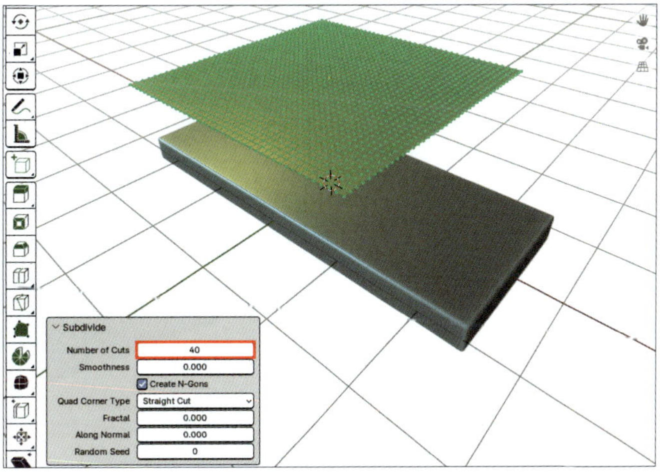

❺ Object Mode로 전환하고 Plane 오브젝트를 선택합니다.
Properties 패널에서 [Physics(⊙)] 탭을 선택하고 'Cloth'를 클릭하여 적용합니다.

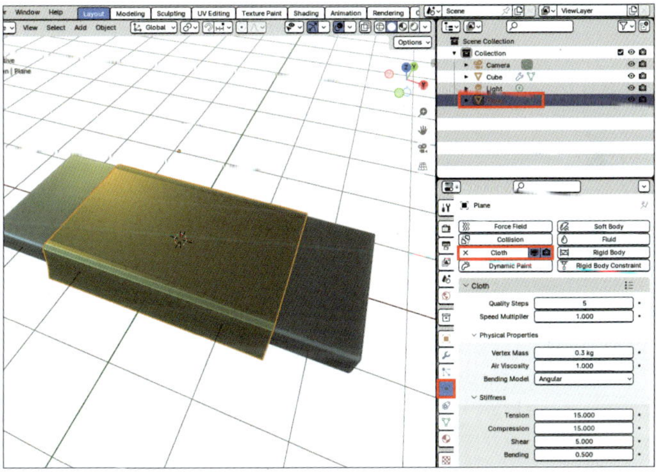

❻ 매트리스 오브젝트를 선택하고 [Physics(⊙)] 탭에서 'Collision'을 클릭합니다.

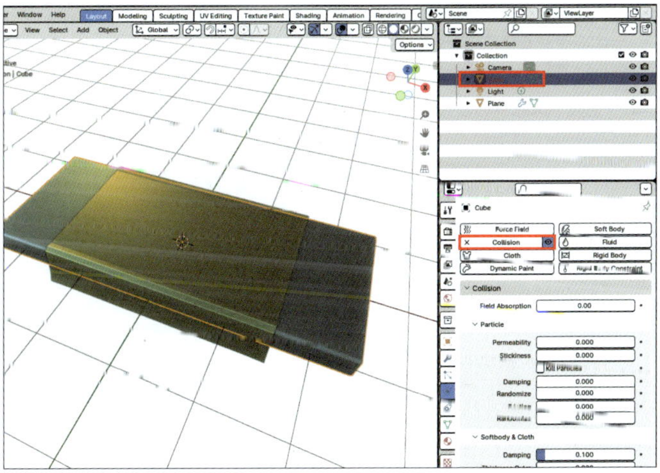

TIP Collision은 충돌 판정에 대한 내용이므로 부딪치는 부분의 기능을 부여한 것입니다.

❼ Cloth의 Collisions 옵션에서 'Self Collisions'를 체크 표시합니다.

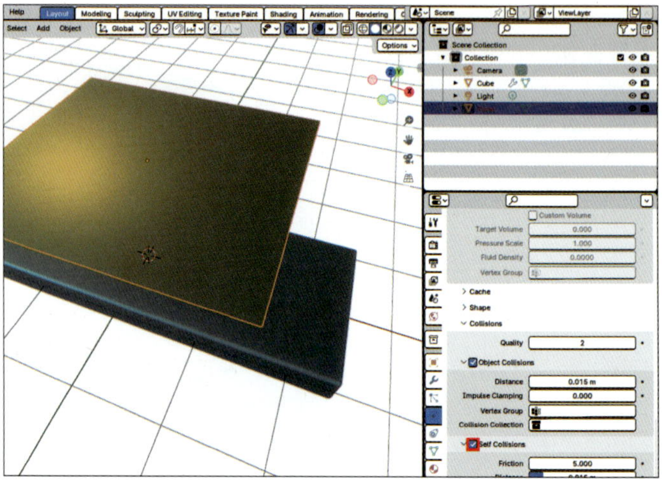

❽ Plane 오브젝트를 선택하고 Properties 패널의 [Modifiers(🔧)] 탭에서 Add Modifier → Generate → Solidify를 실행합니다. Solidify 설정 창에서 Thickness를 '0.03'으로 설정하여 두께를 만듭니다.

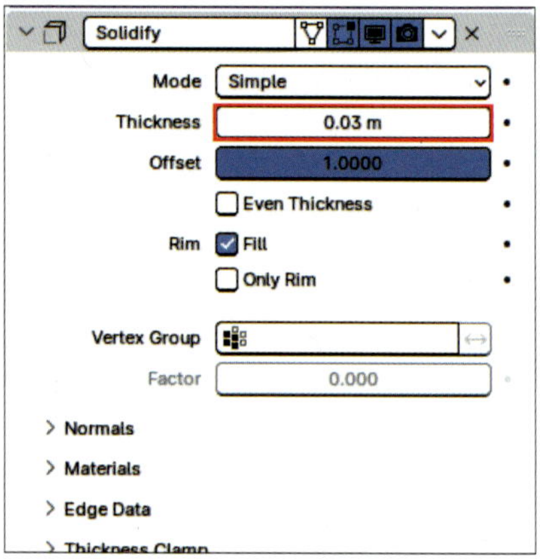

❾ Plane 오브젝트가 선택된 상태로 Ctrl+3을 눌러 Subdivision Surface를 적용해 부드럽게 만듭니다. 모든 적용이 끝나면 [Modifiers(🔧)] 탭의 모든 기능을 Apply 적용합니다.

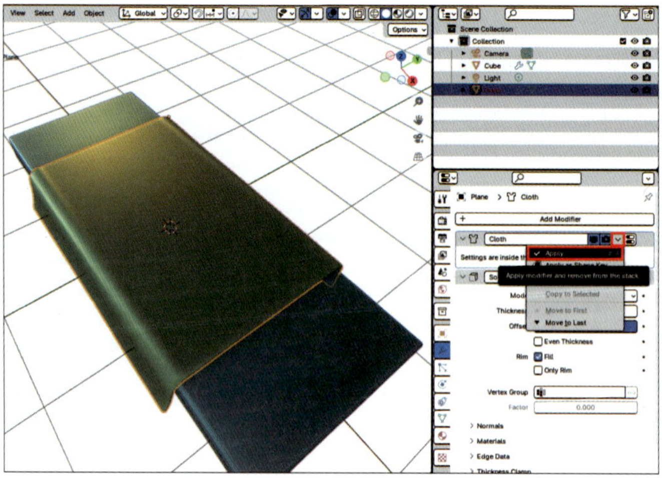

❿ 스컬프팅 작업을 진행하기 위해 이불 오브젝트를 선택하고 Header 패널에서 'Sculpt Mode'로 전환합니다. Toolbar 패널에서 'Draw' 도구(◉)를 선택하고 Radius, Strength 값을 적절히 설정하여 그림과 같이 이불의 주름을 만들어 모델링을 완성합니다.

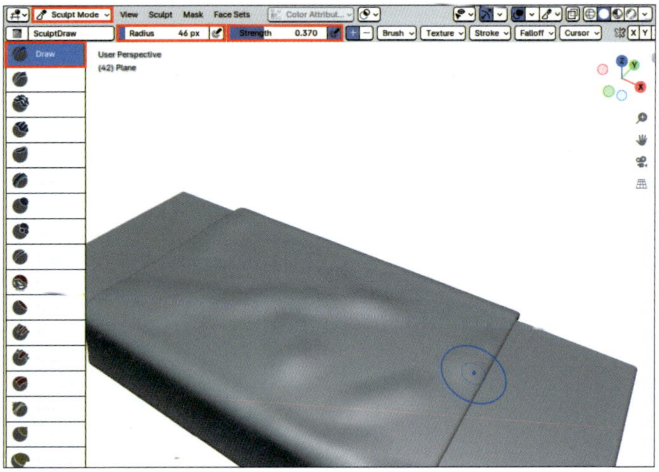

TIP 스컬프팅에 관한 기능을 더 자세히 알아보고 싶다면 <8장>을 참고하세요.

카펫 만들기

❶ 원형의 카펫을 만들겠습니다. Shift+A를 눌러 표시되는 Add 창에서 Mesh → Circle을 실행하여 오브젝트를 생성합니다.

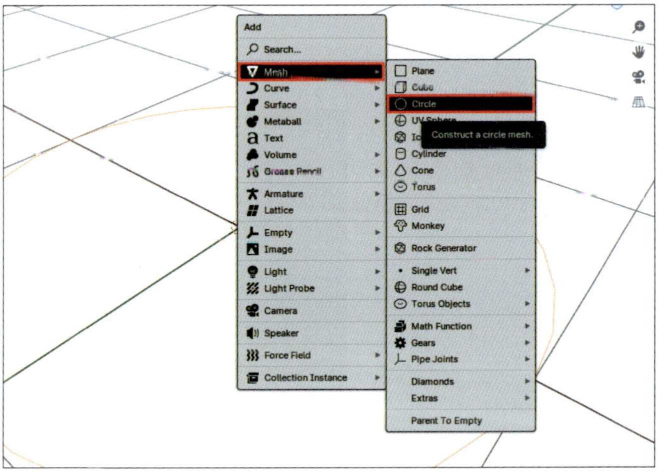

❷ Circle 오브젝트를 선택하고 Tab을 눌러 Edit Mode로 전환합니다. A를 눌러 점을 모두 선택하고 E-S를 눌러 면을 돌출 후 크기를 줄여 그림과 같이 안쪽 변을 만듭니다.

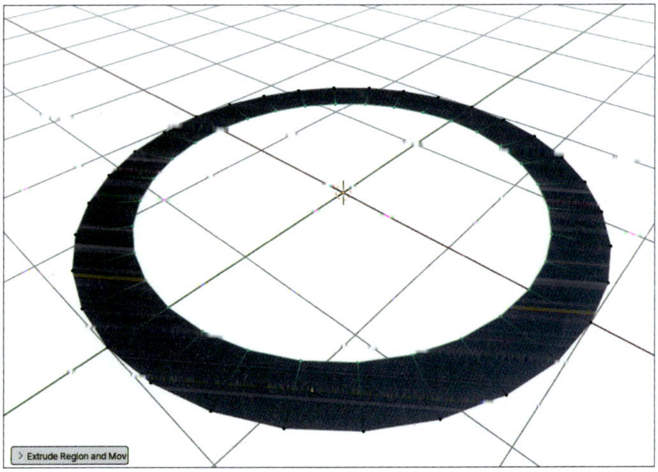

❸ 같은 방법으로 면을 나누어 가면서 점점 안쪽으로 줄게 만들어 모든 면을 채웁니다.

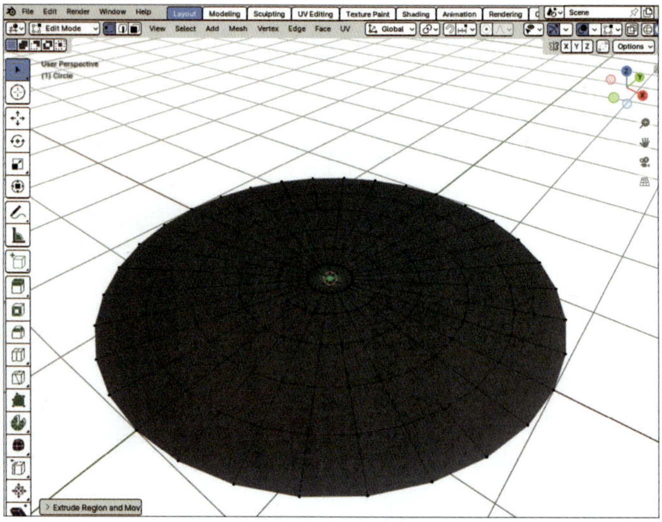

❹ Tab을 눌러 Object Mode로 전환합니다. 카펫에 두께를 주기 위해 Properties 패널의 [Modifiers( )] 탭에서 'Add Modifier'를 클릭하고 Generate → Solidifty를 실행합니다.

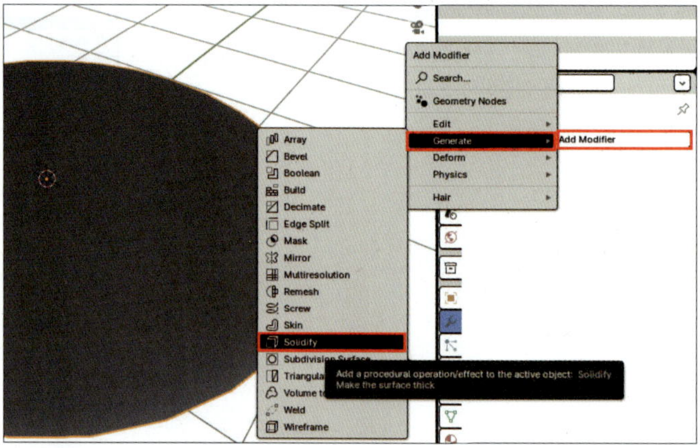

❺ 오브젝트를 부드럽게 만들기 위해 오브젝트를 선택하고 마우스 오른쪽 버튼을 클릭하여 Shade Smooth를 실행합니다.

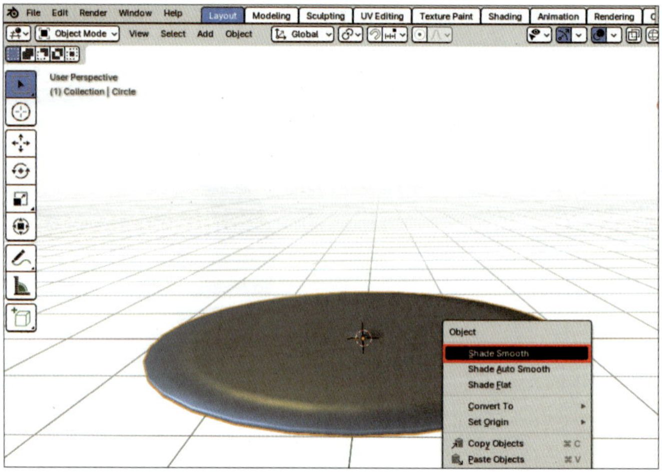

❻ Properties 패널의 〔Particle()〕 탭을 선택하고 〔Hair〕 탭을 선택합니다. Emission 옵션의 Hair Length를 '0.1', Number를 '12000'으로 설정하여 그림과 같이 잔디 형태로 만듭니다.

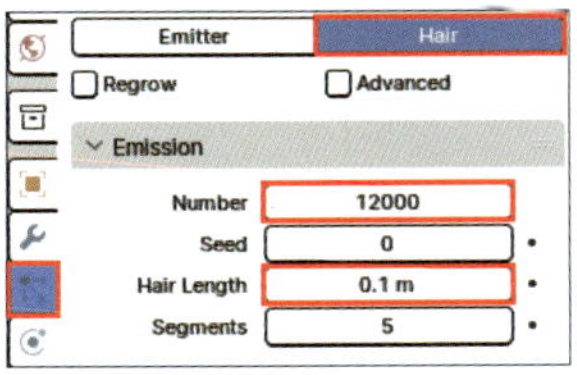

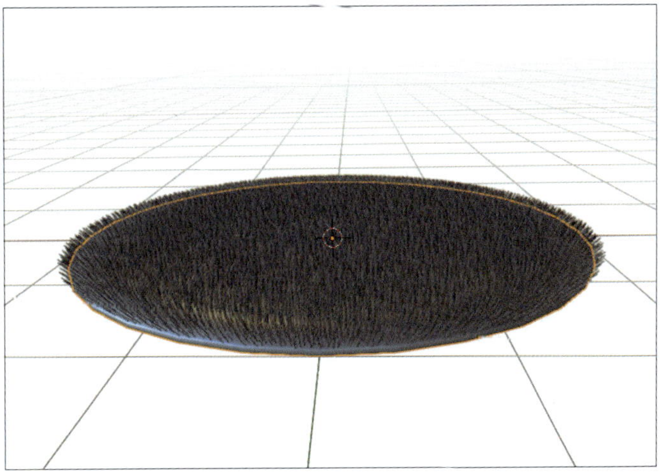

❼ 카펫 오브젝트가 선택되어 있는 상태로 Header 패널에서 'Particle Edit'을 선택하여 모드를 전환합니다.

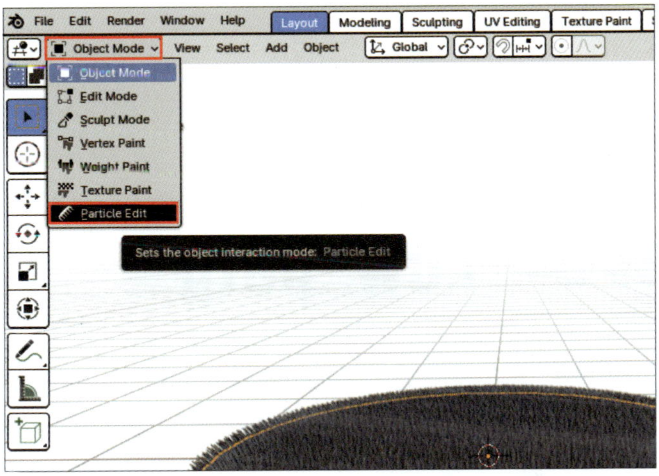

❽ 기본 브러시 'Comb' 도구()를 선택하고 바람에 쓸린 느낌으로 붓터치하여 카펫을 완성합니다.

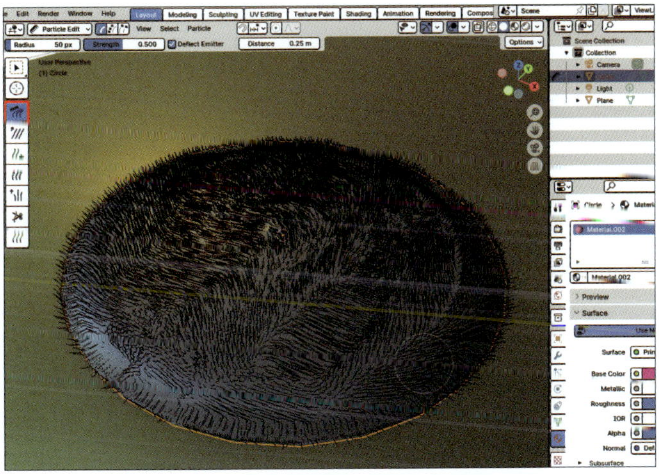

TIP 파티클에 관한 기능을 더 자세히 알아보고 싶다면 〈9장〉을 참고하세요.

7장

Low-poly

학 습 목 표

- 폴리곤 수가 낮은 Low-poly를 알아봅니다.
- Low-poly를 활용한 그래픽을 알아봅니다.
- 심플하고 플랫한 디자인으로 활용하는 Low-poly를 살펴봅니다.

7.1 Low-poly란?

Low-poly(이하 로우폴리)란 폴리곤 수를 최소화하여 3D 모델링하는 것을 의미합니다. 즉, 그래픽에 사용되는 메시 폴리곤의 수가 적은 메시로서 극적인 효과를 창출하는 것입니다. 로우폴리 메시는 영화부터 시작해서 최근 애니메이션, 게임 및 VFX(특수효과)까지 다양하게 활용되며, 하이 폴리곤과는 대조적인 표현 방식을 제공합니다. 단순하면서도 선명한 이미지보다는 단순한 캐릭터의 매력을 느낄 수 있고, 만화와 같은 공간을 표현하기에 적합하며, 용량이 작아 속도와 처리 능력면에서도 우수하다는 특성이 있습니다.

그림 7-1 로우폴리 작업물들

7.2 Character Low-poly

낮은 폴리 메시는 3D 모델링에서 중요한 요소입니다. 다각형의 면의 수를 무한정 사용하는 것이 가능하지만, 이는 시스템 부하와 컴퓨터 사양에 부담을 줄 수 있습니다. 로우폴리는 삼각형 형태의 메시로 변환될 때, 삼각형의 수가 많을수록 객체가 더 세세하게 표현되며, 계산 구조가 복잡해져 과도한 리소스 소모와 시스템 부하로 인해 프레임 속도가 감소할 수 있습니다. 이에 따라 낮은 로우폴리를 사용하면 삼각형 수를 줄일 수 있습니다.

그림 7-2 낮은 폴리 메시

임의의 다각형은 폴리곤 개수에 따라 프레임 렌더링 속도도 올라가게 되는데, 이로 인해 일반 게임 컴퓨터에서 프레임 속도가 떨어지거나 버벅거리는 현상이 발생할 수 있어 PC, 콘솔, 모바일 게임에서 사용자층이 제한되는 서비스가 될 수 있습니다. 따라서 로우폴리는 컴퓨터 성능에 부담을 줄이고 원활한 성능과 최적의 품질을 유지하는데 이점이 있습니다. 적절한 폴리곤 수를 조절하고 많은 메시를 계산하지 않고도 효율적인 폴리곤 개수를 고려하여 제작해야 합니다. 특히 캐릭터 모델링에는 많은 폴리곤 개수가 필요하지만, 충분한 캐릭터를 만드는 데 낮은 폴리곤 수를 사용하는 것이 시스템을 최적화할 수 있어 매우 중요합니다.

캐릭터 모델링을 시작할 때는 간단한 형태부터 시작하여 세부적인 디테일을 점차적으로 추가해야 합니다. 이를 '로우폴리 모델링'이라고 하며, 간단한 형태에서 시작하여 조금씩 디테일을 더해가는 과정을 의미합니다. 또한 박스나 기본 형태에서 시작하여 각 면의 세부적인 형태를 하나씩 정교하게 만들어 가는 방식입니다.

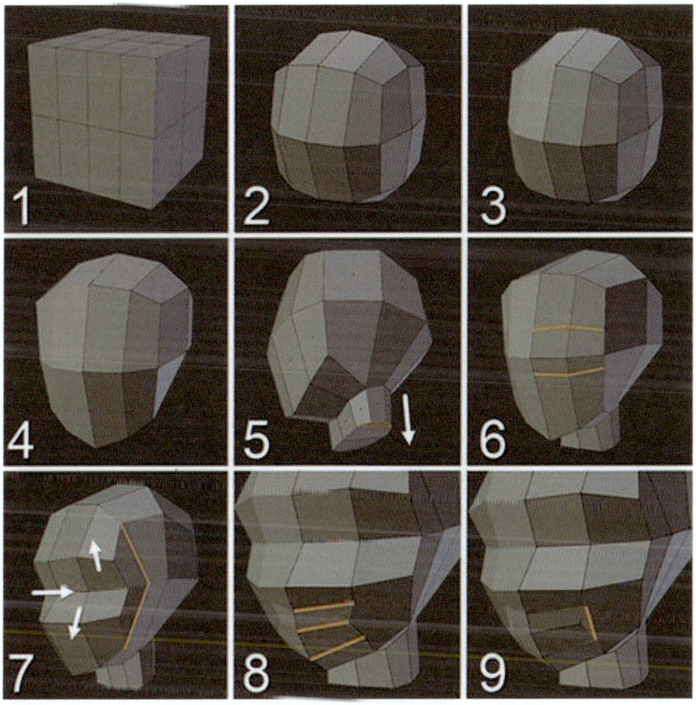

그림 7-3 로우폴리 얼굴 모델링 과정

7

Low-poly

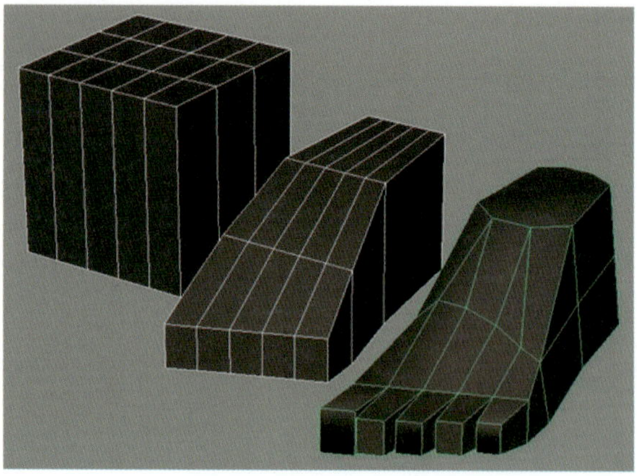

그림 7-4 로우폴리 발 모델링 과정

캐릭터 모델링을 시작할 때는 일반적으로 기본 모양인 Cube(정육면체), Sphere(구), Cylinder(원통) 등과 같은 유사한 형태를 선택하여 출발합니다. 이후에는 선택한 기본 모양을 기반으로 세부적인 모양을 만들어 나가는 과정을 거칩니다.

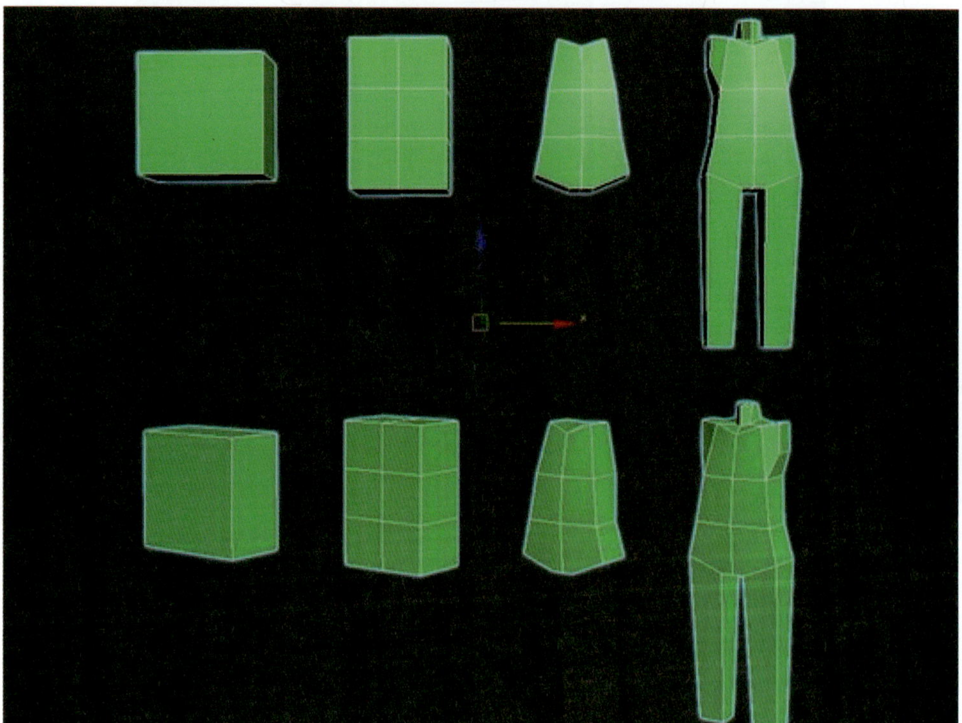

그림 7-5 캐릭터 모델링 과정

7.3 블렌더 실습 : 자연 환경 만들기

땅과 강, 돌, 나무 등 오브젝트를 로우폴리로 작업하여 자연 환경을 구성하겠습니다.

완성 파일 : 07\로우폴리_완성.blend

땅 기본 틀 만들기

❶ 블렌더를 실행하고 Shift+A를 눌러 표시되는 Add 창에서 Mesh → Cube를 실행합니다.
생성된 Cube 오브젝트를 선택하고 S-Z를 누른 다음 아래로 드래그하여 높이를 낮게 만듭니다.

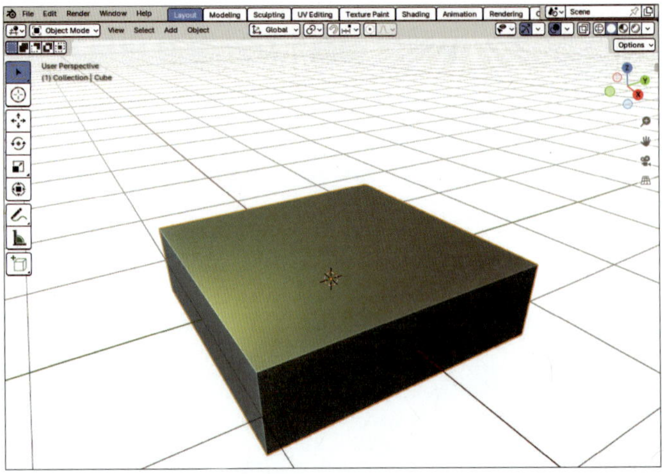

❷ Properties 패널의 [Render(■)] 탭을 선택하고 Render Engine을 'Cycles', Device를 'CPU Compute'로 지정합니다.

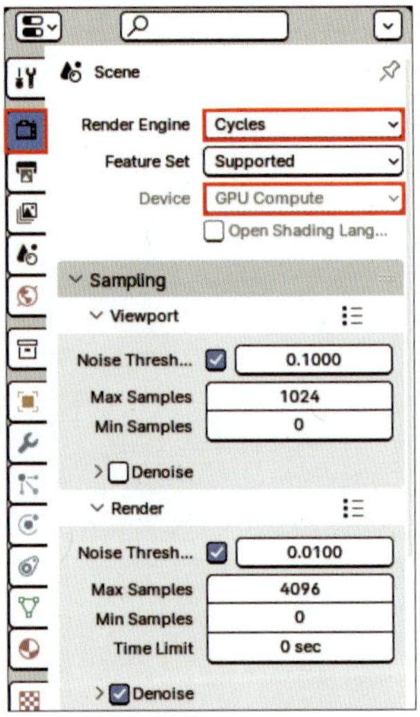

TIP 렌더링을 이렇게 설정했을 때 다음과 같은 장점이 있습니다. 자신의 하드웨어와 렌더링 요구에 따라 적절한 옵션을 선택하는 것이 좋습니다.

- Cycles : 블렌더의 물리 기반 렌더링 엔진으로, 사실적인 조명과 재질 표현을 지원합니다.
- CPU Compute : CPU를 사용하여 렌더링을 수행하며, 대부분의 시스템에서 사용할 수 있고 대규모 데이터셋 처리에 유리합니다.

❸ [Material(◉)] 탭을 선택하고 Base Color를 갈색 계열의 색상으로 지정합니다.

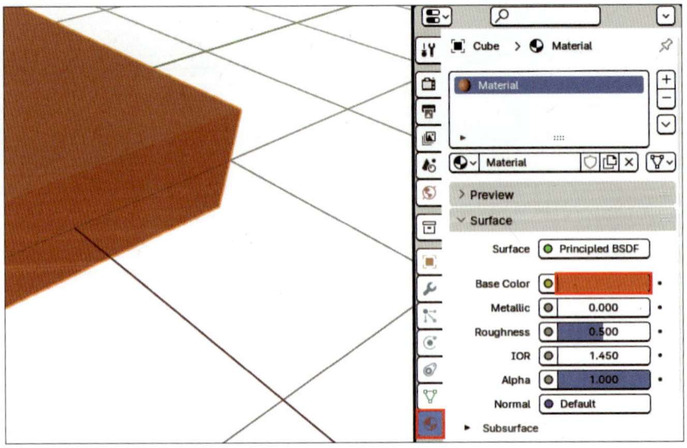

❹ 오브젝트에 텍스처를 추가하기 위해 웹브라우저에서 다운로드하겠습니다. BlenderKit(www.blenderkit.com) 사이트에 접속하고 메뉴에서 'MATERIALS'를 클릭합니다.

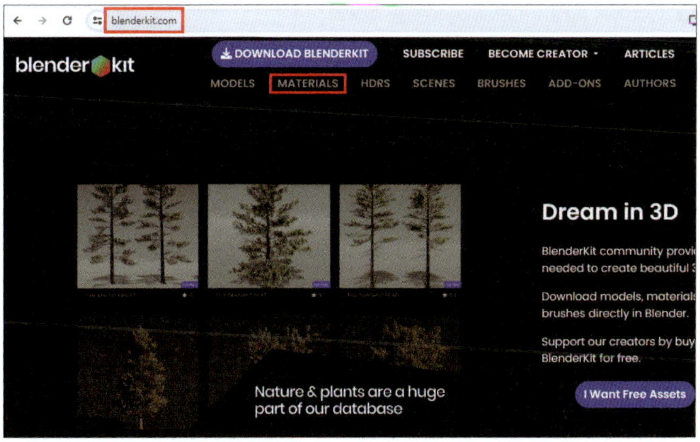

❺ 다양한 메테리얼들이 표시되면 원하는 메테리얼을 선택하여 다운로드합니다.

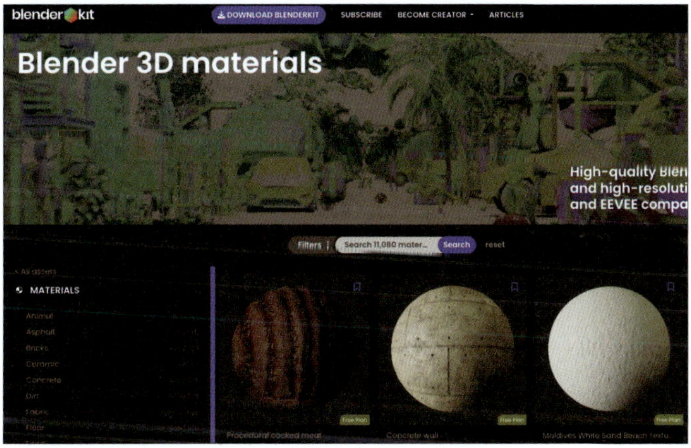

❻ 메테리얼을 다운로드했으면 다시 블렌더로 돌아옵니다. (World( )) 탭을 선택하고 Surface → Color → Environment Texture를 선택합니다.

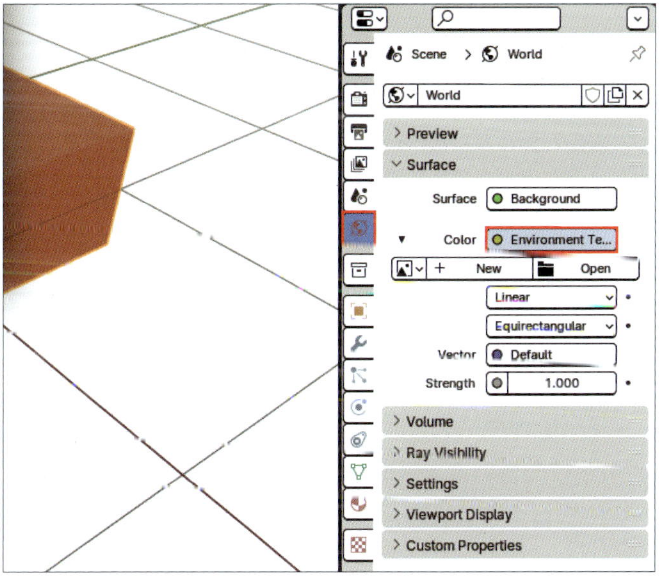

❼ 메뉴에서 [Edit] → Preferences를 실행하여 Blender Preferences 대화상자가 표시되면 [Add-ons] 탭을 선택하고 〈Install〉 버튼을 클릭합니다.

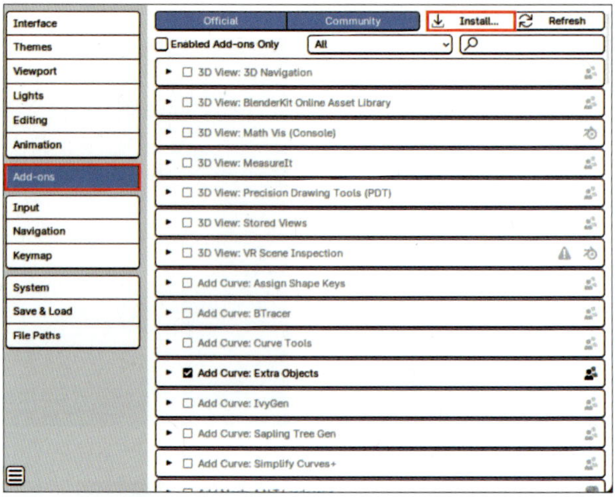

❽ Blender File View 대화상자가 표시되면 메테리얼을 다운로드한 폴더에서 'BlenderKit.zip' 파일을 선택하고 〈Install Add-on〉 버튼을 클릭합니다.

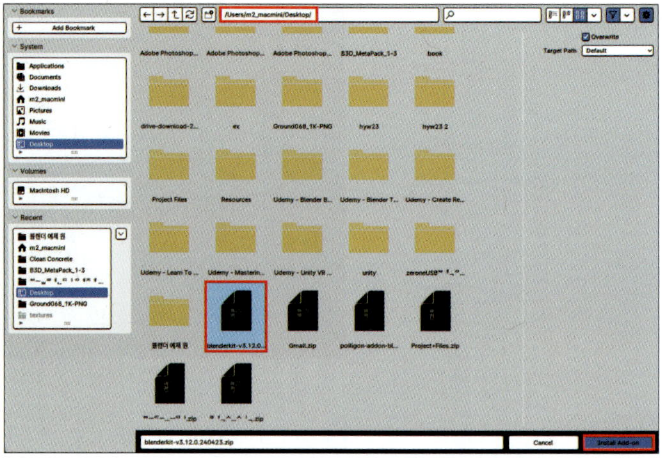

❾ 설정을 저장하기 위해 Blender Preferences 대화상자에서 'Save & Load' 아이콘(☰)을 클릭하고 'Save Preferences'를 선택합니다.

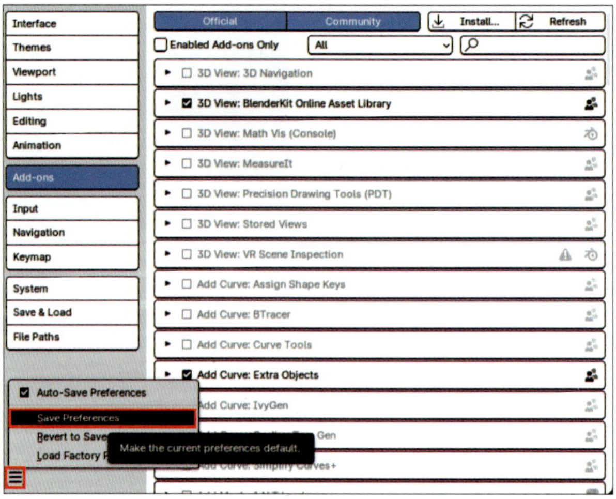

TIP 저장된 내용 경로 확인

저장된 내용 확인 경로는 OS에 따라 다음과 같습니다.

- Windows : C:\Users\user\AppData\Roaming\Blender Foundation\Blender\3.4\scripts\addons
- MAC : 응용프로그램 마우스 오른쪽 버튼 클릭 → 패키지 내용 보기 실행 /Applications/Blender.app/Contents/Resources/4.0/scripts/addons

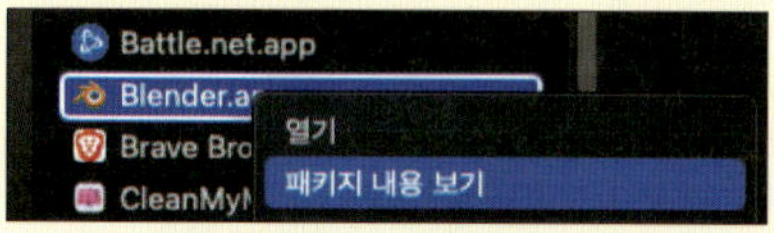

⑩ 이제 BlenderKit 사이트에서 원하는 자료를 선택하고 〈링크 복사〉 버튼을 클릭하면 자동으로 블렌더 오브젝트에 적용됩니다.

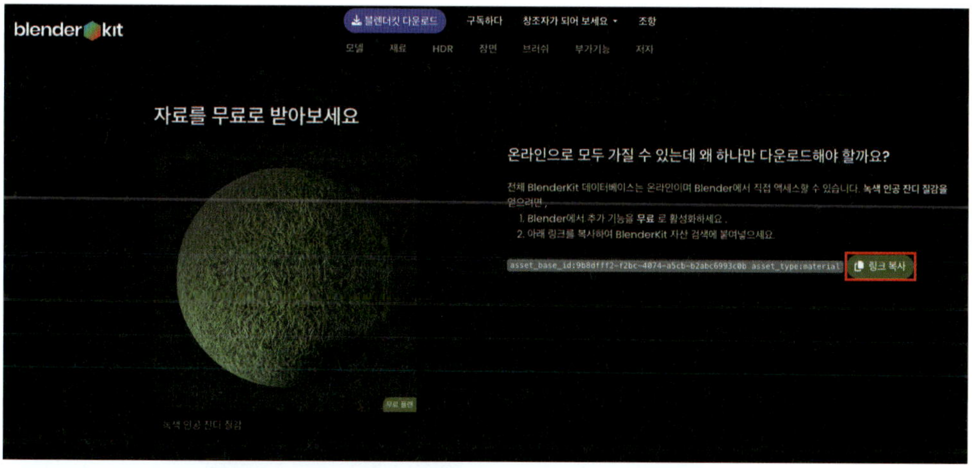

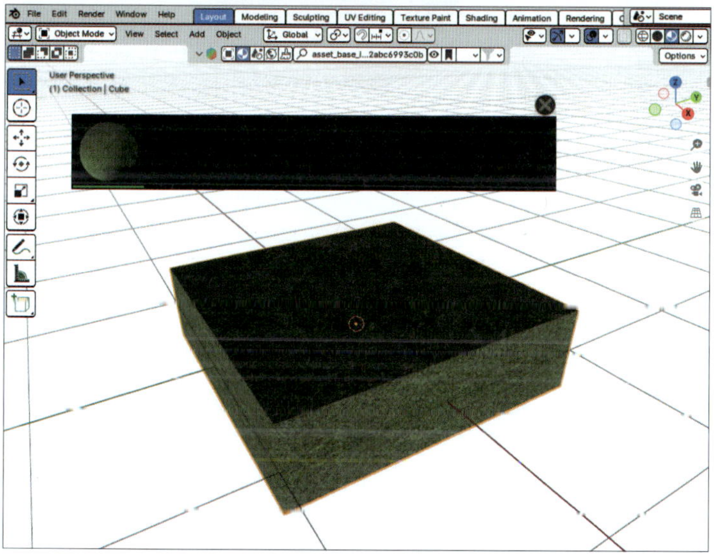

⑪ 예제에서는 메테리얼을 적용하지 않고 처음에 설정한 색상으로 진행하겠습니다. 오브젝트를 선택하고 수평선 위로 이동합니다. Shift+D를 눌러 복제한 Cube 오브젝트를 위로 이동하고 S를 눌러 사이즈를 좀 더 크게 만듭니다.

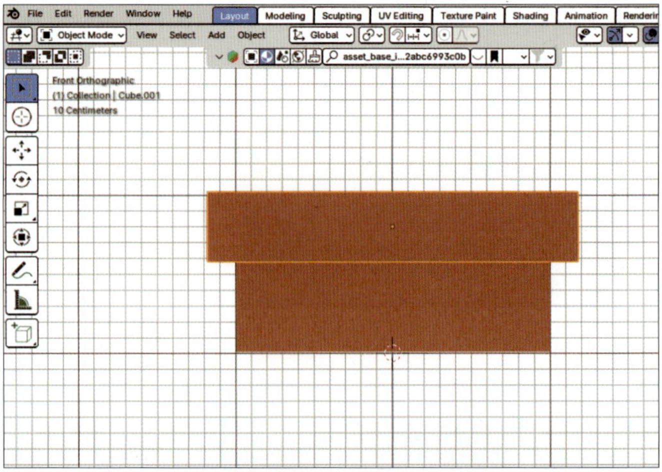

⑫ 복제한 Cube 오브젝트가 선택된 상태로 Tab을 눌러 Edit Mode로 이동합니다. Ctrl+R을 눌러 Loop Cut으로 가로선과 세로선을 생성합니다.

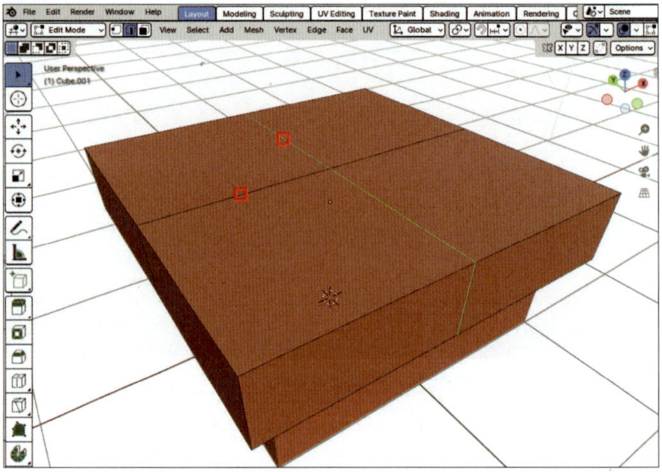

⑬ A를 눌러 모든 선을 선택하고 마우스 오른쪽 버튼을 클릭한 다음 Subdivide를 실행합니다.

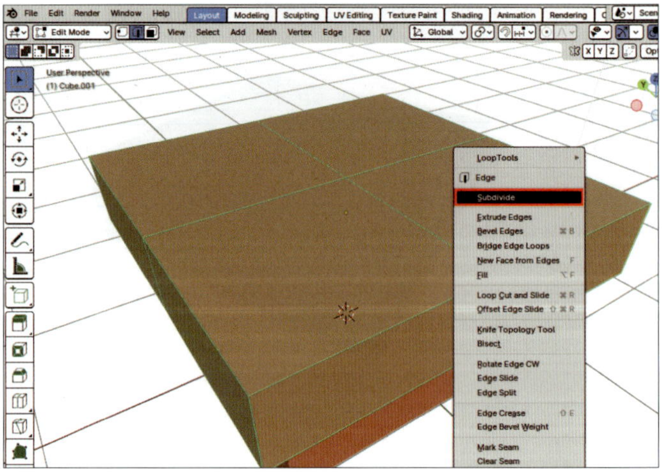

⑭ Ctrl+T를 눌러 Trangulate Faces를 적용해 면들을 삼각형으로 만듭니다.

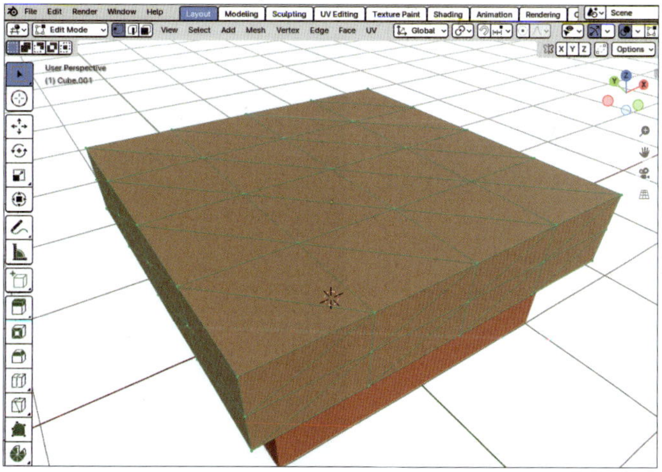

⑮ Header 패널에서 'Proportional Editing Falloff' 아이콘(⋀)을 클릭하고 표시되는 팝업 창에서 'Smooth'를 선택한 다음 'Connected Only'를 체크 표시합니다. 이제 연결된 것만 부드럽게 움직임을 줄 수 있습니다.

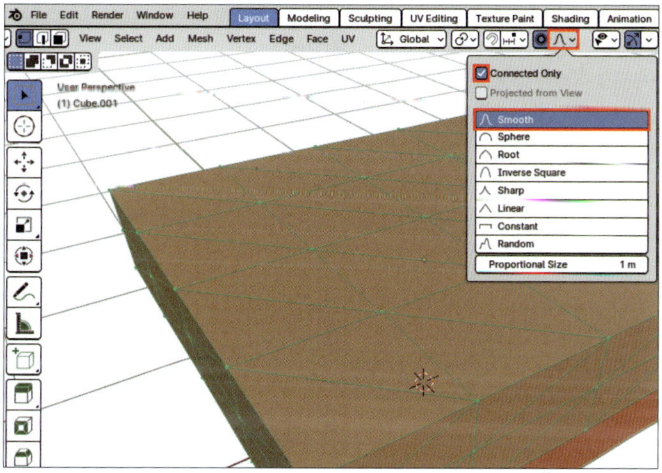

⑯ 설정이 끝나면 1을 눌러 선택 모드를 Vertex로 변경하고 이동할 점을 각각 선택한 다음 G를 눌러 이동해 그림과 같이 굴곡을 자유롭게 변형합니다.

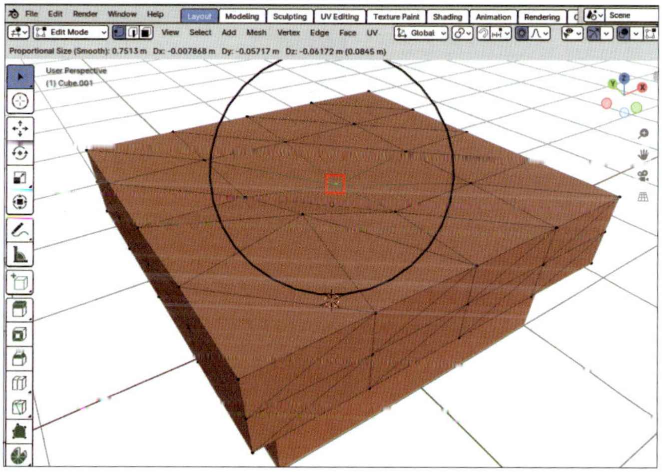

⑰ Tab을 눌러 Object Mode로 전환합니다. [Material(◉)] 탭에서 Surface → Base Color를 연두색 계열 색상으로 지정합니다.
Header 패널에서 'Rendered' 아이콘(◎)을 클릭하여 모드를 변경해 확인합니다.

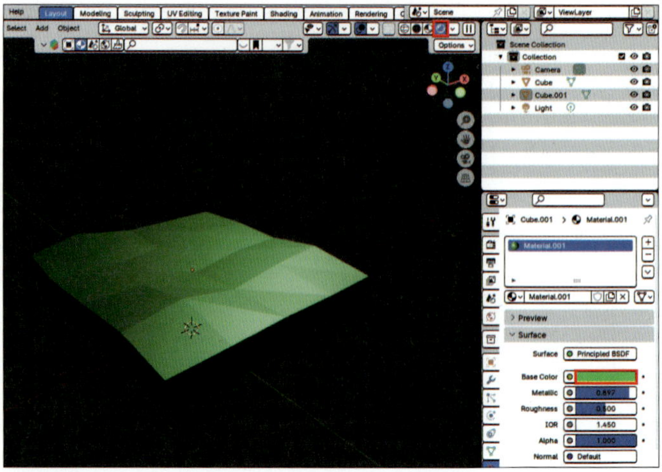

⑱ 다시 연두색으로 지정한 오브젝트를 선택하고 Tab을 눌러 Edit Mode로 전환한 다음 Shift+A를 눌러 Mesh → Cube 오브젝트를 생성합니다.

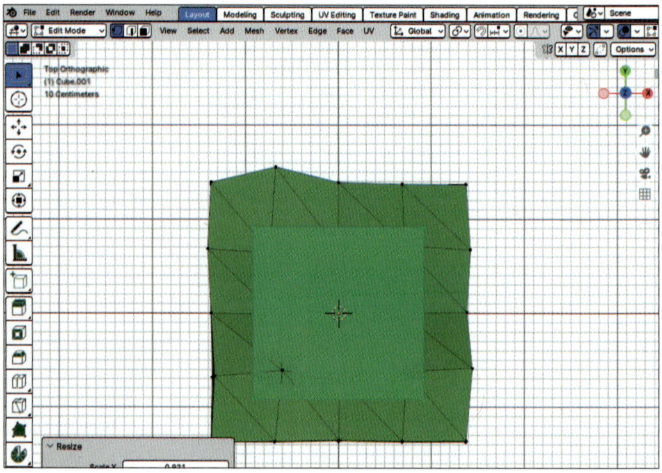

⑲ S를 눌러 생성한 Cube 오브젝트를 그림과 같이 중앙으로 길게 만듭니다.

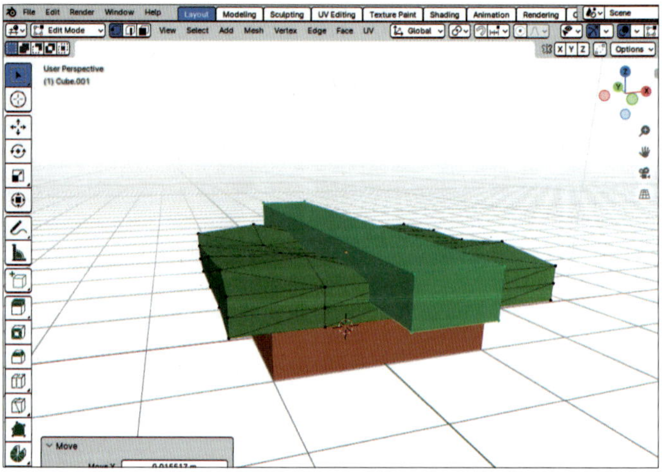

⓴ 같은 오브젝트에서 만들었기 때문에 분리하는 작업을 진행하겠습니다. 길게 만든 Cube 오브젝트를 선택하고 P를 눌러 표시되는 Separate 창에서 Selection을 실행하여 분리합니다.

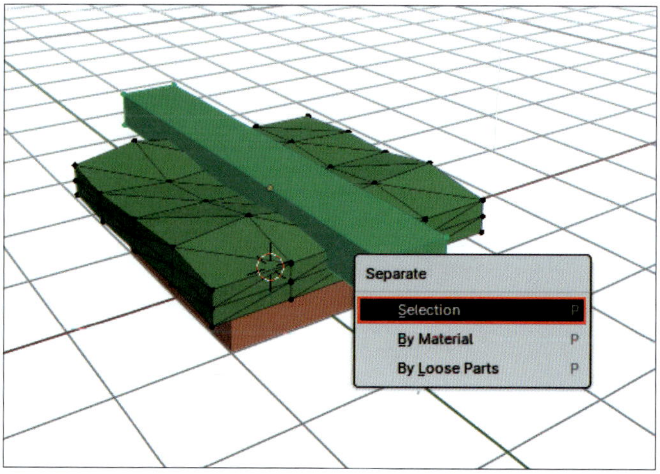

> **TIP** 별도로 Object Mode에서 만들었다면 분리 작업을 하지 않아도 됩니다.

㉑ 분리한 긴 Cube 오브젝트를 선택하고 Ctrl+R를 눌러 Loop Cut으로 3개의 선을 만들어 나눈 다음 G를 이용하여 그림과 같이 비스듬히 좌우로 비틀비틀하게 만듭니다.

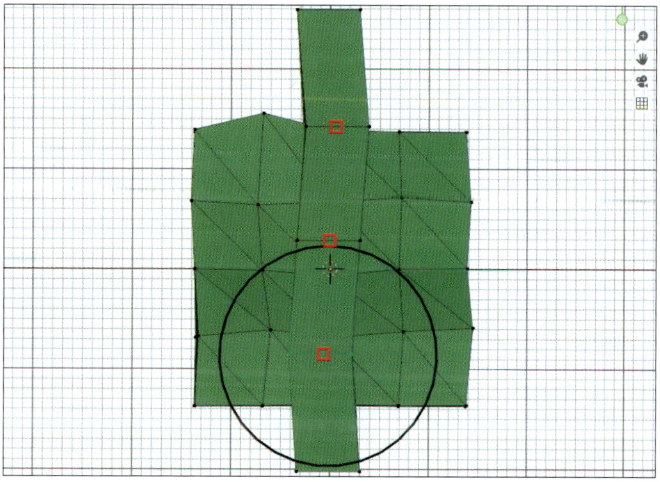

> **TIP** 이렇게 작업하려면 'Proportional Editing Falloff' 아이콘(⋀)을 클릭하고 표시되는 팝업 창에서 'Smooth'를 선택한 다음 'Connected Only'를 체크 표시하여 비례 편집을 이용해야 합니다.

㉒ 긴 Cube 오브젝트를 선택하고 Properties 패널에서 [Modifiers(🔧)] 탭을 선택한 다음 'Add Modifier'를 클릭한 후 Generate → Boolean을 실행합니다.
Boolean 설정 창에서 Object를 틀판이 될 Cube 오브젝트로 지정하고 Outliner 패널에서 '눈' 아이콘(👁)을 클릭하여 오브젝트만큼 삭제된 것을 확인합니다.

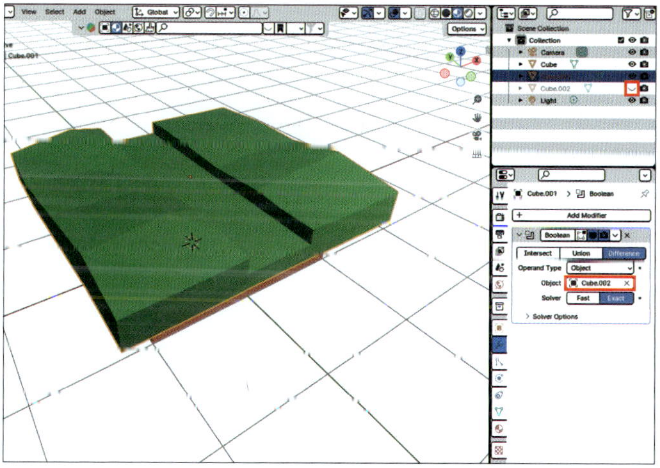

흐르는 강 만들기

❶ Object Mode에서 Shift+A를 눌러 Mesh → Plane 오브젝트를 생성하고 강물의 형태로 만들기 위해 S를 눌러 오브젝트를 길게 늘립니다.

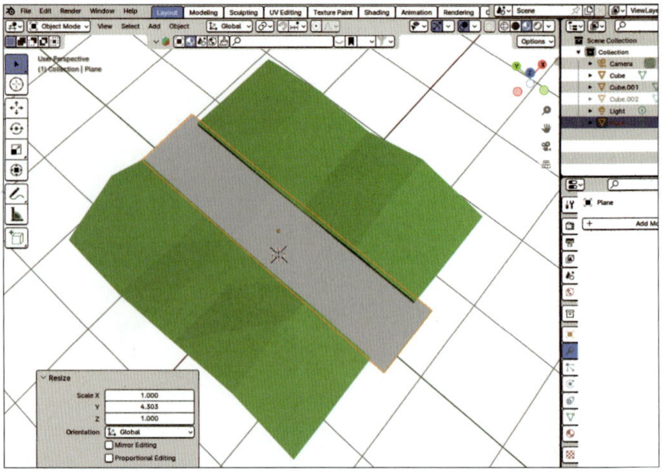

❷ Plane 오브젝트를 선택하고 Tab을 눌러 Edit Mode로 전환합니다. 끝 쪽 점이나 선을 선택하고 E를 눌러 Extrude로 면을 추출하여 강물이 흐르는 효과를 만듭니다.

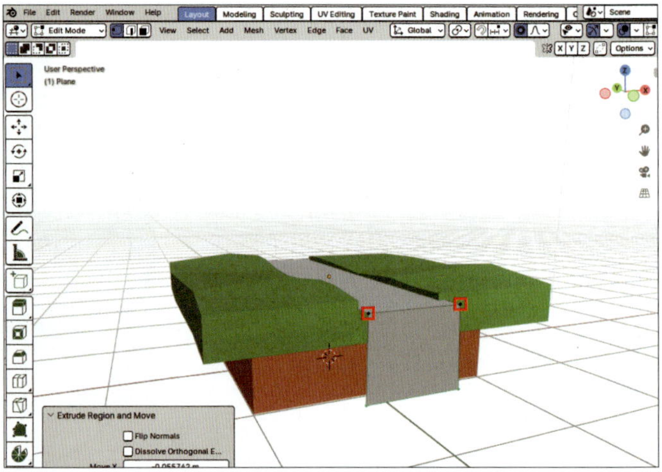

❸ Ctrl+R를 눌러 Loop Cut으로 선을 추가해 그림과 같이 면을 나눕니다.

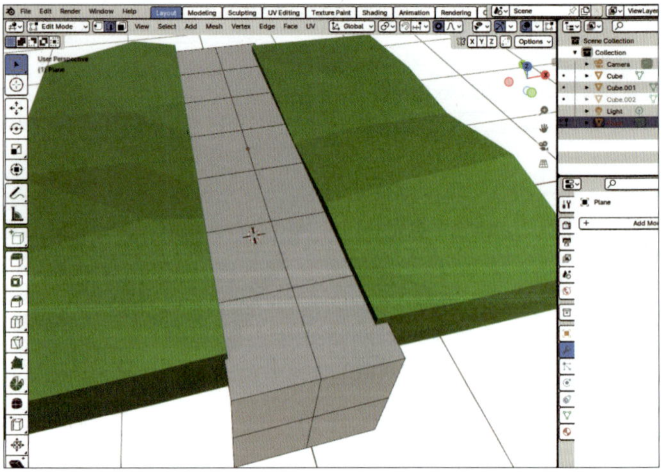

❹ Header 패널에서 'Proportional Editing Falloff' 아이콘(⋀)을 클릭하고 표시되는 팝업 창에서 'Random'을 선택합니다.

❺ 각 점들을 선택하여 G를 이용해 그림과 같이 불규칙적으로 물결 느낌을 표현합니다.

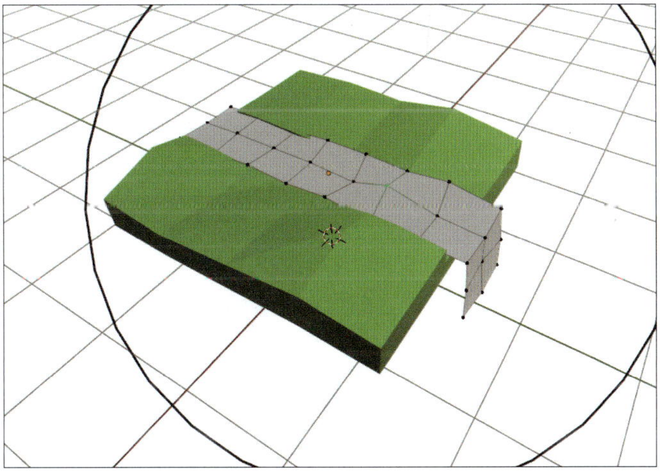

❻ Tab을 눌러 Object Mode로 전환하고 〔Modifiers(🔧)〕 탭을 선택하고 'Add Modifier'를 클릭한 다음 Generate → Solidify를 실행하여 일정한 두께를 줍니다.

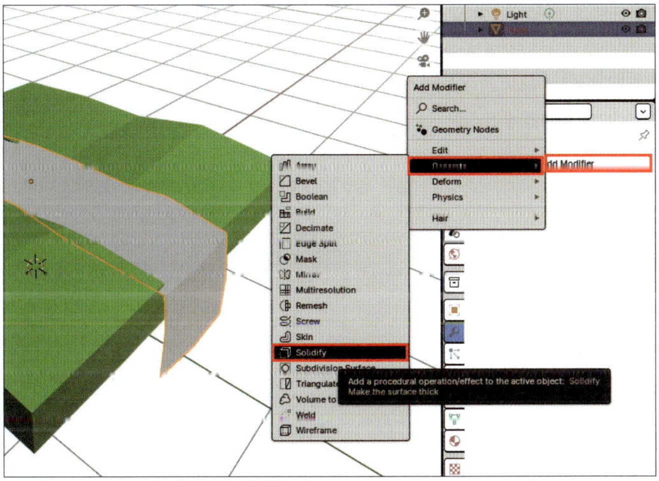

❼ 창을 분할하여 작업하겠습니다. 창의 경계선에서 마우스 오른쪽 버튼을 클릭한 다음 Vertical Split를 실행하여 2개의 창으로 만듭니다.
왼쪽 화면 Header 패널의 'Edit Type' 아이콘( )을 클릭하고 'Shader Editor'를 선택합니다.

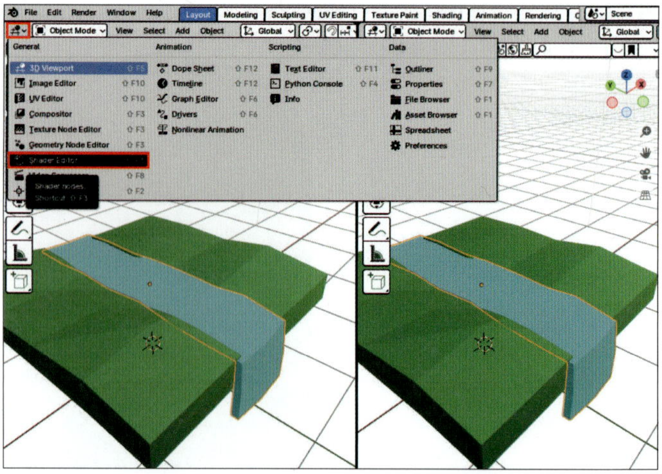

❽ 왼쪽 화면이 Shader Editor 패널로 변경되면 Principled BSDF 노드의 Specular IOR Level을 '1'로 설정합니다.

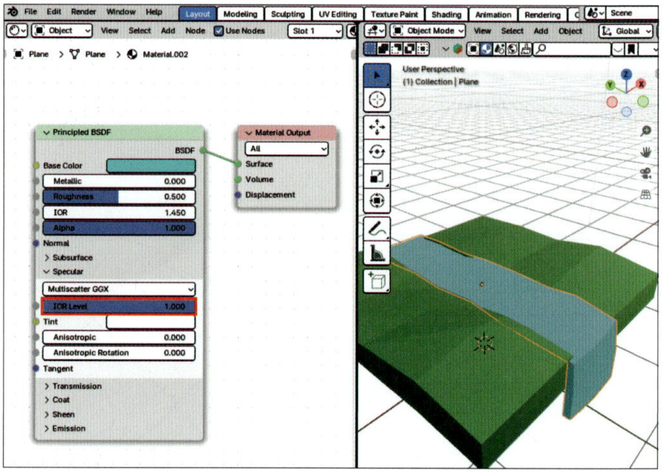

❾ 노드를 생성하기 위해 Shader Editor 패널에서 Shift+A를 눌러 표시되는 Add 창에서 Shader → Mix Shader를 실행합니다.

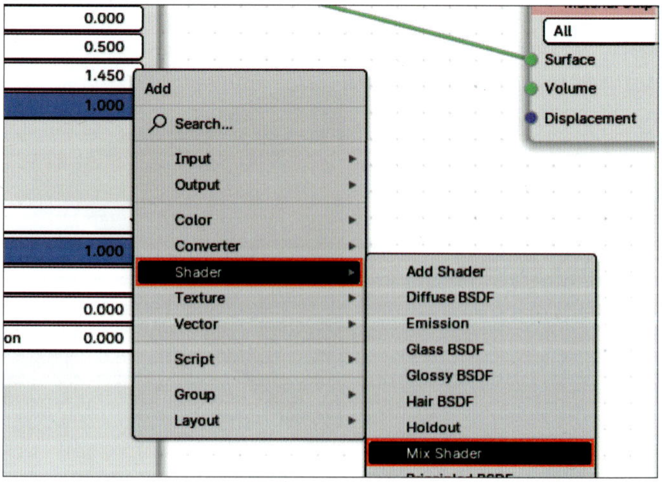

⑩ Mix Shader 노드를 선택하고 Shift+D를 눌러 복제하고 그림과 같이 소켓을 연결하여 배치합니다.

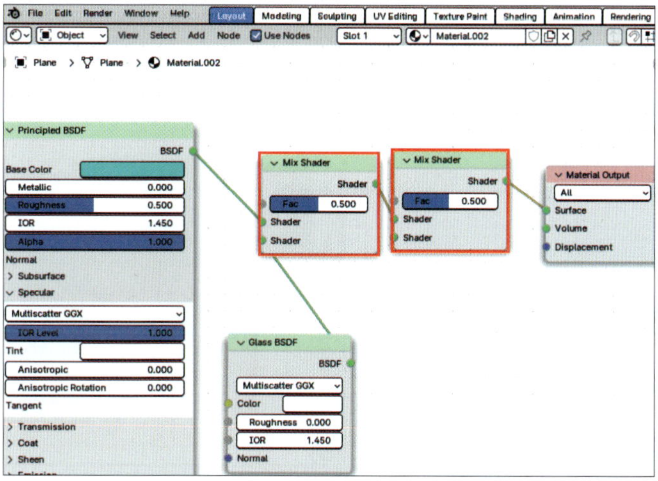

TIP 노드에 관한 기능을 더 자세히 알아보고 싶다면 〈9장〉을 참고하세요.

⑪ Principled BSDF 노드와 연결한 Mix Shader 노드의 Fac을 '0.2', Material Output 노드와 연결한 Mix Shader 노드의 Fac을 '0.01'로 설정합니다.
추가적으로 Shift+A를 눌러 Shader → Glossy BSDF 노드를 생성하고 두 번째 Mix Shader 소켓에 연결합니다.

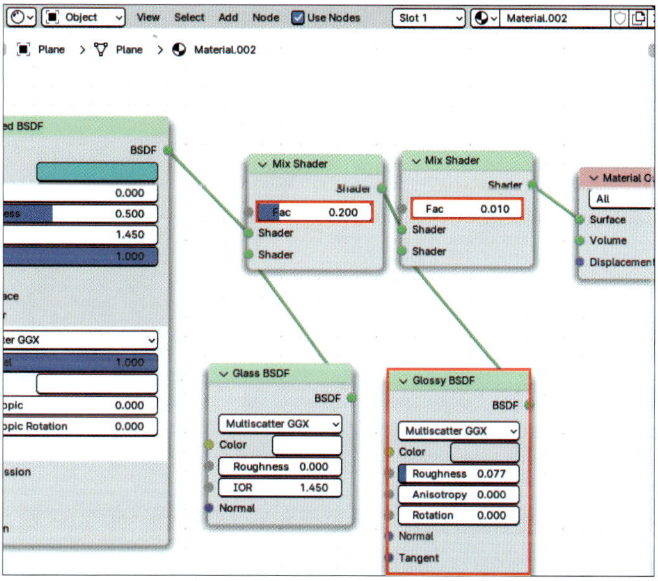

TIP 이 기능은 불투명하게 값을 조금 더 내려주면서 실제 작품이 파스텔톤으로 어울릴 수 있게 합니다.

⑫ 3D Viewport 패널에서 Shift+A를 눌러 Light → Sun을 실행해 조명을 생성합니다. Properties 패널에서 [Object Data( )] 탭을 선택하고 Color를 노란색 계열로 지정한 다음 Strength를 '3'으로 설정합니다. 숫자 키패드 7을 눌러 Top View로 시점을 변경하고 그림과 같이 위치를 조정합니다.

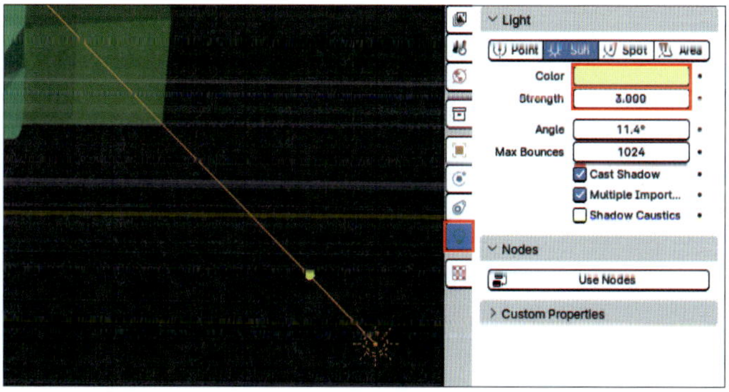

⓭ 강물의 줄기가 끝까지 내려갈 수 있게 조절하겠습니다. 강으로 만든 오브젝트를 선택하고 Tab을 눌러 Edit Mode로 전환합니다. 끝부분 점을 선택하고 그림과 같이 길게 늘이거나 이동합니다.

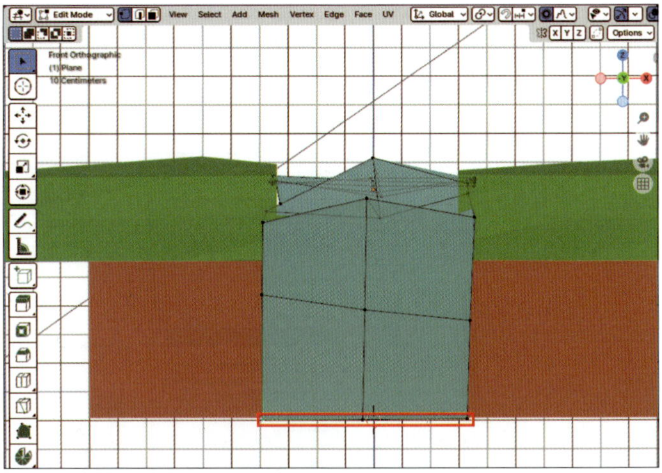

⓮ 조절이 끝나면 A를 눌러 강물을 모두 선택하고 Ctrl+T를 눌러 사선을 만듭니다. Low-poly 형태의 강물을 완성하였습니다.

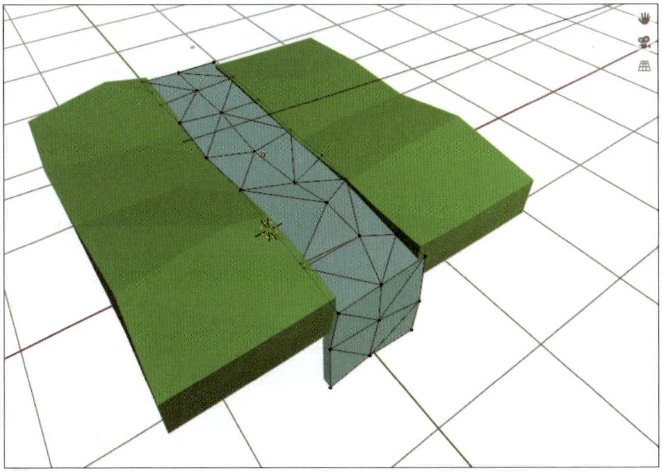

각진 나무 만들고 배치하기

❶ Tab을 눌러 Object Mode로 전환합니다. Shift를 누른 상태로 그림과 같은 위치를 마우스 오른쪽 버튼으로 클릭하여 3D Cursor를 위치하고 Shift+A를 눌러 Mesh → Cube 오브젝트를 생성한 다음 S를 눌러 크기를 줄입니다.

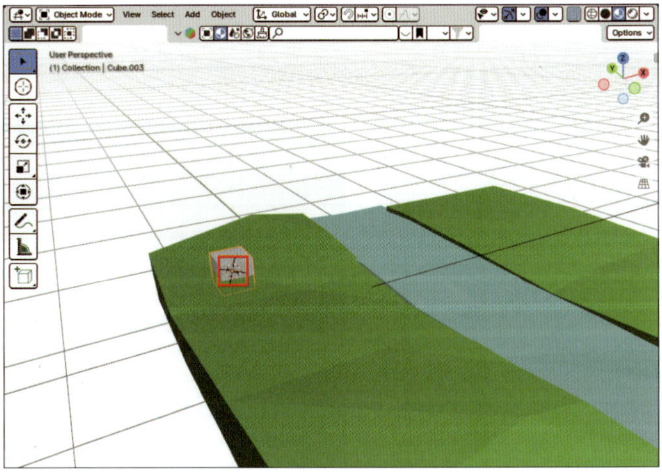

❷ 새로 생성한 Cube 오브젝트를 선택한 상태로 Tab을 눌러 Edit Mode로 전환합니다. 3을 눌러 선택 모드를 Face로 선택하고 윗면을 선택한 다음 E-S를 눌러 면을 넓게 만듭니다.

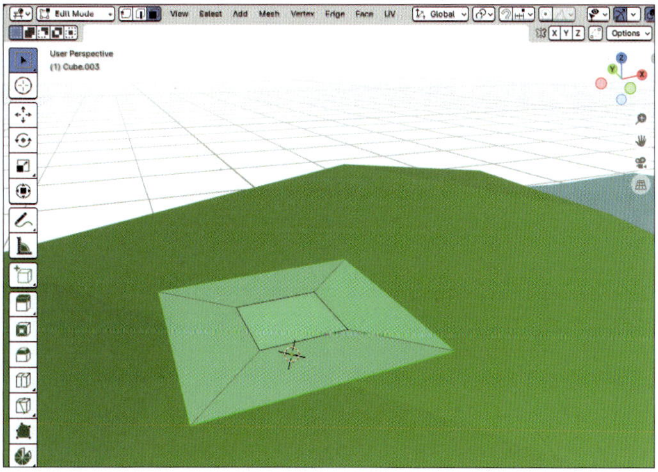

❸ Header 패널에서 'Proportional Editing Falloff' 아이콘(⋀)을 클릭하고 표시되는 팝업 창에서 'Smooth'를 선택하여 비례 편집을 초기화 값으로 변경합니다.

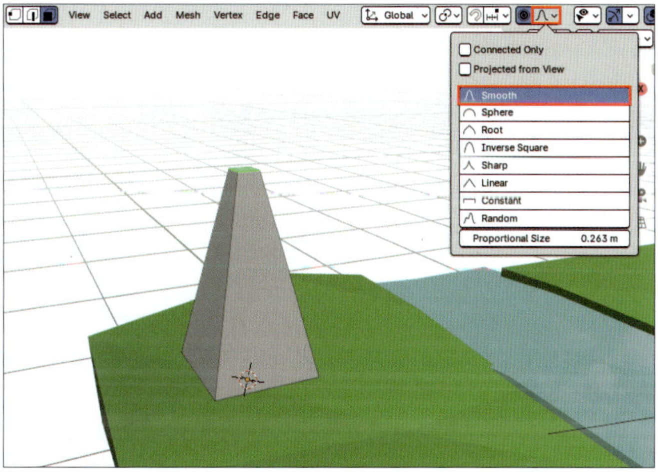

❹ S를 누르고 휠을 움직이면서 끝쪽 모서리가 될 수 있게 줄여줍니다.

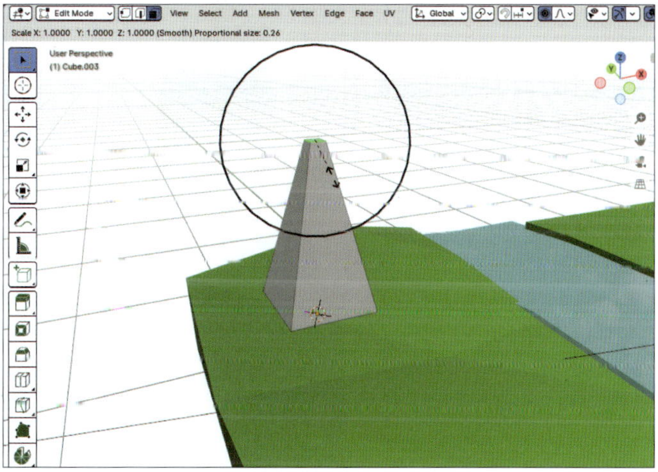

❺ Loop Cut(Ctrl+R)으로 선을 추가하고 Move(G)와 Proportional Editing(O)을 이용하여 기울어지게 만듭니다.

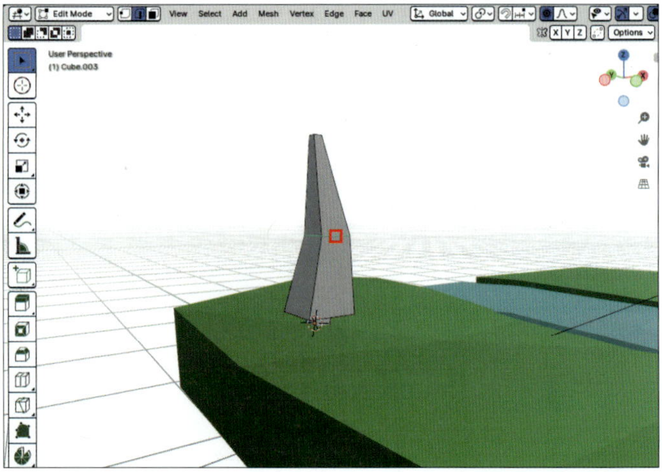

❻ Object Mode로 전환합니다. Properties 패널에서 [Material()]을 선택하고 Base Color를 초록색 계열로 지정합니다.

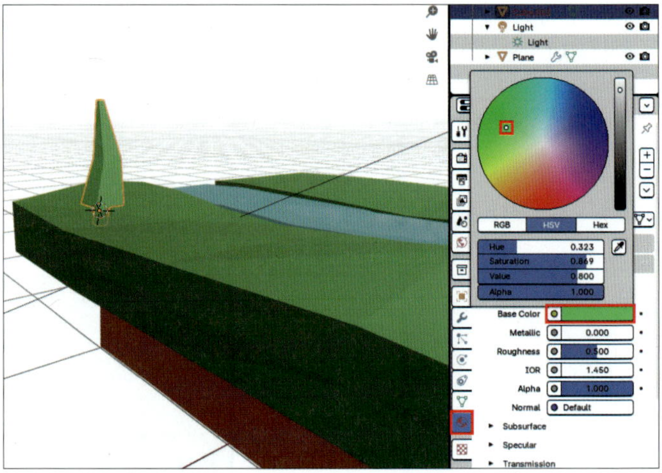

❼ 아랫부분은 나무 기둥인 갈색으로 만들기 위해 Tab을 눌러 Edit Mode로 전환합니다. Alt+Z를 눌러 Toggle X-Ray를 활성화하고 나무 기둥 부분의 면을 선택한 다음 Properties 패널에서 Base Color를 갈색으로 지정한 후 〈Assign〉 버튼을 클릭합니다.

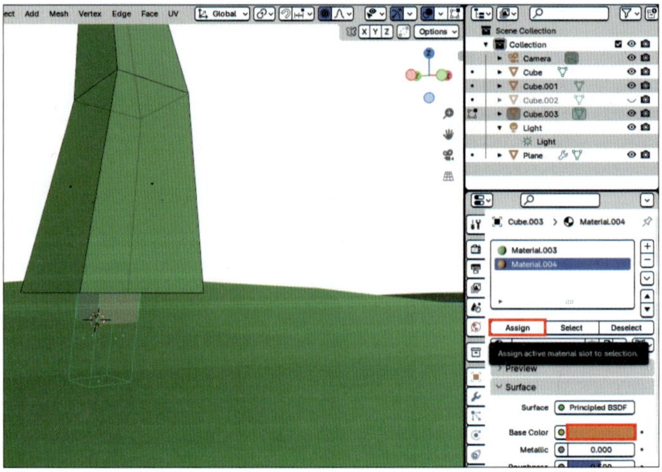

❽ 같은 방법으로 옆에 동일하게 하나 더 나무를 만듭니다.

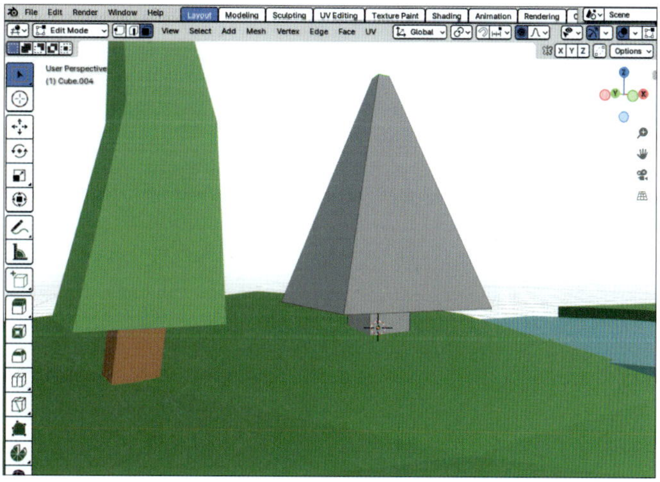

❾ Loop Cut(Ctrl+R)으로 선을 추가하고 Scale(S)을 이용하여 줄입니다.

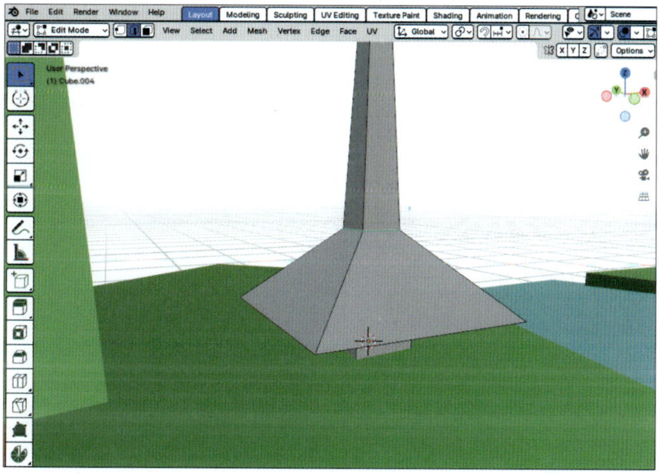

❿ 다시 Loop Cut(Ctrl+R)으로 선을 추가하고 Scale(S)을 이용하여 줄입니다. 크기를 늘려 그림과 같이 나무의 형태를 만듭니다.

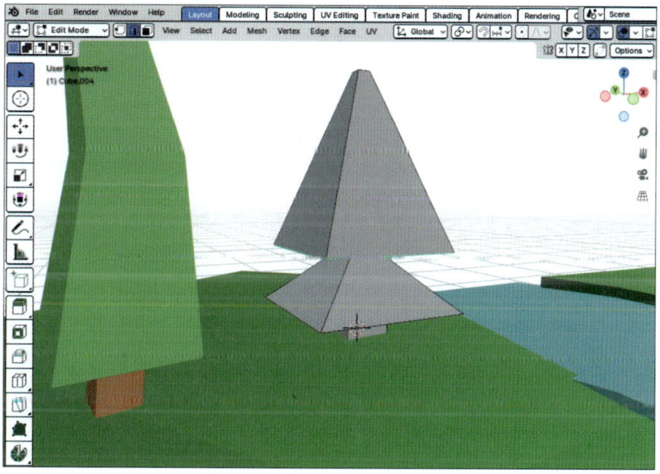

⓫ 같은 방법으로 3단 높이의 나무 모양을 만듭니다.

⓬ 앞서 만든 나무에 적용한 것과 같은 방법으로 메테리얼을 적용합니다.

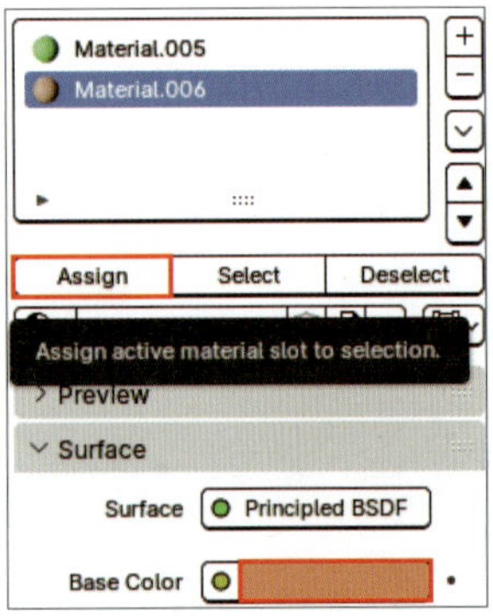

⓭ Tab을 눌러 Object Mode로 전환하고 숫자 키패드 7를 눌러 Top View로 시점을 변경합니다. 각 나무를 선택하고 Shift+D를 눌러 복제한 다음 S와 R을 이용하여 회전과 크기를 변경하여 배치합니다.

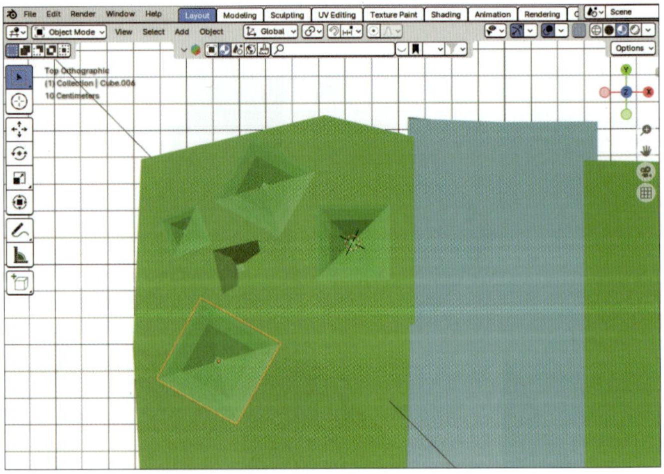

⓮ 조명을 새로 생성하겠습니다. Shift+A를 누르고 Light → Point를 실행합니다.
Properties 패널에서 〔Object Data(💡)〕 탭을 선택하고 Color를 파란색 계열로 지정한 다음 Power를 '200' 이상으로 설정하여 배치합니다.

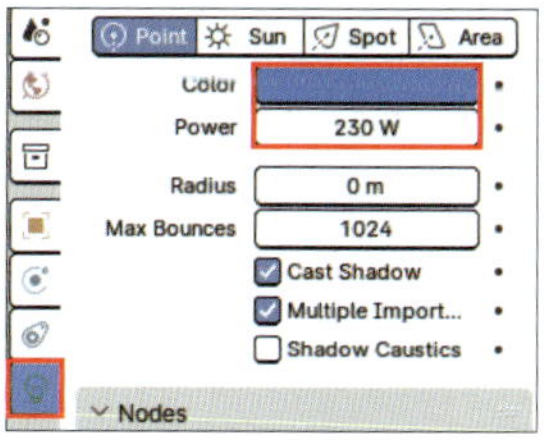

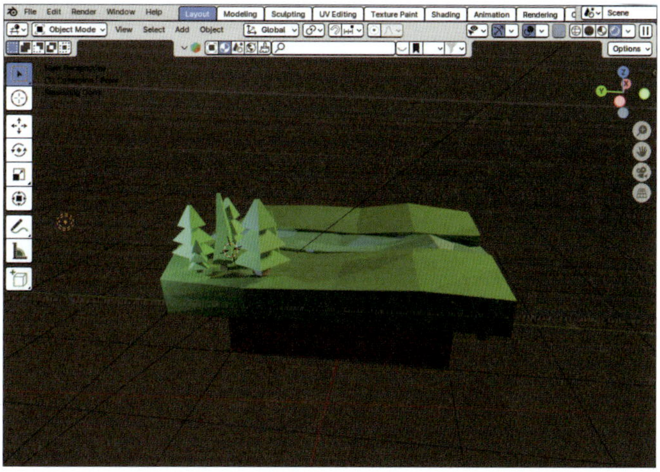

⓯ 만든 나무 오브젝트들을 모두 선택하고 Shift+D를 눌러 복제한 다음 R와 S를 이용하여 회전과 크기를 조절하여 숲을 형성합니다.

바위와 둥근 나무 만들기

❶ Shift를 누른 상태로 반대쪽을 마우스 오른쪽 버튼으로 클릭해 3D Cursor 위치를 이동합니다.
Shift+A를 눌러 Mesh → Ico Sphere를 실행하여 생성하고 Operation 패널에서 Subdivisions를 '1'로 설정한 다음 S를 눌러 크기를 줄입니다.

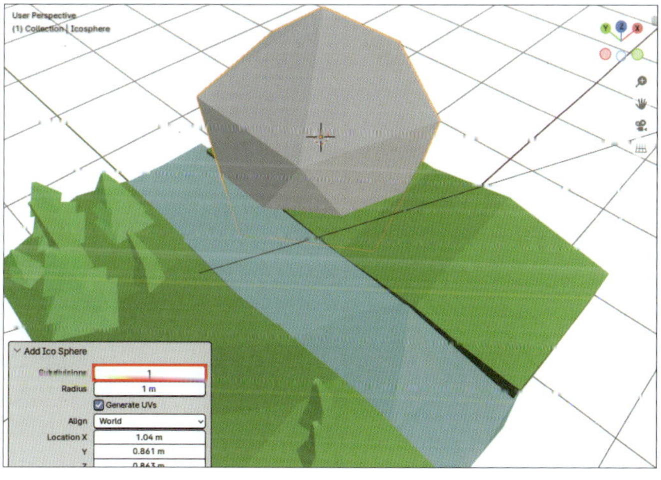

❷ Ico Sphere 오브젝트를 선택하고 Tab을 눌러 Edit Mode로 전환합니다. 1을 눌러 선택 모드를 Vertex로 변경하고 각 점을 선택한 다음 G와 Proportional Editing(O)을 이용하여 돌기둥을 만듭니다.

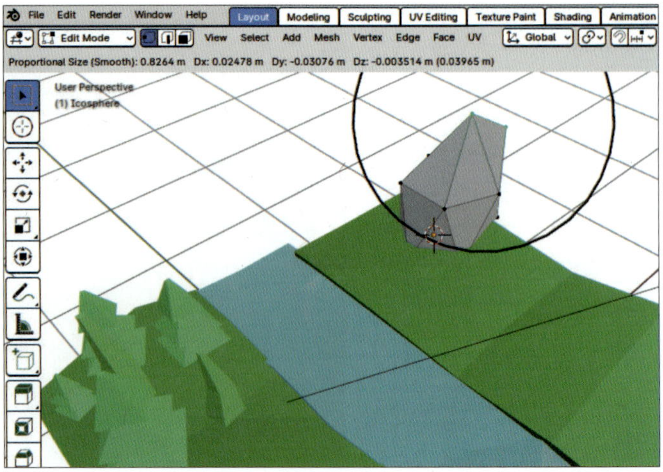

❸ Tab을 눌러 Object Mode로 전환하고 돌기둥과 나무를 복제해서 랜덤하게 배치합니다.

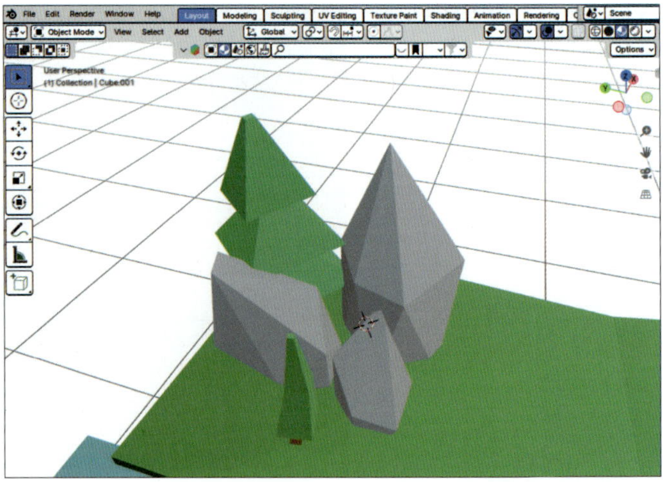

❹ 둥근 나무를 만들기 위해 Shift+A를 눌러 Mesh → Ico Sphere를 실행합니다. 생성한 오브젝트도 복제하여 랜덤하게 배치하고 다양한 색상을 적용합니다.
복제한 오브젝트들을 모두 선택하고 마우스 오른쪽 버튼을 클릭하여 Join(Ctrl+J)를 실행해 오브젝트를 하나로 합칩니다.

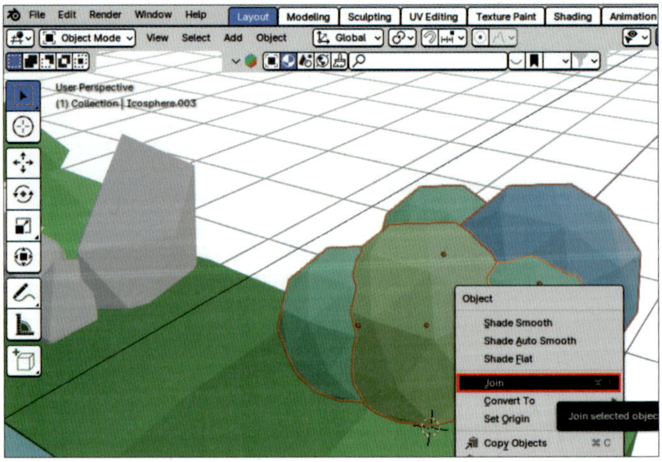

❺ 하나로 합친 오브젝트를 선택하고 Tab을 눌러 Edit Mode로 전환합니다. 오브젝트의 아랫면을 모두 선택하고 E를 눌러 추출한 Scale(S)과 Proportional Editing(O)을 이용하여 중앙 초점으로 하나에 가깝게 줄입니다.

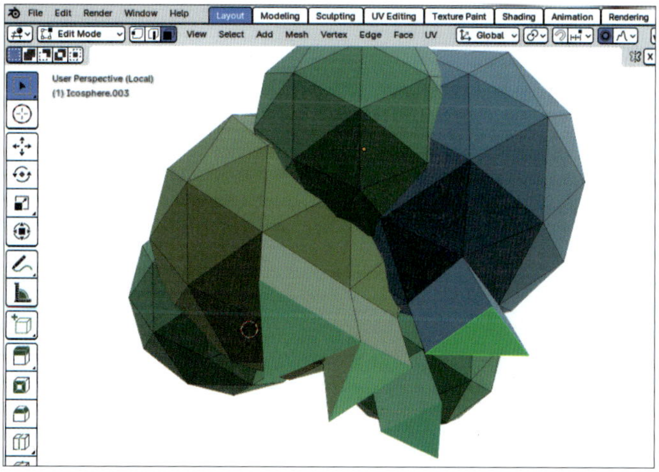

❻ Tab을 눌러 Object Mode로 전환하고 원기둥 오브젝트를 만들어 나무 기둥이 되도록 배치합니다. Shift를 눌러 오브젝트를 모두 선택하고 Ctrl+P를 눌러 합친 다음 랜덤하게 복제 후 자유롭게 배치합니다.

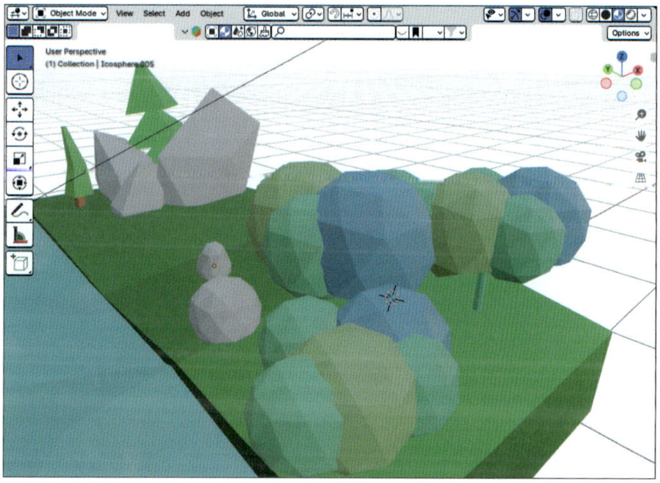

❼ 같은 방법으로 Ico Sphere를 하나 더 생성하고 색상을 다르게 만든 다음 비례 편집으로 형태를 자유롭게 수정합니다. 형태가 완성되면 복제하여 돌기둥 사이 사이에 배치하여 꾸며 줍니다.

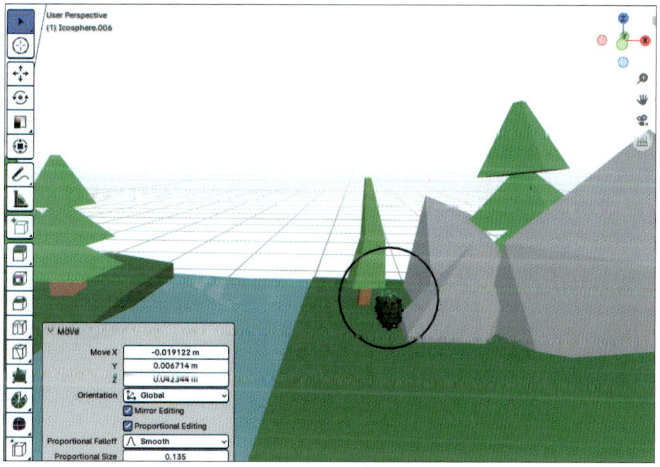

❽ 강물 위로 돌기둥을 만들고 같은 방법으로 랜덤하게 배치해서 자연스러움을 만듭니다.

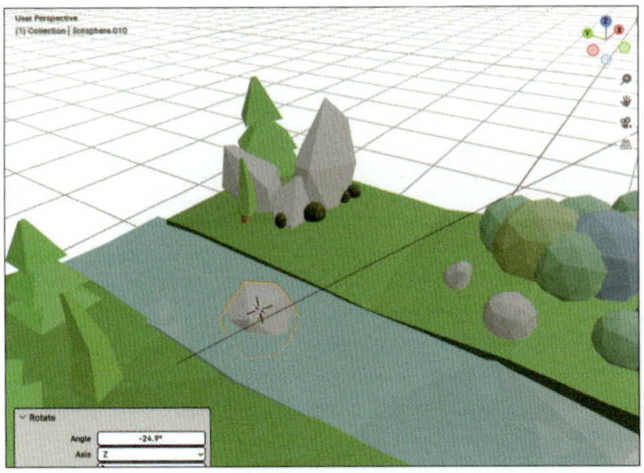

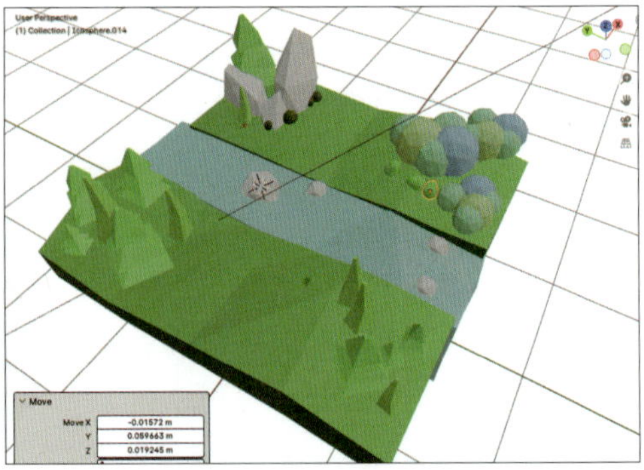

❾ Shift를 누른 상태로 반대쪽을 마우스 오른쪽 버튼으로 클릭하여 3D Cursor를 이동합니다. Shift+A를 눌러 Mesh → Circle을 실행하여 생성하고 각도를 '7~9' 사이로 설정하여 작게 만듭니다.

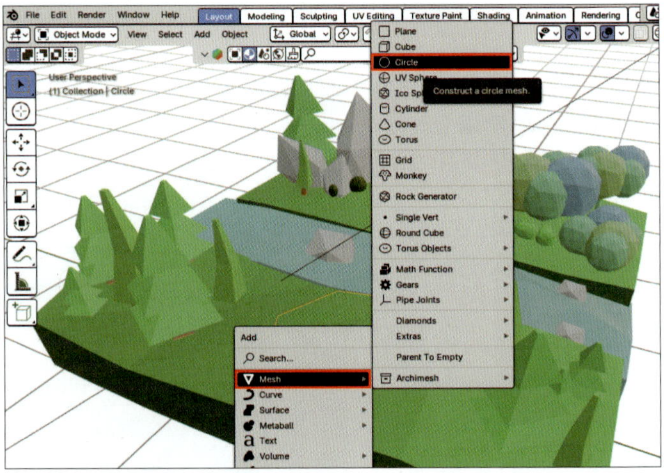

❿ 원 오브젝트를 선택하고 Tab을 눌러 Edit Mode로 전환합니다. E-S를 눌러 안쪽 면을 추출하고 F를 눌러 마지막에 면을 채웁니다. Proportional Editing(O)을 랜덤하게 선택하고 S와 G를 이용하여 모래가 있는 공간으로 연출합니다.

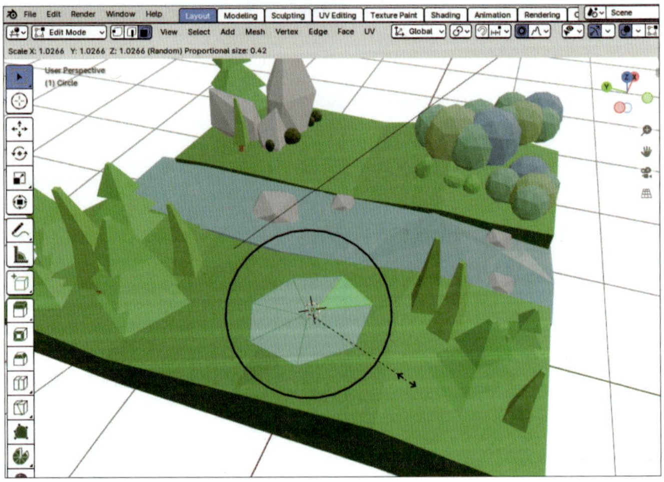

⑪ 흙, 모래와 가까운 색상으로 지정하고 크기와 위치를 랜덤하게 돌기둥을 몇 개 더 만들어 배치해서 마무리합니다.

TIP 렌더링과 이미지 저장 방법

Sidebar(N)의 [View] 탭 → View Lock의 'Camera to View'를 체크 표시하여 이미지로 추출할 부분을 앵글 안에 위치시키고 메뉴에서 [Render] → Render Image(F12)를 실행합니다.

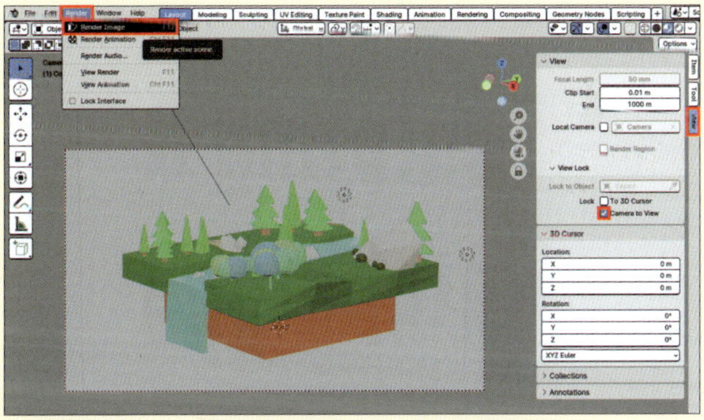

Blender Render 대화상자가 표시되면 렌더링이 자동으로 진행됩니다. 상단에 렌더링 진행 과정 시간을 보여 주며, 렌더링 과정이 완료되면 [Image] → Save를 실행하여 이미지를 저장합니다.

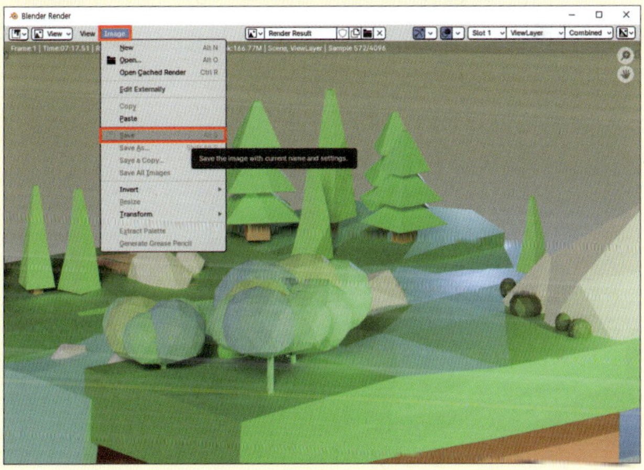

7
Low-poly

8장

Sculpting & Retopology

학 습 목 표

- 모델링을 정교하게 하거나 디테일한 모델링을 추구할 때 사용하는 Sculpting 기초를 알아봅니다.
- Sculpting 모드를 살펴봅니다.
- Retopology 작업을 알아봅니다.

8.1 Sculpting

Sculpting이란?

Sculpting(이하 스컬프팅)은 기본적으로 메시 표면을 사용한 모델링을 하고 유기적인 형태를 다듬기 위해 찰흙을 조각하는 것을 의미합니다. 이는 깎고 붙이고 칼질하여 지점토와 같은 형태를 만들어냅니다. 모든 도구를 다 익힐 수는 없으며, 자주 사용하는 도구를 중심으로 처음부터 모든 것을 완벽하게 이해하려 하지 않고, 가장 중요한 것부터 숙지하는 것이 좋습니다. 느낌을 이해하면서 학습해 나가는 것이 효율적입니다.

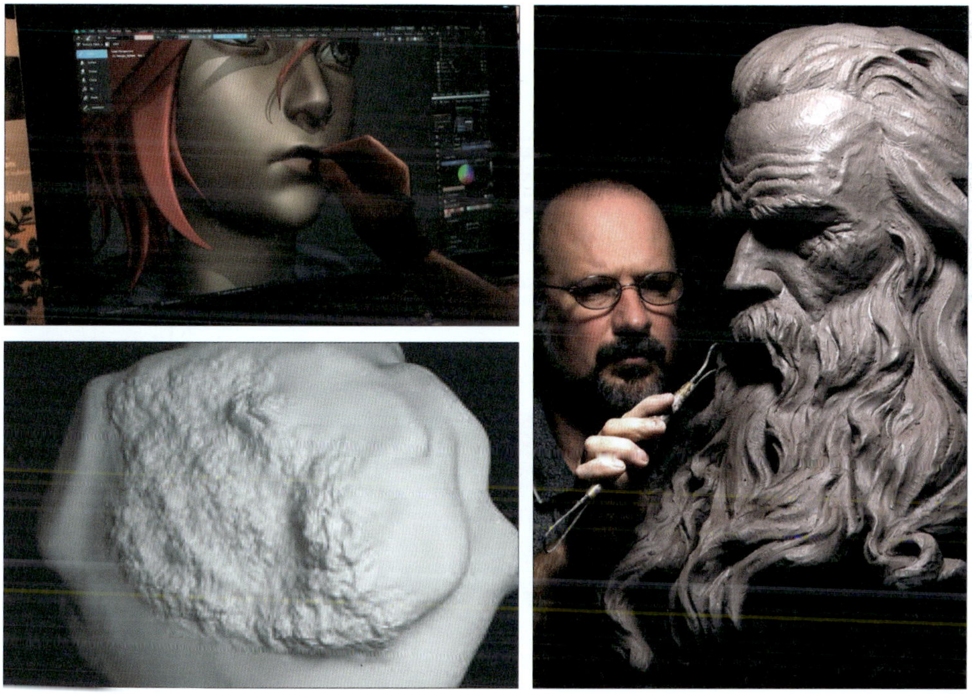

그림 8-1 찰흙을 조각하는 스컬프팅

스컬프팅은 조소를 하듯 아티스트들이 찰흙을 빚는 것처럼 조각하는 기법을 말합니다.

그림 8-2 블렌더에서 사용한 스컬프팅

Sculpt 주요 도구 기능

블렌더의 Workspaces에서 〔Sculpting〕 탭을 선택하면 그림 8-3과 같이 작업 환경이 변경됩니다. Sculpt Mode의 Toolbar 패널에 있는 도구들의 기능을 알아보겠습니다.

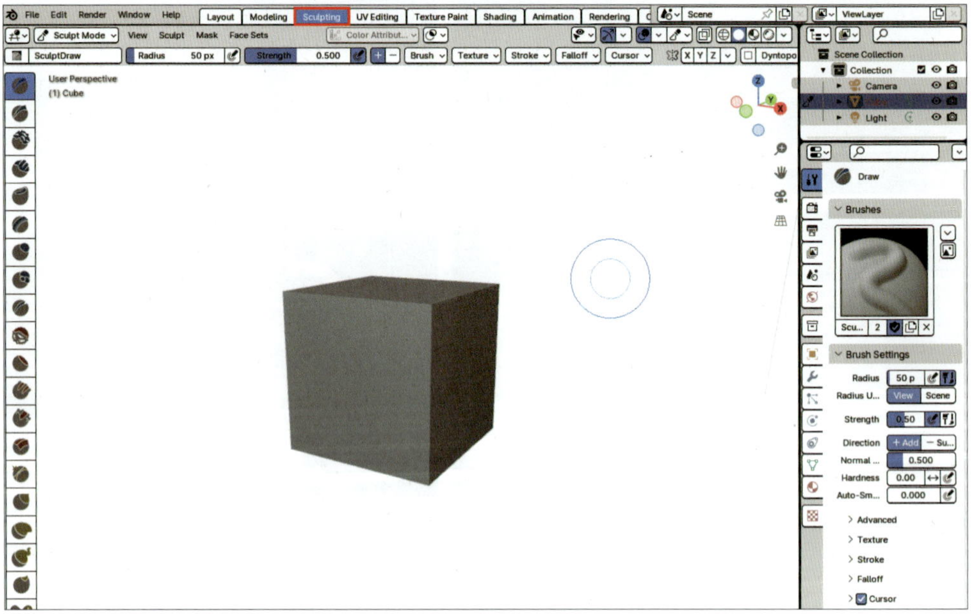

그림 8-3 블렌더의 〔Sculpting〕 탭

- **파란색 모드 도구**

메시(표면) 위에 그리거나 파내는 용도로 주로 사용됩니다. 'Draw(그리기)'와 'Draw Sharp(샤프를 그리기)'를 자주 사용합니다.

Draw(그리기) : 일반적으로 붓을 사용한 그리기 도구입니다. 왼쪽, 오른쪽 사용이 가능합니다.

Draw Sharp(샤프를 그리기) : 뾰족한 형태로 그리는 도구입니다.

Clay(점토) : 원 모양으로 얇게 덧붙일 때 사용합니다.

Clay Strips(점토 스트립) : 사각형 모양을 얇게 덧붙일 때 사용합니다. 근육 등을 붙일 때 유용합니다.

Clay Thumb(점토 썸) : 손가락으로 점토를 빚는 형태의 도구입니다.

Layer(레이어) : 그리기와 유사하나, 높이의 한계치를 정할 수 있습니다.

Inflate(평창) : 그리기보다 부풀어 오르는 느낌이 강합니다. 오브젝트 안으로 부풀어 오르는 도구입니다.

Blob(얼룩) : 평창처럼 그리기보다 부풀어 오르는 느낌이 강한 도구로, 둥글게 밖으로 빼는 느낌이 강합니다.

Crease(크리스) : 메시를 끌어모아 넣고 빼는 느낌의 도구로, 뾰족하게 정교한 작업 시 유용 정밀도가 높습니다.

- **빨간색 모드 도구**

메시를 부드럽게 만들어 주는 용도로 자주 사용됩니다.

Smooth(스무스) : 메시를 미끈미끈하게 만들 때 사용합니다. 모델링을 부드럽게 만들 수 있습니다.

Flatten(평평하게) : 곡면을 평면화할 때 사용합니다. Smooth를 사용해도 부드럽게 처리되지 않을 때 유용합니다.

Fill(채우기) : 들어가 있는 부분을 채울 때 사용합니다.

Scrape(긁어내기) : 모를 깎는데 사용합니다. 거친 표면을 만들 때 유용합니다.

Multi-plane Scrape : 2개의 면으로 집듯이 사용합니다.

- **노란색 모드 도구**

메시 모양 자체를 변형시키는 용도로 사용됩니다.

Pinch(핀치) : 브러시를 중앙으로 모으는 도구입니다.

Grab(잡기) : 잡아서 당길 수 있는 기능을 합니다.

Elastic Deform(엘라스틱 변형) : Grab처럼 당길 수 있으니 간격이 크게 벌어지지 않고 일정한 느낌 뒷부분 덩어리가 같이 움직입니다.

Snake Hook(스네이크 후크) : 잡힌 부분 끝까지 쫓아오는 도구로, 수정에 용이합니다.

Thumb(썸) : 약간 꼬집어서 당기는 느낌입니다. 평면에서는 불가능합니다.

Pose(포즈) : 선택 범위를 비틀 때 사용합니다. 지형 형태 변경 시에 유용합니다.

Nudge(넛지) : 형태를 유지하면서 잡아 빼는 변형입니다.

Rotate(회전) : 돌리는 모양 변형 기능입니다.

그 외 기타 주요 기능

Slide Relax : 각진 부분을 풀어내는 도구로, Smooth와 유사합니다.

Boundary(경계) : 메시의 경계를 따라 변형을 적용하는 도구로, 메시의 가장자리에 변형을 가할 수 있습니다.

Cloth(옷감) : 옷 주름을 표현할 때 사용하는 도구입니다.

Simplify(단순화) : 단순화 표현할 때 사용하는 도구입니다.

Mask(마스크) : 칠한 부분이 검은색 마스킹 영역으로 변합니다(Ctrl+I : 마스킹 반전, Alt+M 마스킹 전체 해제).

Draw Face Sets(얼굴 세트 그리기) : 새로운 면 세트를 칠하거나 세트 확장합니다.

Multires Displacement Eraser(멀티레스 변위 지우개) : 다중 해상도 수정 및 제거합니다.

Multires Displacement Smear(멀티레스 변위 표본) : 다중 해상도 번짐 변위 정보입니다.

Paint(페인트) : 페인트 붓 효과 도구입니다.

Smear(문지르기) : 손으로 문지르는 효과를 주는 도구입니다.

Box Mask(박스 마스크) : 상제 제스처를 통해 마스크를 만듭니다.

Box Hide(박스 숨기기) : 상자 제스처를 통해 기하학을 숨기거나 표시합니다.

Box Face Set(박스 페이스 셋) : 상자 제스처를 통해 얼굴 세트를 만듭니다.

Box Trim(박스 트림) : 상자 제스처를 통해 부울 연산(참/거짓)을 수행합니다.

Line Project(라인 프로젝트) : 그려진 선을 향해 기하학을 평평하게 만듭니다.

Mesh Filter(메시 필터) : 마스크되지 않은 모든 정점 변형을 적용합니다.

Cloth Filter(천 필터) : 마스크되지 않은 모든 정점에 옷감 시뮬레이션을 적용합니다.

Color Filter(색상 필터) : 마스크되지 않은 모든 정점의 색상 속성을 변경합니다.

Edit Face Set(얼굴 세트 편집) : 커서 아래에 있는 면을 수정합니다.

Mask by Color(색상별 마스크) : 색상 속성을 클릭하여 마스크를 만듭니다.

브러시 기본 사용법

Sculpt Mode에서 브러시를 사용하는 것은 모델의 디테일을 조정하고 형태를 수정하는 중요한 단계입니다. 이를 위해서는 브러시를 올바르게 선택하고 조작하는 기본적인 사용법을 알아야 합니다.

Sculpt Mode에서 브러시를 선택하면 Header 패널 또는 Properties 패널에 브러시의 기능 정보가 표시됩니다.

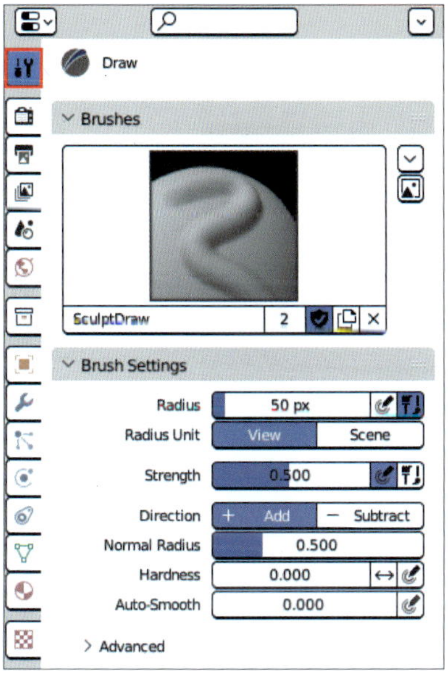

그림 8-4 Properties 패널의 브러시 기능

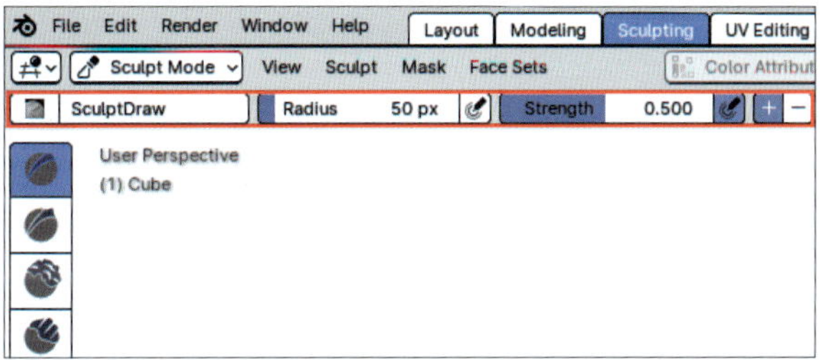

그림 8-5 Header 패널의 브러시 기능

❶ **Radius** : 브러시 크기를 설정하는 기능입니다. F를 눌러 크기를 지정하거나 [,]를 눌러 브러시를 확대 및 축소할 수 있습니다.

❷ **Strength** : 브러시의 강도를 설정하는 기능입니다. 설정값이 높을수록 오브젝트 변형이 강합니다. Shift+F를 눌러 강도를 조절할 수도 있습니다.

❸ **Add** : 반전 효과를 주는 기능입니다. Ctrl를 누른 상태로 드래그하여 사용할 수도 있습니다.

❹ **Subtract** : 브러시가 메시에 닿는 부분을 깎아내는 역할을 합니다. 기본적으로 브러시의 효과를 반대로 적용하며, 표면을 덧붙이는 대신 깎아내는 형태로 변형하는 기능입니다.

8 Sculpting & Retopology

Character Sculpting

캐릭터를 만들기 위한 기초 스컬프팅을 알아보겠습니다. 〔Layout〕 탭의 Object Mode에서 Shift+A를 누릅니다. 표시되는 Add 창에서 Mesh → UV Sphere를 실행하여 오브젝트를 생성합니다.

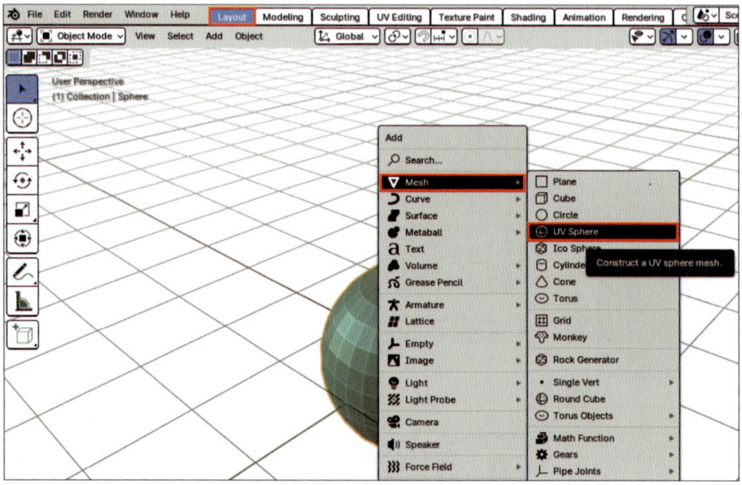

그림 8-6 UV Sphere 오브젝트 생성

Workspaces에서 〔Sculpting〕 탭을 선택하여 작업 화면을 변경합니다. 3D Viewport 패널을 그림 8-7과 같이 나누고 왼쪽 화면은 Front View, 오른쪽 화면은 3D Gizmo 형태의 View에서 작업할 수 있게 설정합니다.

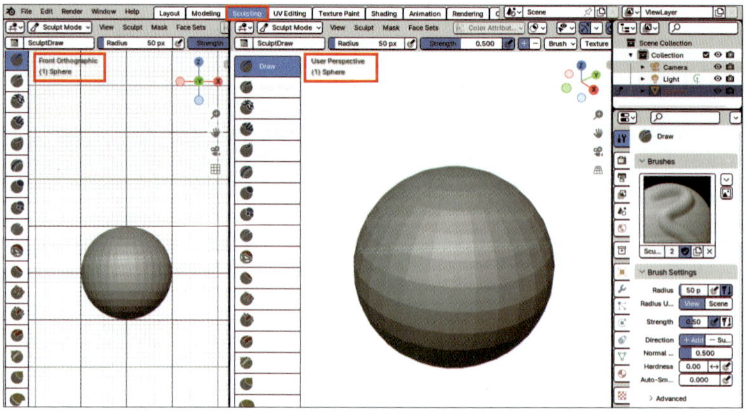

그림 8-7 〔Sculpting〕 탭에서 작업 화면 설정

Header 패널에서 Mirror의 〔X〕를 선택하여 활성화해 X축 방향으로 거울 대칭 기능이 가능합니다. Toolbar 패널에서 'Draw' 도구(, V)가 선택되어 있는 것을 확인하고 마우스 또는 타블렛 펜으로 그려봅니다.

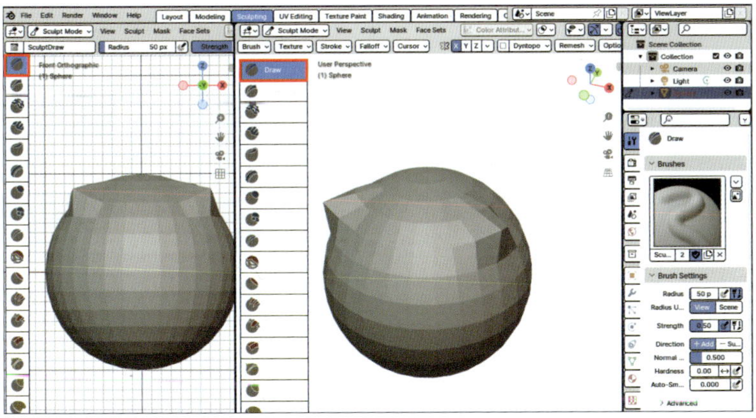

그림 8-8 거울 대칭 기능을 활용한 스컬핑

알아두세요 도구에 마우스 커서를 위치시키면 도구 이름과 함께 단축키가 나타납니다.

거울 대칭으로 만든 부분을 좀 더 앞으로 당겨 보겠습니다. Toolbar 패널의 노란색 모드 도구에서 'Grab' 도구()를 선택하고 튀어나온 부분을 잡고 당겨 뾰족하게 만듭니다.

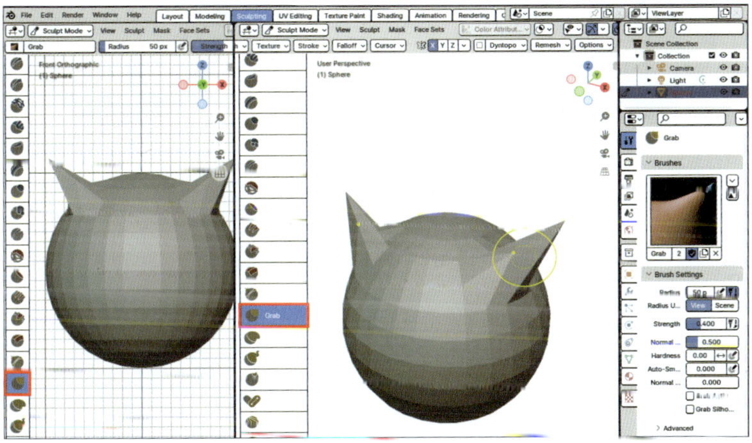

그림 8-9 Grab 도구 사용

8

Sculpting & Retopology

잠깐만요 **브러시 기능 미리 보기**

브러시를 선택하고 Properties 패널을 살펴보면 각 브러시마다 미리 보기로 어떤 기능을 하는지 확인할 수 있습니다. 브러시 기능을 잘 모를 때에는 미리 보기를 통해 살펴보면 어떤 기능을 하는지 좀 더 이해하기 쉬울 것입니다.

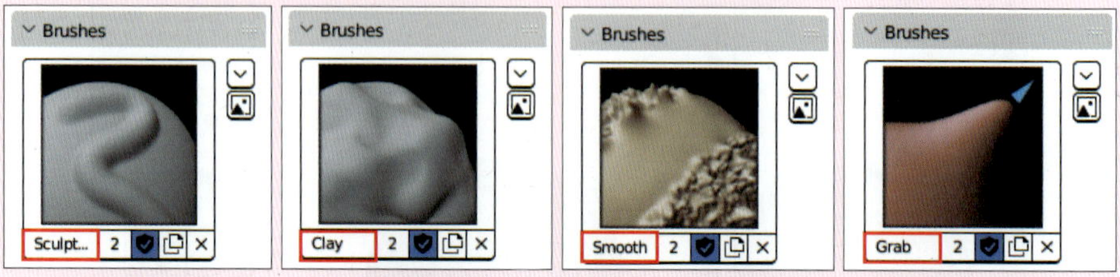

그림 8-10 브러시를 선택하고 Properties 패널의 Brushes를 확인한 화면

F 또는 [,]를 눌러 브러시 크기를 변경하고 Shift+F를 누른 상태로 드래그하여 강도도 변경합니다. Strength(강도)는 0~1 값을 올려서 설정하면 강해지고, 내리면 약해집니다.

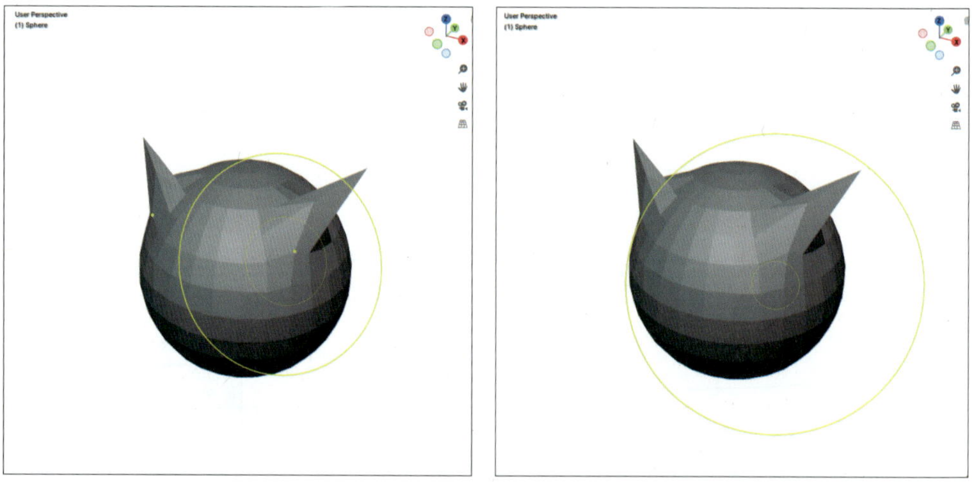

그림 8-11 브러시가 크기가 클 때/작을 때

강도가 높으면 당겼을 때 더욱 뾰족한 형태의 모델링으로 만들 수 있습니다. 스컬프팅은 더욱 거칠게 하거나 부드럽게 만들 수 있으므로 강도에 따라 강-약의 정도를 줄 수 있고 브러시를 드래그하여 찰흙을 빚듯 모델링을 빚어낼 수 있습니다.

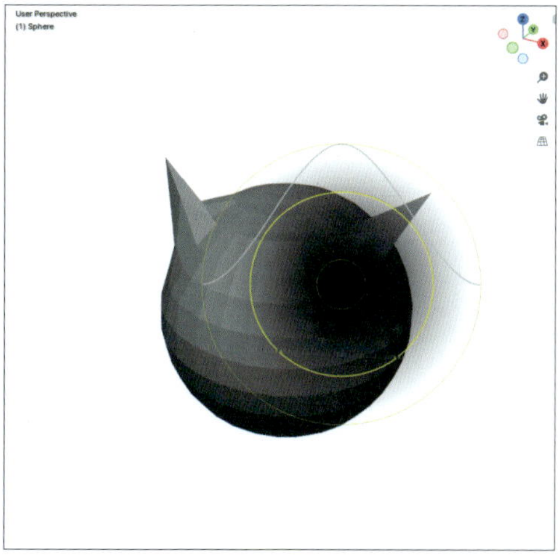

그림 8-12 단축키로 브러시 크기와 Strength 변경하고 작업한 형태 변형

Toolbar 패널에서 'Smooth' 도구()를 선택하거나 [S]를 눌러 작업된 모델링을 부드럽게 만듭니다.

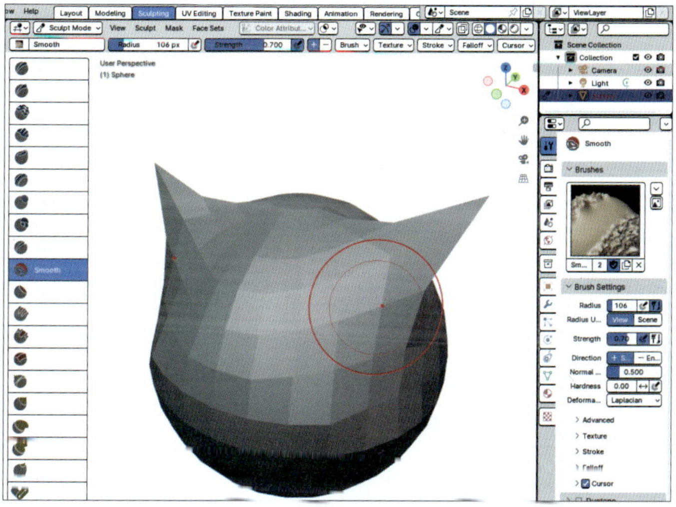

그림 8-13 Smooth로 부드러워진 모델링

[Ctrl]+[3]을 눌러 Subdivision Surface를 적용하고 Header 패널에서 'Viewport' 아이콘(V)을 클릭하여 표시되는 팝업 창에서 'Wireframe'을 체크 표시하면 메시가 늘어난 것을 확인할 수 있습니다. 이때 반드시 Subdivision Surface를 적용(Apply)하거나 삭세해서 없애야 합니다.

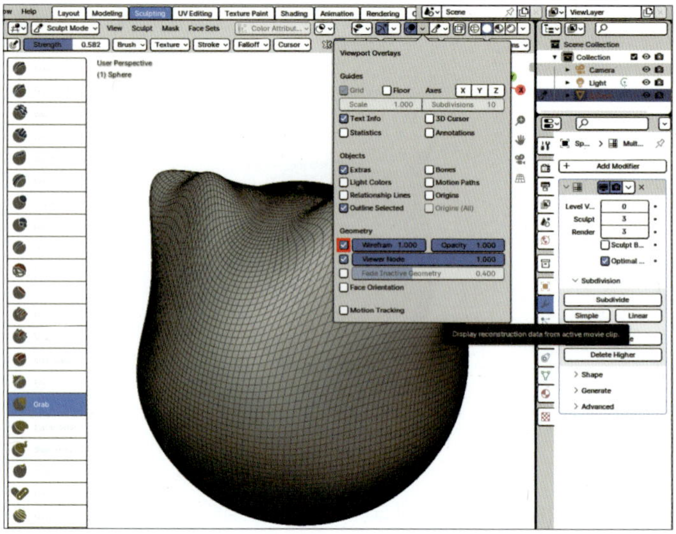

그림 8-14 Wireframe 체크 표시

다시 브러시로 당겨 보면 메시들이 길게 늘어나서 균형을 잡지 못한 상황이 됩니다. 이때 Remesh(리메시) 기능을 사용해야 합니다. Header 패널에서 'Remesh'를 클릭하고 표시되는 팝업 창에서 Voxel Size를 낮은 값으로 설정하거나 '스포이트' 아이콘()을 클릭하고 늘어난 부분을 클릭합니다.

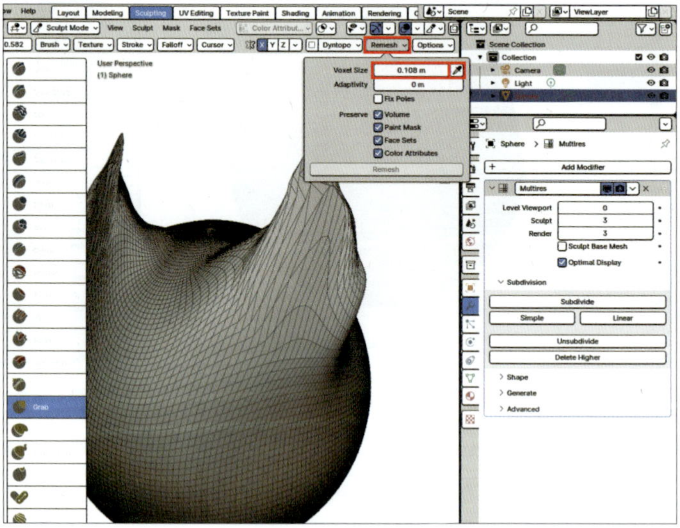

그림 8-15 Subdivision Surface로 늘어난 메시

잠깐만요 Remesh 적용

Ctrl+R을 눌러 적용할 수 있습니다. 결과적으로 Voxel Size(복셀 크기)를 작게 하면 적용했을 때 균등하게 분포됩니다. 모델링을 진행할 때는 늘어난 형태가 없도록 만드는 것이 좋습니다.
또한, Header 패널에서 Voxel Size(R)를 설정하여 Remesh된 해상도의 양의 복셀 크기를 재수정할 수 있습니다. 일반적으로 Voxel Size의 설정값은 '0.02'가 적당합니다.

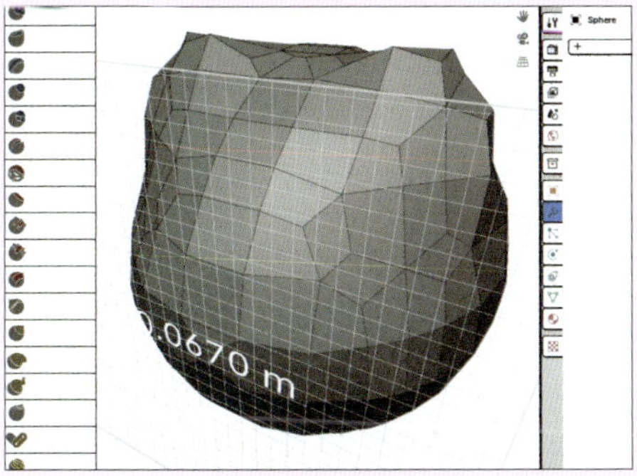

그림 8-16 단축키를 이용하여 적용했을 때

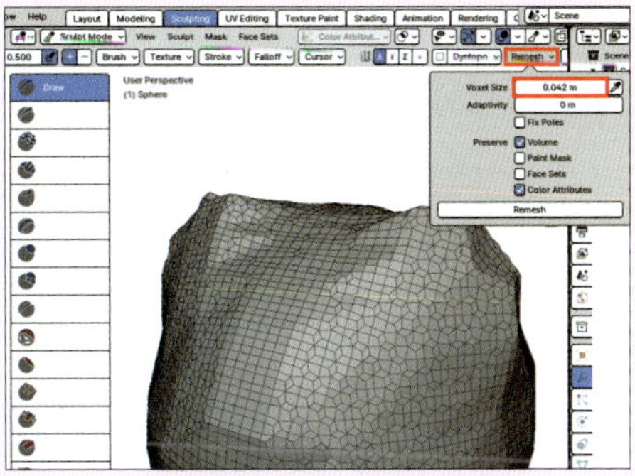

그림 8-17 Voxel Size 값을 설정하여 적용했을 때

Toolbar 패널의 파란색 모드에서 'Draw Sharp' 도구( )를 선택하면 Draw(날카로운 그리기) 도구가 되는데, 일반적으로 그릴 때 단면이 파이는 기능을 하지만, Ctrl을 누른 상태로 그리면 반대로 튀어나오게 그려집니다. 파이는 부분은 입을, 튀어나오는 부분은 코를 만드는 등 다양하게 응용할 수 있습니다.

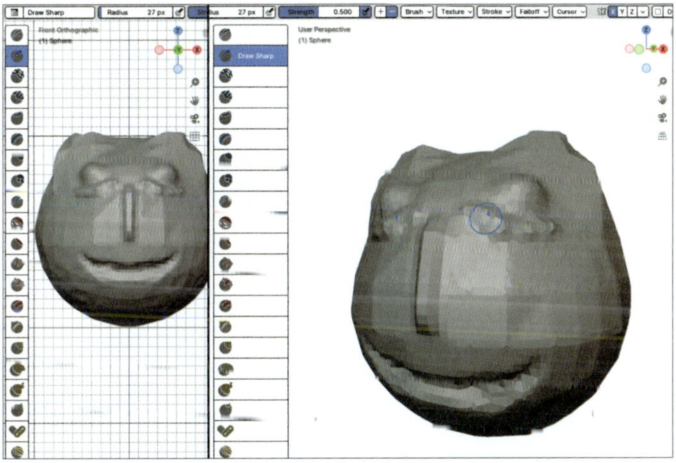

그림 8-18 Draw Sharp 도구 사용

8.2 Retopology

Retopology(이하 리토폴로지)는 모델링을 다시 하는 작업으로, 기존 모델의 폴리곤 구조를 재구성하는 작업입니다. 이 작업은 주로 모델의 표면을 더 정교하게 만들거나, 다양한 애니메이션 또는 게임 엔진에 최적화하기 위해 사용됩니다.

리토폴로지를 하는 이유는 크게 세 가지입니다.

❶ **애니메이션 및 렌더링 효율성 향상 :** 스컬프팅 이후 많은 폴리곤으로 인해 렌더링 지연이 발생하는 현상을 해결할 수 있습니다.

❷ **모델링 최적화 :** 복잡한 폴리곤 구조를 균등하게 정리하고 불필요한 다각형을 제거하여 메모리 최적화와 성능 향상을 이룰 수 있습니다.

❸ **애니메이션 및 모델 수정 및 재사용 용이성 :** 구조가 깔끔하게 유지되어 다양한 수정 및 재사용이 용이하며, 공동 작업자들 간의 작업 일관성을 유지할 수 있는 장점이 있습니다.

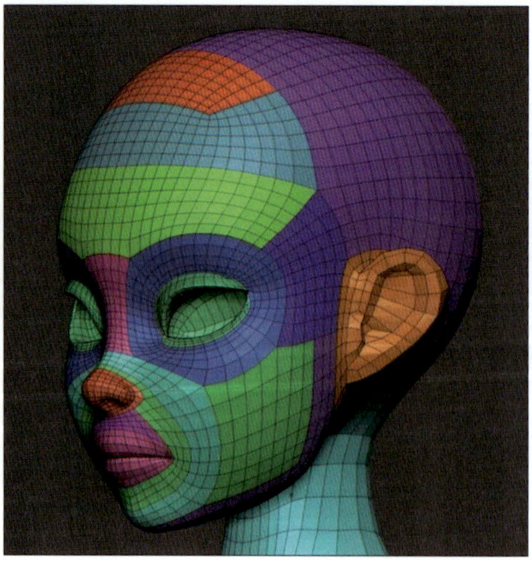

그림 8-19 리토폴리지한 두상 모델링

하지만 리토폴리지는 기존 모델의 폴리곤 구조를 재구성하는 작업으로, 수작업으로 각 폴리곤을 다시 배치하고 연결해야 하기에 귀찮고 시간이 소모되는 작업입니다. 이를 해결하기 위해 애드온으로 자동 리토폴리지 기능을 제공합니다. 이는 유료이지만 필요한 경우 블렌더 마켓(blendermarket.com) 사이트에서 설치하여 사용할 수 있습니다.

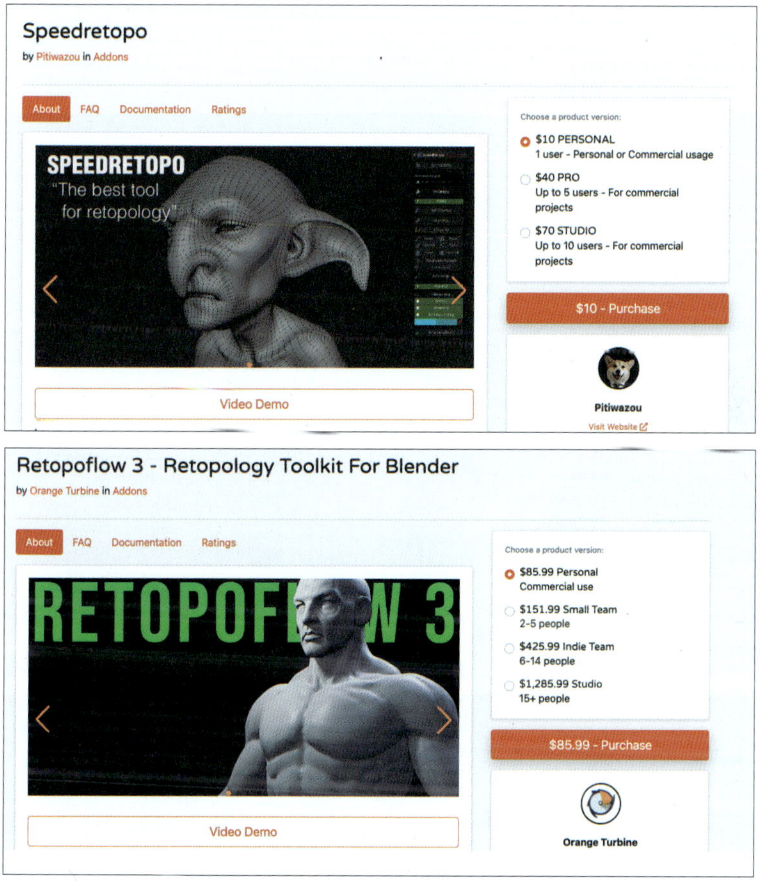

그림 8-20 블렌더 마켓의 자동 리토폴리지 기능

8.3 블렌더 실습 : 인물 두상 만들기

스컬프팅의 기본 도구를 사용하여 실제 예제를 다루어봅니다. 사람 모양의 형상을 만들어 직접 드래그하거나 당기며 변형해 좀 더 정교한 사람 얼굴 모양을 만들겠습니다.

완성 파일 : 08\인물두상_완성.blend

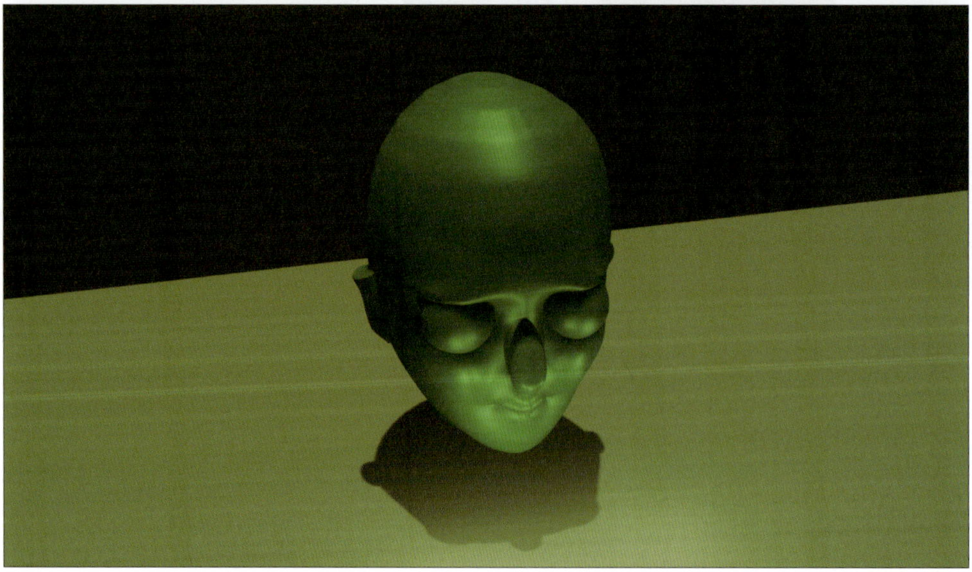

❶ 블렌더를 실행하고 기본적으로 구성되는 Cube 오브젝트를 선택한 다음 X나 Delete를 눌러 삭제합니다.

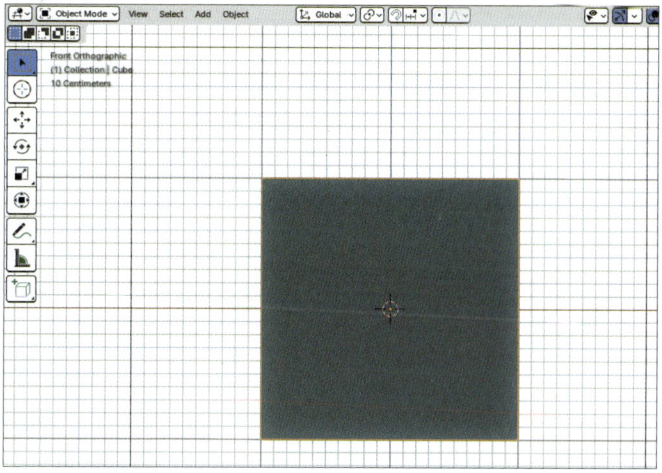

❷ Shift+A를 눌러 표시되는 Add 창에서 Mesh → UV Sphere를 실행하여 오브젝트를 생성합니다.

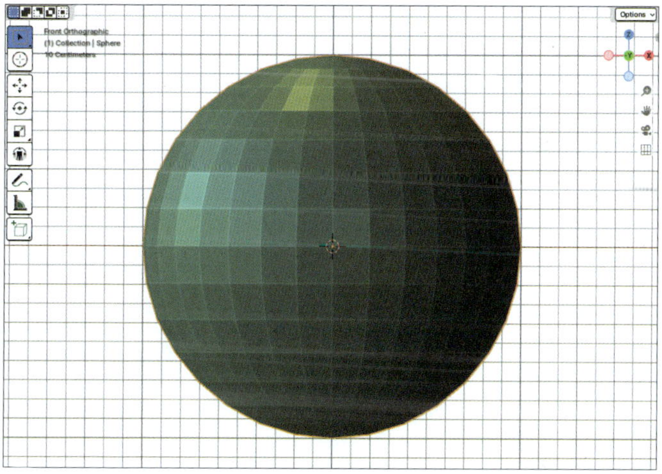

❸ Workspaces에서 〔Sculpting〕 탭을 선택하고 Toolbar 패널에서 'Grab' 도구( )를 선택합니다. Header 패널에서 Mirror의 〔X〕를 선택하여 X축으로 좌우 대칭 기능을 활성화하고 F를 눌러 브러시 크기를 크게 조절한 다음 아랫부분을 당겨 사람 얼굴형으로 만듭니다.

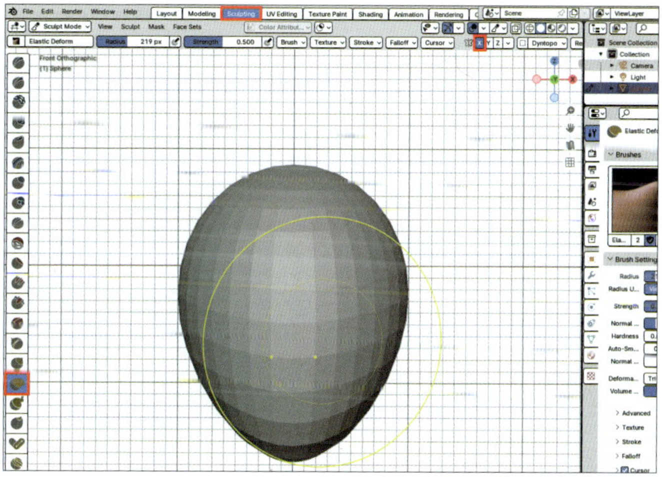

❹ 화면을 돌려 시점을 변경해 보며 잘못된 부분이 있다면, 브러시 크기를 변경하면서 형태를 수정합니다.

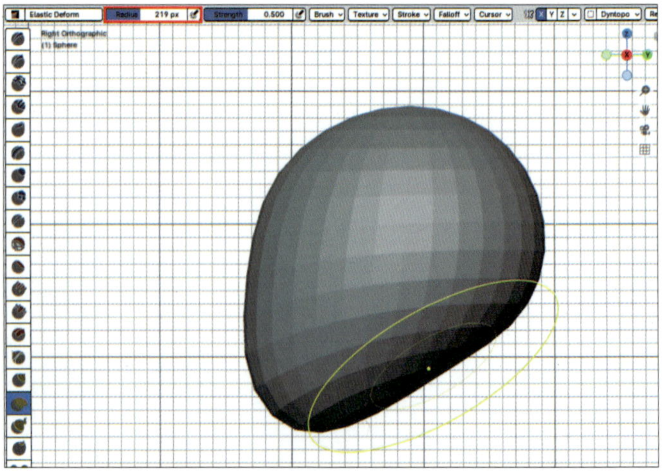

❺ Toolbar 패널에서 'Smooth' 도구( )를 선택하고 부드러워져야 할 부분을 브러시로 문질러 다듬습니다.

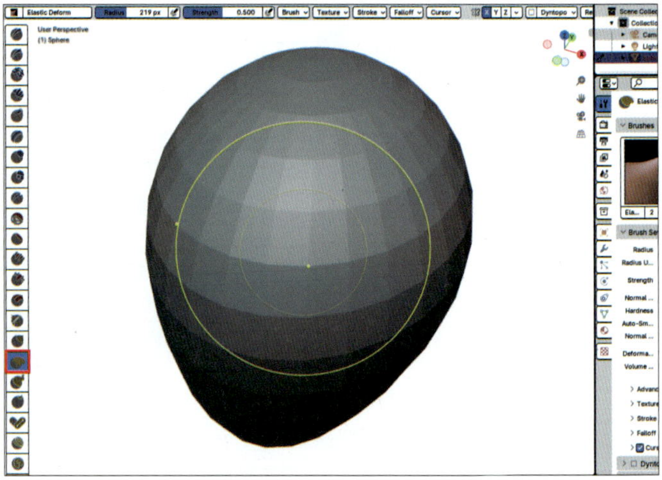

❻ 캐릭터의 코를 만들겠습니다. Object Mode로 전환하고 Shift+A를 눌러 표시되는 Add 창에서 Mesh → UV Sphere를 실행하여 Sphere 오브젝트를 하나 더 생성한 다음 코가 될 위치로 이동합니다.

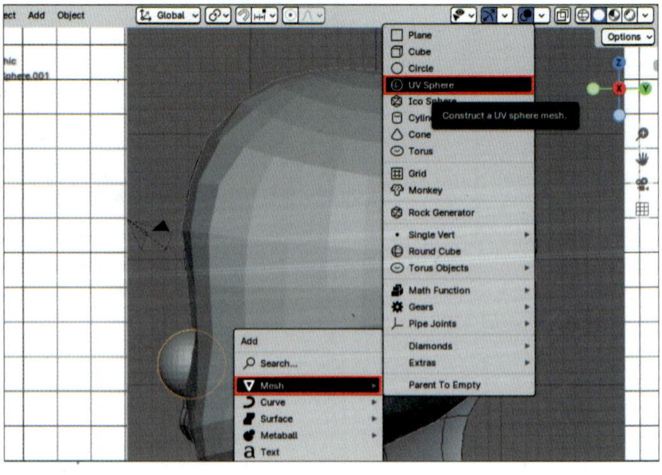

TIP Header 패널에서 모드를 변경하거나 Ctrl+Tab을 눌러 파이 메뉴에서 모드를 변경할 수 있습니다.

TIP 이때 밑 바탕의 모델링 이미지를 블렌더로 불러와 밑그림으로 참조하면 좀 더 형태를 잡을 때 편리합니다. 예제에서는 LAYTH JAWAD(www.laythjawad.com/2019/12/tutorial-images-3d-character-modeling.html?m=1) 사이트에서 정면과 옆면 이미지를 다운로드하고 Object Mode의 Header 패널에서 [Add] → Image → Reference를 실행하여 블렌더에 불러왔습니다.

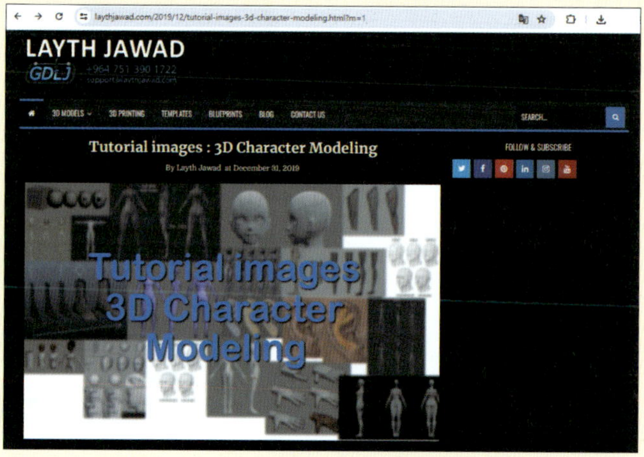

❼ 현재 모델링 크기가 다 다르기 때문에 동일하게 맞추겠습니다. 모든 오브젝트를 선택하고 Ctrl+A를 눌러 표시되는 Apply 창에서 Scale을 실행하여 크기 값을 동일하게 일정 비례로 만듭니다.

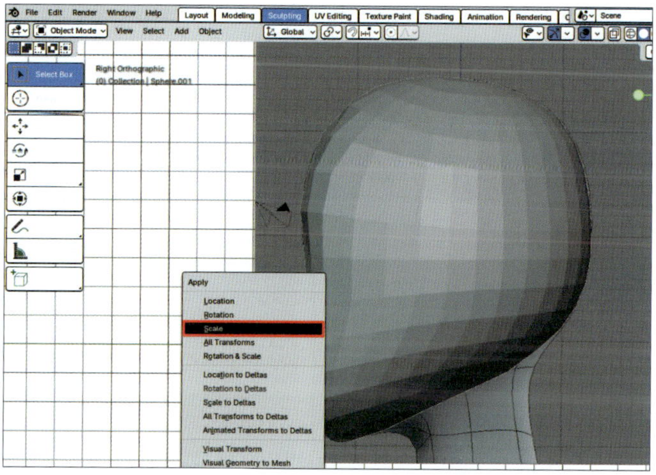

❽ 코로 만든 Sphere 오브젝트를 선택하고 Sculpt Mode로 전환합니다. 그림과 같이 'Grab' 도구(●)로 코의 면을 늘여서 형태를 조설해 얼굴 오브젝트와 맞춥니다.

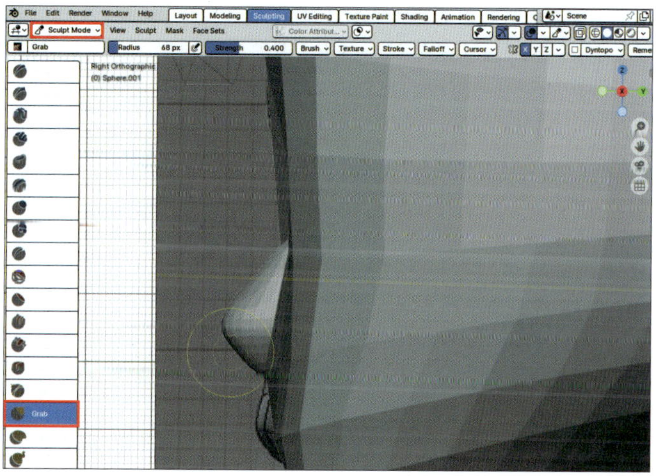

❾ Z를 눌러 표시되는 파이 메뉴에서 Wireframe을 실행하고 오브젝트가 잘 배치되었는지 확인합니다.

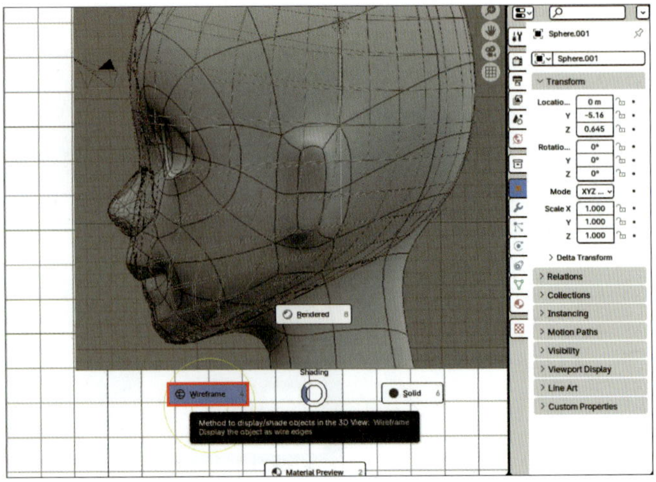

❿ 귀를 만들기 위해 Object Mode로 전환합니다. Shift+A를 눌러 Mesh → Cylinder를 실행하여 오브젝트를 생성하고 귀가 될 위치에 크기를 조절해서 배치합니다.

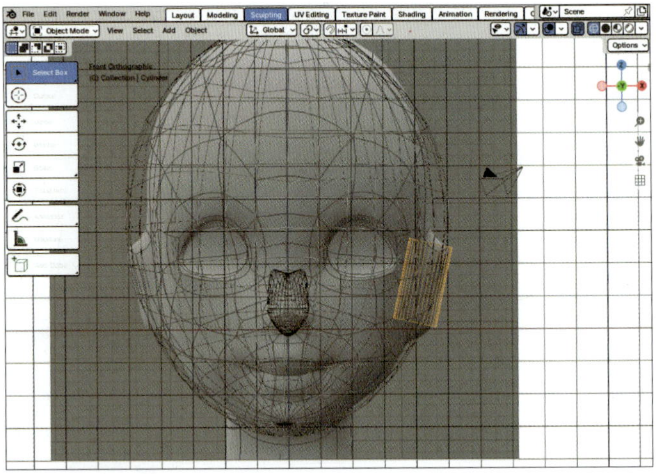

⓫ Cylinder 오브젝트를 선택한 상태로 Properties 패널의 [Modifiers(🔧)] 탭을 선택하고 'Add Modifier'를 클릭한 다음 Generate → Mirror를 실행하여 귀를 대칭 복사합니다.

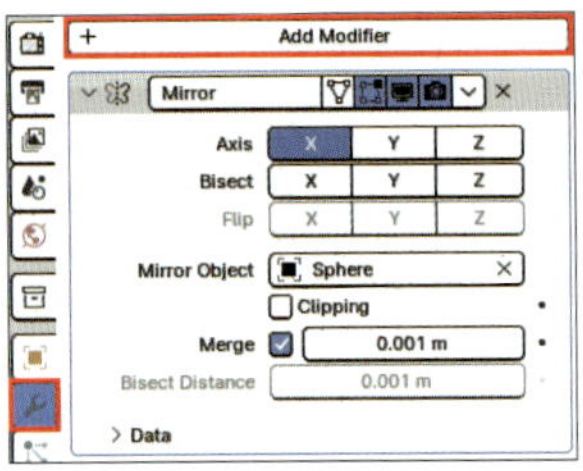

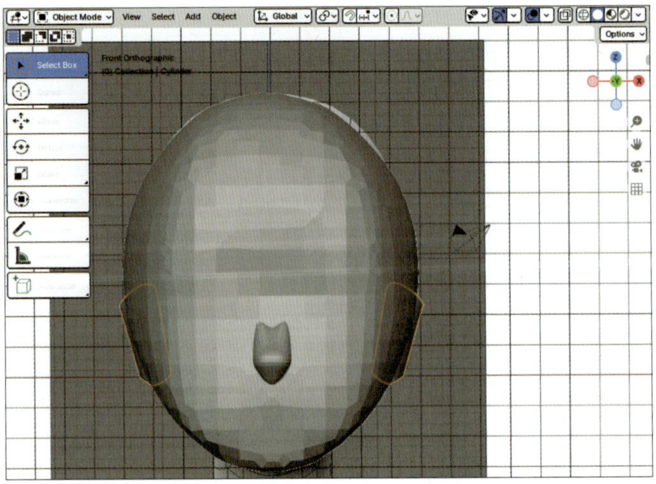

⑫ 목을 만들기 위해 Shift+A를 눌러 Mesh → Cylinder를 실행하여 오브젝트를 생성하고 목이될 위치에 크기, 회전, 위치를 조절하여 배치합니다.

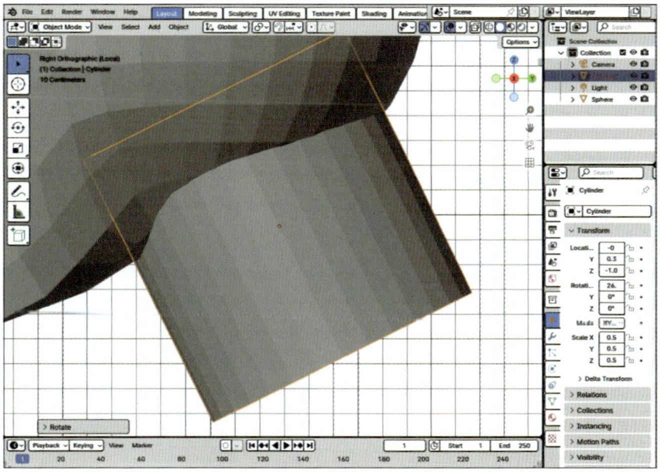

⑬ 여기서 Remesh(리메시)를 진행해야 합니다. 목이 될 Cylinder 오브젝트를 선택하고 Sculpt Mode로 전환합니다. Ctrl+R을 눌러 Voxel Size를 '0.07'로 조절합니다.

TIP Remesh 설정 창에서 Voxel Size 값을 설정해도 동일하게 적용됩니다.

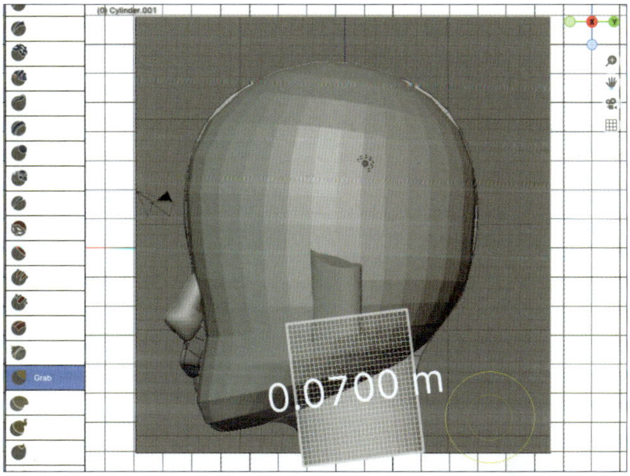

⑭ Header 패널에서 'Remesh'를 클릭하고 표시되는 창에서 〈Remesh〉 버튼을 클릭하여 적용합니다. 이제 브러시로 목을 원하는 크기로 늘려 형태를 조절합니다.

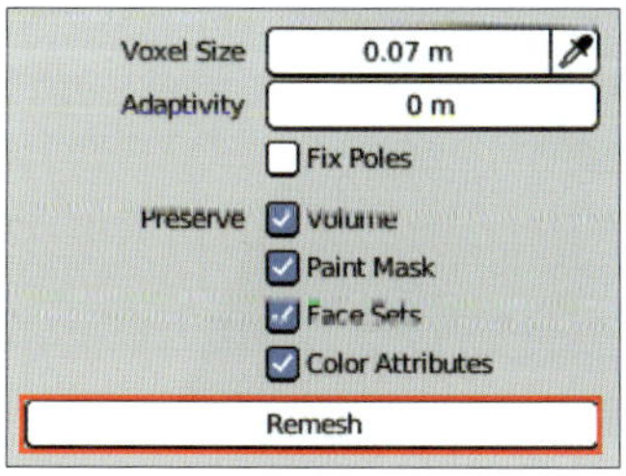

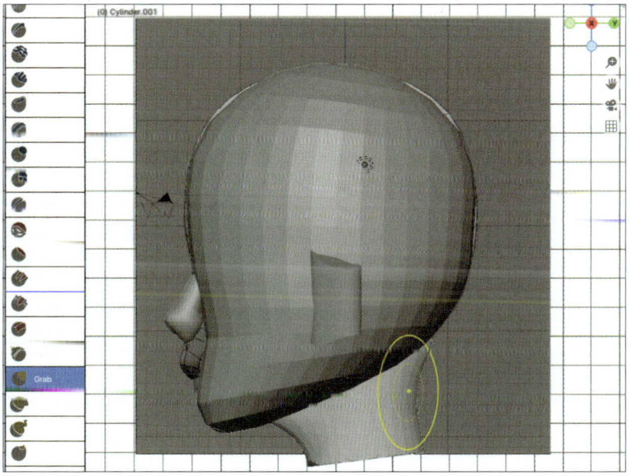

⓯ Front View로 변경했을 때 좌우 대칭이 되지 않는다면 Header 패널에서 Mirror의 'V' 아이콘을 클릭하여 팝업 창을 표시합니다.
Direction을 '+ X to -X'로 지정하고 〈Symmetrize〉 버튼을 클릭하면 좌우 형태가 동일하게 변경됩니다.

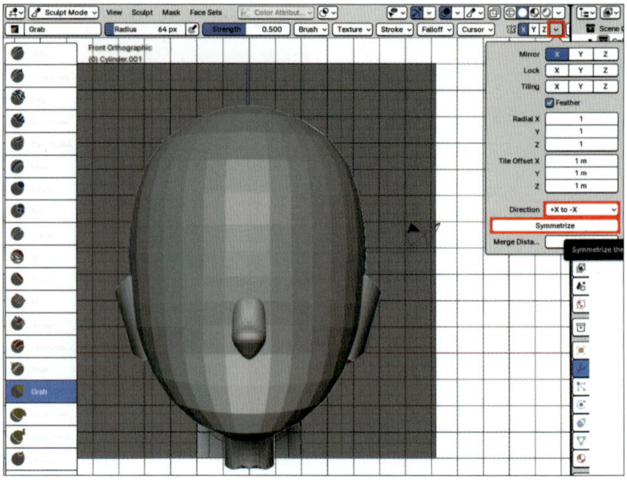

⓰ [Alt]+[Q]를 누르면 오브젝트 간의 전환이 가능합니다. 'Smooth' 도구(, [S])와 'Grab' 도구(, [G])를 변경하면서 눈이 들어갈 부분을 만듭니다.

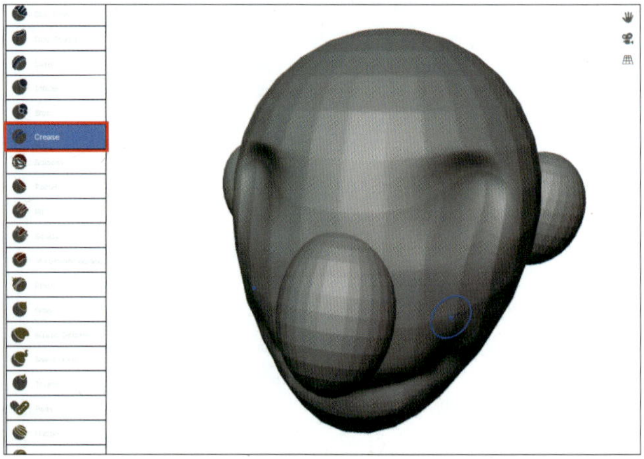

TIP [Alt]+[Q] 단축키 사용

❶ 전환할 오브젝트 사이로 커서를 위치시킵니다.

❷ 단축키를 누르면 커서가 깜박이며, 오브젝트 간의 전환이 이루어 집니다.

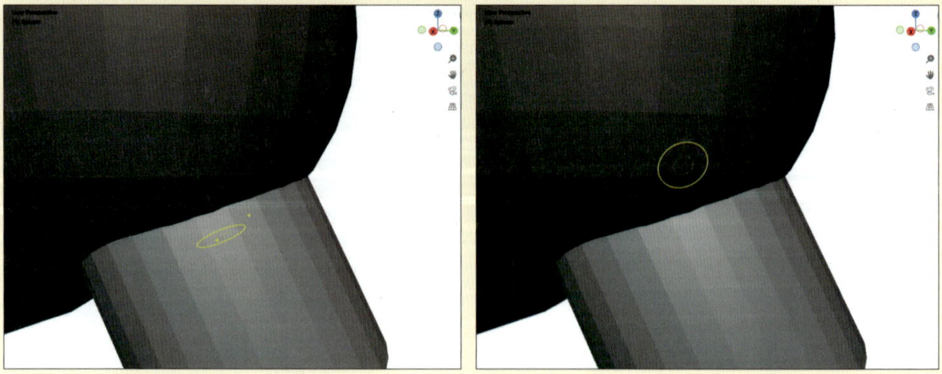

⓱ Object Mode로 전환하고 Shift+A를 눌러 Sphere 오브젝트를 생성합니다.

Properties 패널의 [Modifiers(🔧)] 탭에서 Mirror 기능을 활용하여 Sphere 오브젝트를 대칭 복사하여 눈으로 만듭니다.

TIP 대칭 복사가 끝나면 Mirror 설정 창에서 Apply를 적용해야 합니다.

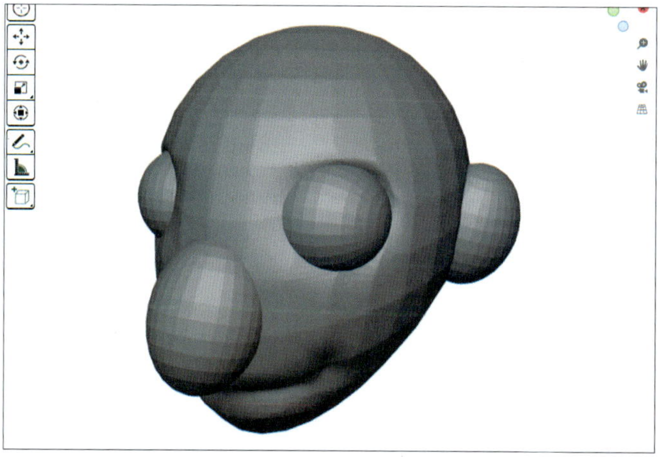

⓲ 두상 오브젝트를 선택하고 Sculpt Mode로 전환하여 브러시로 입술 모양을 만들고 눈 모양에 맞춰 사람의 얼굴 형태를 잡습니다.

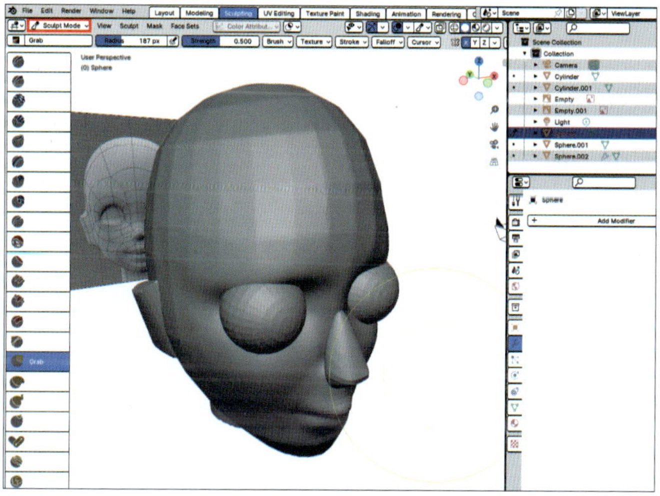

⓳ 얼굴 모델링 작업이 마무리되면 Object Mode로 전환하고 모디파이어 기능이 남지 않게 모두 Apply를 합니다. 오브젝트를 모두 선택하고 마우스 오른쪽 버튼을 클릭한 다음 Join(Ctrl+J)을 실행하여 오브젝트를 하나로 합칩니다.

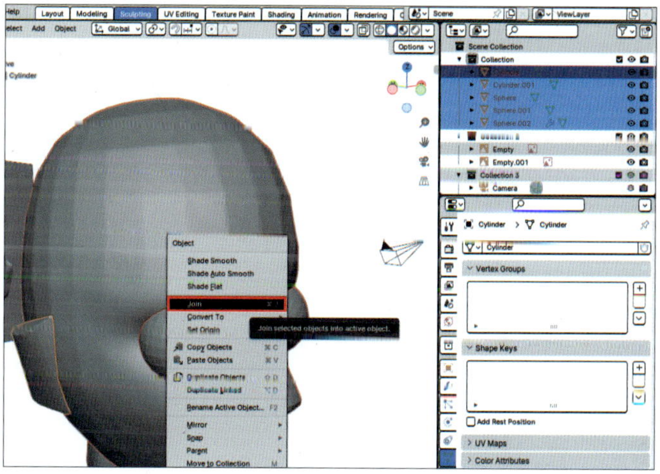

⓴ Workspaces에서 〔Layout〕 탭을 선택하여 작업 환경을 변경합니다. 오브젝트를 선택하고 Shift+S를 눌러 표시되는 파이 메뉴에서 Set Origin → Cursor to World Origin을 실행해 3D Cursor를 이동합니다. 오브젝트는 마우스 오른쪽 버튼을 클릭하여 Set Origin → Origin to Geometry를 실행합니다.

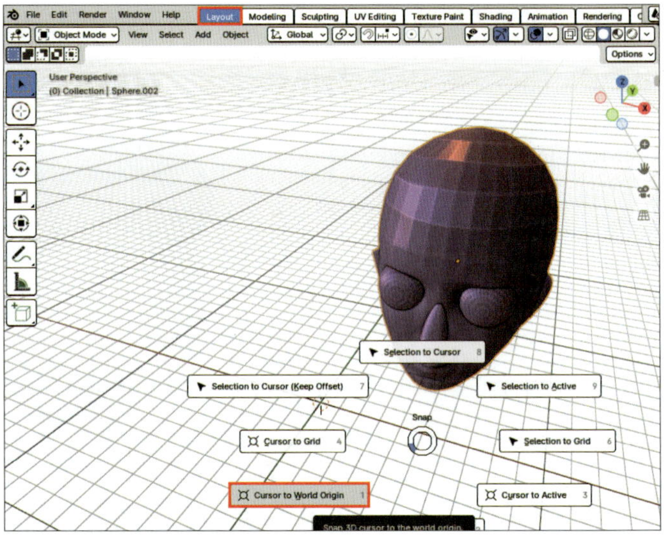

㉑ 오브젝트가 선택된 상태로 Shift+S를 눌러 표시되는 파이 메뉴에서 Selection to Cursor를 실행하여 오브젝트를 중심점으로 이동합니다.

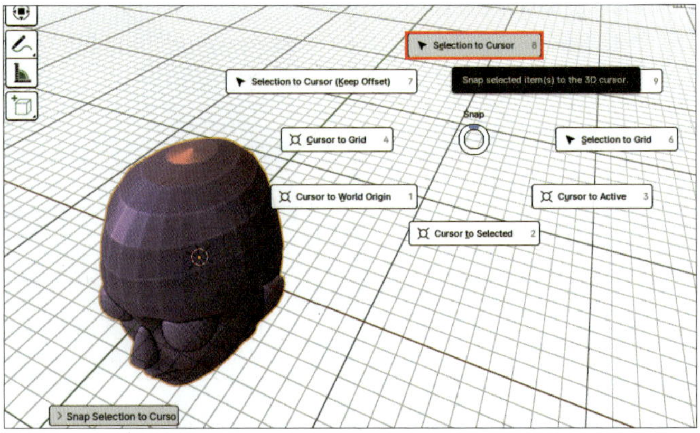

㉒ Properties 패널에서 〔Material(◉)〕 탭을 선택하고 Base Color를 지정하여 모델링을 완성합니다.

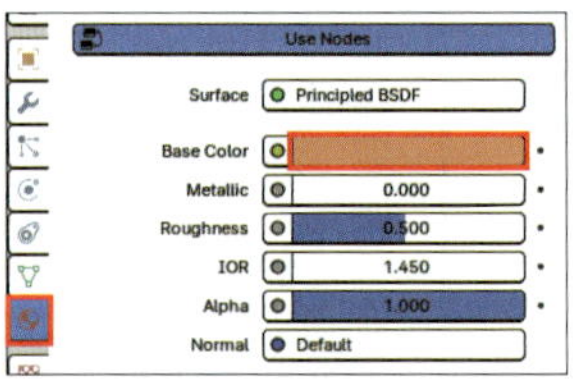

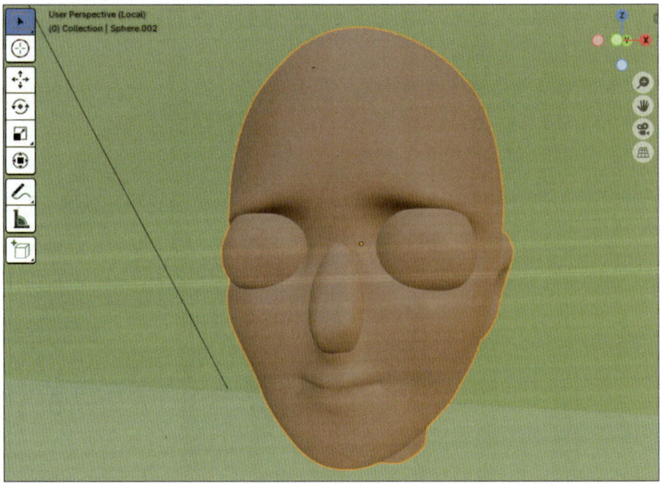

9장

Textures, Material, Node, UV Mapping, Particle, Physics

학 습 목 표

- Textures를 알아보며 얻을 수 있는 사이트를 살펴봅니다.
- Material를 통해 다양한 재질과 적용 방법을 알아봅니다.
- Node를 통해 노드 시스템 활용법을 살펴봅니다.
- UV Mapping을 통해 전개도를 살펴봅니다.
- Particle의 기본 옵션을 알아봅니다.
- Physics의 물리적 기능을 알아봅니다.

BLENDER

9.1 Textures

블렌더에서 퀄리티와 효과적인 표현을 위해 Textures(이하 텍스처) 매핑이 중요합니다. 이는 도형이나 면의 단위에 폴리곤의 겉에 적용되어 무늬와 질감을 표현하는 것으로, 사물에서 볼 수 있는 모든 요소의 텍스처를 매핑할 수 있습니다. 텍스처 매핑은 컴퓨터 그래픽스에서 3D 물체의 표면을 세부적으로 묘사하는 방법으로, 옷을 입는 것과 유사합니다. 이를 통해 다양한 질감을 표현할 수 있으며, 이미 만들어진 텍스처를 쉽게 변경하여 사실적인 표면을 만들 수 있습니다.

Textures를 얻을 수 있는 사이트

무료로 텍스처를 얻을 수 있는 사이트는 크게 세 가지가 있습니다. 이 사이트들은 각각 다른 특징과 콘텐츠를 제공하고 있습니다. 각 사이트 별로 특징을 살펴보겠습니다.

● Poly Haven

Poly Haven(polyhaven.com/ko/textures)은 고품질의 무료 3D 모델과 텍스처를 제공하는 사이트로, 다양한 카테고리의 3D 모델과 텍스처를 무료로 다운로드할 수 있습니다. 주로 실사 이미지를 기반으로 제작된 텍스처를 제공하여 사실적인 시각 효과에 사용됩니다.

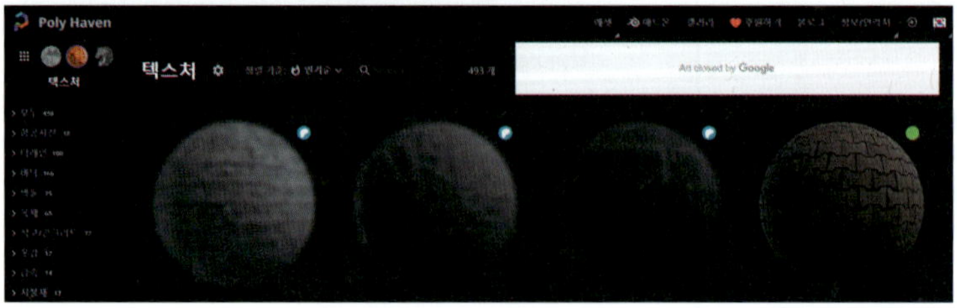

그림 9-1 Poly Haven 사이트

AmbientCG

AmbientCG(ambientcg.com/list)는 3D 아티스트들이 공유하는 커뮤니티 기반의 사이트로, 무료 및 유료 텍스처를 제공합니다. 사용자들은 자신이 제작한 텍스처를 업로드하고 공유할 수 있으며, 다른 사용자들이 이를 활용할 수 있습니다. 주로 다양한 종류의 텍스처와 메테리얼을 찾을 수 있으며, 사용자 간의 상호 작용과 공유가 활발합니다.

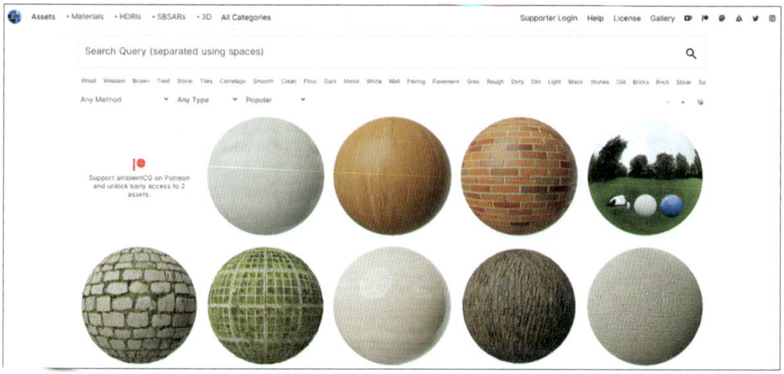

그림 9-2 AmbientCG 사이트

Textures.com

Textures.com(www.textures.com/free)은 다양한 종류의 텍스처를 제공하는 유명한 사이트 중 하나로, 텍스처의 종류와 다양성 면에서 다른 사이트들에 비해 풍부한 콘텐츠를 보유하고 있습니다. 무료로 다운로드할 수 있는 텍스처 외에도 프리미엄 서비스를 통해 고품질의 텍스처를 제공하고 있습니다.

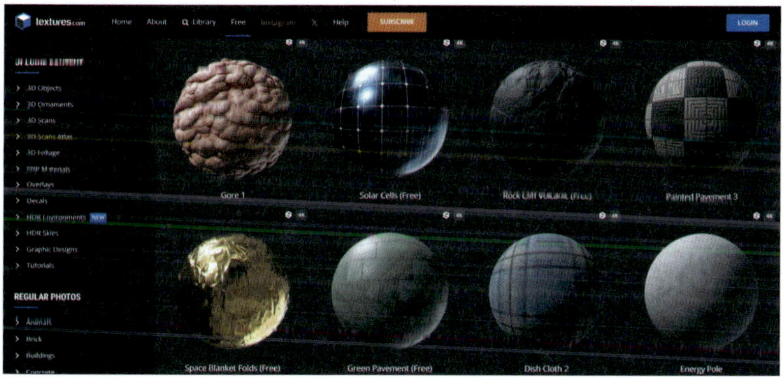

그림 9-3 Textures.com 사이트

Textures 구성

다운로드한 ZIP 압축 파일을 풀면 다음과 같은 파일들이 존재합니다. 여기서 PNG 파일은 JPG 파일보다 손실되지 않는 이미지므로 JPG보다 퀄리티가 좀 더 높습니다.

그림 9-4 텍스처 ZIP 파일 구성

각각 파일에서 마지막 PNG 파일을 텍스처로 이용하면 됩니다. 각 파일명에 대한 설명은 다음과 같습니다.

❶ **Color** : 색상의 정보 값입니다.

❷ **Roughness** : 매끄러운 정도를 표현하는 역할로, 텍스처의 빛 반사와도 비례합니다.

❸ **Normal Map** : 벡터값으로 깊이 값을 구현하는 역할입니다. 따라서 그림자 표현을 합니다.

❹ **NormalGL/OpenGL/DirectX** : 이미지 정보처리 방식으로 사용되는 확장자입니다.

❺ **Displacement Map** : 노멀 맵과 유사하나 메시 형태의 변형이 가해진 표면적 정보를 나타냅니다.

9.2 Material

Material(이하 메테리얼)은 '재료 자료'라는 의미를 갖습니다. 즉, 재질 질감을 표현할 때 재료의 의미를 말합니다.

그림 9-5 다양한 메테리얼 재질

다양한 재질에 필요한 메테리얼이 존재합니다. 금속에서부터 천, 실크까지 무수히 텍스처 효과를 갖습니다.

Properties 패널에서 〔Material( )〕 탭을 선택하면 메테리얼을 생성할 수 있습니다.

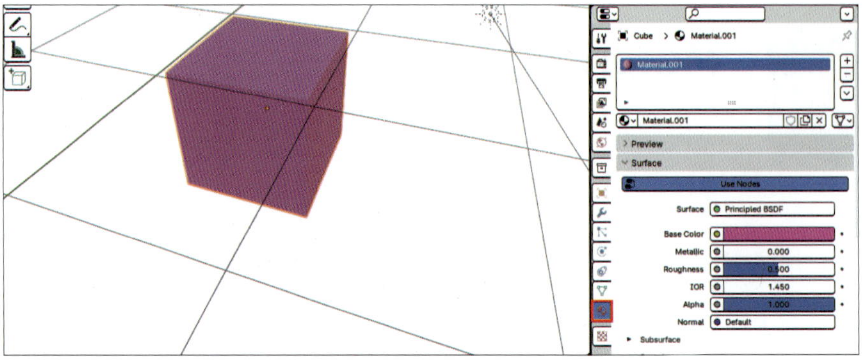

그림 9-6 메테리얼 생성

Workspaces에서 〔Shading〕 탭을 선택하여 메테리얼 환경을 구성할 수도 있습니다.

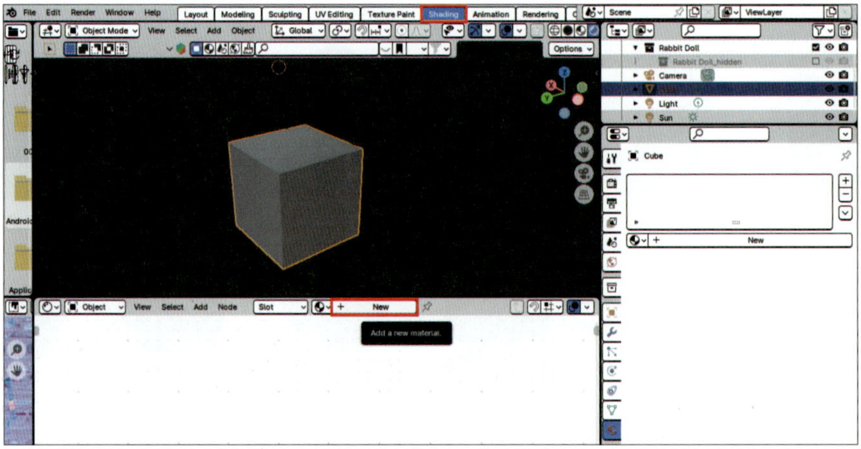

그림 9-7 〔Shading〕 탭 작업 환경

메테리얼을 생성하면, 생성과 동시에 Shader Editor 패널에 노드가 생성됩니다. 자동으로 생성되는 2개의 노드를 알아봅시다. 첫 번째는 Principled BSDF이고 두 번째는 Material Output입니다. Principled BSDF 노드는 기본적인 설정이 적용된 메테리얼을 생성하고, Material Output 노드는 메테리얼의 출력을 나타냅니다. 메테리얼이 완전히 구성되면 Material Output 노드가 끝점이 됩니다.

여기서 정보를 담고 있는 상자를 '노드'라고 하며, 노드의 좌우에 있는 점을 '소켓'이라고 합니다. 소켓의 색은 소켓이 나타내는 정보의 종류를 나타내며, 같은 색의 소켓끼리 서로 연결할 수 있습니다. 여기에서는 기본적인 정보만 알아보고 자세한 내용은 3절의 Node를 참고하는 것이 좋습니다.

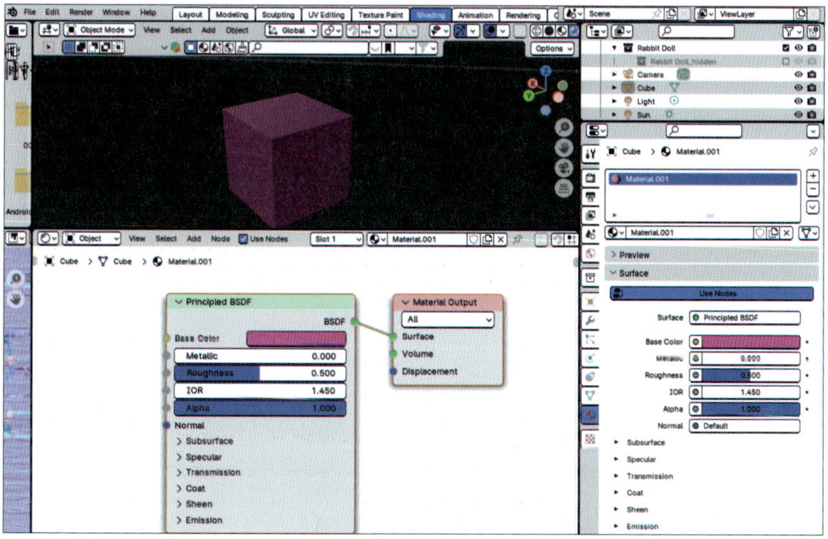

그림 9-8 노드가 생성된 Shader Editor 패널

메테리얼은 Principled BSDF가 기본값을 나타냅니다. 자세히 살펴보면 Shader Editor 패널의 Principled 노드와 Properties 패널 → 〔Material()〕 탭의 Surface 속성이 같은 내용이라는 것을 알 수 있습니다. 둘 중 한 곳에서 색을 변경하거나 설정값을 변경하면 동시에 변경되는 것을 알 수 있습니다.

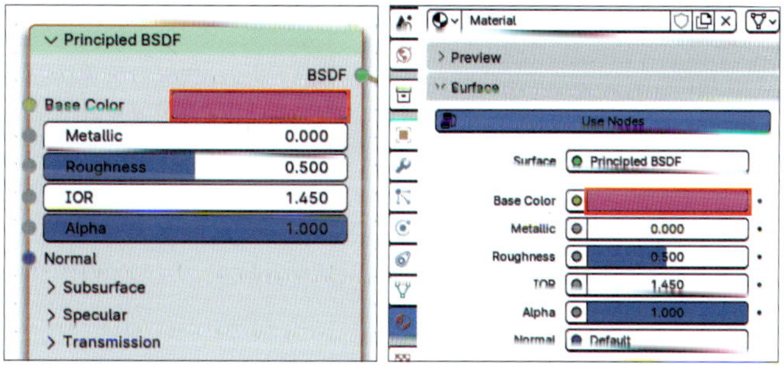

그림 9-9 Shader Editor 패널의 Principled BSDF(좌)/Properties 패널의 Principled BSDF(우)

다운로드한 텍스처 샘플을 이용해서 적용하겠습니다. Shader Editor 패널에서 Shift+A를 눌러 표시되는 Node 창에서 Add → Texture → Image Texture를 실행합니다.

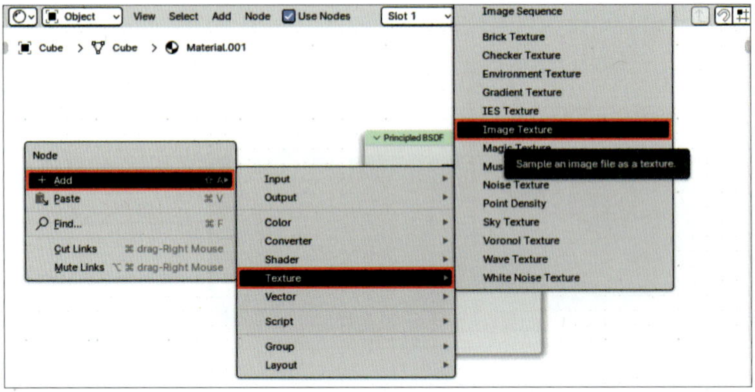

그림 9-10 노드 생성

Image Texture 노드가 생성되면 〈Open〉 버튼을 클릭하여 다운로드한 텍스트 이미지를 불러옵니다. 이때 Image Texture의 Color 소켓(노란색)을 Principled BSDF 노드의 Base Color 소켓(노란색)에 연결합니다.

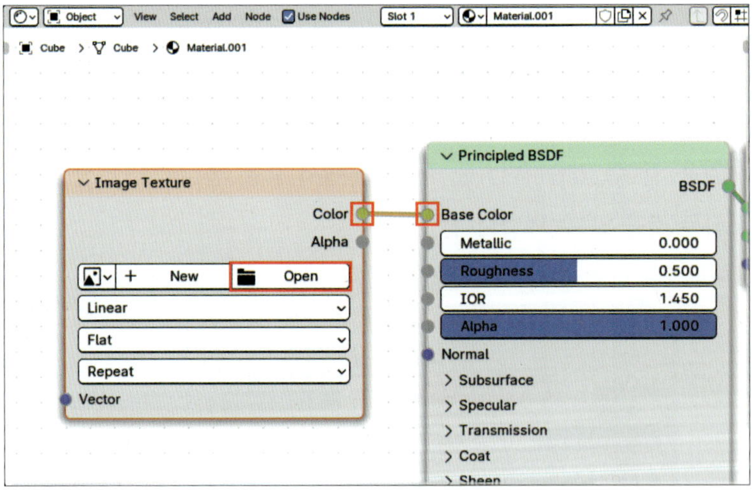

그림 9-11 Image Texture 노드

알아두세요 소켓은 같은 색상끼리 묶어줍니다.

제대로 설정되면 3D Viewport 패널의 오브젝트에 텍스처 매핑이 적용됩니다.

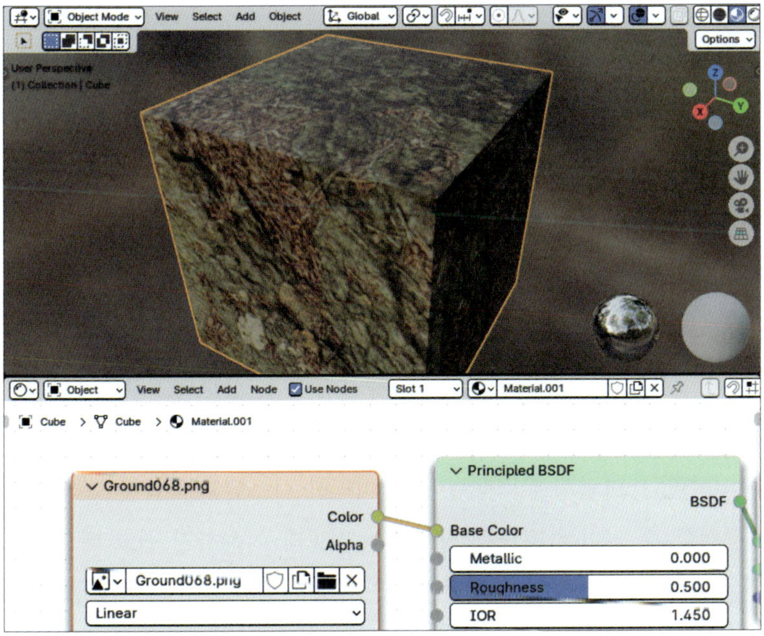

그림 9-12 적용된 텍스처 매핑

Properties 패널에서도 텍스처를 가져올 수 있습니다. [Material(◐)] 탭에서 Surface 속성 → Base Color의 노란색 소켓을 클릭하면 옵션들이 표시됩니다. 여기에서 'Image Texture'를 선택하면, 텍스처 이미지를 고를 수도 있습니다.

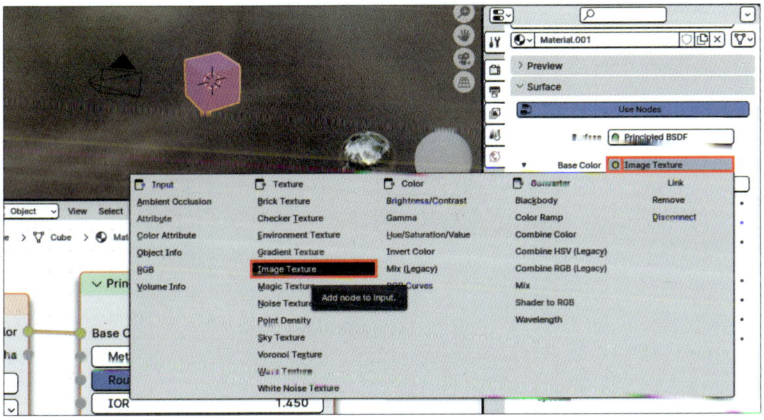

그림 9-13 Properties 패널의 텍스처 적용 방법

9.3 Node

Node System

Node System(이하 노드 시스템)은 컴퓨터 그래픽 또는 게임 제작 프로그램에서 사용되며, 주로 시각적인 방식으로 코드를 구성하는 데 활용됩니다. 블렌더에서는 주로 셰이딩 메테리얼 시스템을 사용하며, 언리얼 엔진과 같은 다른 프로그램에서는 Blueprint(이하 블루프린트)와 같은 비주얼 스크립팅에 적용됩니다. 이러한 시스템은 복잡한 로직을 간단한 시각적 요소로 구성할 수 있어서 코드를 작성하는 것보다 이해하기 쉽고 빠르게 스크립트를 만들 수 있습니다. 노드 시스템은 다양한 소프트웨어에서 이미 널리 사용되고 있으며, 처음에는 어려울 수 있지만 익숙해지면 매우 효과적으로 사용할 수 있습니다.

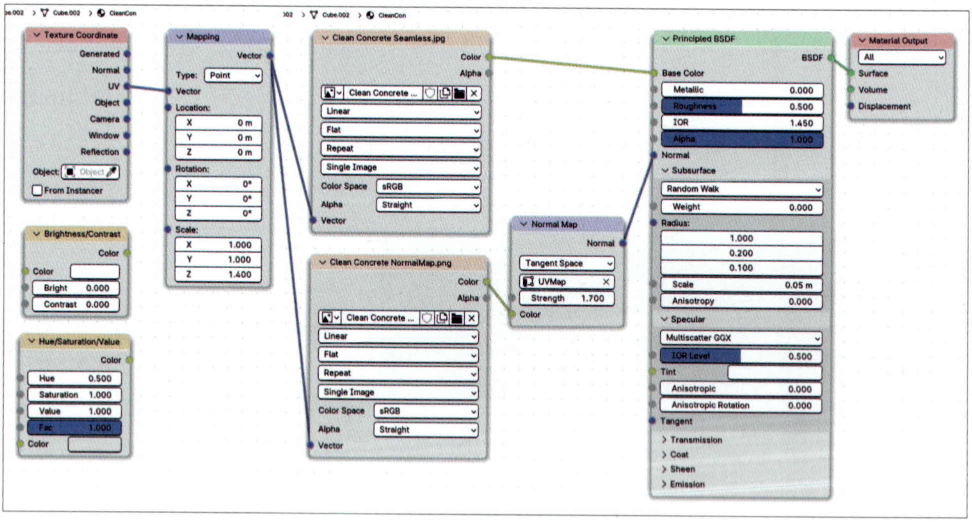

그림 9-14 블렌더의 노드

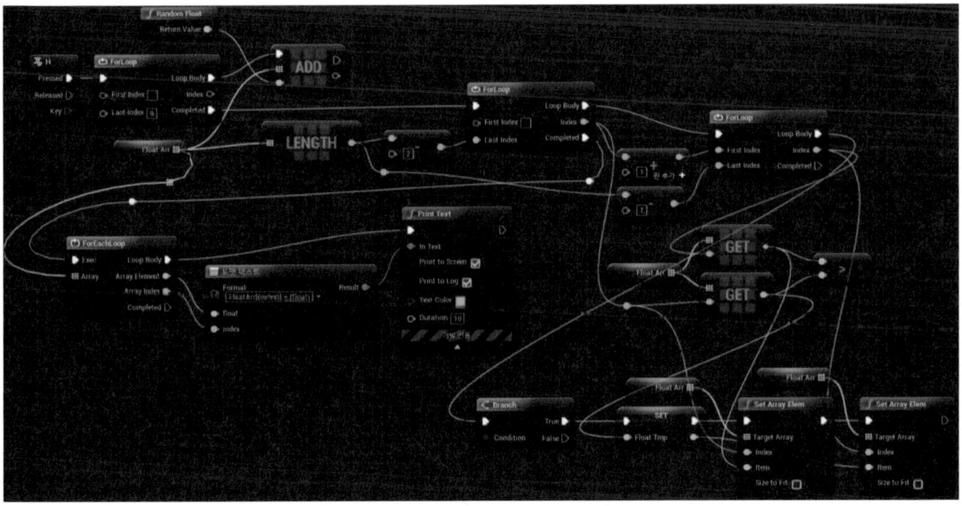

그림 9-15 언리얼 블루프린트의 노드

또한, Adobe Substance Designer(이하 어도비 서브스턴스 디자이너)와 애니메이션 VFX 특수효과 제작 Houdini(이하 후디니)는 노드 시스템을 효과적으로 활용하는 좋은 예시입니다. 서브스탠스 디자이너와 후디니의 소프트웨어는 노드 시스템을 통해 복잡한 작업을 간단하게 처리할 수 있도록 도와줍니다.

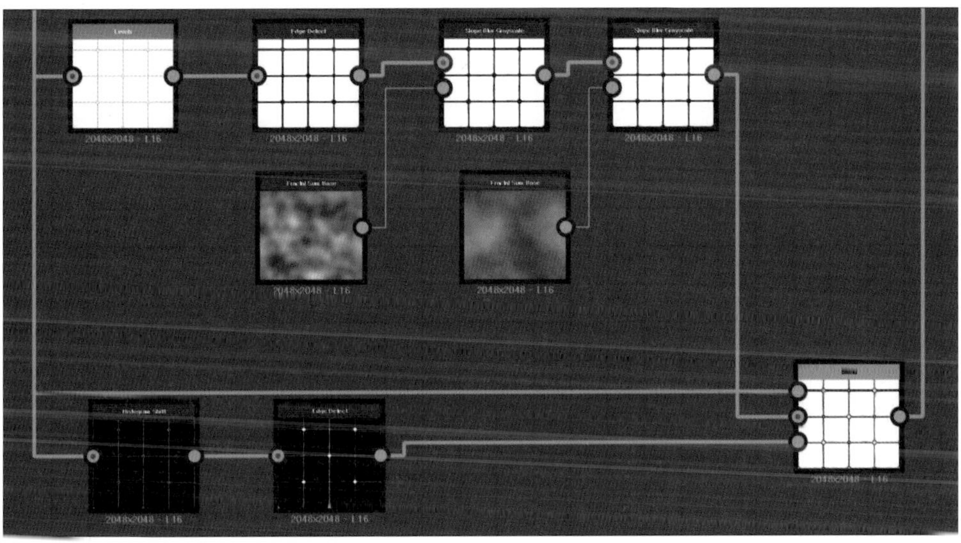

그림 9-16 어도비 서브스턴스 디자이너의 노드

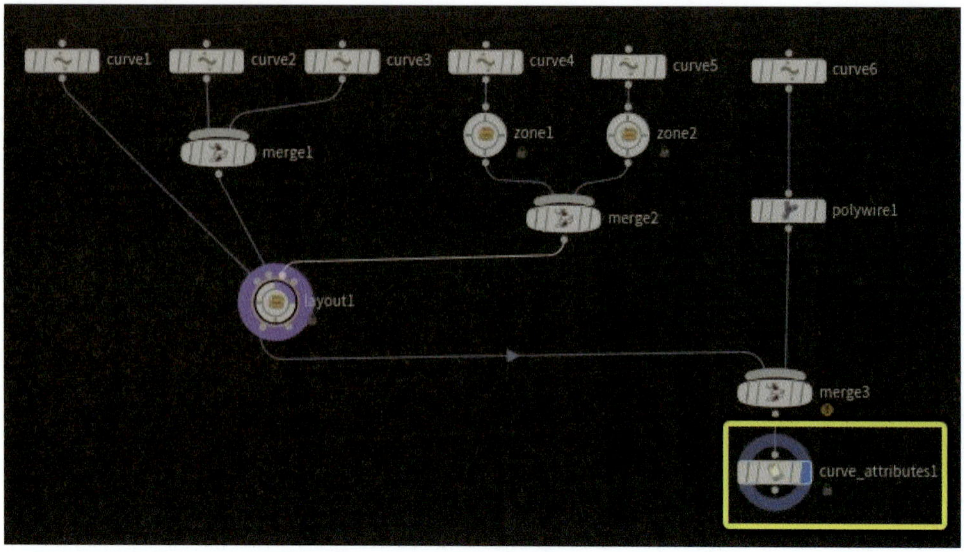

그림 9-17 후디니의 노드

블렌더 Render Engine

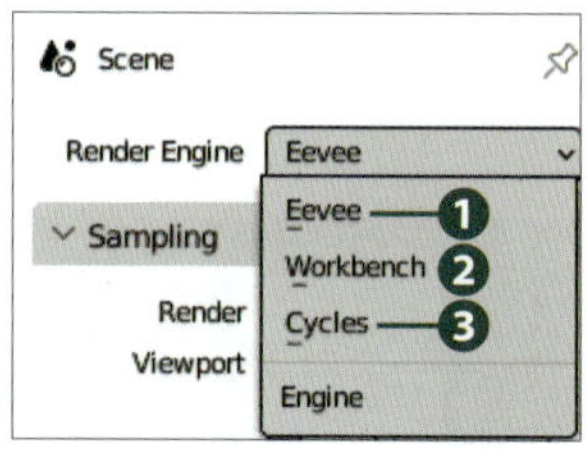

블렌더의 렌더 엔진들은 노드 시스템과 밀접하게 연관되어 있으며, 작업에 적합한 노드를 통해 정교한 렌더링을 가능하게 합니다.

❶ **Eevee** : OpenGL을 사용하여 GPU Scene(신)을 렌더링하여 최신 그래픽 성능을 활용하여 짧은 시간 내에 좋은 결과를 제공하는 실시간 래스터화 렌더 엔진입니다.

❷ **Workbench** : 빠른 렌더링에 최적화되어 있어 모델링 미리 보기에 주로 사용됩니다. 특히 애니메이션 제작에 많이 활용되므로 애니메이션 작업에 최적화되었다고 볼 수 있습니다.

❸ **Cycles** : 가장 풍부한 기능과 생산성이 입증된 렌더 엔진입니다. 광선이 신 주위에 반사되고 상호작용하는 시뮬레이션 경로 추적 엔진으로, PBR 세이딩 노드, 정확한 표면과 벡터 변위, 적응형 세분화, 불륜 산란, 흡수, 화선 등 다양한 렌더링 기능을 제공합니다. 그러나 복잡하고 정교한 렌더링을 위해 시간과 고사양 장비가 필요합니다.

블렌더 Node

블렌더의 Workspaces에서 〔Shading〕 탭을 선택하여 작업 환경을 변경합니다.

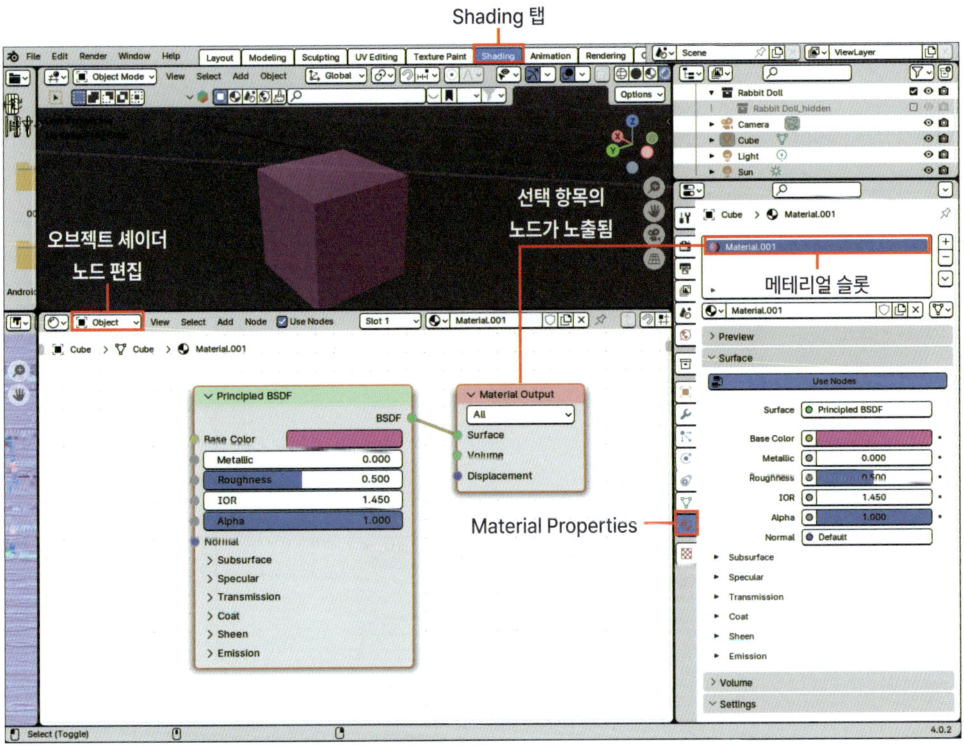

그림 9-18 〔Shading〕 탭

Shader Editor 패널에서 Shift + A를 눌러 새로운 Node(이하 노드)를 생성합니다. 생성된 노드를 살펴보면 노드는 노드와의 연결을 통해 기능이 만들어집니다. 왼쪽에서 오른쪽으로 연결된다는 흐름으로 기억하면 됩니다.

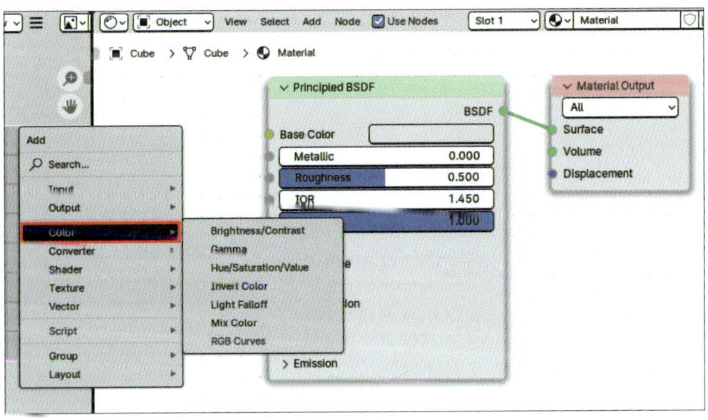

그림 9-19 새로운 노드 생성

일반적으로 노드를 연결할 때는 소켓(점)에서 선을 연결하여 노드와 노드를 연결합니다. 그러나 노드를 연결할 때는 소켓의 색상이 같아야 연결할 수 있다는 규칙이 존재합니다.

규칙을 알아보기 위해 Shift+A를 눌러 표시되는 Node 창에서 Add → Texture → Environment Texture를 실행하여 노드를 생성합니다.

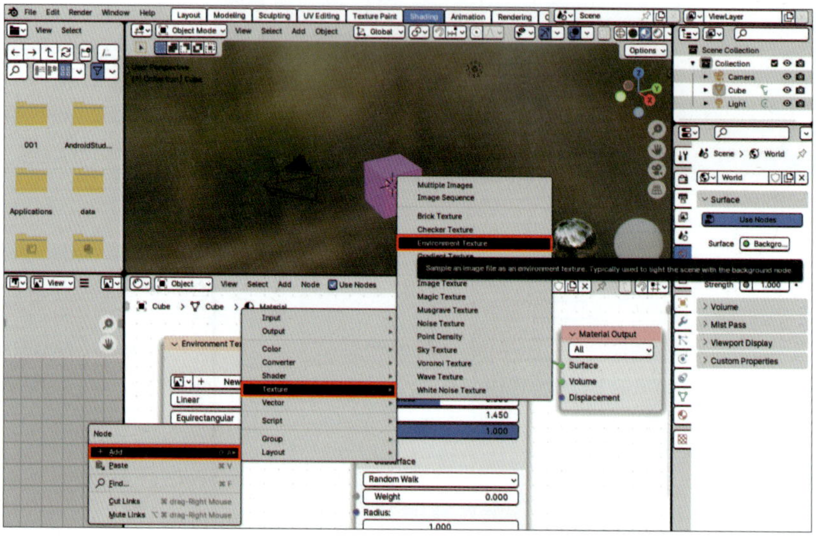

그림 9-20 Environment Texture 실행

기본 제공 노드와 생성된 노드를 통해 소켓을 살펴보겠습니다. 보라색은 Vector(왼쪽점)로 왼쪽에 위치해 있습니다. 이외에도 노란색, 초록색, 회색 색상의 소켓이 존재하며, 노란색은 Color, 초록색은 Material Output입니다.

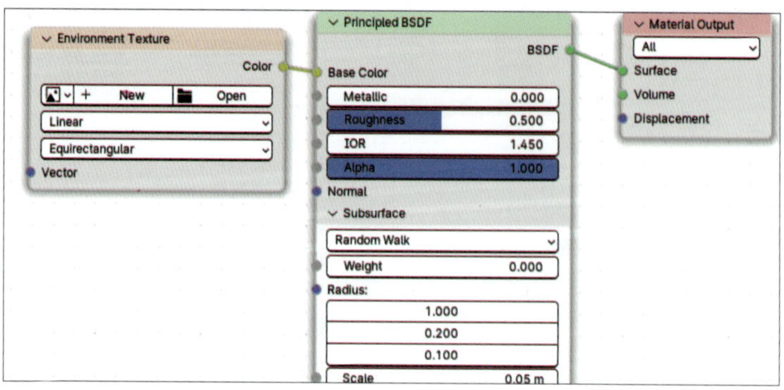

그림 9-21 노드와 소켓

잠깐만요 Properties 패널과 Shader Editor 패널의 메테리얼

여기서 다시 한번 Properties 패널과 Shader Editor 패널의 Principled BSDF를 복습하고 넘어가겠습니다. Properties 패널의 [Material(🔴)] 탭에서 '+'를 클릭하여 새로운 메테리얼을 생성합니다.

Properties 패널의 메테리얼 설정과 Shader Editor 패널의 Principled BSDF 노드는 같은 설정값을 공유합니다. 둘 중 어떤 옵션의 설정값을 변경해도 동일하게 맞추어 설정됩니다.

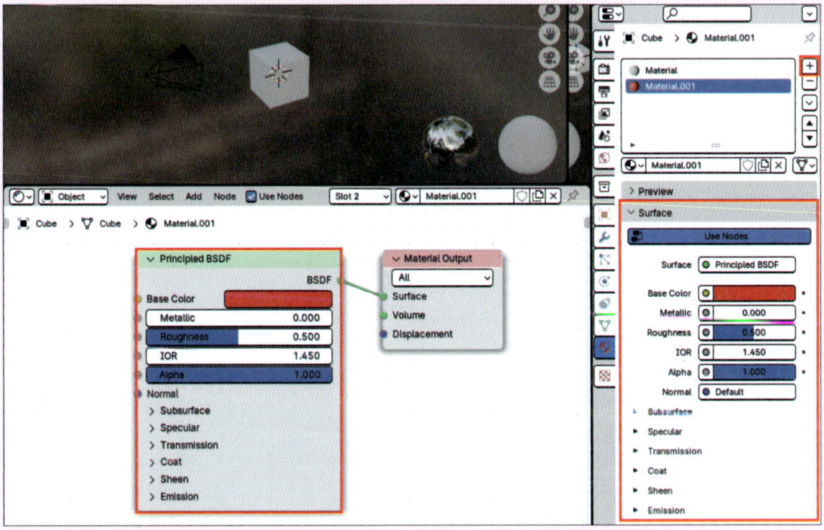

그림 9-22 Properties 패널과 Shader Editor 패널

Properties 패널의 Base Color를 초록색으로 지정하고 Metalic을 '1'로 설정하면 Shader Editor 패널의 노드 값도 변경되는 것을 알 수 있습니다.

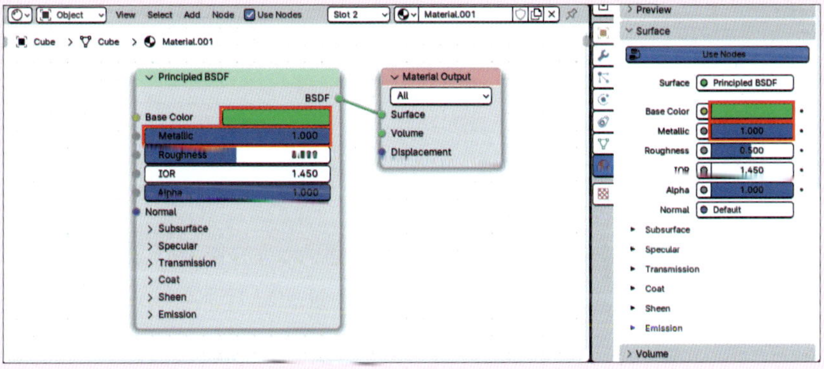

그림 9-23 노드 설정 변경

노드의 구성은 다음과 같습니다. 가장 상단에 어떤 노드인지 나타나내는 제목이 있고, 왼쪽 소켓은 Input 소켓, 오른쪽 소켓은 Output 소켓에 해당됩니다. 따라서 왼쪽 소켓(입력)과 오른쪽 소켓(출력)을 연결하여 노드와 노드끼리 연결해 전달하는 방식입니다.

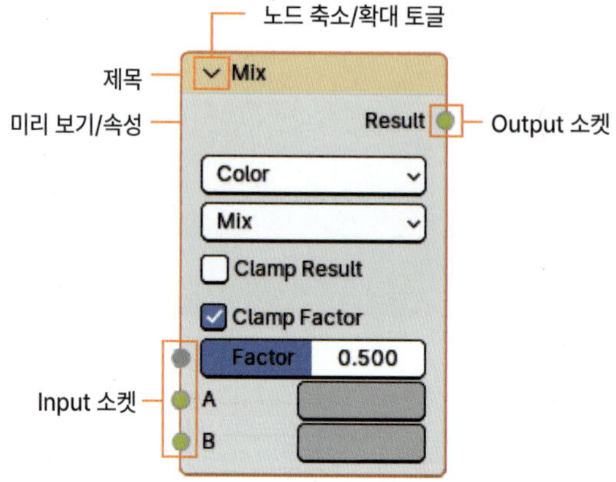

그림 9-24 노드의 구성

> **알아두세요** 필요 없다고 생각되는 소켓이 있으면, 소켓을 선택하고 Ctrl+H를 눌러 숨길 수 있습니다.

표 9-1은 각 소켓의 색상마다 어떤 기능을 하는지 설명합니다.

표 9-1 색상에 따른 기능

색상	기능	내용
노란색	Color	Color(색상) 정보를 입/출력하는 것을 나타냅니다.
보라색	Vector	Vector(벡터) 3D 좌표계의 정보 Normal 정보 값을 나타냅니다.
회색	Number	데이터 숫자/수치 값을 나타냅니다.
초록색	Shader	Cycles의 셰이더를 사용합니다.

노드는 Shader Editor 패널의 Header에서 토글처럼 ON/OFF 체크 표시로 사용 여부를 활성화/비활성화할 수 있습니다. 기본값은 ON으로 체크 표시되어 있습니다.

그림 9-25 Shader Editor 패널 Header의 Use Nodes

'Use Nodes'를 체크 표시 해제한다면 Properties 패널의 메테리얼 값도 비활성화(OFF) 처리됩니다.

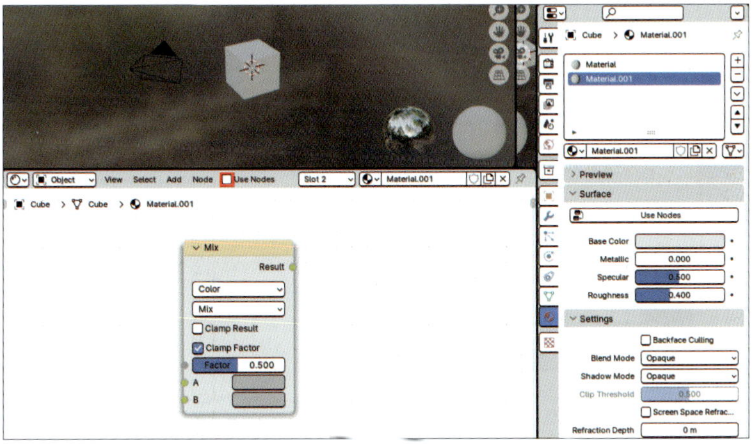

그림 9-26 Use Nodes를 비활성화했을 때

메테리얼을 처음 생성했을 때 노드는 Principled BSDF(Output) → Material Output(Input) 형태로 표시됩니다. 여기서 Principled BSDF 노드는 재질의 속성을 설정하는 노드이고, Material Output 노드는 재질의 최종 결과를 화면에 보여 주는 노드입니다. 특히 Material Output 노드는 재질을 화면에 보여 주기 위한 필수 노드로 항상 마지막에 위치하고, 다른 노드와 연결되지 않고 독립적으로 혼자 있어도 문제가 발생하지 않습니다.

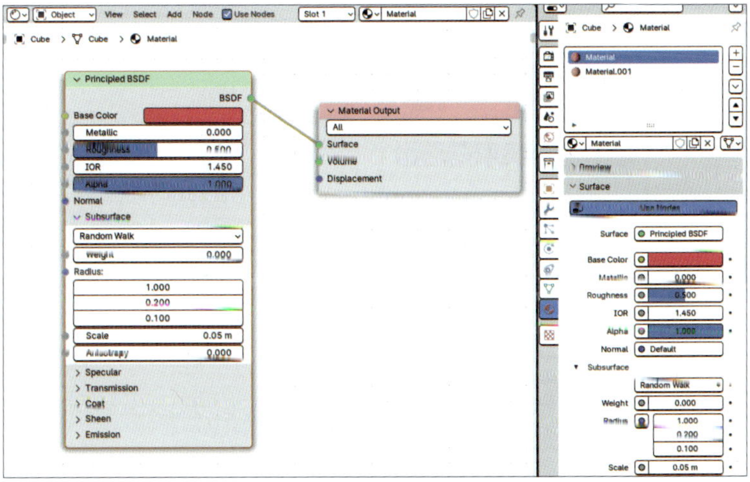

그림 9-27 Principled BSDF 노드와 Material Output 노드

Shader Editor 패널에서도 T를 눌러 Toolbar 패널을 표시하거나 N을 눌러 Navigate를 표시할 수 있습니다. 패널에 맞게 해당 창들이 표시되며, 이를 활성화하거나 비활성화하기 위해서는 키보드가 영문으로 설정되어 있는지 확인한 후에 눌러야 단축키 기능이 적용됩니다.

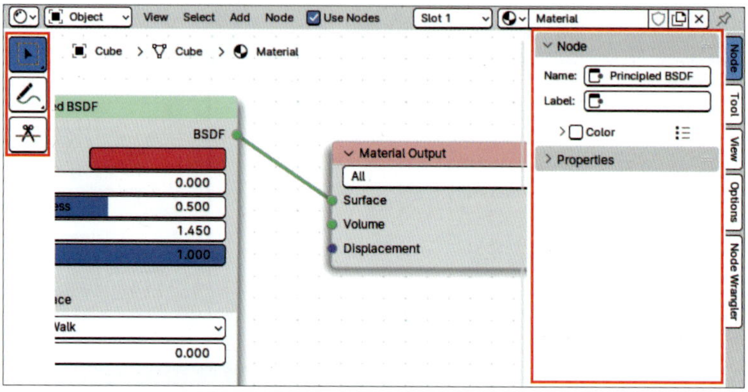

그림 9-28 Shader Editor 패널의 Toolbar/Navigate

오브젝트처럼 노드도 이동할 수 있습니다. 노드의 이름이 표시되어 있는 제목을 클릭한 상태로 이동하거나 노드를 선택하고 G를 눌러 이동할 수 있습니다.

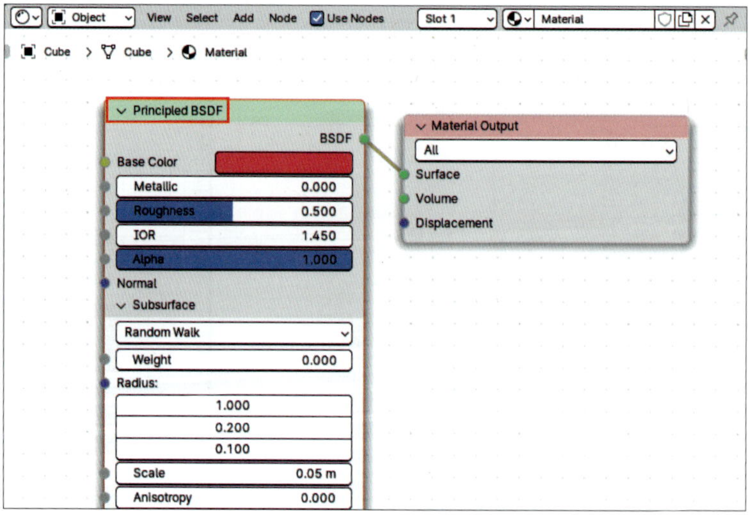

그림 9-29 노드 이동하기

노드 간의 연결과 해제 방법을 알아보겠습니다. 연결할 소켓에서 드래그하여 점과 점끼리 연결하면 노드가 연결되고, Ctrl을 누른 상태로 해제할 부분을 마우스 오른쪽 버튼으로 드래그하면 나이프 모양의 아이콘이 표시되면서 연결선을 끊을 수 있습니다.

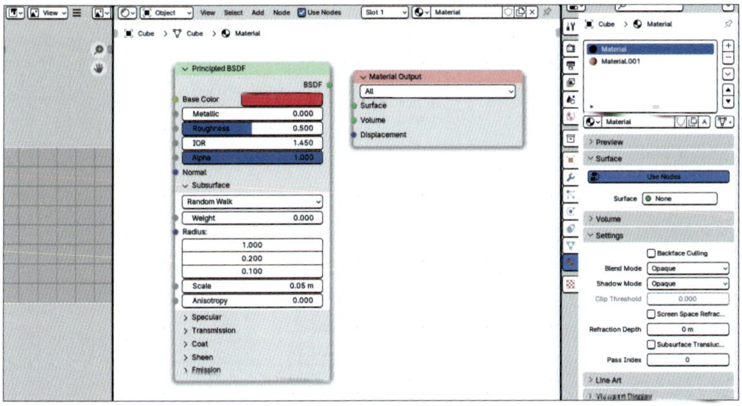

그림 9-30 노드 연결을 해제한 모습

모든 Output 소켓은 다수의 Input 소켓과 연결할 수 있지만, Input 소켓은 오직 1개만 연결할 수 있습니다.

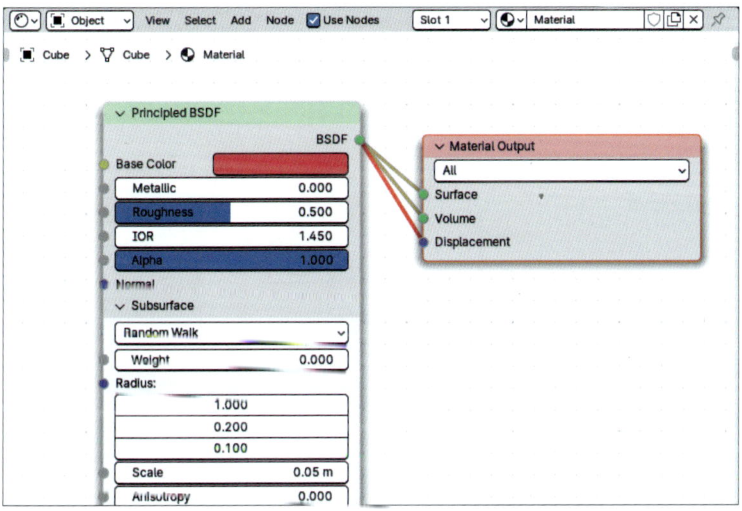

그림 9-31 Output 소켓과 Input 소켓

자주 사용되는 주요 노드

❶ **Principled BSDF** : 기본값인 'Uber(우버) 노드'로 다른 Shader 노드를 대체하거나 모든 것을 하나로 통합하는 노드입니다. 따라서 다양한 메테리얼을 만드는 것은 기본이고, 고무 금속 등의 재질도 Principled BSDF 노드를 사용하여 간단하게 만들 수 있습니다. 기본적으로 생성되어 있는 노드지만, Shift+A를 눌러 표시되는 Node 창에서 Add → Shader → Principled BSDF를 실행하여 생성할 수도 있습니다.

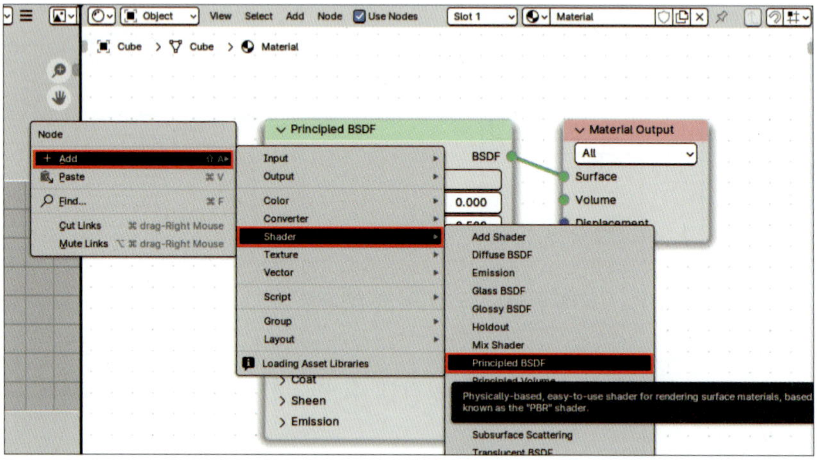

❷ **Mix Shader** : 2개의 혼합 셰이더로, 영어로 2개를 혼합한다는 뜻을 가지는 믹싱 셰이더입니다. 혼합 가중치를 더하여 첫 번째 값이 '1'이고, 두 번째 값이 '2'라면 혼합하여 '3'으로 만드는 역할을 합니다. 따라서 그림과 같이 노드의 사이에 위치해야 합니다.

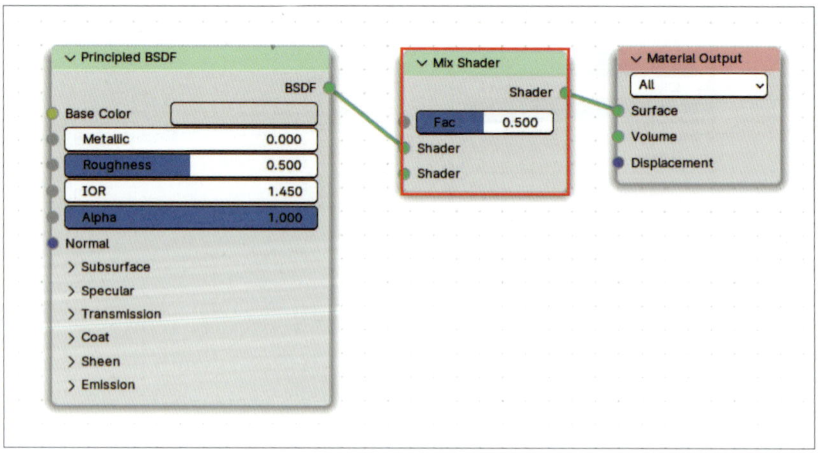

❸ **Hue/Saturation/Value** : 〔Add〕 → Color 항목에 있는 노드입니다. 색의 3단계 Hue(색조), Saturation(채도), Value(명도)의 값을 설정하여 색의 종류와 맑고 탁한 정도, 어둡고 밝은 정도를 조절할 수 있습니다.

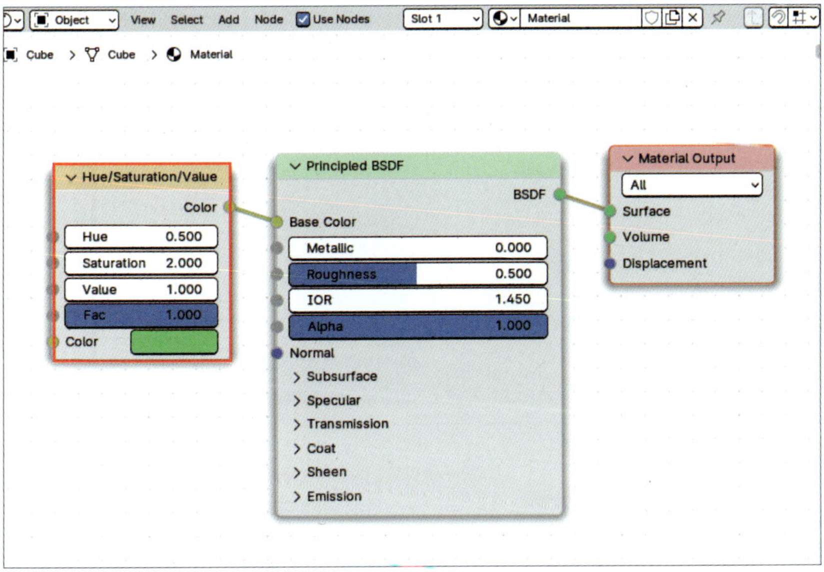

❹ **Brightness/Contrast** : 〔Add〕 → Color 항목에 있는 노드로, 메테리얼의 색상 밝기와 채도 대비를 조절하는 노드입니다.

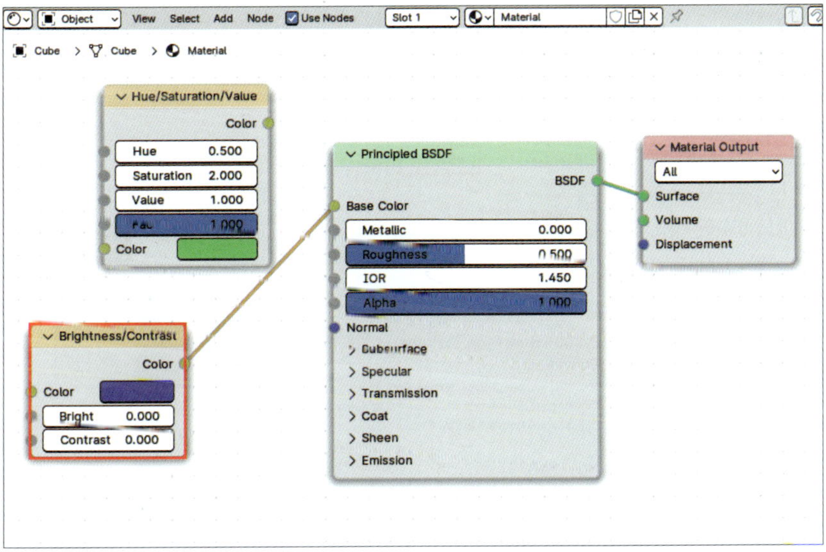

❺ **Image Texture :** 〔Add〕 → Texture Nodes 항목에 있는 노드입니다. 노드 트리의 기초로 외부 이미지 텍스처(질감)를 추가하여 사용할 수 있습니다.

웹사이트에서 임의의 텍스처 이미지를 다운로드하여 컴퓨터 바탕화면에 저장하고 블렌더의 Image Texture 노드에 불러오면 노드 이름이 파일 이름으로 변경되면서 오브젝트에 텍스처 이미지가 적용됩니다.

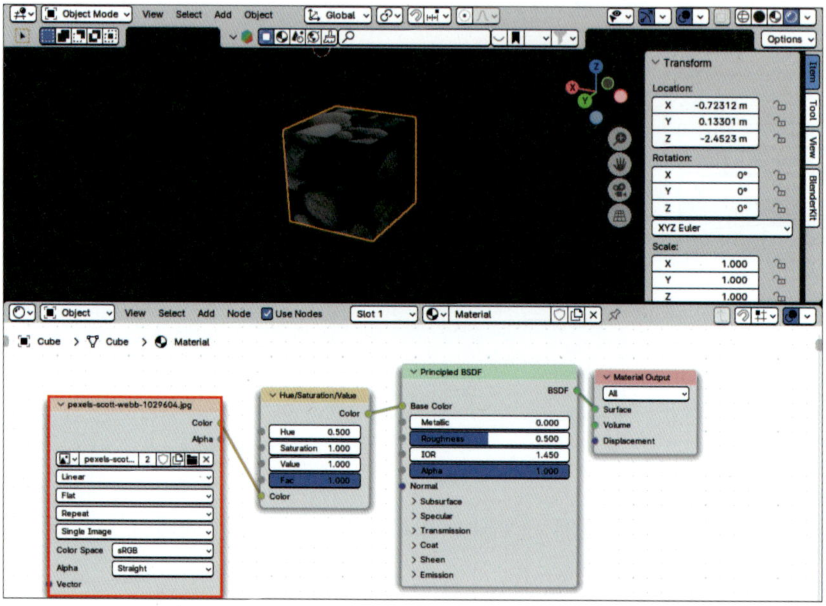

잠깐만요 **텍스처 무료 다운로드**

다음과 같은 사이트에서 텍스처를 무료로 다운로드할 수 있습니다. 이외에도 웹사이트에서 'Texture Free'를 검색했을 때 다양한 사이트가 표시되니 참고하여 활용하면 좋습니다.

- Pexels(pexels.com/search/texture/)
- Poly Haven(polyhaven.com/textures)

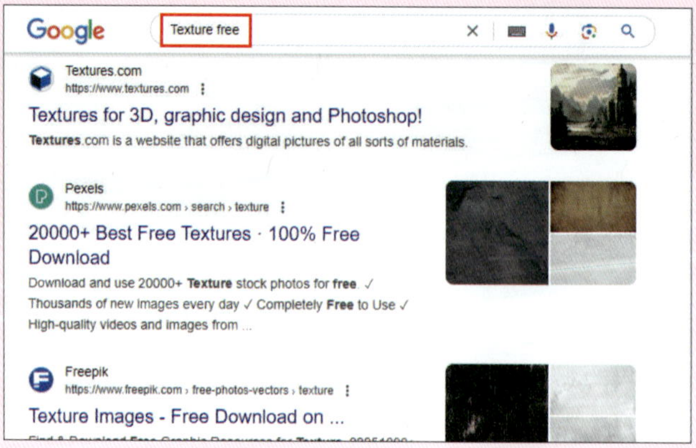

그림 9-32 웹브라우저에서 Texture free를 검색한 화면

❻ **Noise Texture** : 〔Add〕 → Texture Nodes 항목에 있는 노드입니다. 무작위로 생성된 시각적 노이즈(잡음, 임의 생성된 모래 연기 같은 그래픽)를 이용하여 불, 구름, 연기 효과 등의 시뮬레이션을 만들 때 사용합니다.

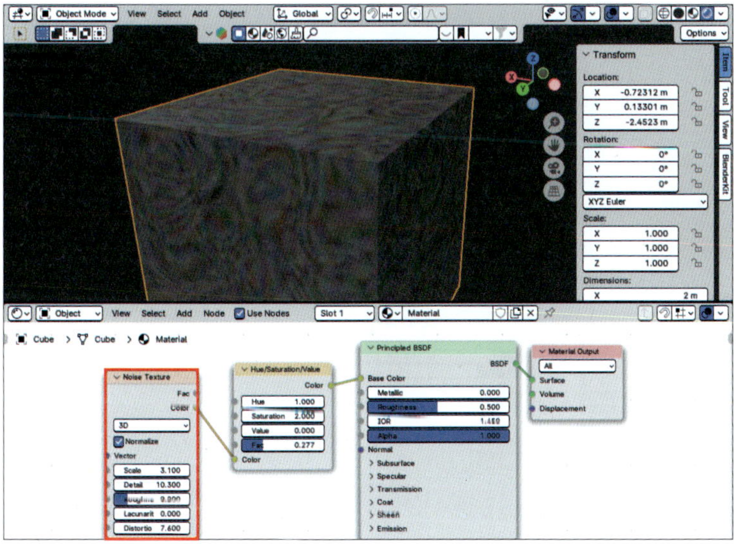

❼ **Color Ramp** : 〔Add〕 → Converter Nodes 항목에 있는 노드입니다. 전체 셰이더 시스템에서 중요한 노드로 그레이디언트를 사용하여 색상을 매핑하는 데 사용됩니다.

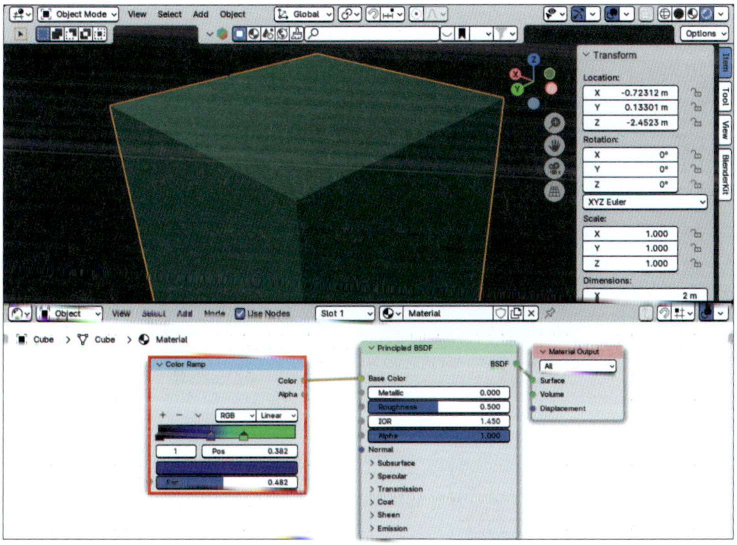

알아두세요 Converter는 변환한다라는 뜻을 가지고 있습니다.

❽ **Separate Color** : 〔Add〕 → Converter 항목에 있는 노드입니다. 색상 입력을 받아 레드(R), 그린(G), 블루(B)의 개별 값으로 분리시킵니다.

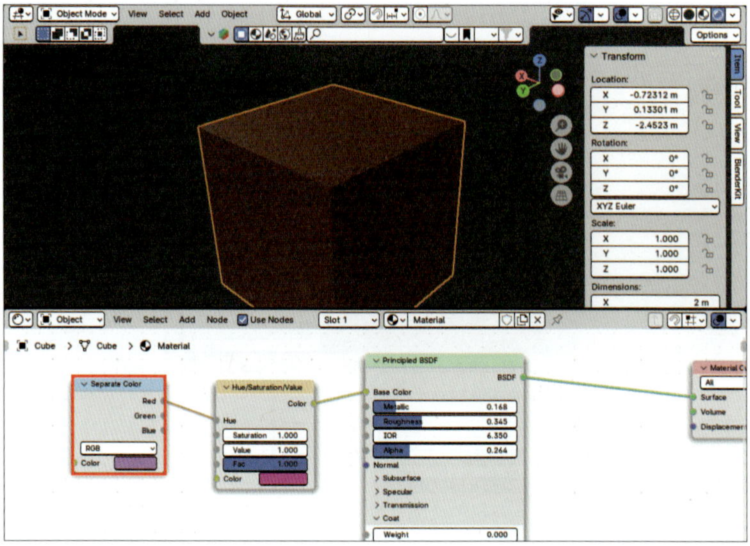

❾ **Input Nodes** : 〔Add〕 → Texture Coordinate 항목에 있는 노드입니다. 이 노드는 텍스처의 위치와 방향을 지정하는 데 사용됩니다. 주로 텍스처 노드의 Vector Input에 연결하여 텍스처가 3D 모델에 어떻게 적용될지 조정하고, 텍스처를 모델 표면에 정확하게 매핑할 수 있습니다.

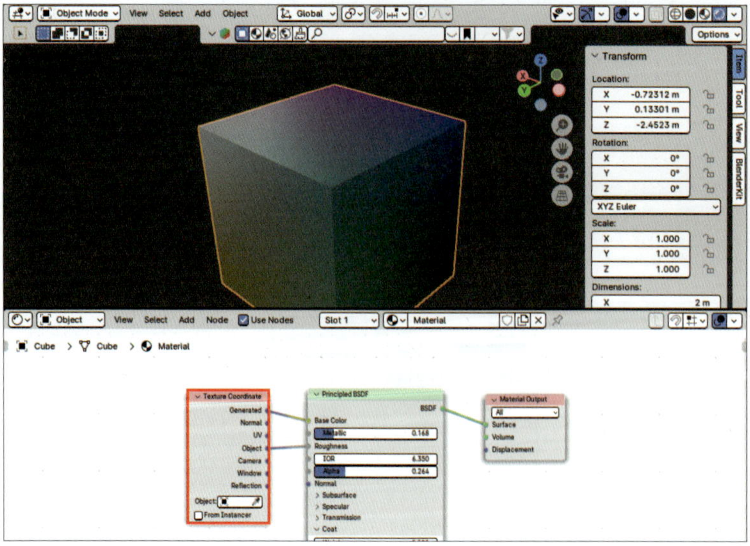

⑩ **Mapping** : 〔Add〕 → Vector Nodes 항목에 있는 노드로, Texture Coordinate 노드와 함께 사용합니다. Hue/Saturation/Value 노드와 유사하며 색상 대신 벡터를 사용하는 차이가 있습니다. 텍스처의 이동, 회전, 크기를 조절하는 데 사용합니다.

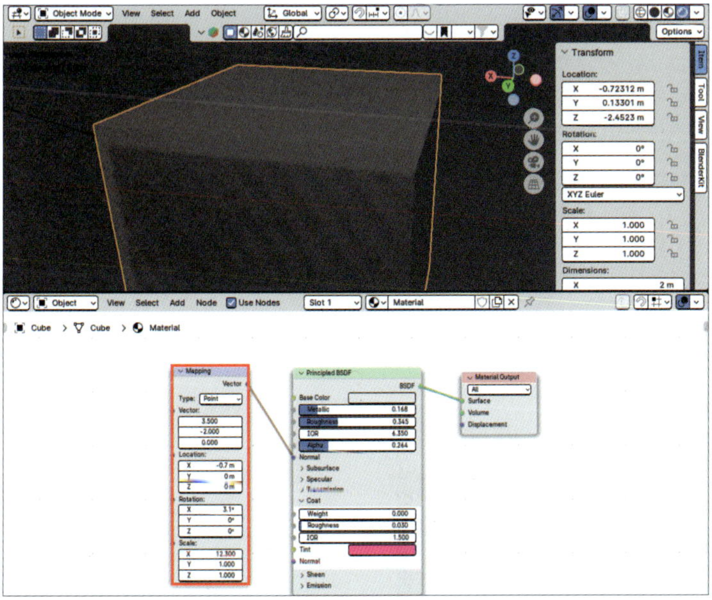

⑪ **Normal Map, Burmp** : 〔Add〕 → Vector Nodes 항목에 있는 노드로, 메테리얼 표면에 미세한 질감을 추가하는 노드입니다.

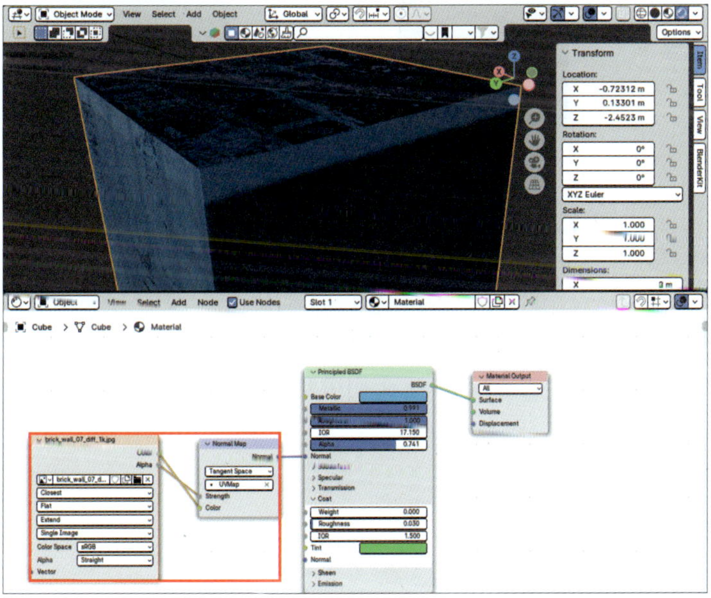

9.4 UV Mapping

UV Map(유브이 맵) 3D 모델의 각 면을 펼쳐서 2D 평면으로 Mapping(이하 매핑)하는 작업을 말합니다. 이렇게 생성된 2D 맵 위에는 텍스처나 이미지를 배치하여 모델에 적용할 수 있습니다. 이를 통해 모델의 각 부분에 원하는 이미지를 정확하게 매핑하여 자세하고 정교한 텍스처 효과를 구현할 수 있습니다.

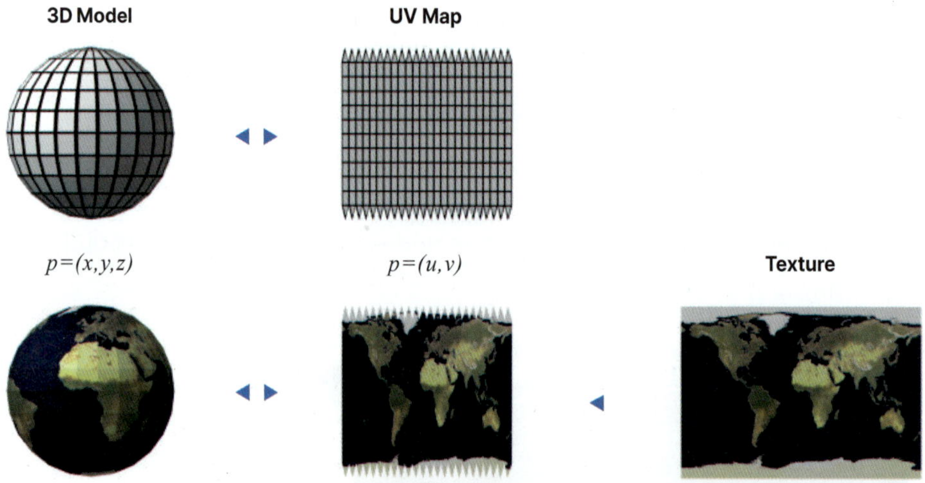

그림 9-33 UV 맵과 텍스처

예를 들어, 그림 9-33은 UV 맵이 3D 모델의 표면을 2D 평면으로 펼치는 과정을 보여줍니다. 3D 모델은 좌표 (x,y,z)로 표현되며, UV 맵은 이를 (u,v) 좌표로 변환하여 2D 평면에 펼칩니다. 이렇게 펼쳐진 UV 맵 위에 텍스처 이미지를 배치하면, 최종적으로 텍스처가 적용된 3D 모델이 완성됩니다.

3D Viewport 패널에서 Edit Mode로 전환하고 A를 눌러 오브젝트를 전체 선택합니다. 선택된 상태로 U를 눌러 표시되는 UV Mapping 창에서 Unwrap을 실행합니다.

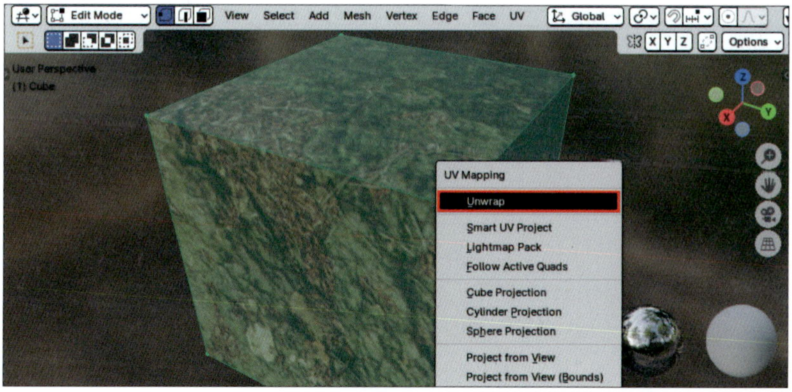

그림 9-34 Unwrap 실행

UV 매핑 작업 환경으로 변경하겠습니다. 왼쪽 상단 패널의 'Editor Type' 아이콘(■)을 클릭하고 'Image Editor'를 선택하여 패널을 변경합니다. 같은 방법으로 왼쪽 하단 패널은 'UV Editor'를 선택하여 UV Editor 패널로 변경합니다.

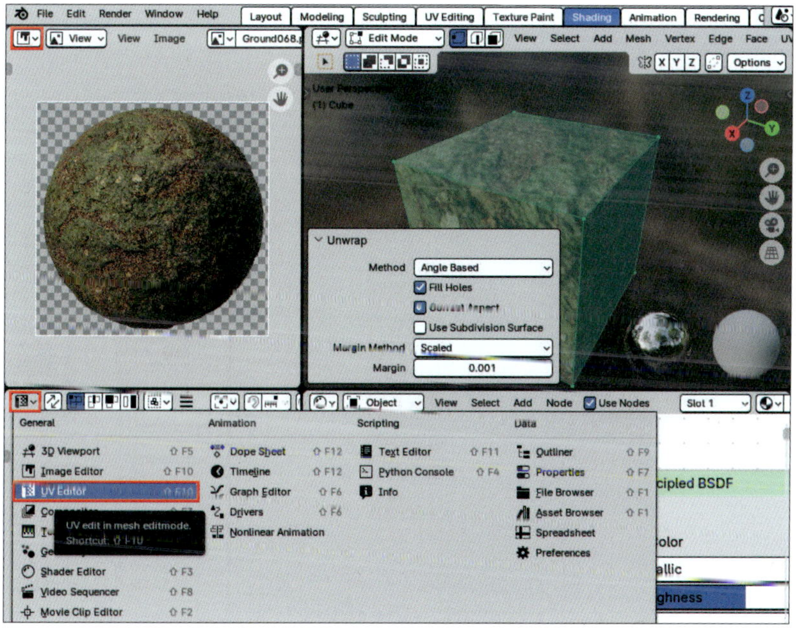

그림 9-35 패널 변경

앞서 실행했던 Unwrap은 3D 오브젝트를 펼쳐서 2D 전개도처럼 평면으로 구성하는 기능입니다. UV Editor 패널에서 좌우 면에 있는 것들을 편집할 수 있습니다.

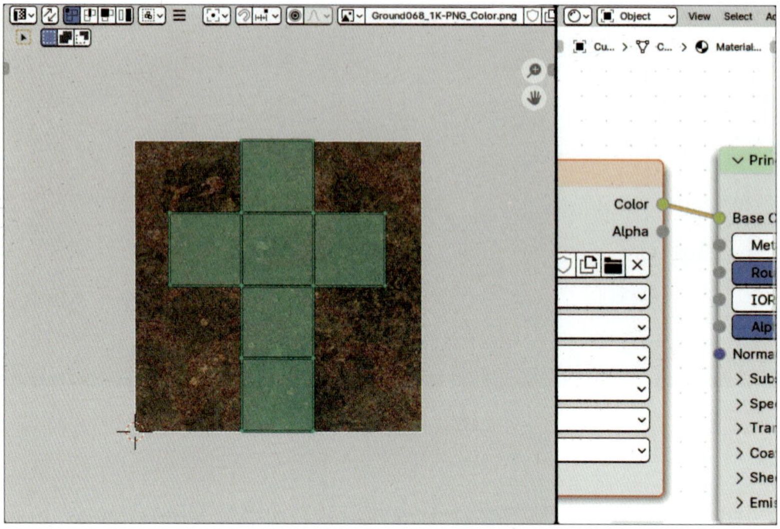

그림 9-36 2D 전개도처럼 나타난 오브젝트

창을 좀 더 크게 조절하고 G, R, S를 눌러 크기를 축소, 확대하거나 이동, 회전 등을 하며 텍스처 편집을 할 수 있습니다.

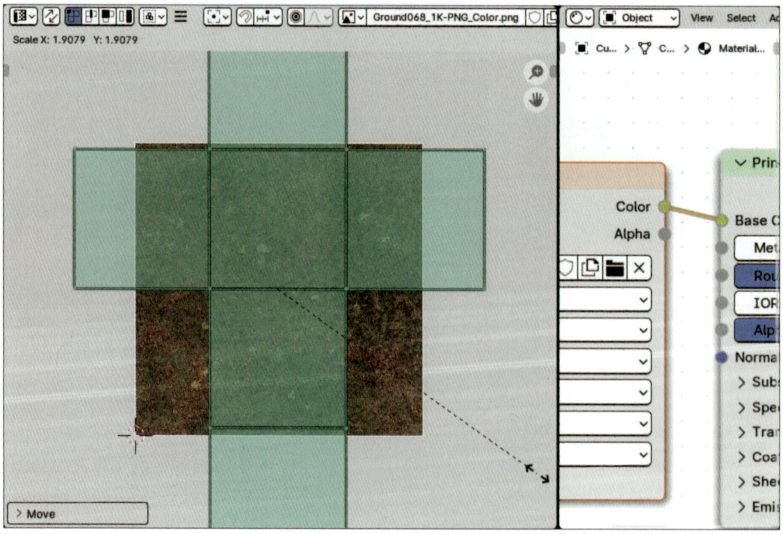

그림 9-37 확대한 2D 전개도

UV Editor 패널에서 A를 눌러 전체 도면을 선택하여 크기를 축소하거나 확대해 보면 3D Viewport 패널에서 텍스처가 크기에 따라 변경되는 것을 알 수 있습니다.

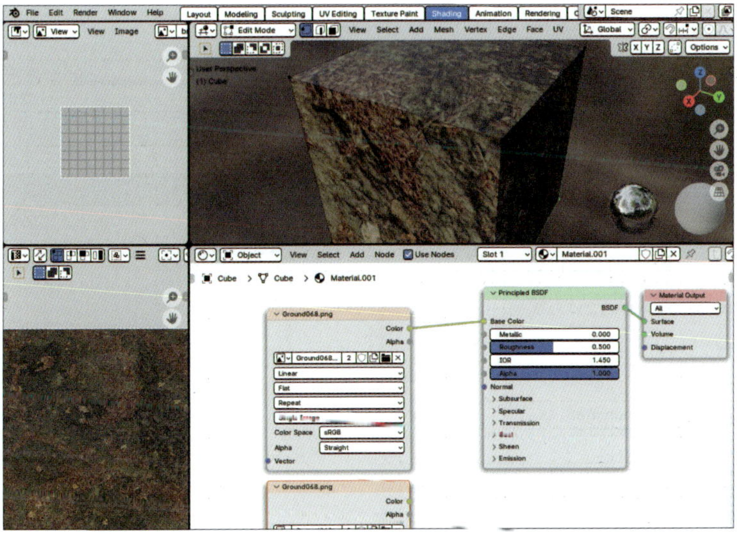

그림 9-38 전개도의 크기에 따라 변경되는 텍스처

Shader Editor 패널에서 텍스처를 적용한 노드를 선택하고 Shift+D를 눌러 복제해 아래에 배치합니다. 이어서 새로 복제한 노드의 Color Space를 'Non-Color'로 지정하고 Color 소켓을 Principled BSDF 노드의 Roughness 소켓과 연결합니다.

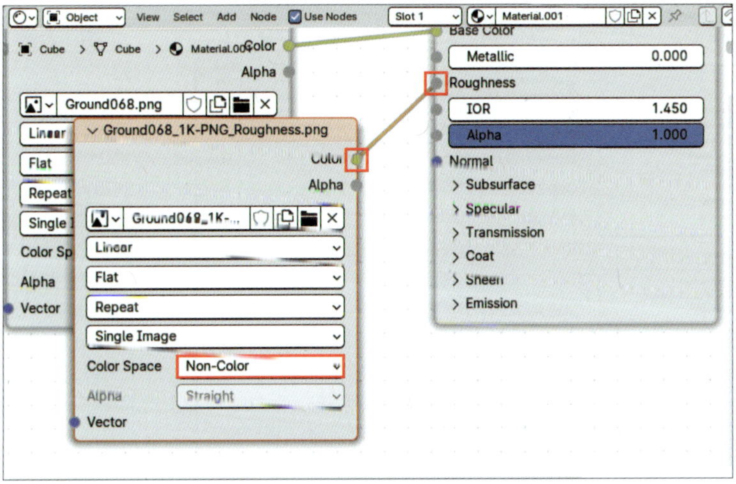

그림 9-39 노드 복제하고 소켓 연결 (1)

같은 방법으로 텍스처 노드를 선택하고 Shift+D를 눌러 복제합니다. Color 소켓을 Principled BSDF 노드의 Normal 소켓과 연결하고 'Open Image' 아이콘(■)을 클릭합니다.

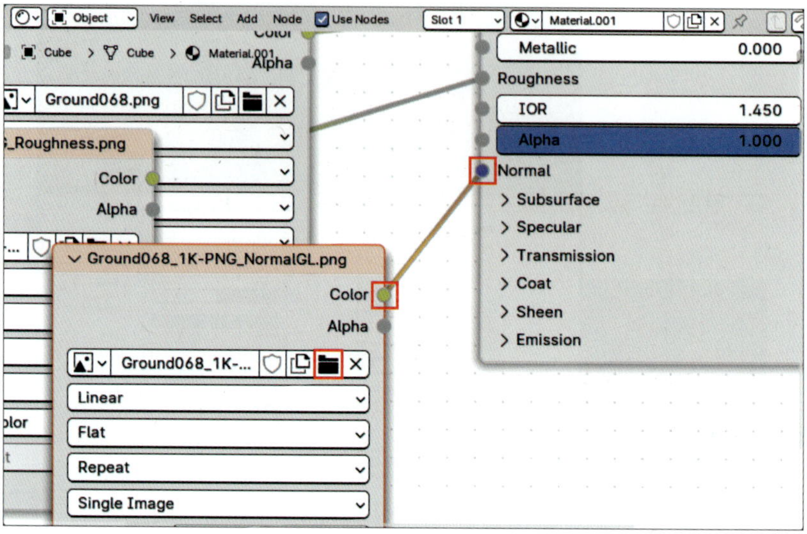

그림 9-40 노드 복제하고 소켓 연결 (2)

Blender File View 대화상자가 표시되면 텍스처를 다운로드한 폴더에서 'NormalGL'이라는 이름이 붙은 파일을 선택하고 〈Open Image〉 버튼을 클릭하여 불러옵니다.

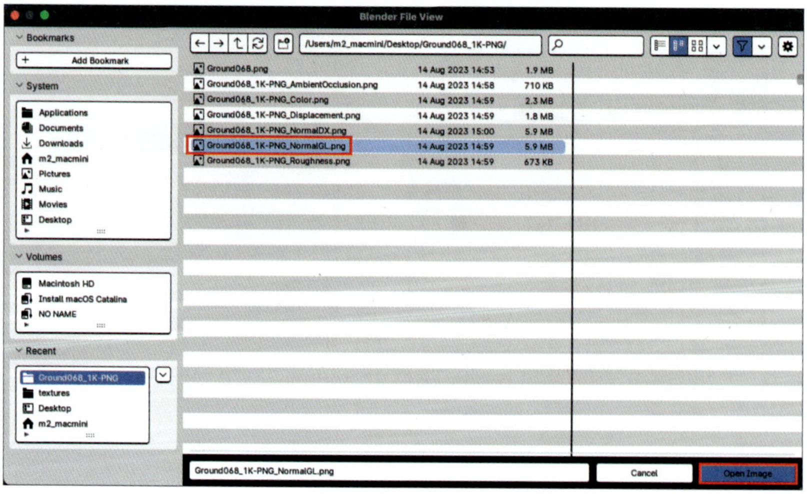

그림 9-41 NormalGL 파일 불러오기

복제한 노드의 Color(노란색) 소켓과 Principled BSDF 노드의 Normal(보라색) 소켓 부분이 부자연스러워 보입니다. 이때 사이에 노드를 추가하여 자연스럽게 변경할 수 있습니다. Shader Editor 패널의 Header에서 〔Add〕 → Vector → Normal Map을 실행하여 노드를 새로 생성합니다.

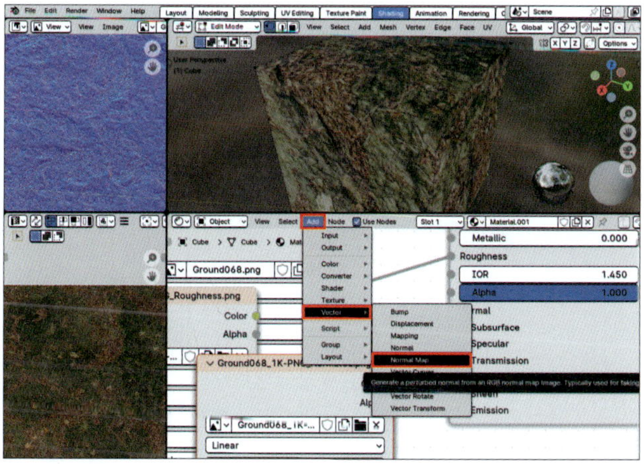

그림 9-42 Normal Map 노드 생성

그림 9-43과 같이 중간에 위치하여 소켓을 연결하고 연결한 NormalGL 이미지가 있는 노드에서 Color Space를 'Non-Color'로 지정하고 Normal Map 노드의 Strength를 최댓값으로 설정하면 표면이 거칠게 표현되어 높낮이가 달라집니다.

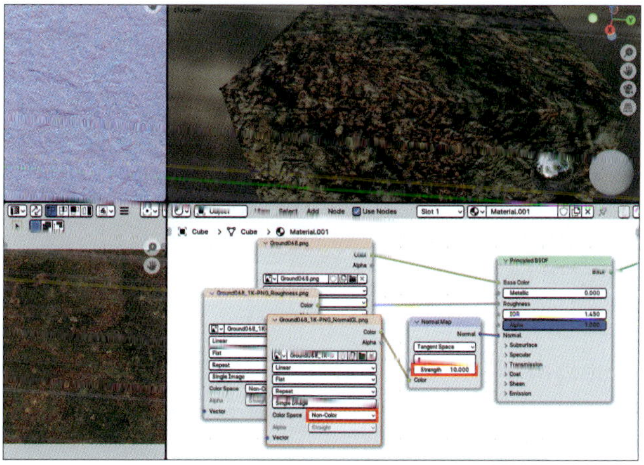

그림 9-43 표면이 거칠어진 오브젝트

Color Picker 이미지를 불러와서 단일 컬러도 적용할 수 있습니다. 웹브라우저 검색창에 'Color Picker Image'를 검색하여 PNG, JPG 형식의 원하는 이미지를 다운로드하거나 추천 사이트를 이용하여 Color Picker 이미지를 다운로드합니다.

블렌더로 돌아와서 Workspaces의 〔UV Editing〕 탭을 선택합니다. 왼쪽 패널을 Image Editor 패널로 만들고 Header 메뉴에서 〔Image〕 → Open을 실행하여 다운로드한 이미지를 불러옵니다.

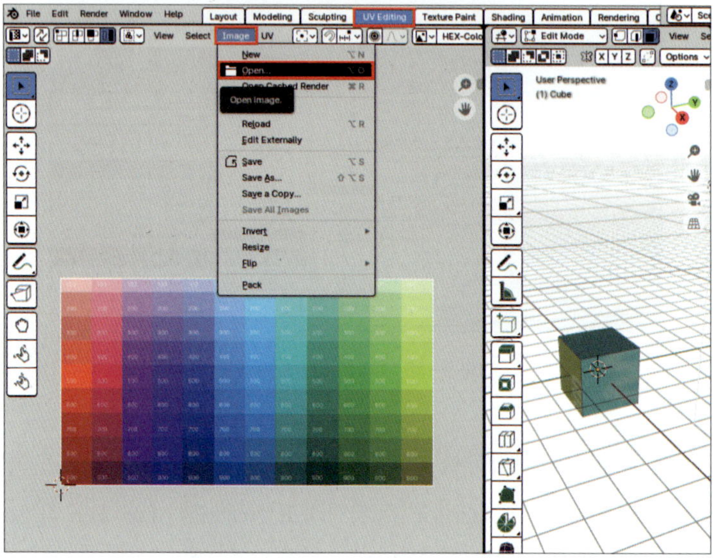

그림 9-44 Color Picker Image 불러오기

잠깐만요 **Base Color Texture 추천 사이트**

Base Color Texture 이미지는 추천 글자가 없이 순수 컬러 값만 있는 것을 선택하는 것이 좋습니다.

1. undsgn(undsgn.com/color-palette-generator/)
   - 최근 유행하는 색상을 찾아볼 수 있습니다.
   - 색을 제안하여 트렌디한 색상을 적용할 수 있습니다.
2. LOSPEC(lospec.com/palette-list)
   - 가장 많은 사용자들이 2D 그래픽 색상 값을 사용하는 것으로 유명한 사이트입니다.
   - 일반적으로 유니티에서 사용하는 2D 도트 아트 컬러 팔레트 값을 다운로드합니다.

Edit Mode에서 오브젝트의 각 면을 선택하여 UV Editor 패널에 도면이 표시되면 S를 눌러 크기를 작게 줄이고 G를 눌러 원하는 색상으로 이동하면 각 면에 원하는 색상을 지정할 수 있습니다.

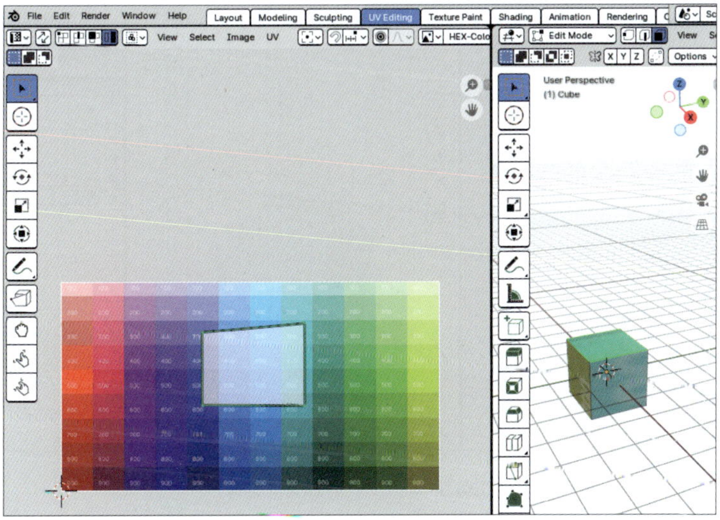

그림 9-45 각 면에 원하는 색상 지정

Picker Color Texture 이미지를 변경해도 원하는 색상을 추출할 수 있습니다.

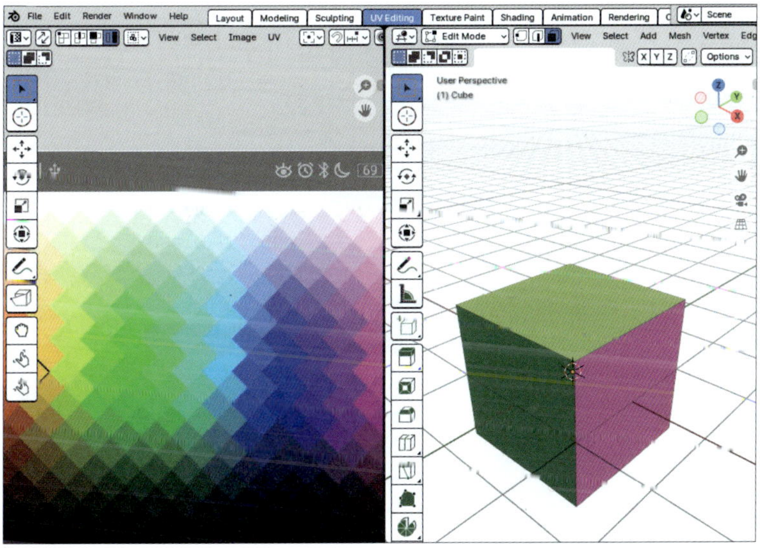

그림 9-46 이미지를 변경하여 면에 색상 지정

블렌더 환경을 초기화하고 3D Viewport 패널에서 Shift+A를 눌러 Cube 오브젝트를 생성하고 Workspaces에서 〔UV Editing〕 탭을 선택하여 작업 환경을 변경합니다.

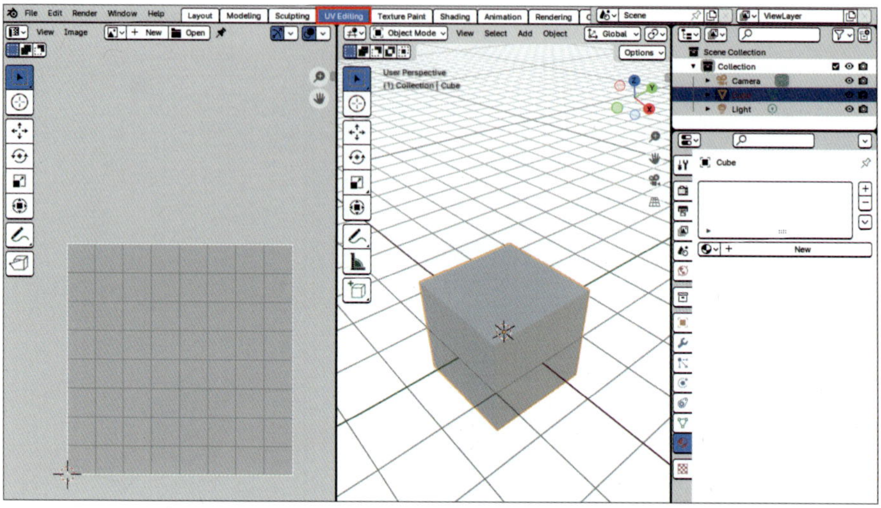

그림 9-47 UV Editing 작업 환경

UV Editor 패널의 Header 메뉴에서 〔Image〕 → New를 실행합니다. 표시되는 New Image 창에서 Generated Type을 'Color Grid'로 지정하고 〈OK〉 버튼을 클릭하여 Color Texture 이미지를 생성합니다.

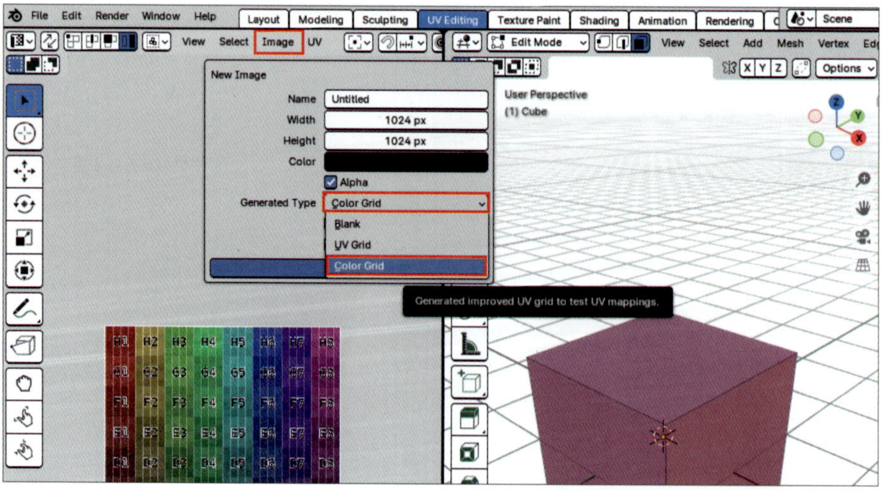

그림 9-48 Color Grid 생성

새롭게 메테리얼을 생성한 것을 살펴보면 Base Color에서 이미지를 선택한 것처럼 untitled에 새롭게 생성된 그리드가 있습니다. 이를 선택하여 적용하면 Cube 오브젝트에 생성한 이미지가 적용되어 표시됩니다.

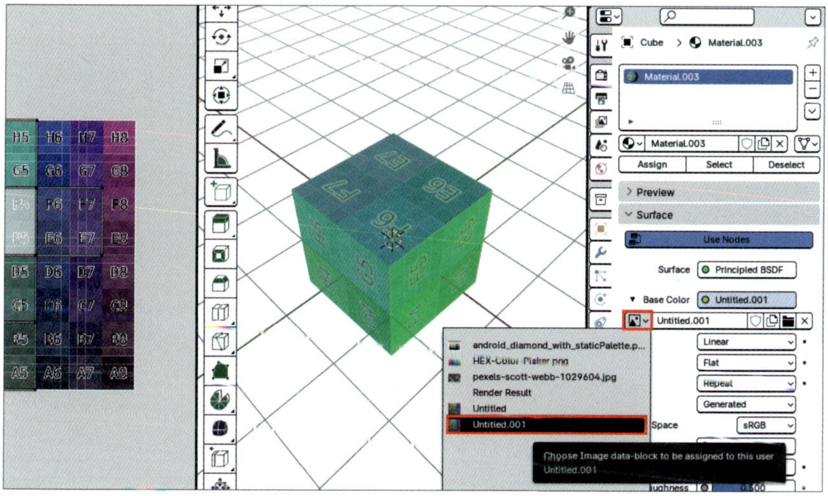

그림 9-49 Cube 오브젝트에 적용

3D Viewport 패널에서 Cube 오브젝트를 전체 선택하고 UV Editor 패널에서 도면을 이동하면 색상 그리드가 적용되면서 이동됩니다.

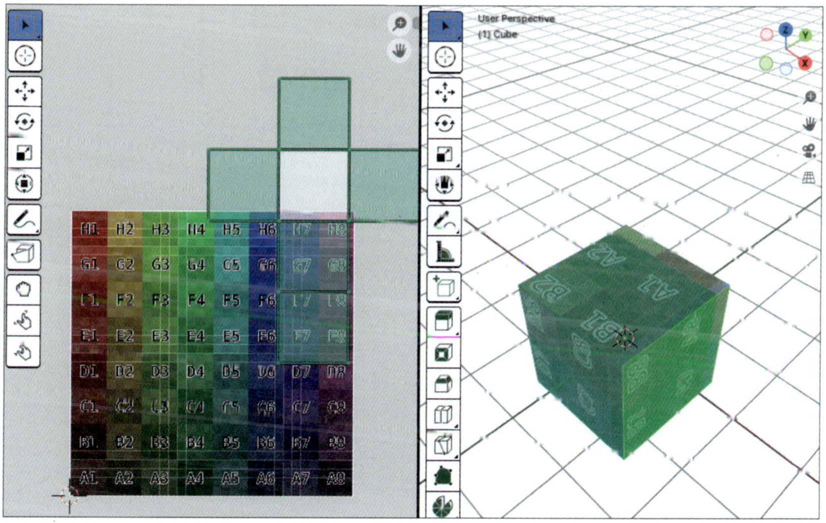

그림 9-50 색상 그리드에 맞추어 변경되는 Cube 오브젝트의 색상

잠깐만요 UV 매핑 기준점 설정 방법

Cube(큐브)와 같은 간단한 형태의 3D 모델은 UV 매핑을 위한 기준점을 어떻게 정할까요? 이 질문은 특히 복잡한 모델일 경우에는 더욱 중요한 문제가 됩니다. UV 매핑에서 기준점을 설정하는 것은 매우 중요한데, 이를 효과적으로 하기 위해 다음과 같은 방법을 사용할 수 있습니다.

❶ Edit Mode에서 Cube 오브젝트의 특정 선을 하나 선택합니다.

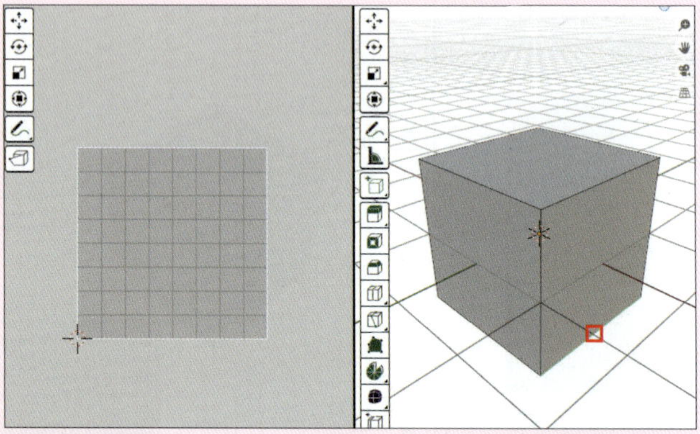

❷ 선이 선택된 상태로 마우스 오른쪽 버튼을 클릭하고 Mark Seam을 실행하면, 선택한 선을 기준으로 UV가 나누어집니다.

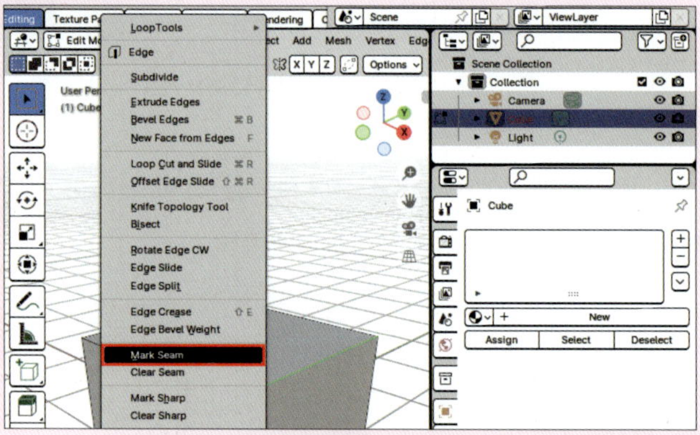

❸ Cube 오브젝트를 전체 선택한 상태로 U를 눌러 표시되는 UV Mapping 창에서 Unwrap을 실행합니다.

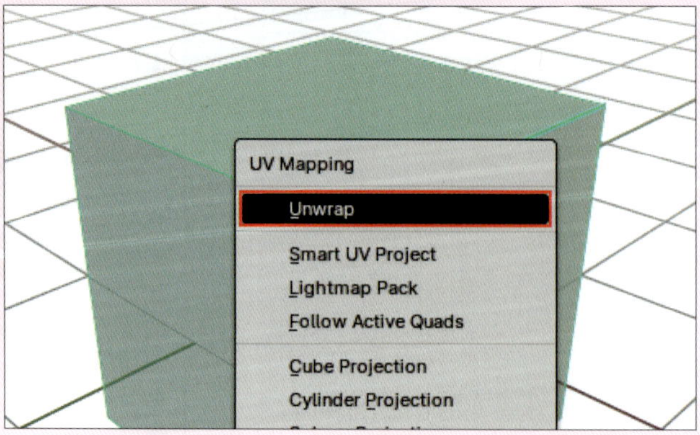

❹ 기존 펼쳐진 십자 도면과는 다르게 UV Editor 패널에 기준선 중심으로 도면이 펼쳐집니다.

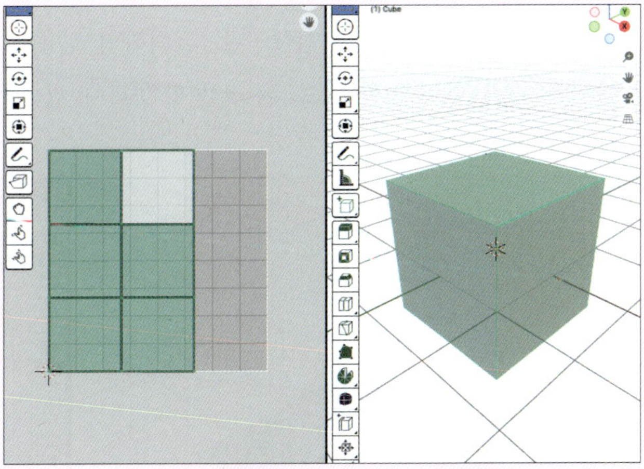

❺ 랜덤하게 2개 이상의 선을 선택하고 Mark Seam을 실행하는 경우를 살펴봅니다. 그전에 Mask Seam이 설정되어 있는 선을 선택하고 마우스 오른쪽 버튼을 클릭한 다음 Clear Seam을 실행하여 기존 설정을 삭제합니다.

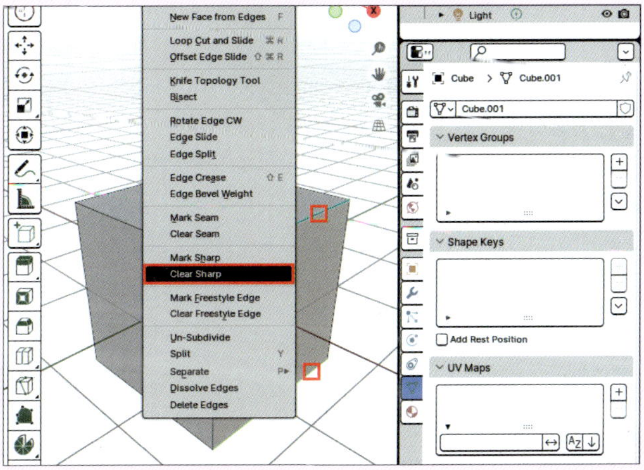

❻ 그림과 같이 3개의 선을 선택하고 Mark Seam을 실행하면 결과의 모양은 날라집니다. 따라서 UV Mapping은 우리가 3D 입체 형태에서 2D 펼친 면을 종이로 자른다고 상상하면서 기준점을 구성해야 합니다.

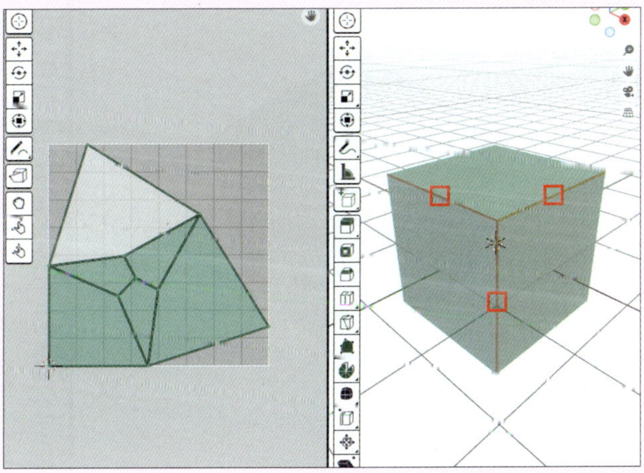

적용한 Color Grid를 삭제하려면 Properties 패널 → 〔Object Data( )〕 탭의 UV Maps에서 'Remove Shape Key' 아이콘(−)을 클릭하면 적용이 해제되고, 다시 'Add Shape Key' 아이콘(+)을 클릭하면 적용되는 것을 확인할 수 있습니다.

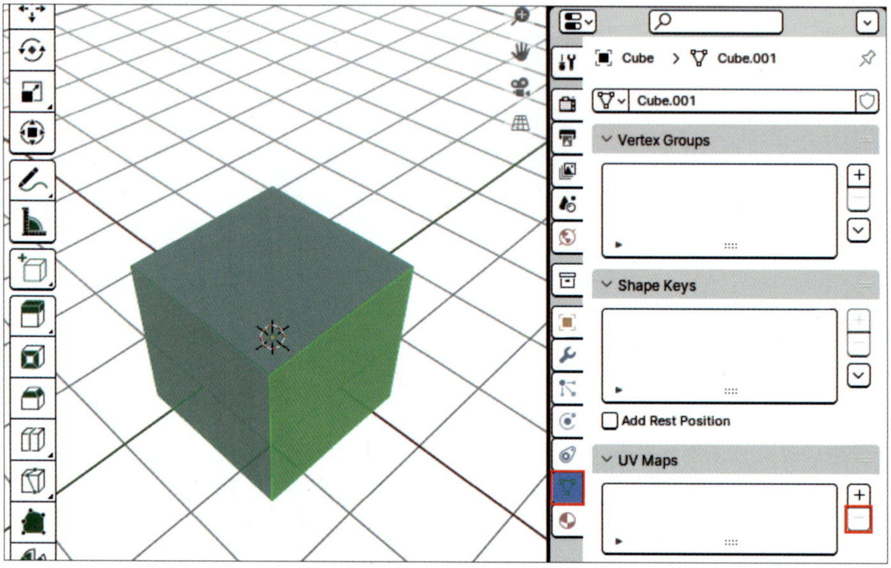

그림 9-51 Color Grid를 삭제한 모습

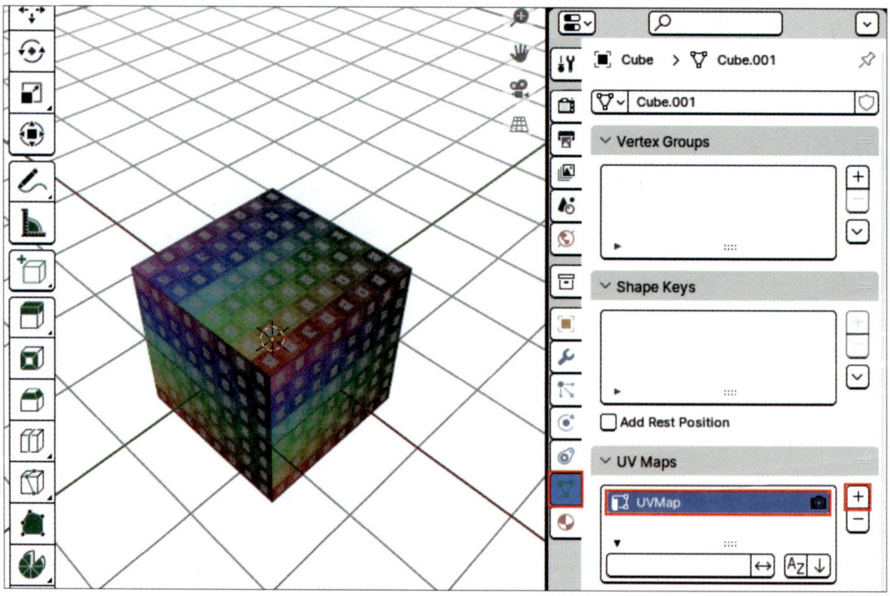

그림 9-52 Color Grid를 적용한 모습

Edit Mode에서 오브젝트를 모두 선택하고 U를 눌러 표시되는 UV Mapping 창에서 Cube Projection을 실행해도 동일하게 적용됩니다.

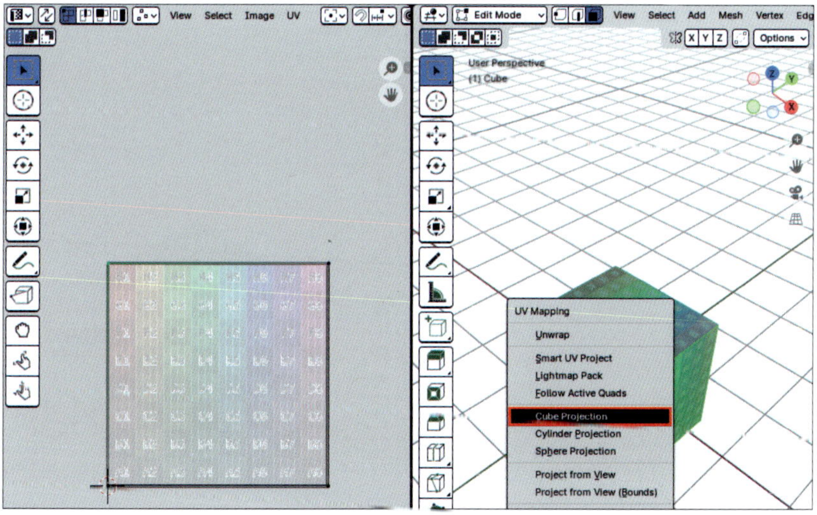

그림 9-53 Cube Projection 실행

전체 면이 동일하게 적용되어 있는 상태에서 2D 면이 펼쳐진 면으로 변경해 보겠습니다. Cube 오브젝트를 전체 선택하고 U를 눌러 표시되는 UV Mapping 창에서 Follow Active Quads를 실행합니다.

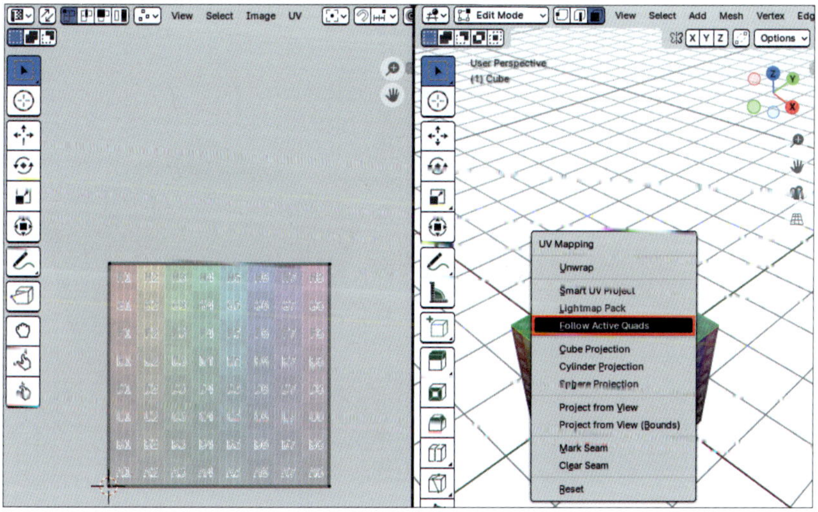

그림 9-54 Follow Active Quads 실행

Follow Active Quads 창이 표시되면 기본 설정을 확인하고 〈OK〉 버튼을 클릭합니다.

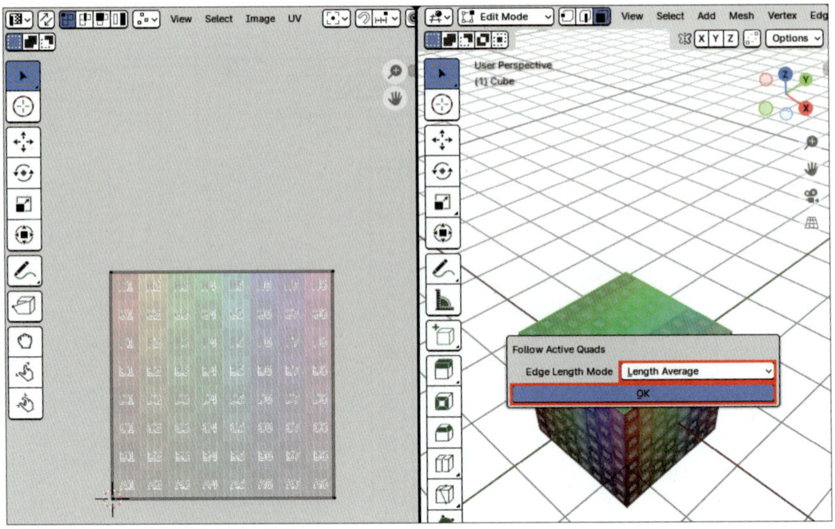

그림 9-55 Follow Active Quads 창

UV Editor 패널을 살펴보면 Color Grid가 2D 면이 펼쳐진 면으로 다시 면 분할이 되었습니다.

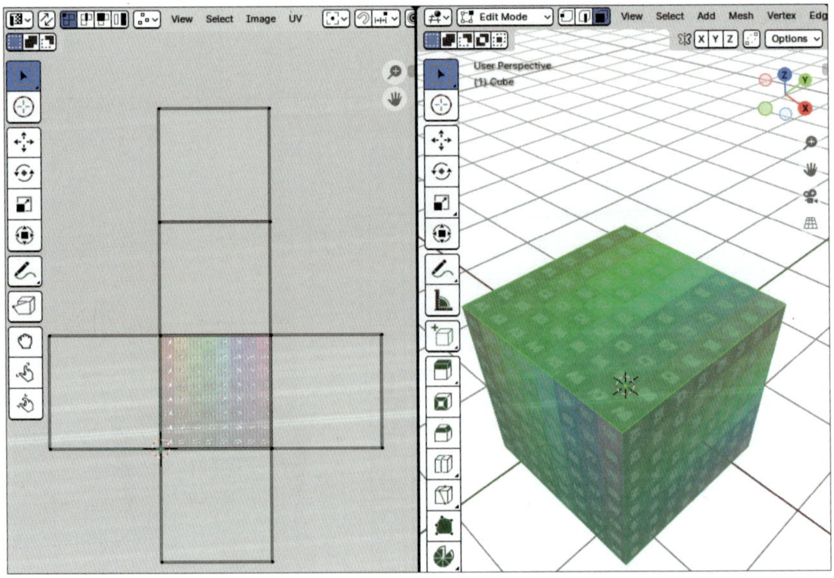

그림 9-56 2D 면으로 펼쳐진 면

이때 다시 원상태로 돌리고 싶다면 UV Editor 패널의 Header 메뉴에서 〔UV〕 → Pack Islands를 실행합니다. Color Grid가 리사이징됩니다.

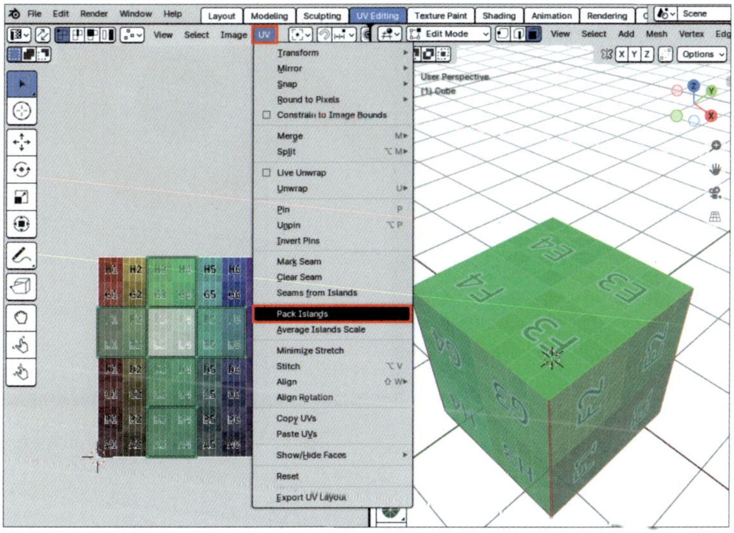

그림 9-57 Pack Islands 실행

UV Editor 패널의 Header 메뉴에서 〔UV〕 → Export UV Layout을 실행하면 UV Map을 외부 프로그램으로 보낼 수 있습니다.

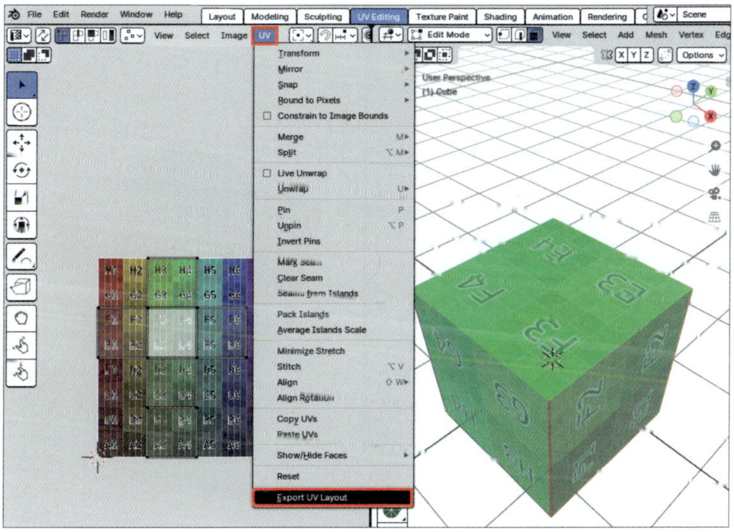

그림 9-58 Export UV Layout 실행

어도비 포토샵과 같은 프로그램으로 디자인을 적용하고 다시 불러들여 Cube 오브젝트에 다시 적용할 수 있습니다. 저장된 PNG 파일을 포토샵으로 불러와 이미지의 변화를 주고 Ctrl+S를 눌러 다시 저장합니다.

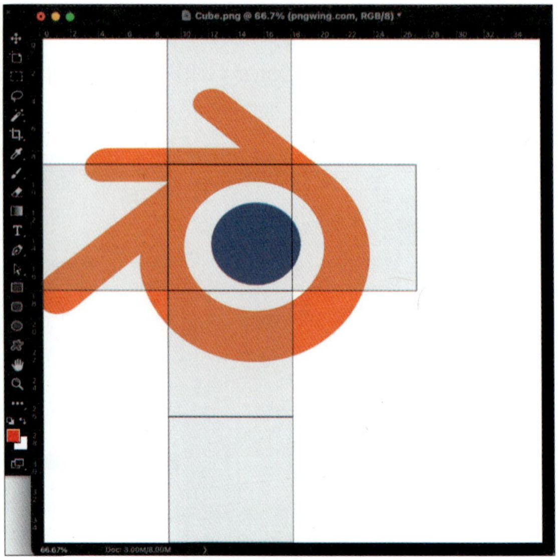

그림 9-59 어도비 포토샵에서 편집하는 UV

다시 블렌더로 돌아와 Object Mode로 전환하고 메테리얼을 적용한 것을 삭제한 다음 포토샵에서 저장한 이미지를 불러오면 그림 9-60과 같이 도면에 맞추어 오브젝트에 적용되는 것을 확인할 수 있습니다.

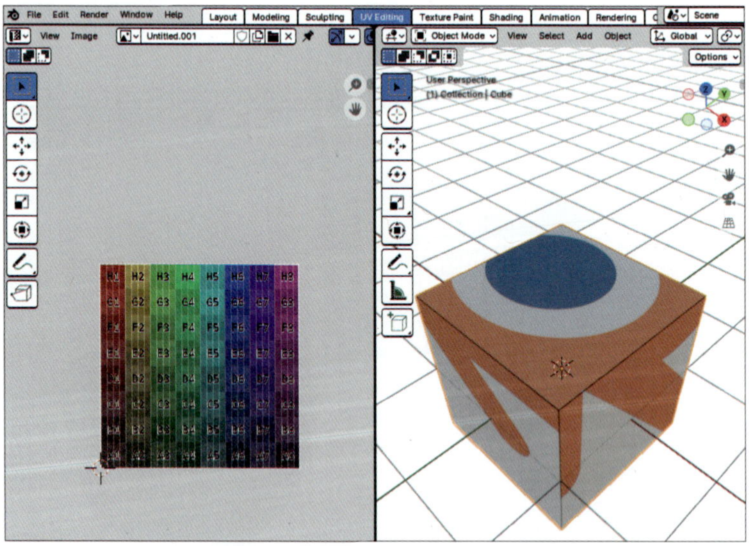

그림 9-60 편집한 대로 적용된 메테리얼

9.5 Particle

Particle(이하 파티클) 입자라는 의미로, 물리적 성질이나 화학적 성질에서 나타난 작은 단위의 입자라고 할 수 있습니다. 물, 불, 빛, 연기, 섬유질 등의 물리/화학적 요소로 다양한 실생활에서 볼 수 있는 요소이며, 게임에서는 타격을 줄 수 있는 파편 등의 효과, 빛으로 화학적 시각효과를 줄 때 많이 사용됩니다. 아주 작은 요소에서부터 큰 요소까지 다양한 옵션 제어 외부 파일을 이용하여 효과를 만들어 줄 수 있습니다.

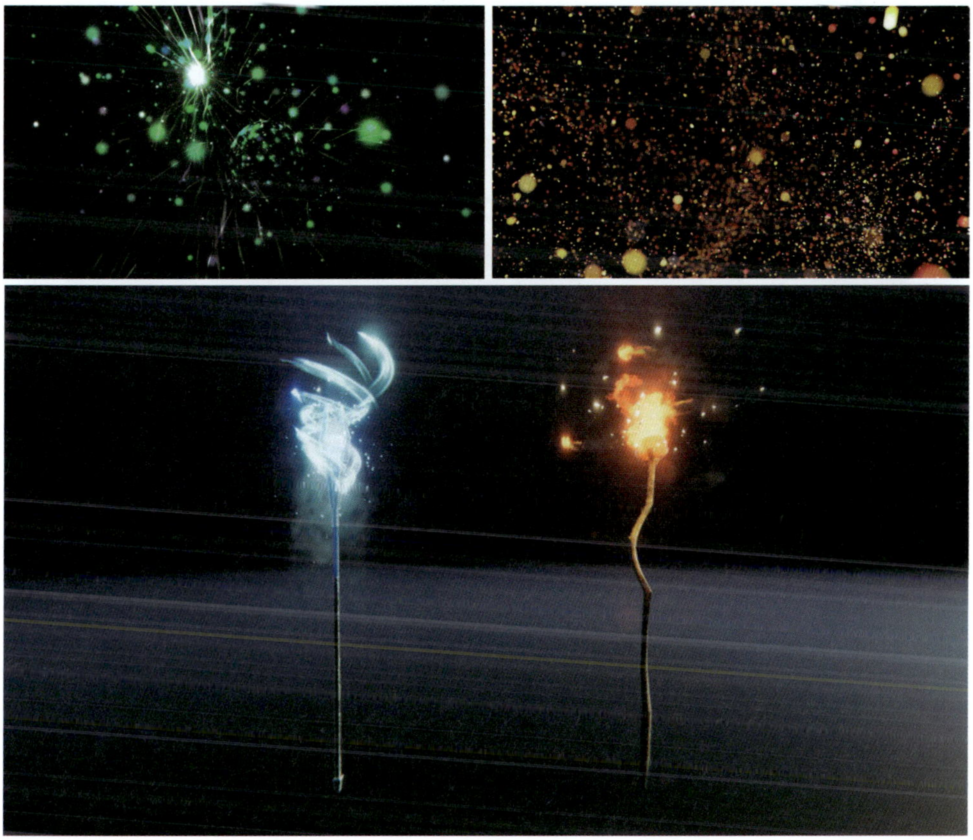

그림 9-61 파티클 효과

블렌더의 파티클 시스템은 처음에는 애니메이션 제작을 위한 목적으로 개발되어 특수효과 및 물리적 엔진과의 상호작용을 통해 다양한 효과를 구현하는 데 사용되었습니다. 이러한 이유로 파티클은 어떤 용도로 사용하느냐에 따라 달라질 수 있습니다.

그림 9-62 블렌더의 파티클

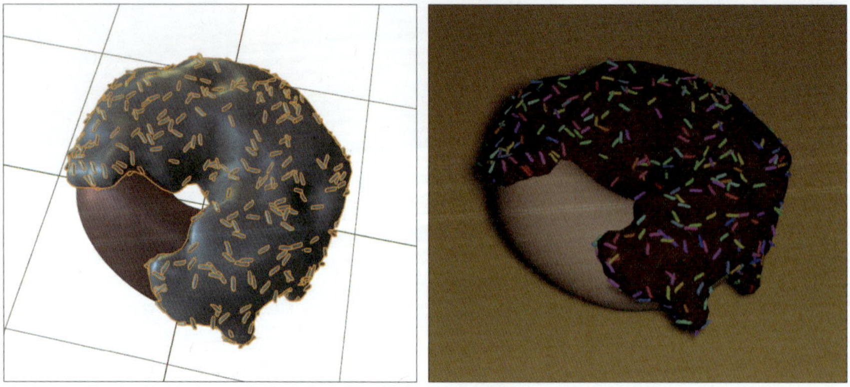

그림 9-63 스프링클을 만들 때 사용한 파티클

블렌더에서 파티클을 사용하는 방법을 알아보겠습니다. Properties 패널에서 〔Particles ()〕 탭을 선택하고 옵션을 조정하면 값에 따라 다양한 결괏값을 가집니다. '+'를 클릭하여 파티클 시스템을 추가합니다.

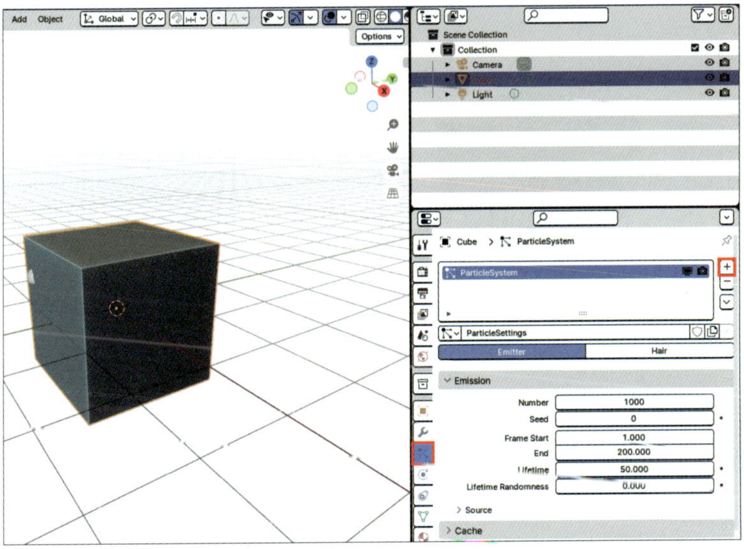

그림 9-64 블렌더의 파티클

파티클 시스템에서 작은 입자들을 생산하는 기능은 크게 Emitter, Hair 두 가지 형태로 생산됩니다.

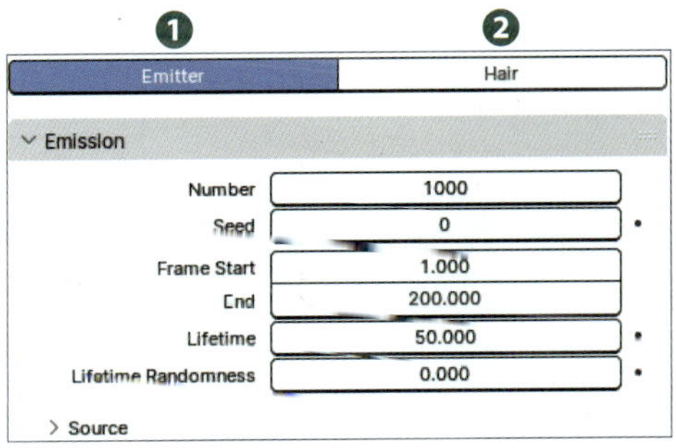

❶ **Emitter** : 생산자라는 의미로, 그기, 양, 힘 세 가지가 있습니다. 땅이 있어야 나무가 자라고 열매가 맺듯이 씨앗을 심을 수 있는 성장 촉진제 같은 것을 의미합니다.

❷ **Hair** : 머리카락처럼 자라나는 효과를 주어 머리카락이나 동물의 털 같은 묘사를 할 수 있는 옵션입니다.

〔Emitter〕 탭을 선택하고 아무런 설정을 하지 않은 상태에서 Spacebar를 누르면 생산자로부터 입자가 생산되어 나타나는 애니메이션이 진행됩니다.

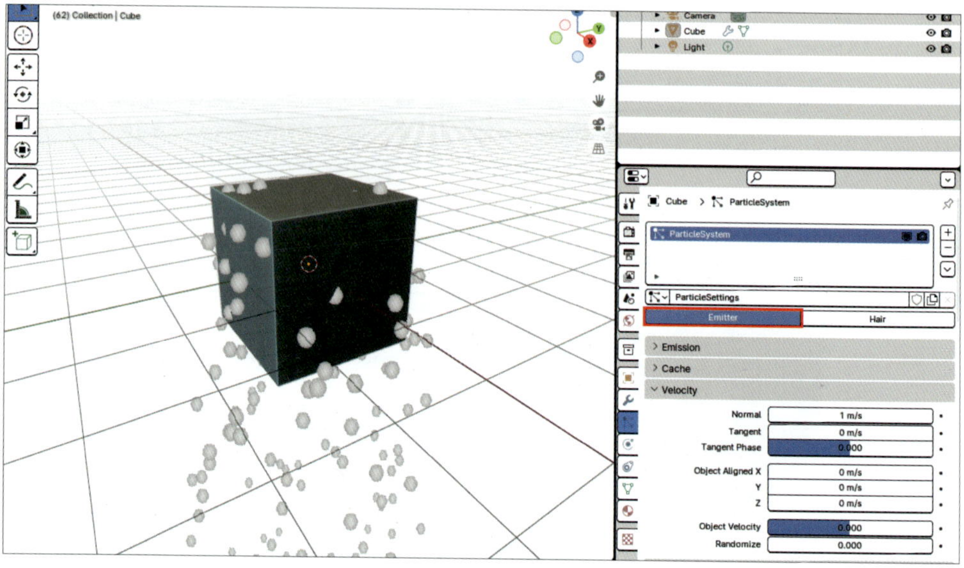

그림 9-65 〔Emitter〕 탭의 파티클 애니메이션

반대로 〔Hair〕 탭을 선택하면 오브젝트를 중심으로 줄기처럼 자라나는 것을 확인할 수 있습니다. 이렇게 파티클은 작은 입자들이 많은 입자를 생성하는 기능을 합니다.

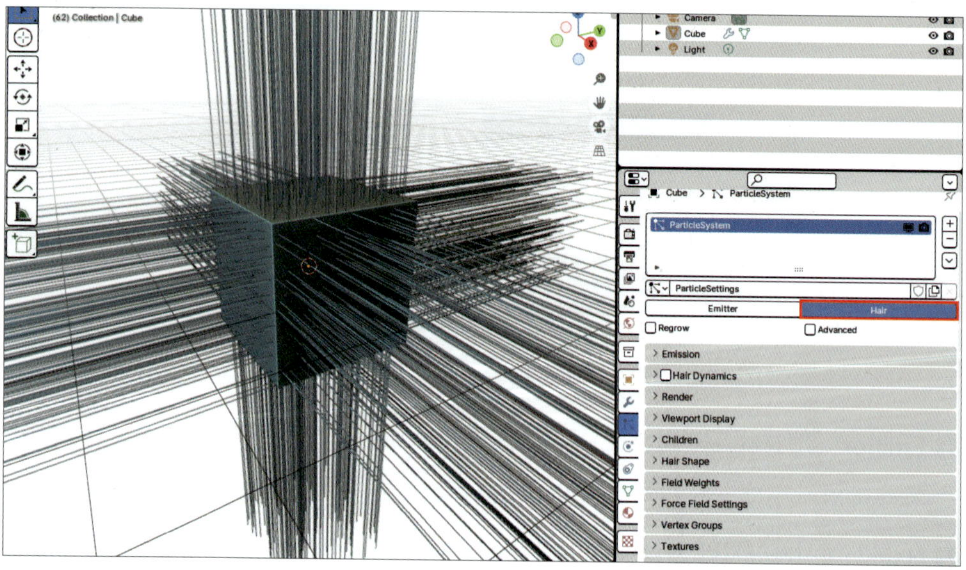

그림 9-66 〔Hair〕 탭의 파티클

● 파티클 주요 옵션

❶ **Emission** : 사방으로 뿌려지는 것으로, 즉 생성을 시작할 옵션을 의미합니다. 각각의 옵션에서 Number(파티클 시스템이 시작–끝까지 총 개수), Seed(알갱이 입자), Frame Start–end(프레임 시작과 끝), Lifetime(지속시간 수명), Lifetime Randomness(지속시간 랜덤화)를 설정할 수 있습니다.

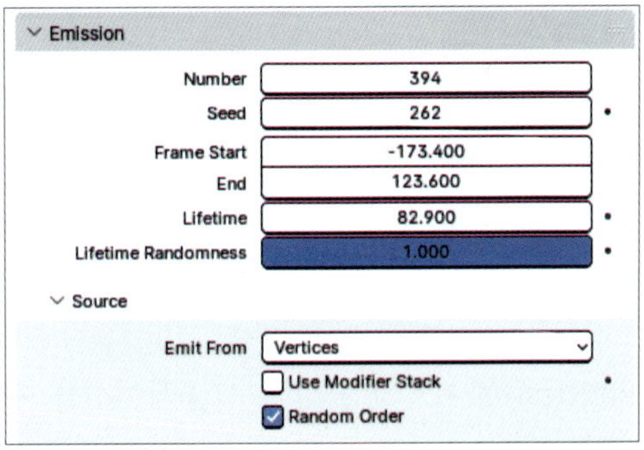

- Emit From : 어디서부터 방출하는지를 설정하는 기능입니다. Vertices(점), Faces(면), Volume(안쪽)을 지정하여 시작 지점을 설정할 수 있습니다.

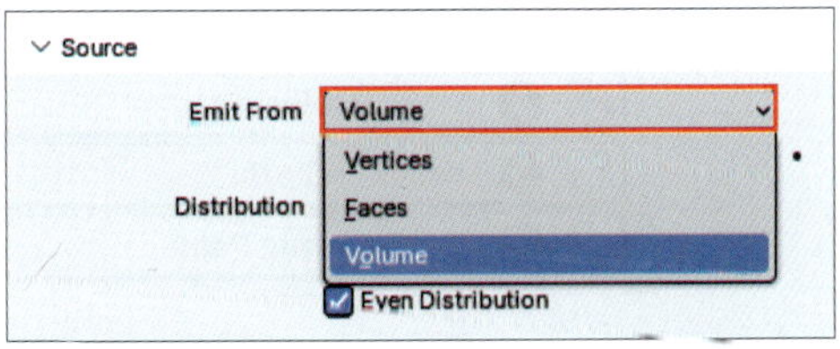

❷ **Velocity** : 가속력을 의미하며, Normal 값에 따라 방향의 힘이 설정됩니다. 값이 높을수록 가속력이 높아서 바로 아래로 떨어지지 않고, 힘에 의해 사방으로 뻗어나갑니다.

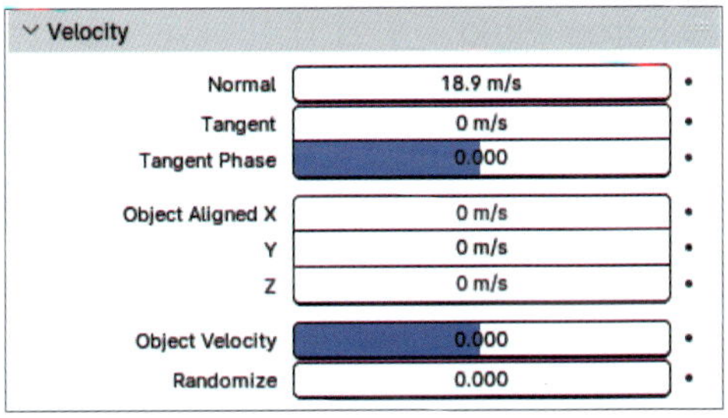

Properties 패널 → [Object(▣)] 탭 → Object → Viewport Display에서 Display As를 'Bounds'로 지정하면, 파티클이 설정된 상태로 오브젝트를 보이지 않게 만들 수 있습니다.

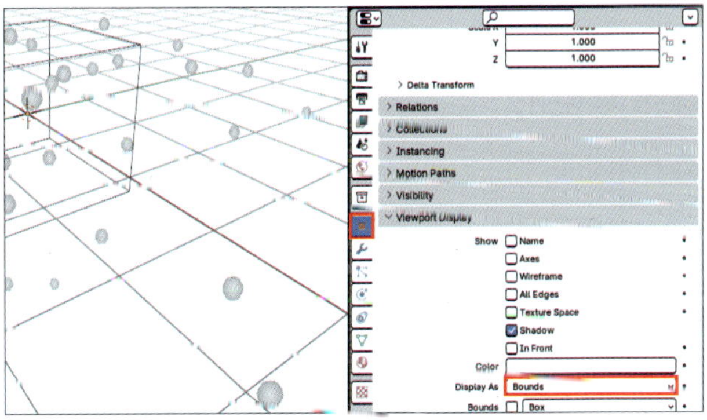

그림 9–67 파티클이 설정된 상태로 오브젝트를 비활성화한 모습

9.6 Physics

Physics(이하 파직스) 물리적 시뮬레이션을 수행할 수 있는 기능입니다. Properties 패널의 〔Physics(◉)〕 탭에서 옵션들을 조정 편집할 수 있습니다.

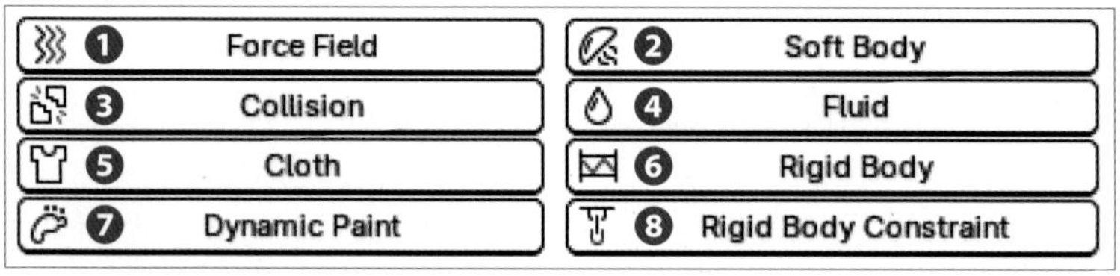

❶ **Force Field** : 힘에 대한 내용으로 입자, 연체, 강체 옷감 객체에 영향을 받을 수 있습니다. 자동으로 모든 것을 제어하며, 시뮬레이션 파티클 시스템에 영향을 줄 수 있고, 입자 물리학에 영향을 줍니다.

❷ **Soft Body** : 말랑하고 부드러운 시뮬레이션을 담당합니다.

❸ **Collision** : 충돌 판정에 대한 제어를 합니다.

❹ **Fluid** : 물과 같은 유체 시뮬레이션입니다.

❺ **Cloth** : 천과 같은 옷감에 대한 제어입니다.

❻ **Rigid Body** : 중력과 같은 떨어지는 힘에 대학 역학 개념입니다.

❼ **Dynamic Paint** : 주로 빗물 파티클을 작업할 때 사용합니다. 바닥에 떨어지는 물의 모양을 편집할 수 있습니다.

❽ **Rigid Body Constraint** : Rigidbody는 중력의 힘입니다. Soft body와 반대되는 개념으로, 딱딱한 물체 충돌로 일어나는 구겨지지 않는 개념입니다. Collision과 충돌 기능을 같이 사용하며, 떨어지는 중력의 사용하여 자연적 물체의 시뮬레이션 개념입니다. 이때 Constraint는 Rigidbody를 만드는 제약 조건으로, 경첩이나 피스톤과 같은 개념입니다.

〔Modifiers()〕 탭의 Add Modifier에서도 파직스 기능을 살펴볼 수 있습니다.

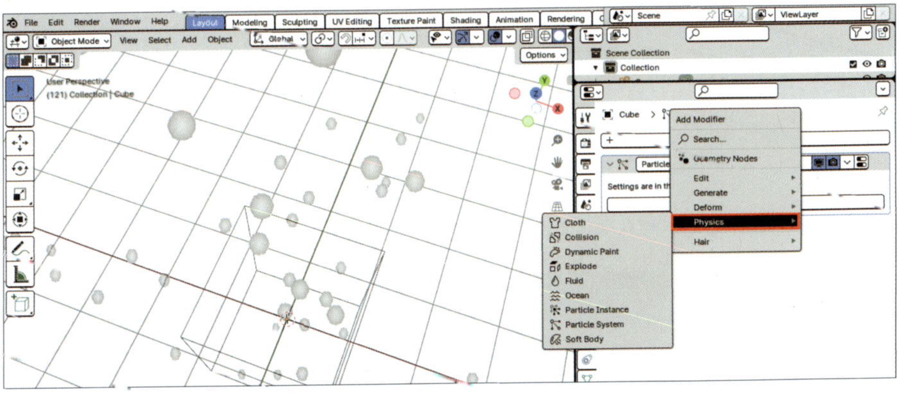

그림 9-68 Add Modifier의 파직스

〔Modifiers()〕 탭에서도 파직스 기능이 적용되지만, 설정 창에 〔Physics()〕 탭에서 설정을 진행하라는 문구가 표시됩니다. 따라서 적용은 〔Modifiers()〕 탭에서 진행했지만, 세부적인 설정은 〔Physics()〕 탭에서 진행해야 합니다.

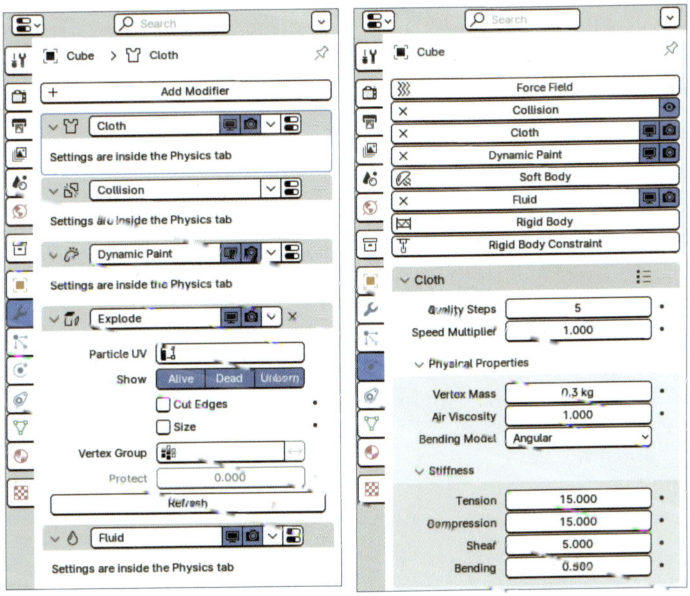

그림 9-69 〔Modifiers〕 탭(좌)에서 적용했지만 〔Physics〕 탭(우)에서 설정해야 하는 파직스

9.7 블렌더 실습 : 물이 흐르는 분수 만들기

블렌더에서 파티클 시스템을 활용한 예제로, 물의 이미지를 그려내는 효과를 나타냅니다. 물을 받을 수 있는 받침을 만들고 위에서 아래로 흐르는 물 애니메이션을 만들겠습니다.

완성 파일 : 09\사각형분수_완성.blend, 원형분수_완성.blend

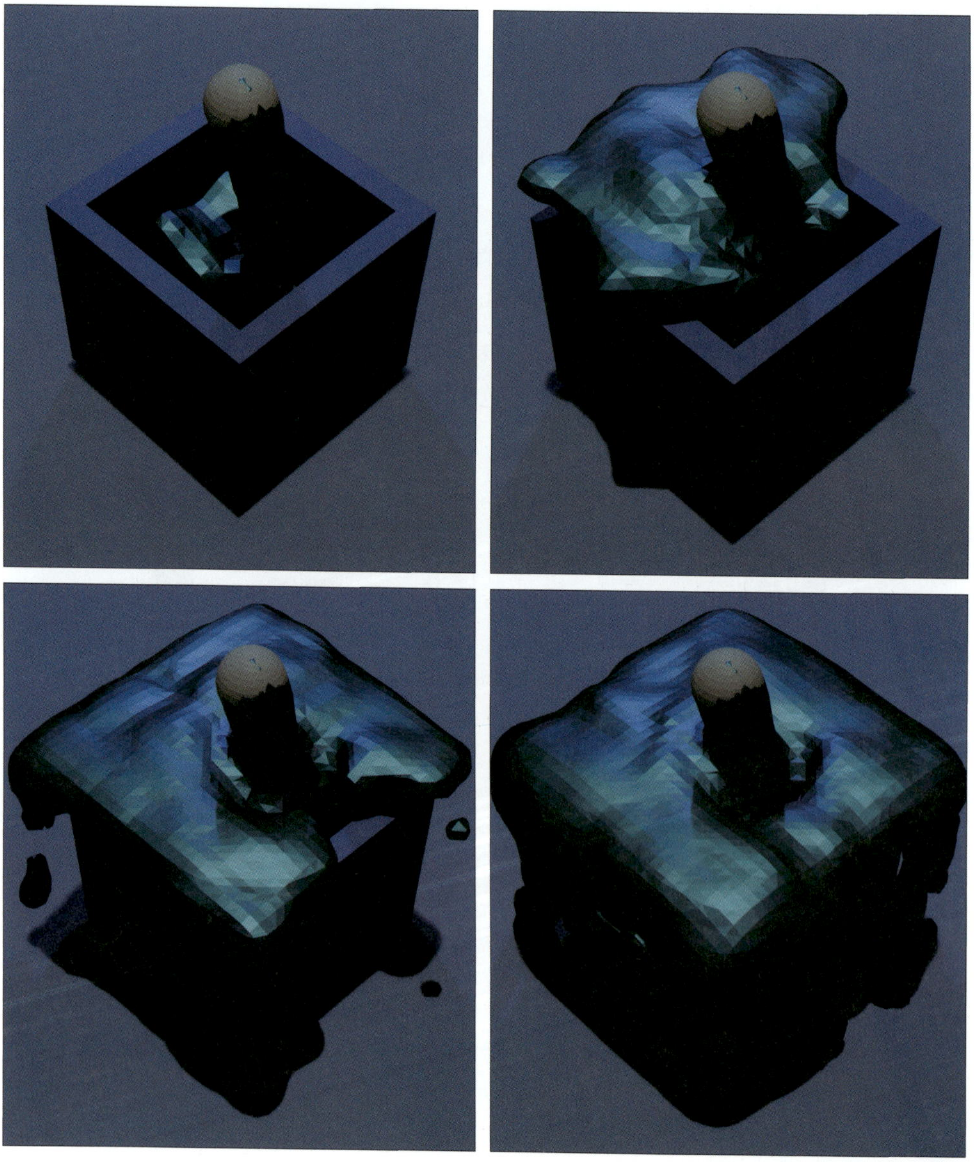

❶ Shift+A를 눌러 Mesh → Cube를 실행하여 Cube 오브젝트를 생성합니다.
Cube 오브젝트를 생성한 상태로 S–Z를 눌러 높이 사이즈를 줄이고 S를 눌러 바닥이 넓은 형태로 만듭니다.

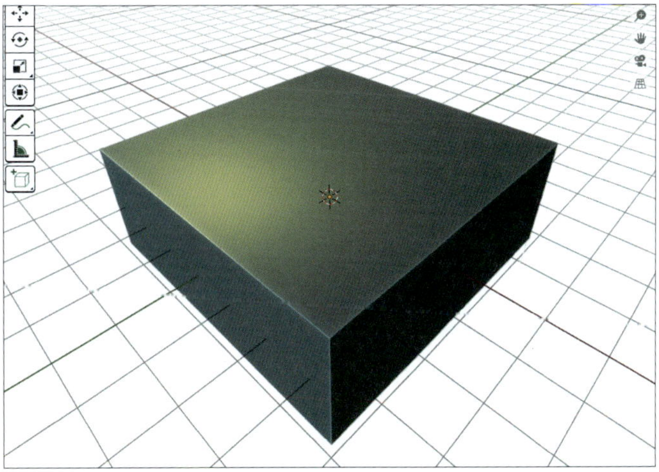

❷ Tab을 눌러 Edit Mode로 전환하고 3을 눌러 선택 모드를 Face로 변경합니다. 오브젝트의 윗면을 선택하고 X를 눌러 표시되는 창에서 Faces를 실행하여 면을 삭제합니다.

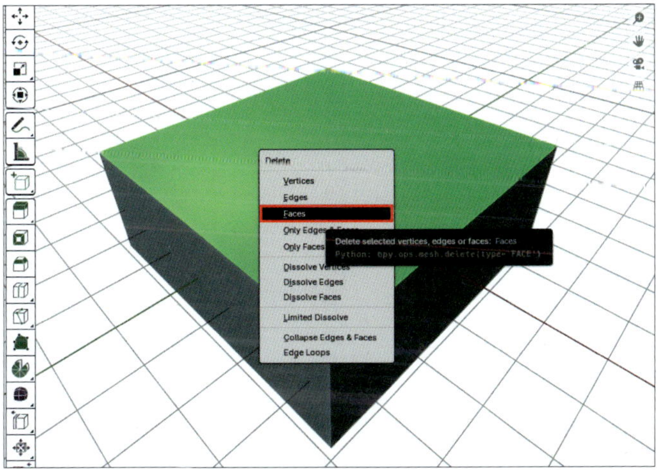

❸ 윗면이 삭제된 것을 확인합니다. 두께를 만들어 주기 위해 Properties 패널의 [Modifiers(🔧)] 탭에서 'Add Modifier'를 클릭하고 Generate → Solidify를 실행합니다.

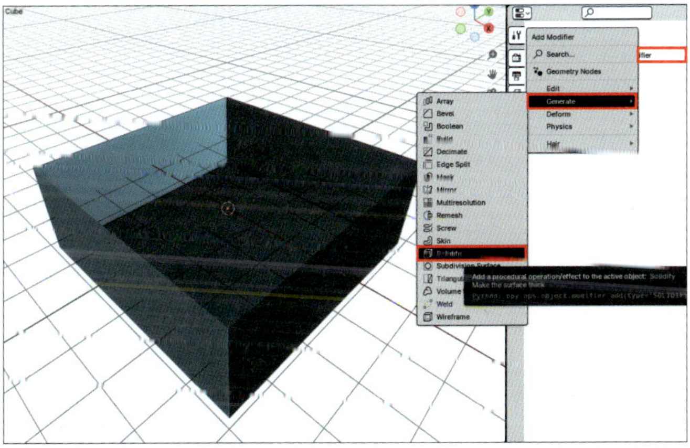

❹ Solidify 설정 창에서 Thickness를 '-0.3'으로 설정하여 두께의 면을 생성합니다.

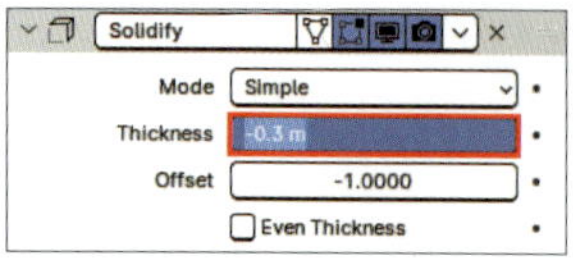

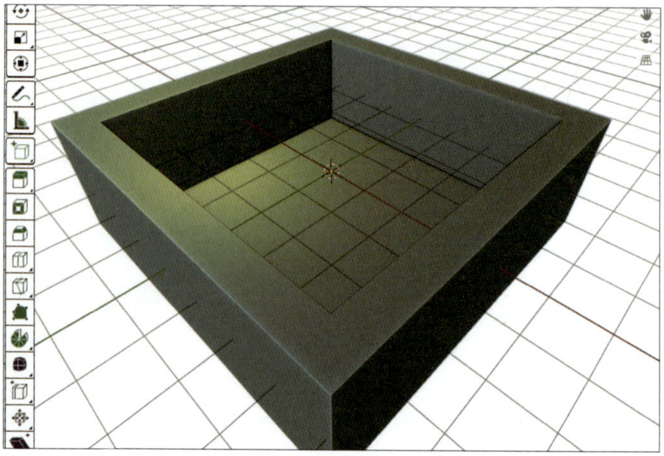

❺ 다른 방법으로 구형의 받침으로 만들겠습니다. Shift+A를 눌러 Mesh → UV Sphere를 실행해 오브젝트를 만들고 Alt+Z를 눌러 Toggle X-Ray 모드를 활성화합니다.
그림과 같이 원의 윗부분을 모두 선택하고 X를 눌러 표시되는 Delete 창에서 Faces를 실행하여 받침으로 만듭니다.

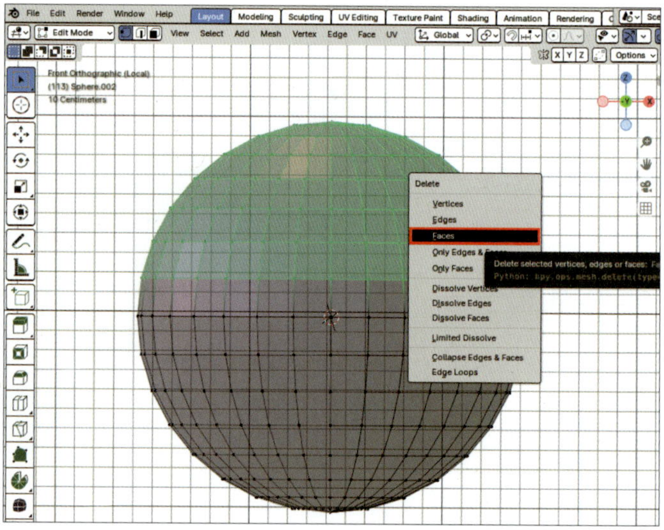

❻ 받침의 형태는 자유롭게 구성합니다. 예제에서는 구형의 받침으로 진행하겠습니다.

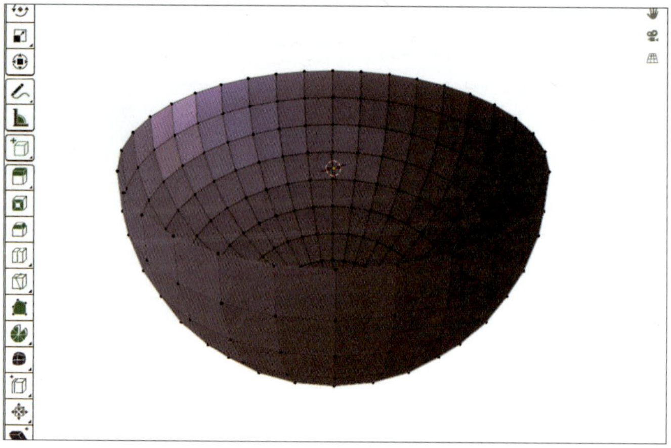

❼ 물이 나오는 입구를 만들기 위해 Object Mode에서 원하는 메시 오브젝트를 생성합니다. 예제에서는 Sphere 오브젝트로 생성하고 G-Z를 눌러 절반 자른 Sphere 오브젝트보다 상위에 배치하였습니다.

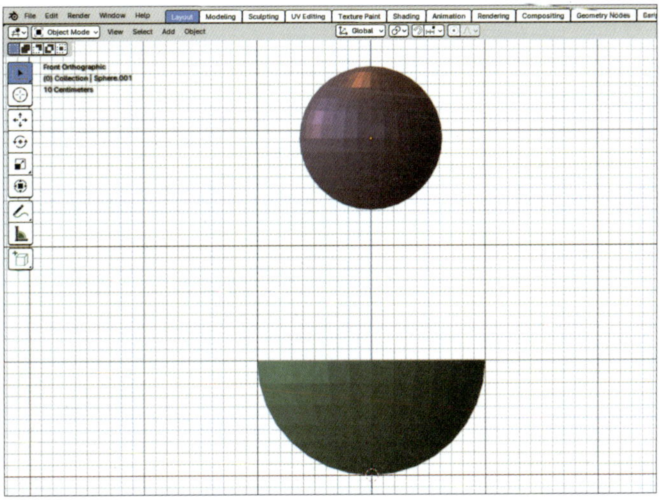

❽ Cube 오브젝트를 생성하고 G-Z를 눌러 하단 위치를 조절하고 S를 눌러 크기를 늘립니다. Properties 패널에서 [Object(■)] 탭을 선택하고 Viewport Display의 'Wireframe'을 체크 표시한 다음 각 오브젝트에 파직스를 적용합니다.

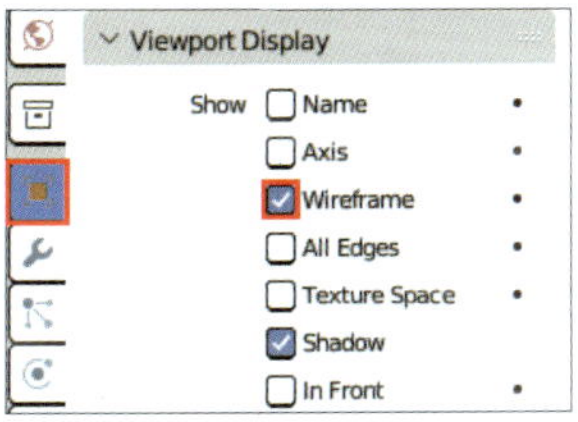

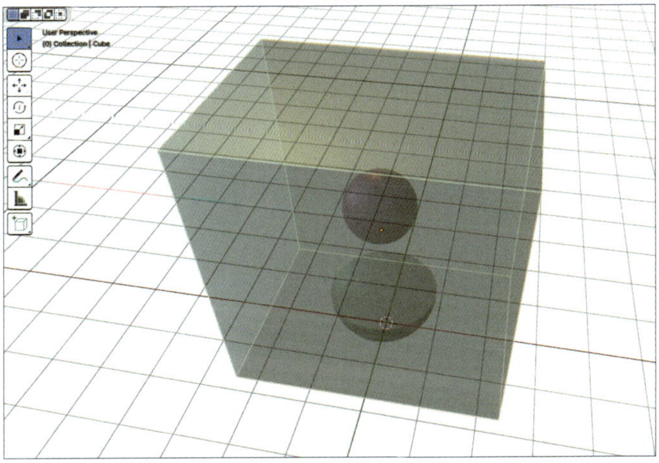

TIP 각 오브젝트에 적용하는 파직스 설정

❶ 물을 생성하는 Sphere 설정

- [Physics(◉)]탭 : Fluid 클릭
- Fluid Type : Flow 선택
- Flow Type : Liquid 지정
- Flow Behavior : Inflow 지정
- Initial Velocity : 체크 표시
- Initial X : 1m 설정

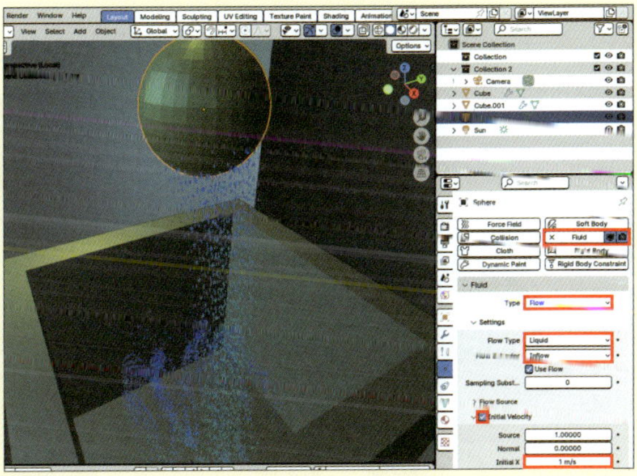

❷ **흐르는 물을 받치는 받침 오브젝트(Cube/절반 Sphere) 설정**

- [Physics( )]탭 : Fluid 클릭
- Fluid Type : Effector 선택
- Effector Type : Collision 지정
- Is Planar : 체크 표시

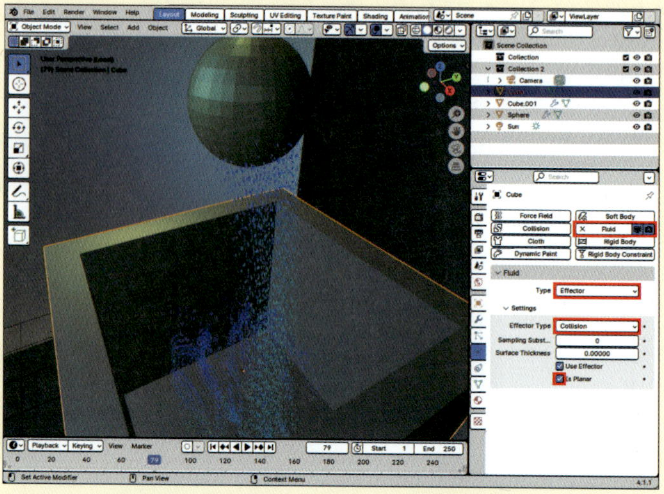

❸ **Physics 워터 Cube 설정**

- [Physics( )]탭 : Fluid 클릭
- Fluid → Type : Domain
- Settings Domain Type : Liquid
- Mesh : 체크 표시
- Cache → End : 100~150 사이로 설정
- Type : All
- 〈Free All〉 : 버튼 클릭
- 〈Bake All〉 : 버튼 클릭(옵션을 수정할 때마다 〈Bake All〉 클릭하여 생성 후 애니메이션 플레이)

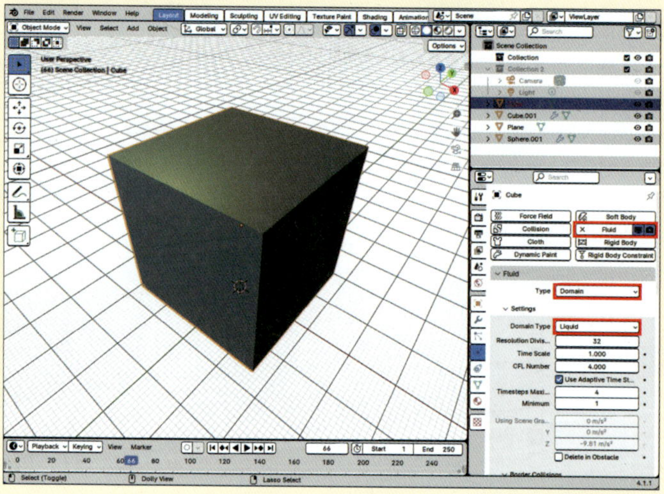

⓫ Timeline 패널의 Playhead를 처음으로 이동하고 Spacebar를 누르면 물 애니메이션이 생성됩니다.

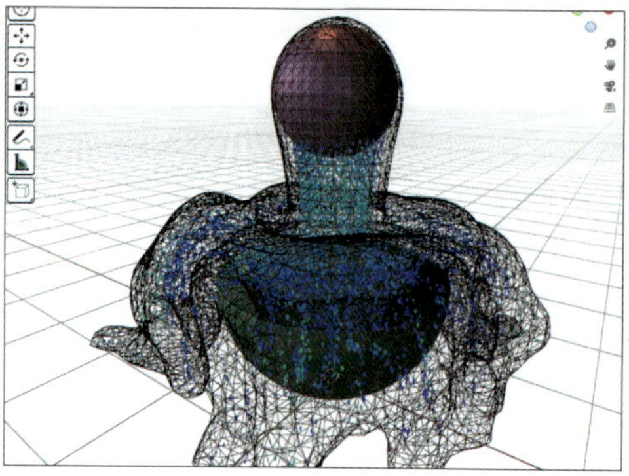

10장

블렌더의 다양한 모델링 실습

학 습 목 표

- 블렌더에서 다양한 모델링을 실습합니다.
- 배운 내용을 토대로 주요 기능별 카테고리 요소를 다룹니다.
- 인테리어 모델링, 기본 오브젝트 모델링, 캐릭터 모델링의 예제를 다룹니다.

10.1 블렌더 실습 1 : 건축 인테리어 모델링하기

인테리어 모델링은 작업 과정이 많아 중간 과정마다 파일을 저장해야 합니다. 사용자의 컴퓨터 RAM 용량에 따라 작업의 속도가 다르므로 GPU 메모리 등 리소스 관리를 잘해야 하며, 컴퓨터 사양의 고려하여 작업하길 바랍니다.

예제 파일 : 10\Clean Concrete 폴더, Brick Texture 폴더, Tile Texture 폴더, Ground068_1K –PNG 폴더

완성 파일 : 10\건축인테리어_완성.blend

이층 건물 모델링하기

❶ 작업을 진행하기 전에 먼저 환경 설정을 변경하겠습니다. 블렌더를 실행하고 Properties 패널의 [Render( )] 탭에서 Render Engine을 'Cycles', Device를 'GPU Compute'로 지정합니다.

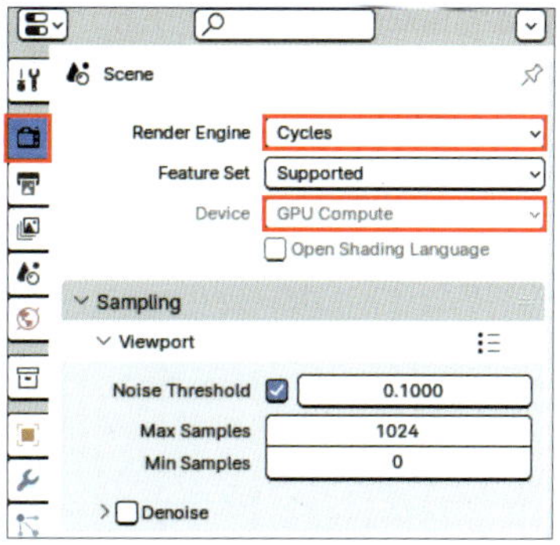

❷ Cube 오브젝트의 크기를 변경하겠습니다. N을 눌러 Sidebar를 표시하고 Transform 옵션에서 Scale X를 '8.5', Y를 '4.5', Z를 '2.74'로 설정한 다음 G를 눌러 수평선 위로 이동합니다.

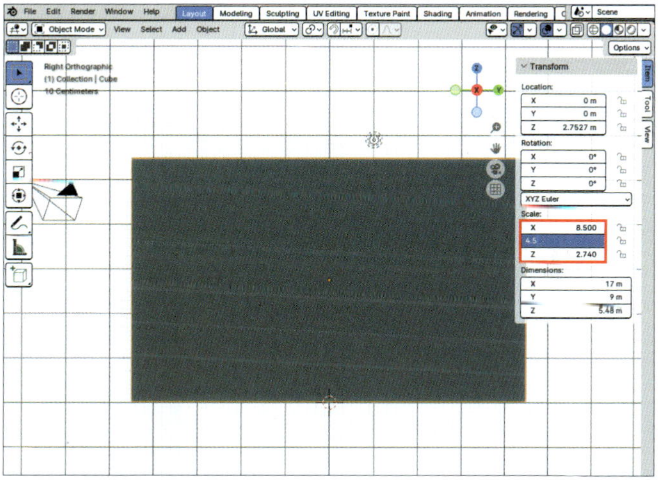

❸ 애드온을 설치하겠습니다. 메뉴에서 [Edit] → Preferences를 실행하여 Blender Preferences 대화상자를 표시하고 [Add-ons] 탭을 선택합니다. 'Arc'를 검색하고 'Add Mesh: Archimesh'를 체크 표시한 다음 〈Install〉 버튼을 클릭합니다.

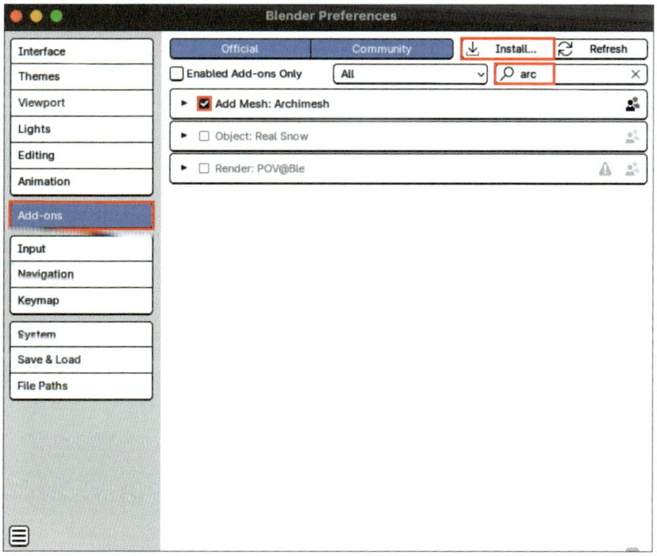

> **TIP** Archimesh는 인테리어 기능을 바로 사용할 수 있는 메시들이 모여 있습니다.

❹ 창문 형태의 오브젝트를 만들겠습니다. Shift+A를 눌러 표시되는 Add 창에서 Mesh → Archimesh → Panel Window를 실행합니다.

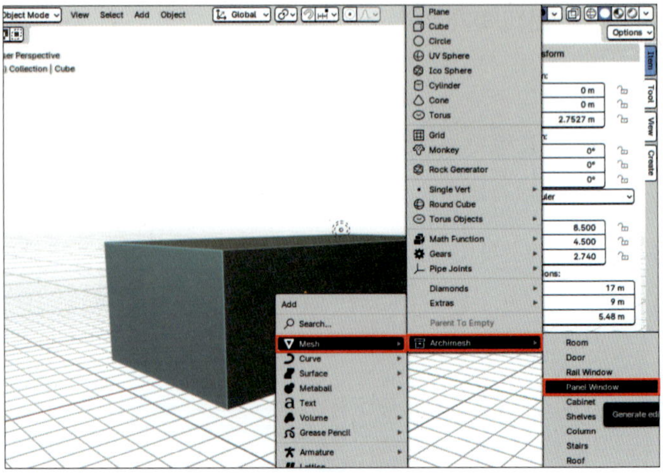

❺ 숫자 패드 7을 눌러 Top View로 시점을 변경하고 Panel Window 오브젝트의 주황색 세로선을 선택한 다음 G를 눌러 그림과 같이 이동합니다.

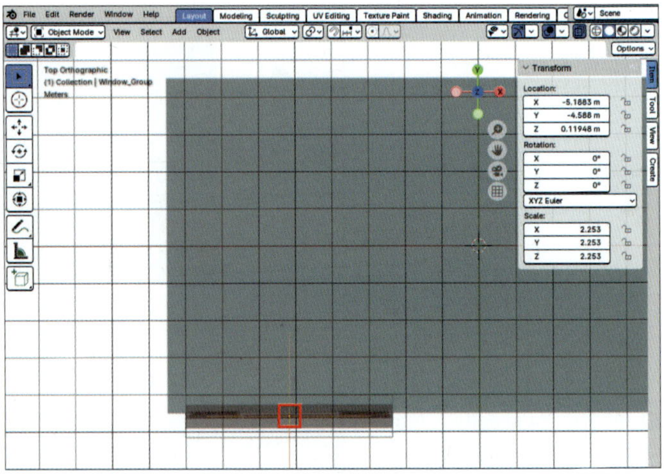

TIP Alt+Z를 눌러 Toggle X-Ray로 확인하여 작업하면 정확도가 올라갑니다.

❻ Cube 오브젝트가 선택된 상태로 Ctrl+A를 눌러 Apply 창이 표시되면 Scale을 실행하여 같은 비율로 변경합니다.

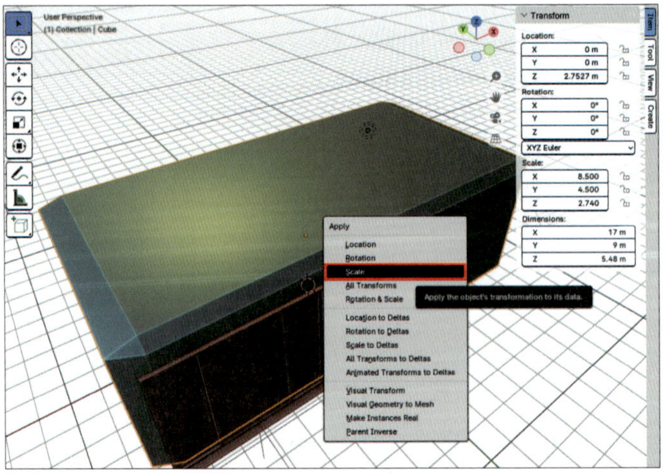

❼ Properties 패널의 [Modifiers(🔧)] 탭에서 Bevel과 Boolean을 각각 실행하여 적용합니다.
Cube 오브젝트의 Boolean 설정 창에서 Object의 '스포이트' 아이콘(🖊)을 클릭하고 Panel Window의 박스를 클릭하여 지정합니다.

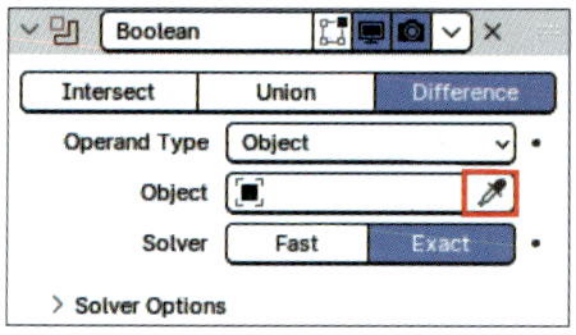

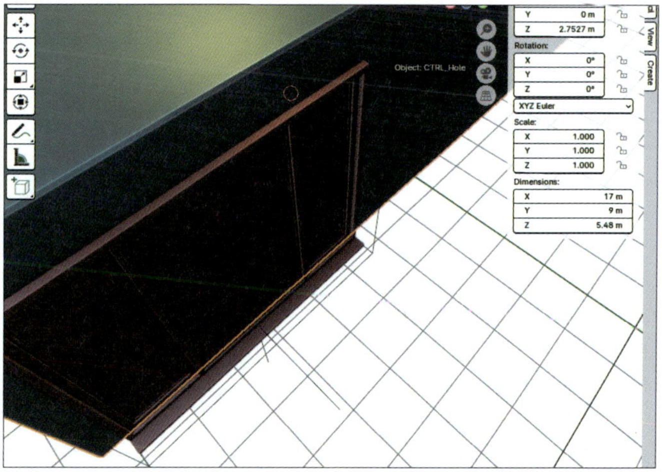

❽ 그림과 같이 박스의 형태가 변경된 것을 확인할 수 있습니다. 이때 S를 눌러 Cube 오브젝트의 최대 높이까지 크기를 높여 맞춥니다.

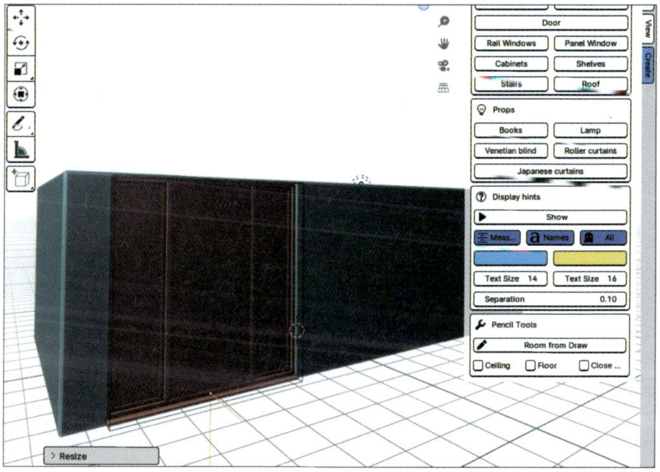

❾ Panel Window 오브젝트가 선택되어 있는 상태로 Shift+D를 눌러 복제하고 옆면으로 이동하여 배치합니다.

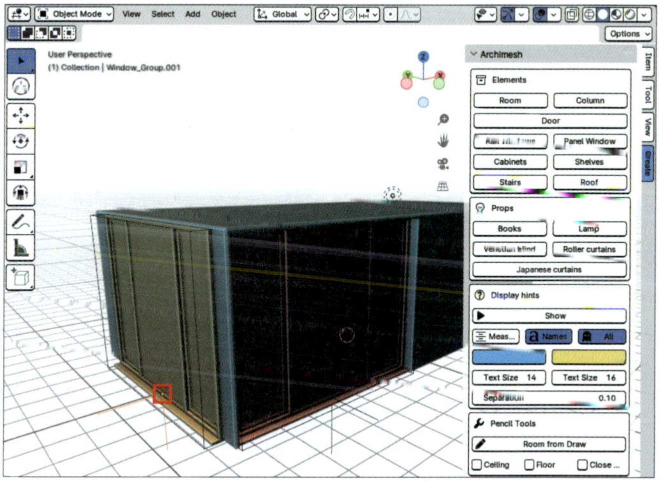

TIP Panel Window 오브젝트는 십자가 모양의 객체를 선택해야 전체 선택이 되어 이동과 복제를 할 수 있습니다.

⑩ 내부가 보이게 작업하겠습니다. [Modifiers( )] 탭에서 Add Modifier → Generate → Solidify를 실행하여 적용합니다.

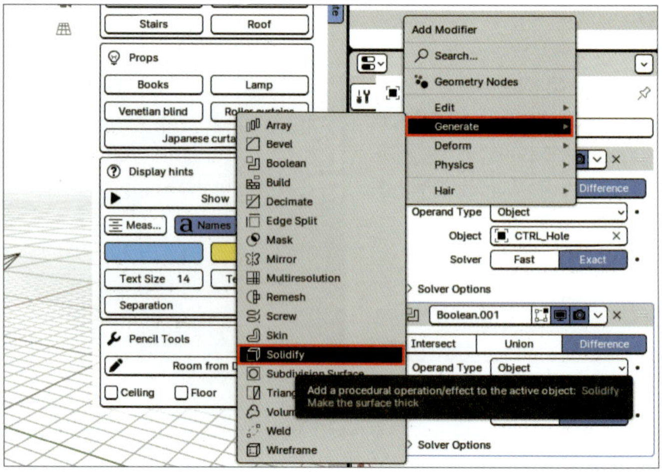

⑪ Solidify가 적용되면 그림과 같이 Cube 오브젝트의 가장 위로 이동하여 내부 박스가 보이게 만듭니다.

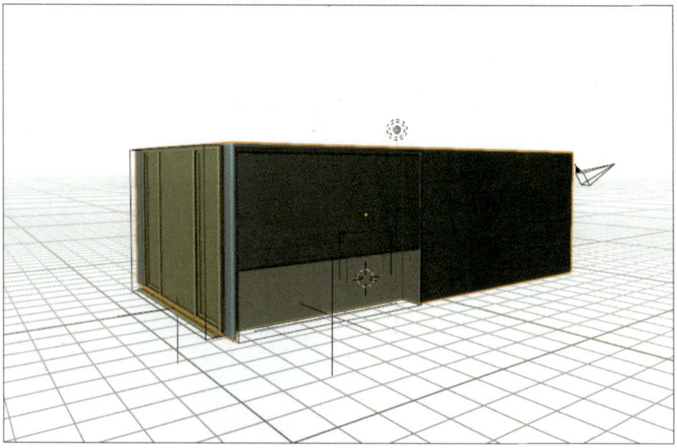

⑫ Rendered 모드로 설정했을 때 안쪽 면이 뚫린 형태로 투명 유리창 효과가 반영된 것을 확인할 수 있습니다.

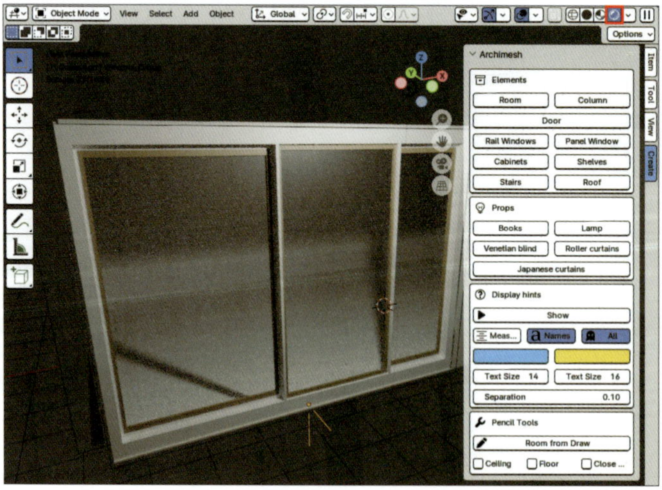

⓭ 2층 건물을 생성하기 위해 3D Cursor를 위로 이동(Shift+오른쪽 클릭)합니다. Scale X : '3.8', Y : '4.5', Z : '2.5' 크기인 Cube 오브젝트를 생성(Shift+A)합니다.

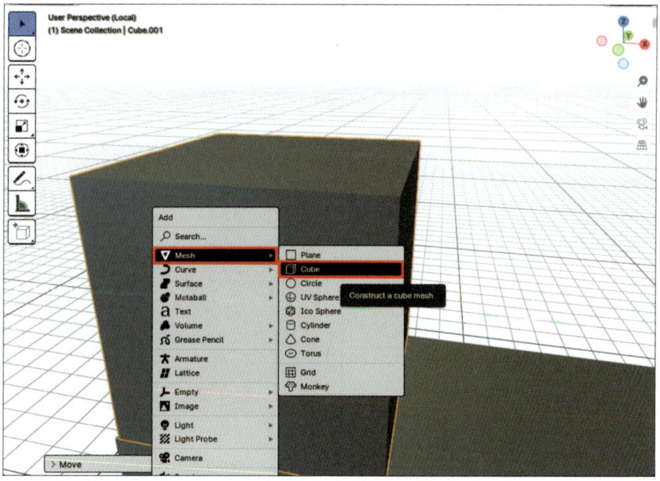

⓮ 면을 나누고 앞뒤 좌우 같은 비율로 Loop Cut(Ctrl+R)을 이용하여 선을 분할합니다.

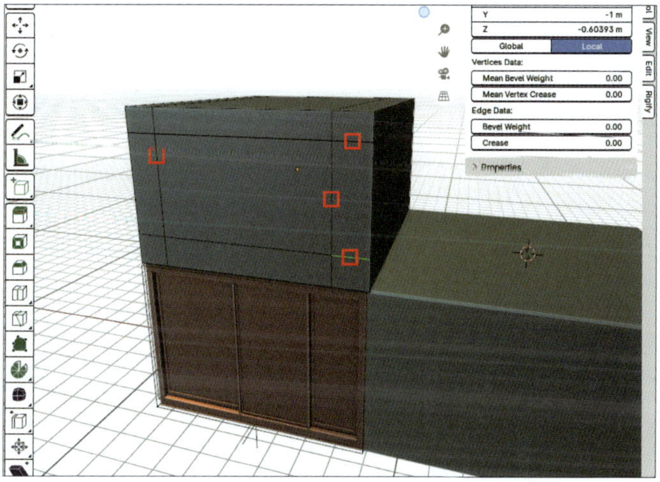

⓯ E를 눌러 추출해 그림과 같이 면을 늘려줍니다.

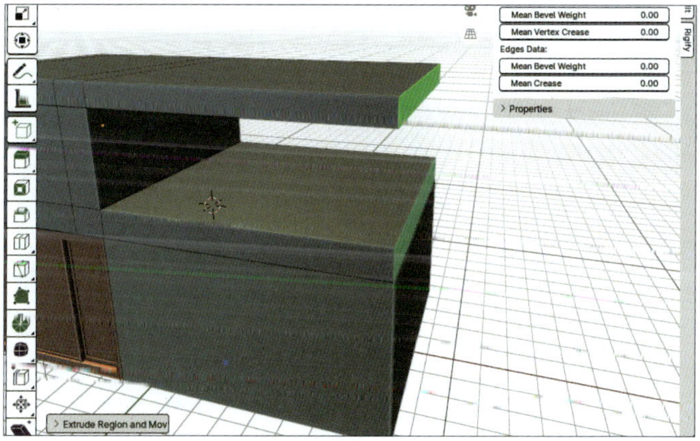

⑯ Extrude Region(E)과 Loop Cut(Ctrl+R)을 이용해 같은 방법으로 면을 이어 Bridge Faces와 연결시킵니다.

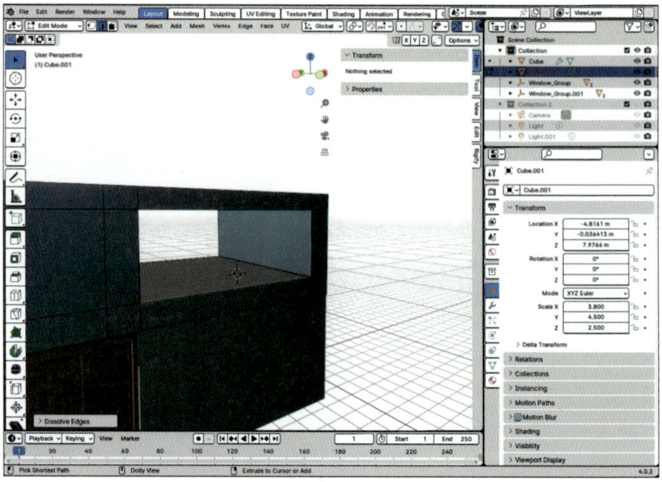

⑰ 그림과 같이 면을 루프 선택(Alt+클릭)하고 Alt+E를 눌러 표시되는 Extrude 창에서 Extrude Faces Along Normals를 실행합니다.

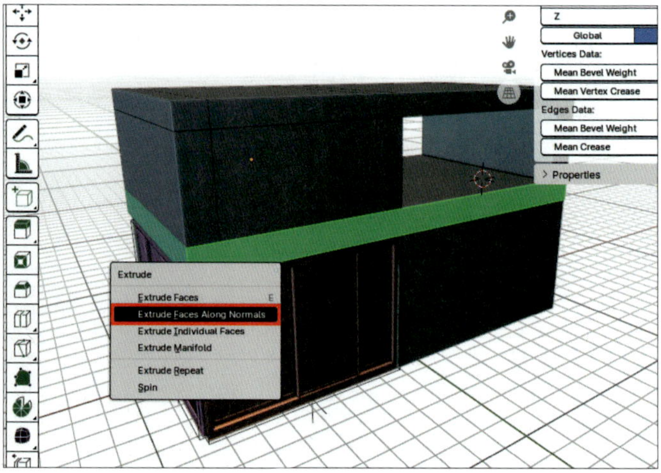

⑱ Extrude Faces Along Normals가 활성화되면 Operation 패널에서 'Offset Even'을 체크 표시합니다. 이제 같은 비율로 일정하게 면을 증가시킬 수 있습니다.

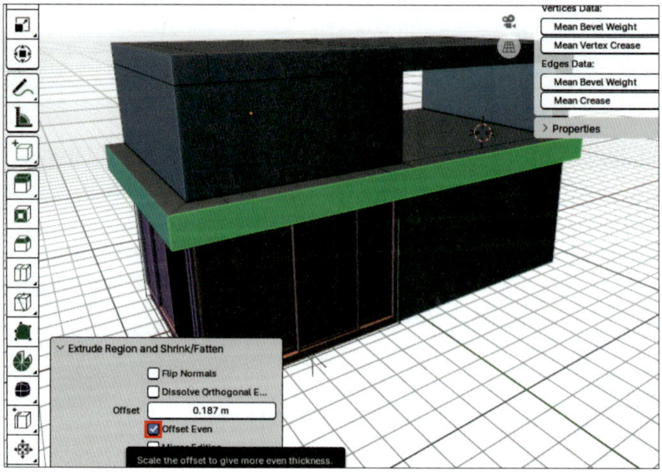

⓳ 아래 창문(세 가지 복사 창문, 창문틀 주변 박스, 아래 좌표계)들을 복제(Shift+D)하고 크기를 줄여 위로 올립니다.

⓴ 2층 Cubo 오브젝트에도 Add Modifier → Generate → Boolean을 실행합니다. Boolean 설정 창에서 Object를 수번을 감싸는 창문 테두리로 지정합니다.

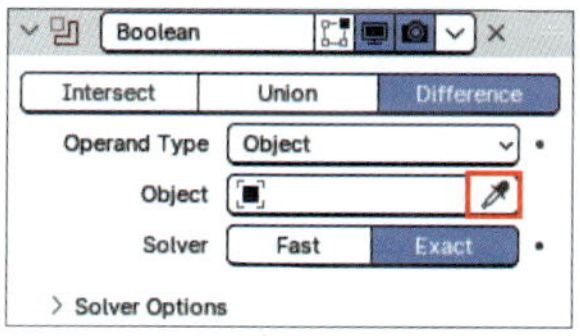

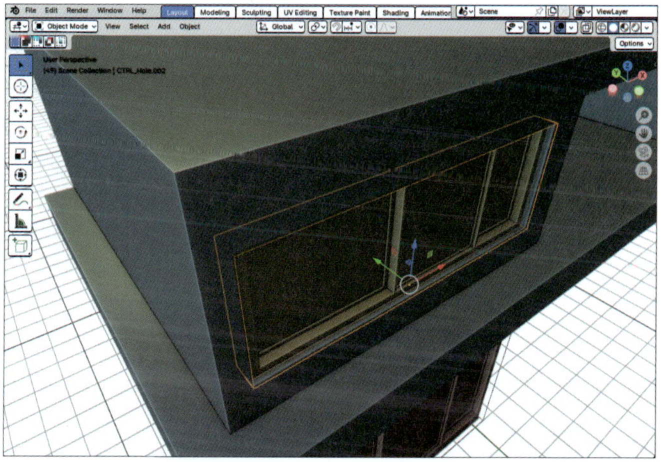

㉑ 투명창이 앞으로 보이게 하기 위해 Modifier → Generate → Solidify로 적용하고 가장 위로 이동한 다음 모델링 모드를 통해 확인합니다.

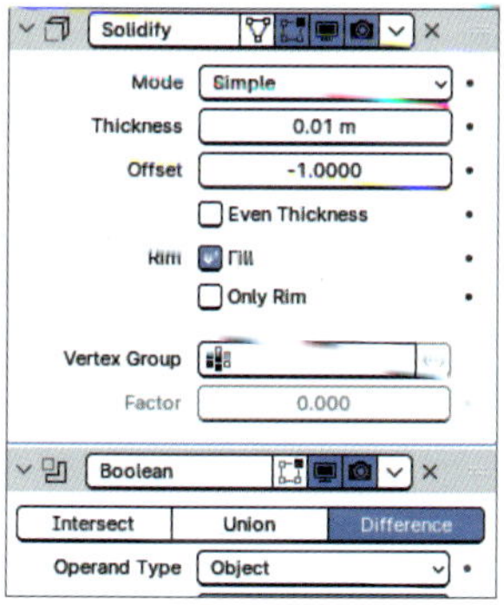

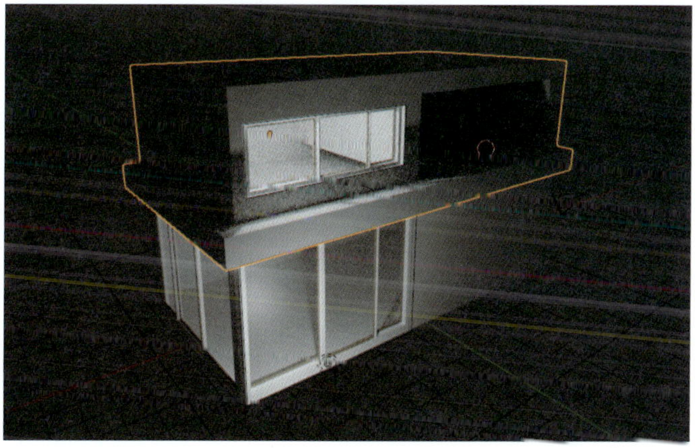

TIP Modifiers는 가장 오른쪽을 선택한 상태로 드래그하면 이동이 가능합니다.

㉒ 옆 부분도 건물을 만들겠습니다. 1층의 Cube 오브젝트를 선택하고 오른쪽으로 복제(Shift+D)합니다.

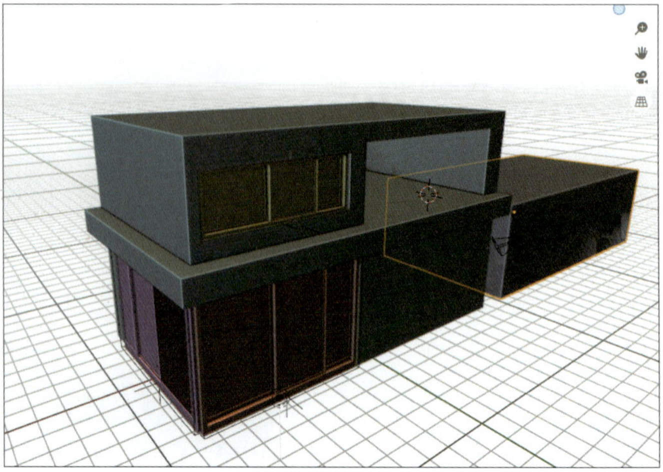

㉓ R을 눌러 90° 회전하고 그림과 같이 이동하여 배치합니다.

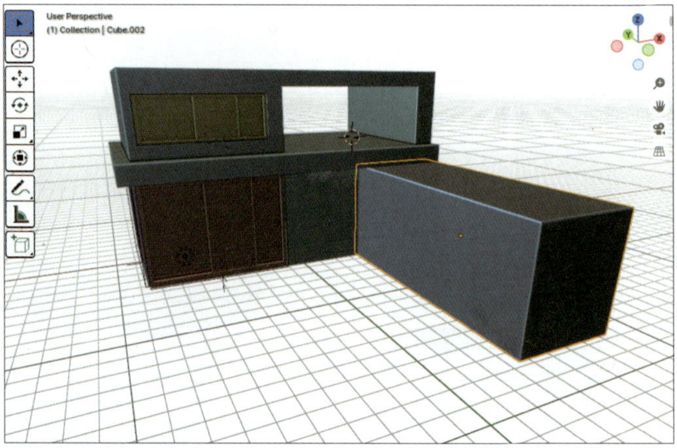

㉔ Z를 눌러 표시되는 파이 메뉴에서 Wireframe을 실행합니다.

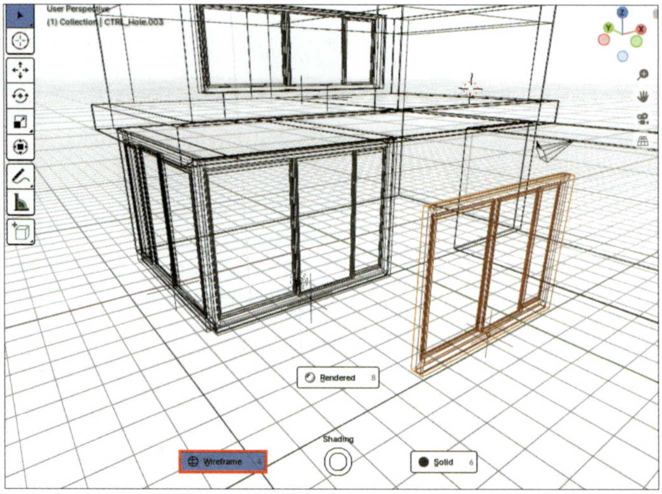

㉕ 창, 창 외각 라인, 창 아래 3개의 좌표를 모두 선택한 다음 복제(Shift+D)하여 회전해서 새로 만든 건물에 이동해 배치합니다.

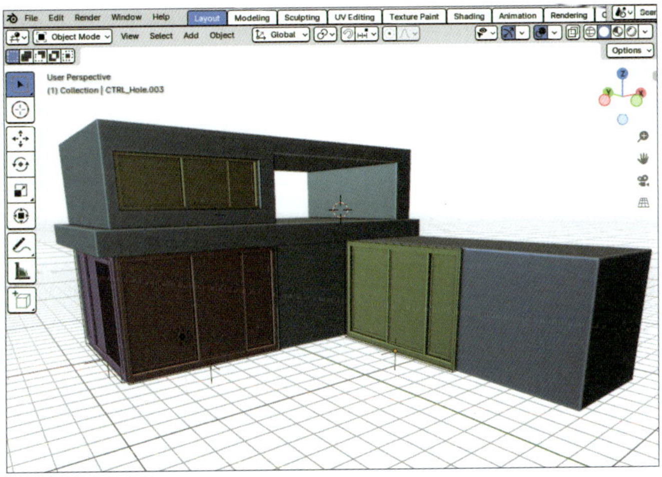

건물 바닥 만들기

❶ Shift+S를 눌러 표시되는 파이 메뉴에서 Cursor to World Origin을 실행해 3D Cursor를 원위치로 초기화합니다.

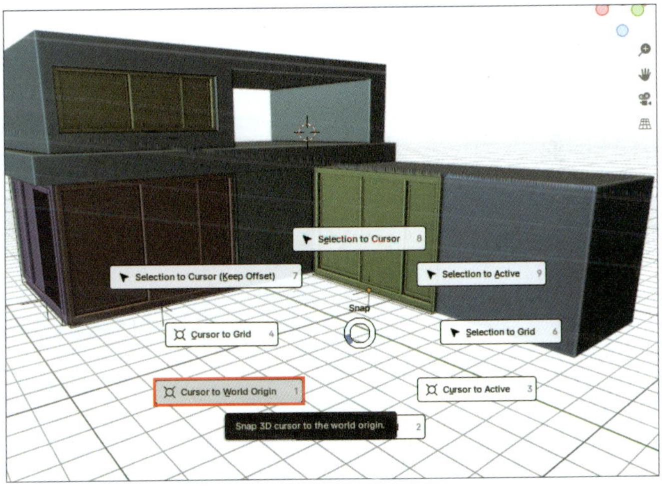

❷ 바닥을 만들기 위해 Mesh → Plane(Shift+A)을 실행하여 오브젝트를 생성하고 S를 눌러 크게 늘려 줍니다.

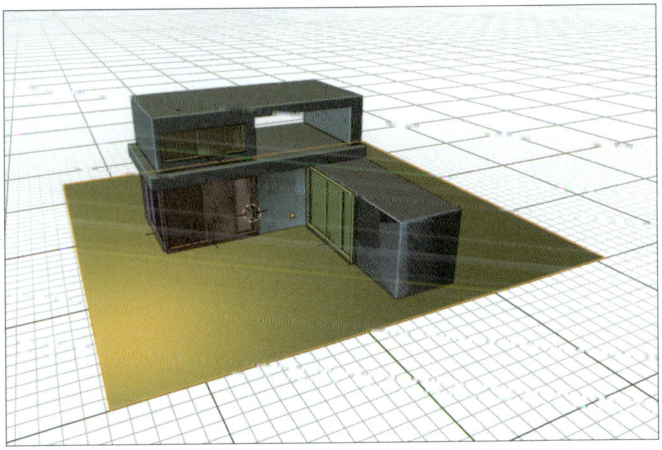

10

블렌더의 다양한 모델링 실습

❸ Edit Mode로 전환하고 Loop Cut(Ctrl+R)을 이용하여 아래 바닥 면을 잘라 선을 생성합니다.

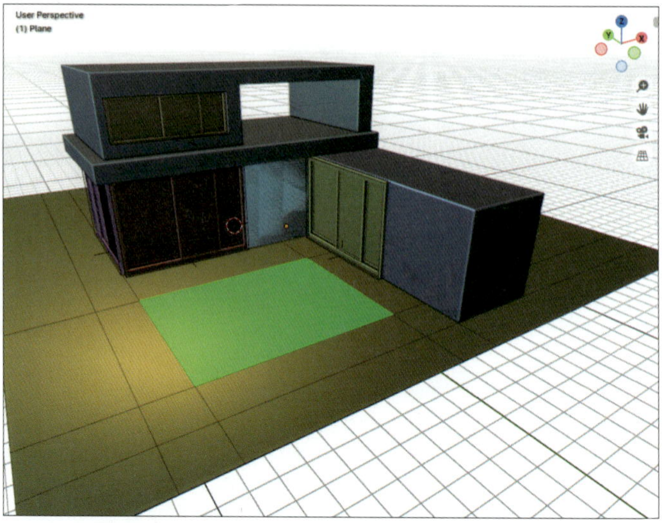

❹ 수영장을 만들기 위해 Loop Cut(Ctrl+R)으로 경계선을 만듭니다. 주변 이동 통로 면을 다중 선택(Shift+클릭)하고 E를 누른 다음 위로 올려 면을 추출합니다.

❺ 반대로 틀을 올렸다면 수영장은 아래로 내려가도록 만들겠습니다. 수영장이 될 부분의 면을 선택하고 E를 누른 다음 아래로 내려 깊이를 형성합니다.

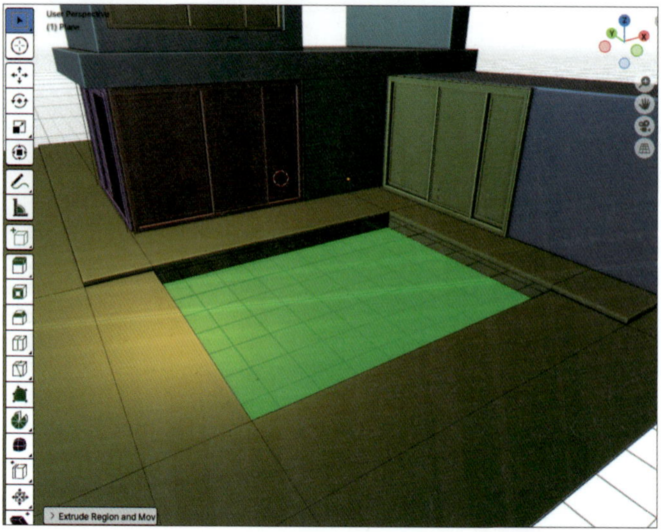

❻ 같은 면을 선택하고 I를 눌러 Inset Faces로 안쪽 면을 만든 다음 다시 E를 누른 후 내려 한 번 더 깊이를 만듭니다.

❼ 숫자 키패드 7을 눌러 Top View로 시점을 변경합니다. 수영장과 건물을 제외한 부분을 모두 선택하고 분리하기 위해 Ctrl+P를 눌러 표시되는 창에서 Separate → Selection을 실행합니다.

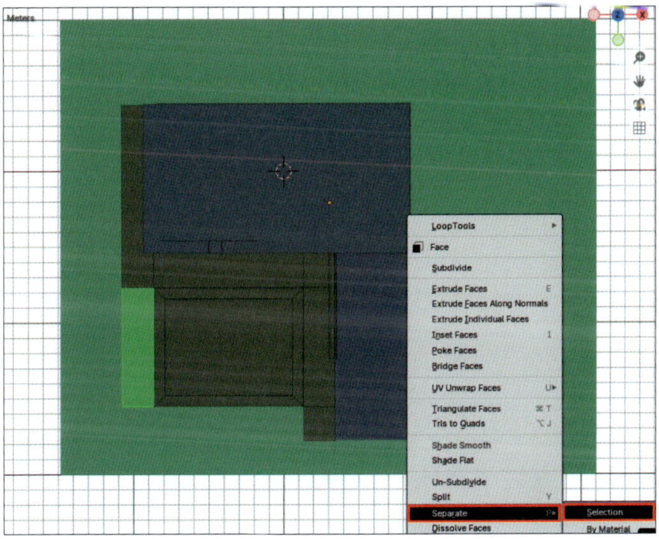

❽ 이번에는 Plane 오브젝트만 선택하고 /를 눌러 Local View로 시점을 변경합니다. Ctrl+P를 눌러 표시되는 Separate 창에서 Selection을 실행하여 분리합니다.

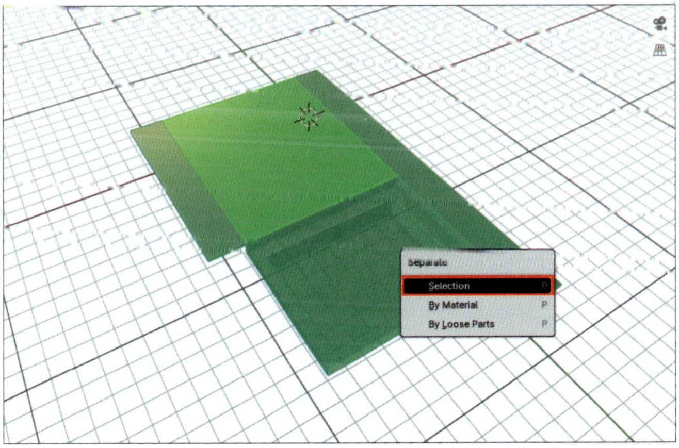

❾ Object Mode로 전환합니다. Properties 패널의 [Modifiers()] 탭에서 Add Modifier → Generate → Remesh를 실행합니다. Remesh 설정 창이 표시되면 Voxel Size를 '0.0202'로 설정하고 Apply를 합니다.

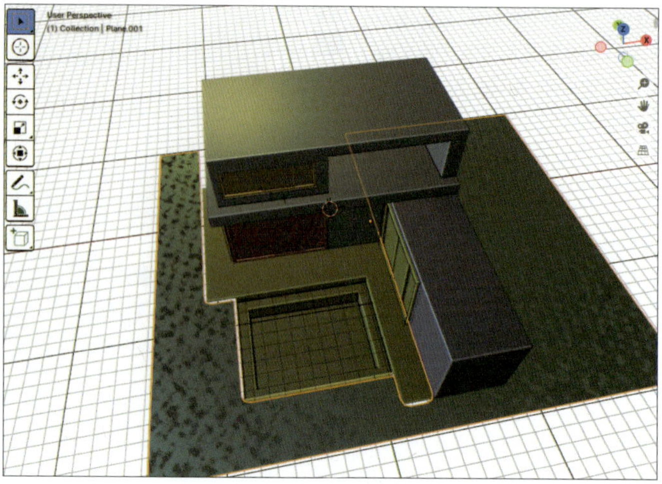

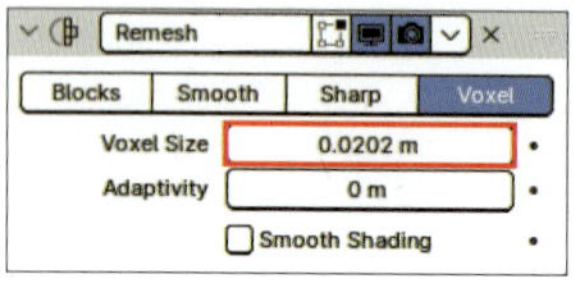

❿ Edit Mode로 전환하고 디테일 부분을 수정합니다. Ⓐ를 눌러 오브젝트를 전체 선택하고 Ⓜ을 눌러 표시되는 Merge 창에서 By Distance를 실행합니다.

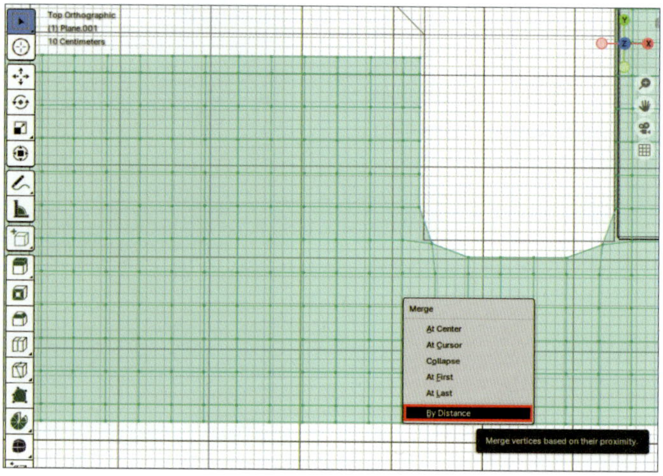

TIP By Distance는 주변의 점들을 합쳐서 정리하는 기능입니다.

⓫ 가장 아래에서 거리 값으로 제거된 점의 수를 확인할 수 있습니다. 예제에서는 5810개의 점이 삭제되었습니다.

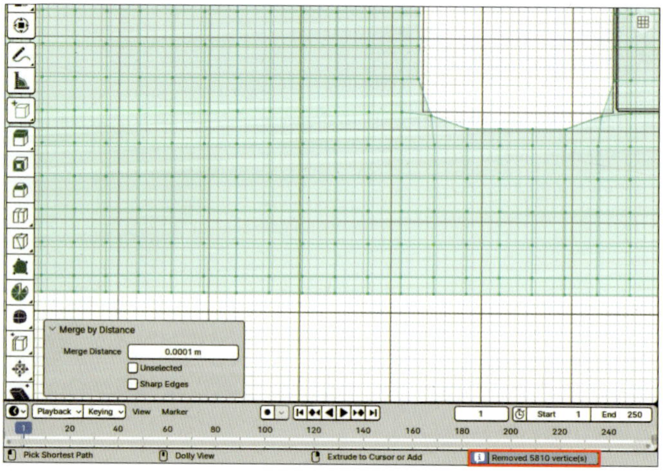

TIP 이 과정은 잔디를 배치하기 위한 과정으로 어렵다면 넘어가거나 생략해도 됩니다.

⑫ Z를 눌러 Wireframe 모드로 변경하면 제거된 것이 잘 보입니다. 줄 정렬을 하기 위해 수정할 점을 그림과 같이 루프 선택(Alt+클릭)합니다.

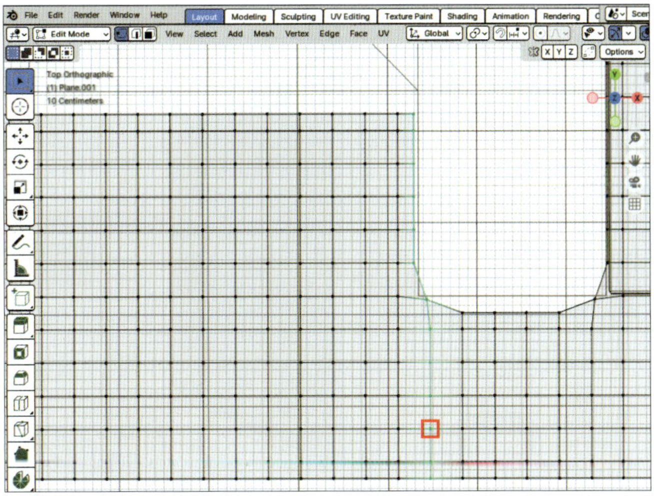

⑬ 점이 선택되어 있는 상태로 S-X를 누르고 '0'을 입력합니다. 이렇게 하면 점이 수직으로 줄 정렬되는 것을 알 수 있습니다.

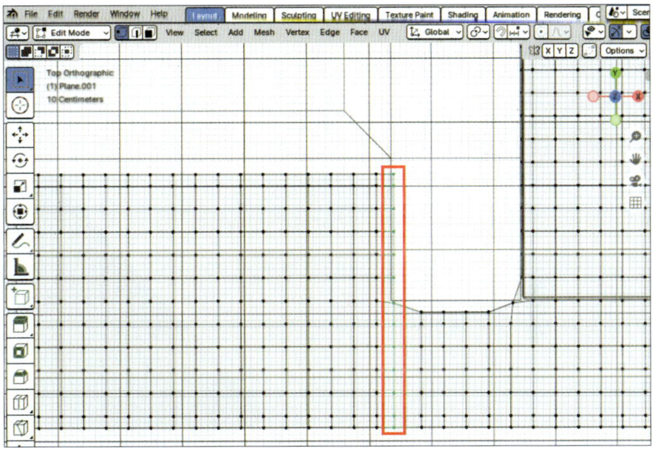

⑭ 같은 방법으로 모든 점을 수직, 수평에 맞게 재정렬합니다.

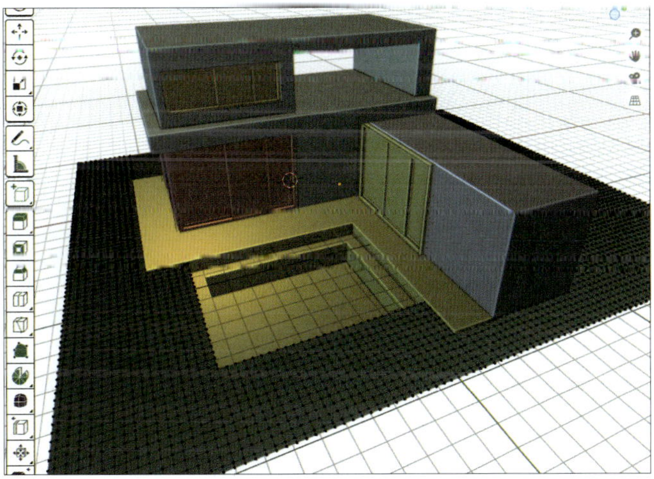

⓯ [Modifiers(🔧)] 탭에서 Add Modifier → Deform → Displace를 실행하고 Displace 설정 창에서 Strength를 '0.01'로 설정합니다.

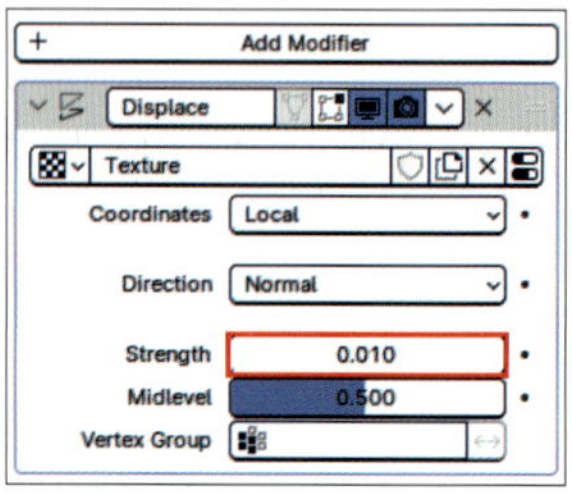

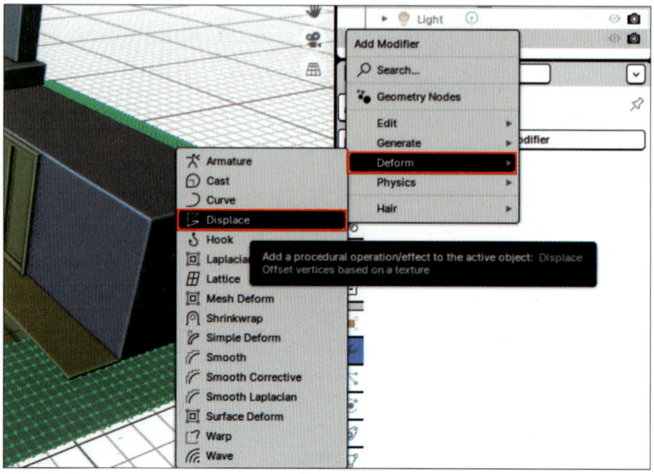

조경 만들기

❶ 뒷 담벼락을 만들기 위해 바닥 뒤 모서리로 3D Cursor를 이동(Shift+마우스 오른쪽 버튼 클릭)하고 Cube 오브젝트를 생성(Shift+A)합니다.

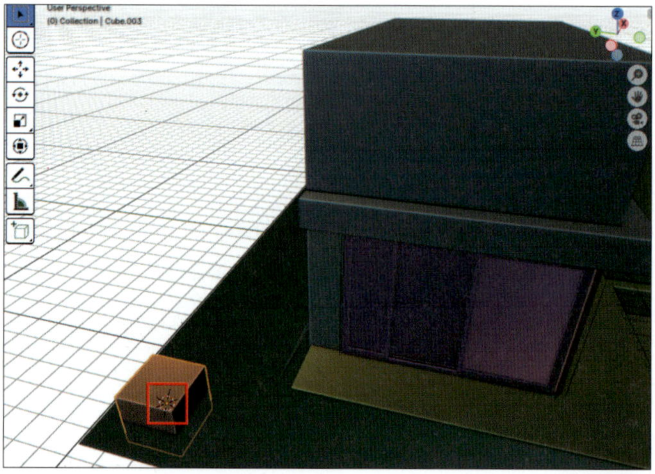

❷ Edit Mode에서 Cube 오브젝트의 면을 선택하고 E를 눌러 돌출해 그림과 같이 모델링 형태를 만듭니다.

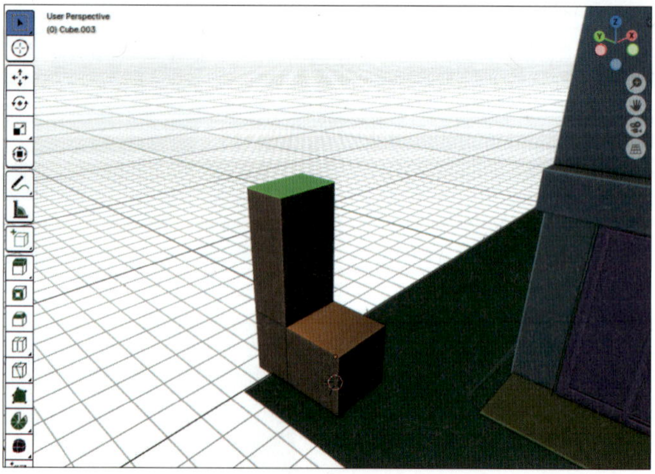

❸ 같은 방법으로 왼쪽으로 면을 돌출하고 Inset Faces(I)로 안쪽에 면을 만들어 담벼락 모델링을 완성합니다.

❹ 수영장에 물을 만들겠습니다. 수영장 위치로 3D Cursor를 이동(Shift+마우스 오른쪽 버튼 클릭)하고 Plane 오브젝트를 생성(Shift+A)합니다.

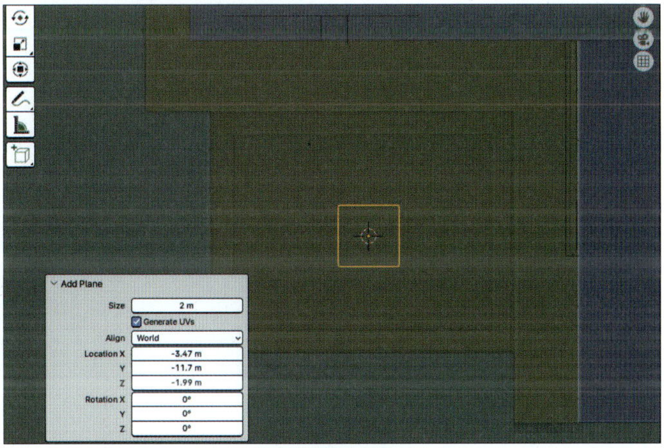

❺ 그림과 같이 오브젝트를 조금 위로 이동(G)하고 Edit Mode로 전환합니다. Plane 오브젝트에서 마우스 오른쪽 버튼을 클릭하고 Subdivide를 실행한 다음 Operation 패널에서 Number of Cuts를 '10'으로 설정합니다.

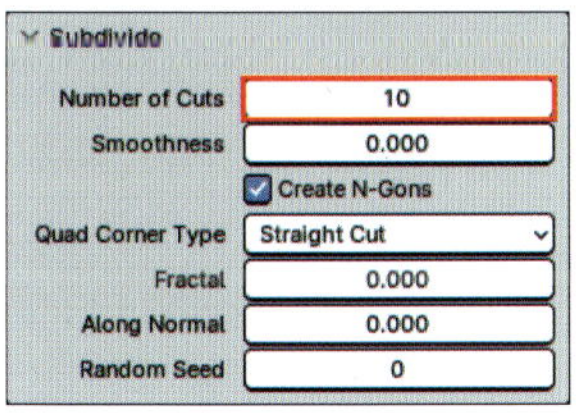

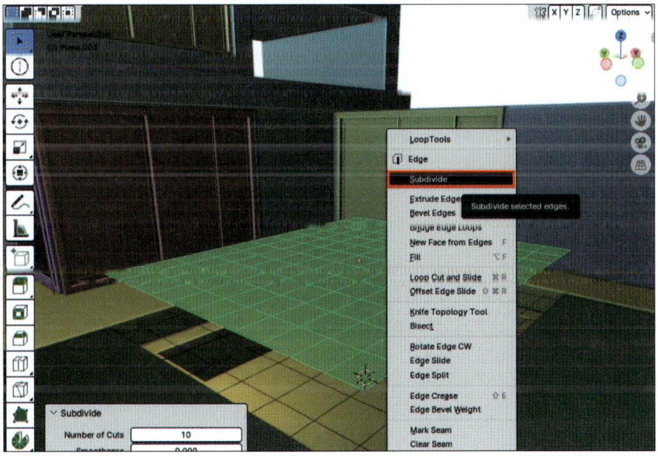

❻ Object Mode로 전환합니다. Modifiers → Displace를 실행하여 적용합니다.
〔Material()〕 탭을 선택하고 〈New〉 버튼을 클릭한 다음 Texture를 선택하여 질감을 적용합니다.

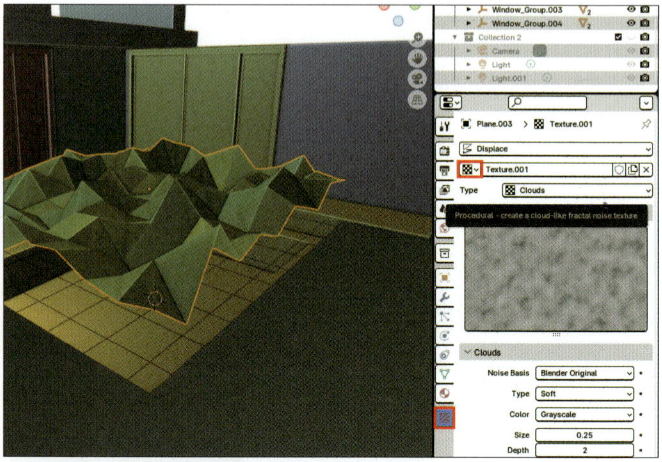

❼ 다시 〔Modifiers()〕 탭을 선택하여 Displace 설정 창에서 Strength를 '0.1' 이하로 설정합니다.
물결 같은 부드러움을 적용하기 위해 Plane 오브젝트에서 마우스 오른쪽 버튼을 클릭한 다음 Shade Smooth를 실행합니다.

❽ 수영장 아래쪽에 조명을 만들겠습니다. Cylinder 오브젝트를 생성(Shift+A)하고 숫자 키패드 1을 눌러 Front View로 시점을 변경한 다음 R-X를 누른 후 '90'을 입력합니다. 조정을 위해 Z를 눌러 Wireframe 모드로 변경합니다.

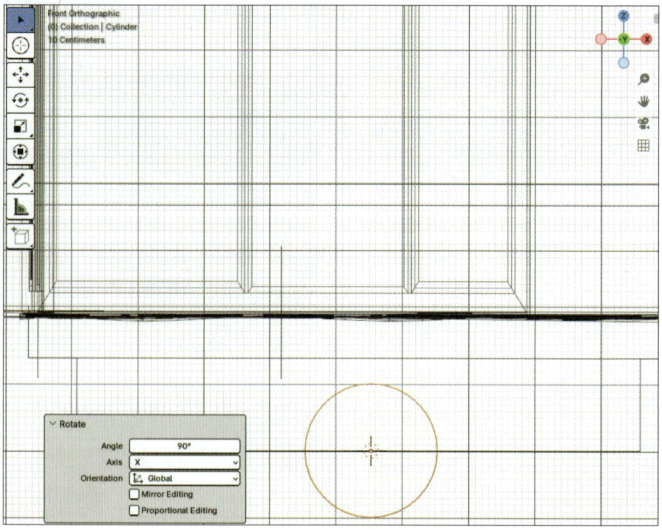

❾ Cylinder 오브젝트를 3개로 복제(Shift+D)하고 평행하게 배치합니다.

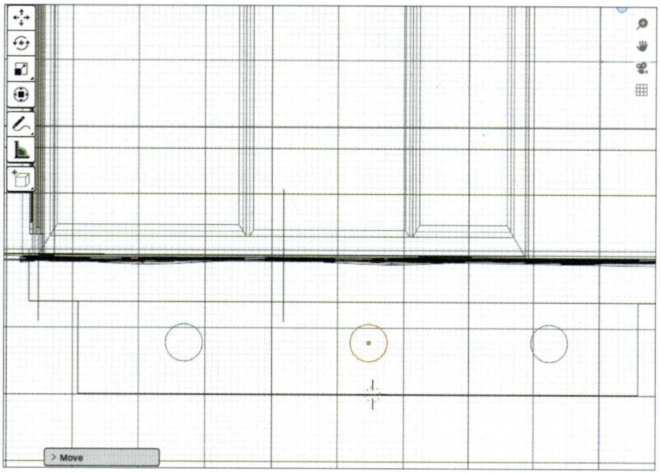

❿ Cylinder 오브젝트를 하나 선택하고 /를 눌러 Local View로 시점을 변경합니다.

외각선을 루프 선택(Alt+클릭)하고 Inset Faces(I)로 안으로 면을 생성한 다음 Extrude Region(E)으로 면이 안으로 들어가게 만듭니다.

TIP 작업이 끝나면 다시 /를 눌러 Local View에서 빠져나옵니다.

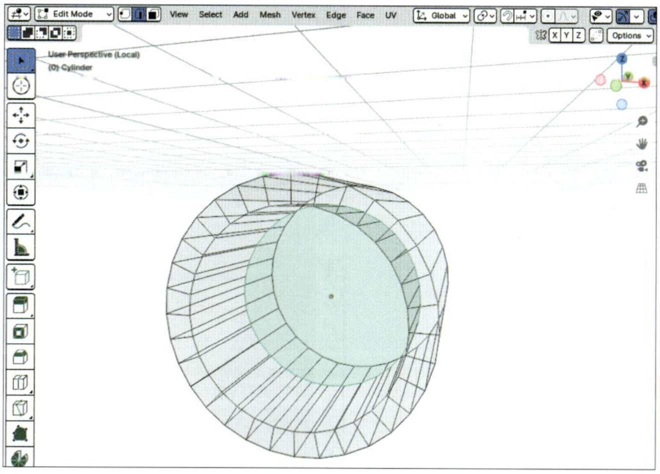

⓫ 같은 방법으로 설정을 조정하고 크기(S)를 줄여 그림과 같이 수영장 벽면에 이동(G)해 배치합니다.

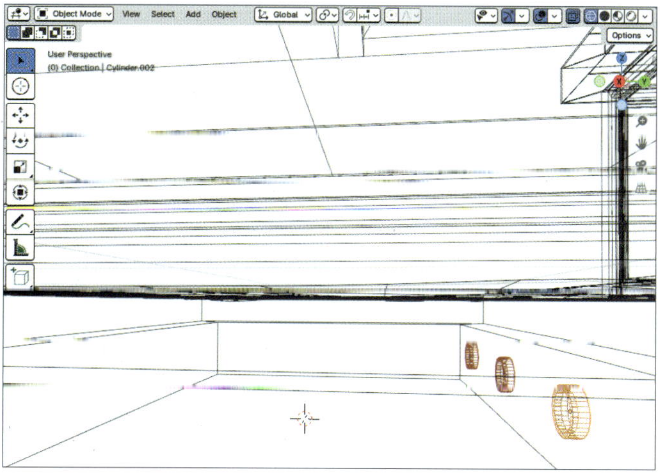

⓬ 배치한 수영장 조명 오브젝트를 모두 선택하고 복제(Shift+D)한 다음 R-X를 누른 후 '-180'을 입력하여 마주보는 형태로 배치하여 완성합니다.

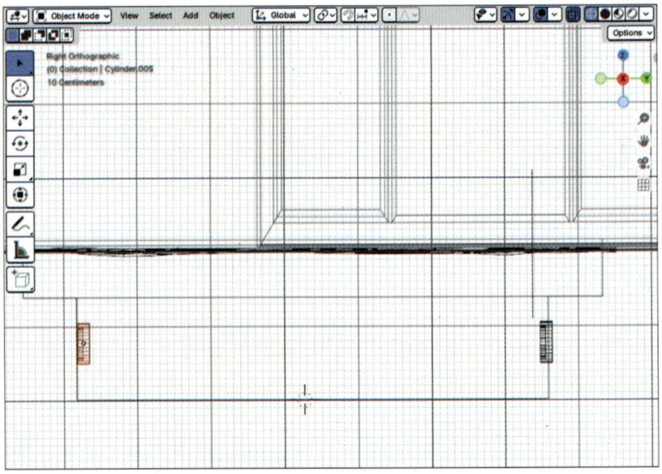

건물에 메테리얼 적용하기

❶ 메테리얼을 적용하기 위해 UV Mapping을 진행하겠습니다.
1층 건물을 선택하고 Edit Mode로 전환한 다음 A를 눌러 전체 선택합니다. 선택된 객체에서 마우스 오른쪽 버튼을 클릭한 다음 Smart UV Project를 실행합니다.

TIP 팝업 창이 표시되면 〈OK〉 버튼을 클릭합니다.

❷ 작업 창을 설정하겠습니다. 3D Viewport 패널의 경계선에서 마우스 오른쪽 버튼을 클릭한 다음 Vertical Split를 실행하여 분할합니다. 오른쪽 패널에서 'Editor Type' 아이콘()을 클릭한 다음 'Shader Editor'를 선택합니다.

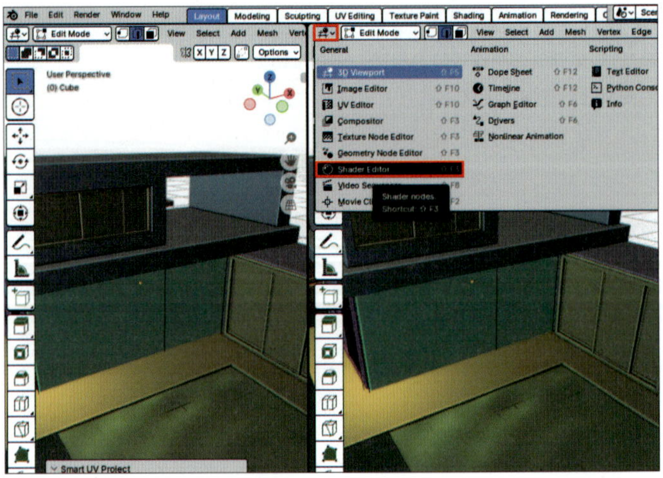

❸ Shader Editor 패널에서 Shift+A를 눌러 표시되는 Add 창에서 Texture → Image Texture를 실행하여 노드를 생성합니다.

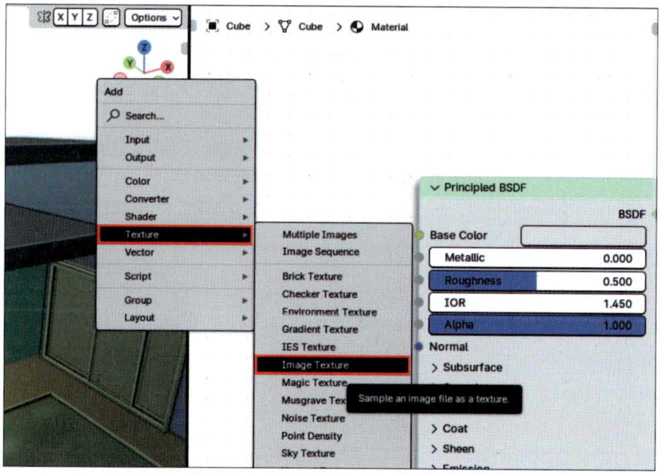

❹ 메뉴에서 (Edit) → Preferences를 실행하여 Blender Preferences 대화상자를 표시합니다. (Keymap) 탭을 선택하고 'Extra Shading Pie Menu Items'를 체크 표시하여 파이 메뉴가 표시되게 설정을 변경합니다.

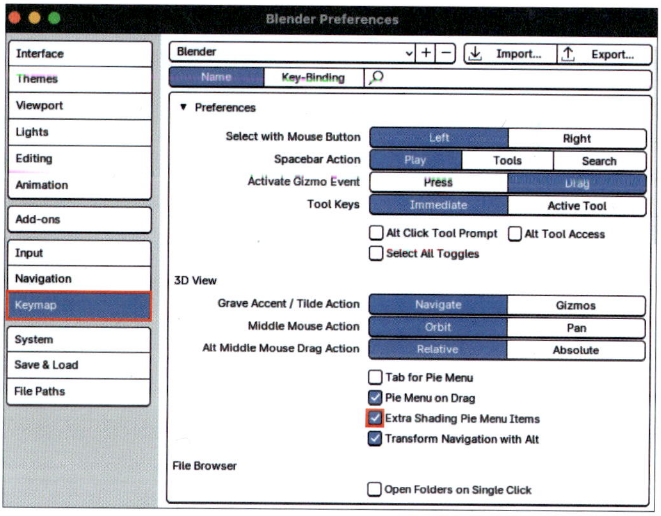

❺ 이때 (Add-ons) 탭의 Node Wrangler가 설치되어야 합니다.

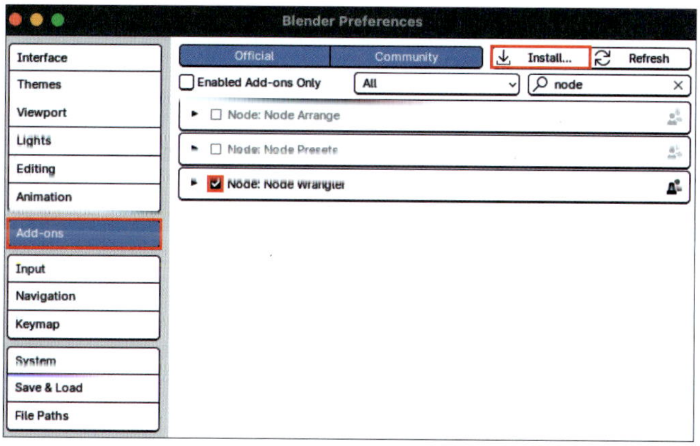

❻ Shader Editor 패널의 Image Texture 노드에서 〈New〉 버튼을 클릭합니다.
Blender File View 대화상자가 표시되면 10 폴더에서 'Clean Concrete Seamless.jpg' 파일을 선택하고 〈Open Image〉 버튼을 클릭해 텍스처를 불러옵니다.

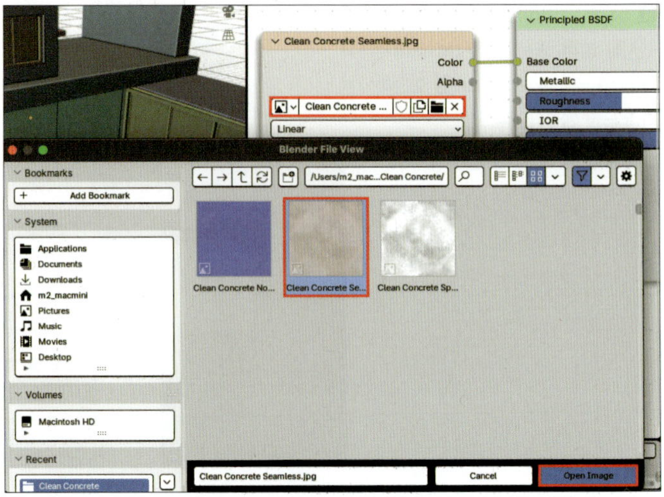

❼ Z를 눌러 표시되는 파이 메뉴에서 Material Preview를 실행하면 실제로 적용된 텍스처를 확인할 수 있습니다.

❽ Shader Editor 패널에서 파일 이름으로 변경된 Image Texture 노드를 선택하고 Ctrl+T를 누르면 Texture Coordinate와 Mapping 노드가 표시되고 Vector 소켓이 연결된 모습을 볼 수 있습니다.

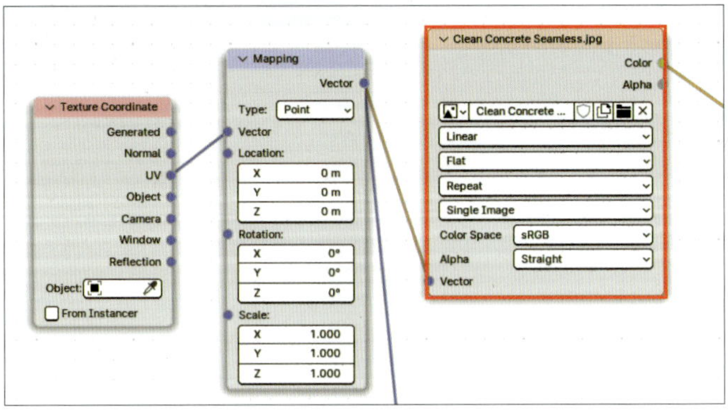

❾ Clean Concrete Seamless.jpg 노드를 복제(Shift+D)하고 이미지 부분을 클릭합니다.

Blender File View 대화상자가 표시되면 10 폴더에서 'Clean Concrete Normal Map.png' 파일을 선택하고 〈Open Image〉 버튼을 클릭하여 이미지를 불러옵니다.

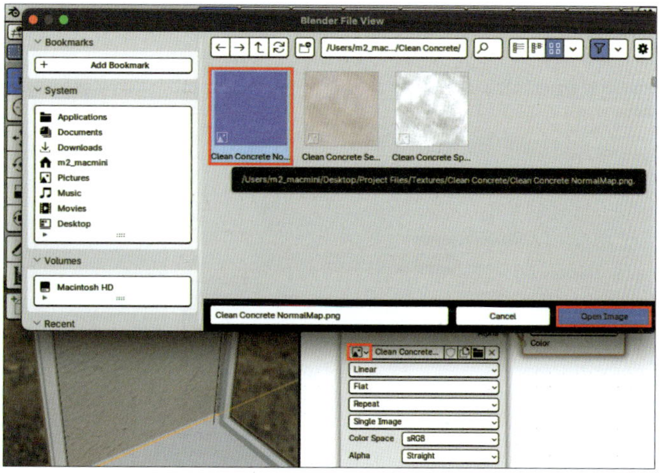

❿ Vector → Normal Map 노드를 생성(Shift+A)하고 그림과 같이 Color-Color-Normal 소켓을 연결합니다. Normal Map 노드 중간 옵션을 UV Map으로 지정하고 Strength를 높게 설정해 텍스처를 거칠게 만들어 줍니다.

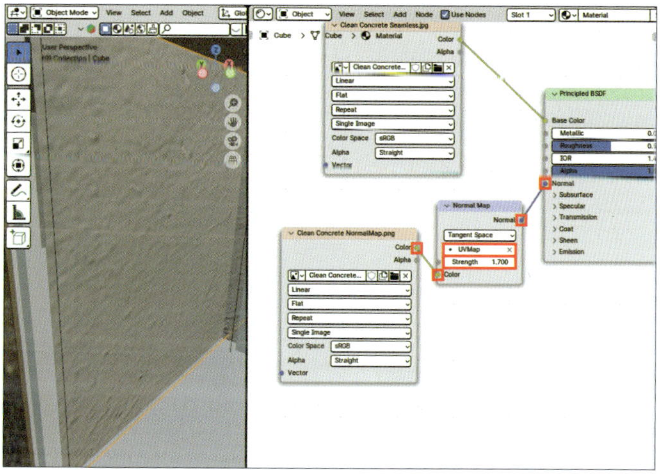

⓫ 메테리얼을 알아보기 쉽게 이름을 'CleanCon'으로 변경하고 모든 벽 건물에 메테리얼을 적용합니다.

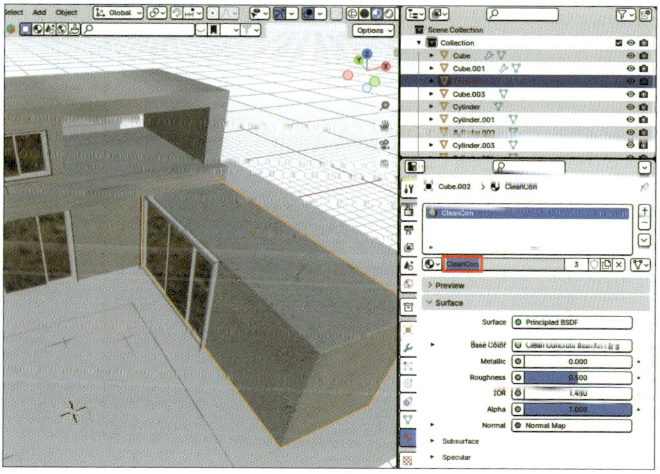

⓬ 2층 오브젝트를 선택하고 Edit Mode로 전환합니다. A를 눌러 전체 선택하고 U를 눌러 Smart UV Project를 실행하여 UV map이 늘어난 것을 수정합니다.

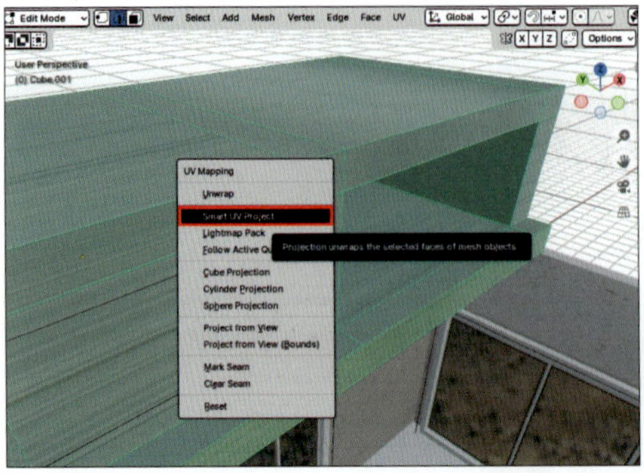

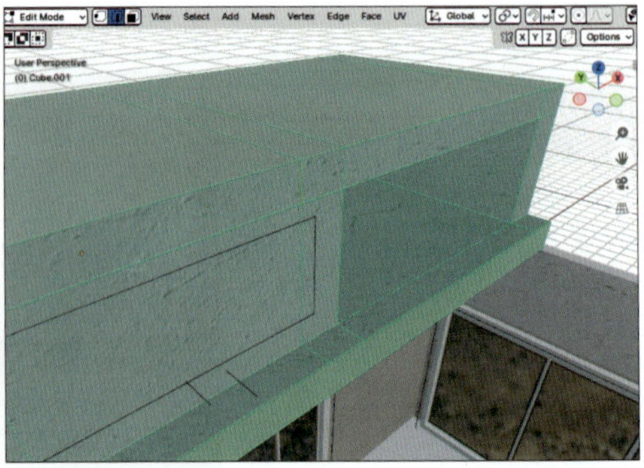

조경 메테리얼 적용하기

❶ 바닥 부분에 메테리얼을 적용하겠습니다. 바닥 오브젝트를 선택하고 Shader Editor 패널의 Header에서 〈New〉 버튼을 클릭합니다.

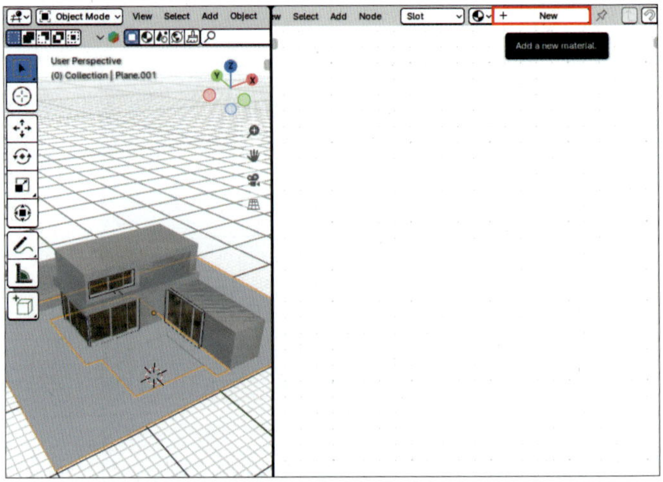

TIP Properties 패널의 [Material( )] 탭에서 〈New〉 버튼을 클릭해도 됩니다.

❷ Shader Editor 패널에서 Texture → Image Texture 노드를 생성(Shift+A)합니다.

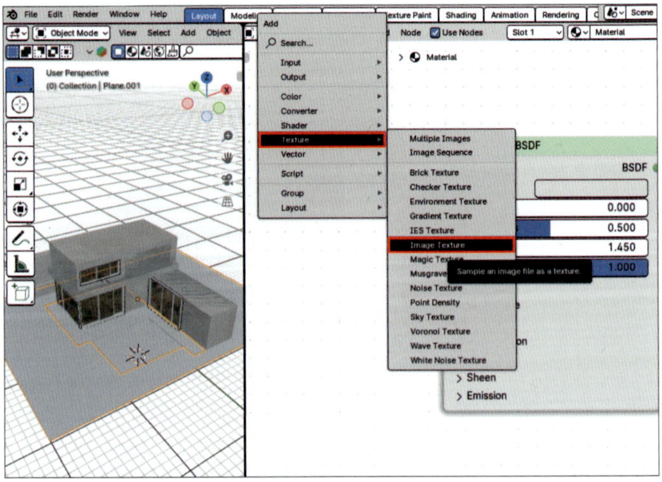

❸ Image Texture 노드에서 〈New〉 버튼을 클릭하여 Blender File View 대화상자가 표시되면 10 폴더에서 'Ground068_1K-PNG_Color.png' 파일을 선택하고 〈Open Image〉 버튼을 클릭해 텍스처를 불러옵니다.

TIP 원하는 파일을 다운로드하여 텍스처를 불러와도 됩니다.

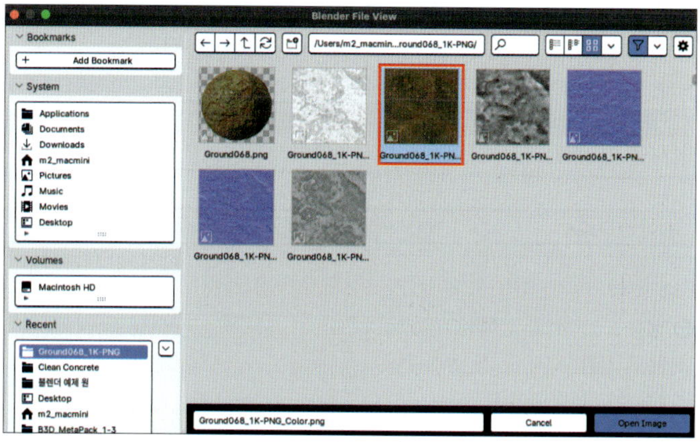

❹ 확인하면 텍스처가 적용되지 않은 것으로 표시됩니다. 이를 해결하기 위해 바닥 오브젝트를 선택하고 Edit Mode로 전환합니다. [A]를 눌러 모든 객체를 선택하고 [U]를 눌러 표시되는 UV Mapping 창에서 Project from View를 실행합니다.

❺ 화면을 UV Editor 패널로 변경하고 텍스처 크기를 확인하면 좀 더 작은 텍스처 이미지로 변경됩니다.

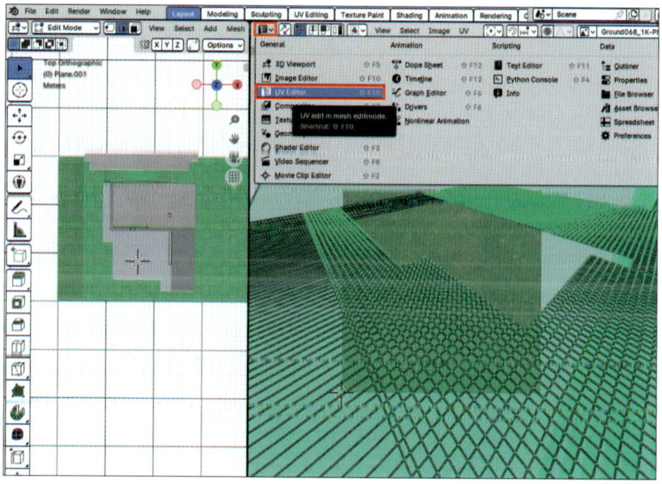

❻ 담장에 메테리얼을 적용하겠습니다. [Material()] 탭에서 건물에 적용한 'CleanCon' 메테리얼을 선택하고 '4'라고 표시된 아이콘을 클릭하면 메테리얼이 복제되어 다른 이름으로 저장됩니다.

❼ 담장 오브젝트를 선택하고 Edit Mode로 전환합니다. A를 눌러 전체 선택하고 U를 눌러 표시되는 UV Mapping 창에서 Project from View를 실행합니다.

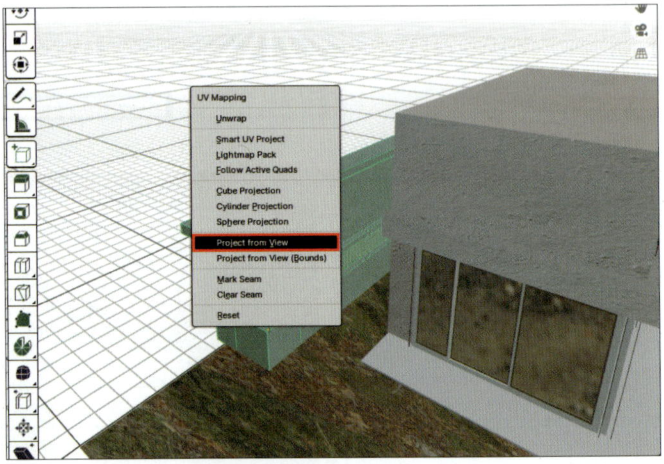

❽ Shader Editor 패널에서 담장에 적용할 Image Texture 노드의 'Open Image' 아이콘()을 클릭합니다.

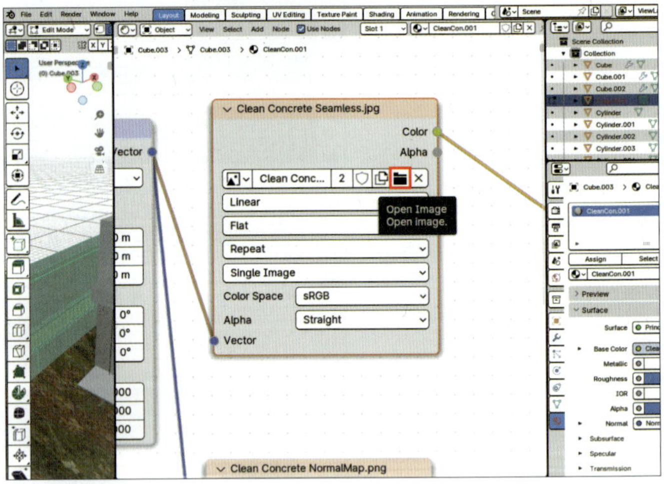

❾ Blender File View 대화상자가 표시되면 10 폴더에서 'Brick Texture.jpg' 파일을 선택하고 〈Open Image〉 버튼을 클릭해 벽돌 텍스처를 적용합니다.

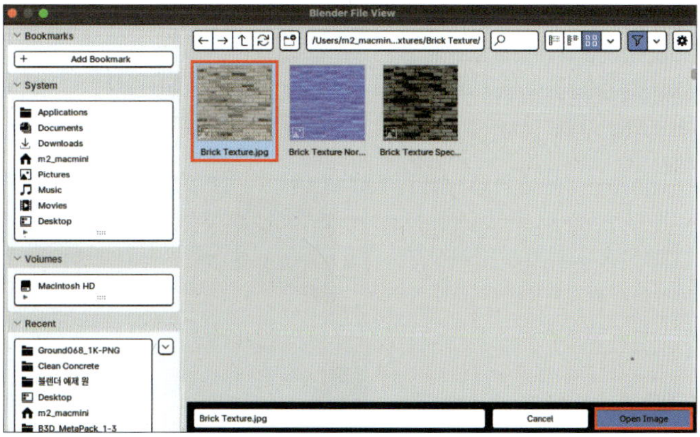

❿ 같은 방법으로 두 번째 노드는 'Brick Texture SpecMap.png' 파일을 추가하여 적용합니다.

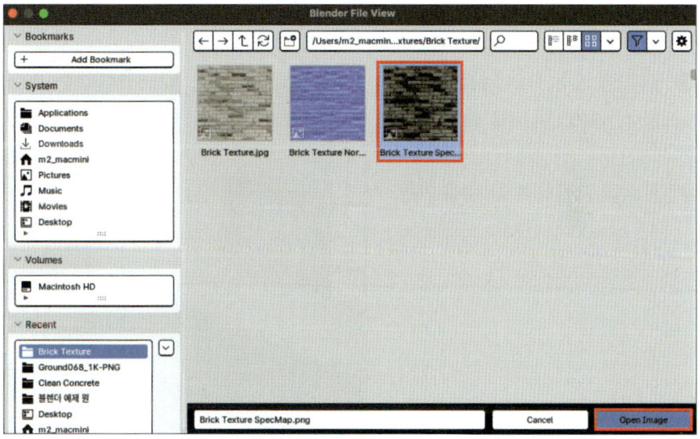

⓫ UV Editor 패널에서 담장 오브젝트의 면을 각각 선택하고 텍스처를 수정하여 담장 메테리얼 적용을 마무리합니다.

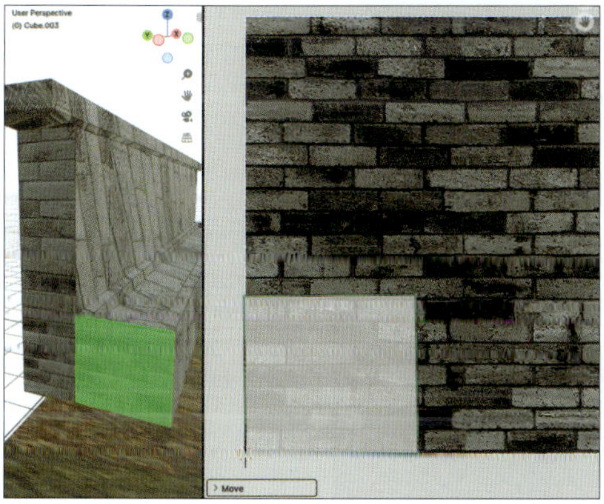

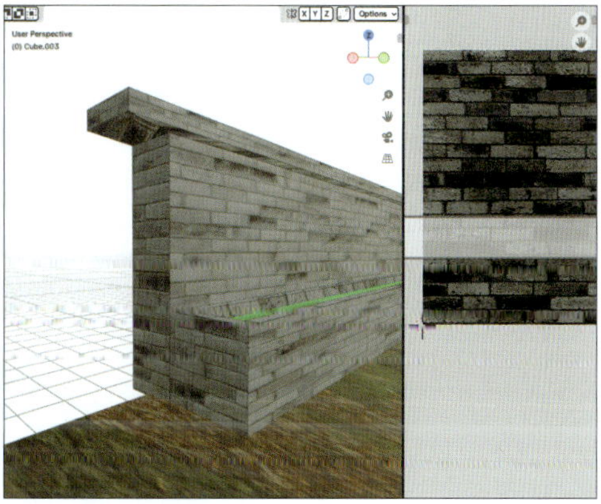

⑫ 수영장의 물을 표현하겠습니다. Object Mode에서 Plane 오브젝트를 선택하고 Shader Editor 패널에서 메테리얼을 이름을 'Water'로 수정합니다.

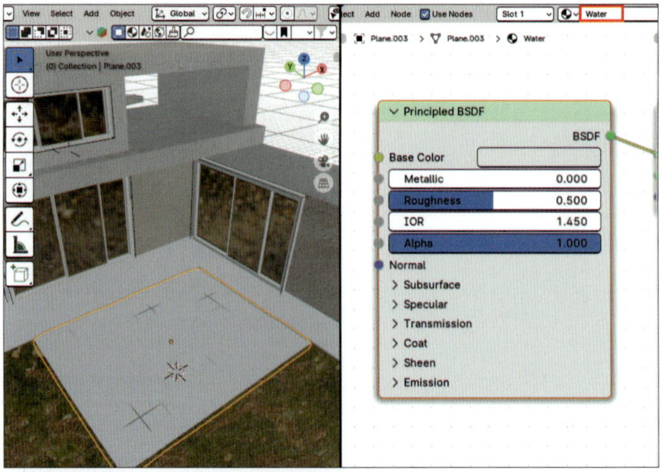

TIP Properties 패널에서 메테리얼 이름을 변경해도 동일하게 적용됩니다.

⑬ 생성되어 있는 Principled BSDF 노드를 선택하고 Delete를 눌러 삭제합니다.
투명한 유리 재질의 메테리얼을 만들기 위해 Shader → Glass BSDF 노드를 생성(Shift+A)합니다.

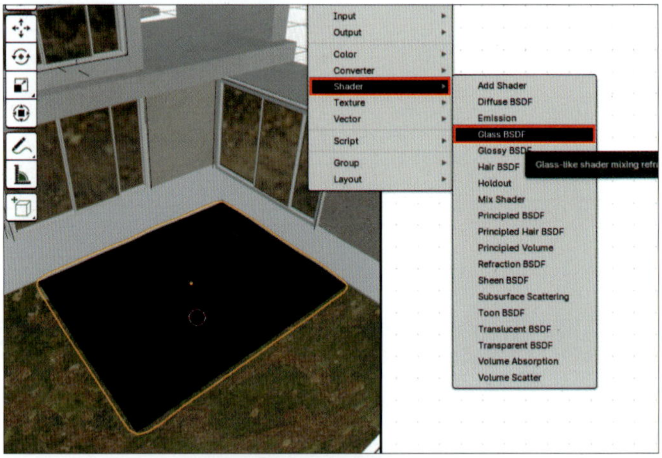

⑭ Class BSDF 노드의 IOR을 '0.333'으로 설정하고 Color를 하늘색으로 지정하여 변경합니다.

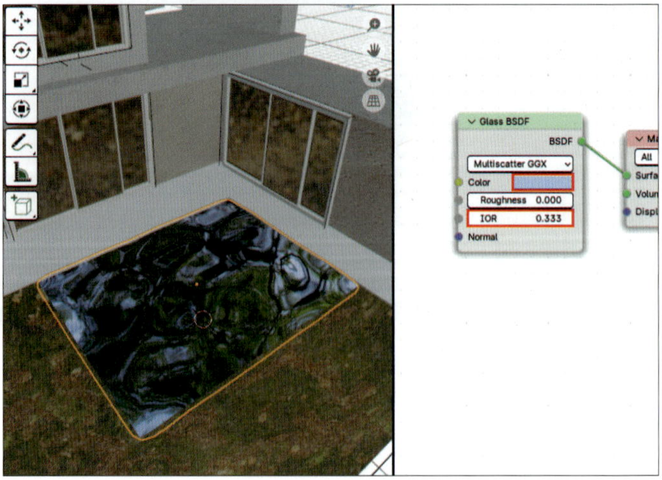

TIP 색상은 예제와 동일하지 않아도 됩니다. 감각적으로 원하는 색상을 선택하세요.

⑮ 수영장의 외곽에도 메테리얼을 적용하겠습니다. 외곽 오브젝트를 선택하고 [Material(◉)] 탭에서 'Clean Con' 메테리얼을 선택합니다. ⑥번과 같은 방법으로 새로운 이름으로 메테리얼을 저장합니다.

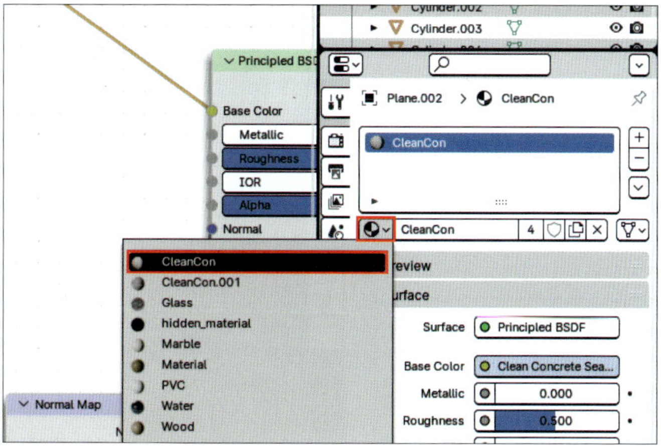

⑯ Shader Editor 패널의 노드에 텍스처 이미지를 불러와 적용합니다.

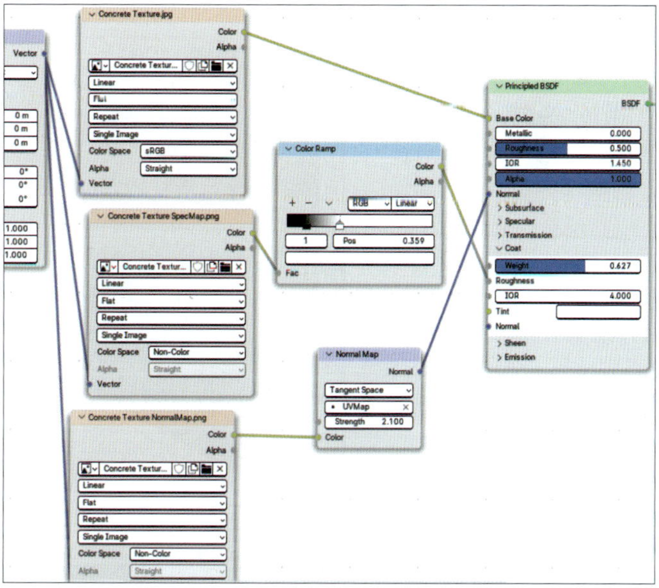

⑰ 수영장 외곽 오브젝트를 선택하고 Edit Mode로 전환합니다. A를 눌러 전체 선택하고 U를 눌러 표시되는 UV Mapping 창에서 Project from View를 실행합니다.

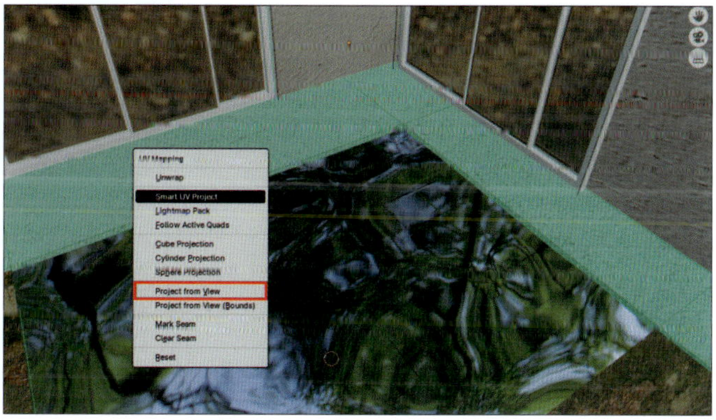

⑱ 수영장 안쪽 타일에 텍스처를 넣기 위해 물 셰이더를 잠시 보이지 않게(선택+H) 만들었습니다.

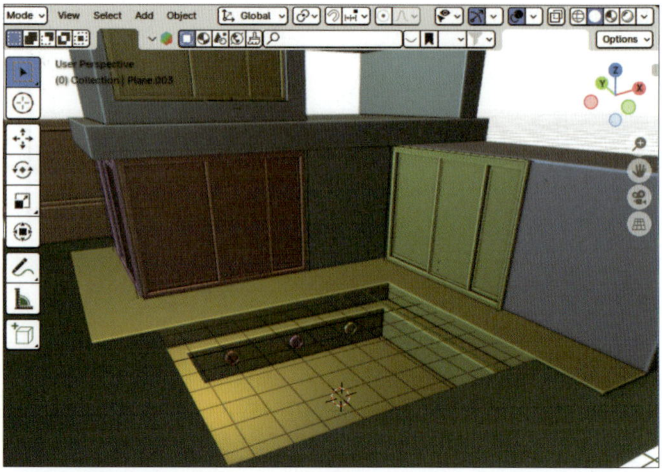

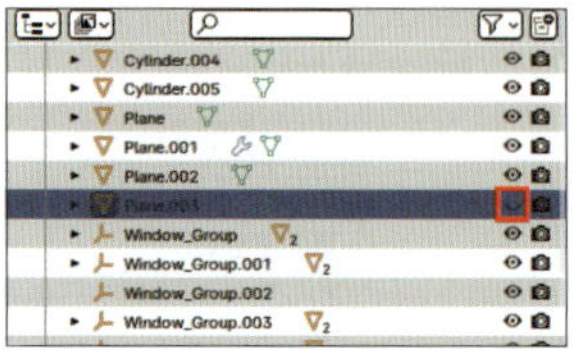

⑲ 수영장 안쪽 타일을 선택하고 Edit Mode로 전환합니다. A를 눌러 객체를 모두 선택하고 UV Editor 패널을 표시합니다.

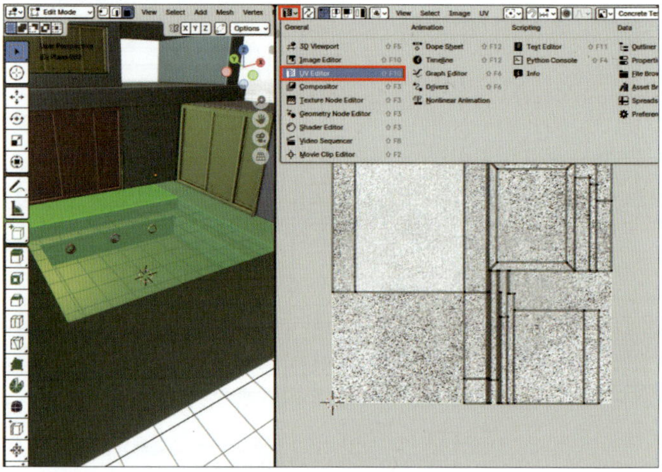

⑳ 수영장 타일에만 메테리얼을 적용하기 위해 수영장 타일이 선택되어 있는 상태로 P를 눌러 표시되는 Separate 창에서 Selection을 실행해 오브젝트를 분리시킵니다.

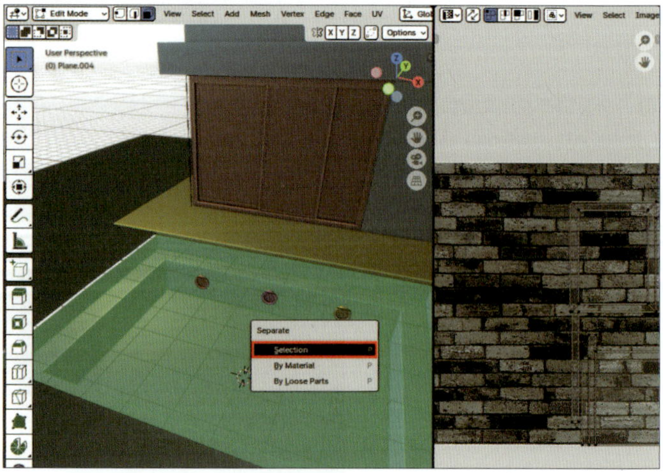

㉑ Object Mode로 전환하고 수영장 타일 오브젝트를 선택한 다음 다시 Edit Mode로 전환합니다. Ⓐ를 눌러 전체 면을 선택하고 담벼락에 사용했던 메테리얼을 복제한 다음 이름을 'tile'이라고 다시 설정합니다.

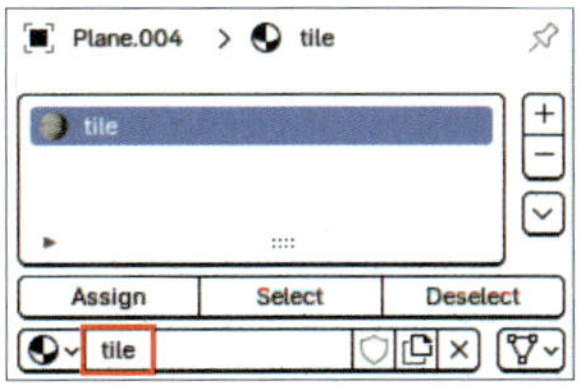

㉒ Shader Editor 패널의 Image Texture 노드에 텍스처 파일을 불러옵니다.
Blender File View 대화상자가 표시되면 10 폴더에서 'Tile Texture.jpg' 파일을 선택하고 〈Open Image〉 버튼을 클릭해 벽돌 텍스처를 적용합니다.

TIP 예제에서는 UV Editor 패널을 Shader Editor 패널로 변경하였습니다.

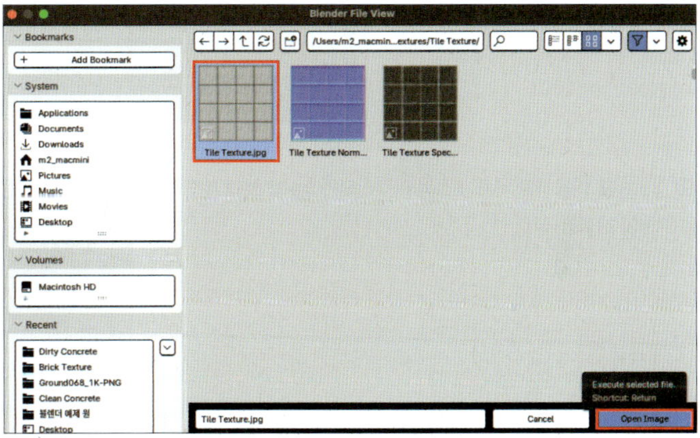

㉓ Mapping 노드의 Scale X, Y, Z를 '10'으로 설정하면 조금 더 작은 텍스처가 됩니다.

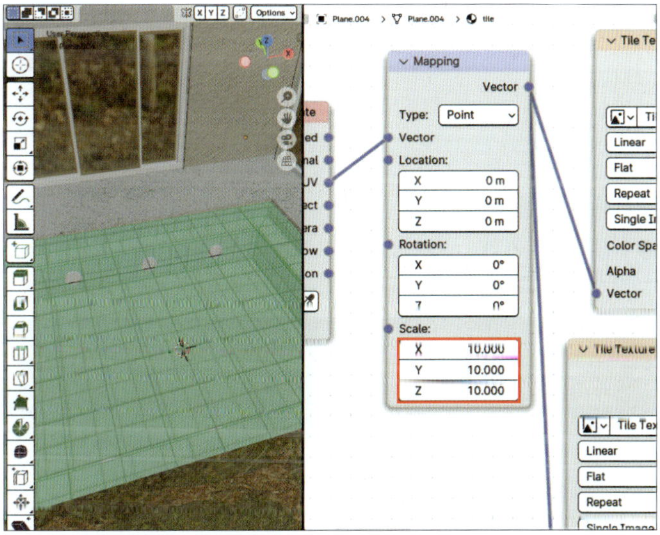

❷④ 타일 줄 간격을 맞추겠습니다. Edit Mode에서 디테일하게 한 면씩 선택하고 UV Editor 패널에서 전체 선택(A)한 다음 이동(G)을 활성화 한 상태로 키보드의 화살표로 정교하게 위치를 잡습니다.

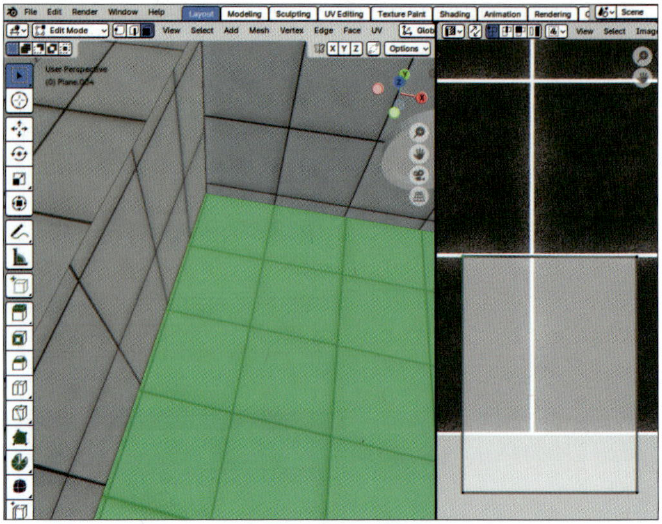

❷⑤ S, G를 이용하여 위치 조정이 마무리되면 Enter를 눌러 메테리얼 적용을 완성합니다.

배경과 조명 설정하기

❶ 배경을 변경하기 위해 에셋(Asset)이 필요합니다. HDR Texture를 무료로 다운로드하기 위해 Poly Haven(polyhaven.com/hdris) 사이트에 접속하고 원하는 HDRIs를 선택합니다. HDRIs의 오른쪽 상단에서 Assets → HDRIs를 클릭하여 다운로드합니다.

❷ 다운로드한 HDRIs를 불러오겠습니다. 블렌더로 돌아와서 Properties 패널의 [World( )] 탭에서 Color → Environment Texture를 실행합니다.

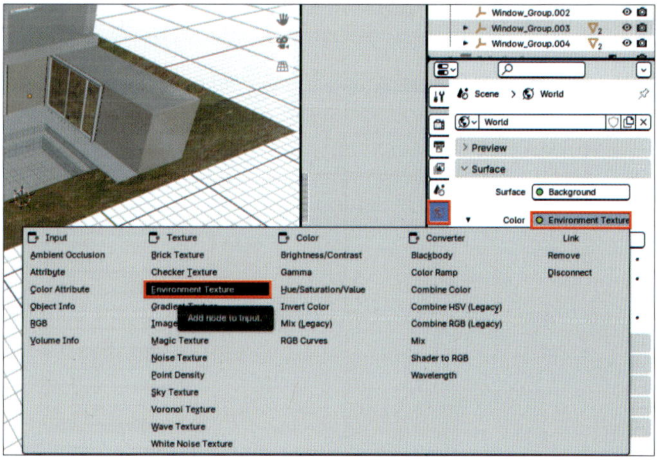

❸ 〈Open〉 버튼을 클릭하면 Blender File View 대화상자가 표시됩니다. 다운로드한 폴더에서 HDRIs 파일을 선택하고 〈Open Image〉 버튼을 클릭합니다.

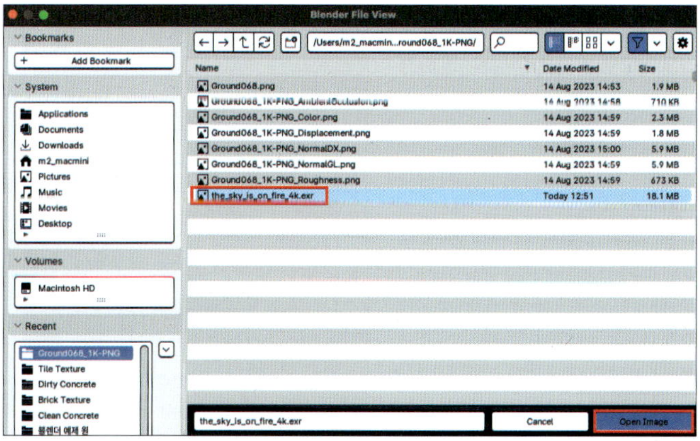

TIP 다운로드한 파일 중 EXR 확장자 파일을 선택하면 됩니다.

❹ Shader Editor 패널의 Header에서 Object를 'World'로 지정하여 변경합니다.

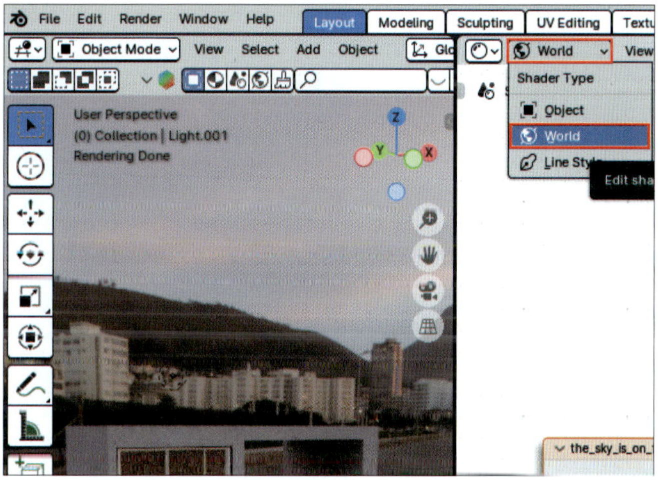

❺ Image Texture 노드(주황색)를 선택하고 Ctrl+T를 누르면 Texture Coordinate 노드와 Mapping 노드가 자동으로 연결되어 나타납니다.

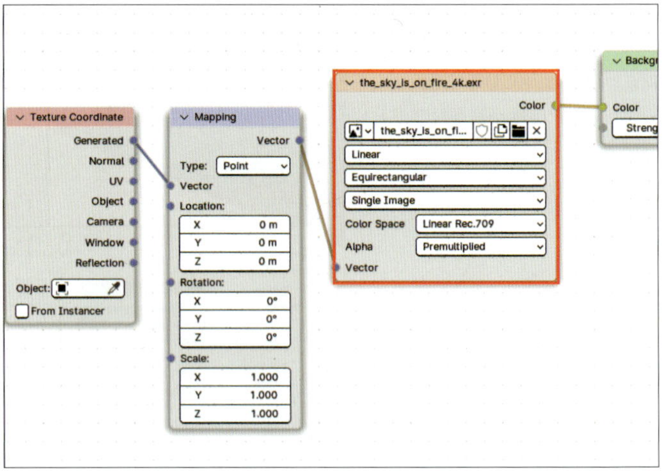

❻ Mapping 노드의 Rotation Z의 값을 변경하면 원하는 각도의 배경으로 만들 수 있습니다. 예제에서는 '-156'로 설정하였습니다.

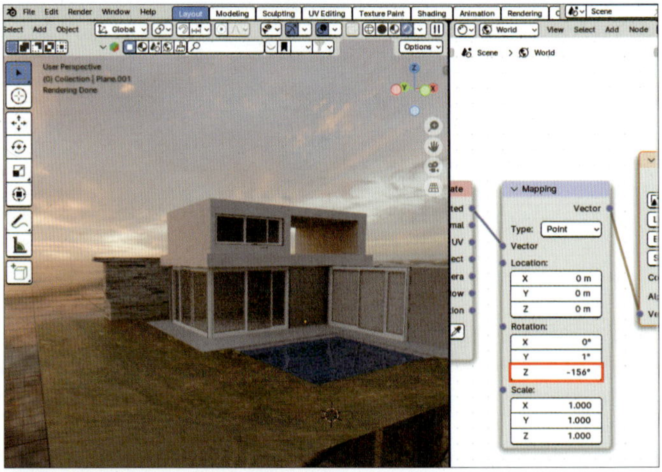

❼ 숫자 키패드 0을 눌러 Camera View로 시점을 변경합니다. G를 눌러 이동할 수 있고, 휠을 움직이면서 앞뒤로 움직일 수 있습니다.
이때 Sidebar의 View → Lock의 'Camera to View'가 체크 표시 해제되어야 앞뒤로 자유롭게 움직일 수 있습니다. 원하는 각도를 맞춥니다.

❽ Background 노드의 Strength를 '0.1'로 설정하면 어두운 밤하늘 배경이 됩니다.

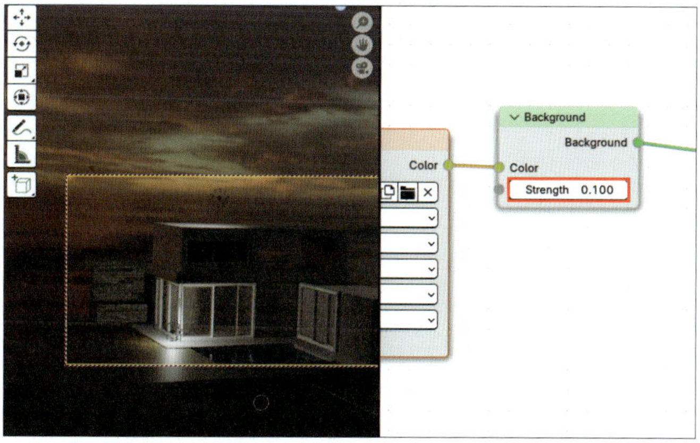

❾ Shader Editor 패널에서 Shift+A를 눌러 Color → Hue/Saturation/Value 노드를 생성하고 Fac을 '0.785'로 설정한 다음 Image Texture와 Background 노드 사이에 연결합니다.

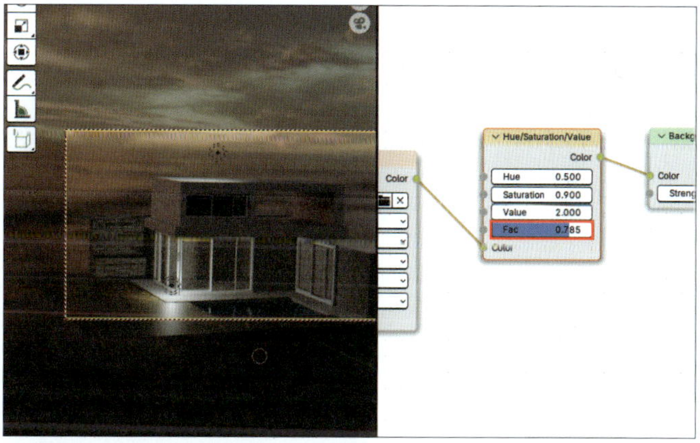

❿ 수영장 조명을 새로 생성하기 위해 현재 생성되어 있는 조명을 모두 삭제합니다. Light → Point를 생성(Shift+A)하고 Properties 패널의 [Object Data(💡)] 탭에서 그림과 같이 설정합니다.

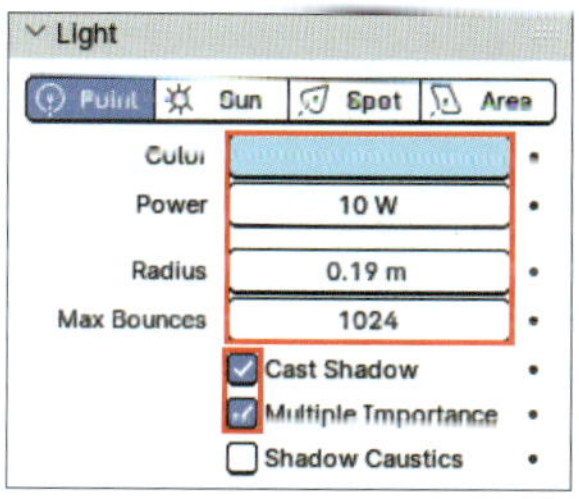

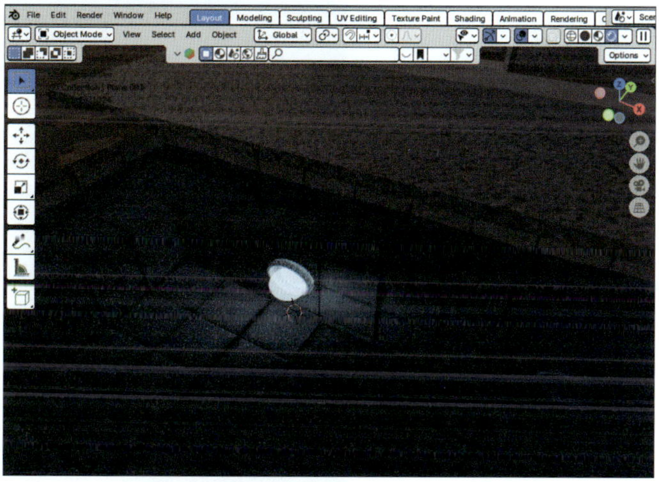

TIP Radius 값은 일정한 크기로 설정하는 것이 좋습니다. 범위가 클수록 조명이 더 넓게 커집니다.

⓫ 설정한 Point 조명을 6개로 복제(Shift+D)해 수영장에 모두 수평으로 배치합니다.

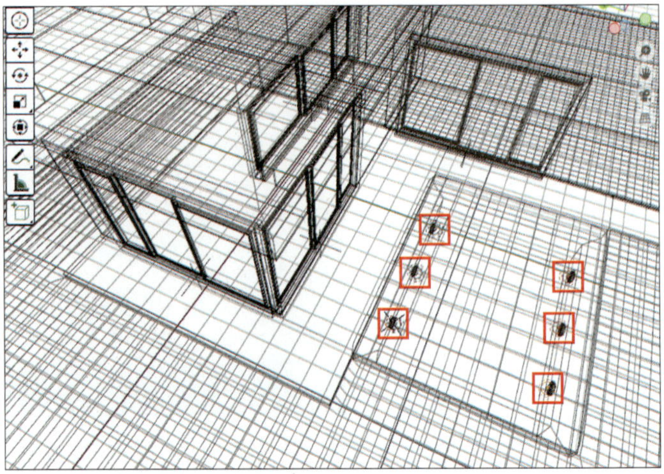

⓬ 렌더링 모드에서 확인해 보며 결괏값을 확인합니다.

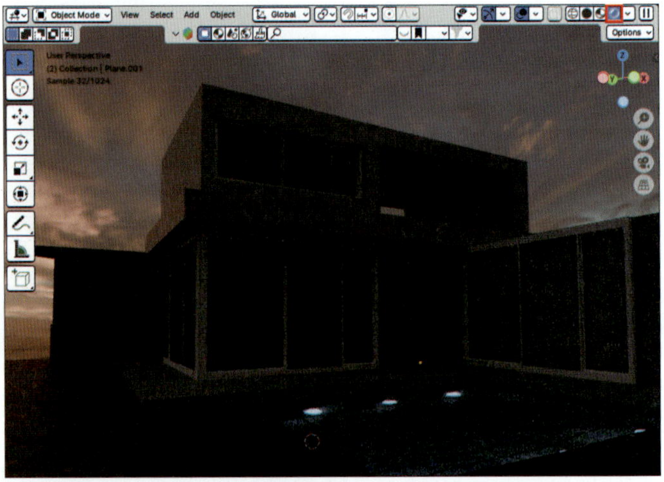

⓭ 건물과 담벼락 부분에도 조명을 만들겠습니다. 조명을 생성할 부분으로 3D Cursor를 이동(Shift+마우스 오른쪽 버튼 클릭)하고 Light → Spot 조명을 생성(Shift+A)합니다.

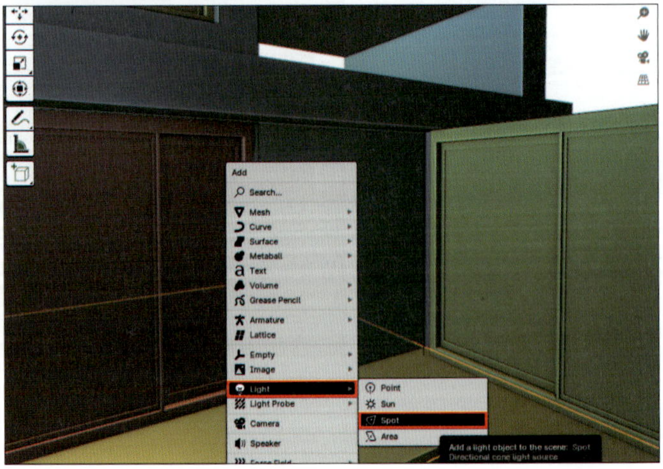

⓮ [Object Data(💡)] 탭에서 Color를 노란색으로 지정하고, Power를 '50', Radius를 '0.19'로 설정합니다.

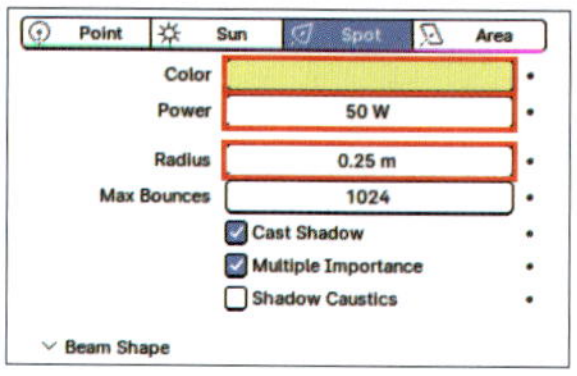

⓯ Spot 조명을 복제(Shift+D)하여 담벼락에도 조명을 배치합니다.

⓰ 이번에는 현관 입구 조명을 만들겠습니다. 현관 문 위로 3D Cursor를 이동(Shift+마우스 오른쪽 버튼 클릭)하고 Cube 오브젝트를 생성(Shift+A)합니다.

⓱ Cube 오브젝트를 선택한 상태로 Ctrl+A를 눌러 표시되는 창에서 Scale을 실행하여 균형있는 모형으로 만듭니다.

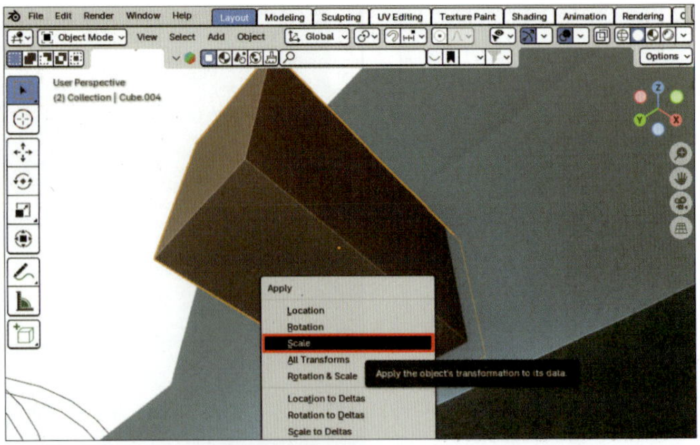

⓲ Properties 패널의 (Modifiers( )) 탭을 선택하고 Add Modifier → Bevel을 실행한 다음 Bevel 설정 창에서 Amount를 '0.01'로 설정하여 두께를 줍니다.

Edit Mode로 전환하고 오브젝트 아랫면을 선택한 다음 Inset Faces(I)와 Extrude Region(E)으로 조명이 들어갈 부분을 만듭니다.

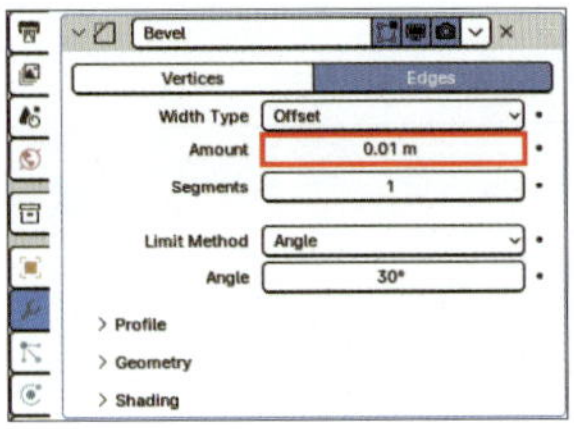

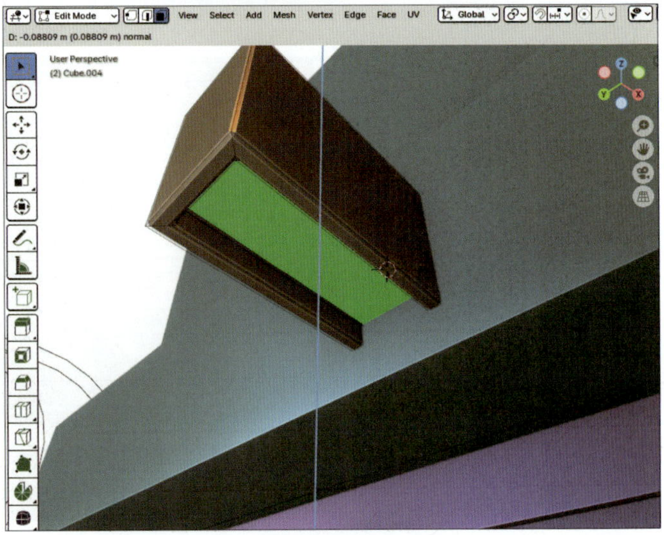

⓳ Object Mode로 전환합니다.

Properties 패널의 (Material( )) 탭에서 'CleanCon' 메테리얼을 적용합니다.

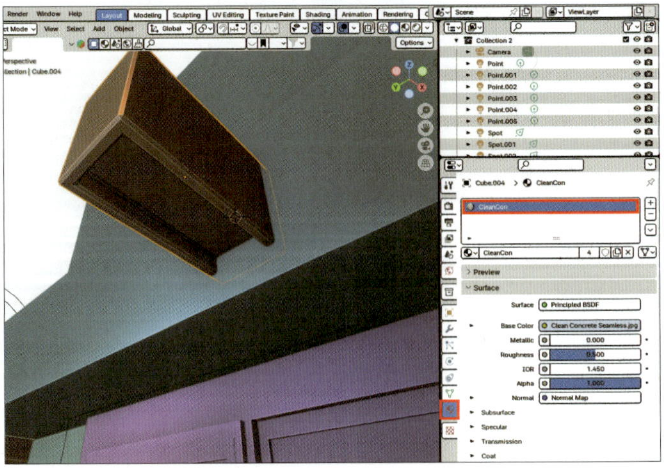

⑳ '+'를 클릭하여 메테리얼을 하나 더 추가하고 Surface를 'Emission'으로 지정합니다.

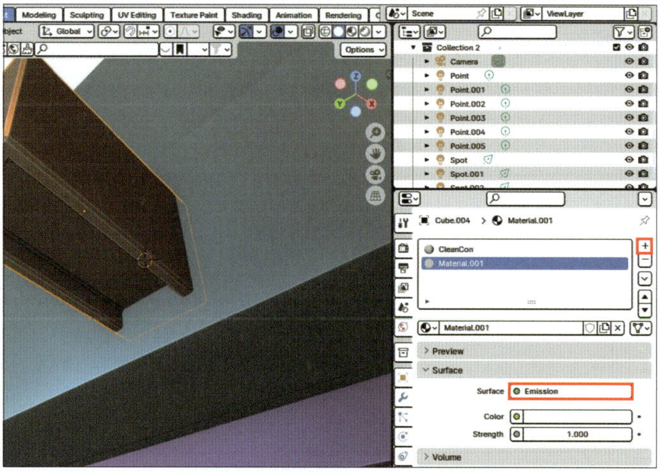

㉑ Cube 오브젝트를 선택한 상태로 Edit Mode로 전환합니다.
그림과 같이 들어간 아랫면을 선택하고 [Material(◉)] 탭에서 〈Assign〉 버튼을 클릭합니다. 예제에서는 메테리얼 이름을 'Light_A'로 입력하여 추가하였습니다.

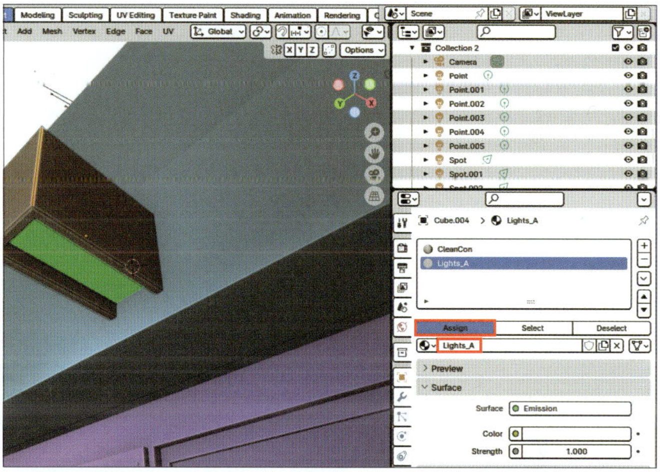

㉒ Object Mode로 전환합니다.
Surface의 Color를 노란색으로 지정하고 Strength를 '50'으로 설정합니다.
렌더링 모드에서 확인하면 조명 오브젝트 없이도 조명등이 생성된 것처럼 보입니다.

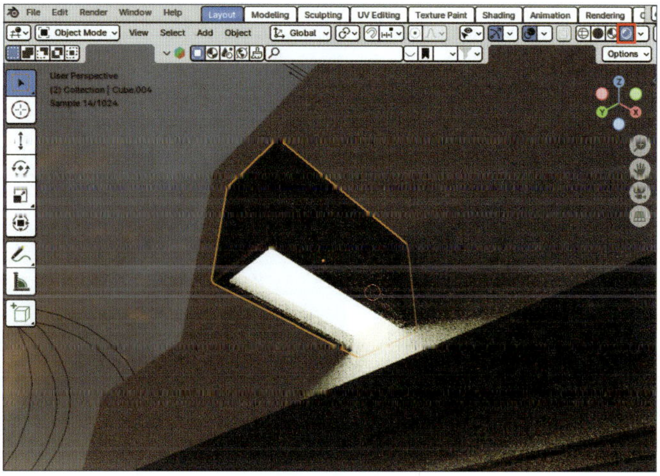

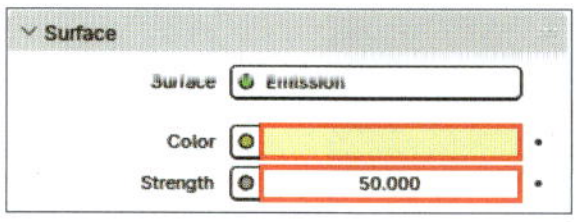

㉓ 이 오브젝트를 복제(Shift+D)하여 좌우로 배치해 총 3개의 조명을 만듭니다.

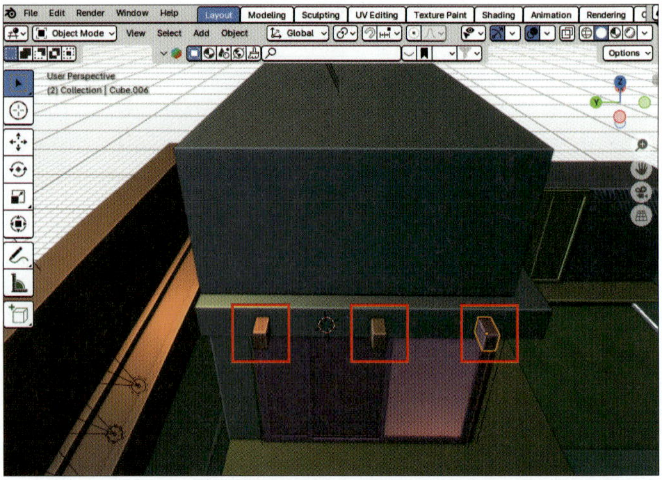

㉔ 윗부분에 추가로 조명을 넣기 위해 동일한 Spot 조명을 만듭니다. 3D Cursor로 생성할 위치를 설정하고, 생성한 조명의 각도를 조절합니다. Properties 패널에서 'Show Cone'을 체크 표시하여 콘의 각도를 살펴보며 작업합니다.

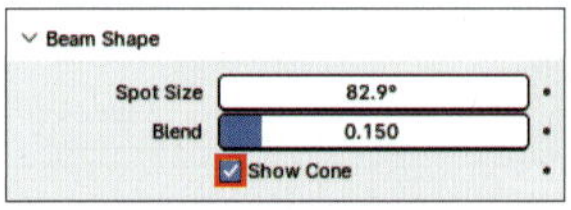

㉕ 3개의 조명에 복제(Shift+D)하여 배치하고 그외 조명을 더 추가하거나 다른 오브젝트 요소를 더하여 인테리어 모델링을 완성합니다.

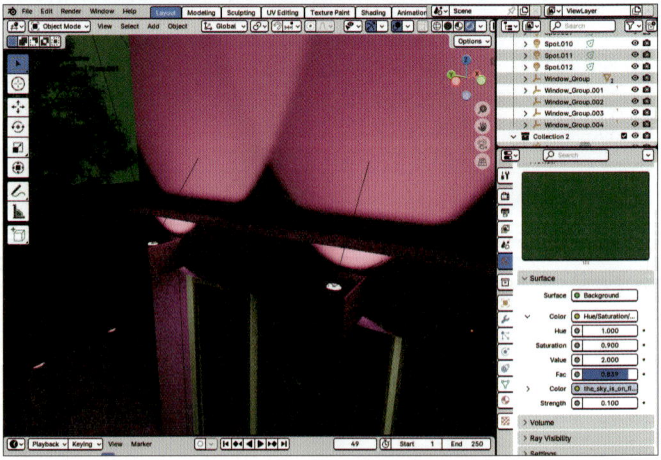

10.2 블렌더 실습 2 : 실내 인테리어 모델링하기

하나의 묶은 세트로 이루어진 실내 인테리어 모델링을 위한 종합 오브젝트 응용 예제입니다. 이번 실내 인테리어 모델링 실습을 통해 앞에서 배운 내용을 다시 한번 정리하면서 새로운 기법과 과정을 학습할 수 있습니다.

완성 파일 : 10\실내인테리어_완성.blend

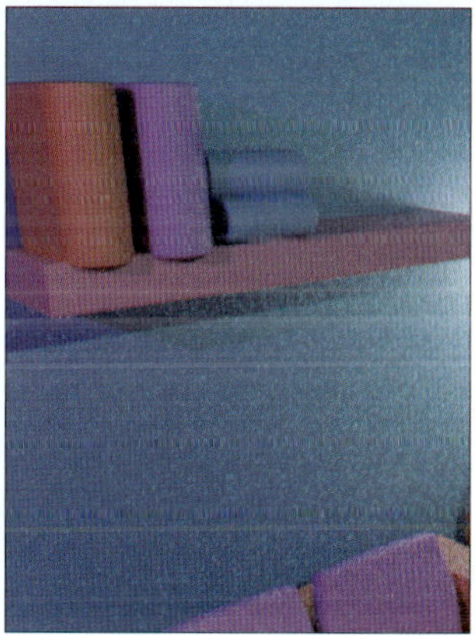

집 형태 틀 모델링하기

❶ 아무 것도 없는 화면에서 Shift+A를 눌러 Mesh → Cube를 실행하여 Cube 오브젝트를 생성합니다.

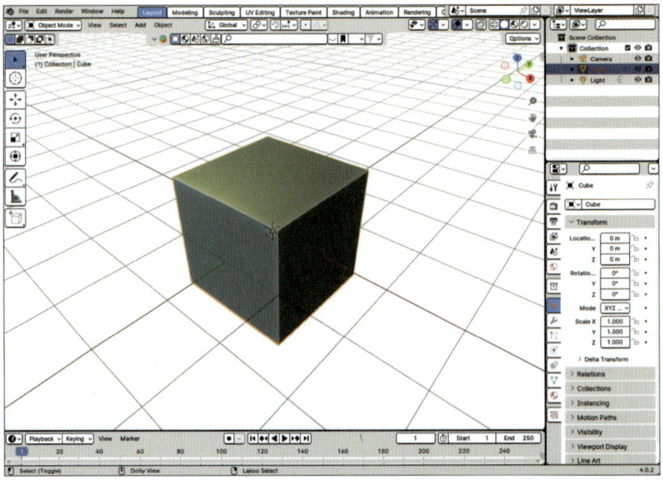

> **TIP** 블렌더를 처음 실행했을 때의 기본적으로 생성되는 Cube 오브젝트를 사용해도 됩니다.

❷ Cube 오브젝트를 선택한 상태로 Edit Mode로 전환합니다. Vertex 선택 모드(1)에서 윗부분 모서리 점 하나를 선택한 다음 Delete를 눌러 표시되는 Delete 창에서 Vertex를 실행해 점을 삭제합니다.

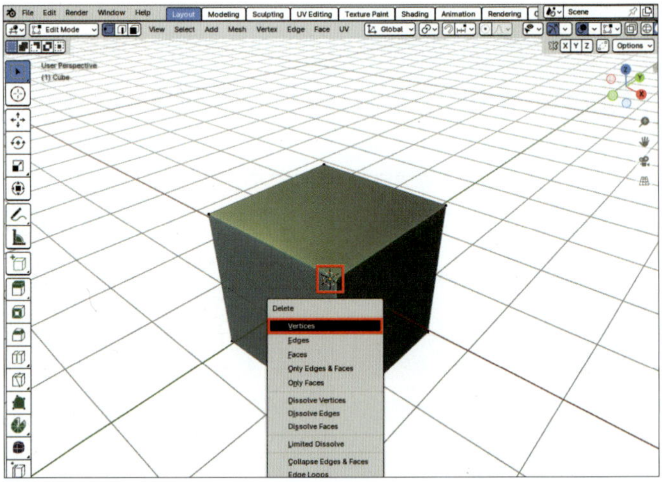

❸ Properties 패널의 (Modifiers()) 탭을 선택하고 'Add Modifier'를 클릭한 다음 Modifiers → Solidify를 실행합니다.

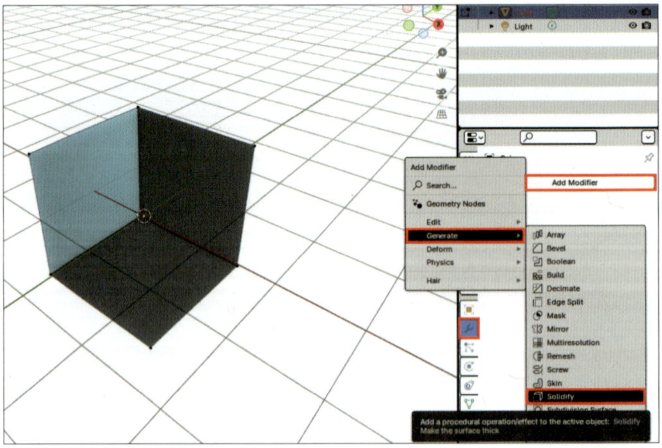

❹ Solidify 설정 창에서 Thickness를 '0.26~0.03' 사이로 값을 설정하고 'Even Thickness'를 체크 표시하여 일정한 두께를 만들 수 있게 합니다.

TIP Even Thickness가 체크 표시 해제되어 있으면 시작과 끝의 두께 정도가 일정하지 않습니다.

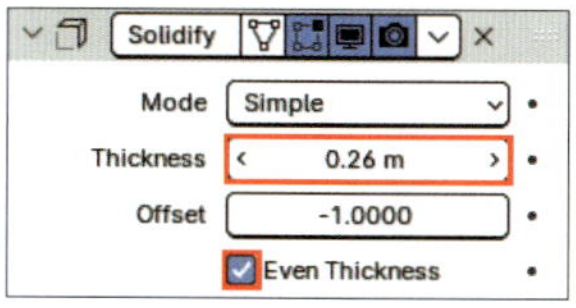

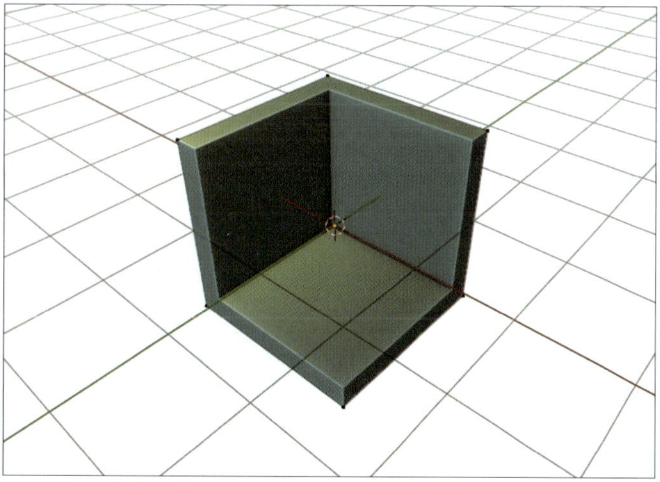

❺ Object Mode로 전환하고 숫자 키패드 1을 눌러 Front View로 시점을 변경합니다. 오브젝트가 선택된 상태로 G-Z를 누르고 '1'을 입력하여 오브젝트를 수평선 위로 올립니다.

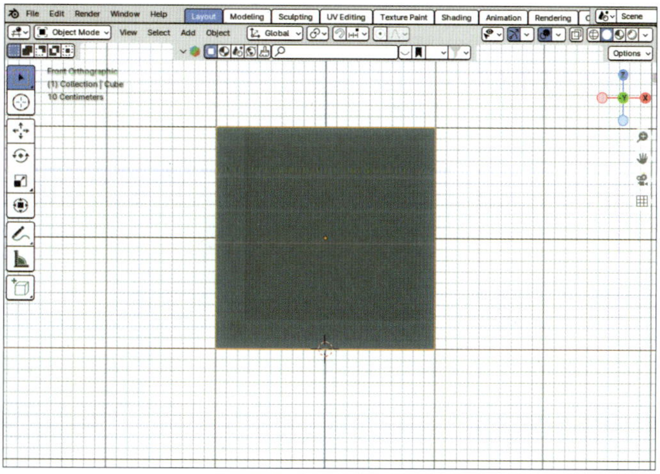

❻ 숫자 키패드 0을 눌러 Camera View로 시점을 변경합니다. N을 눌러 Sidebar를 표시하고 [View] 탭의 View Lock에서 'Camera to View'를 체크 표시합니다. 이제 카메라가 고정되어 오브젝트를 움직여 카메라 앵글을 맞출 수 있습니다.

TIP 이 과정은 렌더링할 화면을 미리 선정하는 작업입니다. 미리 작업해 두면 추후 렌더링 과정이 좀 더 편리해집니다.

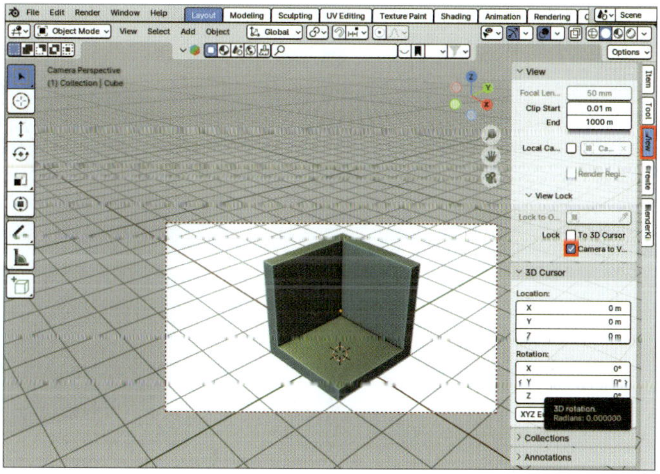

❼ Object Mode에서 Properties 패널 → Solidify 설정 창에서 '∨' 아이콘을 클릭하고 'Apply'를 선택하여 완전한 모델링으로 만듭니다.

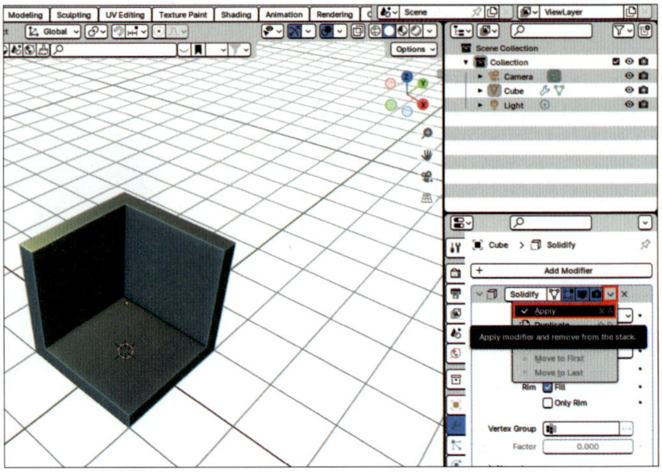

❽ 오브젝트를 선택한 상태로 Edit Mode로 전환하고 Loop Cut(Ctrl+R)으로 수평선을 3개 만듭니다. 위쪽 수평선을 만들 때는 좀 더 간격이 좁게 올려서 만듭니다.

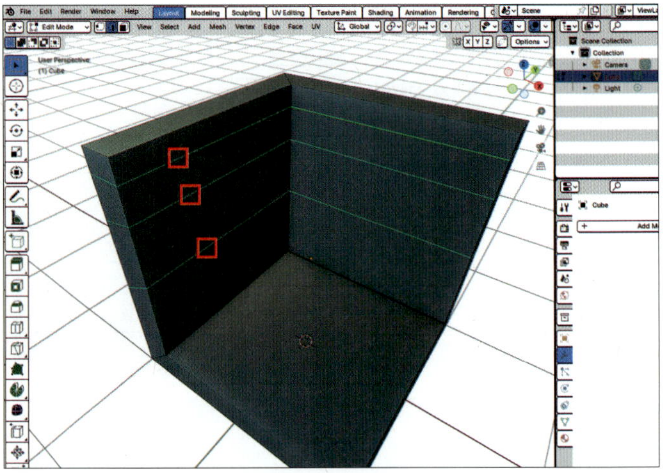

❾ 3을 눌러 선택 모드를 Face로 변경하고 그림과 같이 면을 루프 선택(Alt+클릭)합니다.

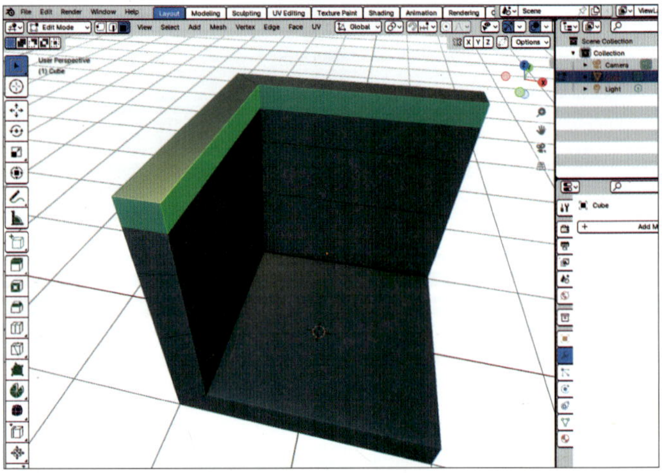

⑩ 돌출하기 위해 Alt+E를 눌러 표시되는 Extrude 창에서 Extrude Faces Along Normals를 실행합니다.

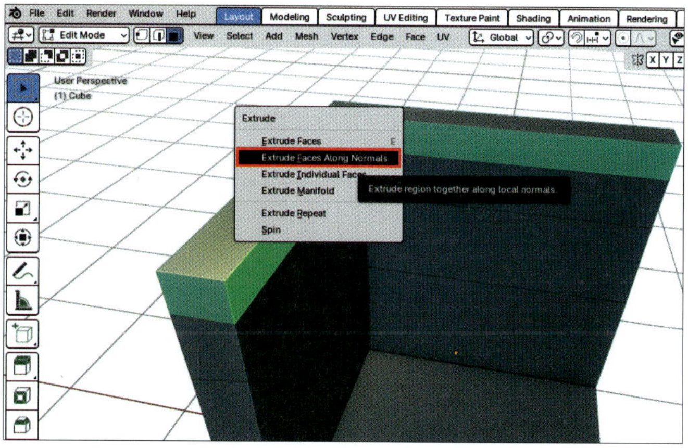

⑪ 이제 좌우 크기를 유지하면서 면을 증가(추출)할 수 있습니다.
Operation 패널에서 'Offset Even'을 체크 표시하여 크기를 균등하게 만듭니다.

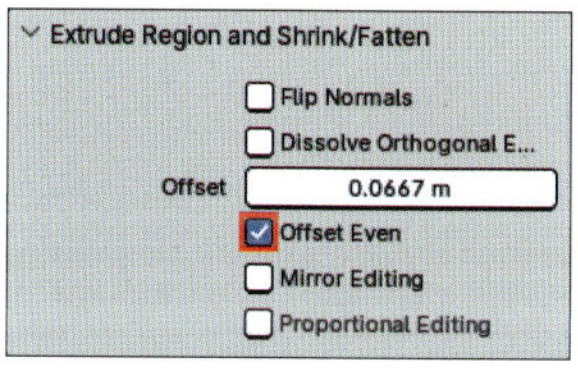

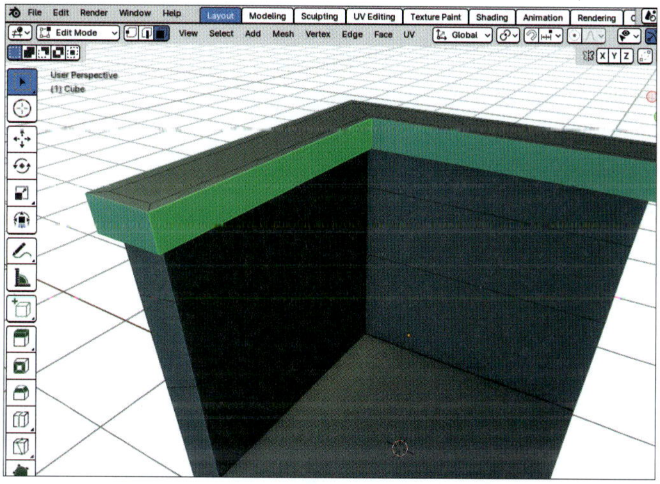

⑫ Loop Cut(Ctrl+R)을 이용하여 세로선 2개를 만듭니다. 그림과 같이 수직의 선이 아닌 대각선 형태로 틀어진 선이 만들어집니다.

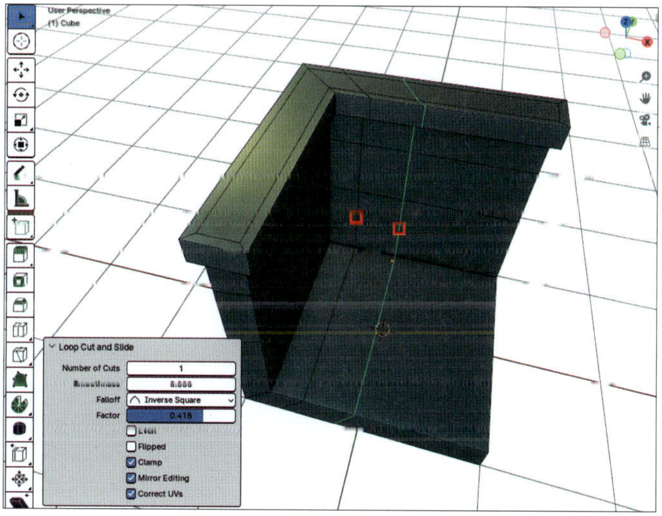

⓭ 이를 해결하기 위해 틀어진 선을 선택하고 S–X를 누른 다음 '0'을 눌러 X축 크기를 초기화합니다. 그림과 같이 틀어진 선이 수평하게 변경된 것을 확인할 수 있습니다.

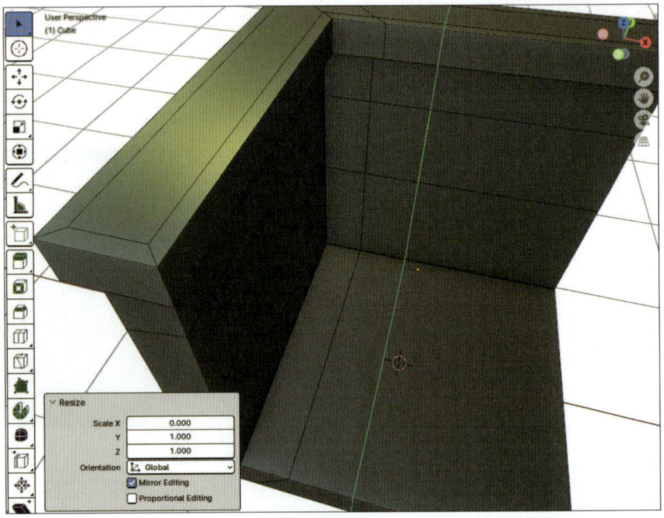

⓮ 2개의 선을 수직으로 만들고 Wireframe 화면에서 앞과 뒷면을 확인한 다음 그림과 같이 Face 선택 모드(3)에서 면을 2개 선택합니다.

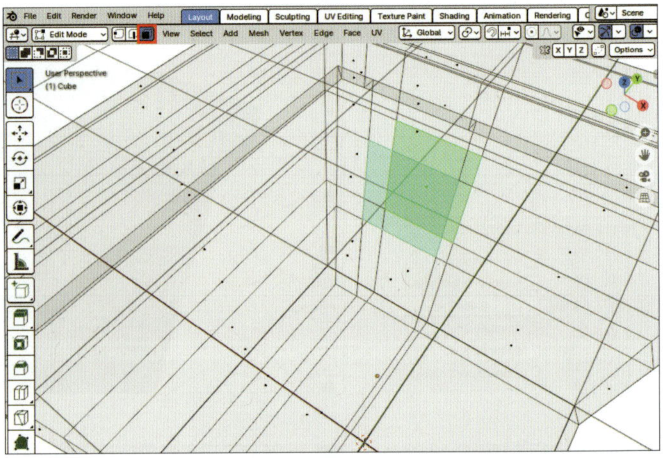

⓯ 선택한 면에서 마우스 오른쪽 버튼을 클릭하고 Bridge Faces를 실행합니다. 면이 양쪽으로 붙어 구멍이 뚫린 형태의 모델링이 됩니다.

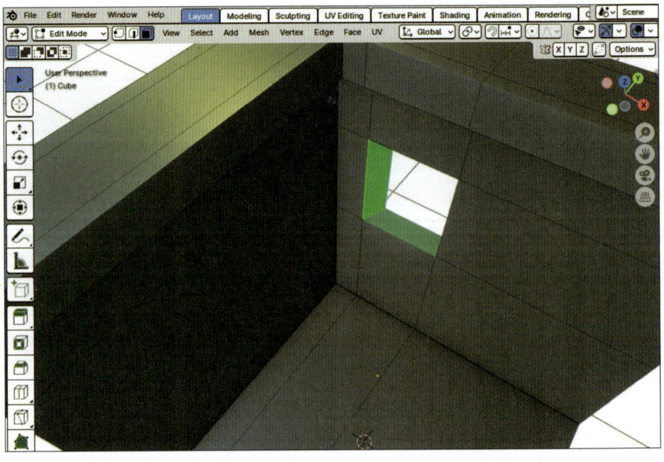

⑯ Object Mode로 전환하고 오브젝트를 선택한 상태로 Ctrl+3을 눌러 Subdivision Surface를 적용합니다. 하지만 원하지 않는 형태로 모양이 변경되었습니다. Subdivision 추가는 필수는 아니므로 넣지 않아도 좋습니다.

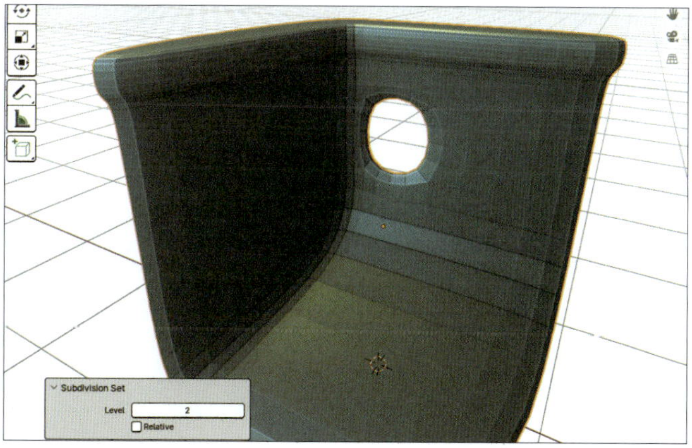

⑰ 원하는 형태로 변경하기 위해 Properties 패널의 (Modifiers(🔧)) 탭 → Add Modifier → Generate → Bevel을 실행합니다. Bevel 설정 창이 표시되면 가장 위로 위치를 이동합니다.

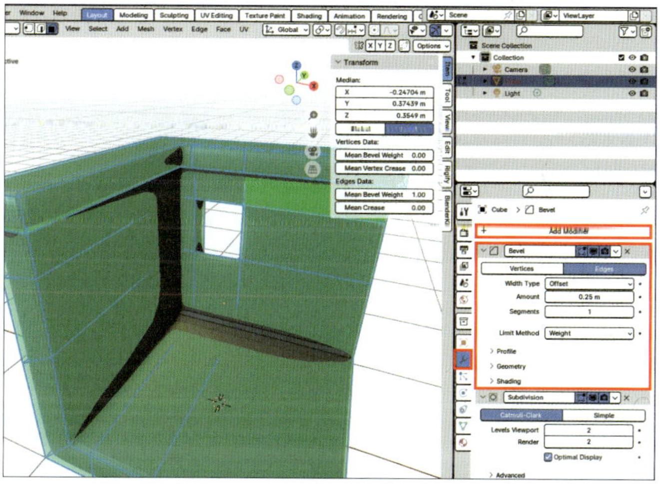

⑱ Bevel 설정 창에서 Amount를 '0.01'로 설정하고 Limit Method를 'Weight'로 지정합니다.

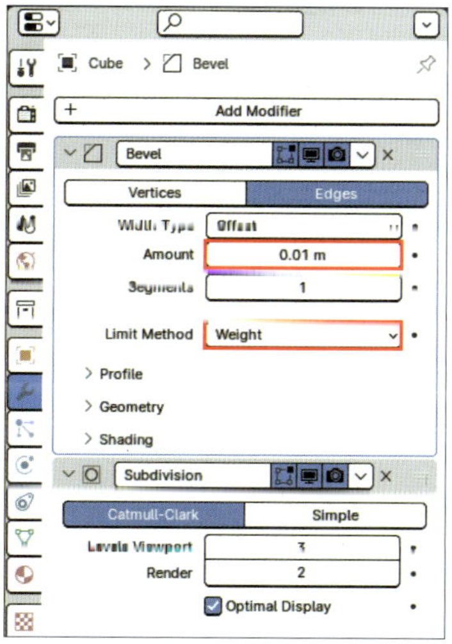

⑲ Edit Mode로 전환하고 오브젝트를 전체 선택(A)합니다. N을 눌러 Transform → Scale을 '1'로 설정합니다. 취향에 따라 값을 변경해도 무방합니다.

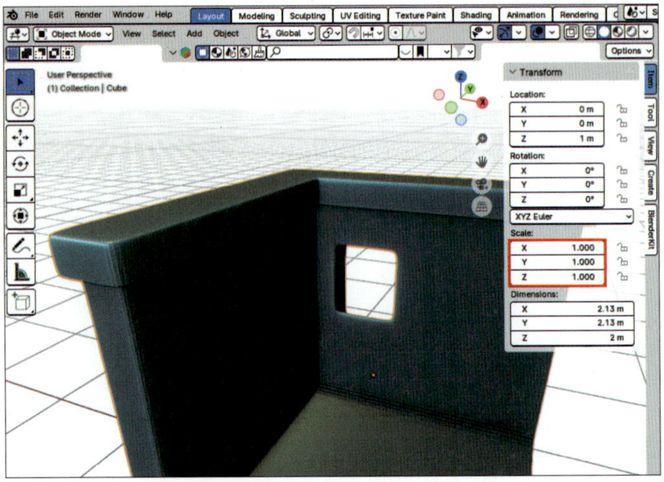

⑳ 메테리얼을 별도로 적용하기 위해 Edit Mode로 전환하고 숫자 키패드 1을 눌러 Front View로 시점을 변경합니다. Toggle X-Ray(Alt+Z) 모드에서 윗부분만 선택하고 P를 눌러 표시되는 Separate 창에서 Selection을 실행하여 분리합니다.

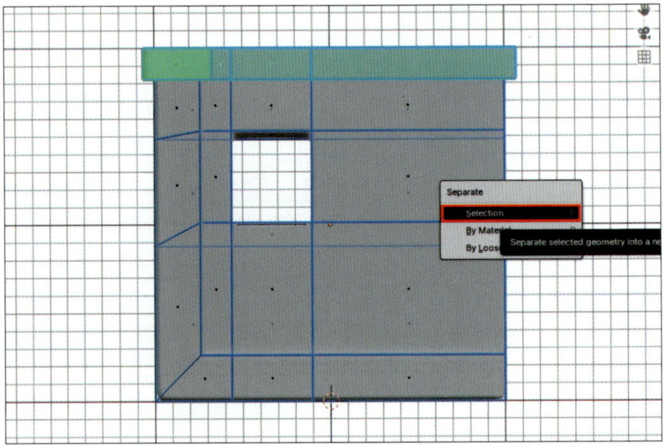

㉑ Z를 눌러 표시되는 파이 메뉴에서 Material Preview를 실행하여 모드를 변경합니다.

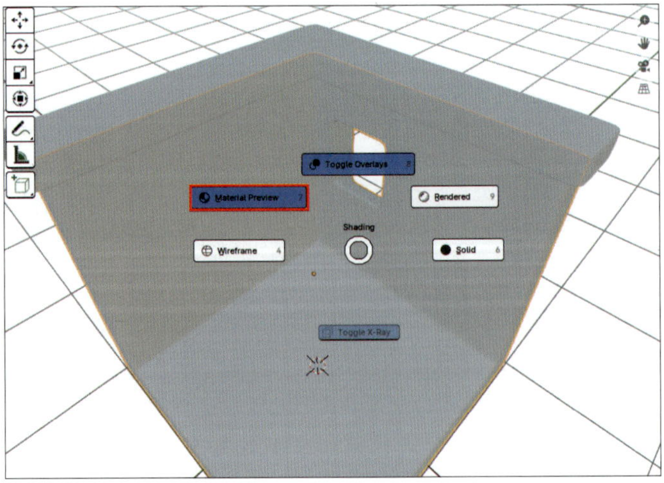

㉒ Properties 패널의 [Material(🔴)] 탭에서 각 면에 원하는 색상을 지정하여 방 형태를 완성합니다.

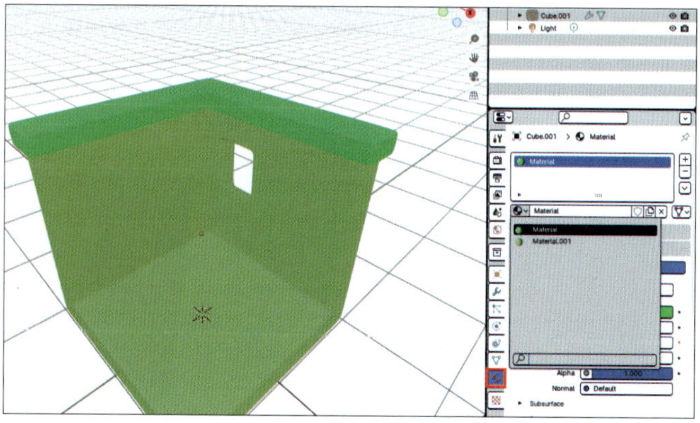

마룻바닥 모델링하기

❶ 기존 모델링에서 분리해서 마룻바닥을 만들겠습니다. Edit Mode로 전환하고 [Modifiers(🔧)] 탭의 Subdivision, Bevel 설정 창의 'Realtime' 아이콘(🖵)을 클릭합니다.

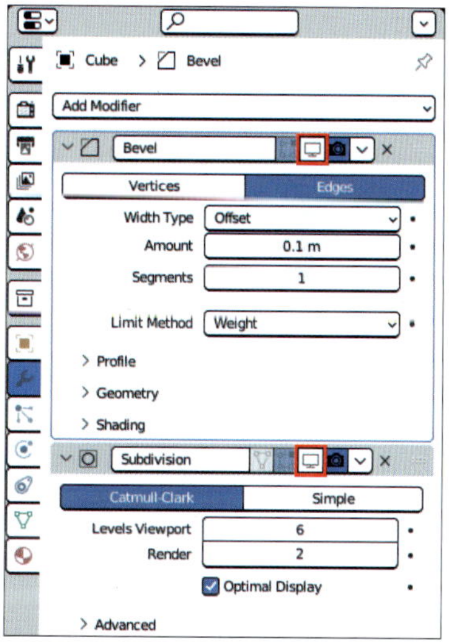

TIP Realtime은 기본적으로 활성화되어 있는 상태로 나타나며, 클릭하여 비활성화하면 설정을 적용하기 전 모델링의 모습을 확인할 수 있습니다.

❷ Face 선택 모드(3)에서 모디파이어를 적용하기 전 상태의 바닥면을 선택하고 복제(Shift+D)하여 위로 이동합니다. P를 눌러 표시되는 Separate 창에서 Selection을 실행해 오브젝트를 분리합니다.

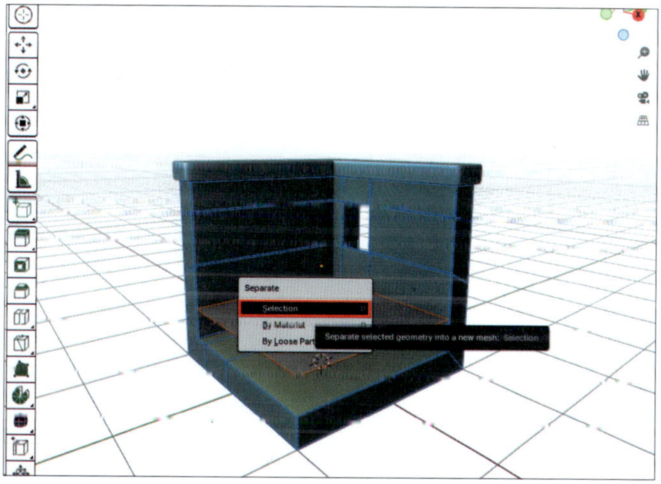

❸ Object Mode로 전환합니다. 분리한 오브젝트를 선택하고 Ctrl+A를 눌러 Scale을 균일하게 만듭니다. N을 눌러 Sidebar에서 Transform → Dimensions의 Y를 '0.3'으로 설정합니다.

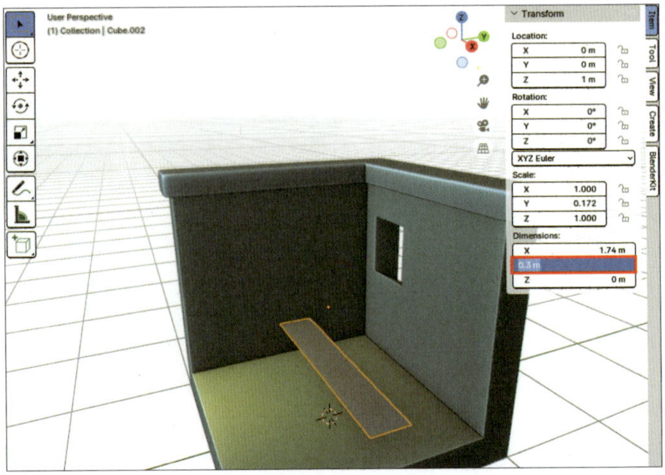

❹ 숫자 키패드 3을 눌러 Right View로 시점을 이동하고 G-Y를 눌러 수평 이동해 그림과 같이 벽 끝 부분에 맞춥니다.

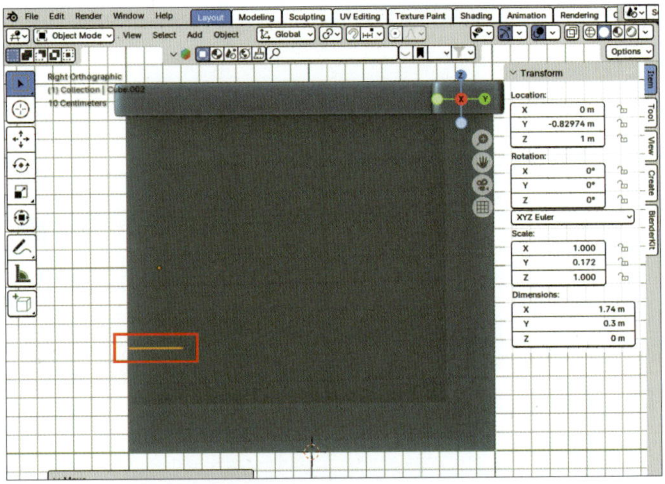

❺ Origin 위치를 초기화하기 위해 오브젝트에서 마우스 오른쪽 버튼을 클릭하고 Set Origin → Origin to Geometry를 실행하여 이동합니다.

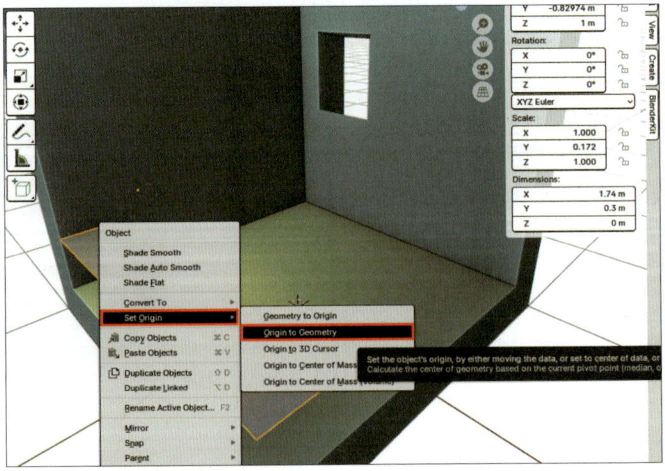

❻ 그림과 같이 Loop Cut(Ctrl+R)으로 선을 만들고 끝부분으로 드래그하여 선을 만듭니다.

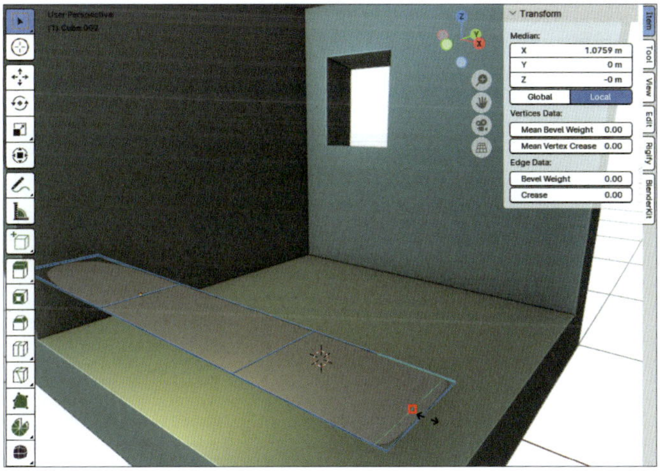

❼ 양쪽 끝에 선을 만들고 윗면을 선택한 다음 Extrude Region(E)을 이용하여 면을 도출합니다.
면에 굴곡있는 선이 생기는데 N을 눌러 Sidebar에서 Transform → Edges Data → Mean Crease를 '1'로 설정하면 면의 굴곡선을 없앨 수 있습니다.

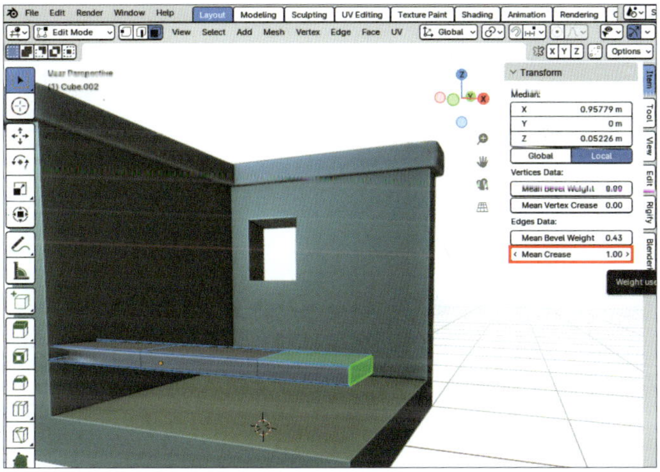

❽ 윗면에 곡선이 생겼다면, 윗면을 선택하고 Sidebar의 Transform → Edges Data → Mean Bevel Weight를 '0'으로 설정합니다.

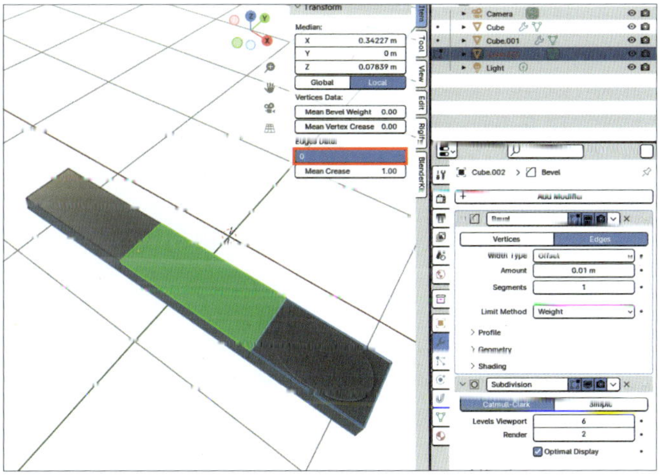

❾ Object Mode로 전환하고 바닥면 오브젝트를 선택한 다음 G–Z를 눌러 그림과 같이 끝쪽으로 이동합니다.

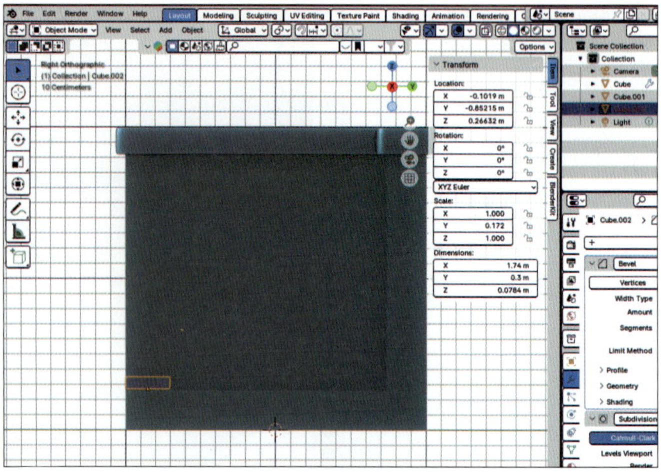

❿ Properties 패널의 [Modifiers(🔧)] 탭 → Add Modifier → Generate → Array를 실행합니다. Array 설정 창이 표시되면 Count를 '5', Relative Offset의 Factor Y를 '1', Constant Offset의 Distance Y를 '0.05'로 설정하여 오브젝트를 배열합니다.

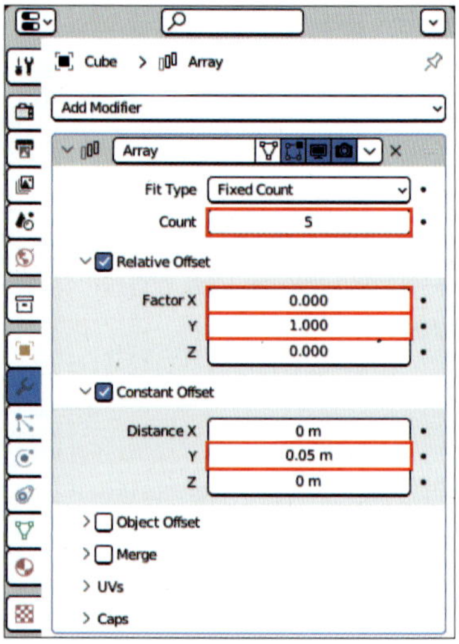

⓫ Sidebar의 Transform → Scale Y의 값을 조정하면서 수평 이동(G–Y)으로 좌우를 맞추어 배치해 마룻바닥을 완성합니다.

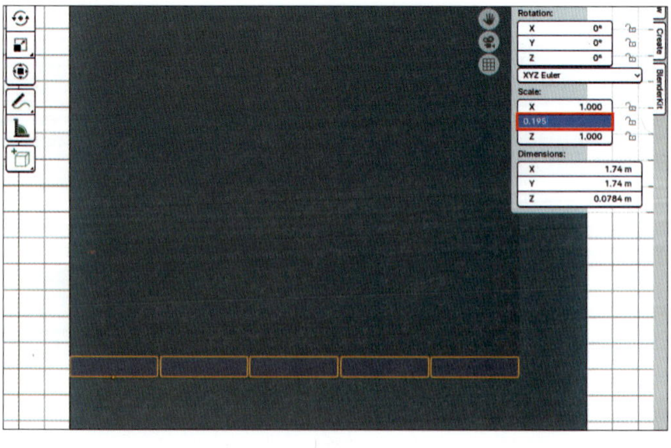

침대 모델링하기

❶ 침대 매트리스를 만들기 위해 새로 Cube 오브젝트를 생성(Shift+A)합니다.

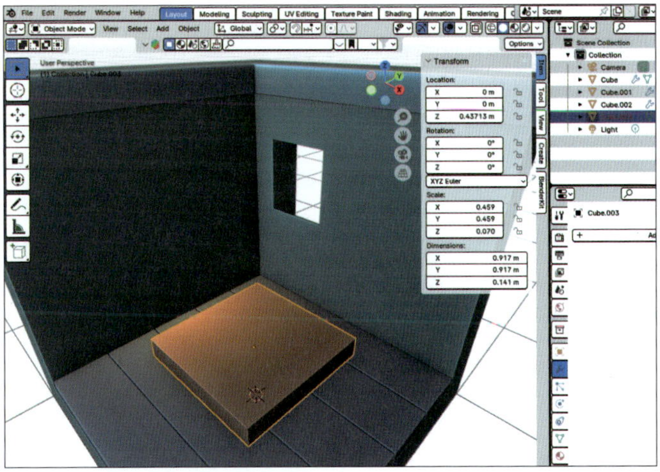

❷ Header 패널의 'Gizmo' 아이콘(∨)을 클릭하고 표시되는 팝업 창에서 'Move'를 체크 표시합니다.

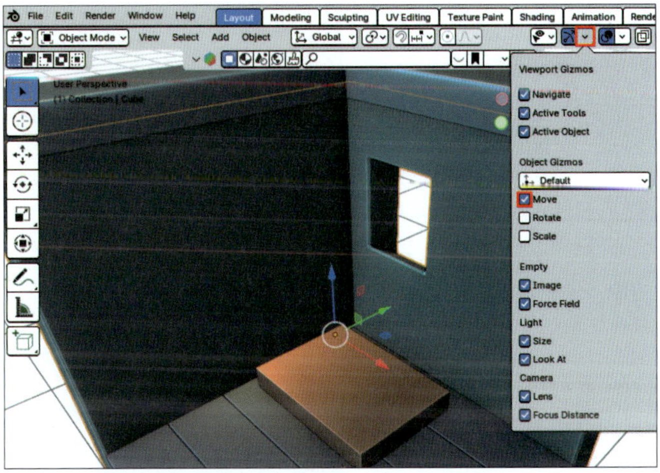

❸ 모디파이어를 복사하겠습니다. 먼저 복사를 적용할 대상인 침대 오브젝트(순서 ❶번)를 선택하고 Shift를 누른 상태로 기능을 복사할 대상인 벽면(순서 ❷번) 오브젝트를 선택하여 다중 선택합니다.

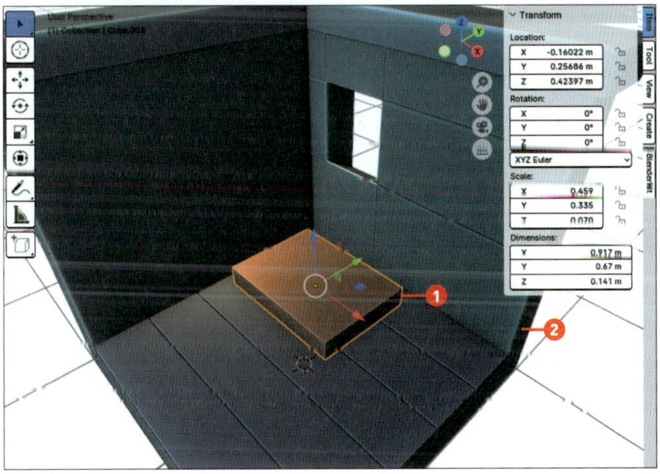

TIP 순서가 다르면 원하는 형태로 작업이 되지 않습니다. 반드시 선택 순서를 확인하여 작업을 진행하세요.

❹ 다중 선택되어 있는 상태에서 Ctrl+L을 눌러 표시되는 Link/Transfer Data 창에서 Copy Modifiers를 실행합니다. 벽면에 적용한 Modifiers가 복사되어 침대 오브젝트에 적용됩니다.

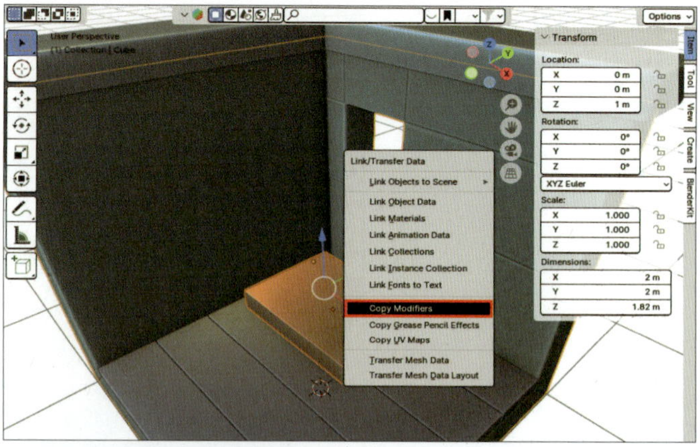

❺ 침대 오브젝트를 선택하고 Edit Mode로 전환합니다. 모서리 부분의 세로면 4개를 모두 다중 선택(Shift+클릭)하고 Ctrl+B를 눌러 Bevel을 적용합니다.

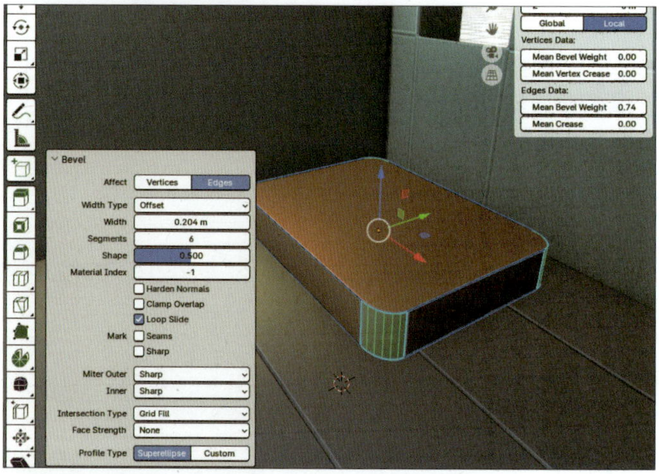

TIP Z를 눌러 표시되는 파이 메뉴에서 Wireframe을 실행하여 모드를 변경해 확인하면 선택할 때 편리합니다.

❻ 마우스 휠을 돌려 적절하게 모서리를 둥글게 적용했지만, 찌그러져 보이는 현상이 발생합니다.

이를 해결하기 위해 Object Mode로 전환하고 오브젝트가 선택되어 있는 상태로 Ctrl+A를 눌러 표시되는 Apply 창에서 Scale을 실행합니다.

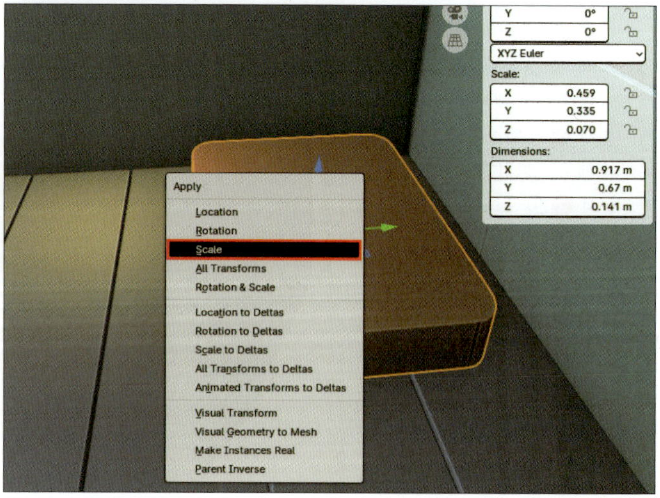

❼ Ctrl+2를 눌러 Subdivision Surface를 적용해 부드러운 면으로 적용하면, 윗면에 당기는 부분이 생깁니다. Edit Mode로 전환하고 윗면을 선택한 다음 Inset Faces(I)를 이용하여 면을 더 추가해 당기는 부분을 해결합니다.

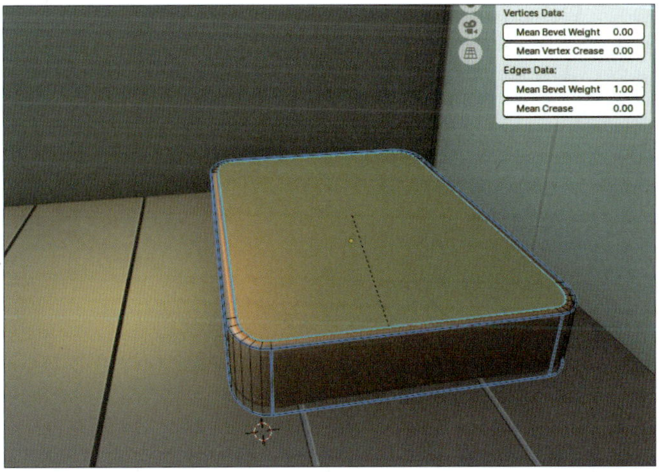

❽ 침대 기둥을 만들기 위해 3D Cursor를 모서리 부분으로 이동(Shift+마우스 오른쪽 버튼 클릭)하고 Cube 오브젝트를 생성(Shift+A)합니다. S-Z를 눌러 오브젝트를 길게 늘려 형태를 변형합니다.

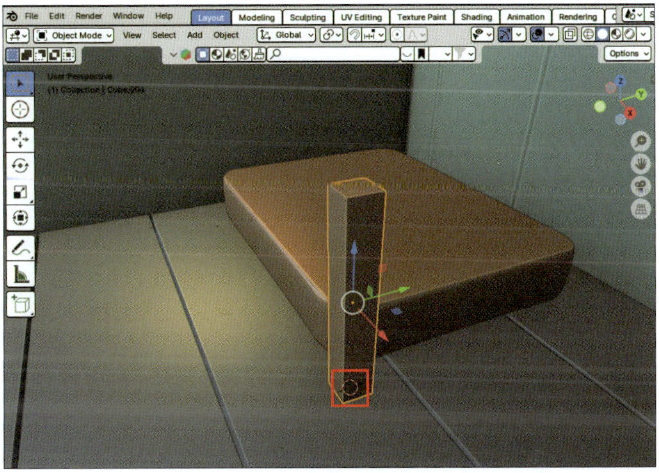

❾ 다리 오브젝트를 선택하고 Edit Mode로 전환합니다. Loop Cut(Ctrl+R)으로 가로선 3개를 만들어 나눕니다.

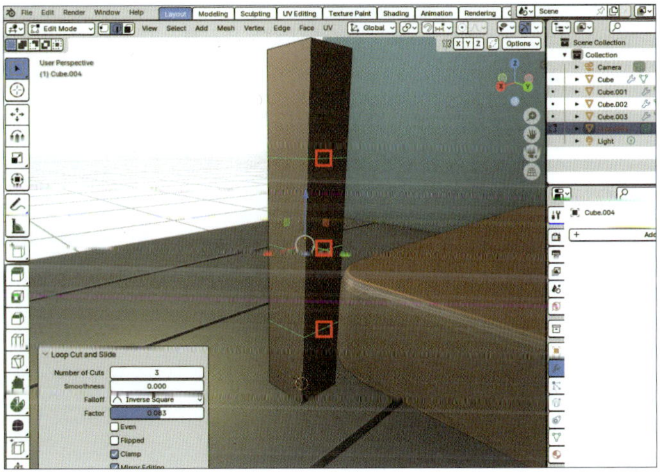

⑩ 다리 오브젝트 위치를 이동(G)하여 조정하고 침대 난간을 만들기 위해 선택 모드를 Face(3)로 변경합니다. 아래서 두 번째 면을 선택하고 Extrude Region(E)을 이용해 매트리스 중간 부분까지 면을 추출합니다.

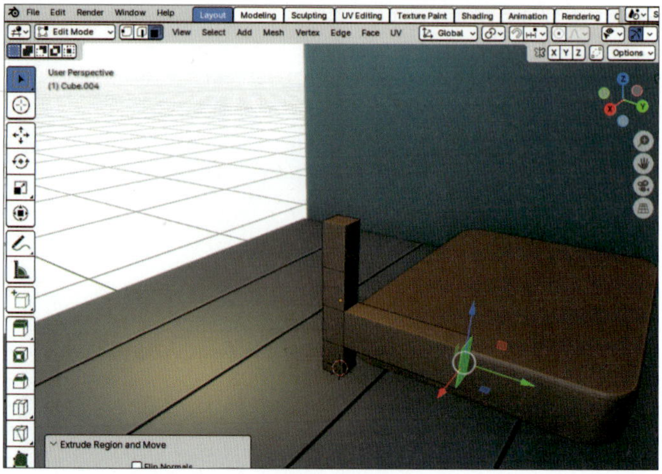

⑪ Object Mode로 전환합니다. [Modifiers(🔧)] 탭 → Add Modifier → Modifiers → Mirror를 실행합니다. Mirror 설정 창이 표시되면 Axis의 'X', 'Y'를 선택하고 Mirror Object를 '침대 난간(Cube.003)'으로 지정한 다음 'Clipping'을 체크 표시하여 반전 복사합니다.

TIP Clipping은 자석처럼 붙어 더 이상 벗어나지 않게 하는 기능으로 반드시 체크 표시해야 합니다.

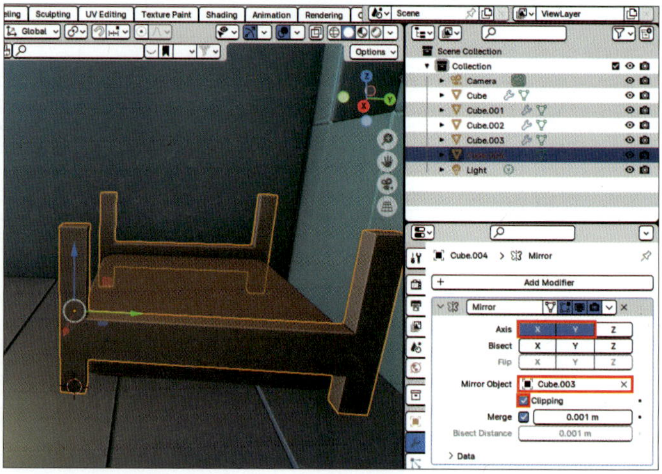

⑫ 원본 침대 난간 오브젝트를 선택하고 Edit Mode로 전환합니다. Extrude Region(E), Scale(S), Inset Faces(I) 기능들을 이용하여 다리 상단 부분을 엔티크 스타일로 변형합니다.

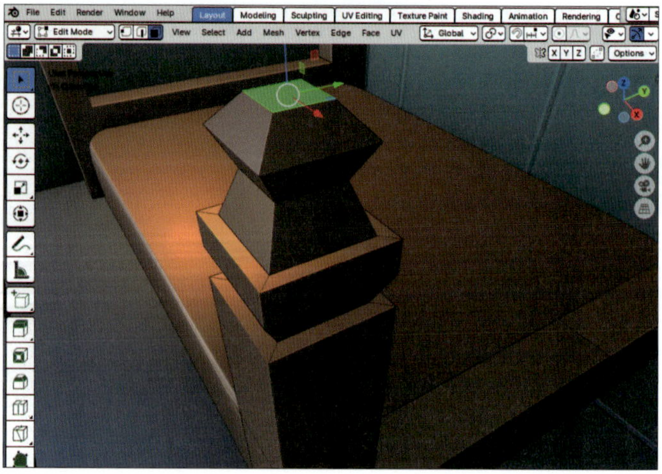

⑬ 윗부분에 둥근 구 장식을 추가하겠습니다. 제일 윗면을 선택하고 Shift+S를 눌러 표시되는 파이 메뉴에서 Cursor to Active를 실행하여 3D Cursor를 이동합니다.

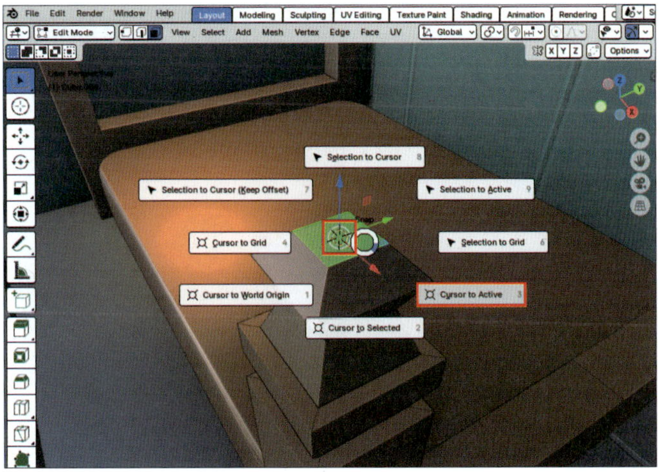

⑭ Mesh → UV Sphere 오브젝트를 생성(Shift+A)하고 Scale(S)을 이용하여 크기를 작게 줄입니다.

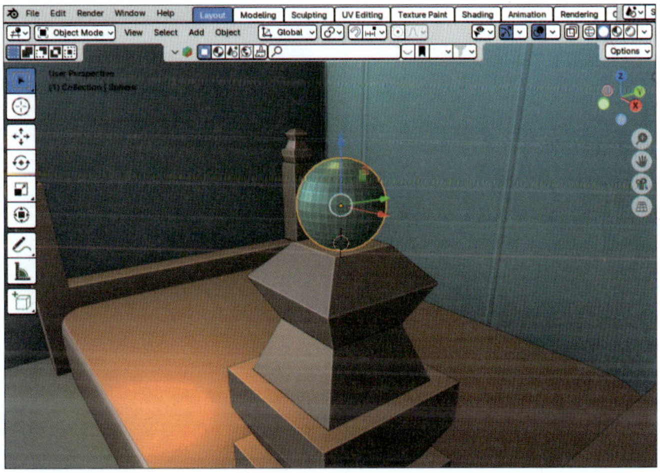

⑮ Object Mode로 전환하고 ⑪번과 같은 방법으로 Sphere 오브젝트에도 Mirror 기능을 적용한 다음 Apply를 확정 합니다.

TIP 반전 복사했을 때 오브젝트가 접하는 부분이 없다면 Clipping을 체크 표시하지 않아도 됩니다

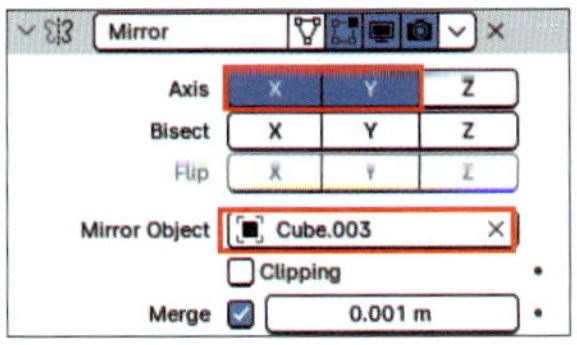

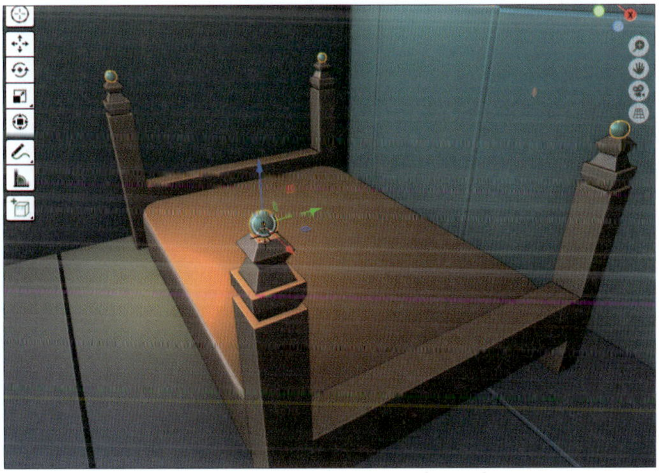

⑯ Object Mode에서 침대 난간 오브젝트를 선택하고 Ctrl+A를 눌러 표시되는 Apply 창에서 Scale을 실행하여 모든 크기 값을 동일하게 변경합니다.

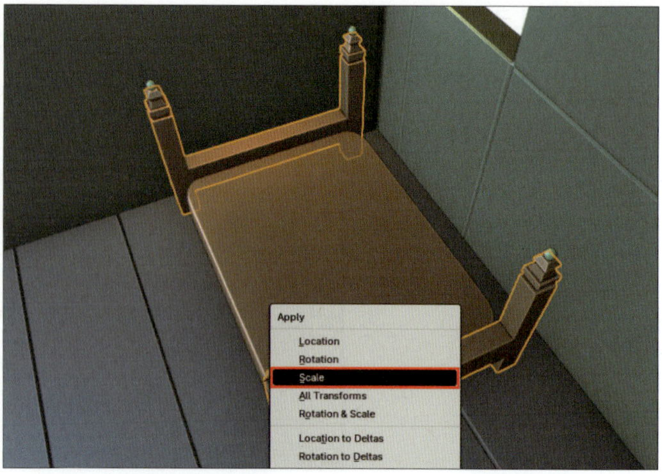

⑰ Edit Mode로 전환하고 침대의 헤드 부분이 될 면을 선택한 다음 Extrude Region(E)으로 면을 추출해 올립니다.
선택 모드를 Edge(2)로 변경하고 양쪽 선을 선택한 다음 Bevel(Ctrl+B)을 활성화한 상태로 휠을 돌려 부드럽게 만듭니다.

⑱ 이불을 만들겠습니다. Object Mode로 전환하고 침대 배드 중심점으로 3D Cursor를 이동(Shift+마우스 오른쪽 버튼 클릭)한 다음 Mesh → Plane 오브젝트를 생성(Shift+A)합니다.

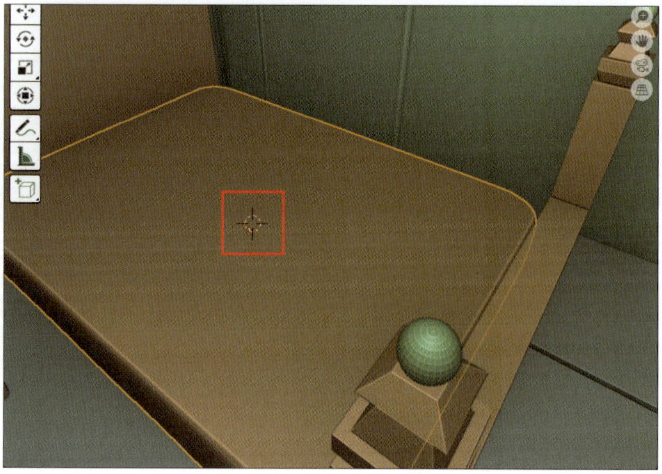

⓳ Edit Mode로 전환하고 마우스 오른쪽 버튼을 클릭한 다음 Subdivide를 실행하여 면을 분할합니다. Operation 패널에서 Number of Cuts를 '40'으로 설정하여 면을 촘촘하게 만듭니다.

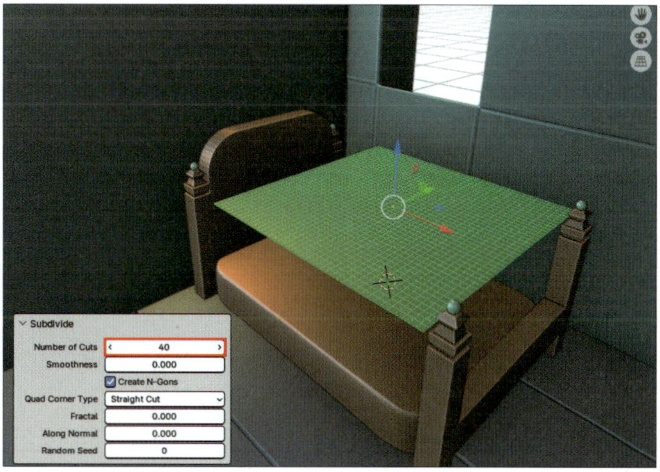

⓴ Object Mode로 전환합니다. 오브젝트에 맞게 천의 질감을 표현하기 위해 떨어지는 이불을 받칠 메트리스 오브젝트를 선택합니다. Properties 패널의 [Physics(◉)] 탭을 선택하고 'Collision'을 클릭하여 충돌 기능을 활성화합니다.

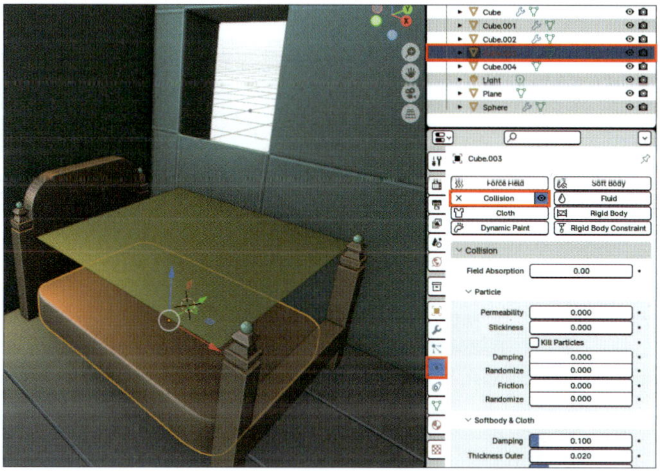

㉑ 이불이 될 Plane 오브젝트를 선택하고 [Physics(◉)] 탭의 'Cloth'를 클릭합니다. Edit Mode로 전환하고 숫자 키패드 1을 눌러 Front View로 시점을 전환합니다. Toggle X-Ray(Alt+Z) 모드에서 점을 선택하고 변의 섭혀실 부분을 자유롭게 추출합니다.

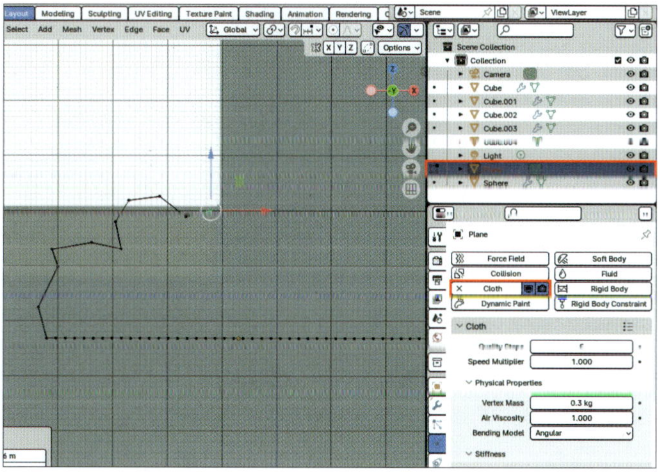

㉒ Object Mode로 전환하고 이불 오브젝트에서 마우스 오른쪽 버튼을 클릭한 다음 Shade Smooth를 실행하여 부드럽게 만듭니다.

㉓ Properties 패널의 [Modifiers(🔧)] 탭을 선택하고 Cloth 설정 창에서 'v' 아이콘을 클릭한 다음 'Apply'를 선택합니다.

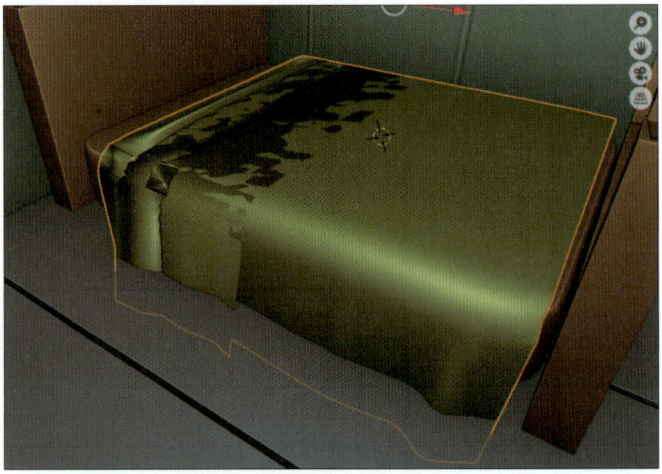

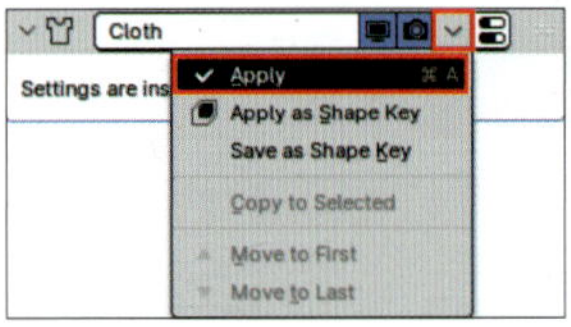

㉔ 이불 오브젝트를 선택한 상태로 Ctrl+2를 눌러 Subdivision Surface를 적용해 부드러움을 줍니다.

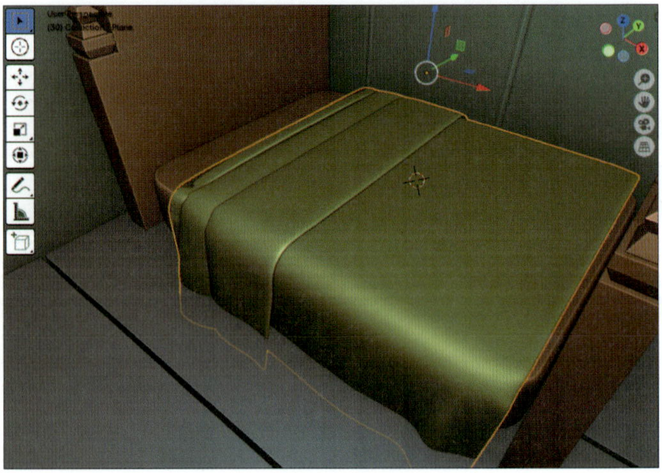

㉕ Workspaces에서 [Sculpting] 탭을 선택하여 작업 환경을 변경합니다. Toolbar 패널의 노란색 도구에서 'Elastic Deform' 도구( )를 선택하고 이불 오브젝트를 문지르듯 마우스를 드래그하여 주름 효과를 더 극대화합니다.

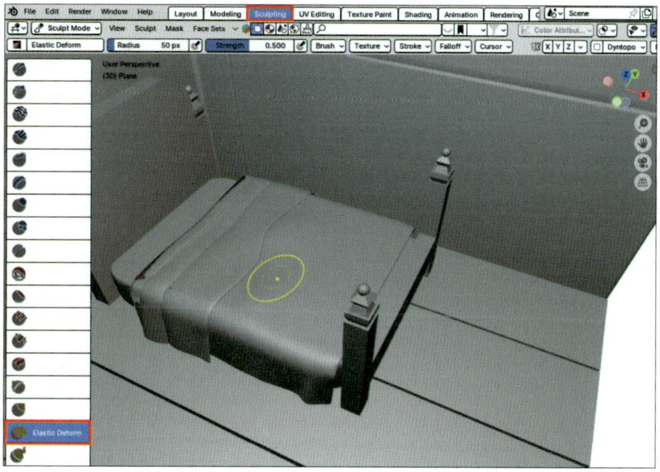

㉖ Toolbar 패널의 파란색 도구에서 'Draw Sharp' 도구( )를 선택하고 Radius 크기를 조절하면서 조금씩 문질러 구김을 표현합니다.

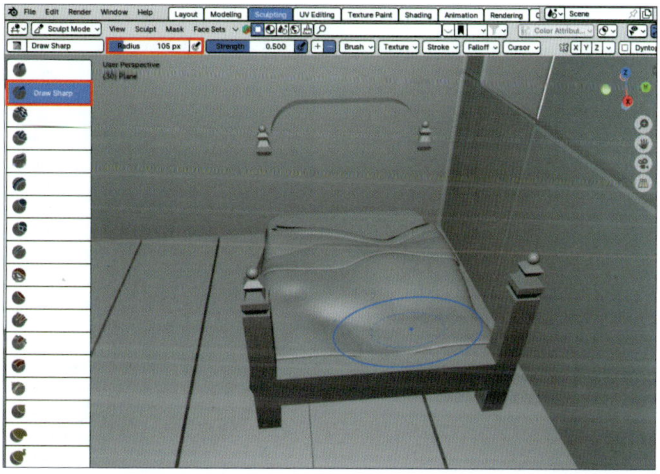

TIP 브러시 기능을 반대로 적용하려면 Shift를 누른 상태로 드래그합니다.

㉗ 쿠션이나 베개는 〈6장〉에서 만들었던 오브젝트를 활용하거나 참고하여 모델링해 완성합니다.

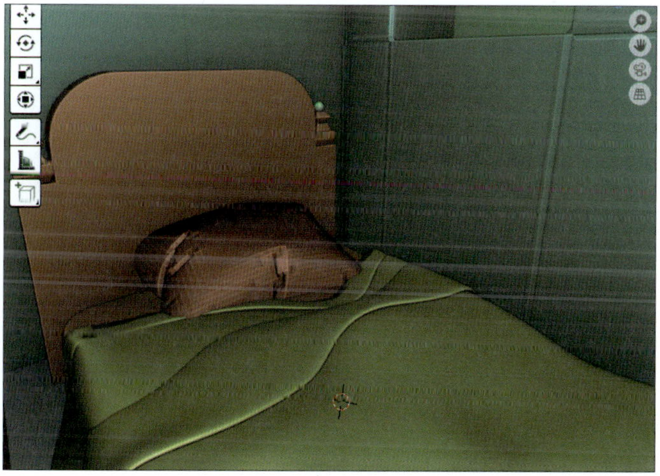

소파 모델링하기

❶ 소파를 모델링하겠습니다. 침대 옆에 Cube 오브젝트를 생성(Shift+A)합니다.

❷ Cube 오브젝트를 선택한 상태로 Edit Mode로 전환합니다. Loop Cut(Ctrl+R)을 이용하여 그림과 같이 선을 추가해 면을 나눕니다.

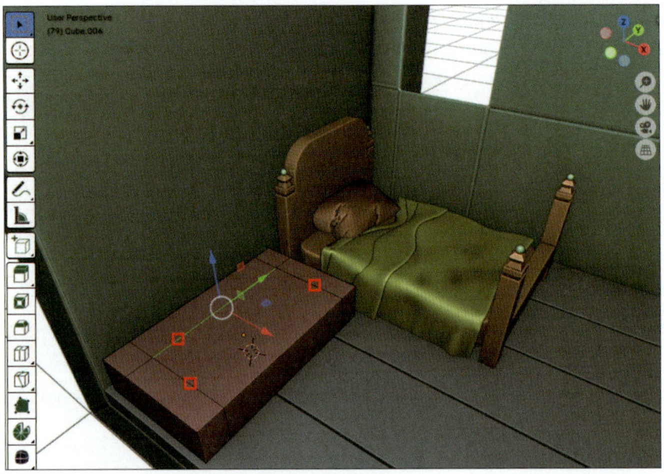

❸ 3을 눌러 선택 모드를 Face로 변경하고 테두리 면을 선택한 다음 Extrude Region(E)으로 면을 추출해 위로 올립니다.

❹ 소파에도 집 형태 틀과 같은 모디파이어를 적용하겠습니다. 소파 오브젝트를 선택하고 Shift를 누른 상태로 집틀 오브젝트를 선택한 다음 Ctrl+L을 눌러 표시되는 Link/Transfer Data 창에서 Copy Modifiers를 실행합니다.

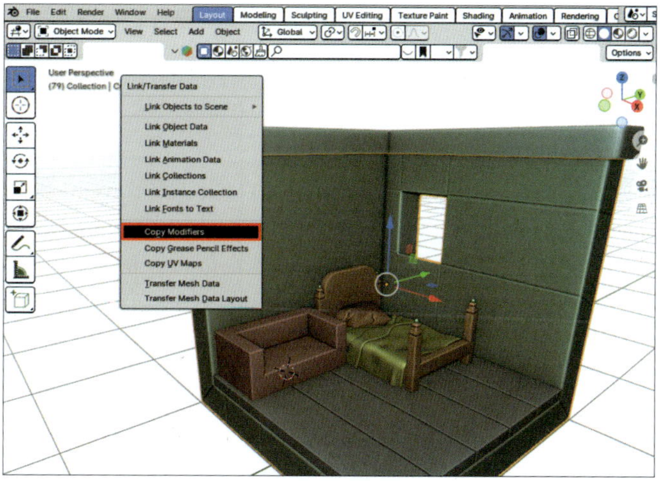

❺ 소파 오브젝트를 선택하고 Edit Mode로 전환합니다. A를 눌러 오브젝트를 전체 선택하고 N을 눌러 Sidebar를 표시한 다음 Edges DATA → Mean Bevel Weight를 '1'로 설정합니다.

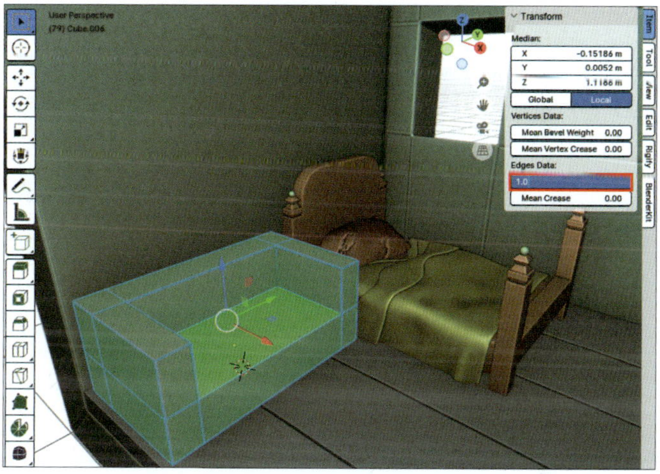

❻ 3을 눌러 선택 모드를 Face로 변경하고 앉는 자리 면을 선택한 다음 Shift+D를 눌러 복제를 활성화합니다. 활성화된 상태로 위로 올리다가 적당한 위치에서 클릭합니다.

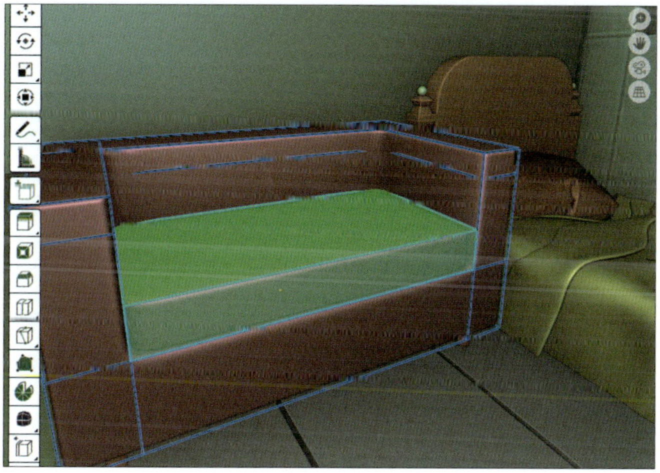

TIP 활성화되어 있는 상태에서 마우스 오른쪽 버튼을 클릭하면 원본 오브젝트와 같은 위치에 오브젝트가 복제됩니다.

❼ Object Mode로 전환하고 소파를 확대한 다음 Front View(숫자 키패드 1)에서 Cylinder 오브젝트를 생성(Shift+A)합니다. 소파의 다리가 될 수 있게 크기를 줄여서 원하는 위치에 배치합니다.

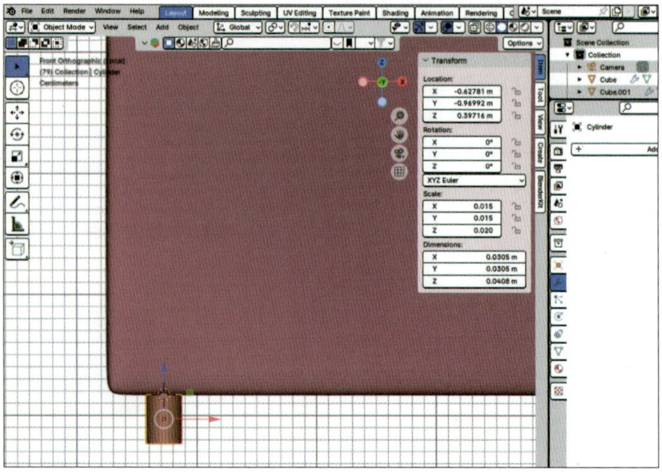

❽ Edit Mode로 전환합니다. Toggle X-Ray(Alt+Z) 모드에서 가장 아랫면을 선택하고 G를 눌러 사선이 되도록 옆으로 이동합니다.

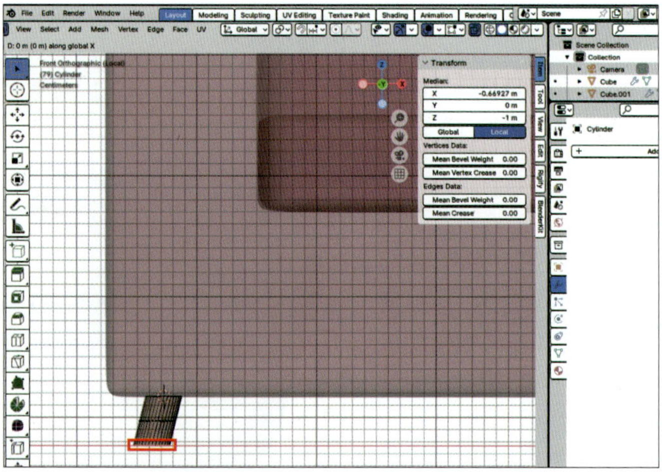

❾ Object Mode로 전환합니다. 다리 오브젝트를 선택하고 [Modifiers(🔧)] 탭에서 Mirror 기능을 실행합니다. Mirror 설정 창에서 Axis의 'X', 'Y'를 선택하고 Mirror Object를 '소파(Cube.006)'로 지정하여 4개의 다리를 생성합니다.

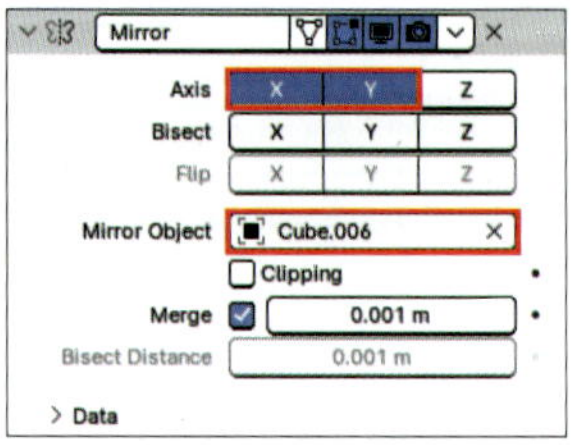

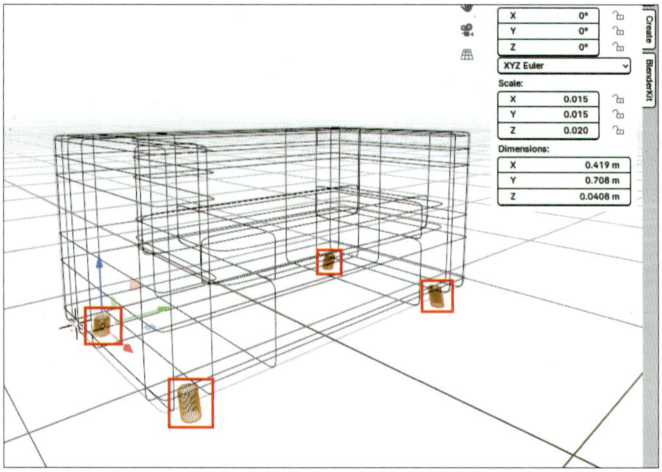

⑩ 소파 위에 사각 쿠션을 만들겠습니다. 소파 윗부분에 Cube 오브젝트를 생성(Shift+A)하고 크기(S)를 소파에 맞게 줄입니다.

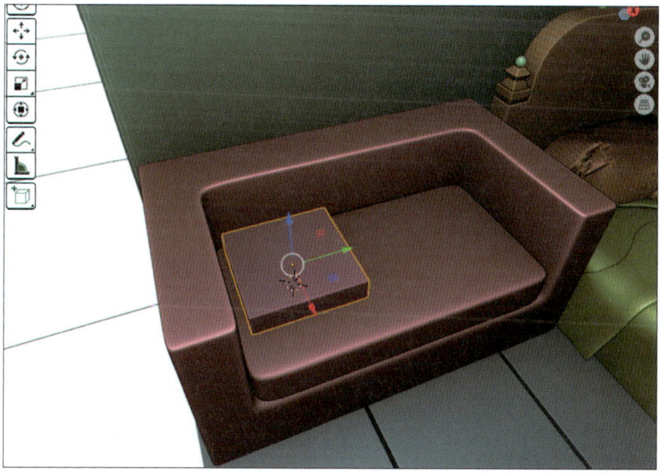

⑪ Ctrl+2를 눌러 Subdivision Surface를 적용해 부드럽게 만들고 Edit Mode로 전환합니다. Loop Cut(Ctrl+R)과 Bevel(Ctrl+B)을 이용해 좌우로 선을 만들어 부드러운 사각 쿠션이 있는 소파를 완성합니다.

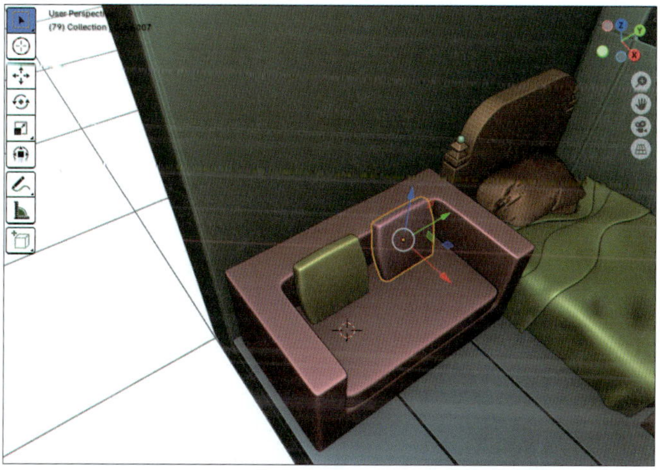

액자와 커튼 모델링하기

❶ 액자를 만들 벽면으로 3D Cursor를 이동(Shift+마우스 오른쪽 버튼 클릭)하고 Cube 오브젝트를 생성(Shift+A)합니다. Ctrl+A를 눌러 Scale을 실행해 크기 변형을 동일하게 하고 그림과 같이 액자 형태로 만듭니다.

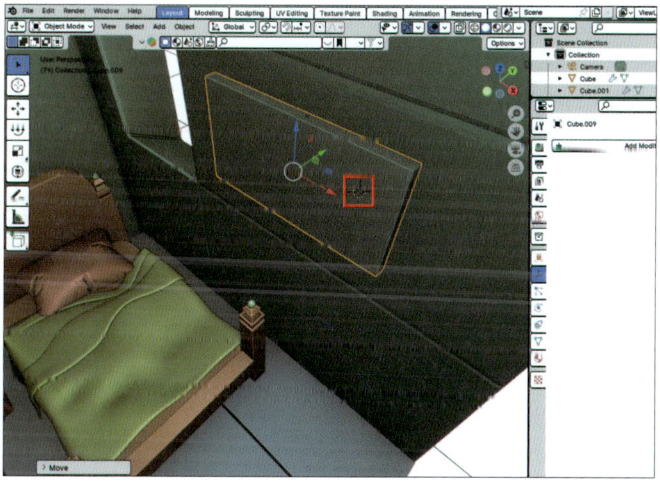

TIP Sidebar(N)의 Transform에서 사이즈 확인이 가능합니다.

❷ 생성한 Cube 오브젝트를 선택하고 Edit Mode로 전환합니다. 앞면을 선택하고 Inset Faces(I)로 안쪽으로 면을 생성합니다.

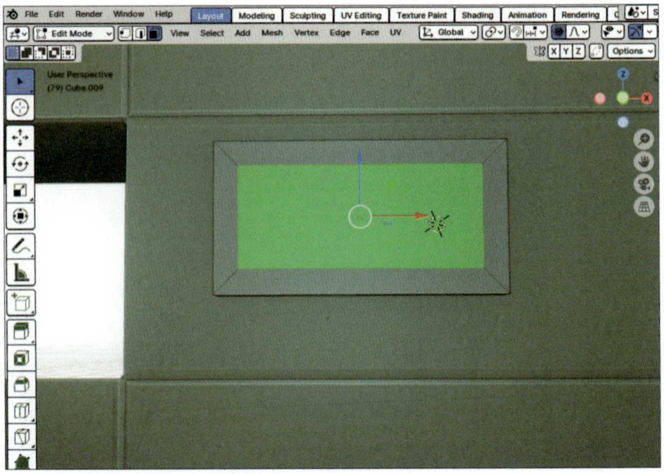

❸ 안쪽에 생성된 면이 선택된 상태로 E를 누르고 면을 안으로 넣어서 액자 틀의 형태감을 줍니다.
기존 만들었던 모델링의 Modifiers를 복제하거나 새롭게 Bevel 추가해 더 작은 곡선을 만들어도 됩니다.

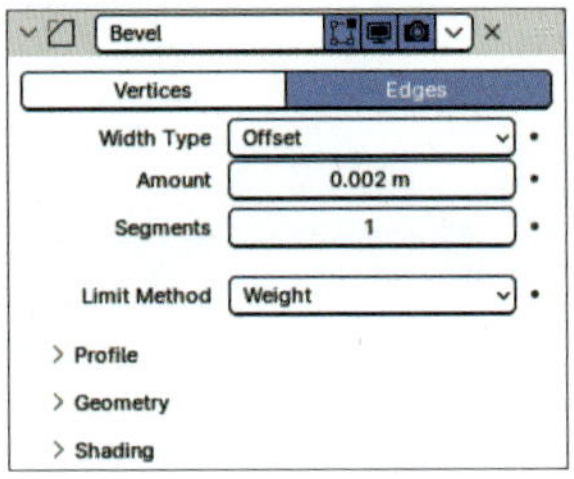

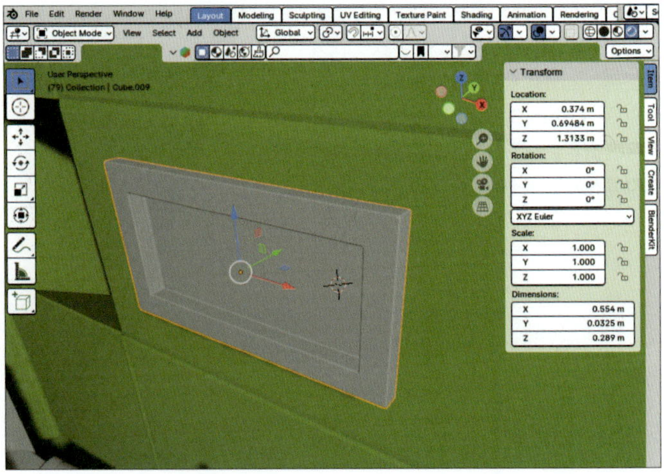

❹ 커튼을 만들겠습니다. 먼저 커튼 고리와 봉을 만들기 위해 창문 근처로 3D Cursor를 이동(Shift+마우스 오른쪽 버튼 클릭)합니다.

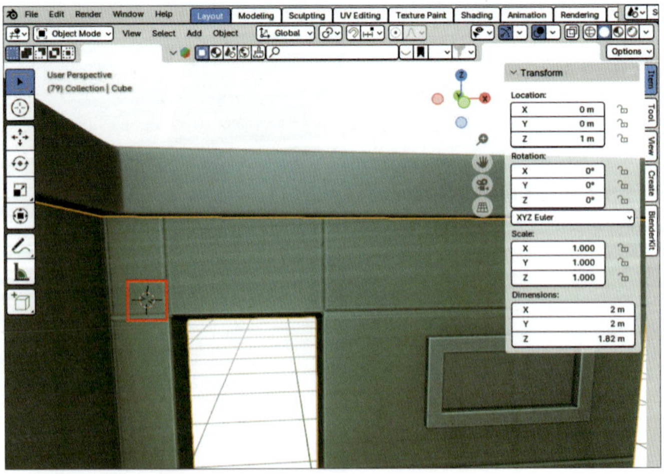

❺ Cube 오브젝트를 생성(Shift+A)하고 Edit Mode에서 Extrude Region(E), Inset Faces(I), Scale(S) 기능을 이용하여 그림과 같이 커튼 고리 형태를 만듭니다.

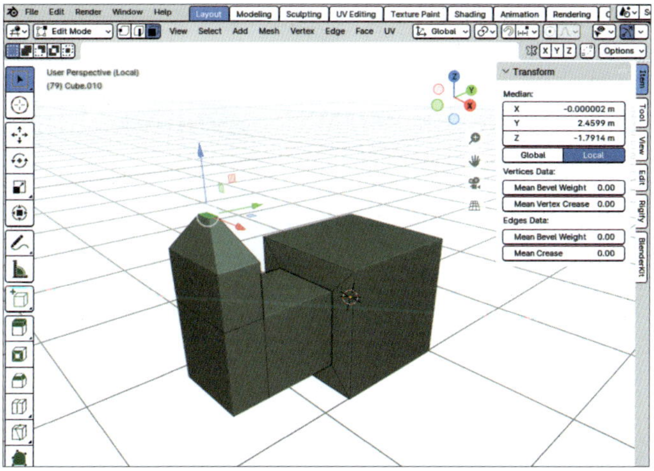

TIP 작업에 용이하게 /를 눌러 Local View 시점으로 변경하거나 Z를 눌러 Wireframe으로 작업합니다.

❻ 기존 다른 모델링에 적용했던 모디파이어를 복제하거나 Bevel을 이용해 부드러움을 적용합니다. 고리 위에 봉을 만들기 위해 Cylinder 오브젝트를 생성(Shift+A)하고 고리 위로 위치를 이동(G)합니다.

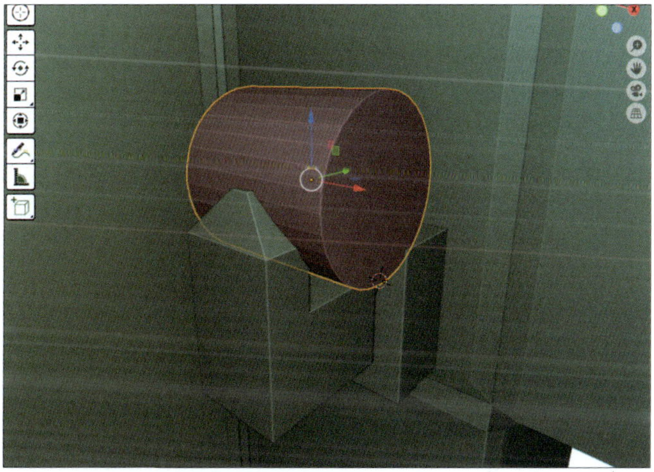

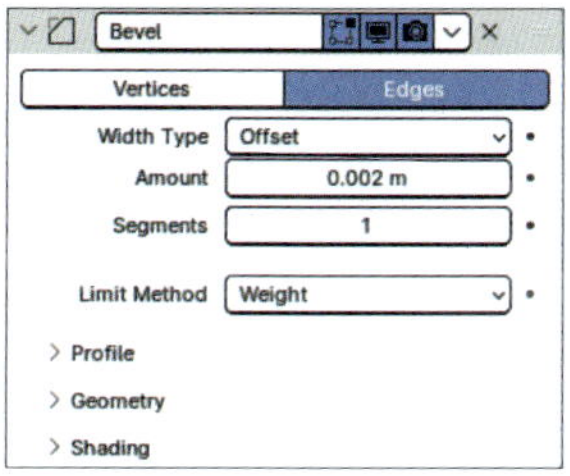

❼ Cylinder 오브젝트가 선택된 상태로 Edit Mode로 전환하고 Extrude Region(E), Scale(S), Move(G) 기능을 이용하여 봉 형태를 만듭니다. Front View(숫자 키패드 1) 시점에서 작업하면 수월합니다.

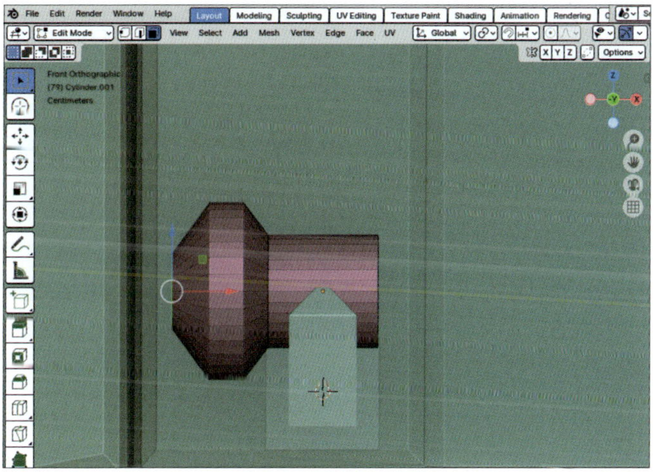

❽ Ctrl+3을 눌러 Subdivision을 적용해 부드럽게 만들고 Loop Cut(Ctrl+R)을 이용하여 선을 추가해 Subdivision에 의해 당기는 면들의 연결이 자연스럽게 만듭니다. 좌우 면이 부드럽지 않은 곳에 선을 생성하여 만들면 됩니다.

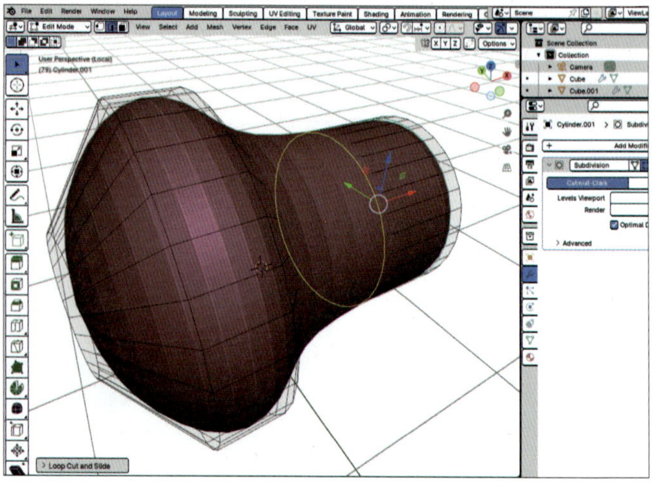

❾ Properties 패널의 〔Modifiers(🔧)〕 탭에서 Mirror를 실행하고 설정 창을 가장 위로 올려 배치합니다. 설정 창에서 'Z'를 선택하고 'Clipping'을 체크 표시한 다음 Edit Mode로 전환합니다.

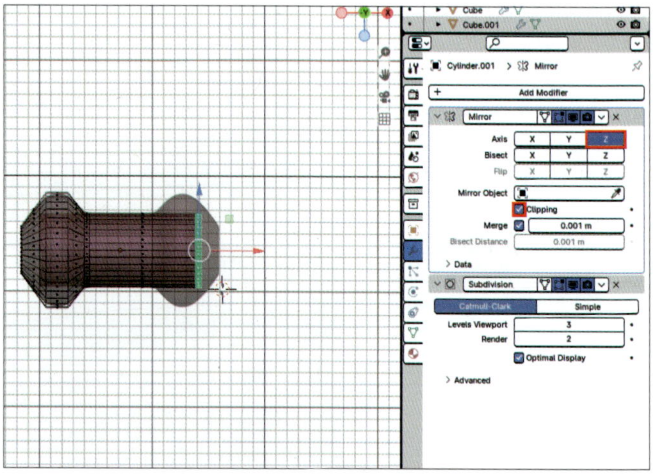

❿ 봉의 길이를 길게 늘이겠습니다. A를 눌러 전체 선택된 상태에서 X축으로 위치를 이동하면 봉이 늘어납니다. 기존 봉 받침에 맞추어 길이를 늘입니다.

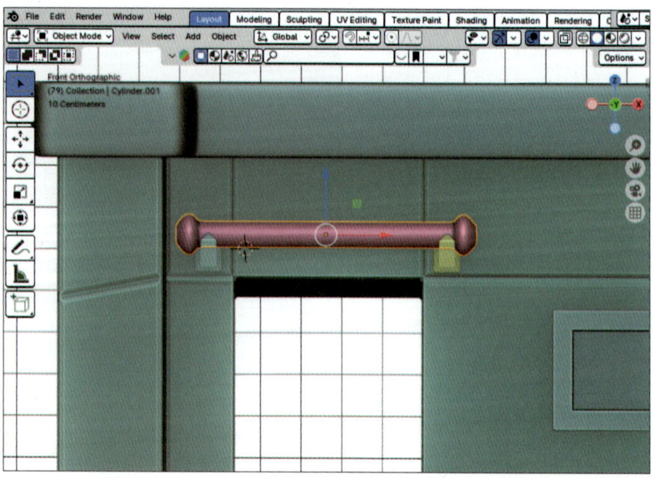

⑪ 봉에 맞추어 커튼을 만들겠습니다. Plane 오브젝트를 생성(Shift+A)하고 직사각형으로 길게 커튼 위치를 고려하여 형태를 만듭니다.

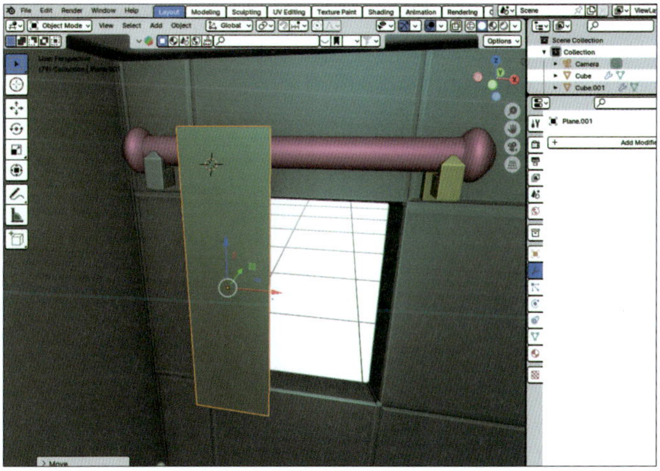

⑫ Plane 오브젝트가 선택된 상태로 Ctrl+A를 눌러 표시되는 Apply 창에서 Ratation & Scale을 실행해 회전과 크기 값을 초기화합니다.

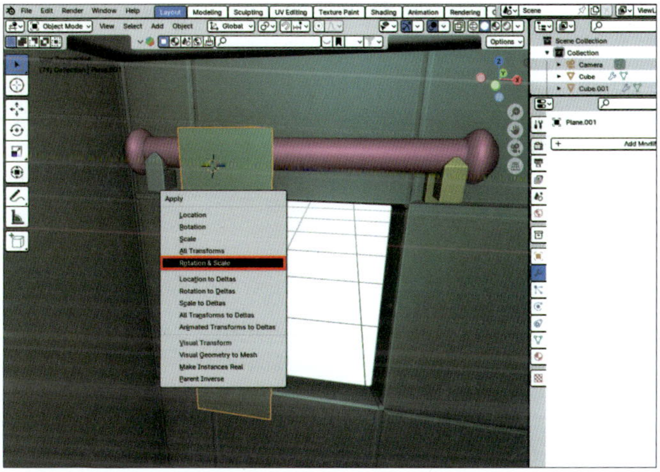

⑬ Edit Mode로 전환하고 Loop Cut(Ctrl+R)을 이용해 세로줄 6개를 만들어 총 8개의 선이 되게 만들고 지그재그로 4개의 선을 다중 선택(Shift+클릭)합니다.

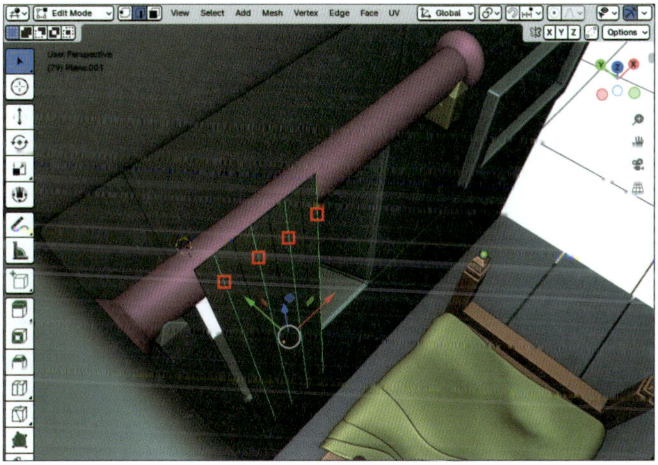

⑭ 선택한 선들을 봉 뒤로 이동(G) 하여 그림과 같이 부채 형태로 만듭니다.

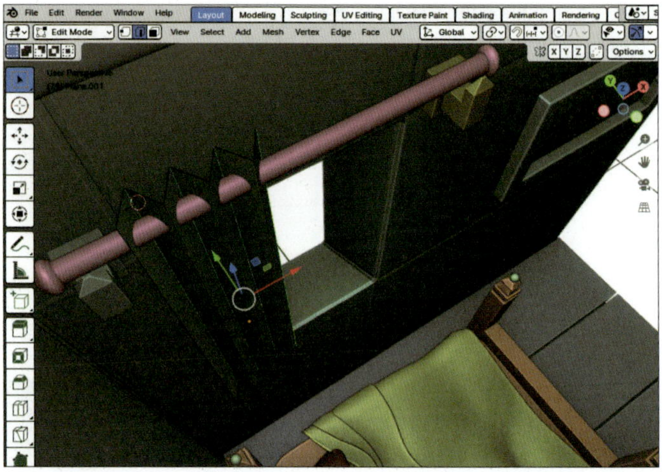

⑮ 커튼의 고리를 만들겠습니다. 커튼 봉 부분으로 3D Cursor를 이동(Shift+마우스 오른쪽 버튼 클릭)하고 Shift+A를 눌러 Mesh → Torus를 실행하여 오브젝트를 생성합니다.

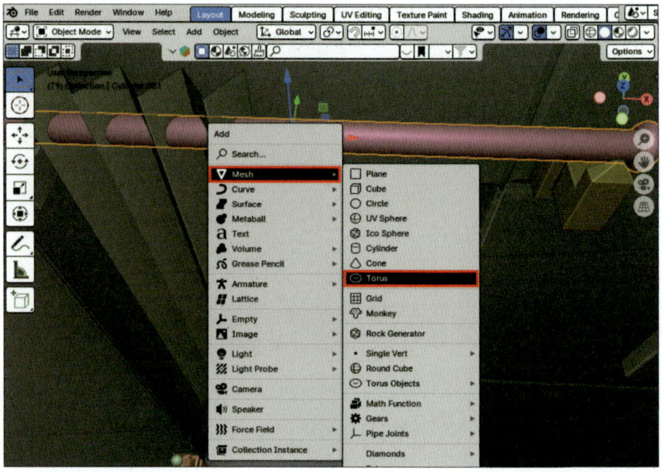

⑯ Operation 패널이 표시되면 Major Segments를 '12'로 설정하고 Radius 수치값을 줄여서 설정한 다음 Rotation Y를 '90'으로 설정하여 회전합니다.

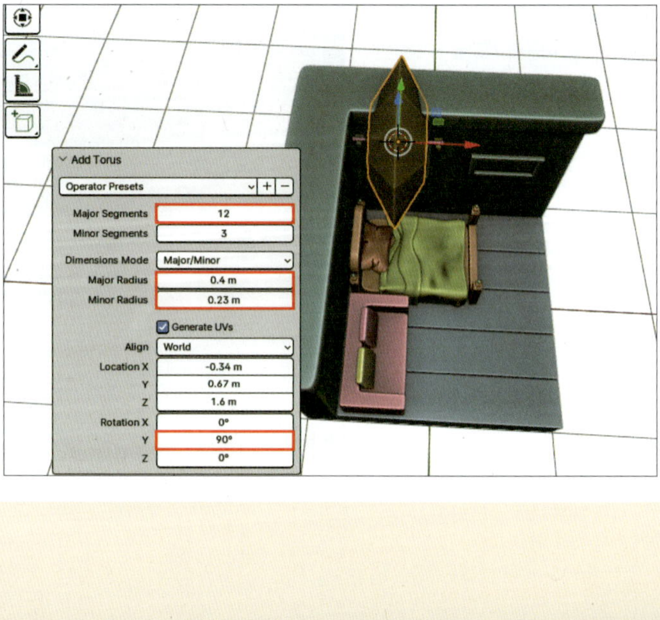

⑰ 커튼 봉에 맞게 크기(S)를 줄이고 Ctrl+2를 눌러 Subdivision을 적용해 부드럽게 만듭니다. 토러스 오브젝트에서 마우스 오른쪽 버튼을 클릭하고 Shade Smooth를 실행하여 더욱 부드럽게 만듭니다.

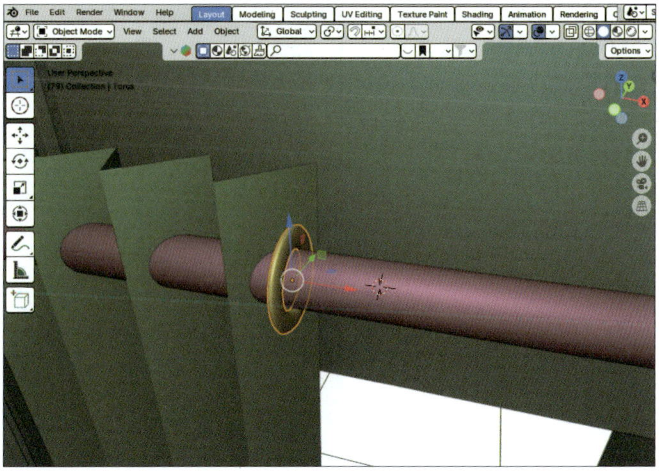

⑱ 링을 배치하기 위해 숫자 키패드 7을 눌러 Top View로 시점을 변경합니다. 링을 복제(Shift+D)하면서 커튼의 위치에 맞게 회전(R)해 배치합니다.

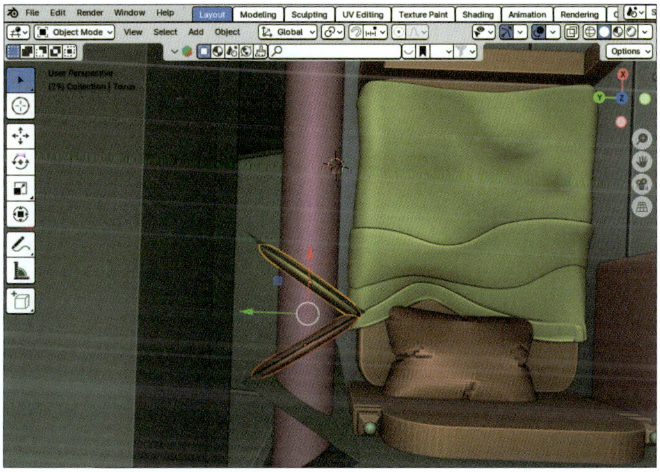

⑲ 고리와 커튼 오브젝트를 하나의 묶음으로 만들겠습니다. 두 오브젝트를 선택하고 마우스 오른쪽 버튼을 클릭한 다음 Parent → Object를 실행합니다.

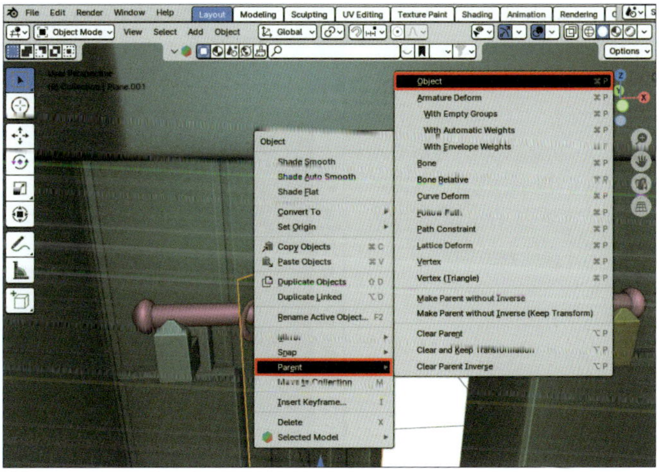

⑳ 하나로 묶은 오브젝트를 복제(Shift+D)하여 오른쪽에도 배치해 커튼 모델링을 완성합니다.

벽걸이 조명 모델링하기

❶ 벽걸이 형태의 조명을 만들기 위해 침대 위로 3D Cursor를 이동(Shift+마우스 오른쪽 버튼 클릭)합니다. Circle 오브젝트를 생성(Shift+A)하고 R-Y를 누른 다음 '90'을 입력하여 Y축으로 90° 회전합니다.

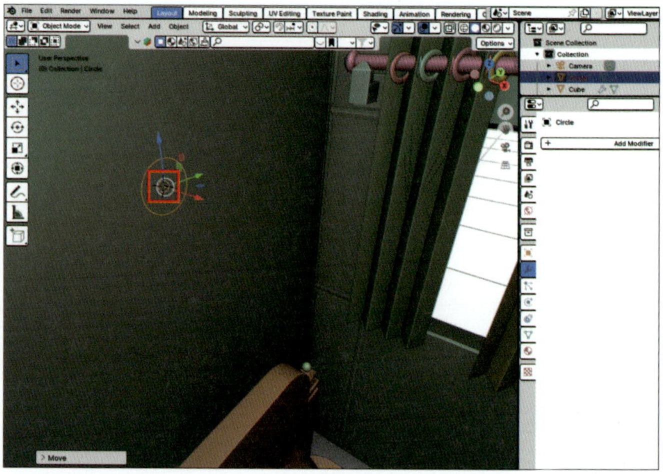

❷ Edit Mode로 전환하고 Extrude Region(E), Scale(S) 기능을 이용하여 조명 크기를 조절하며 조명대를 모델링합니다.
Subdivision(Ctrl+2), Loop Cut (Ctrl+R) 기능을 이용해 부드러운 부분에서 경계선을 잡아 형태를 명확하게 만드는 것이 좋습니다.

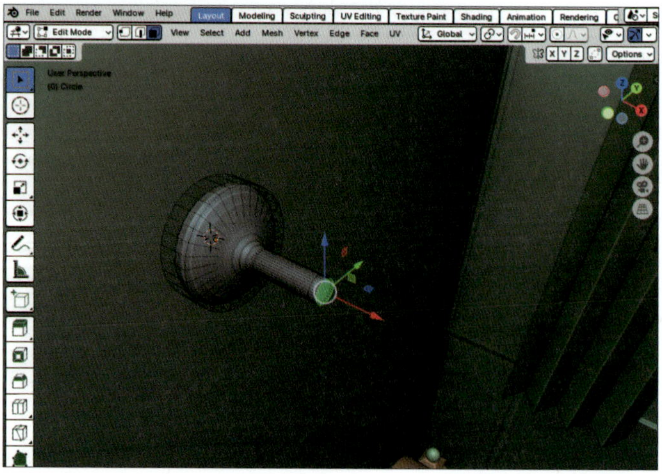

❸ Front View(숫자 키패드 1) 시점에서 Ctrl을 누른 상태로 가장 끝부분 면을 마우스 오른쪽 버튼으로 클릭하면 아래로 면이 추출되어 나옵니다.

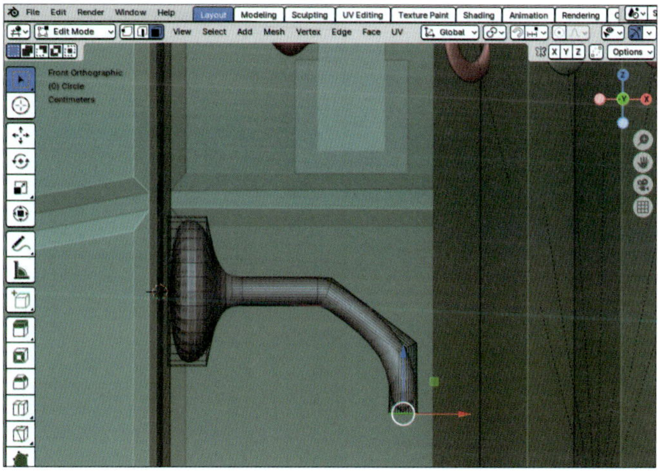

❹ 선택 모드를 Vertex(1)로 변경하고 Toggle X-Ray(Alt+Z) 모드에서 일부 곡선을 수정합니다. 마지막 부분의 점은 루프 선택(Alt+클릭)하여 추출(E)하고 크기(S)를 확대합니다.

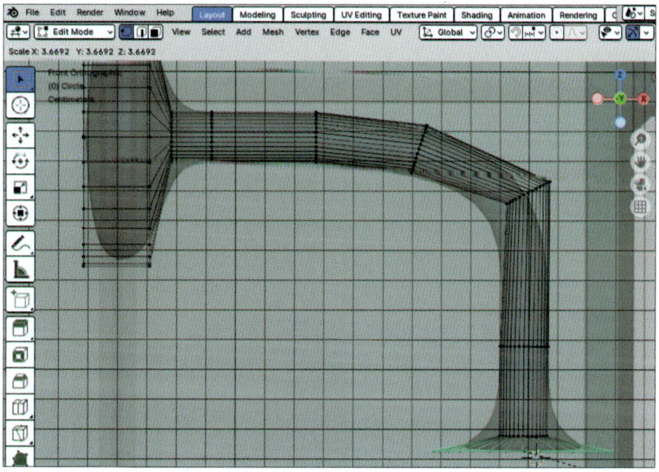

❺ 같은 방법을 반복하여 조명이 들어갈 만한 크기가 되게 추출하고 안쪽 면을 선택한 다음 Shift+S를 눌러 표시되는 파이 메뉴에서 Cursor to Active를 실행하여 3D Cursor를 면 중앙에 위치시킵니다.

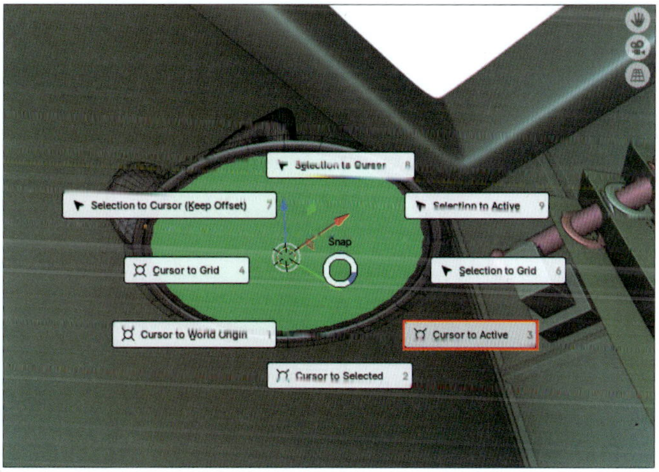

❻ Object Mode로 전환합니다. Sphere 오브젝트를 생성(Shift+A)하고 조명 크기가 될 만큼 축소(S)한 다음 Ctrl+4를 눌러 Subdivision Surface를 적용해 부드럽게 만듭니다. 부드러워진 Sphere 오브젝트에서 마우스 오른쪽 버튼을 클릭하여 Shade Smooth를 실행해 더 부드럽게 만들어 조명을 완성합니다.

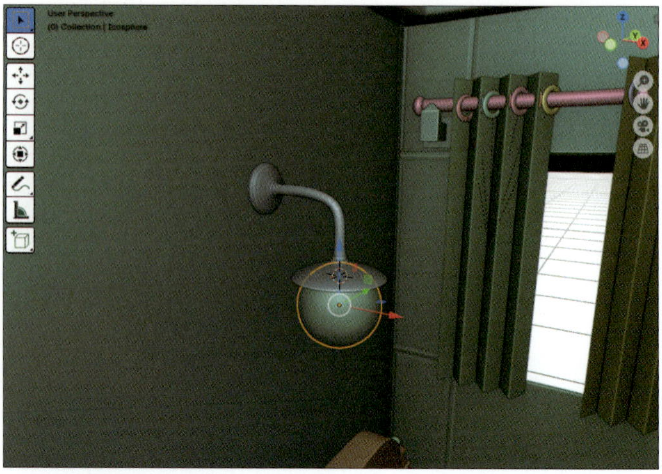

원형 탁자와 화분 모델링하기

❶ 화분이 놓여 있는 원형 탁자를 만들겠습니다. 먼저 원형 탁자를 만들기 위해 새로운 지점으로 3D Cursor를 이동(Shift+마우스 오른쪽 버튼 클릭)하고 Circle 오브젝트를 생성(Shift+A)합니다.

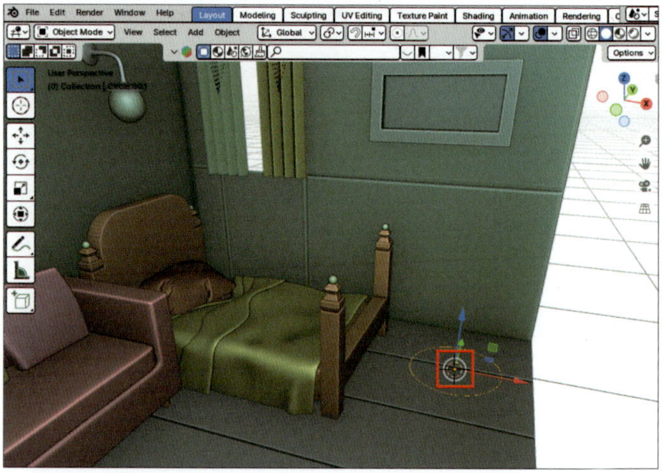

❷ Circle 오브젝트가 선택되어 있는 상태로 Edit Mode로 전환하고 F를 눌러 면을 채우고 E를 눌러 추출하여 의자의 안장을 만듭니다.

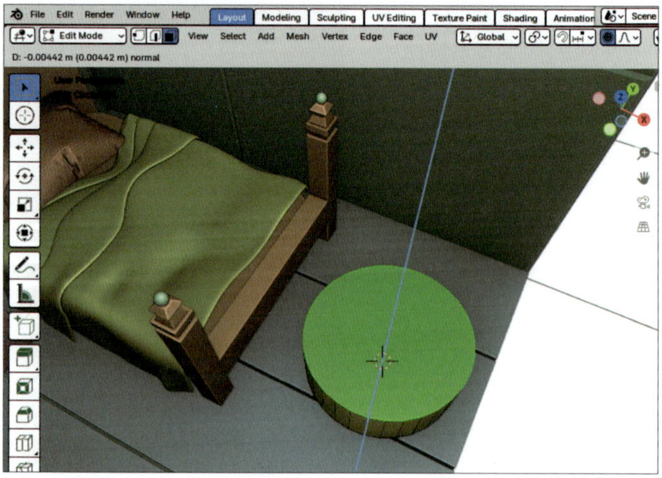

❸ 가장 윗면을 선택하고 Shift+S를 눌러 표시되는 파이 메뉴에서 Cursor to Active를 실행하여 3D Cursor를 이동합니다.

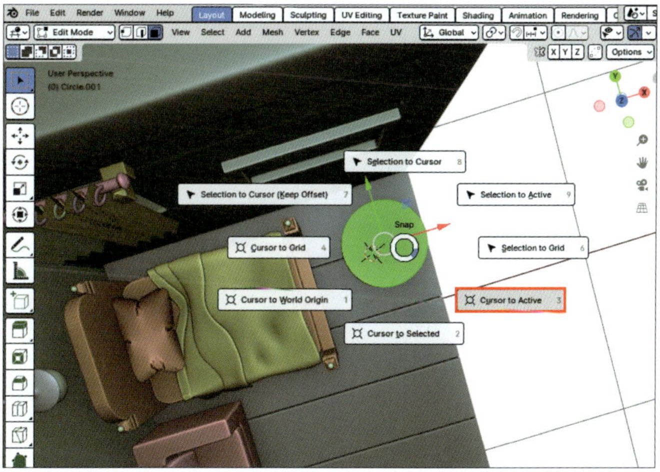

❹ 숫자 키패드 7을 눌러 Top View로 시점을 이동합니다. Object Mode에서 중심점을 기준으로 Cube 오브젝트를 생성(Shift+A)하고 크기(S) 및 위치(G), 회전(R)하여 탁자의 다리가 되도록 배치합니다.

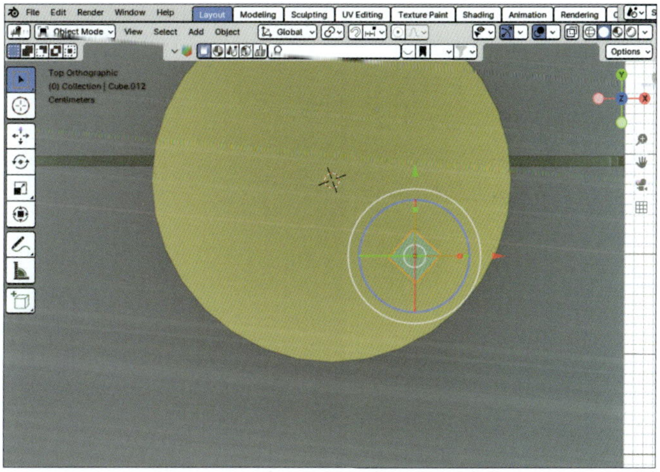

❺ 다리 오브젝트를 선택한 상태로 Edit Mode로 전환하고 가장 아랫면을 선택한 다음 E를 눌러 길게 지면까지 면을 추출합니다. S를 누르고 크기를 줄여 아래로 갈수록 얇은 형태의 다리를 만듭니다.

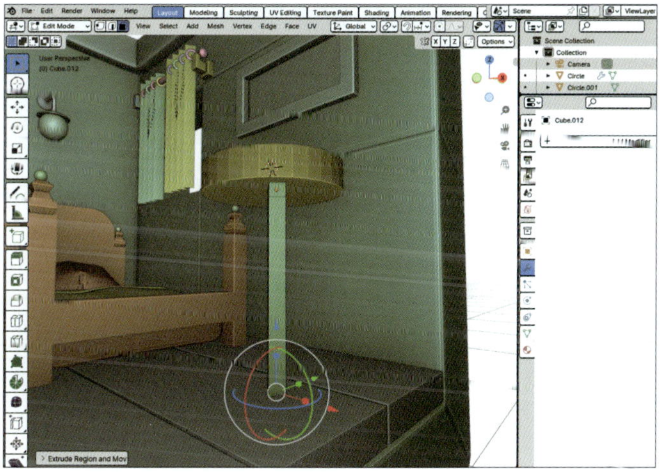

❻ Object Mode로 전환하고 다리 오브젝트에서 마우스 오른쪽 버튼을 클릭한 다음 Set Origin → Origin to 3D Cursor를 실행합니다.

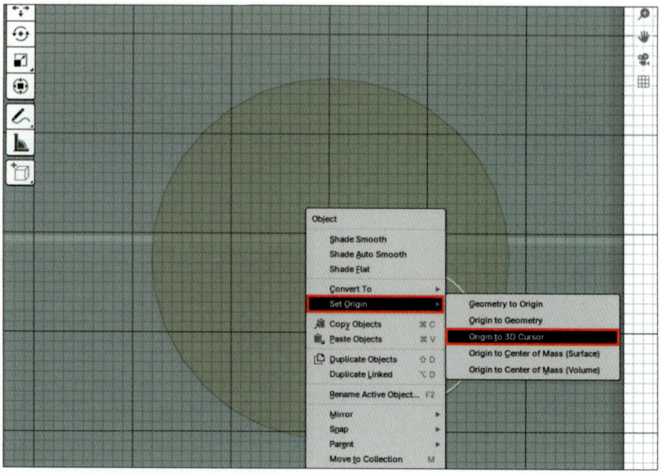

❼ 다리 오브젝트가 선택되어 있는 상태로 Shift+D를 누르고 R–'90'을 누르면 3D Cursor를 중심으로 다리 오브젝트가 복제된 것을 볼 수 있습니다. 총 4개의 다리를 만들기 위해 Shift+R을 두 번 더 눌러 복제합니다.

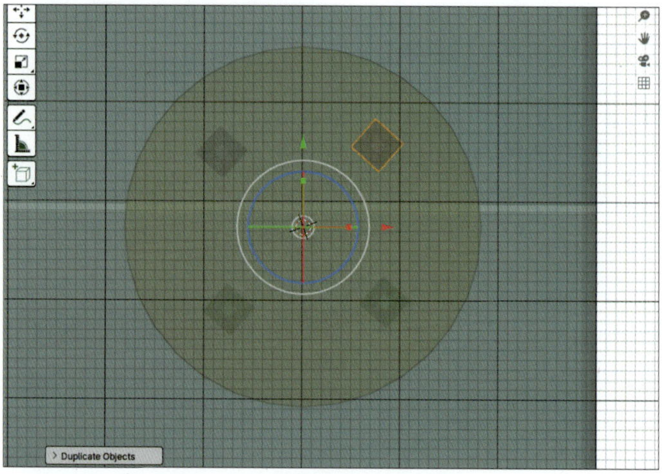

❽ 안장 오브젝트를 선택하고 복제(Shift+D)한 다음 아래로 이동한 다음 다리에 맞게 크기를 축소(S)해 조절합니다.

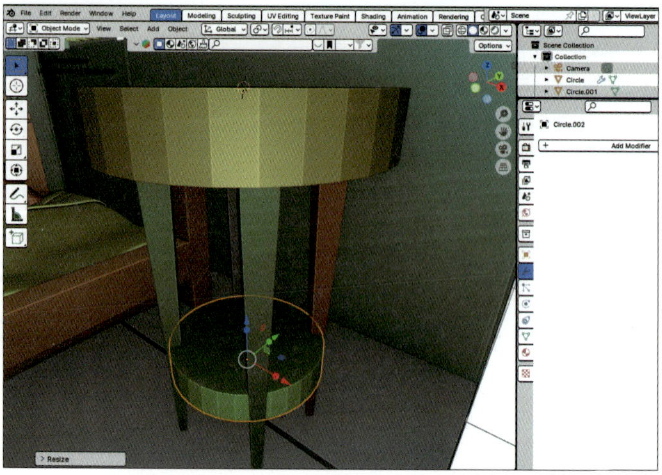

❾ 복제한 오브젝트를 선택한 상태로 Edit Mode로 전환합니다. 위아래 면을 선택합니다.

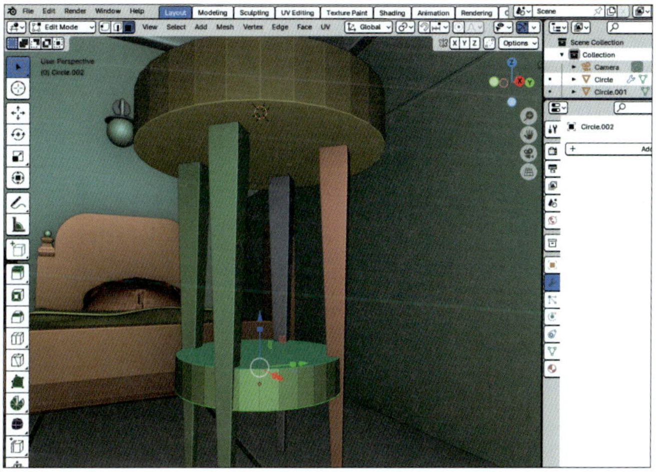

❿ Inset Faces(I)로 안쪽 면을 생성하고 생성한 두 면이 선택되어 있는 상태로 마우스 오른쪽 버튼을 클릭한 다음 Bridge Faces를 실행하여 두 면이 연결되어 통과하는 형태로 만듭니다.

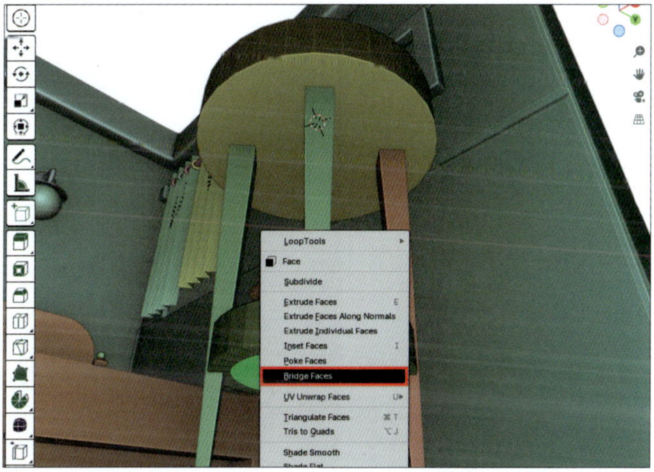

⓫ Object Mode로 전환합니다. 복제한 오브젝트의 위치를 조금 위로 이동(G)하고 이동한 위치의 크기에 맞게 축소(S)한 다음 마우스 오른쪽 버튼을 클릭하여 Shade Auto Smooth를 실행해 부드럽게 만듭니다.

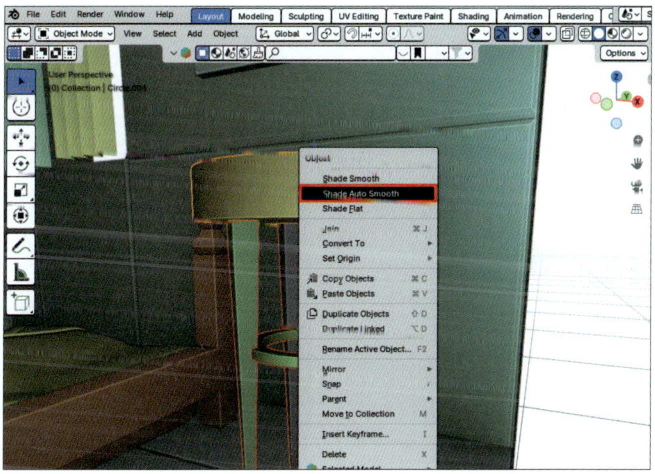

⓬ 탁자의 다리 부분 오브젝트를 전체 선택하고 Ctrl+P를 눌러 표시되는 Object 창에서 Parent → Object를 실행해 전체 묶어 줍니다.

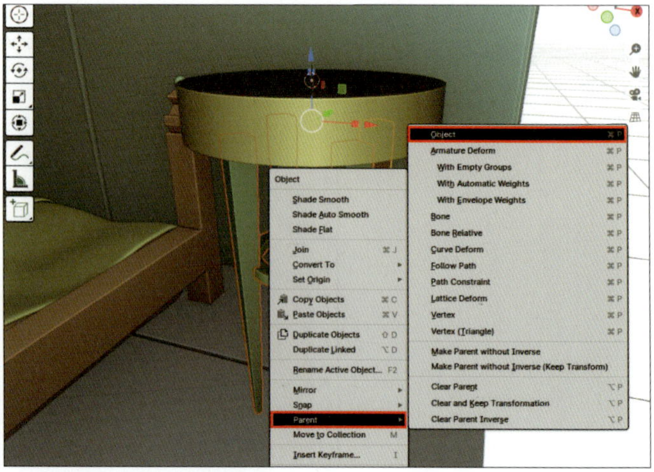

⓭ 탁자 위에 화분을 만들기 위해 Cylinder 오브젝트를 생성(Shift+A)합니다. Operation 패널에서 Vertices를 '12'로 설정하고 탁자 위에 올라갈 수 있게 크기를 축소(S)합니다. Cylinder 오브젝트를 선택하고 Modifiers를 복제할 오브젝트를 선택한 다음 Ctrl+L을 눌러 Copy Modifiers를 실행합니다.

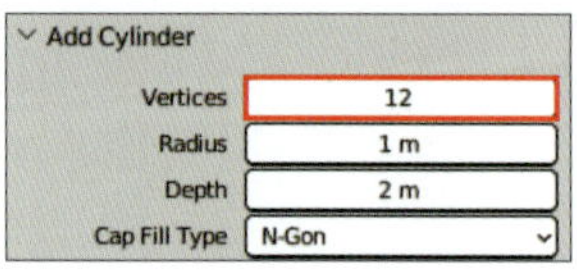

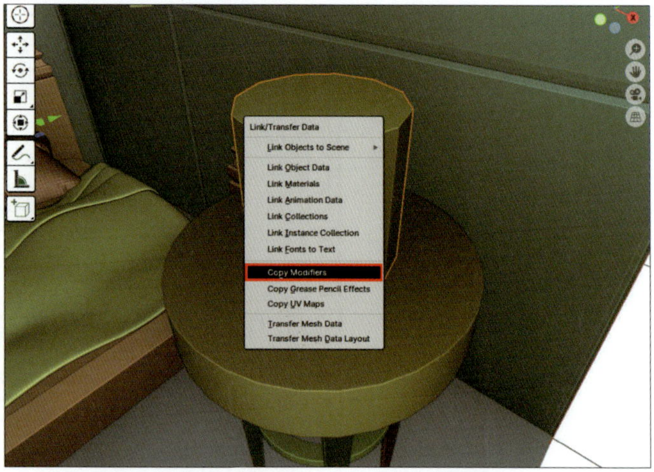

⓮ Cylinder 오브젝트가 선택된 상태로 Edit Mode로 전환합니다. 윗면만 선택하고 Sidebar(N)에서 Edges Data → Mean Bevel Weight를 '1'로 설정합니다.

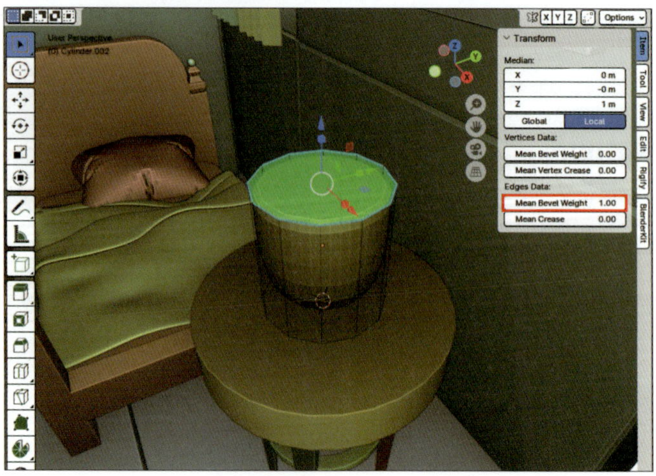

⓯ Loop Cut(Ctrl+R)을 이용하여 아랫부분에 선을 추가합니다.

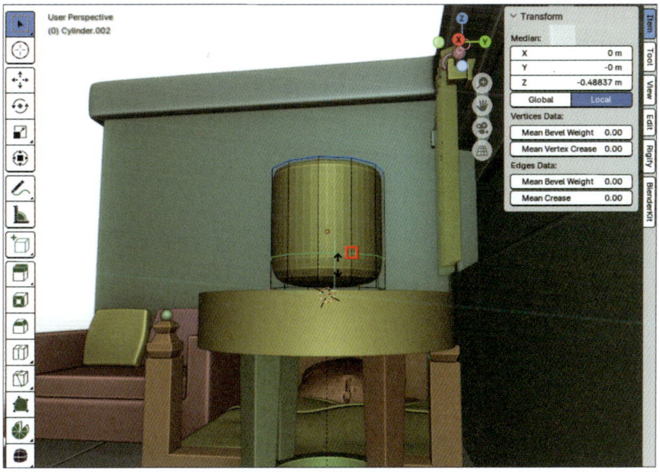

⓰ 화분의 아랫면이 보이게 시점을 변경하고 Inset Faces(I)를 이용하여 안쪽 면을 생성합니다.

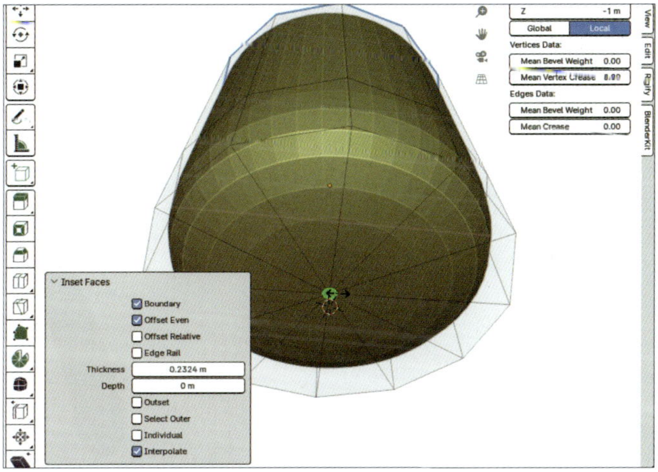

⓱ 화면의 윗면이 보이게 시점을 변경합니다. Inset Faces(I)로 안쪽 면을 생성하고 Extrude Region(E)으로 면을 아래로 들어가게 추출한 다음 다시 Inset Faces(I)로 안쪽 면을 생성해 경계면을 부드럽게 만듭니다.

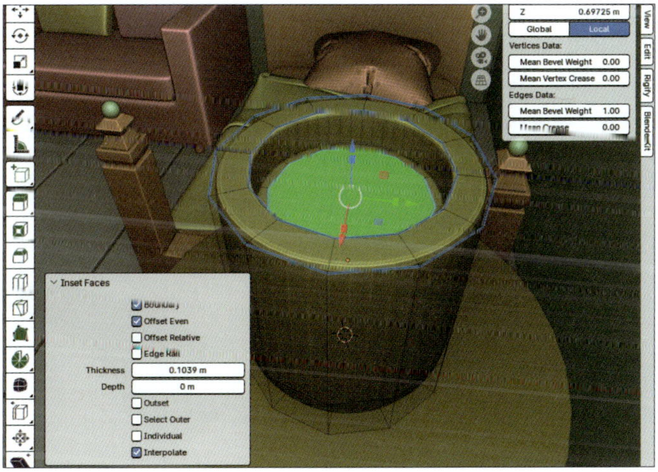

⑱ 화분의 잎을 만들기 위해 Cube 오브젝트를 생성(Shift+A)합니다. Edit Mode로 전환하고 윗면을 선택한 다음 Extrude Region(E)으로 그림과 같이 추출합니다. 위로 가면서 사선으로 길게 뻗어 나가게 하고 S를 눌러 크기도 점점 줄여줍니다.

⑲ Object Mode로 전환하고 Ctrl+2를 눌러 Subdivision Surface를 적용해 부드럽게 만듭니다.

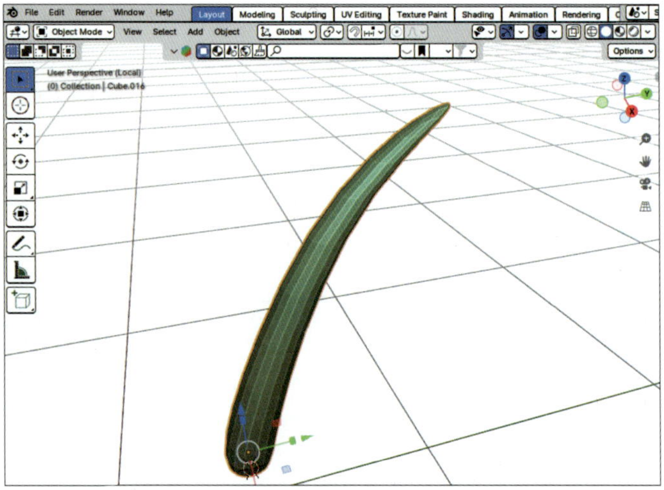

> **TIP** 오브젝트를 선택한 상태로 /를 눌러 Local View로 시점을 변경하여 작업하면 좀 더 디테일한 작업을 할 수 있습니다.

⑳ 다시 Edit Mode로 전환해 아랫면을 선택하고 Sidebar(N)에서 Edges Data → Mean Crease를 '1'로 설정합니다.

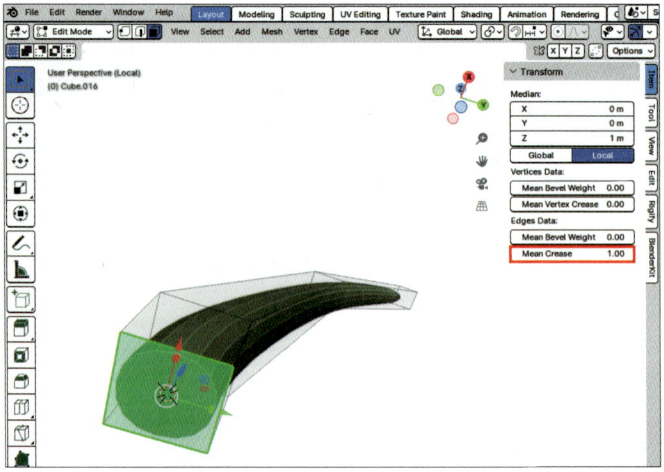

㉑ Loop Cut(Ctrl+R)을 이용하여 Y축에 세로 중앙선을 만듭니다.

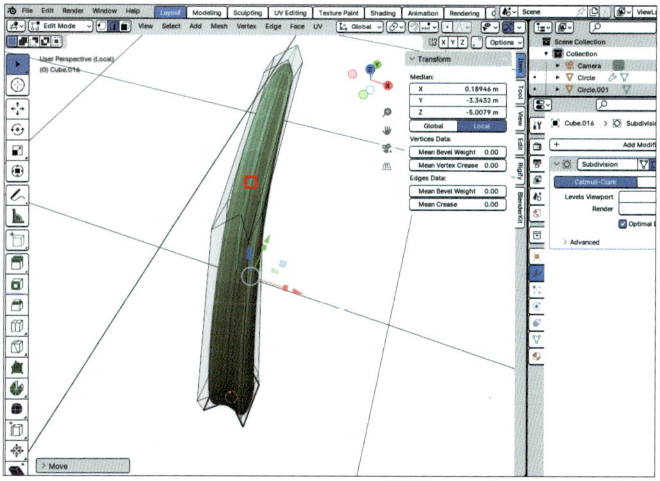

㉒ 잎을 복제하여 풍성하게 만들겠습니다. 화분 오브젝트 중앙으로 3D Cursor를 이동(Shift+마우스 오른쪽 버튼 클릭)하고 잎사귀 오브젝트에서 마우스 오른쪽 버튼을 클릭한 다음 Set Origin → Origin to 3D Cursor를 실행합니다.

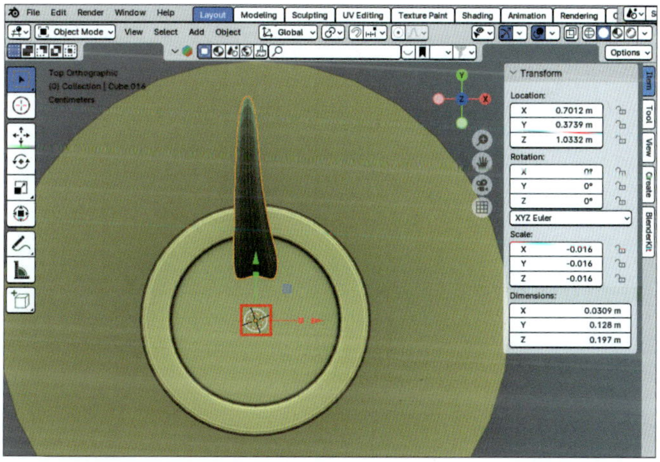

㉓ Shift+D를 누르고 R-'90'을 눌러 간격 복사합니다. 그림과 같이 잎사귀를 풍성하게 만들기 위해 Shift+R을 여러 번 눌러 복사하고 Ctrl+P를 눌러 그룹으로 묶은 다음 높이와 크기 위치를 조정하여 풍성한 식물을 표현합니다.

선반과 책 모델링하기

❶ 선반 형태의 책장을 만들겠습니다. 소파 위로 3D Cursor를 이동(Shift+마우스 오른쪽 버튼 클릭)하고 Cube 오브젝트를 생성(Shift+A)합니다. 기존 다른 모델링에 적용했던 모디파이어를 복제하거나 Bevel을 적용합니다.

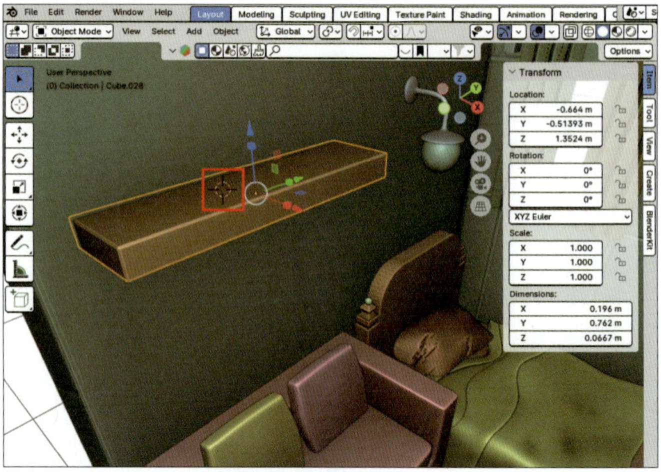

❷ 책을 만들기 위해 Cylinder 오브젝트를 생성(Shift+A)하고 크기(S)를 줄입니다.

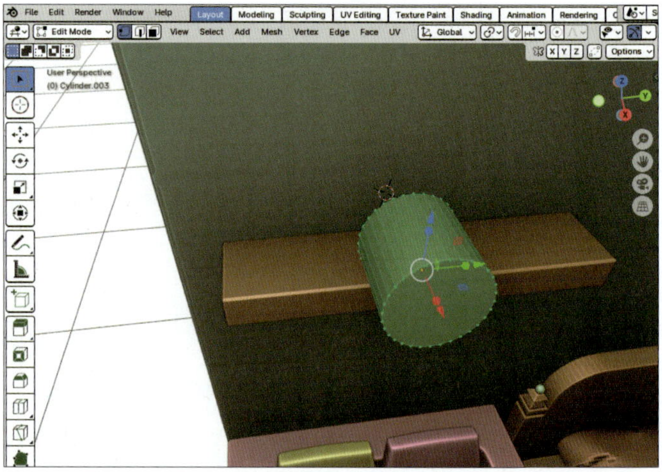

❸ Edit Mode로 전환하고 선택 모드를 Vertex(1)로 변경한 다음 Toggle X-Ray(Alt+Z) 모드를 활성화합니다. 왼쪽 점을 모두 선택하고 X를 눌러 표시되는 Delete 창에서 Vertex를 실행해 삭제합니다.

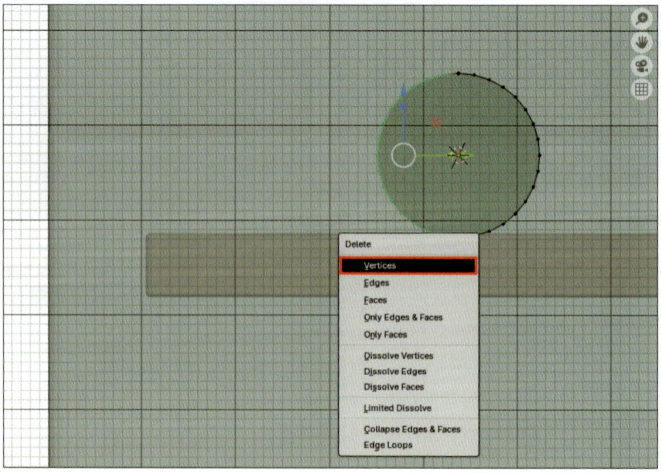

❹ 위아래 마지막 점들을 선택하고 E를 눌러 추출해 길게 늘여줍니다.

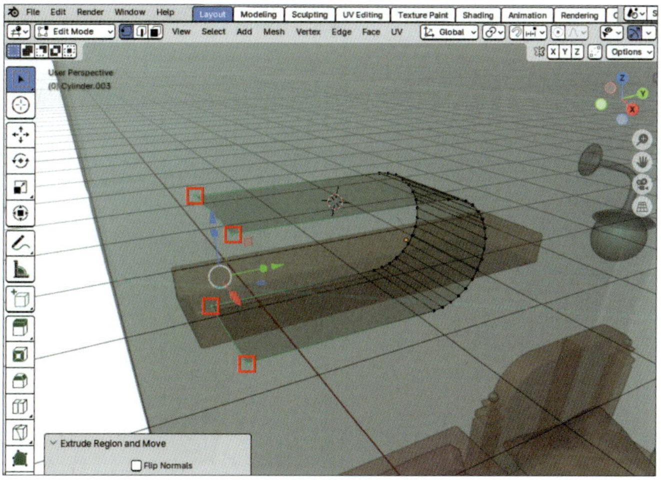

❺ 숫자 키패드 1을 눌러 Front View 시점으로 전환합니다. 그림과 같이 절반의 점을 선택하고 G를 눌러 이동해 책의 너비를 확장합니다.

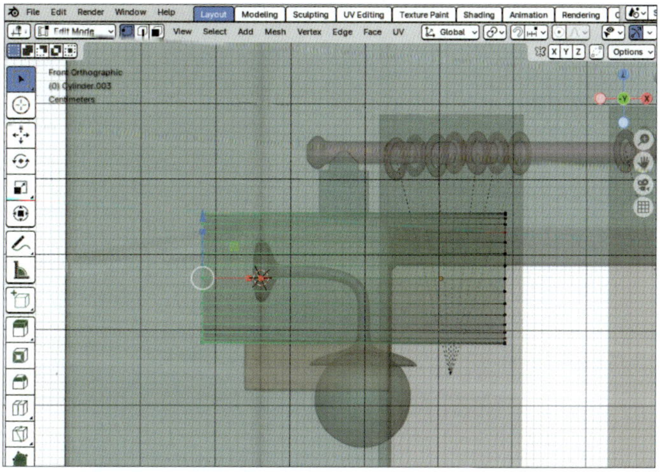

❻ ㄷ 형태의 점들을 루프 선택(Alt+클릭)하고 F를 눌러 면을 채워줍니다. 앞뒤로 면을 채워 그림과 같이 만듭니다.

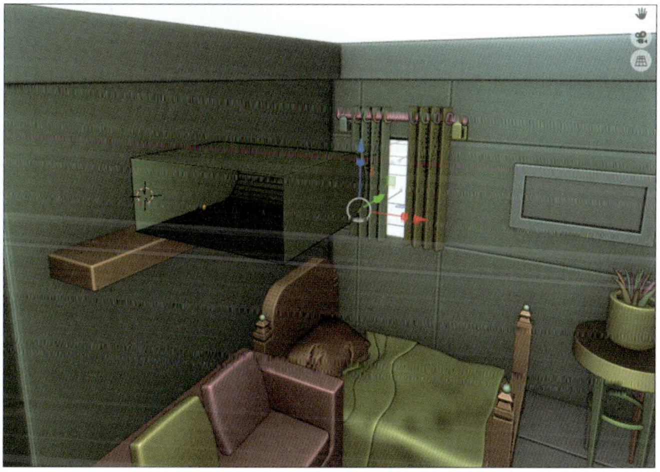

❼ ㄷ 형태의 면을 선택하고 Inset Faces(I)를 이용하여 안으로 면을 추가합니다.

❽ 추가한 면이 선택되어 있는 상태로 Alt+E를 눌러 표시되는 Extrude 창에서 Extrude Faces Along Normals를 실행하여 면을 줄여줍니다.

❾ Object Mode로 전환합니다. 책 오브젝트가 선택되어 있는 상태로 Header 패널의 메뉴에서 〔Object〕 → Link/Transfer Data → Copy Modifiers를 실행하여 같은 모디파이어를 적용합니다.

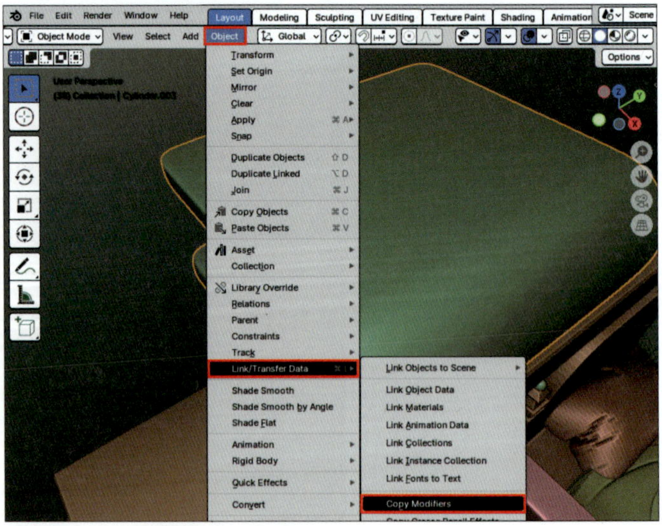

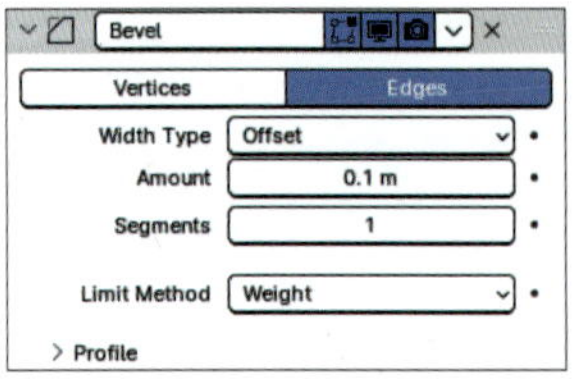

⑩ 선반에 맞게 크기 위치 등을 조절하고 Shift+D를 눌러 복제합니다.

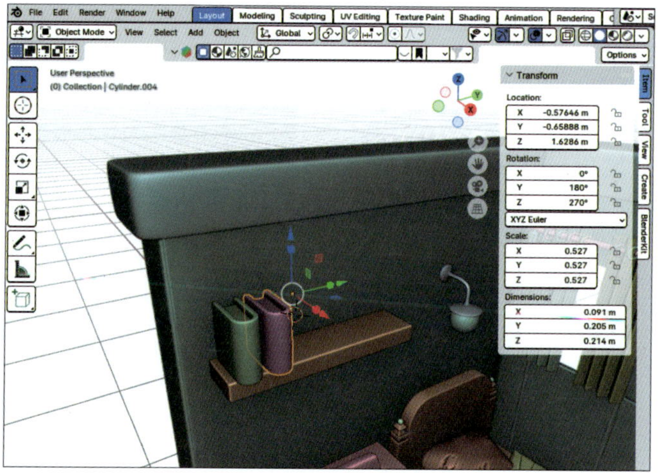

TIP 복제된 상태에서 마우스 오른쪽 버튼을 클릭하면 제자리에 같은 오브젝트가 복제됩니다.

⑪ 그림과 같이 다양하게 책 오브젝트를 더 복제하고 조절하여 선반 책장을 완성합니다.

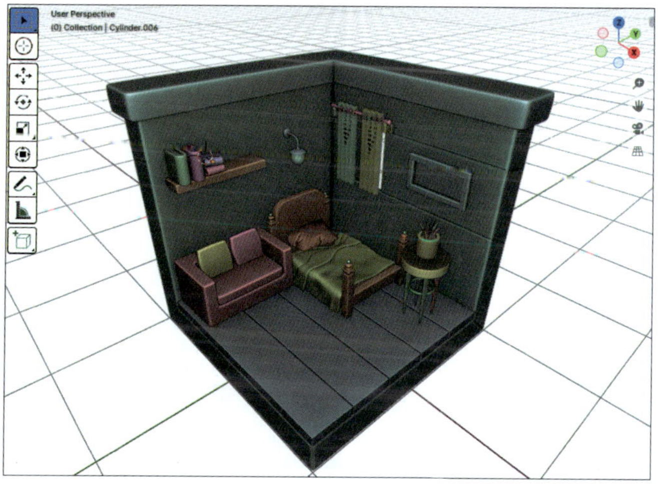

선베드 모델링하기

❶ 선베드를 만들겠습니다. 커브로 형태를 잡기 위해 Shift+A를 눌러 표시되는 Add 창에서 Curve → Path를 실행합니다.

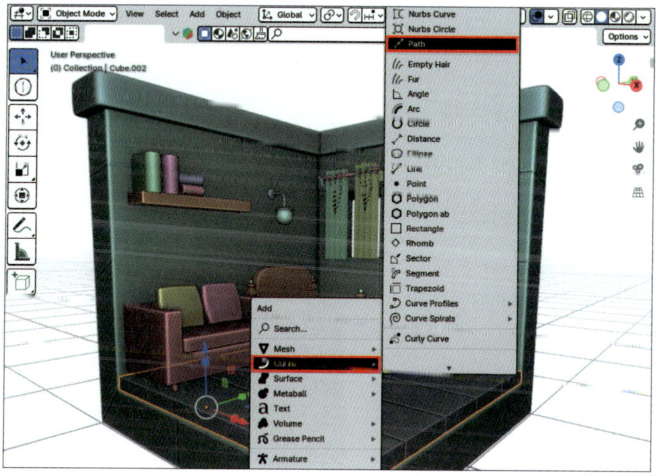

❷ 패스선이 선택되어 있는 상태로 Shift+S를 눌러 표시되는 파이 메뉴에서 Cursor to World Origin을 실행하여 3D Cursor를 중심으로 이동합니다.

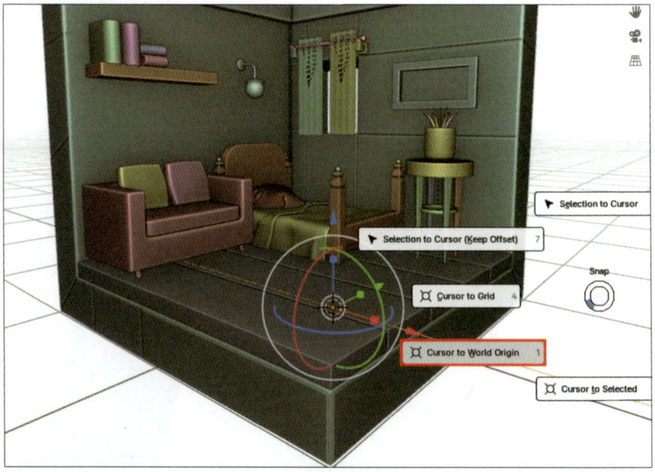

❸ Edit Mode에서 점을 이동시켜 커브 형태를 변형하겠습니다. Properties 패널의 [Object Data( )] 탭에서 [2D] 탭을 선택하여 2D 형태로 변경하고 숫자 키패드 3을 눌러 Right View 시점으로 변경합니다.

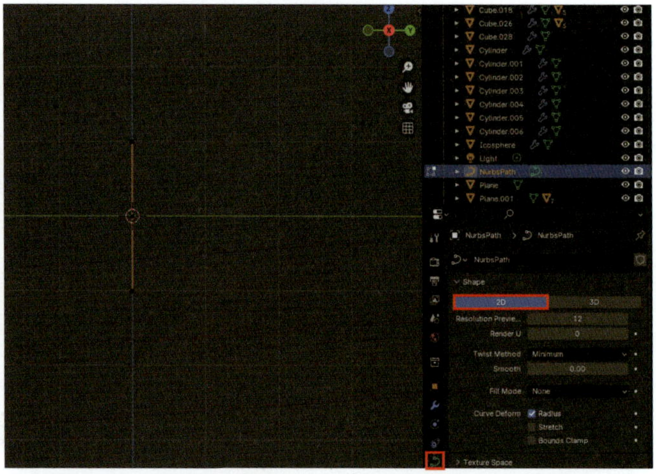

TIP 너무 밝은 화면에서는 패스선의 위치가 잘 파악되지 않을 수 있습니다. Blender Preferences 대화상자에서 Themes를 어두운 계열로 변경하면 좀 더 오브젝트가 눈에 띄어 작업하기에 수월합니다.

❹ E를 눌러 점을 추출합니다. 추출한 점을 위아래로 1칸씩 이동하기 위해 G-Z를 누르고 위는 '1', 아래는 '-1'을 입력하여 이동합니다.

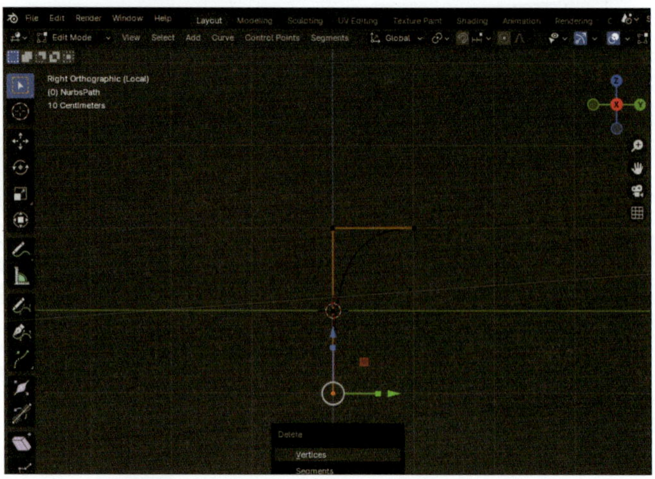

❺ 그림과 같이 ㄷ 형태로 만듭니다. 커브이기 때문에 회전되는 부분에는 커브 형태의 모양으로 정확한 그리드 값 좌표에 위치시키면 좌표에 정확하게 회전하여 배치할 수 있습니다.

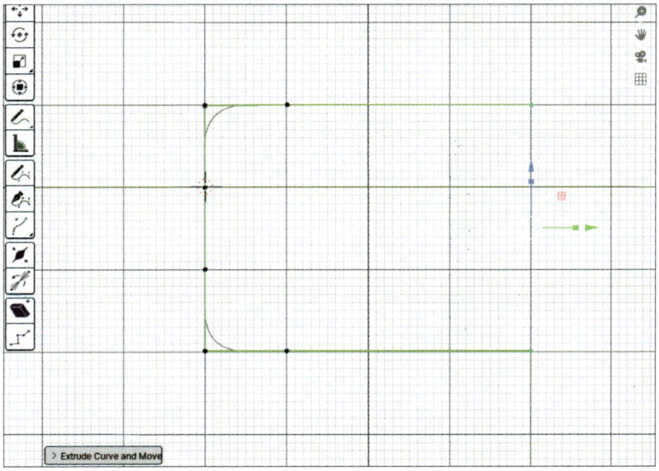

❻ Properties 패널의 〔Object Data( )〕 탭에서 〔3D〕 탭을 선택하여 변경하고 Geometry → Bevel → Round → Depth를 '0.15'로 설정하면 커브에 두께가 표현됩니다.

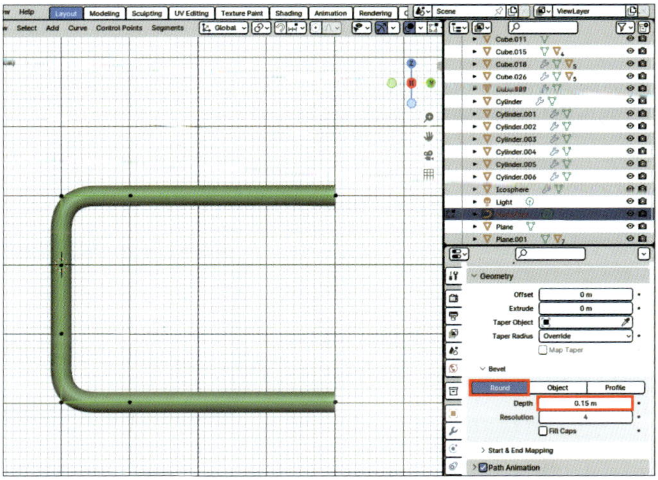

❼ 오른쪽 위아래 점을 선택하고 E - Y를 누른 다음 '1'을 입력하여 길이를 한 칸씩 더 증가시킵니다.

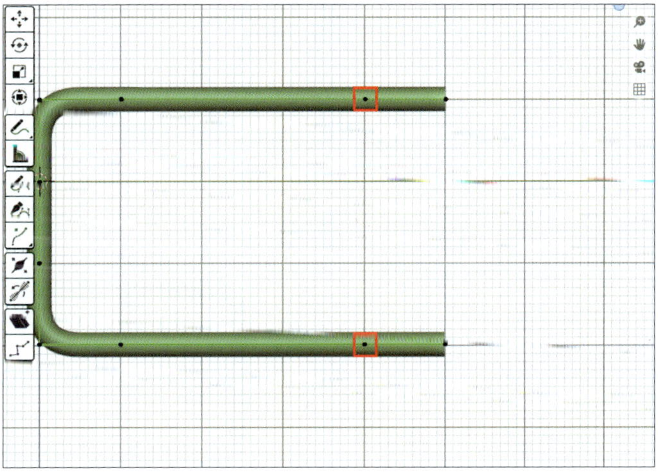

❽ 아래의 점은 숫자 키패드 1을 눌러 시점을 변경하고 E-X(방향 변경)를 누른 다음 '1'을 입력하여 오른쪽으로 이동합니다.

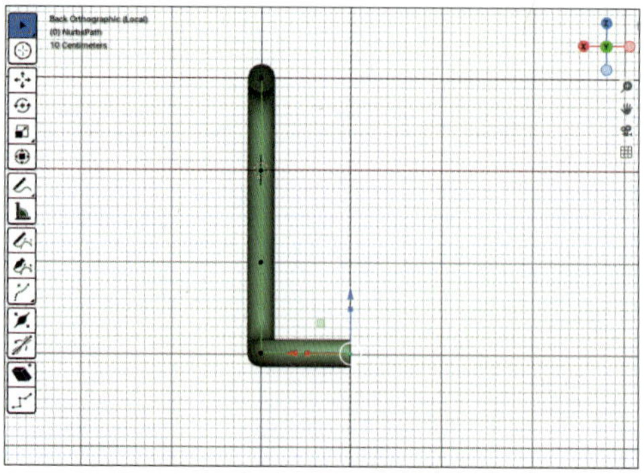

Front View

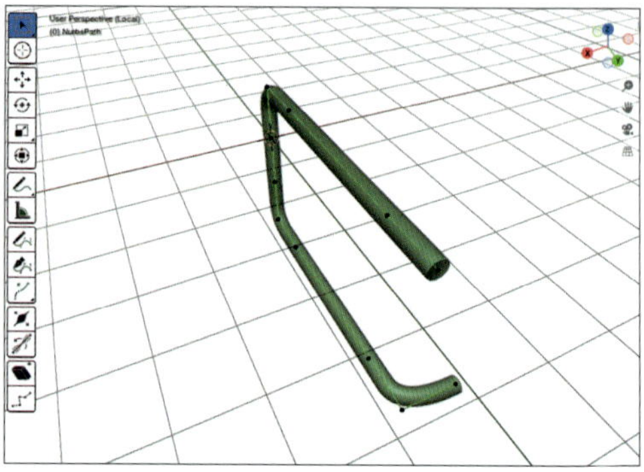

Perspective View

❾ 위에 있는 점은 점 2개를 동시에 연속으로 증가시키겠습니다. 먼저 위로 E-Z를 누르고 '1'을 입력, E-Z를 누르고 '3'을 입력하여 칸을 이동 증가시켰습니다.

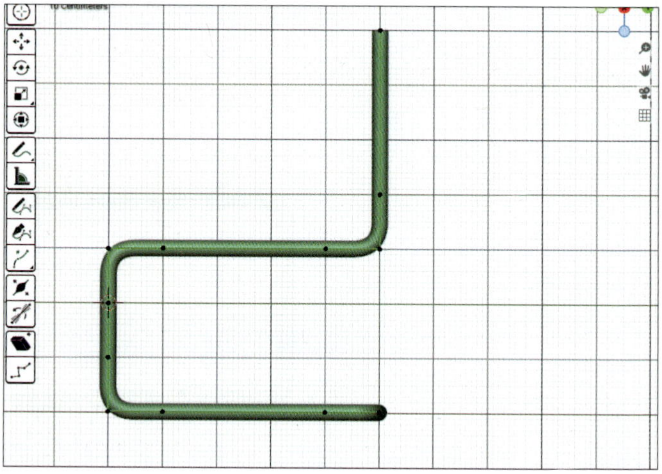

❿ 등받이이므로 아래 점을 옆으로 1칸, 가장 위에 있는 점은 2칸 이동(G)시켜 기울기를 형성합니다.

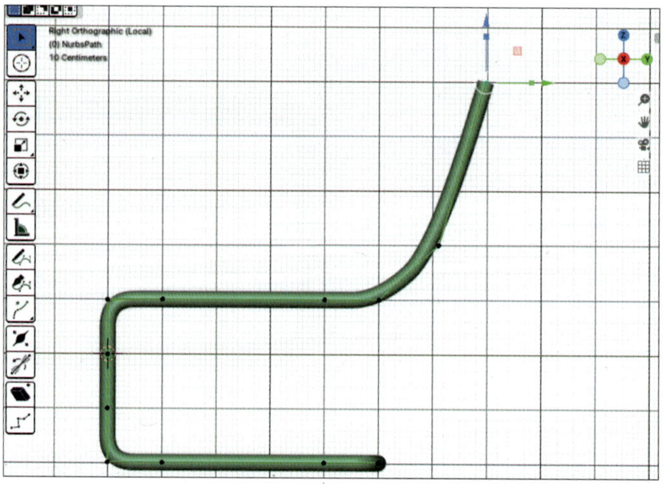

⓫ 윗점은 다시 한번 곡선면을 만들기 위해 E-Y를 누르고 '1'을 입력하여 1칸씩 증가시켰습니다.

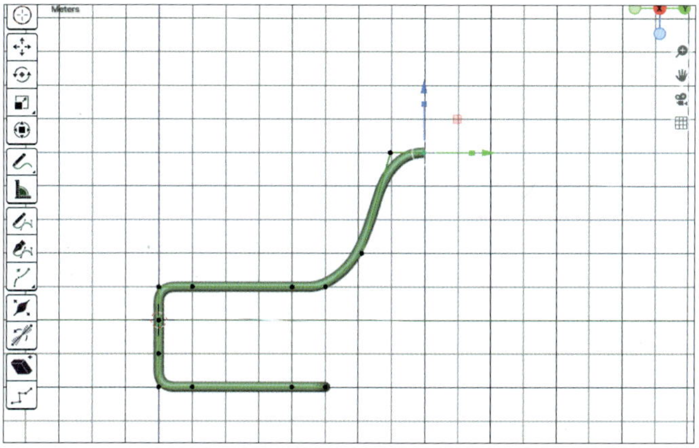

⓬ 그림과 같이 점이 방향과 이동으로 증가한 모형을 만듭니다.
점과 점 사이에 새로운 점을 생성하기 위해 점 2개를 선택하고 마우스 오른쪽 버튼을 클릭한 다음 Subdivide를 실행합니다.

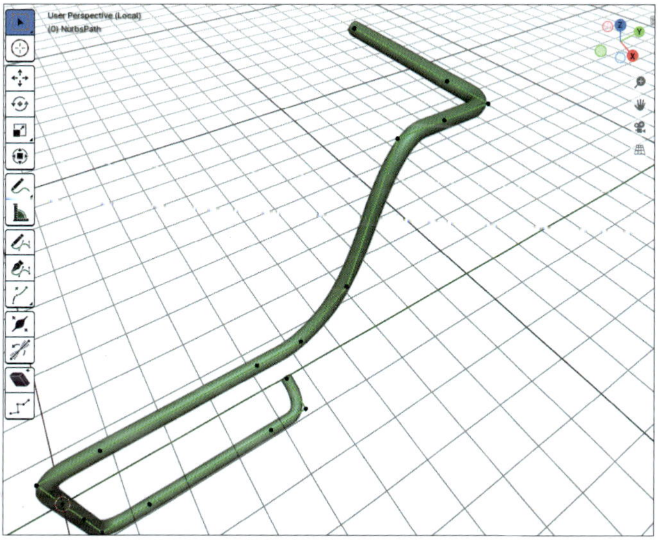

⓭ Object Mode로 전환하고 패스 오브젝트에서 마우스 오른쪽 버튼을 클릭한 다음 Convert to → Mesh를 실행하여 커브를 메시 형태로 변경합니다.

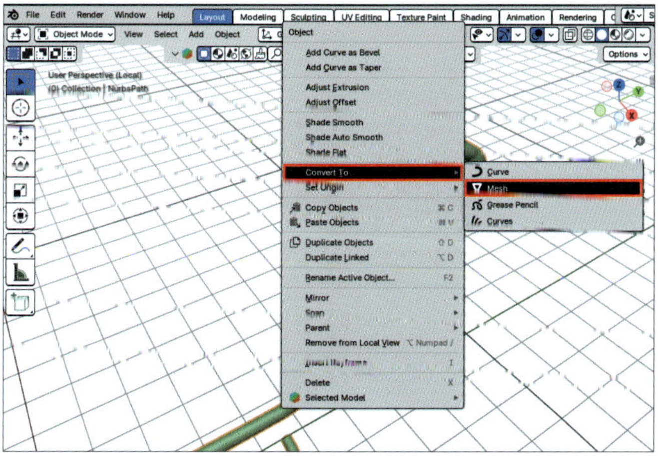

⑭ 반전 복사하기 위해 패스 오브젝트를 월드 좌표계를 중심으로 이동합니다. Origin도 동일하게 이동하기 위해 오브젝트에서 마우스 오른쪽 버튼을 클릭하고 Set Origin → Origin to 3D Cursor를 실행합니다.

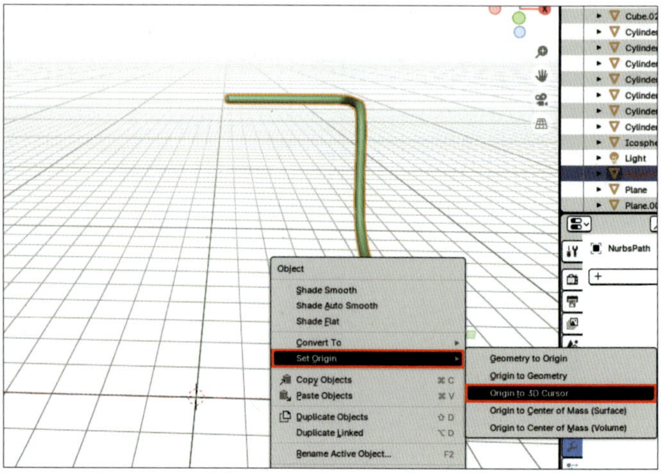

⑮ Properties 패널의 [Modifiers()] 탭에서 Mirror 기능을 적용하여 반전 복사합니다. Mirror 설정 창에서 Axis를 'Z'로 선택하고 'Clipping'을 체크 표시합니다.

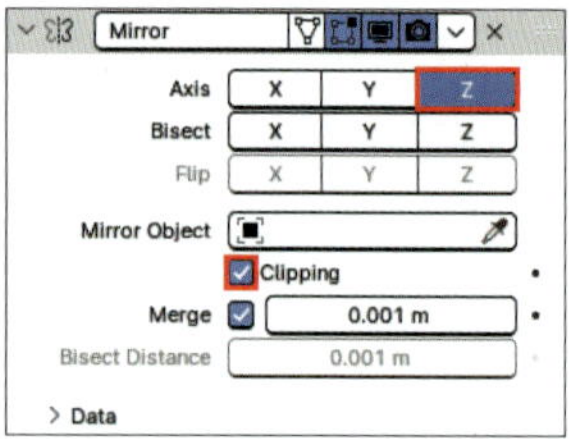

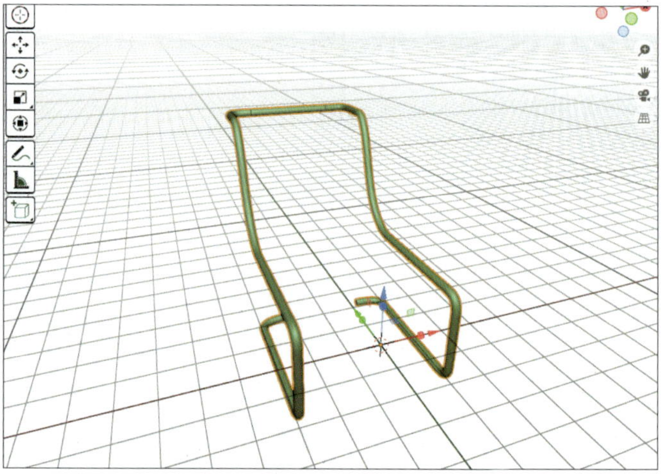

⑯ 아직 아랫부분이 붙지 않았습니다. 이는 Edit Mode에서 메시로 변경된 상태여서 붙지 않는 것입니다. 면을 선택하고 E를 눌러 증가시켜 문제를 해결합니다.

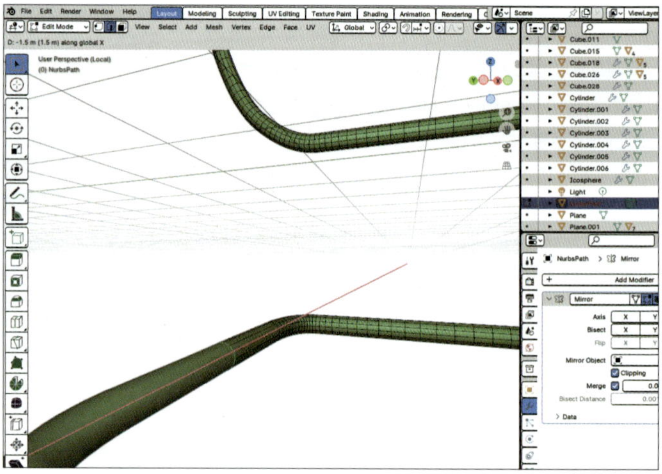

⑰ 앉는 곳은 배열해서 만들겠습니다. Mesh → Cube(Shift+A)를 실행하여 중앙에 오브젝트를 생성합니다.

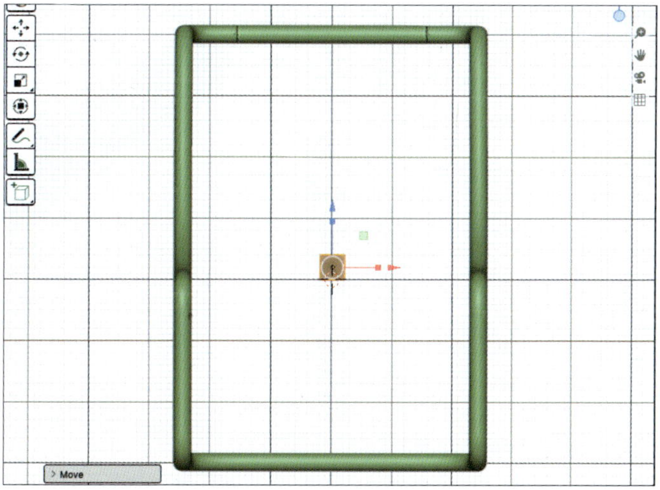

⑱ Scale(S)을 이용하여 사이즈를 조절한 후 좌우로 길게 늘여 줍니다.

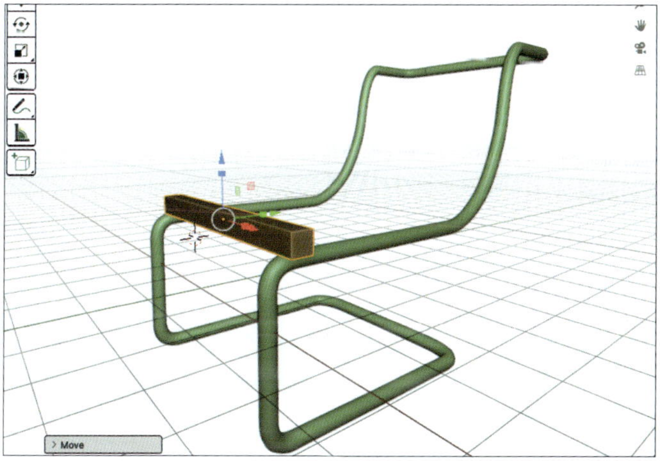

⑲ Cube 오브젝트를 선택한 상태로 Ctrl+A를 눌러 표시되는 Apply 창에서 Scale을 실행해 크기 값을 초기화합니다.

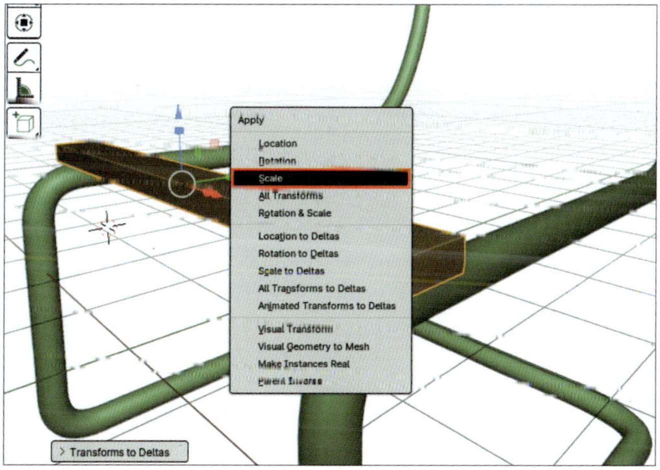

⑳ Ctrl+4를 눌러 부드럽게 만들고 Edit Mode로 전환한 다음 Loop Cut(Ctrl+R)으로 오브젝트 중앙에 선을 만들고 Bevel(Ctrl+B)로 좌우를 늘여줍니다.

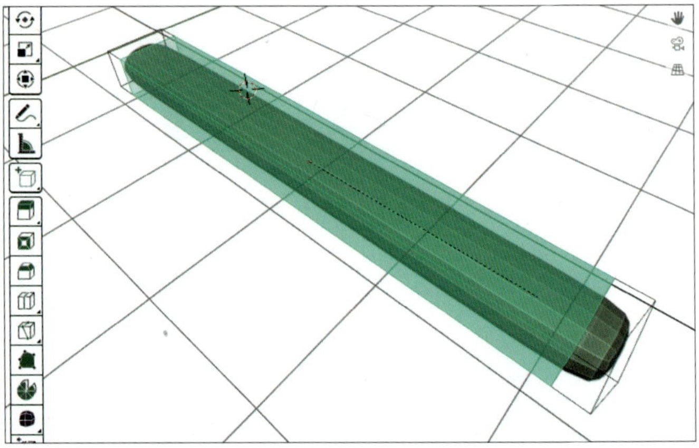

㉑ 아랫면을 선택하고 Sidebar(N)에서 Mean Crease를 '1'로 설정합니다. Cube 오브젝트가 바닥 면으로 달라붙습니다.

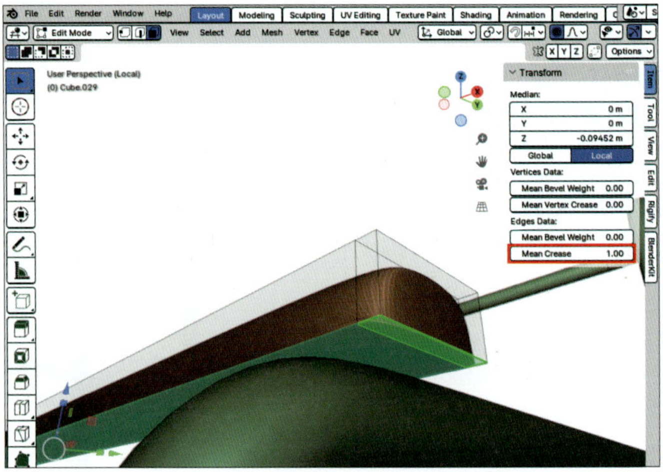

㉒ Object Mode로 전환합니다. Properties 패널의 〔Object(■)〕 탭 → Viewport Display → Show에서 'Axes'를 체크 표시하면 X, Y, Z축이 화면에 표시됩니다.

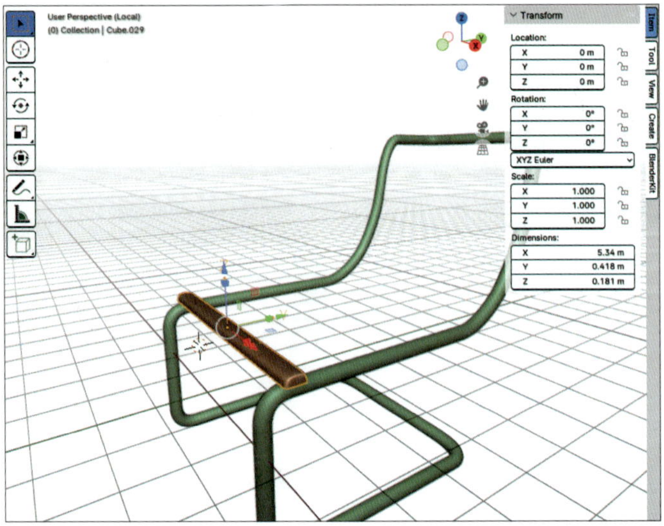

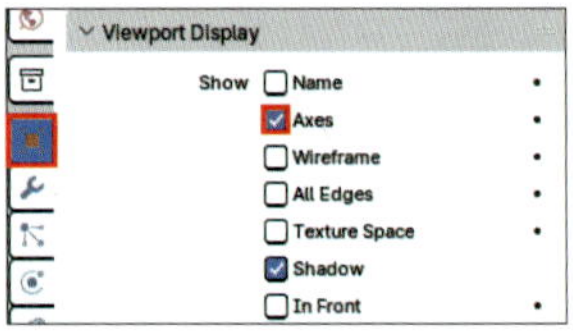

㉓ [Modifiers(🔧)] 탭을 선택하고 Add Modifier → Generate → Array를 실행하여 적용합니다. Y축으로 20개 배열하기 위해 Array 설정 창에서 Count를 '20', Factor Y를 '1'로 설정합니다.

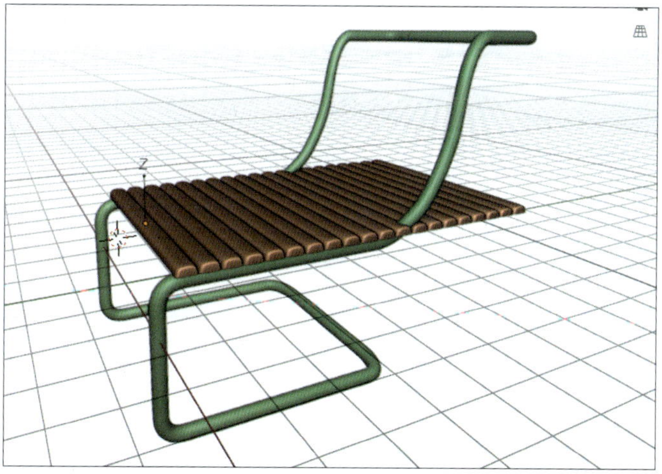

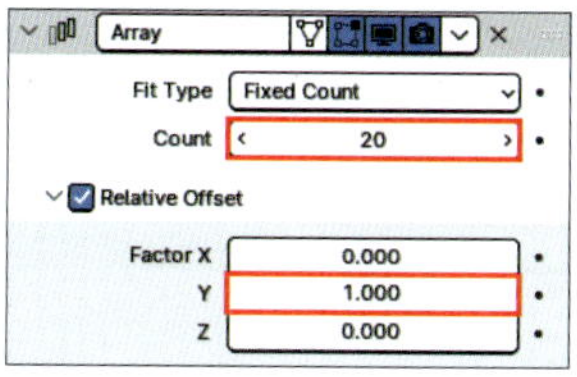

㉔ Fit Type을 'Fit Curve'로 지정합니다.

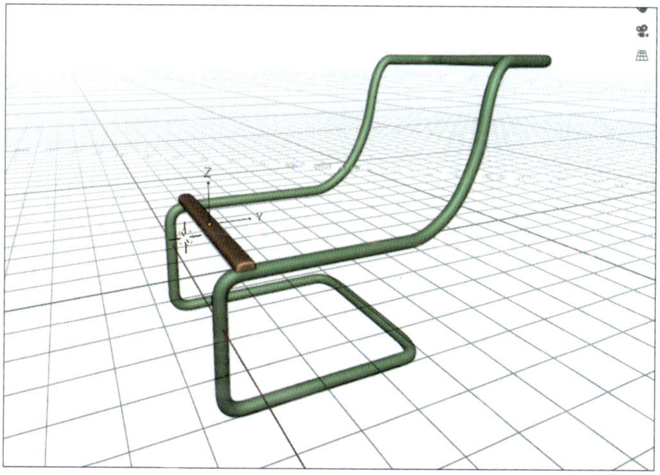

TIP Fit Curve는 수학적 코드 곡면 그래프처럼 커브가 생성되는 기능입니다. 오브젝트를 수학적 곡선을 따라 배열하여, 곡선의 형태에 맞게 물체를 배치할 수 있어 편리한 기능입니다.

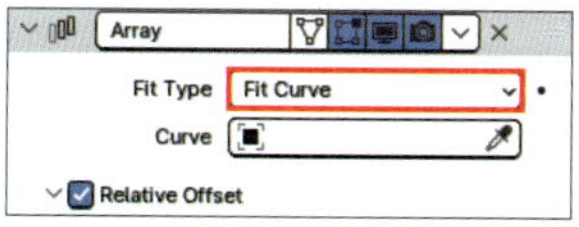

㉕ Cube 오브젝트가 선택된 상태로 Shift+S를 눌러 Cursor to Active를 실행해 3D Cursor를 이동합니다. 이 위치에 패스선을 생성하기 위해 Shift+A를 눌러 Cursor → Path를 실행합니다.

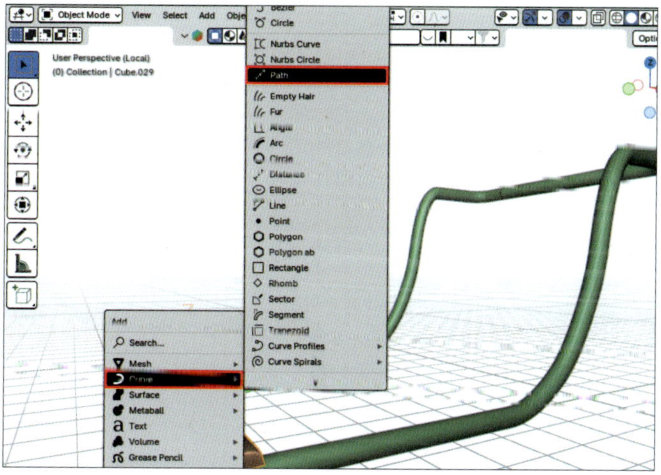

㉖ 패스선을 의자 받침과 동일한 모양으로 곡선을 만들겠습니다. Edit Mode로 전환하고 Extrude Region(E), Move(G)를 이용하여 그림과 같이 곡선을 만듭니다.

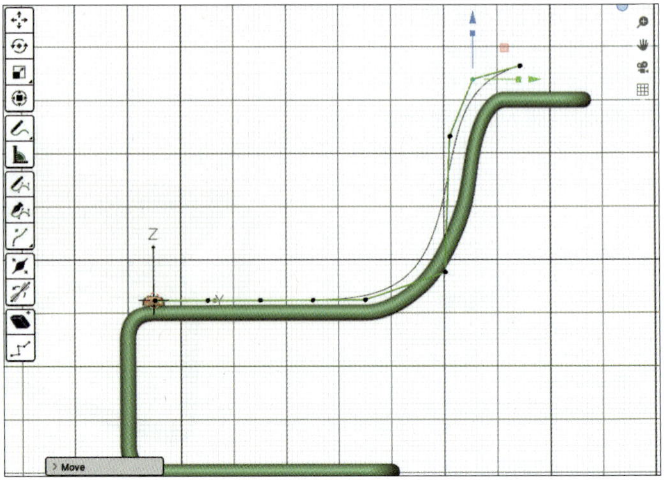

㉗ 받침면으로 만든 Cube 오브젝트를 선택하고 [Modifiers()] 탭의 Array 설정 창에서 Curve를 '커브선(NurbsPath.001)'으로 지정합니다.

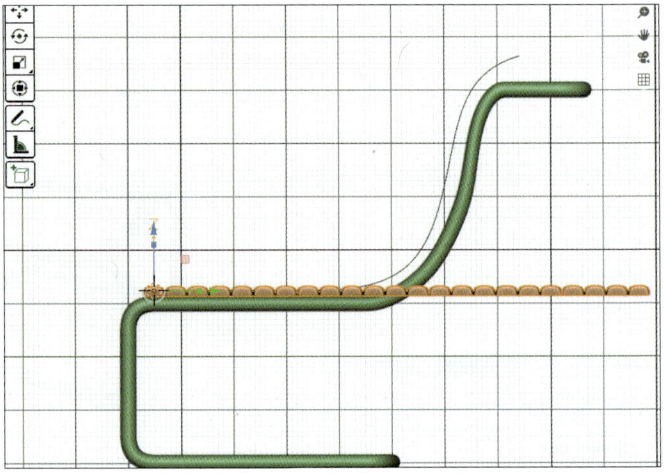

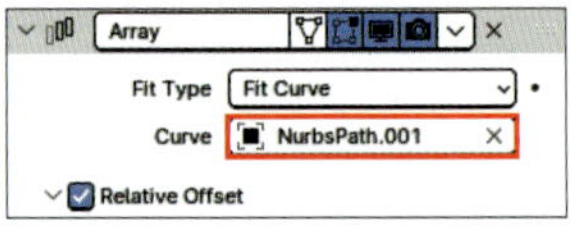

㉘ 받침면 오브젝트가 선택되어 있는 상태로 Add Modifier → Deform → Curve를 실행합니다.

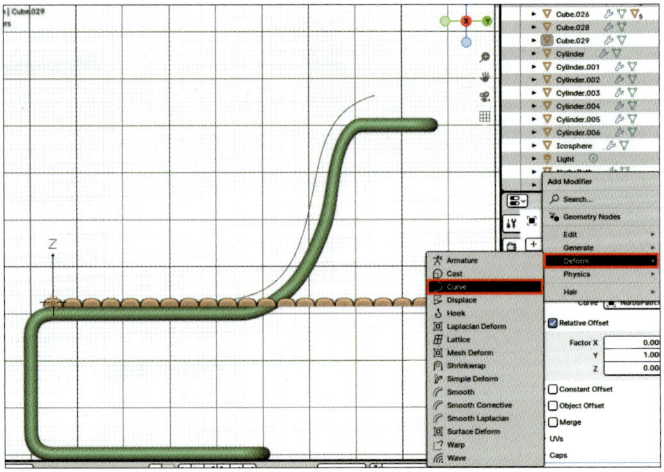

㉙ Curve 설정 창이 표시되면 Curve Object를 '커브선(NurbsPath.001)'으로 지정합니다. 그림과 같이 커브선을 따라 오브젝트 형태가 변형되는 것을 알 수 있습니다.

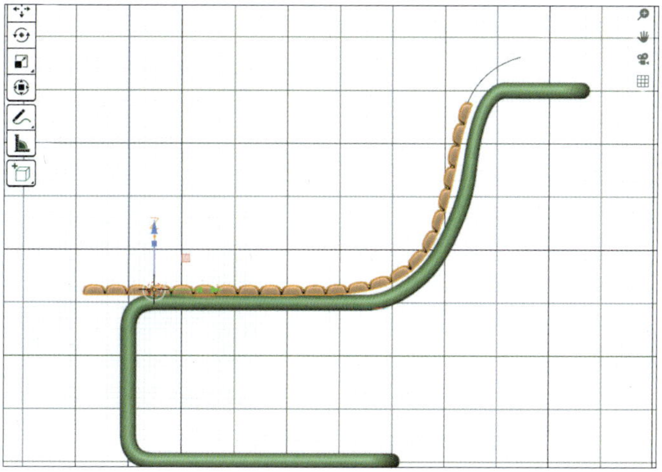

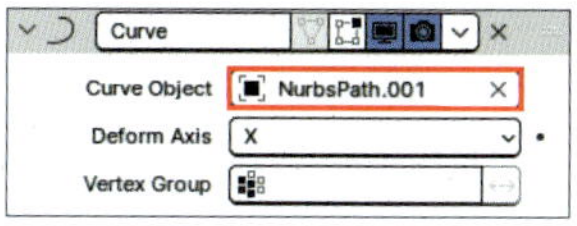

㉚ 일부 커브를 수정해 의자 받침의 위치를 변경시켜 선베드를 완성합니다.

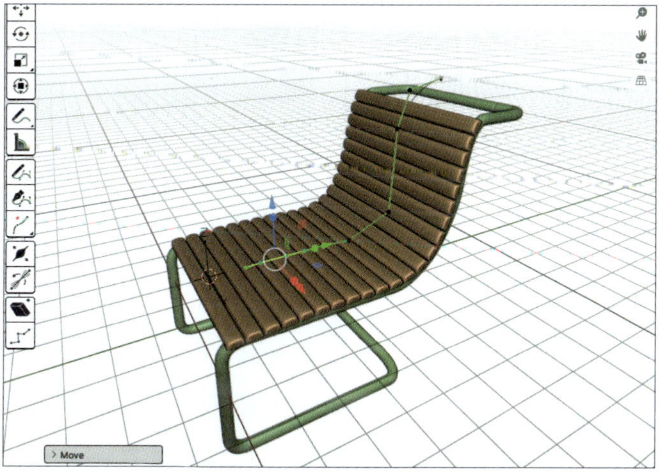

원형 탁자 모델링하고 완성하기

❶ 만든 선베드를 복제(Shift+D)하여 그림과 같이 좌우로 배치합니다. 선베드 사이로 3D Cursor를 이동(Shift+마우스 오른쪽 버튼 클릭)하고 Cylinder 오브젝트를 생성(Shift+A)하여 원하는 형태로 만듭니다.

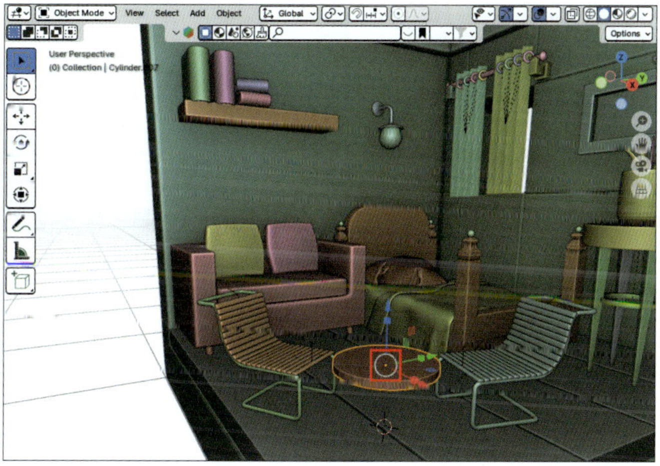

10

블렌더의 다양한 모델링 실습

❷ 먼저 Object Mode에서 Ctrl+B를 누르고 영역을 지정해 일부 렌더링 모드를 확인합니다.
Properties 패널의 [Render()] 탭에서 Render Engine을 'Cycles'로 지정합니다.

> **TIP** 이 모드를 끝내려면 Ctrl+Alt+B를 누르면 됩니다.

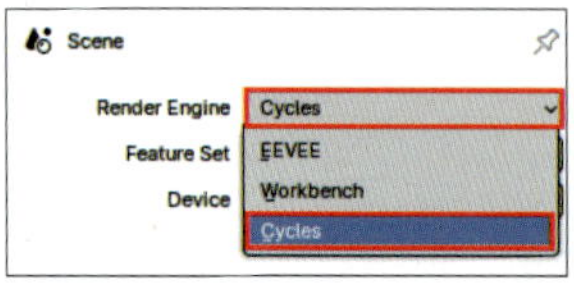

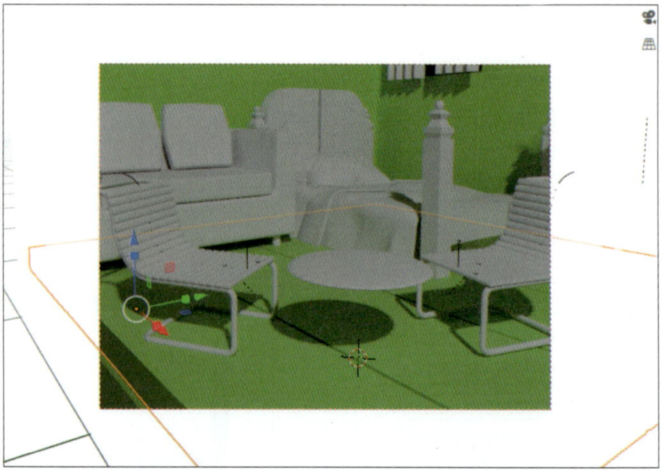

❸ Z를 눌러 표시되는 파이 메뉴에서 Rendered를 실행하면 렌더링된 화면을 확인할 수 있습니다.

❹ 테이블 다리를 만들기 위해 Edit Mode로 전환합니다. 위아래 면에 Inset Faces(I)로 안쪽 면을 추가하고 Extrude Region(E)으로 아래로 추출하여 점점 크게 만들어 줍니다.

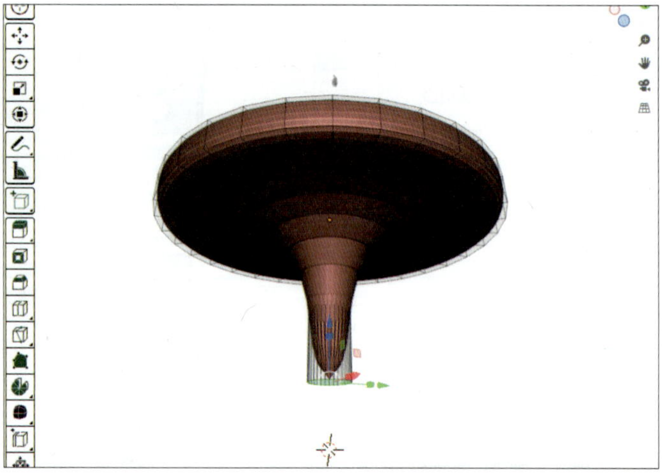

❺ Sidebar(N)에서 Transform → Edges Data의 Mean Crease를 '1'로 설정하여 바닥 면으로 완전히 일치시키고 다시 면을 돌출(E)해 완성합니다.

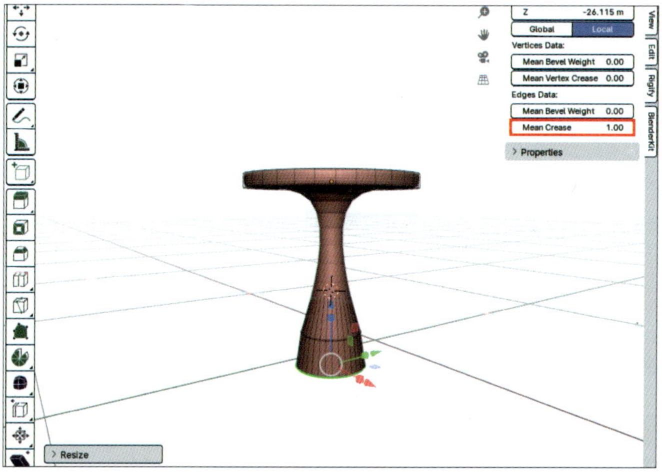

❻ 만든 모델링들의 크기 위치 및 배치를 적절하게 만들고 메테리얼을 적용하여 렌더링을 완료합니다.

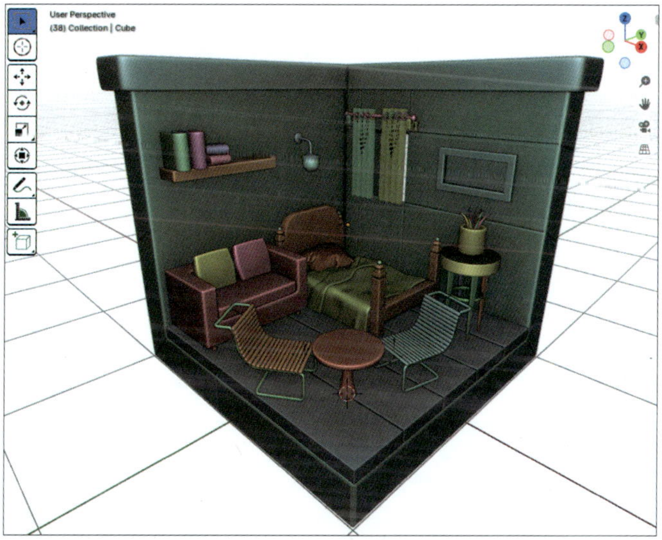

TIP 렌더링 이미지 비율 설정 방법

렌더링을 진행하기 전에 Properties 패널 → Output(🖨) 탭 → Format의 Resolution X와 Y를 설정하여 렌더링할 이미지의 비율을 지정할 수 있습니다. Camera View 시점으로 확인하여 원하는 형태로 이미지를 설정하세요.

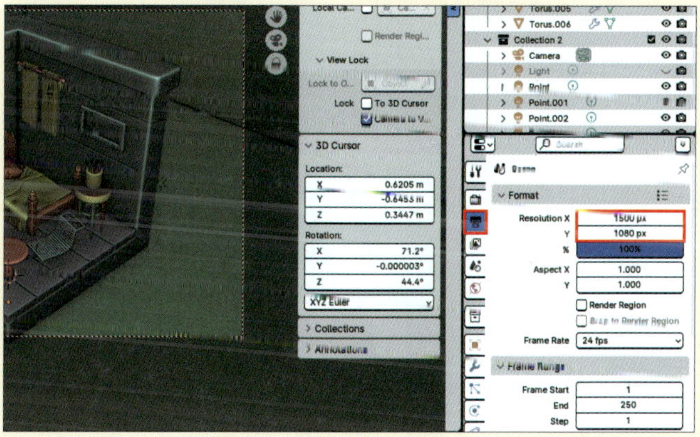

10.3 블렌더 실습 3 : 게임 캐릭터 모델링하기

게임에 나오는 동물형 캐릭터를 모델링하겠습니다. 기본 모델링 작업과 스컬프팅을 통해 캐릭터의 형태를 잡고 외부에서 다운로드한 눈 메테리얼을 적용하여 좀 더 완성도 있는 얼굴을 표현합니다.

완성 파일 : 10\게임캐릭터_완성.blend

캐릭터 기본 형태 모델링하기

❶ Shift+A를 눌러 표시되는 Add 창에서 Mesh → UV Sphere를 실행하여 오브젝트를 생성하고 Ctrl+3을 눌러 Subdivision Surface를 적용해 매끄럽게 만듭니다.

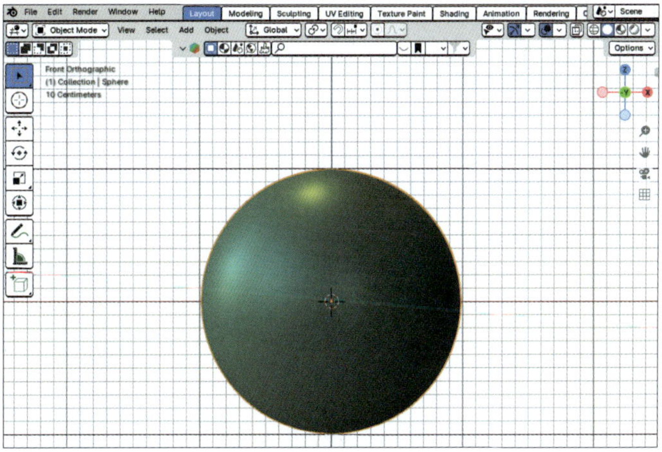

❷ Sphere 오브젝트를 복제(Shift+D)하고 S-X를 눌러 아래로 배치합니다. 총 두 번 복제하여 목과 몸통을 각각 만들고 그림과 같이 변형해 배치합니다.

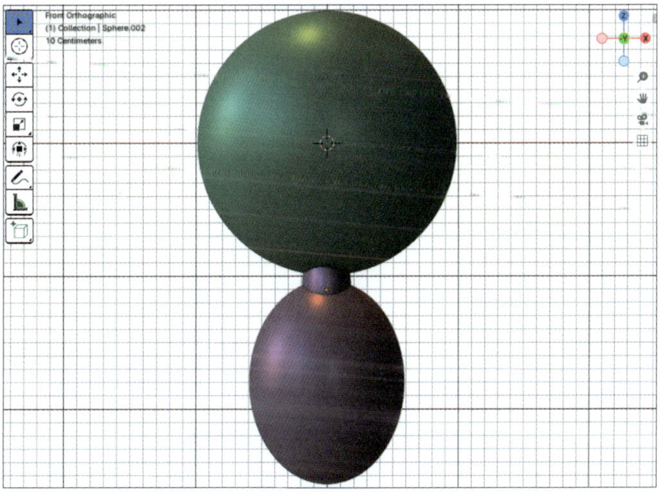

❸ 스컬프팅 작업을 하기 전에 모든 오브젝트를 선택하고 Ctrl+A를 눌러 표시되는 Apply 창에서 Scale을 실행하여 크기를 동일하게 설정합니다.

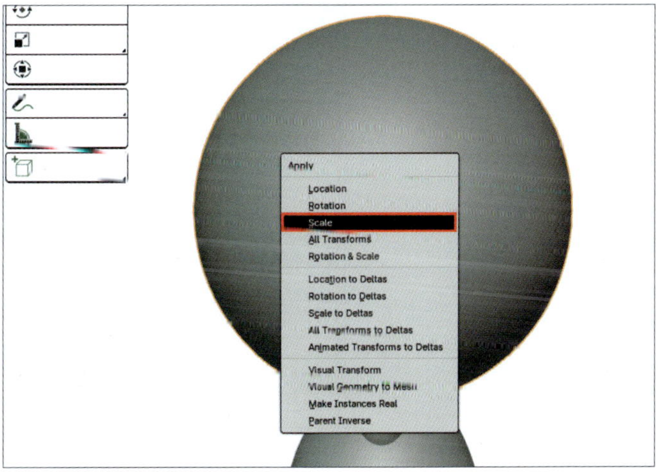

❹ Workspaces에서 〔Sculpting〕 탭을 선택하여 작업 환경을 변경하고 Toolbar 패널의 'Elastic Deform' 도구()를 선택합니다.
Header 패널의 Mirror 기능에서 'X'를 선택하고 Radius를 '100' 이상으로 설정한 다음 Front View(숫자 키패드 1)에서 얼굴 볼 위치를 선정해 당깁니다.

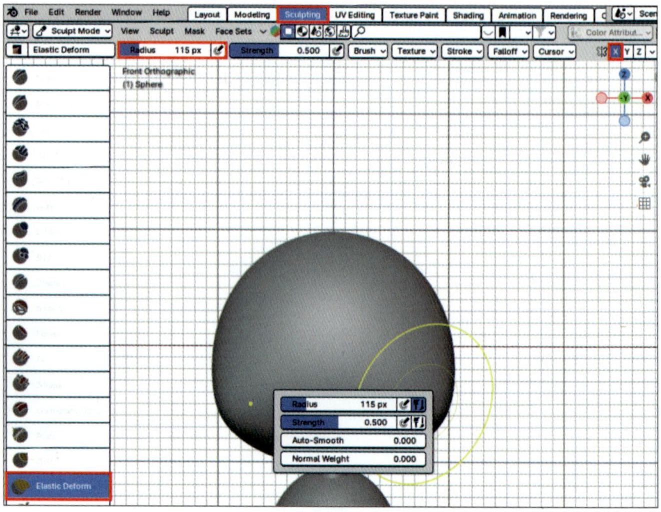

❺ 메뉴에서 〔Edit〕 → Preperence를 실행하여 Blender Preperence 대화상자를 표시합니다. 〔Add-ons〕 탭을 선택하고 검색창에 'add mesh'를 입력한 다음 'Add Mesh : Extra Objects'를 체크 표시하여 활성화합니다.

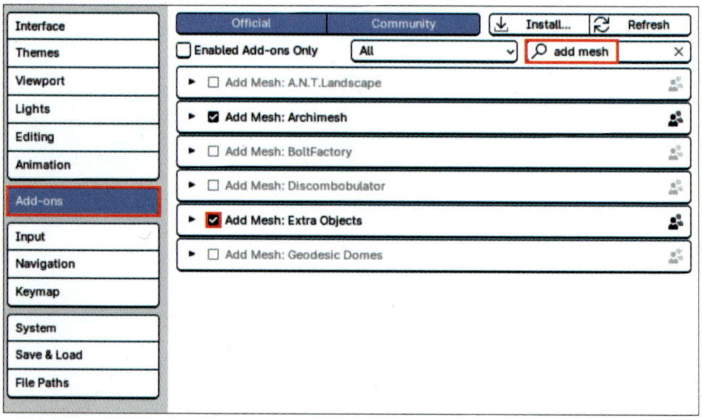

❻ Object Mode에서 Add Mesh → Round Cube를 생성(Shift+A)합니다. Operation 패널에서 Radius를 '1', Arc를 '18'로 설정합니다.

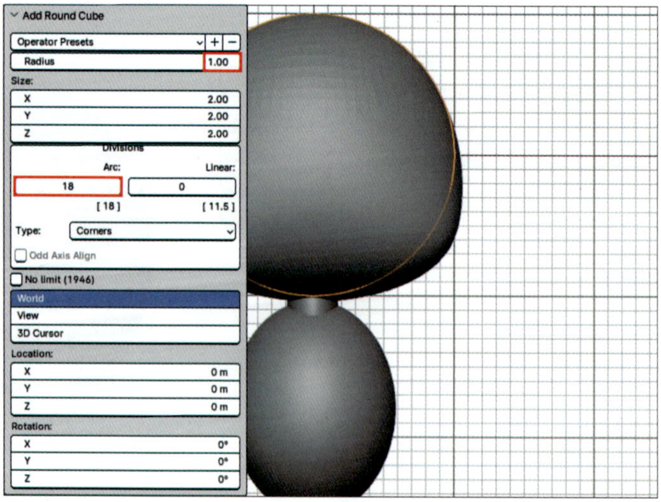

❼ Round Cube 오브젝트의 크기(S)를 축소하고 Right View(숫자 키패드 3)에서 부리가 되도록 위치를 조정합니다.

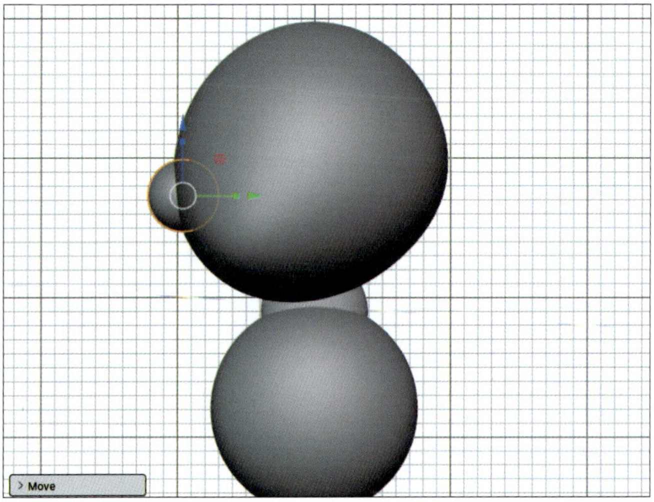

❽ 다시 Sculpt Mode로 전환하고 'Elastic Deform' 도구()를 이용하여 부리를 당깁니다.

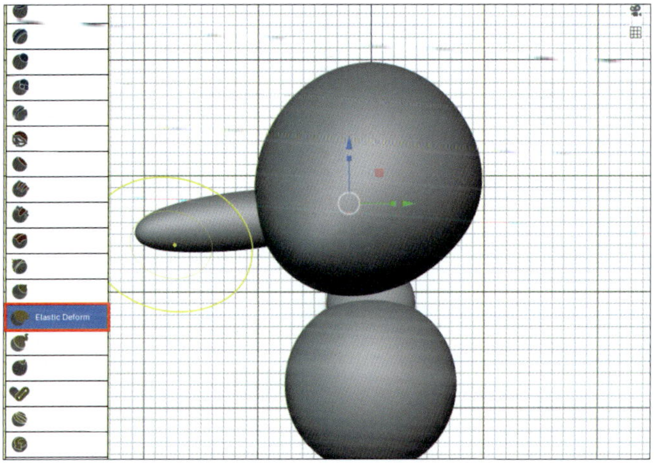

❾ 같은 방법으로 앞뒤로 당겨서 길이를 늘입니다.

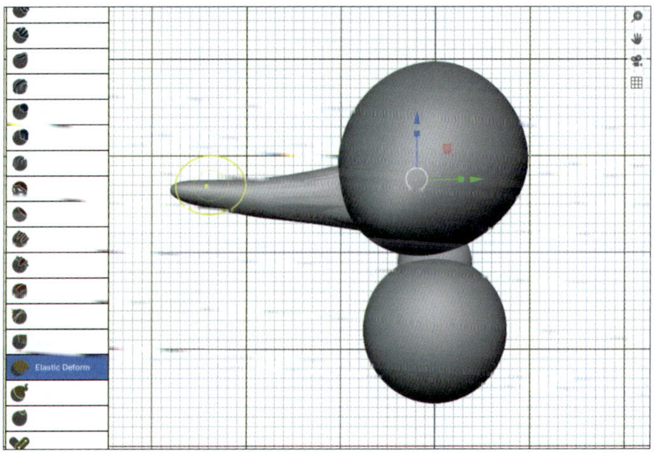

⑩ Ctrl+Tab을 눌러 표시되는 파이 메뉴에서 Object Mode를 실행하여 전환합니다.
Front View(숫자 키패드 1)에서 S-Z를 눌러 위아래로 조절하여 높이를 줄입니다.

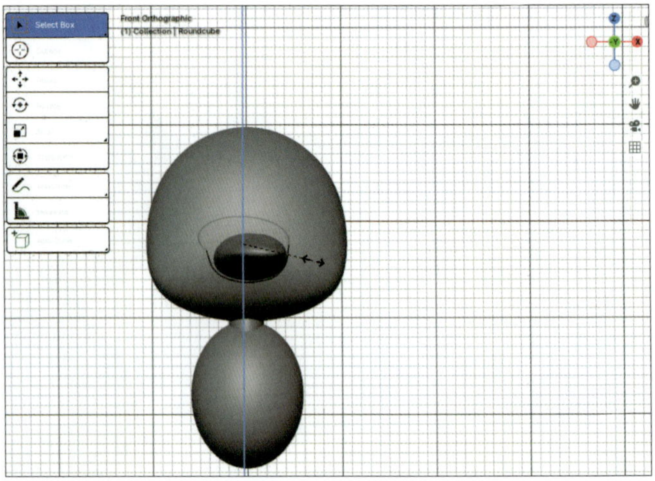

⑪ 같은 방법으로 Round Cube 오브젝트를 새로 생성(Shift+A)하고 아래 턱이 되도록 늘려서 모양을 잡습니다.

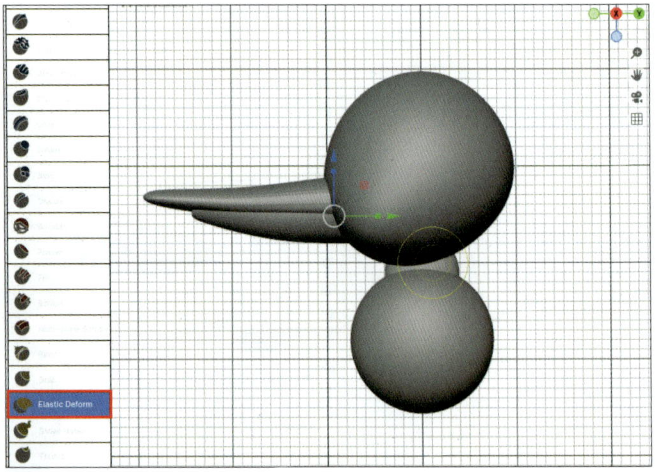

얼굴과 팔다리 모델링하기

❶ 다시 Round Cube 오브젝트를 새로 생성(Shift+A)하고 부리 끝쪽에 배치합니다.

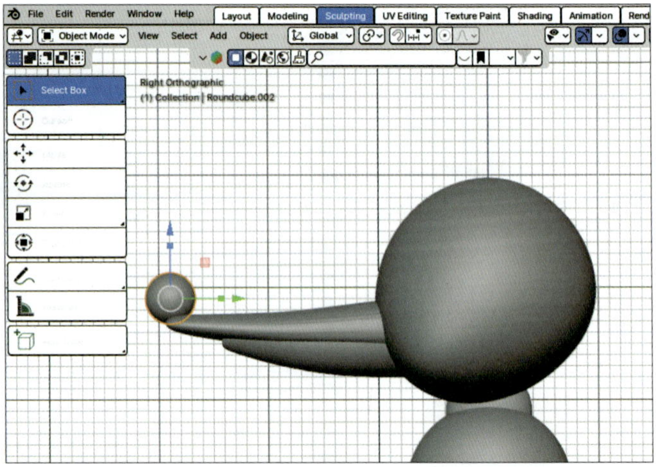

❷ 코 끝쪽 부분을 늘여서 모양을 길게 만듭니다.

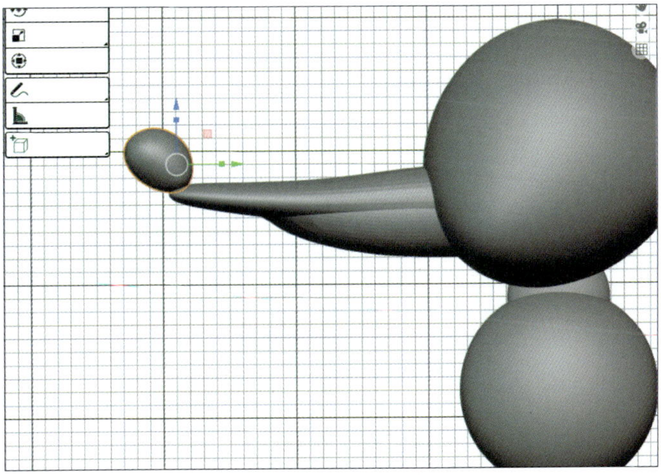

❸ 눈이 들어갈 부분을 만들기 위해 얼굴 오브젝트를 선택하고 Sculpt Mode로 전환합니다. Toolbar 패널에서 'Inflate' 도구(●)를 선택하고 Shift를 누른 상태로 눈이 위치할 곳을 문질러 그림과 같이 원 형태로 움푹 파인 모양으로 만듭니다.

> **TIP** Shift를 눌러서 작업하는 것은 Header 패널에서 '–'를 선택하고 문지르는 것과 같은 효과를 줄 수 있습니다.

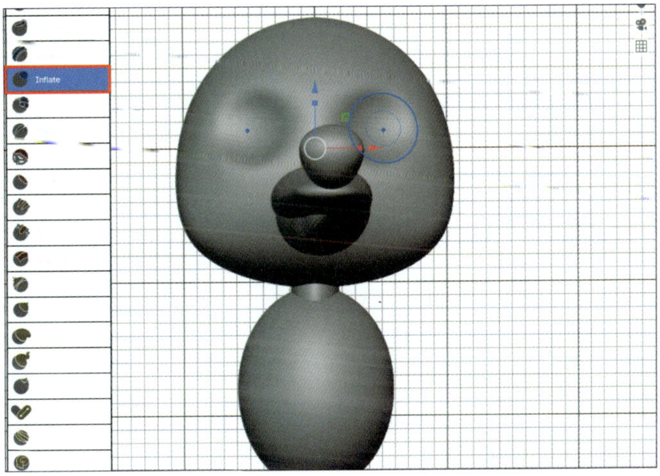

❹ Object Mode로 전환합니다. Sphere 오브젝트를 생성(Shift+A)한 다음 눈 모양이 파인 곳에 돌출되도록 배치합니다. 다양한 시점에서 맞춰 보며 구를 X축으로 90° 회전해 배치합니다.

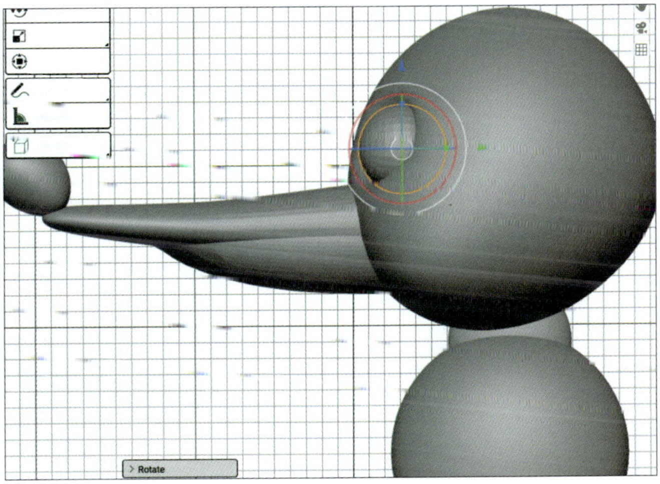

❺ 얼굴 오브젝트를 선택하고 다시 Sculpt Mode로 전환한 다음 'Elastic Deform' 도구( )로 눈동자 주변을 다듬어 줍니다.

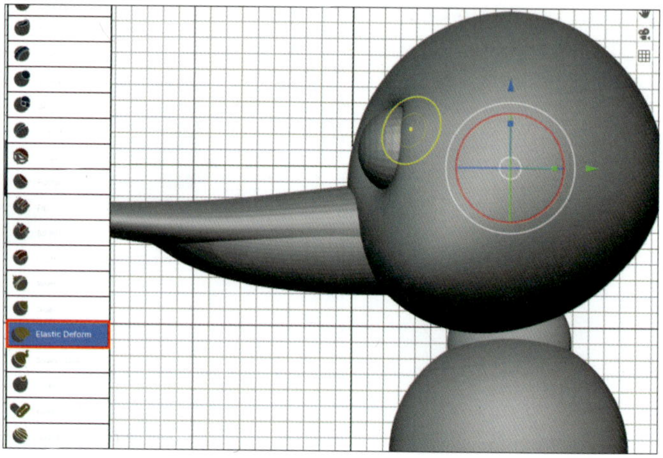

❻ 눈으로 만든 Sphere 오브젝트를 선택하고 Properties 패널의 [Modifiers( )] 탭에서 Mirror를 적용하여 눈을 반전 복사합니다. Mirror 설정 창에서 Mirror Object를 얼굴 오브젝트로 지정하면 좌우로 눈이 배치됩니다.

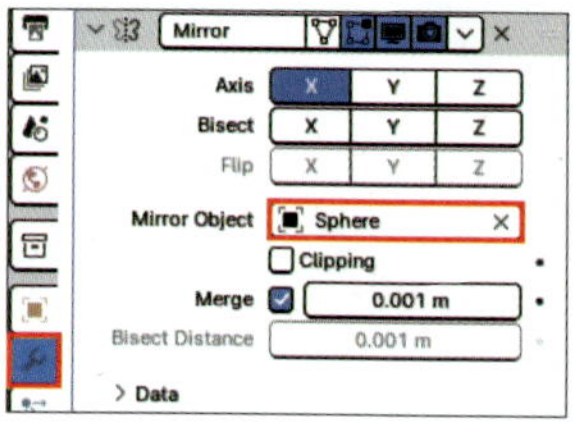

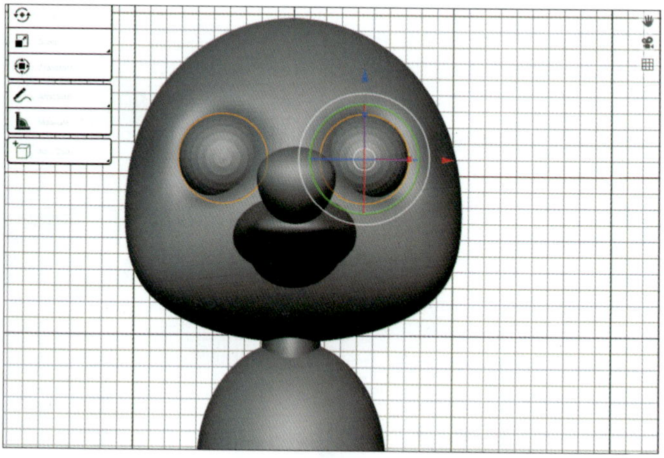

❼ Round Cube 오브젝트를 새로 생성(Shift+A)하고 귀가 될 위치로 이동합니다. 각도 크기를 적당히 잡아서 한쪽에 배치합니다.

❽ Sculpt Mode에서 길게 늘여주고 Object Mode로 다시 전환합니다. [Modifiers(🔧)] 탭에서 Mirror 기능을 실행하고 Mirror 설정 창의 Mirror Object를 얼굴 오브젝트로 지정하여 반대쪽 귀를 반전 복사합니다.

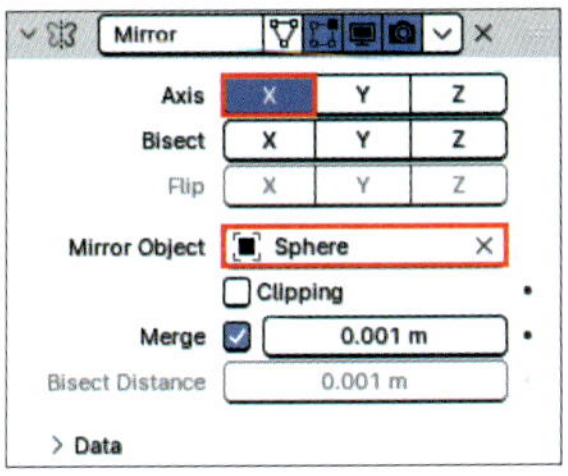

❾ 캐릭터의 다리를 만들기 위해 Object Mode로 전환하고 Shift+A를 눌러 표시되는 Add 창에서 Curve → Path를 실행합니다.

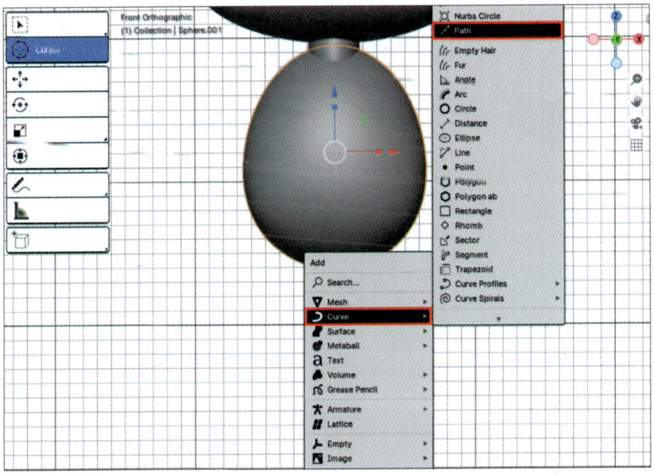

❿ 길쭉한 다리가 되도록 패스선을 90° 회전하여 세로로 배치합니다.

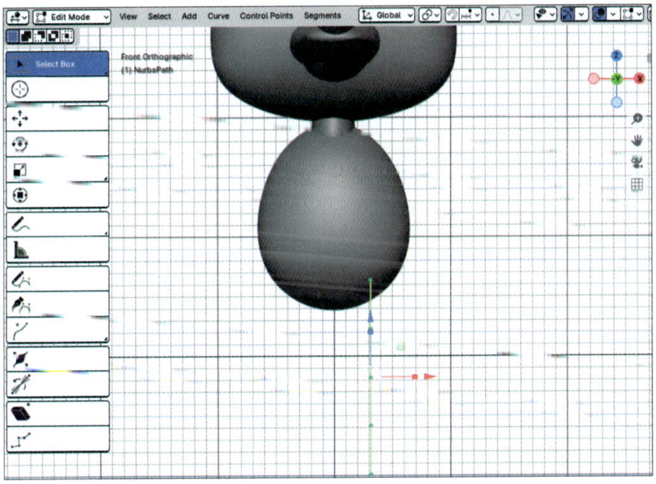

⓫ Properties 패널의 [Object Data()] 탭에서 Geometry → Bevel → Round → Depth를 '0.11'로 설정하여 두께를 생성합니다.

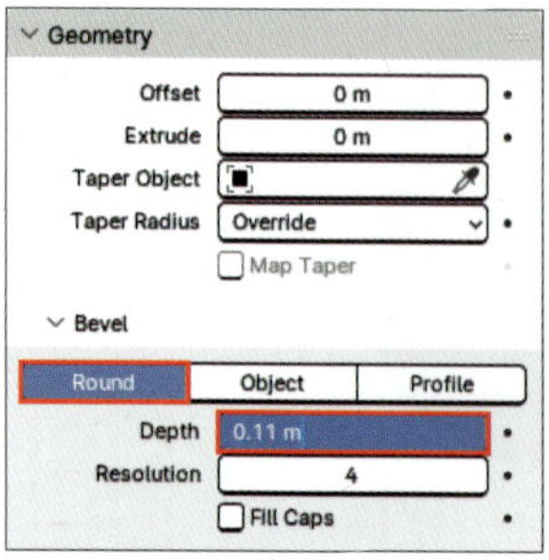

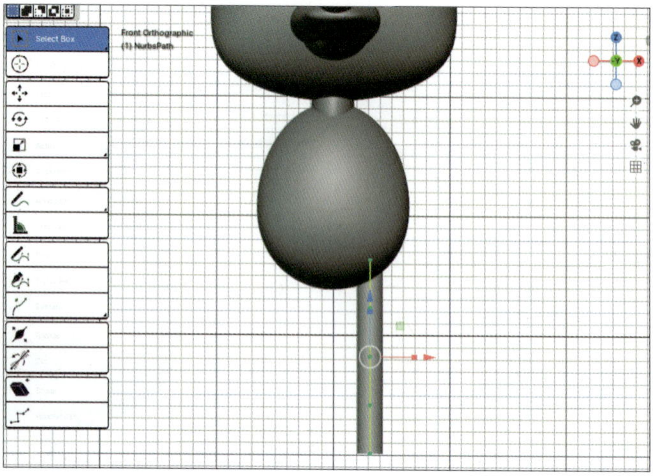

⓬ Object Mode로 전환하고 다리 오브젝트에서 마우스 오른쪽 버튼을 클릭한 다음 Convert To → Mesh를 실행하여 커브선을 메시 오브젝트로 변환합니다.

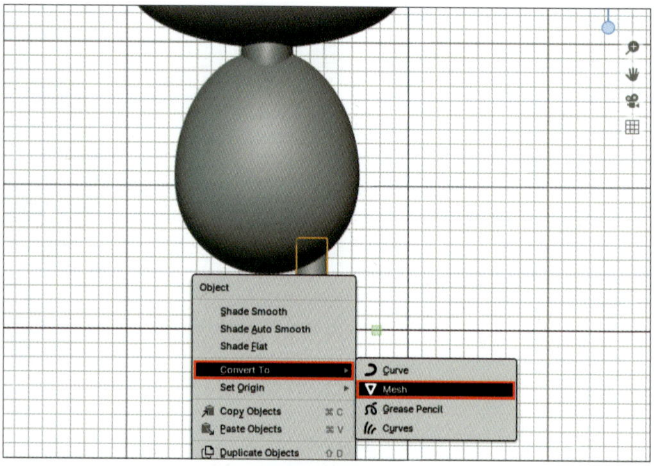

⓭ 다리 오브젝트가 선택되어 있는 상태에서 Edit Mode로 전환합니다. 아랫부분 점을 일부 선택하고 Proportional Editing(O)을 활성화한 다음 S를 눌러 아래로 갈수록 크기가 두꺼운 형태의 다리를 만듭니다.

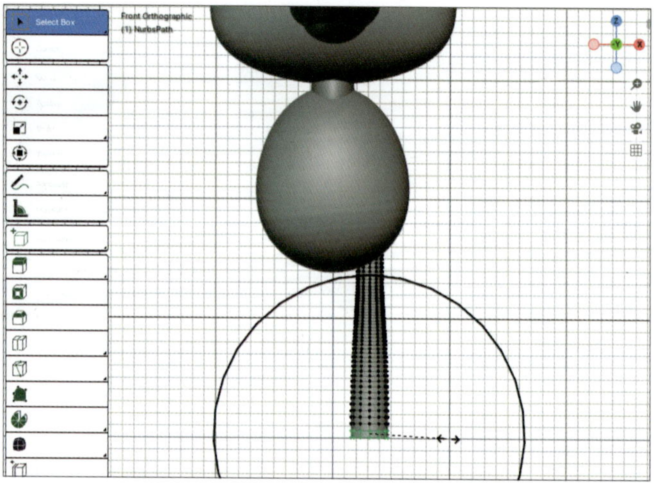

⓮ Object Mode로 전환합니다. 다리 오브젝트를 선택하고 〔Modifiers( )〕 탭에서 Mirror 기능을 실행하고 Mirror 설정 창에서 Mirror Object를 몸통 오브젝트로 지정하여 다리를 대칭 복사합니다.

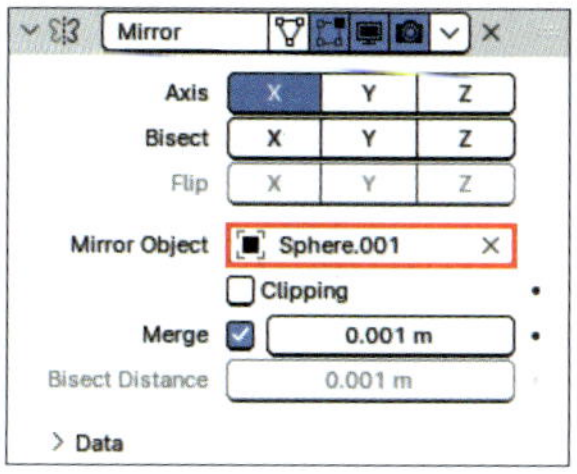

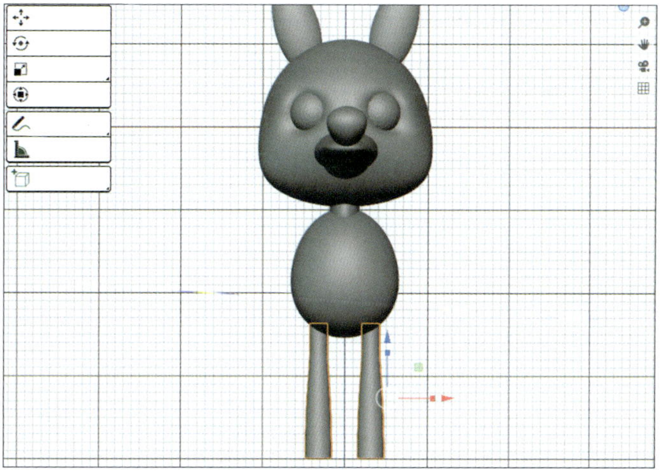

⓯ 발바닥을 만들기 위해 Shift+A를 눌러 표시되는 Add 창에서 Mesh → Cube를 실행하여 오브젝트를 새로 생성합니다.

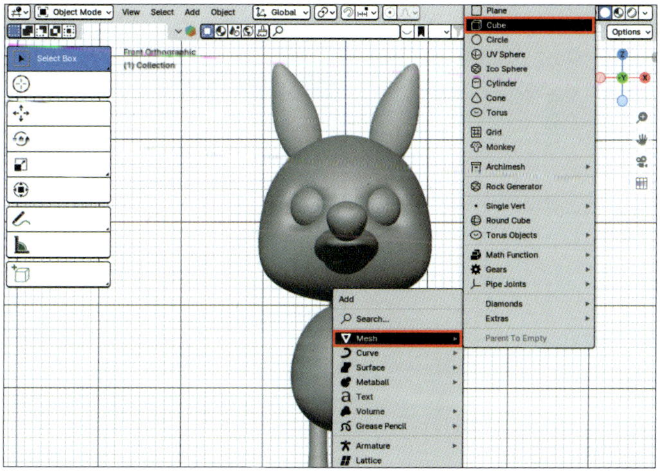

⓰ Ctrl+2를 눌러 Subdivision Surface를 적용해 부드럽게 만듭니다.

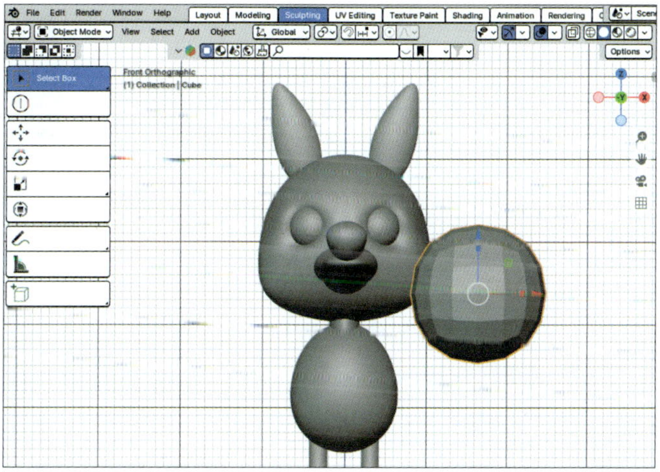

⑰ Cube 오브젝트를 발이 될 위치로 이동하고 [Modifiers(🔧)] 탭에서 Subdivision을 Apply로 적용합니다. 발바닥 부분을 평평하게 만들기 위해 Edit Mode로 전환하고 Toggle X-Ray(Alt+Z) 모드에서 밑 부분 점을 모두 선택한 다음 X를 눌러 표시되는 Delete 창에서 Vertices를 실행해 삭제합니다.

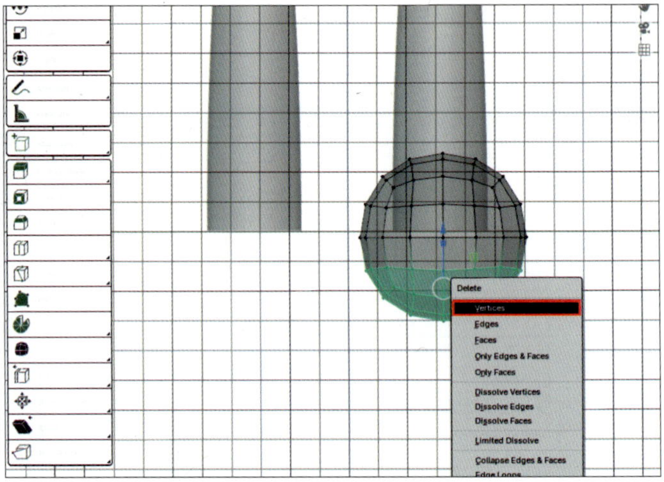

⑱ Right View(숫자 키패드 3)로 시점으로 전환하고 S-Y를 눌러 Y축으로 길게 늘여 다리 끝에 배치합니다.

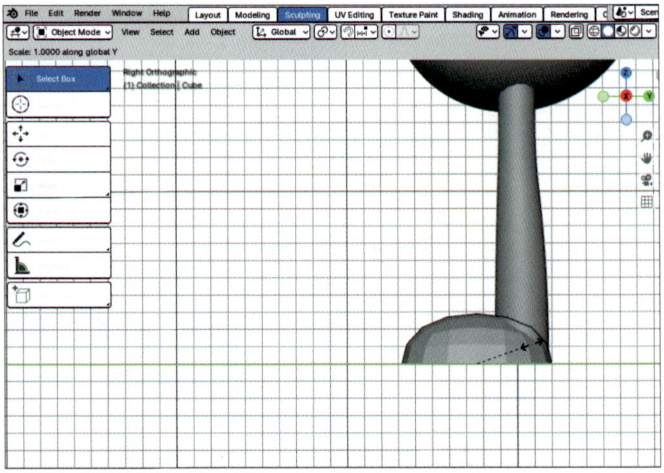

⑲ ⑭번과 같은 방법으로 Mirror 기능으로 발도 대칭 복사합니다.

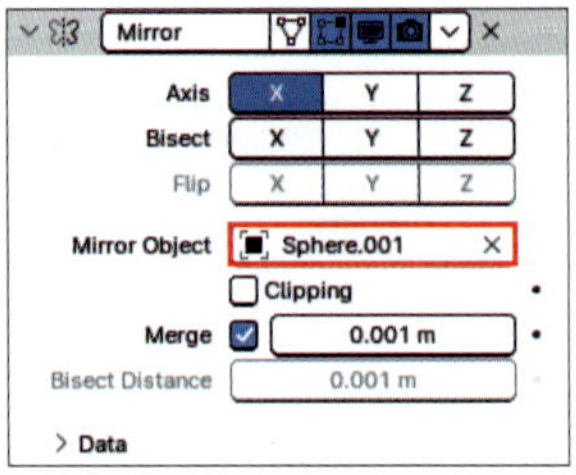

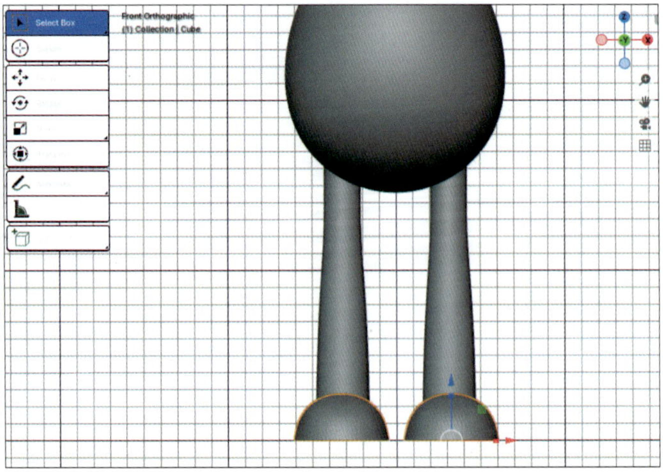

⑳ 이번에는 팔을 만들겠습니다.
Object Mode에서 Curve → Path를 생성(Shift+A)합니다.

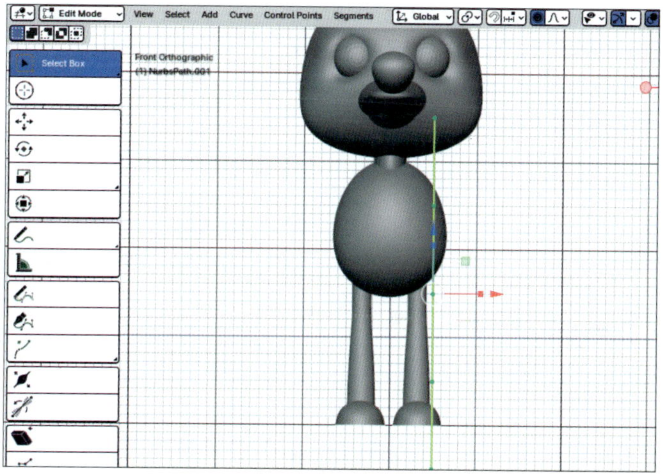

㉑ Properties 패널의 〔Object Data( )〕 탭에서 Geometry → Bevel → Round → Depth를 '0.1'로 설정합니다.

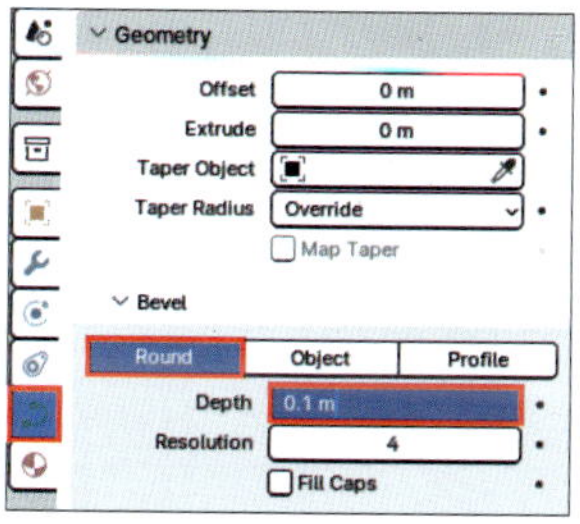

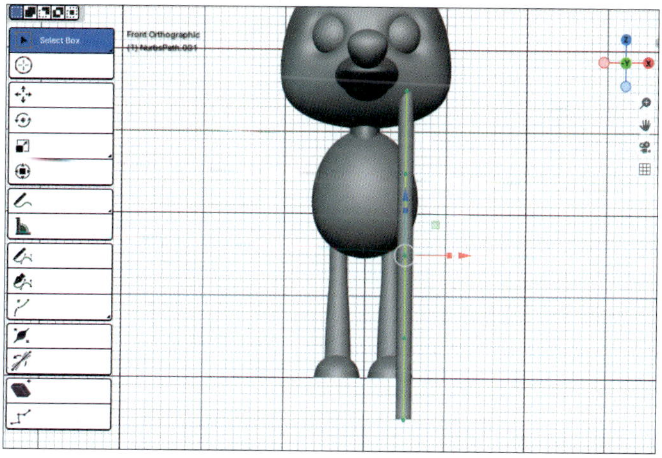

㉒ 팔 모양이 되도록 커브 곡선을 이동시키면서 자연스러운 위치를 잡습니다. 시점을 다양하게 변경하며 위치를 조정합니다.

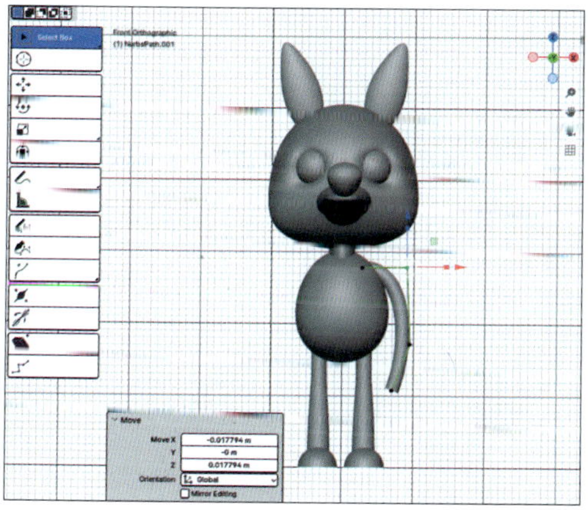

Front View

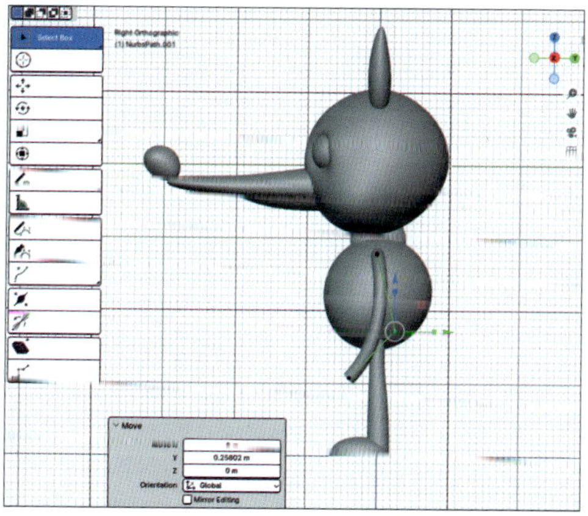

Right View

㉓ 꼬리를 만들기 위해 Object Mode에서 Round Cube 오브젝트를 생성(Shift+A)하고 꼬리 부분으로 이동해 크기와 각도를 조정하여 배치합니다.

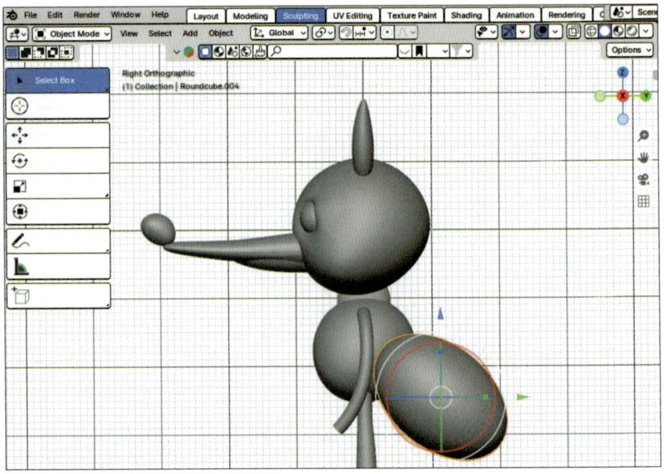

㉔ Right View(숫자 키패드 3)와 Back View(Ctrl+숫자 키패드 1)로 시점을 변경해 보며 꼬리의 위치를 이동해 중앙으로 위치를 잡습니다.

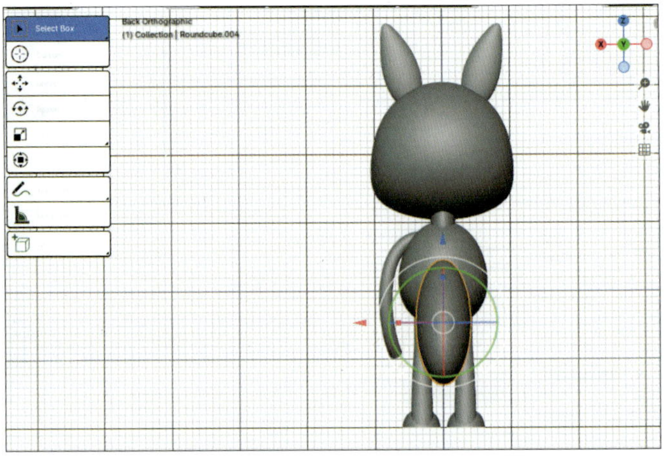

㉕ 꼬리 오브젝트를 선택한 상태로 Sculpt Mode로 전환하고 Mirror X를 활성화한 다음 꼬리를 당겨서 형태를 만듭니다.

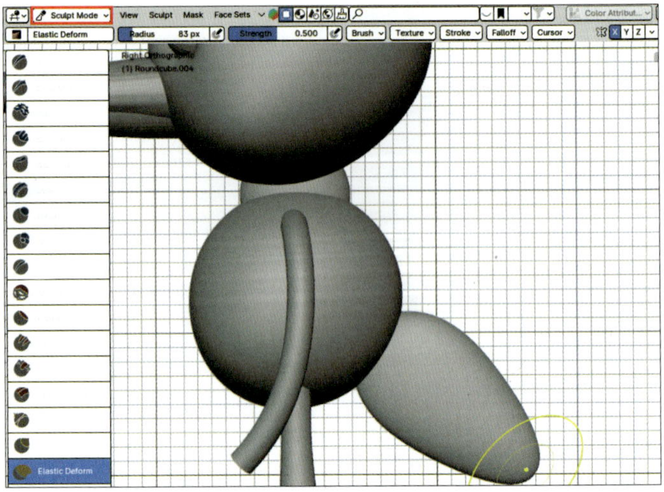

㉖ Object Mode에서 Round Cube 오브젝트를 새로 생성(Shift+A)하고 손이 되도록 팔 끝으로 위치를 이동합니다. 옆면, 뒷면 등으로 시점을 다양하게 보면서 위치를 잡습니다.

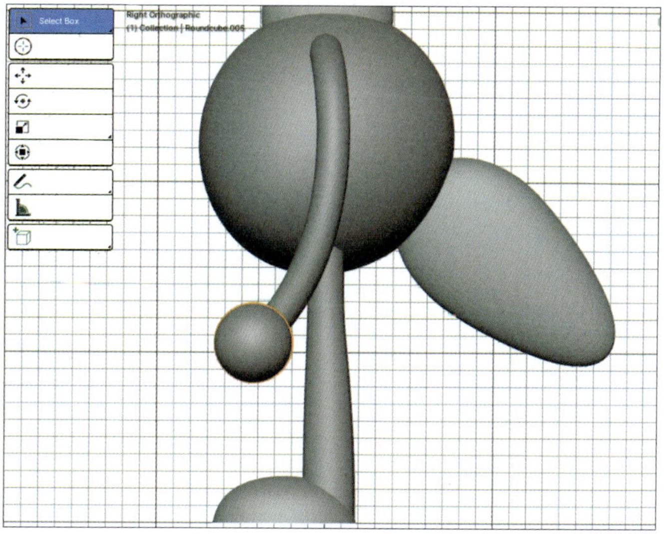

㉗ 손 오브젝트를 선택한 상태로 Sculpt Mode로 전환하고 Mirror X를 활성화한 다음 늘어난 형태로 손의 모양을 변형합니다.

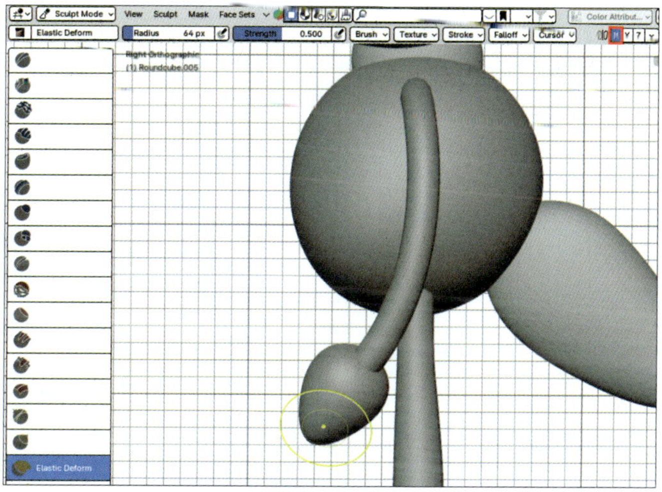

㉘ 스컬프팅 작업이 끝나면 Object Mode로 전환합니다. 손 모양을 복제(Shift+D)하고 C - Z를 누르고 크기를 조절해 엄지손가락을 만듭니다.

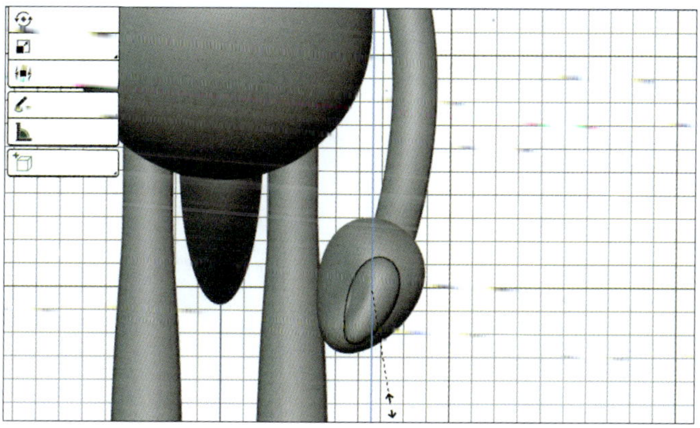

㉙ [Modifiers(🔧)] 탭에서 Mirror 기능을 이용하여 팔과 손도 대칭 복사합니다. Mirror Object는 몸통 오브젝트로 지정하면 됩니다.

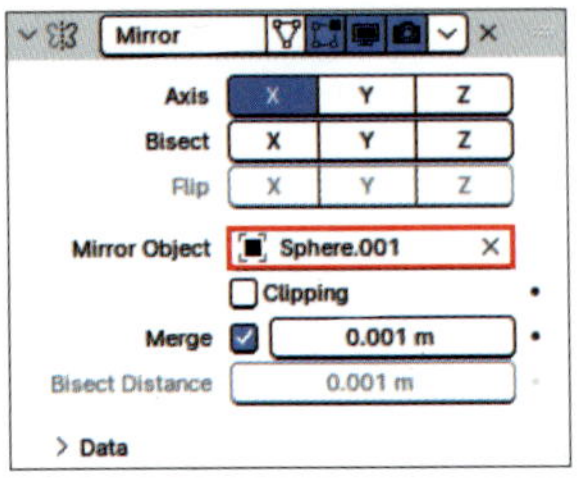

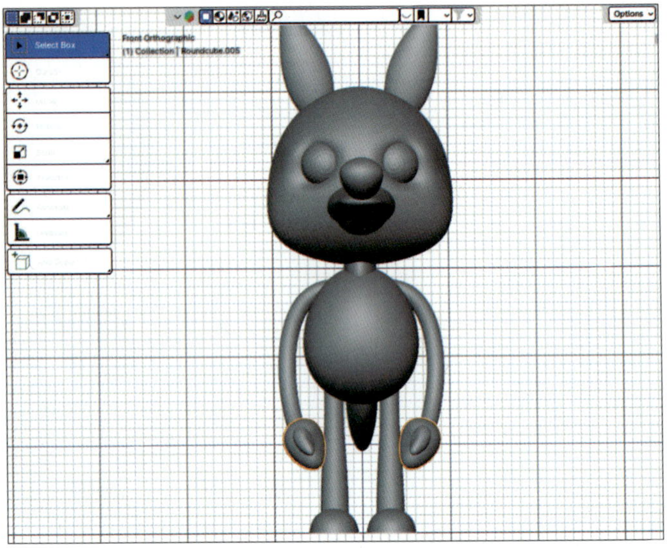

캐릭터의 목도리 모델링하기

❶ 캐릭터의 목도리를 만들기 위해 Object Mode에서 Mesh → Circle을 실행하여 오브젝트를 생성합니다. 그 다음 Edit Mode로 전환하여 모든 점을 선택하고 위로 돌출(E)하여 두께를 만듭니다.

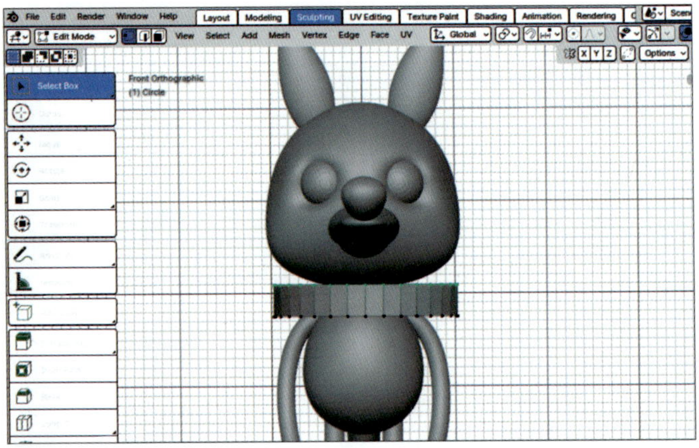

❷ 크기를 작게 조절하고 두께를 주기 위해 [Modifiers(🔧)] 탭에서 Solidify 기능을, Ctrl+2를 눌러 Subdivision Surface를 적용합니다.
Edit Mode로 전환하고 Loop Cut (Ctrl+R)으로 중앙에 가로선을 추가합니다.

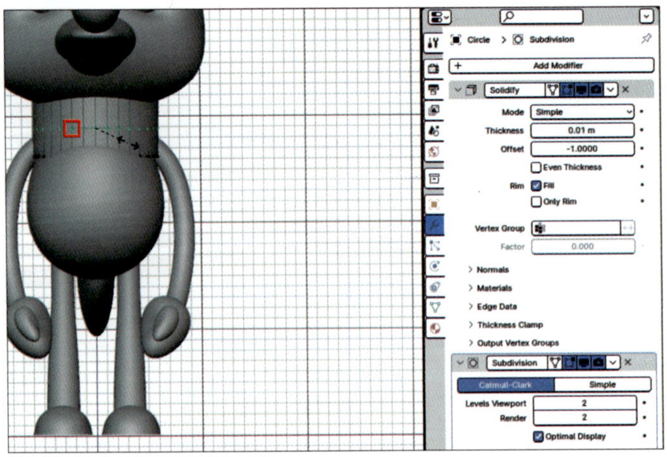

❸ 중앙에 선이 선택되어 있는 상태로 S를 눌러 크기를 축소시킵니다.

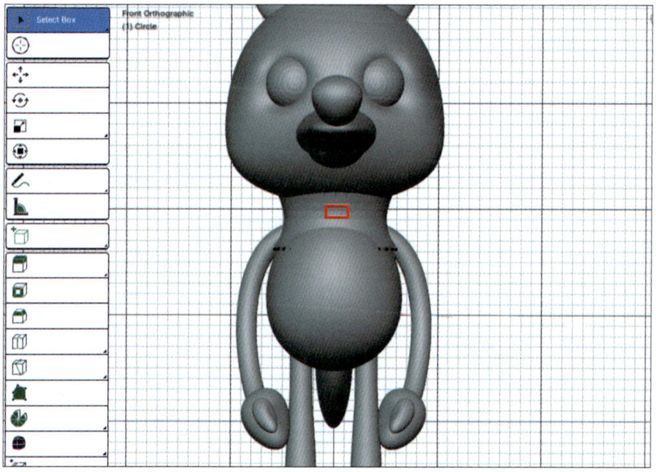

❹ 일부 점을 선택하고 Proportional Editing(O)을 활성화한 다음 G를 눌러 위치를 수정해 형태를 조정합니다.

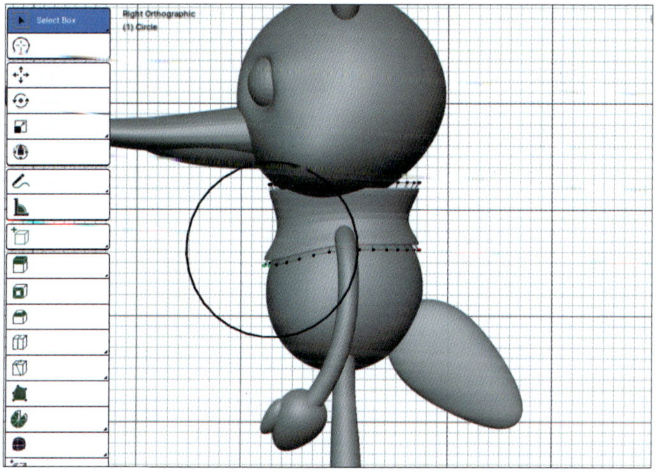

❺ Object Mode에서 Mesh → Plane(Shift+A)을 실행하여 오브젝트를 생성하고 그림과 같이 각도를 90°로 변경하여 세워줍니다.

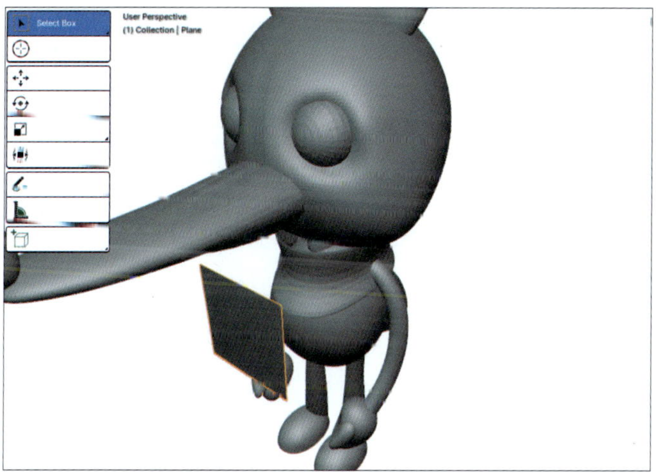

❻ Edit Mode로 전환하고 윗면을 선택한 다음 E를 눌러 면을 추출해 점점 축소해서 내려줍니다.

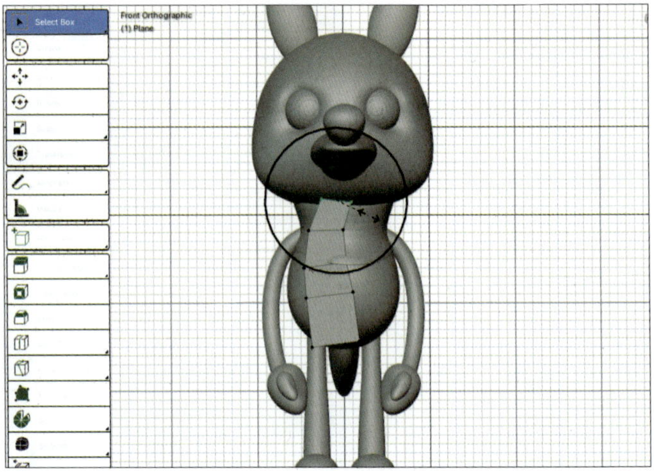

❼ 그림과 같이 Right View(숫자 키패드 3)에서 목 안쪽으로 각도를 꺾어서 넣어줍니다.

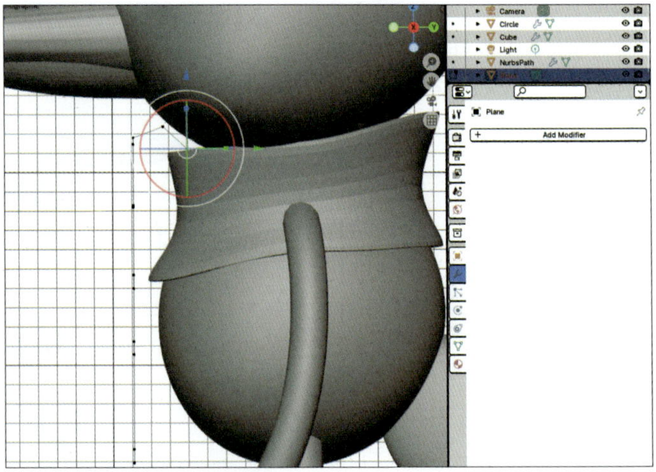

❽ Ctrl+Tab을 눌러 Object Mode로 전환하고 [Modifiers(🔧)] 탭에서 'Add Modifier'를 클릭하여 Generate → Solidify와 Subdivision Surface를 적용합니다.

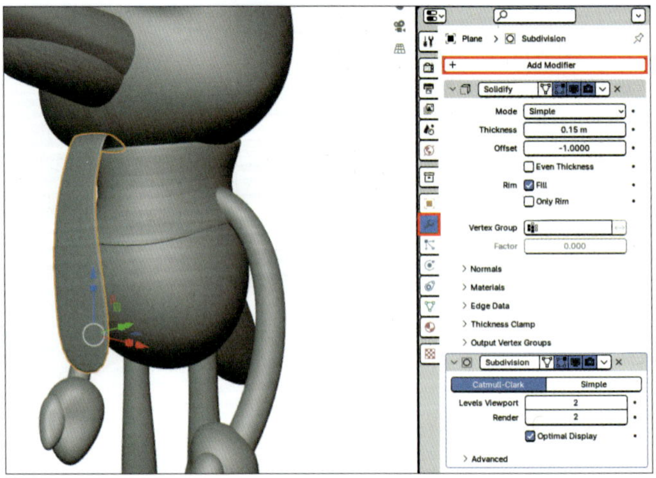

❾ 앞으로 나오게 만든 목도리 오브젝트를 선택한 상태로 Edit Mode로 전환합니다. Right View(숫자 키패드 3)에서 Proportional Editing(O) 활성화하고 G를 눌러 자연스러운 위치를 만듭니다.

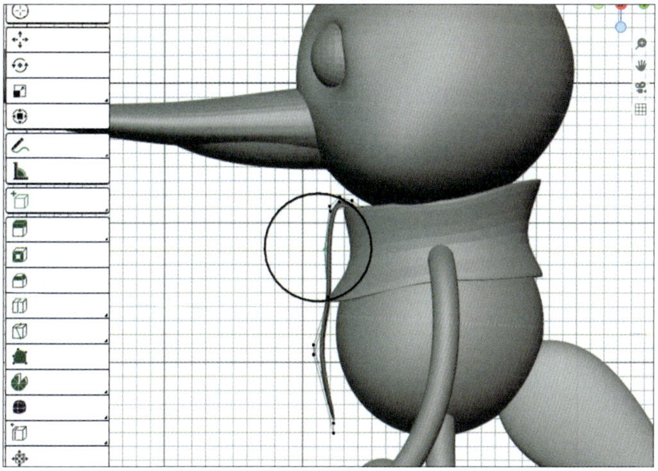

❿ 작업이 끝나면 다시 Object Mode로 전환하고 목도리 오브젝트를 복제(Shift+D)해서 옆으로 배치합니다.

⓫ 뒷면을 뒤집어서 형태를 변경하겠습니다. 오브젝트가 선택된 상태로 R-Z를 누르고 '180'을 입력하여 반대쪽으로 회전시킵니나.

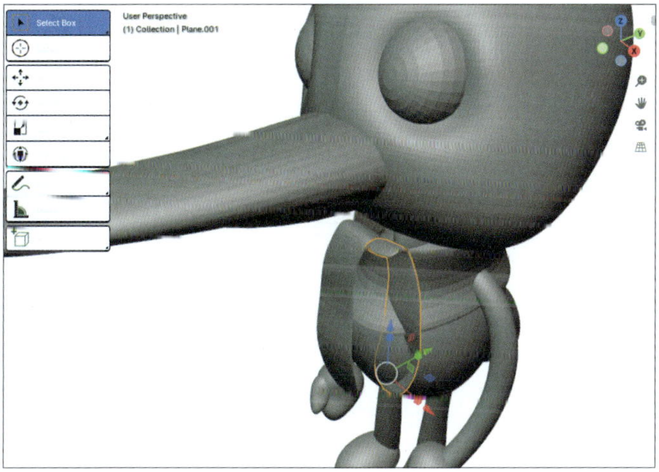

⑫ 크기(S)와 위치 이동(G) 등 형태를 변형하면서 자연스러운 매듭을 연출합니다.

⑬ 얼굴, 부리, 부리턱, 귀 오브젝트를 다중 선택(Shift+클릭)하고 Ctrl+J를 누르거나 마우스 오른쪽 버튼을 클릭하고 Join을 실행합니다.

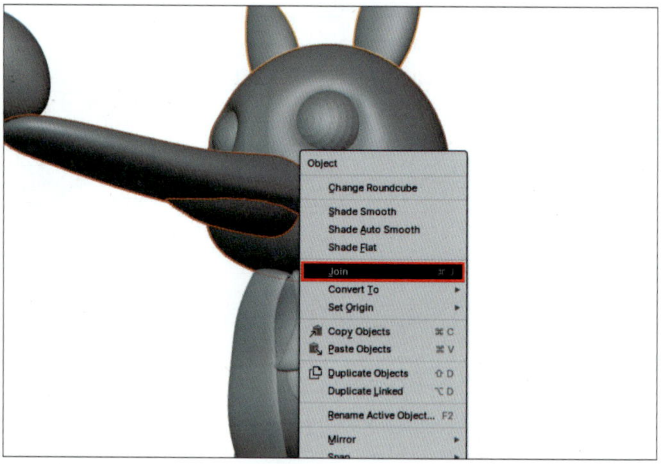

TIP 이때 오브젝트에 모디파이어가 적용되어 있다면 반드시 Apply를 적용한 후에 Join을 실행해야 합니다.

⑭ 눈의 Mirror 기능이 해제되어 3D Cursor를 다시 중앙으로 이동해야 합니다.
눈 오브젝트를 선택하고 마우스 오른쪽 버튼을 클릭한 다음 Set Origin → Origin to 3D Cursor를 실행하여 3D Cursor를 이동합니다.

⓯ 얼굴, 귀, 부리 오브젝트가 합쳐지면서 Origin이 원하는 중심점으로 이동하지 않아 균형이 맞지 않습니다. 합친 얼굴 전체 오브젝트를 선택하고 마우스 오른쪽 버튼을 클릭한 다음 Set Origin → Origin to Geometry를 실행하여 오브젝트를 중심점으로 이동합니다.

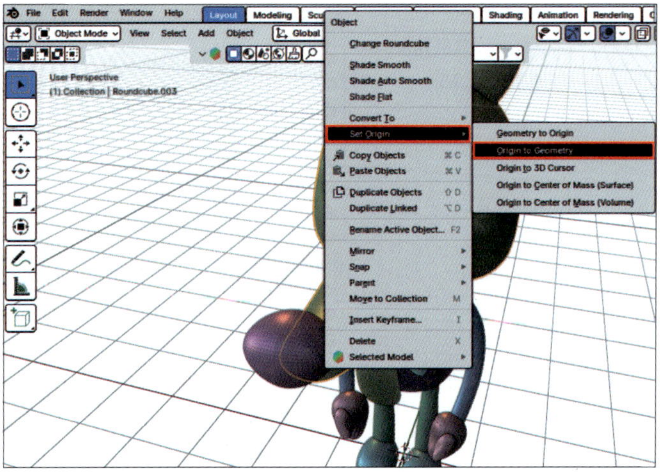

⓰ 얼굴 오브젝트가 선택되어 있는 상태로 Sculpt Mode로 전환합니다. Header 패널에서 'Remesh'를 클릭하여 표시된 팝업 메뉴에서 '스포이트' 아이콘(🖉) 클릭하고 얼굴 오브젝트를 선택한 다음 〈Remesh〉 버튼을 클릭합니다.

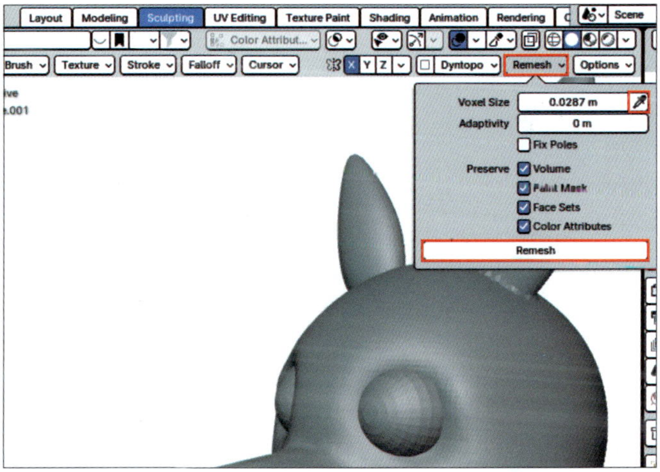

⓱ Toolbar 패널에서 'Smooth' 도구(◉)를 선택하고 부드러움을 더하기 위해 이쌔한 메시를 무질러 줍니다.

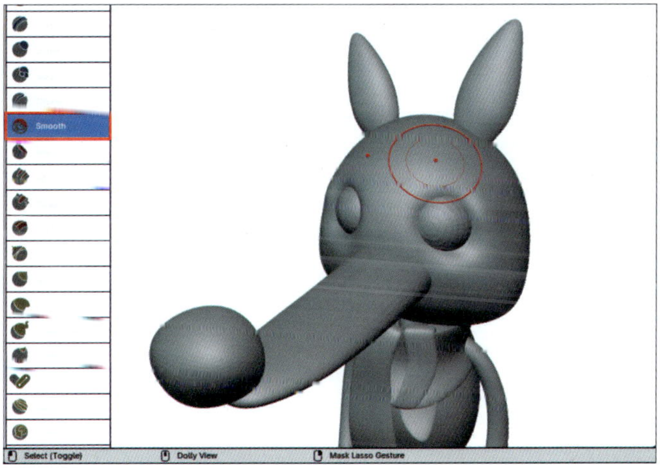

⓲ 반대로 뚜렷하게 만들 부분은 'Crease' 도구(◙)를 이용하여 구분 짓는 부분 주위를 문지릅니다.

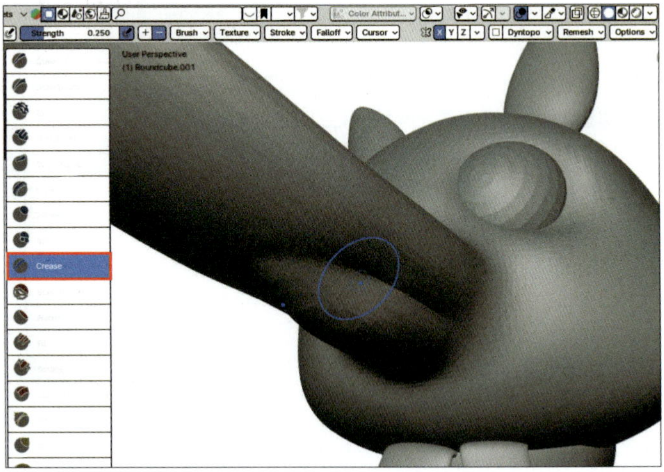

⓳ 'Draw' 도구(◙)를 선택하고]를 눌러 브러시 사이즈를 조절한 다음 귀의 들어가는 부분으로 드래그합니다.

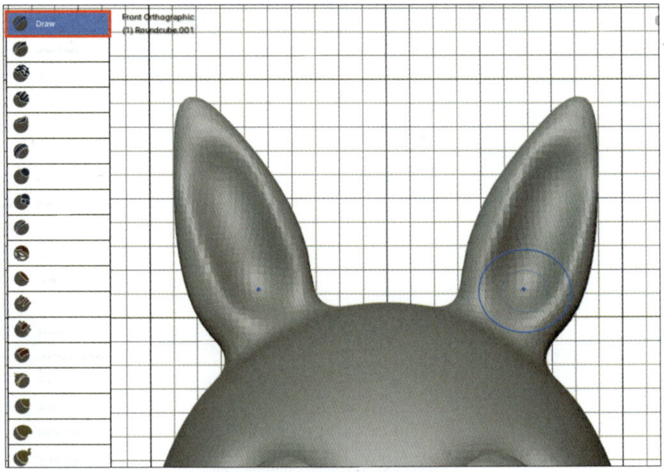

TIP Front View(숫자 키패드 1)로 변경하거나 Mirror X 기능을 이용하여 작업하면 훨씬 편리합니다.

⓴ 팔 오브젝트는 커브로 만들고 메시 오브젝트로 변경하지 않았기 때문에 변경하겠습니다.
Object Mode로 전환하고 팔 오브젝트에서 마우스 오른쪽 버튼을 클릭한 다음 Convert To → Mesh를 실행하여 변경합니다.

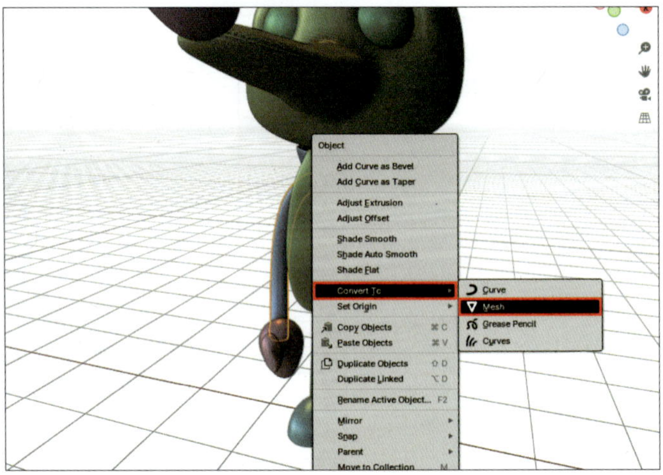

㉑ 모든 모디파이어를 Apply한 다음 목, 몸, 다리, 발까지 모든 오브젝트를 다중 선택(Shift+클릭)하고 Ctrl+J를 눌러 모든 오브젝트를 합칩니다.

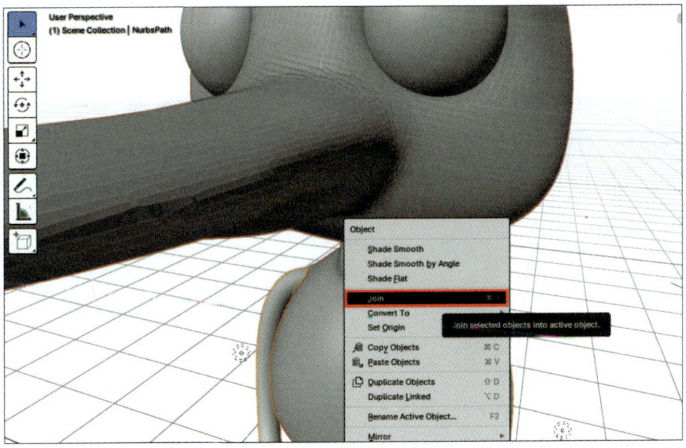

㉒ 합친 몸통 오브젝트를 선택하고 /를 눌러 Local View로 시점을 변경합니다.
Ctrl+Tab을 눌러 표시되는 파이 메뉴에서 Sculpt Mode를 실행하여 전환하고 얼굴을 작업했을 때와 같은 방법(⑯번)으로 Remesh를 적용합니다.

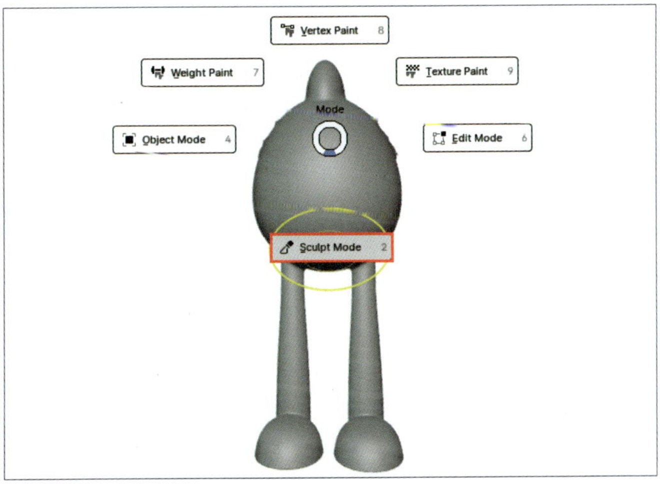

㉓ Object Mode로 전환합니다. 손과 팔에 적용된 모디파이어도 모두 Apply하고 오브젝트를 모두 선택한 다음 Ctrl+J를 눌러 합쳐 모델링을 완성합니다.

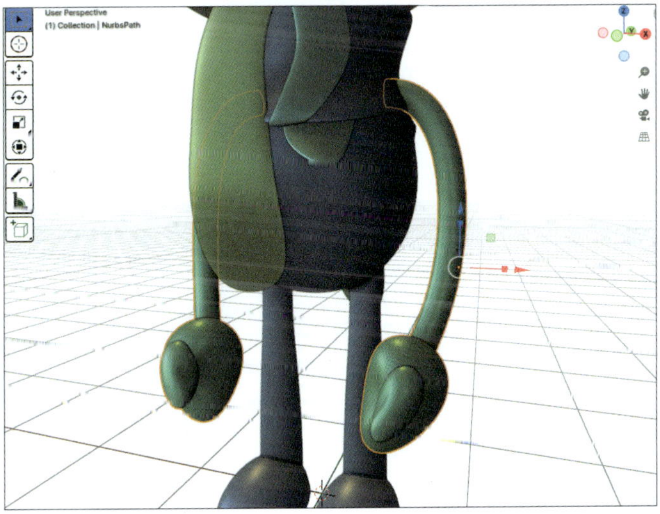

눈 메테리얼 적용하고 완성하기

❶ 눈 메테리얼을 적용하기 위해 Tinynocky(tinynocky.gumroad.com/l/tinyeye?layout=profile) 사이트에 접속하고 Name a fair price에 '0'을 입력한 다음 〈Add to Cart〉 버튼을 클릭하여 다운로드합니다.

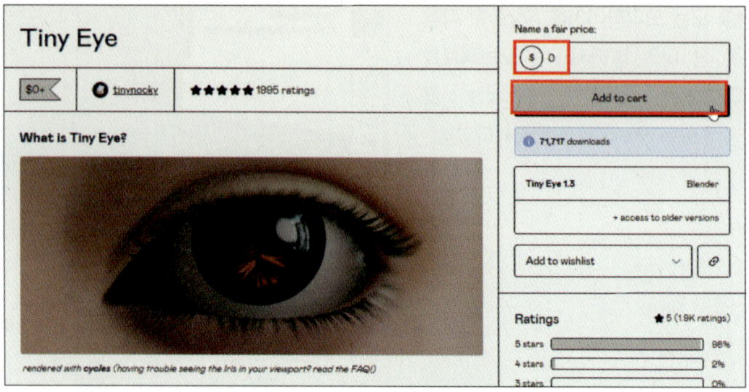

TIP 다운로드하기 전에 웹사이트의 Add-ons의 아래 내용 참조하세요.

❷ 다운로드한 'Tiny Eye 1.3 Asset Browser (4.0).zip' 파일 압축을 바탕 화면에 풀고 블렌더로 돌아옵니다. 메뉴에서 [File] → Append...를 실행합니다.

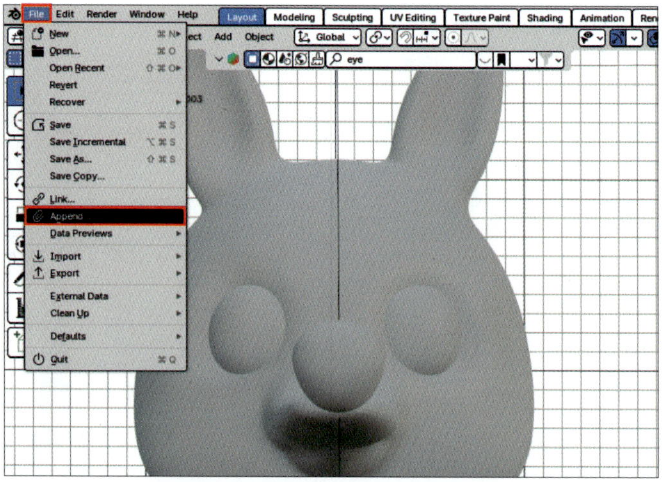

❸ Tiny Eye 1.3 Asset Browser (4.0) → Object 폴더에서 원하는 눈 메테리얼을 선택하고 〈Append〉 버튼을 클릭합니다.

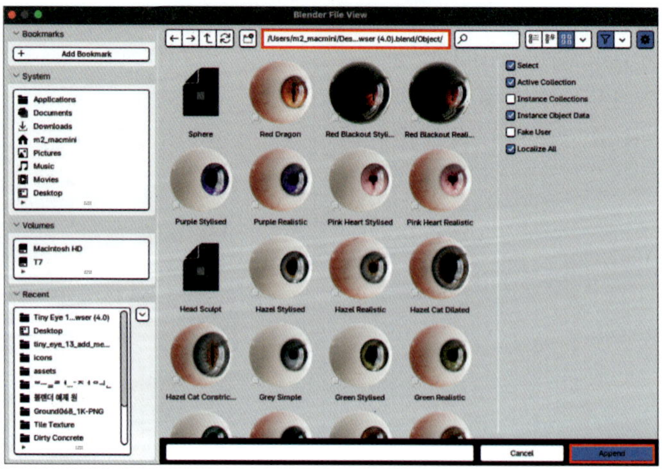

❹ 불러온 메테리얼의 재질을 크기 확인하기 위해 〔Material(🔧)〕 탭에서 Preview 항목을 클릭하여 미리 보기를 표시합니다.

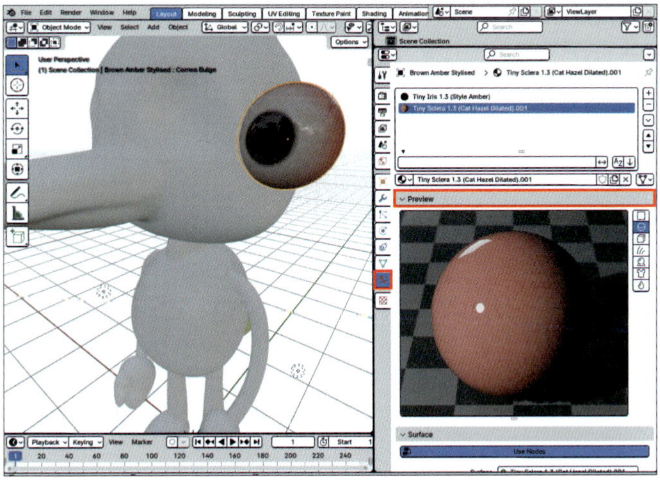

❺ 불러왔을 때 오브젝트 크기가 작아 보이지 않습니다. Outliner 패널에서 Collection → Blue Cat Dilated를 선택하고 S를 눌러 크게 만듭니다.

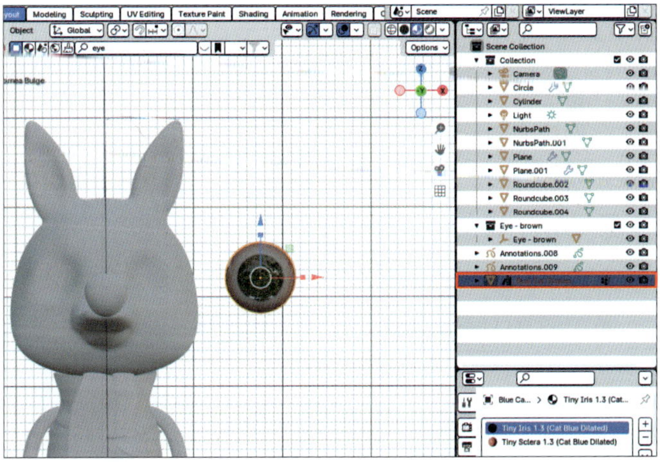

❻ 기존의 눈 오브젝트를 삭제하고 모양, 위치에 따라 불러온 오브젝트를 배치합니다.
〔Render(📷)〕 탭에서 Render Engine이 'EEVEE'로 지정되어 있는지 확인하고 'Screen Space Reflections'와 'Refraction'을 체크 표시하여 눈동자의 렌더링 결과를 확인합니다.

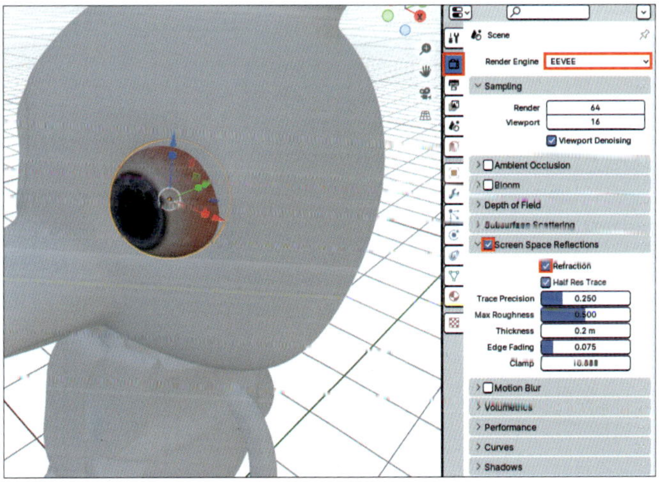

❼ (Modifiers([icon])) 탭에서 Mirror 기능을 추가하여 눈 오브젝트를 대칭 복사하고 Apply를 합니다. 모든 작업이 끝나면 몸과 얼굴 오브젝트를 선택하고 Ctrl+J를 눌러 합칩니다.

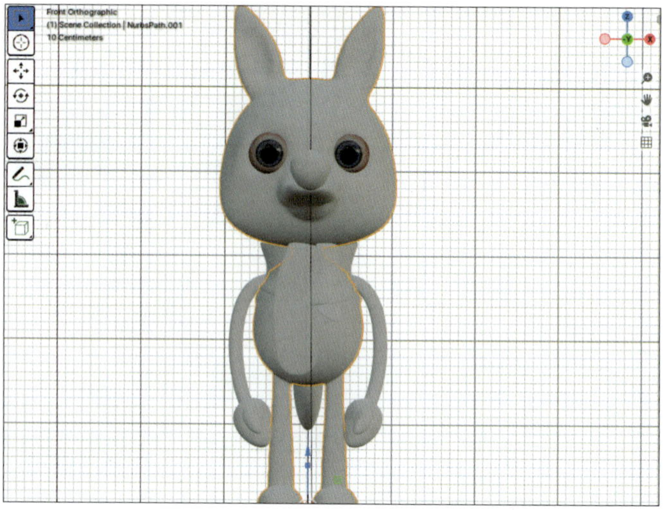

❽ (Material([icon])) 탭을 선택하고 원하는 색상을 캐릭터에 적용하여 완성합니다.

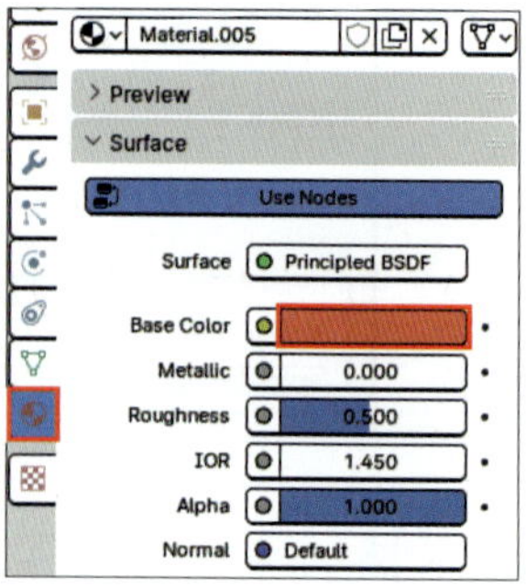

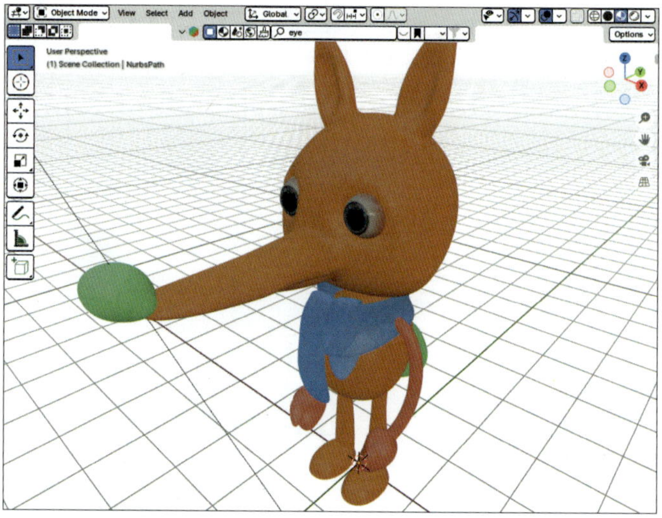

11장

Bones & Rigging

학 습 목 표

- Bones와 Rigging을 하나로 이해하고, 기본 개념을 학습합니다.
- 캐릭터 모델에 뼈대를 심는 방법을 배웁니다.
- 심어진 뼈대를 이용하여 애니메이션을 만드는 과정을 학습합니다.

11.1 Bones, FK/IK

Bones

모델링과 메테리얼 작업을 마쳤다면, 이제 애니메이션을 위해 'Rigging(이하 리깅)'을 해야 합니다. 리깅은 Bones(이하 뼈)를 모델에 심어서 움직이게 만드는 과정입니다. 이 과정은 모델에 구조적 뼈대를 추가하고, 각 뼈를 연결하여 관절과 같은 움직임을 가능하게 합니다. 리깅을 통해 캐릭터나 오브젝트에 자연스러운 움직임을 부여할 수 있으며, 이를 통해 다양한 애니메이션을 제작할 수 있습니다. 완성된 리깅 모델은 블렌더 내에서 애니메이션 작업을 수행할 수 있으며, 유니티와 같은 외부 소프트웨어와 연동해 게임이나 다른 인터랙티브 미디어에서 사용할 수 있습니다.

그림 11-1 블렌더의 캐릭터 리깅

리깅을 진행하기 위해서는 뼈의 기초부터 FK(Forward Kinematics)와 IK(Inverse Kinematics) 방식의 리깅을 이해해야 하고, 많은 연습과 노력이 필요합니다.

리깅 작업을 알아보기 전에 먼저 자동 리깅 기능을 제공하는 애드온을 설치하겠습니다. 블렌더의 메뉴에서 〔Edit〕 → Preferences를 실행하여 Blender Preferences 대화상자가 표시되면 〔Add-ons〕 탭을 선택합니다. 'Rigging: Rigify'를 검색하고 체크 표시한 다음 〈Install〉 버튼을 클릭하여 다운로드합니다.

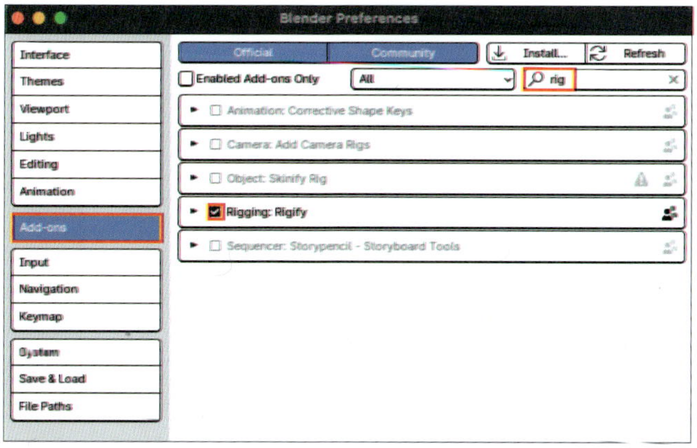

그림 11-2 Rigging: Rigify 애드온 설치

간단한 뼈대 연습을 하기 위해 기본 토대가 되는 모델링을 생성하겠습니다. Mesh → Cylinder(Shift+A)를 실행하여 오브젝트를 생성합니다.

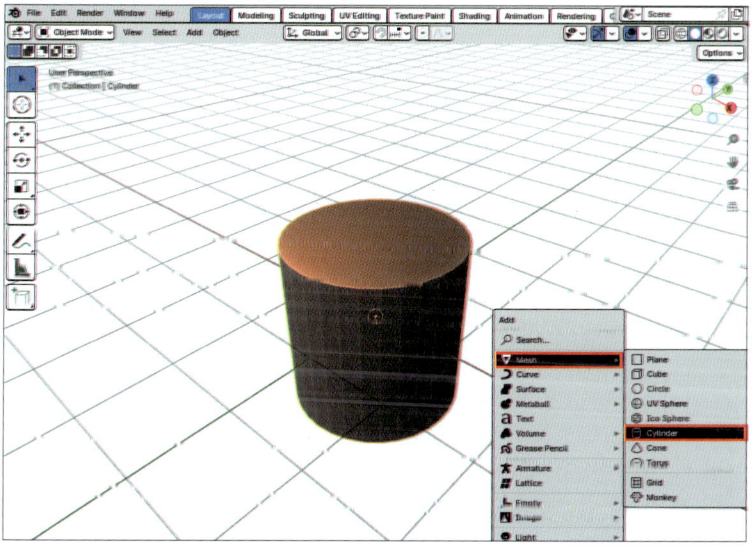

그림 11-3 Cylinder 오브젝트 생성

생성한 Cylinder 오브젝트를 선택하고 S-Z를 눌러 길게 만듭니다.

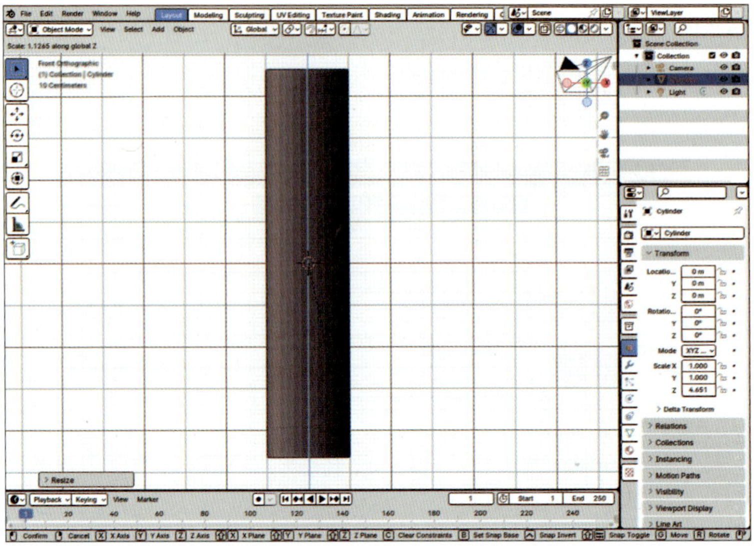

그림 11-4 Cylinder 오브젝트 변형

오브젝트가 선택된 상태로 Tab을 눌러 Edit Mode로 전환하고 Loop Cut(Ctrl+R)을 이용하여 선을 추가합니다. 그림 11-5처럼 선을 추가해야 움직임을 만들 때, 마디마디를 나누어서 각 부분을 개별적으로 움직일 수 있습니다.

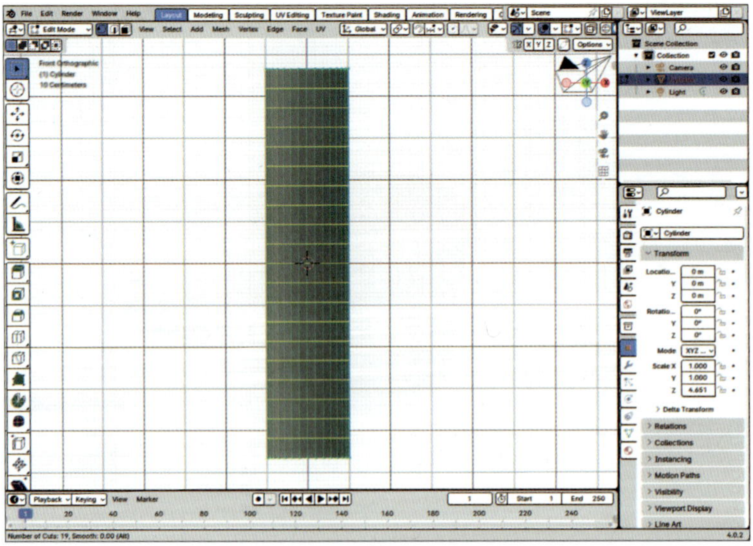

그림 11-5 Loop Cut으로 추가한 선

리깅을 할 기본 준비가 되었습니다.

Tab을 눌러 Object Mode로 전환하고 Shift+A를 눌러 표시되는 Add 창에서 Armature(아마튜어)를 선택하면 옵션이 표시됩니다(블렌더 4.0 이상).

각 옵션의 특징을 살펴보겠습니다.

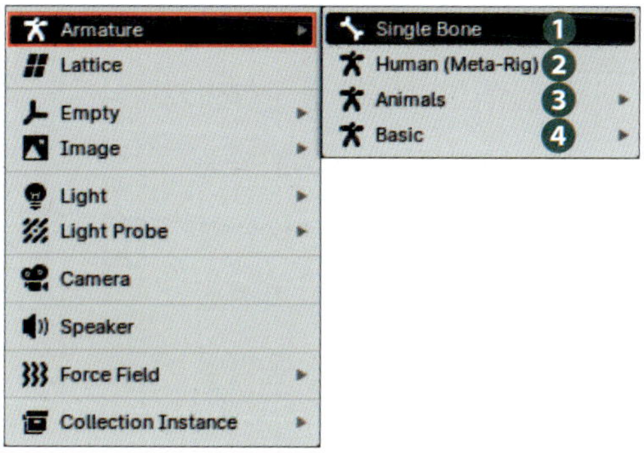

그림 11-6 Armature 옵션

❶ **Single Bone** : 하나의 뼈를 생성합니다. 단순한 오브젝트나 간단한 구조물에 사용할 때 유용합니다.

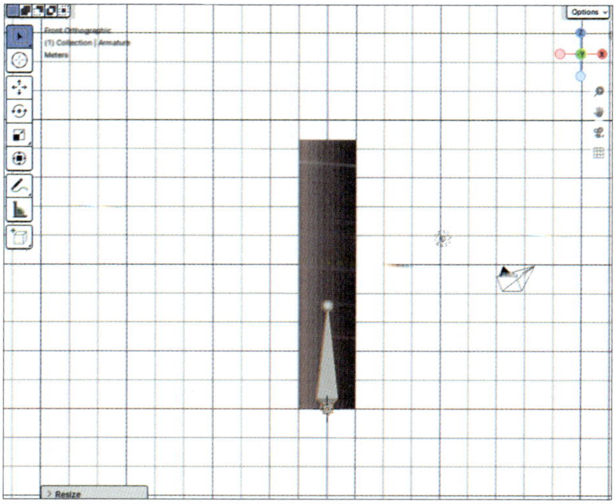

❷ **Human (Meta-Rig)** : 사람의 골격 구조를 위한 뼈를 생성하여 인간 캐릭터의 애니메이션을 만들 때 사용됩니다. 이 뼈 구조는 인간의 골격을 기반으로 하여, 움직임을 자연스럽게 표현할 수 있도록 설계되었습니다.

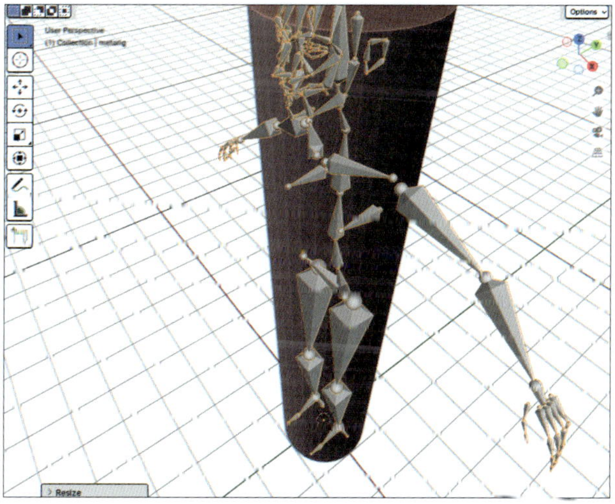

❸ **Animals** : 동물의 골격 구조를 위한 뼈를 생성하여 애니메이션을 만들 때 사용됩니다. 동물마다 다른 골격 구조를 반영하여 자연스럽고 현실적인 동물 움직임을 표현할 수 있습니다.

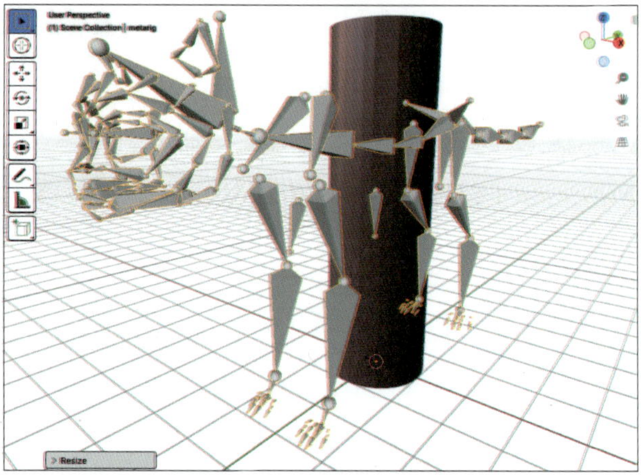

❹ **Basic** : 기본적인 뼈 구조를 생성하여 특정한 형태나 복잡한 구조가 필요하지 않은 기본적인 리깅 작업에 사용됩니다. 일반적인 오브젝트나 간단한 기계적 움직임을 표현할 때 유용합니다.

Basic Human(Meta-Rig)를 실행하면 사람의 기본 뼈 구조 형태로 생성됩니다.

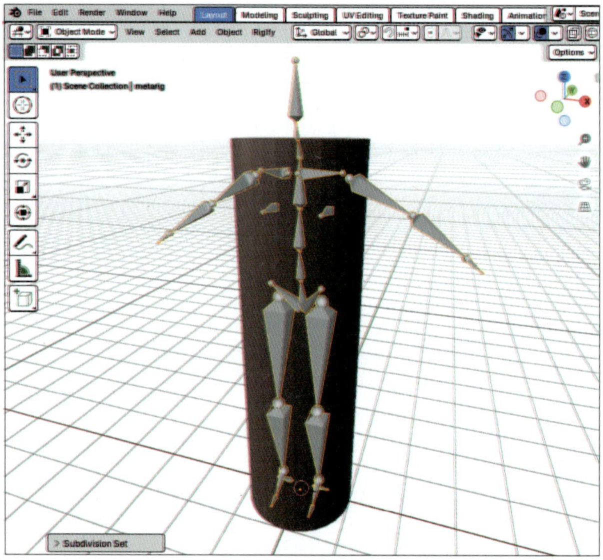

만약 뼈를 생성했을 때 Armature 오브젝트가 보이지 않는다면, Properties 패널의 〔Object Data()〕 탭을 선택하고 Viewport Display 항목의 'In Front'를 체크 표시합니다. 이렇게 설정하면 뼈가 오브젝트 앞으로 배치되어 나타납니다.

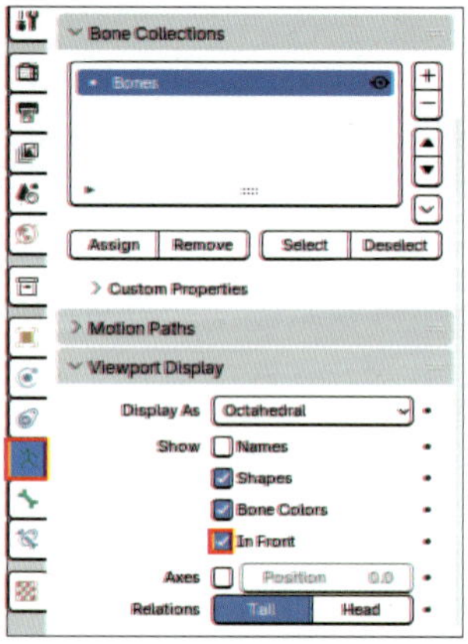

그림 11-7 Bone의 〔Object Data〕 탭

FK/IK

리깅은 크게 FK와 IK, 두 가지로 나뉩니다. 각 특징을 살펴봅시다.

● FK(Forward Kinematics)

각 객체를 하나하나 모두 움직여야 하므로 손이 많이 가고 힘든 작업이지만, 그만큼 정밀한 움직임 표현을 할 수 있습니다. 최적의 뿌리부터 움직임을 표현할 수 있는 기능으로, 상위가 움직이면 하위가 움직입니다. 예를 들어, 캐릭터의 어깨를 움직이면 팔꿈치와 손이 따라 움직입니다. 이 방식은 특히 섬세하고 세밀한 애니메이션 작업에 유리하며, 각 관절의 움직임을 개별적으로 조정할 수 있어 자연스럽고 정확한 애니메이션을 만들 수 있습니다. 그러나 많은 객체를 개별적으로 조작해야 하므로 시간이 많이 소요될 수 있습니다.

- **상위 → 하위**

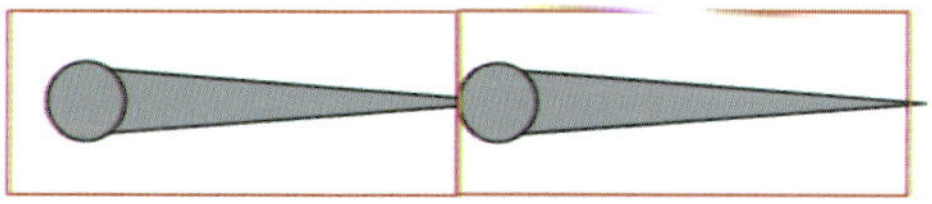

그림 11-8 FK의 리깅

● IK(Inverse Kinematics)

끝부분을 움직이면 다른 부분이 따라 움직이는 기능입니다. 부모에게 종속되어 있다는 특징이 있어 하위가 움직이면 상위가 움직입니다. 예를 들어, 캐릭터의 손을 움직이면 팔꿈치와 어깨가 자연스럽게 따라 움직입니다. 이 기능은 팔, 다리 같은 복잡한 관절 구조를 쉽게 제어할 수 있도록 하며, 특히 발이 바닥에 붙어 있는 상태로 움직이는 경우나 손이 특정 지점을 잡고 있어야 하는 경우에 유용합니다. 그러나 정밀한 움직임에는 한계가 있어 복잡한 애니메이션에서는 보완적인 조정이 필요할 수 있습니다.

- **하위 → 상위**

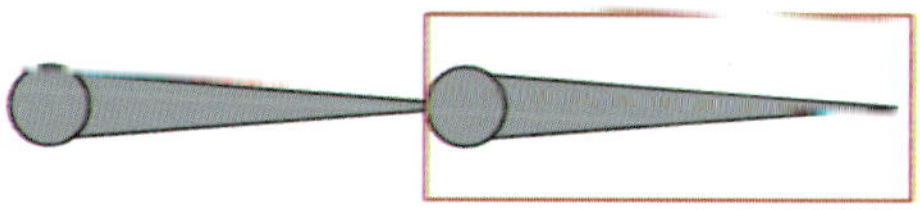

그림 11-9 IK의 리깅

리깅을 위한 기초 작업으로 뼈를 생성하고 이어주면 되는데, 뼈의 형태를 자세히 살펴보면 동그라미 객체가 2개가 있습니다. 여기서 큰 것은 꼬리, 작은 것은 머리에 해당되고 머리에서부터 꼬리로 갈수록 길어집니다.

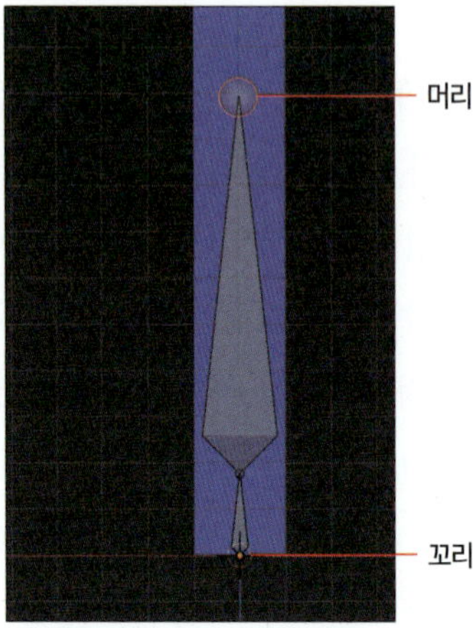

그림 11-10 뼈의 머리와 꼬리

Edit Mode에서 뼈를 선택하고 E를 눌러 추출하면 면을 추출하는 방법과 동일하게 이어진 형태로 뼈가 생성됩니다. 또한, G, R, S를 이용하여 위치, 회전, 크기를 조절할 수도 있어 원하는 형태의 뼈를 만들 수 있습니다.

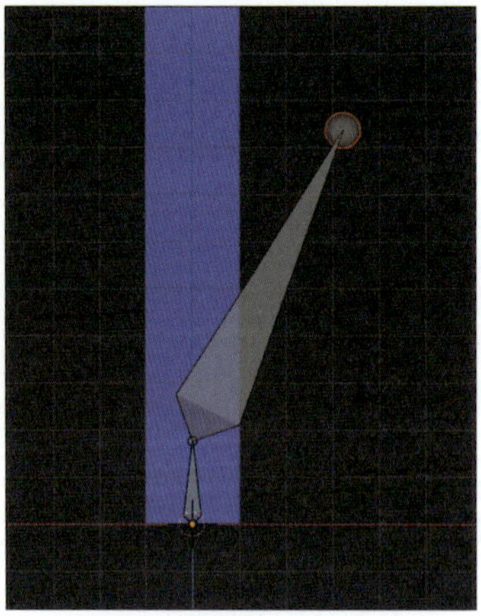

그림 11-11 뼈의 움직임

뼈를 작업할 때 자주 사용하는 기능들은 다음과 같습니다.

- Extrude(E) : 뼈를 추출합니다.
- Mirror Copy(Shift+E) : 먼저 Header 패널에서 Enble mesh symmetry의 'X'를 선택하여 X축 미러 효과를 활성화합니다. 활성화한 상태로 단축키를 누르면 뼈를 복사하고 추출할 수 있습니다.

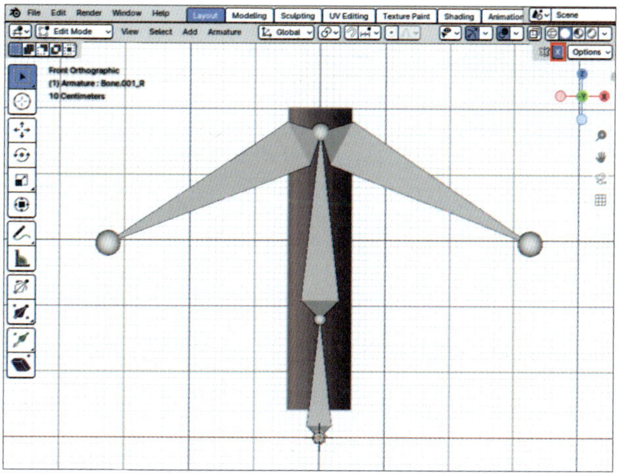

Properties 패널의 〔Object Data()〕 탭 → Viewport Display 항목의 Display as의 옵션을 지정하여 뼈의 표시 방법을 변경할 수도 있습니다.

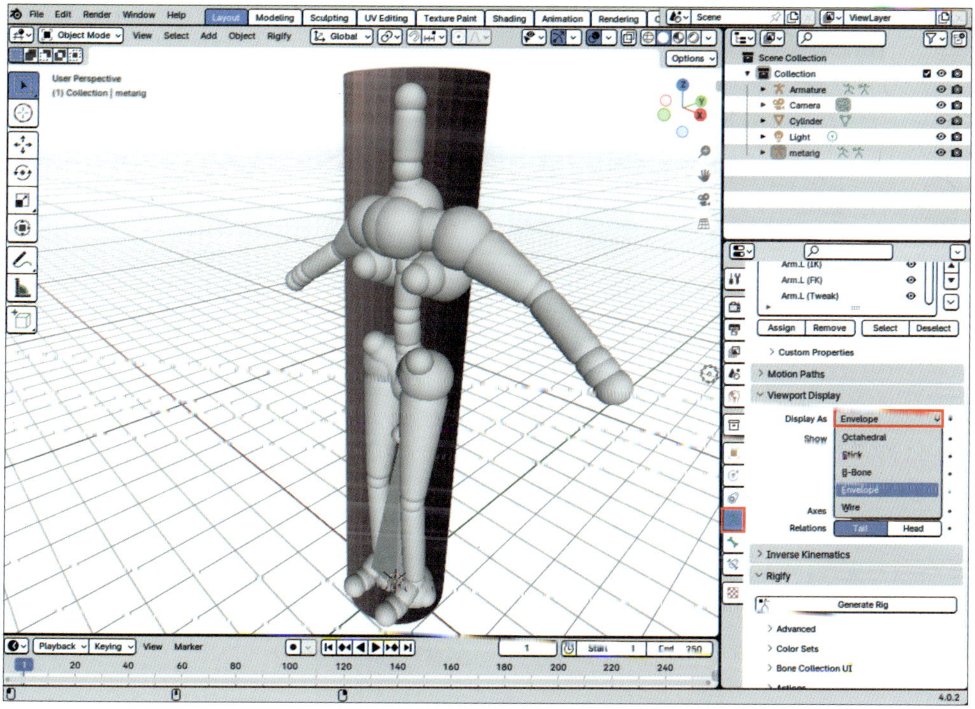

그림 11-12 Bone을 원하는 형태로 작업하고 표시 방법을 지정한 화면

11.2 Rigging

앞서 리깅은 뼈를 이용하여 애니메이션을 만들고 움직임을 제어하는 기능이라고 설명했습니다. 뼈 작업을 마무리하고 나면 이제 움직임을 설정해야 하는데, 이 작업은 'Pose Mode'에서 진행됩니다. Pose Mode에서는 뼈를 움직여 원하는 포즈를 만들고, 애니메이션 키프레임을 설정하여 캐릭터의 동작을 구체적으로 조정할 수 있습니다.

모드를 변경하기 전에 반드시 Armature 오브젝트를 선택하고 변경해야 리깅을 적용할 수 있습니다.

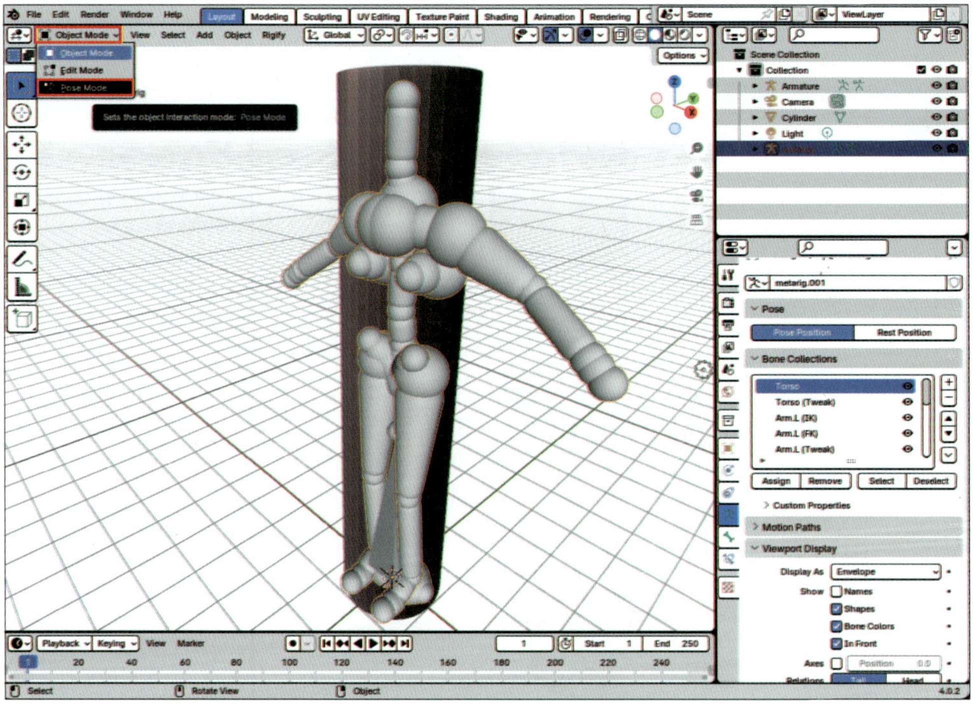

그림 11-13 Armature 오브젝트를 선택하고 모드 변경

뼈는 항상 부모와 자식의 상속 관계를 가집니다. 처음에 생성하여 시작된 부분이 뼈 부모이고, 마지막 부분이 뼈의 자식이 됩니다. 기본적으로 이러한 형태를 IK 방식이라고 합니다. 또한, 상속이라고 하면 가장 위에서부터 자식, 그 자식의 또 아래 자식, 즉 할아버지–아들–손자 형태로 이루어집니다. 예를 들어, 할아버지가 명령하면, 모든 자식 손자들이 명령에 따라 움직인다는 것으로 생각하면 이해하기 쉽습니다.

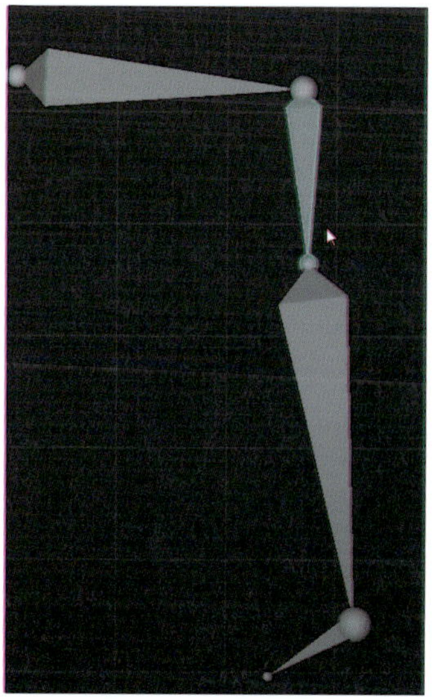

그림 11–14 뼈의 부모 자식 관계

뼈 연결/끊기

오브젝트처럼 뼈도 연결하거나 끊을 수 있습니다. 과정을 살펴보기 전에 먼저 기능과 공통점, 차이점을 살펴보겠습니다.

표 11–1은 리깅 작업을 할 때 뼈의 연결 및 끊기 기능에 대해 설명합니다.

표 11–1 연결과 끊기

기능	단축키	옵션	설명
연결	Ctrl+P	Connect	부모–자식 관계를 설정하여 연결합니다. 
		Keep Off	부모–자식 관계를 점선으로 연결한 상태를 유지합니다. 
끊기	Alt+P	Clear Parent	부모–자식 관계를 완전히 끊습니다.
		Disconnect Bone	부모–자식 관계를 끊지만, 점선으로 연결 상태를 유지합니다.

표 11-2 옵션의 공통점과 차이점

구분	공통점	차이점
Keep Off	부모-자식 관계를 점선으로 연결한 상태를 유지합니다.	부모-자식 관계를 점선으로 연결 상태를 유지합니다.
Disconnect Bone		부모-자식 관계를 끊지만, 점선으로 연결 상태를 유지합니다.
Clear Parent	없음	부모-자식 관계를 완전히 끊습니다.

● 뼈 분리

뼈를 분리하는 과정에 대해 먼저 알아보겠습니다. 뼈를 분리하기 위해서는 반드시 Edit Mode에서 분리할 뼈를 선택합니다. Alt+P를 누른 다음 표시되는 Clear Parent 창에서 원하는 옵션을 실행하면 됩니다.

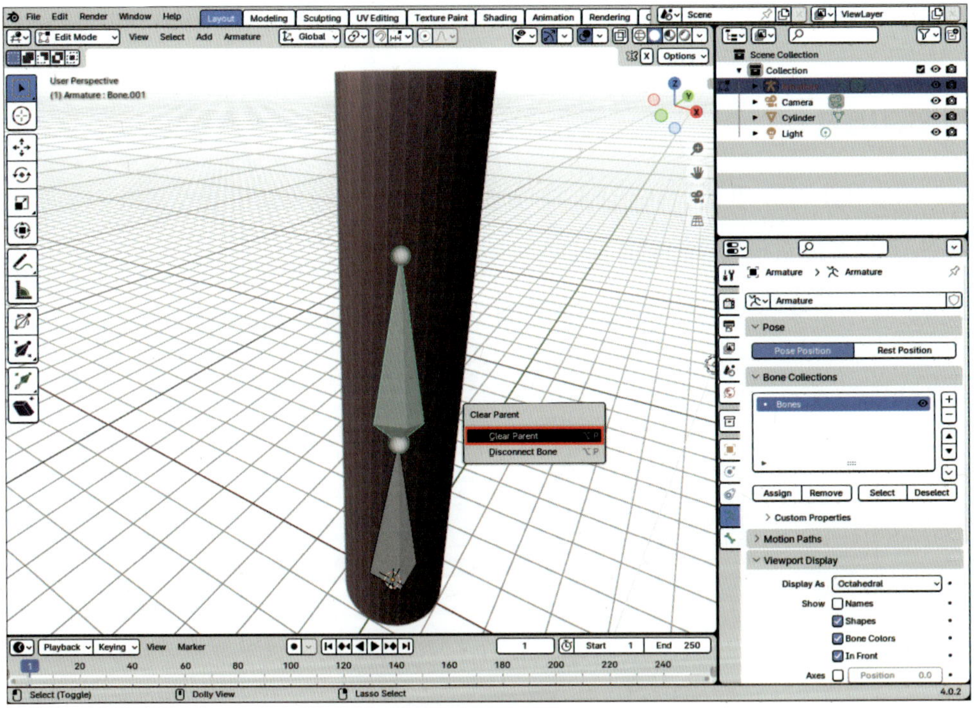

그림 11-15 Clear Parent 창에서 옵션 선택

알아두세요 메시 오브젝트와 마찬가지로 뼈도 Shift+D를 눌러 복제할 수 있습니다.

뼈가 분리되면 G, R, S를 눌러 이동, 회전, 크기 등을 변경하면 됩니다.

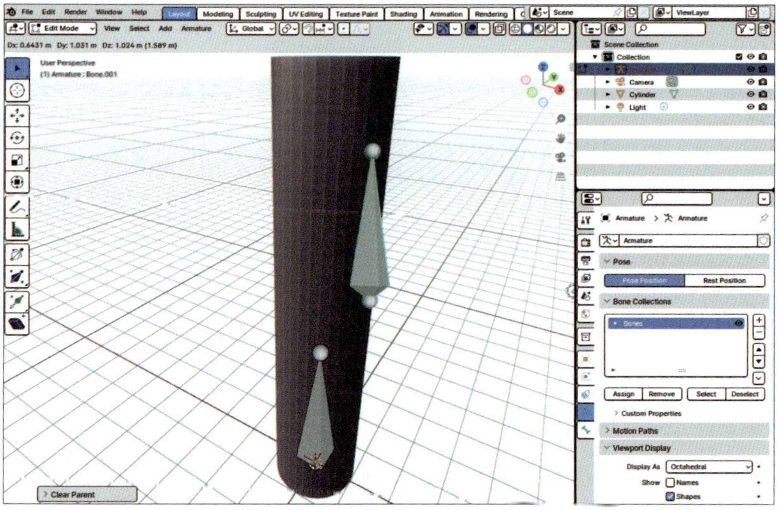

그림 11-16 뼈를 분리하고 이동한 모습

이번에는 양쪽으로 뼈를 도출하여 분리해 보겠습니다. Header 패널에서 Enable mesh symmetry의 'X'를 선택하여 X축 미러 효과를 활성화합니다. Edit Mode에서 도출할 부분의 뼈 부분을 선택하고 Shift+E를 누르면 그림 11-17처럼 X축으로 미러 효과를 만들어지면서 도출됩니다.

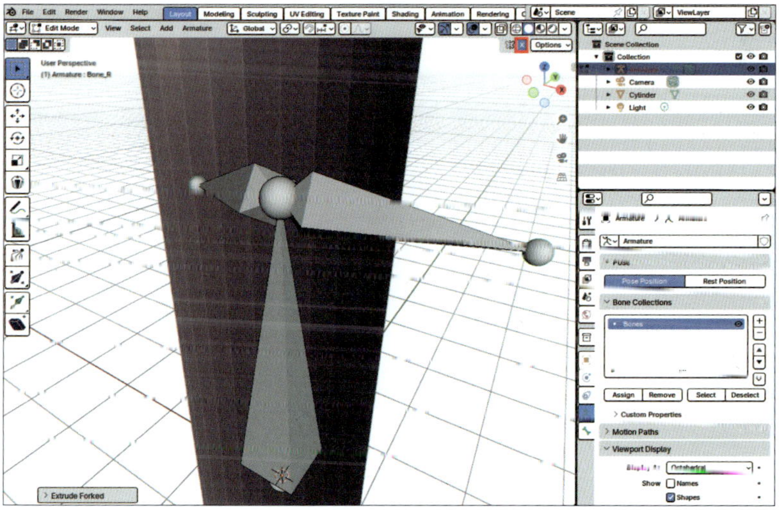

그림 11-17 X축 미러 효과를 활성화하고 뼈를 도출한 모습

분리할 부분을 선택하고 Alt+P를 눌러 표시되는 Clear Parent 창에서 Clear Parent를 실행합니다.

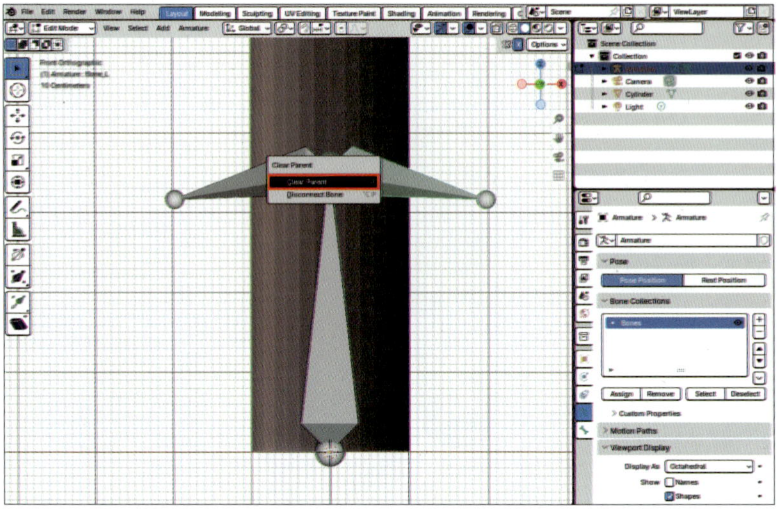

그림 11-18 Clear Parent 분리

분리한 뼈를 선택하고 G를 눌러 이동하면 그림 11-19처럼 점선이 없는 형태로 분리되는 것을 확인할 수 있습니다.

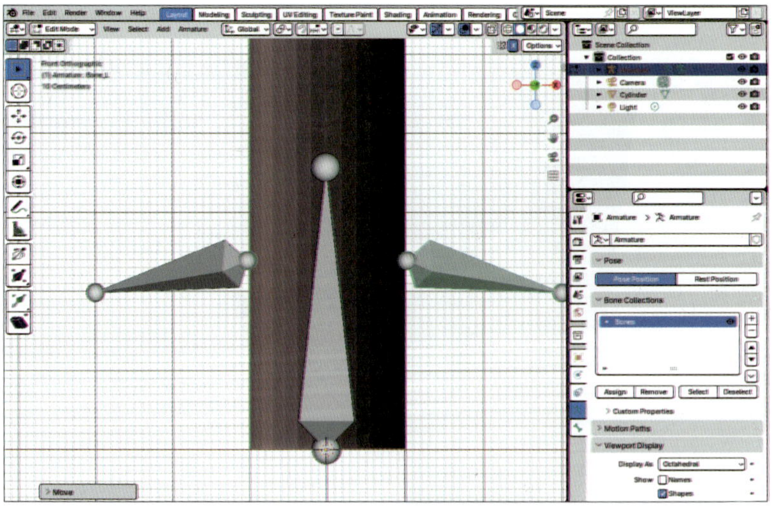

그림 11-19 점선 없이 분리된 뼈

● 뼈 연결

분리했던 뼈를 다시 연결하겠습니다. 연결할 뼈를 Shift를 눌러 동시 선택하고 Ctrl+P를 눌러 표시되는 Make Parent 창에서 Keep Offset을 실행하여 점선이 있는 상태로 연결합니다. 그림 11-20은 X축 미러 기능으로 분리했었기에 한쪽만 연결해도 같이 움직입니다.

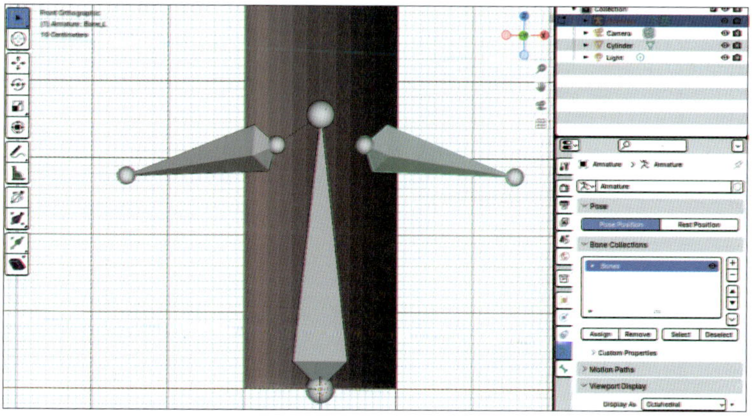

그림 11-20 Keep Offset으로 연결한 뼈

알아두세요 연결 시 가까운 뼈가 머리 또는 꼬리에 위치에 따라 연결이 달라집니다. 원하는 것은 가까운 쪽으로 움직여 연결하는 것이 좋습니다.

Armature 오브젝트를 만든 길이만큼 연결된 상태로 나누어 보겠습니다. 그림 11-21처럼 하나의 Armature 오브젝트를 Cylinder 오브젝트 높이에 맞게 변형합니다.

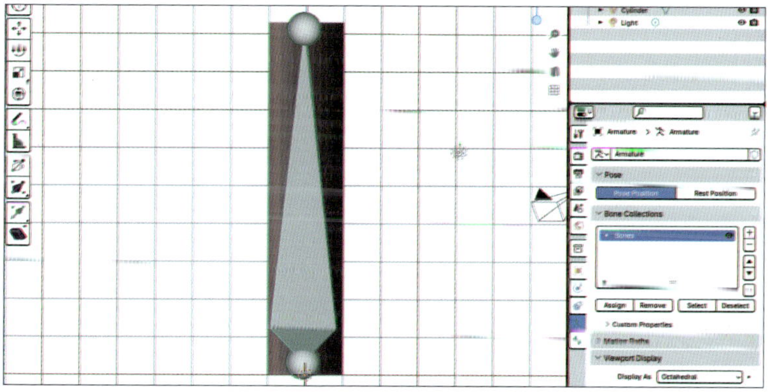

그림 11-21 Cylinder 오브젝트 높이에 맞춘 Armature 오브젝트

Armature 오브젝트에서 마우스 오른쪽 버튼을 클릭하고 표시되는 Armature 창에서 Subdivide를 실행합니다.

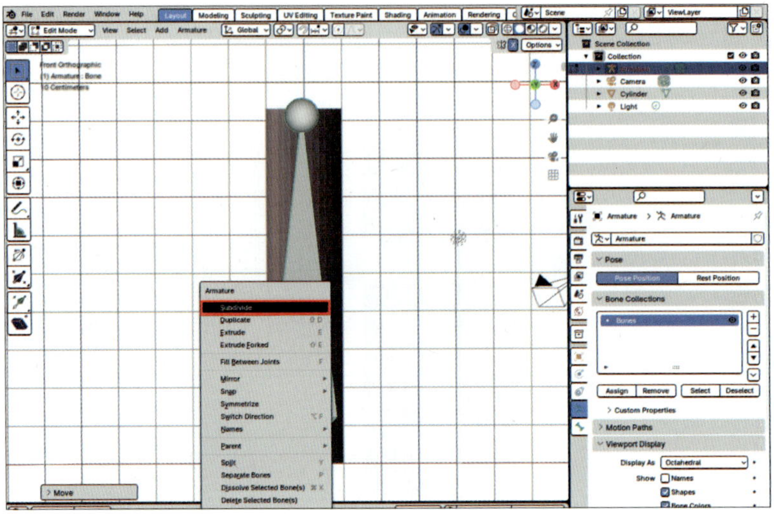

그림 11-22 Subdivide 실행

Armature 오브젝트가 수만큼 2개로 나누어집니다.

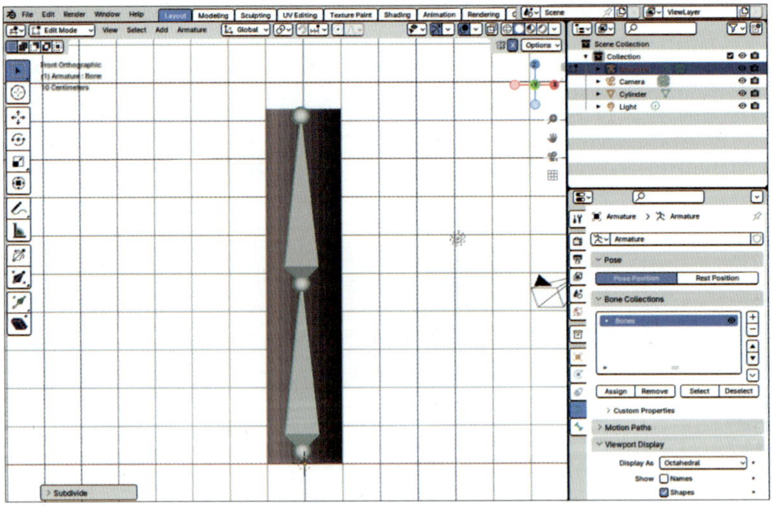

그림 11-23 나누어진 Armature 오브젝트

같은 방법으로 나누어진 2개의 Armature 오브젝트를 선택하고 Subdivide를 실행하면 4개로 분리됩니다.

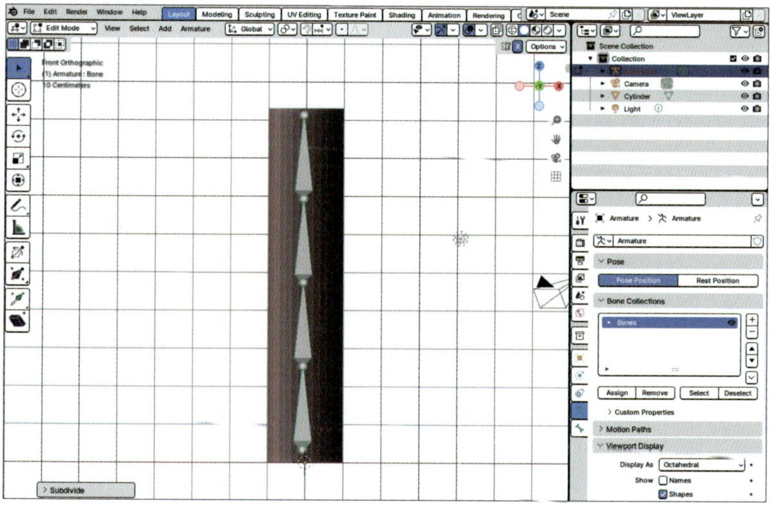

그림 11-24 4개로 나뉜 Armature 오브젝트

Operation 패널에서 Number of Cuts를 설정하여 수를 직접 설정할 수도 있습니다.

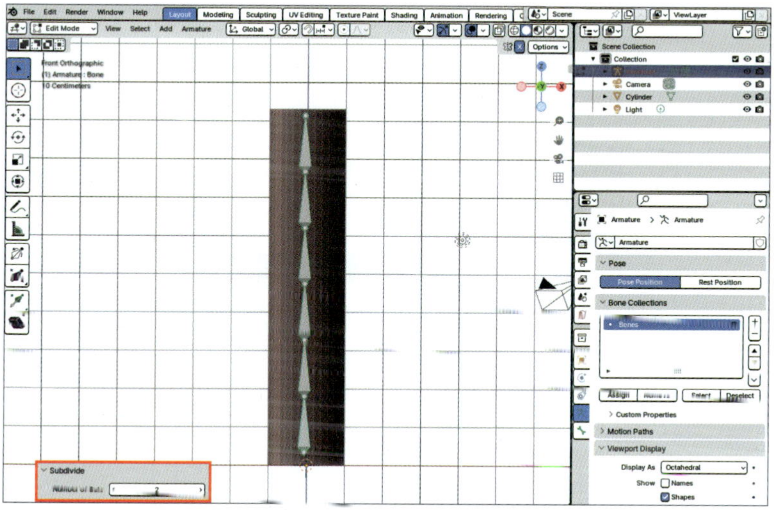

그림 11-25 Operation 패널에서 설정해서 나눈 Armature 오브젝트

뼈와 오브젝트의 연결

뼈와 오브젝트를 연결하는 과정을 알아보겠습니다. 이 과정은 Object Mode에서 진행하며, 순서가 중요합니다. 반드시 연결할 오브젝트를 먼저 선택하고 뼈를 나중에 선택해야 합니다.

연결 과정을 세 가지 단계로 정리하면 다음과 같습니다.

뼈 연결 3단계 과정

1. 연결할 오브젝트 선택
2. Shift를 누른 상태로 Armature 오브젝트 선택(오브젝트+뼈 다중 선택)
3. Ctrl+P

세 가지 단계를 진행하여 Set Parents To 창이 표시되면 Armature Deform → With Automatic Weights를 실행합니다.

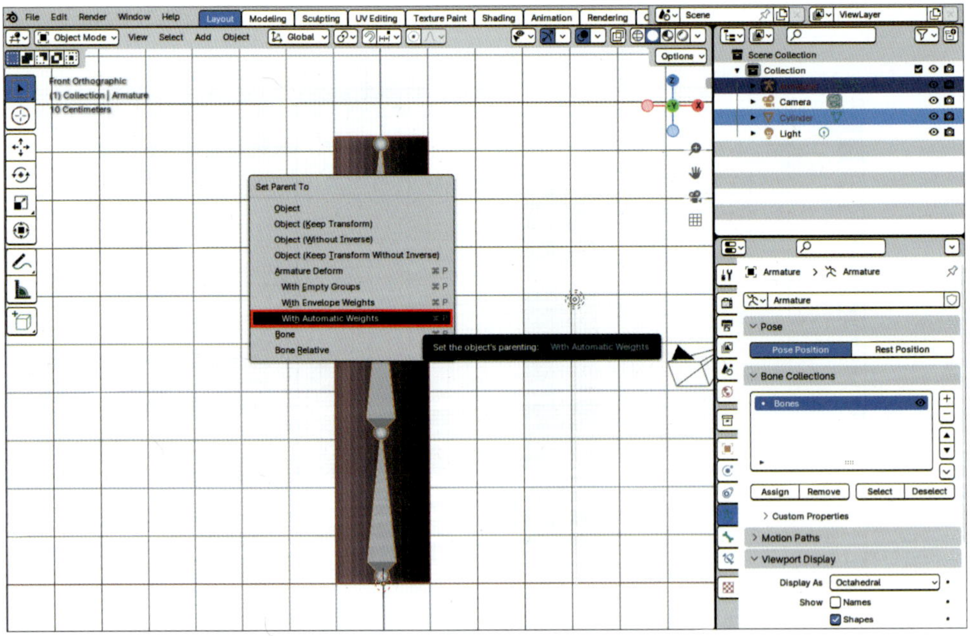

그림 11-26 With Automatic Weights 실행

Header 패널에서 Pose Mode로 전환하고 뼈의 일부를 움직이면, 뼈가 움직이는 대로 오브젝트가 연결되어 움직이는 것을 확인할 수 있습니다.

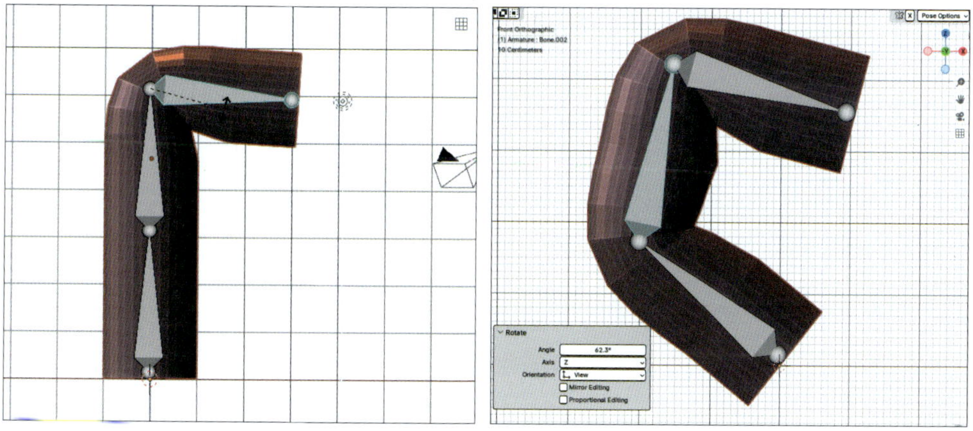

그림 11-27 연결된 Cylinder 오브젝트와 Armature 오브젝트

● 움직임 영향력 조정

Object Mode에서 Cylinder 오브젝트와 Armature 오브젝트를 모두 선택하면, Properties 패널의 〔Object Data( )〕 탭에서 Vertex Groups에 'Bone', 'Bone002', 'Bone03'이 있는 것을 확인할 수 있습니다. 만약 3개가 아닌 4개의 항목이 있다면 이외의 부분을 선택하고 '–'를 클릭하여 삭제합니다.

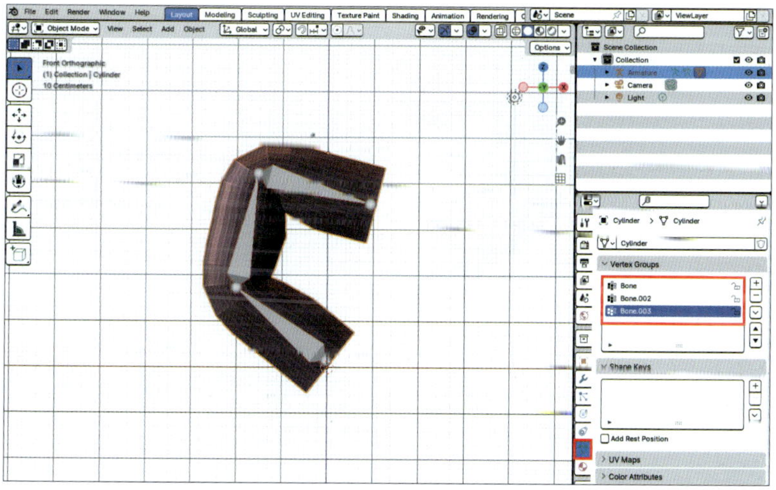

그림 11-28 Object Mode에서 Vertex Groups 확인

Cylinder 오브젝트와 Armature 오브젝트가 모두 선택되어 있는 상태로 Header 패널에서 'Weight Paint'를 선택하여 모드를 전환합니다.

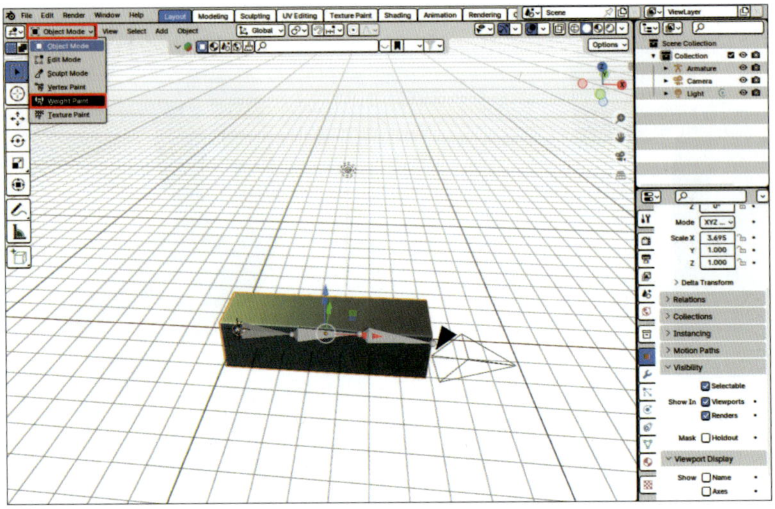

그림 11-29 Weight Paint 모드로 전환

Alt를 누른 상태로 Armature 오브젝트를 클릭하면 각각 Weight Paint(웨이트 페인트)가 어느 정도 적용되어 있는지 알 수 있습니다.

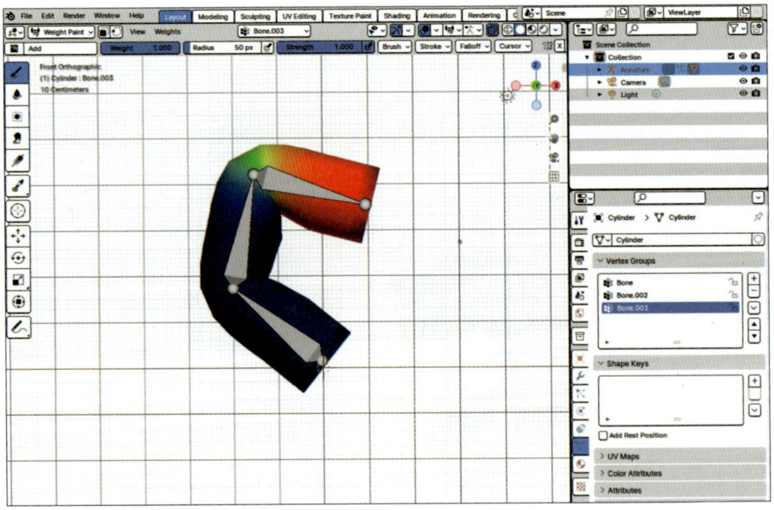

그림 11-30 Armature 오브젝트의 Weight Paint

잠깐만요 Weight Paint 주의사항

만약 이 과정이 진행되지 않는다면, 다시 Object Mode로 전환하여 Cylinder 오브젝트와 Armature 오브젝트를 모두 선택하고 Weight Paint로 전환합니다. 그런 다음 뼈 주변에 스카이 블루 색상이 있는지 반드시 확인합니다. 이 색상이 없으면 Weight Paint가 적용되지 않으므로 주의해야 합니다. 또한, [Object Data()] 탭 → Vertex Groups에서 직접 Armature 오브젝트를 선택할 수도 있습니다.

Weight Paint는 빨간색부터 파란색까지 이어져 있으며, 빨간색은 뼈의 영향을 가장 많이 받는다는 의미이고, 파란색은 아예 영향을 받지 않는다는 의미입니다. 빨간색과 파란색의 중간 색상으로는 노란색, 초록색, 하늘색 등이 있습니다.

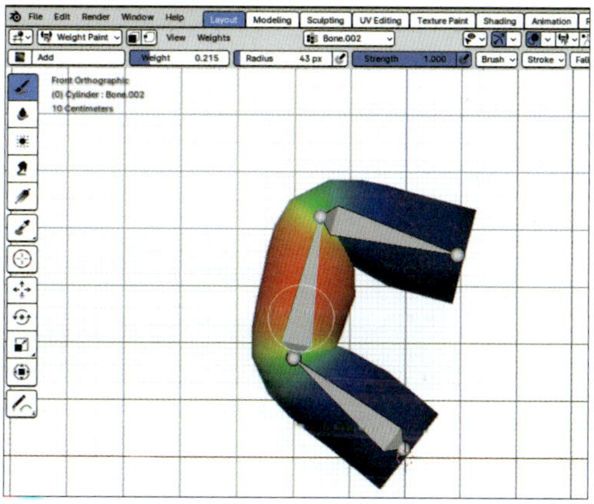

그림 11-31 Weight Paint의 색상

브러시 도구를 선택하고 Alt를 누르지 않은 상태로 드래그하면 빨간색으로 변경되면서 영향력을 더 줄 수 있게 변경할 수 있습니다.

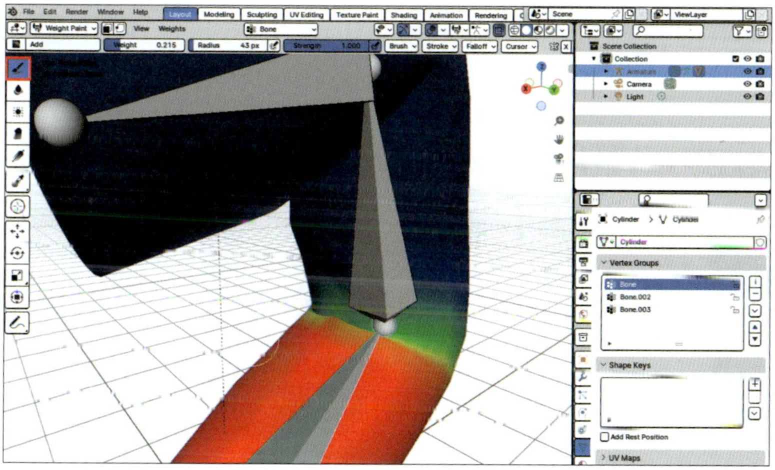

그림 11-32 영향력 있게 변경한 모습

Outliner 패널의 Collection에서 Armature → Cube를 선택하고 Edit Mode로 전환합니다. 임의의 점을 하나 선택하고 이동해 보면 Vertex Weights 값이 각 면에 따라 힘의 강도가 다른 것을 알 수 있습니다.

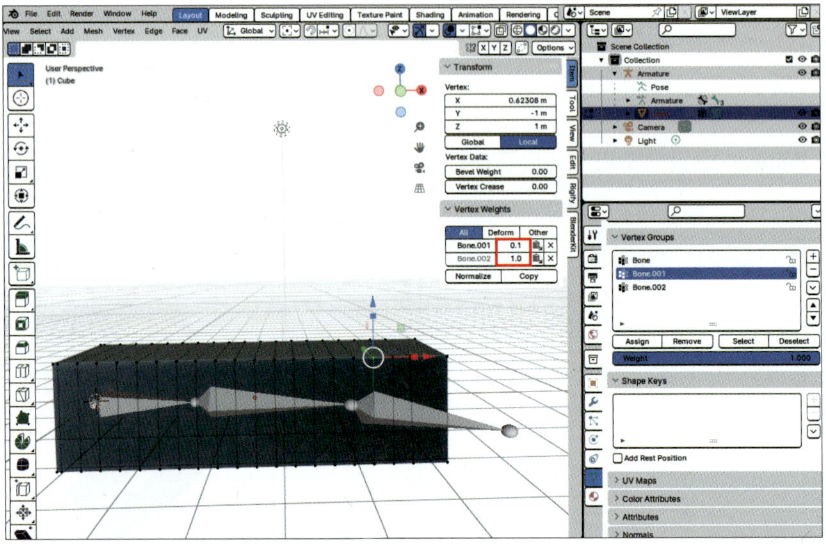

그림 11-33 각 면마다 힘의 강도가 다른 Vertex Weights

윗부분에 영향받는 Bone.03은 '0.9' 값이 되고 영향받지 않는 점으로 내려갈수록 수치가 내려가는 것을 확인할 수 있습니다.

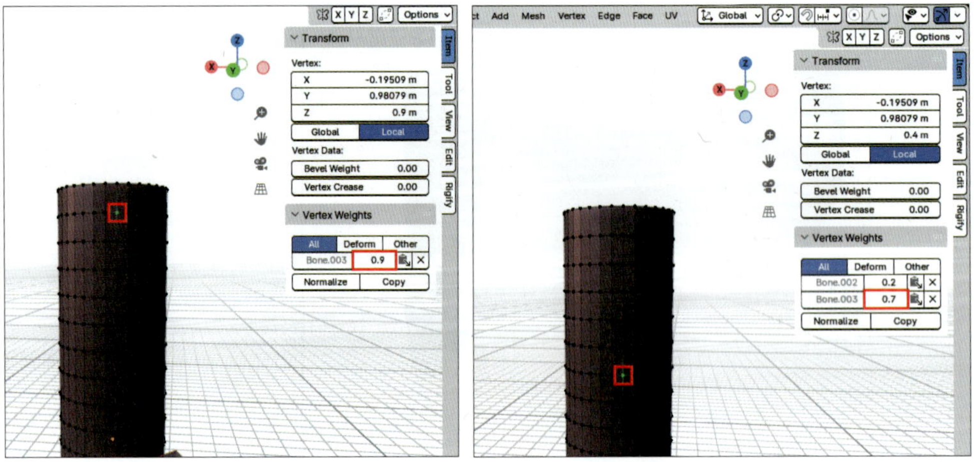

그림 11-34 영향력에 따라 달라지는 Vertex Weights 값

11.3 블렌더 실습 : FK/IK 리깅하기

FK/IK를 이해하기 위한 실습을 하겠습니다. 사람의 역학 운동이 활발한 발 운동에 대한 FK/IK 다리를 만들고 리깅을 적용해 어떤 방식으로 진행되는지 살펴봅시다.

완성 파일 : 11\리깅_완성.blend

FK

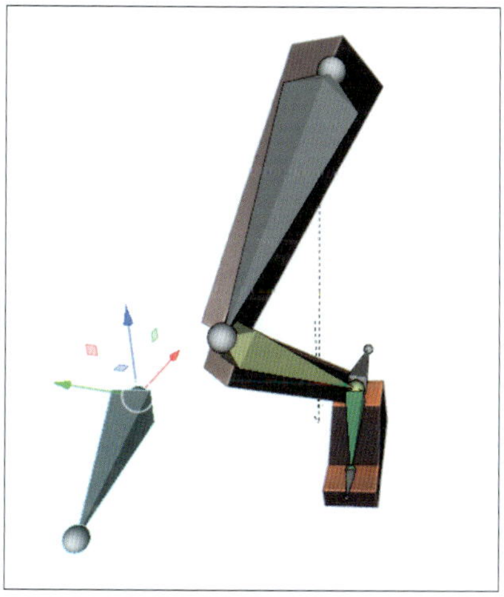

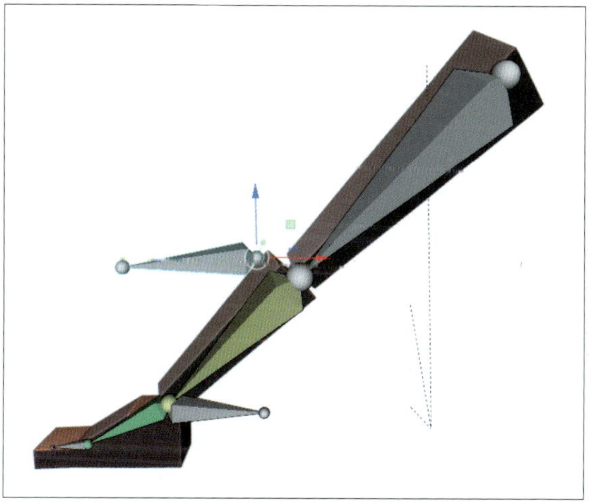

IK

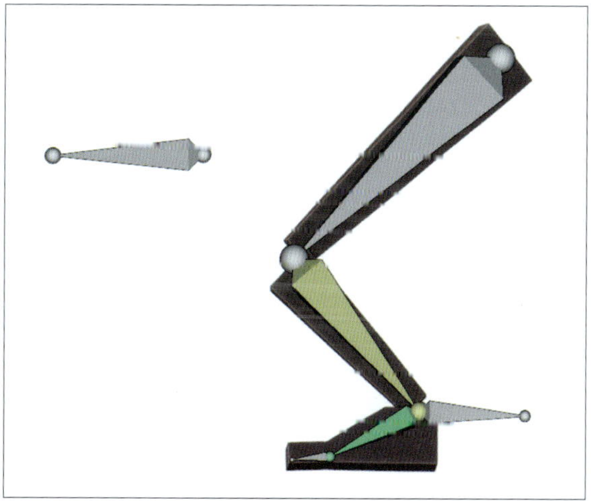

FK 다리 리깅하기

❶ Mesh → Cube(Shift+A)를 실행하여 Cube 오브젝트를 3개 생성하고 그림과 같이 배치합니다.

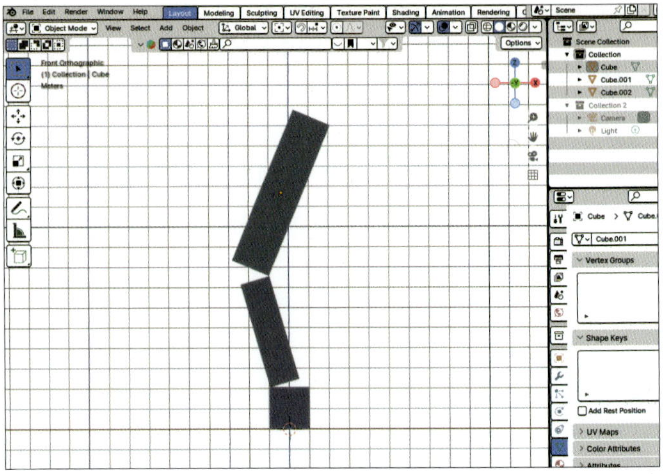

❷ 발이 되는 부분의 Cube 오브젝트는 Edit Mode에서 좀 더 디테일하게 수정하여 그림과 같이 변형합니다.

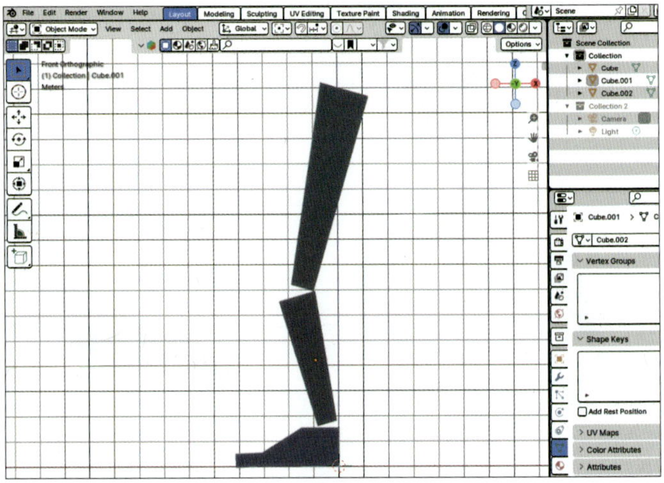

❸ 뼈를 추가하기 위해 Object Mode에서 Shift+A를 눌러 표시되는 Add 창에서 Armature → Single Bone을 실행합니다(4.0 이상 버전).

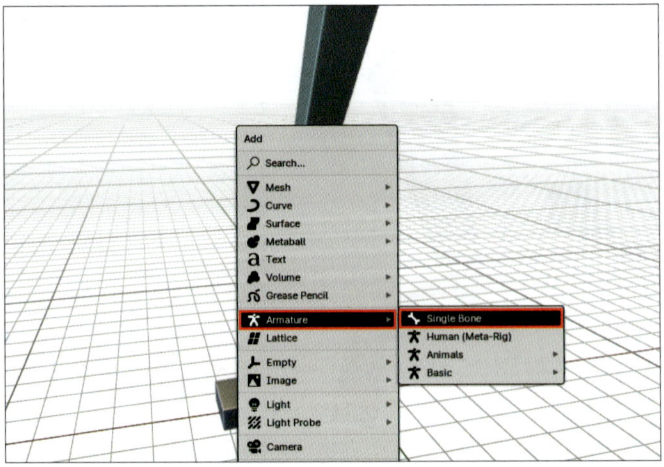

TIP Single Bone을 생성하기 위해서는 Rigging: Rigify 애드온이 설치되어 있어야 합니다.

❹ Properties 패널의 〔Object Data()〕 → Viewport Display → Show에서 'In Front'를 체크 표시합니다. 뼈의 배치가 앞으로 변경되어 나타납니다.

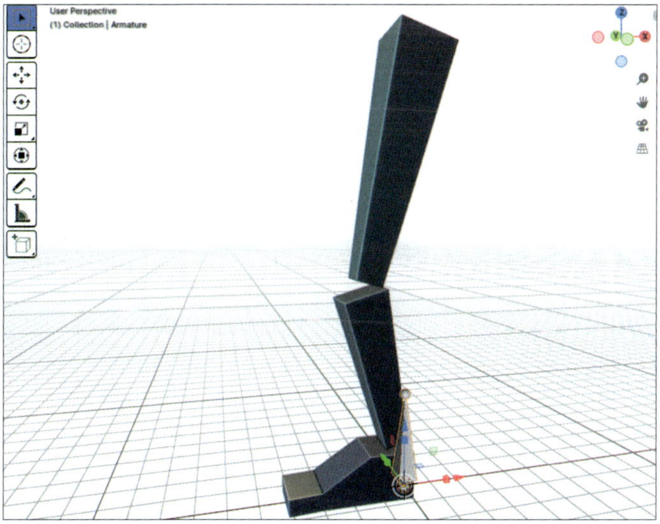

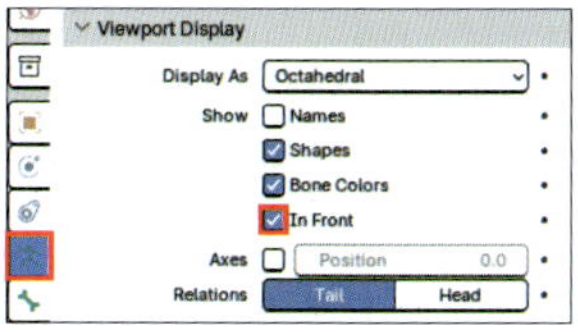

❺ 기본 뼈를 위로 이동하기 위해 뼈를 선택하고 Tab을 눌러 Edit Mode로 전환합니다. A를 눌러 전체 선택하고 G를 눌러 이동합니다.

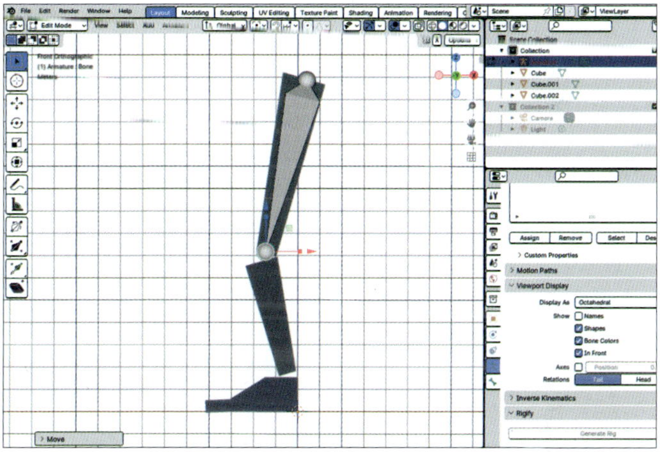

TIP 위치를 조절할 때는 숫자 키패드 1을 눌러 Front View 시점의 2D View로 작업하는 것이 좋습니다.

❻ R을 눌러 회전하고 동그란 부분을 이동해 크기를 맞춥니다. G, E를 이용하여 추출과 이동을 반복해 허벅지, 종아리, 발, 발가락까지 뼈를 추출하여 만듭니다.

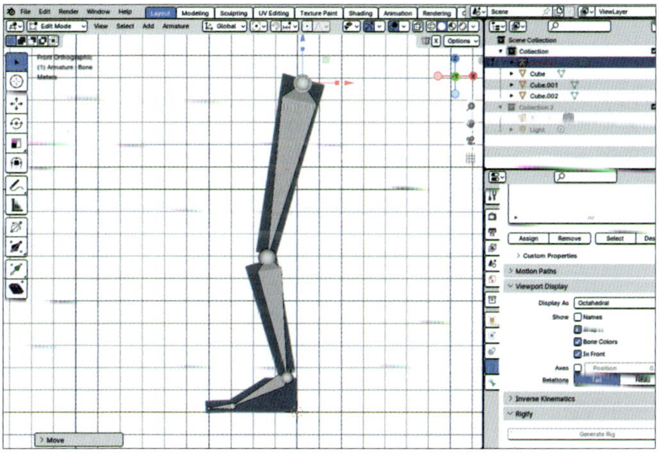

❼ Tab을 눌러 Object Mode로 전환하고 크기 비율을 같게 만들기 위해 다리 오브젝트를 선택합니다. Ctrl+A를 눌러 표시되는 Apply 창에서 Scale을 실행합니다.

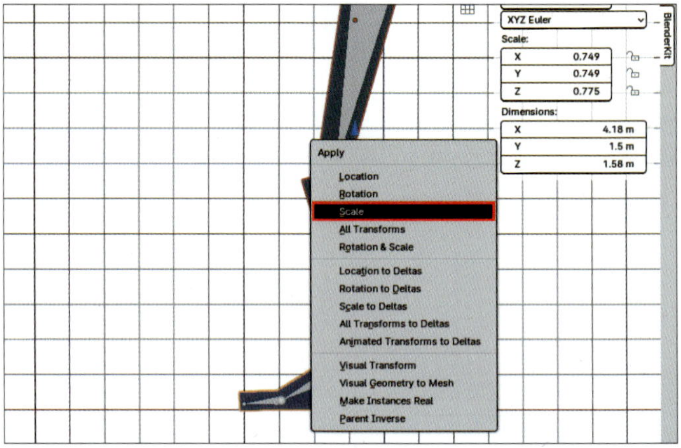

❽ 오브젝트를 연결하기 위해 다리 오브젝트와 Armature 오브젝트를 다중 선택(Shift+클릭)합니다. Ctrl+P를 눌러 표시되는 Set Parent To 창에서 With Automatic Weights를 실행합니다.

TIP 이 과정은 수동으로 리깅을 연결하는 방법입니다. Pose Mode로 전환(Ctrl+Tab(Win), Control+Tab (Mac))하고 뼈를 움직여 움직임을 확인할 수 있습니다. 뼈를 다시 원상태로 돌리려면 A를 눌러 모든 뼈를 선택하고 Alt+R을 눌러 회전 값을 초기화하면 됩니다.

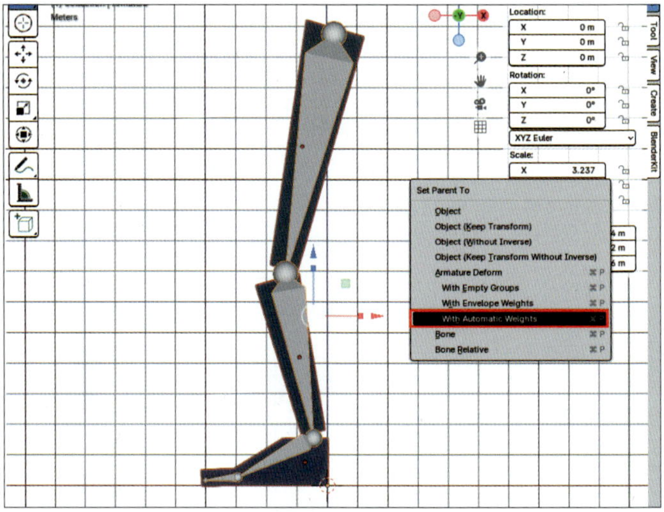

❾ 움직임을 확인하기 위해 Armature 오브젝트와 'Bone 003(다리 가장 위쪽)'을 다중 선택(Shift)한 다음 Ctrl+Tab을 눌러 표시되는 파이 메뉴에서 Weight Paint를 실행합니다.

TIP 반드시 뼈를 먼저 선택하고 오브젝트를 선택해야 Weight Paint 모드로 전환할 수 있습니다.

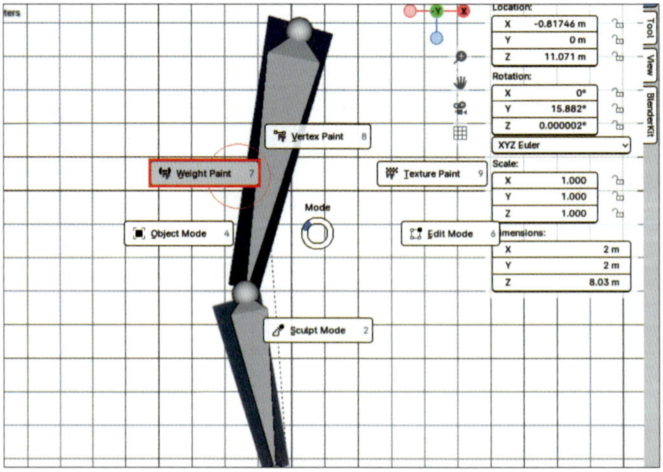

⑩ 파란색이 기본으로 나타나며 뼈를 선택(Alt+클릭)했을 때 빨간색으로 적용되는 것을 알 수 있습니다.

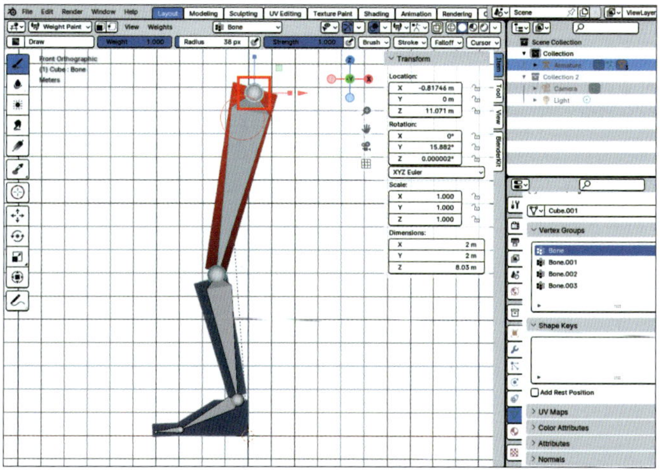

⑪ 같은 방법으로 Object Mode에서 두 번째 다리를 선택하고 Weight Paint에서 뼈를 선택(Alt+클릭)하여 빨간색이 되는 것을 확인합니다.

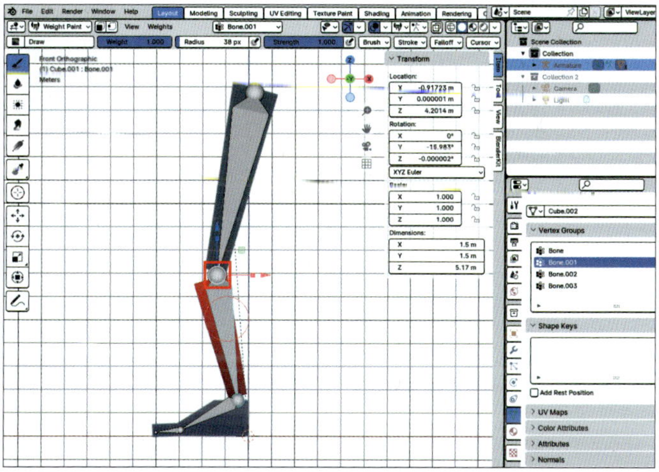

⑫ 선택한 다리와 다른 뼈를 선택하면 색상이 파란색(적용 0%)이 되므로 반드시 Object Mode에서 선택했던 부분의 뼈를 선택해야 합니다.

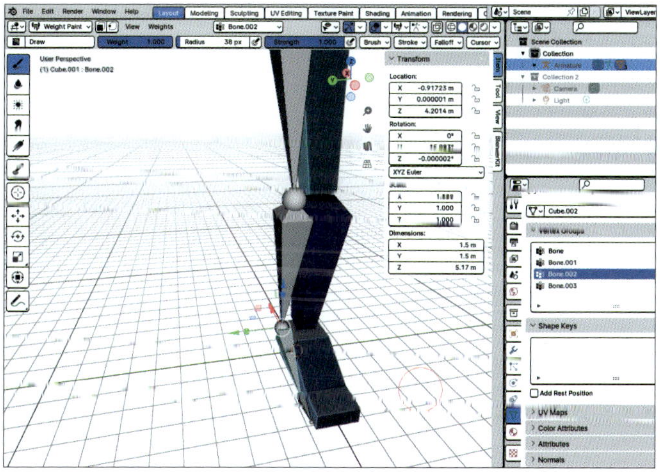

⓭ 같은 방법으로 발을 선택합니다. 발과 발가락은 다른 영역으로 두 가지 설정을 추가로 해 주어야 합니다. 첫 번째는 Sidebar의 〔Tool〕 탭에서 Options의 'Auto Normalize'를 체크 표시합니다.

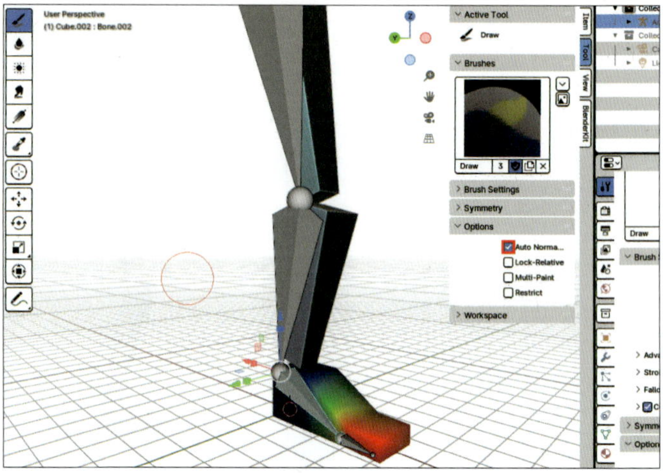

⓮ Alt를 누른 상태로 뼈를 클릭하면 그림과 같이 발 부분이 빨간색 계열로 자동 변경되는 것을 알 수 있습니다.

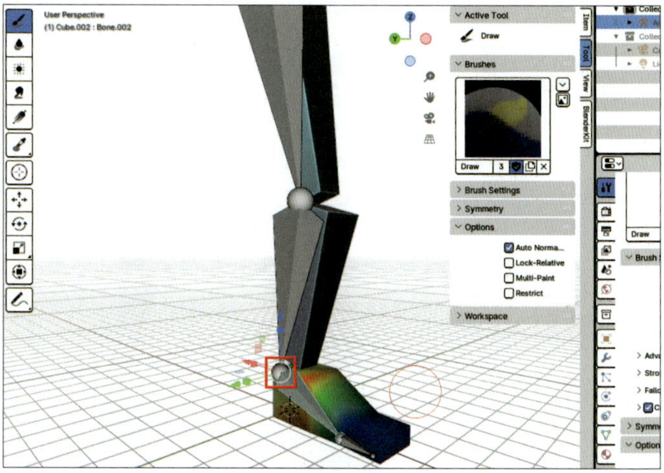

⓯ 두 번째는 〔Tools〕 탭에서 Brush Settings → Falloff의 'Projected'를 선택하여 활성화하는 것입니다. 이렇게 설정하면 Weight Paint가 뒷부분까지 모두 자동으로 적용됩니다.

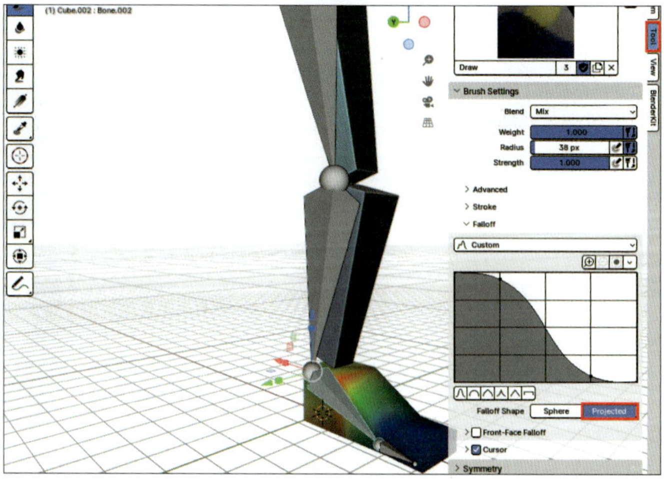

⑯ 페인트를 칠합니다. 각자 맞는 오브젝트와 뼈가 적용되는 영역에 맞게 맞추어야 원하는 뼈 리깅의 움직임을 적용할 수 있습니다.

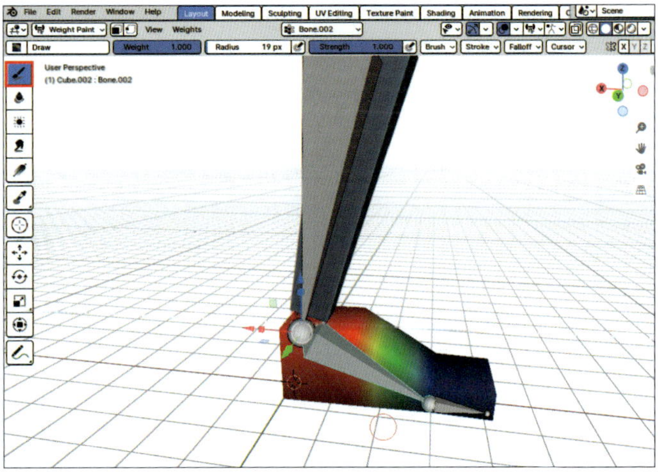

⑰ 그림과 같이 같이 발, 발가락의 올바른 페인팅을 진행하여 FK 다리 리깅을 완성합니다.

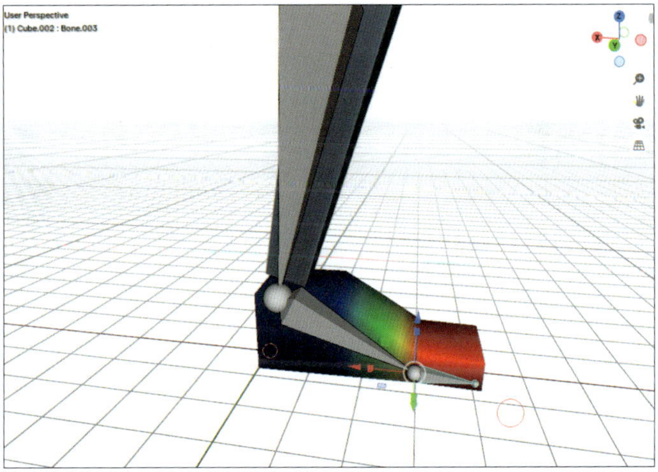

IK 다리 리깅하기

❶ 구분하여 차이를 확인하기 위해 FK 다리 리깅을 복제하고 이름을 구분지어 줍니다.

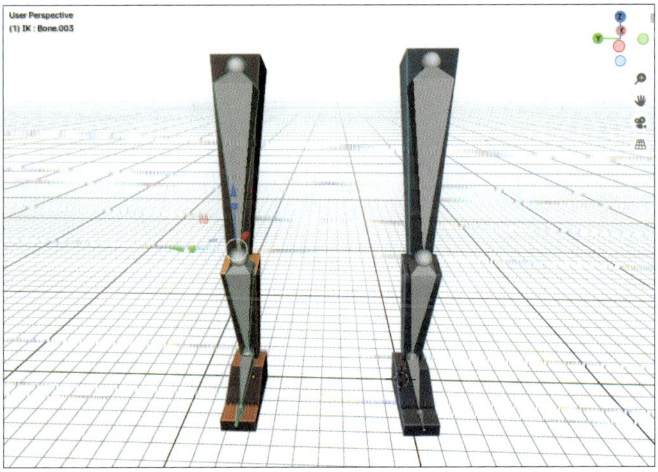

TIP FK가 자유로운 리깅이라면 IK는 보조적 뼈가 필요하고 운동 역학 실제 역학 운동에 맞게 조절하는 방법입니다. 실제 사람의 다리가 360° 회전하지는 않으므로, 움직이는 관절의 구간을 정하고 움직이는 것과 그렇지 않은 것을 명확히 합니다.

❷ IK 뼈를 선택하고 Edit Mode로 전환합니다. 뒤꿈치 뼈를 선택하고 E를 눌러 추출하여 그림과 같이 뼈를 하나 더 만듭니다. 이 뼈의 이름을 'Target'이라고 변경합니다.

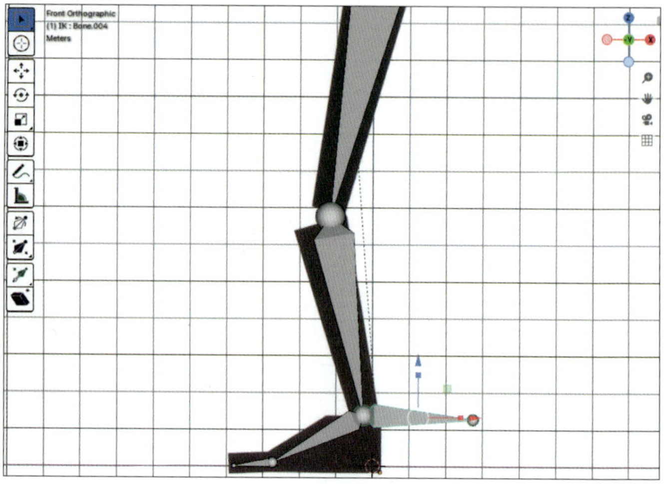

TIP 이름은 오브젝트가 선택된 상태로 F2를 누르거나 Outliner 패널에서 변경할 수 있습니다.

❸ 뼈가 선택되어 있는 상태로 Alt+P를 눌러 Clear Parent를 실행해 부모와 자식 관계를 끊어줍니다. 즉, 상속 관계를 해제시킵니다.

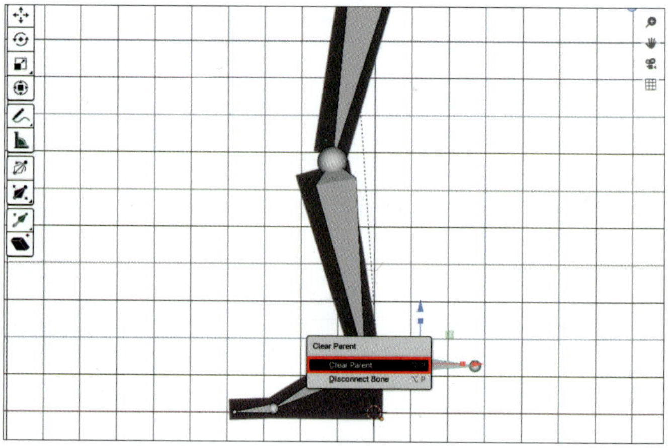

❹ 'Bone 001'을 선택하고 Pose Mode로 전환합니다. Properties 패널에서 [Bone Constraint()] 탭을 선택하고 IK 방식으로 변환하기 위해 'Add Bone Constraint'를 클릭하고 Inverse Kinematics를 실행하여 적용합니다.

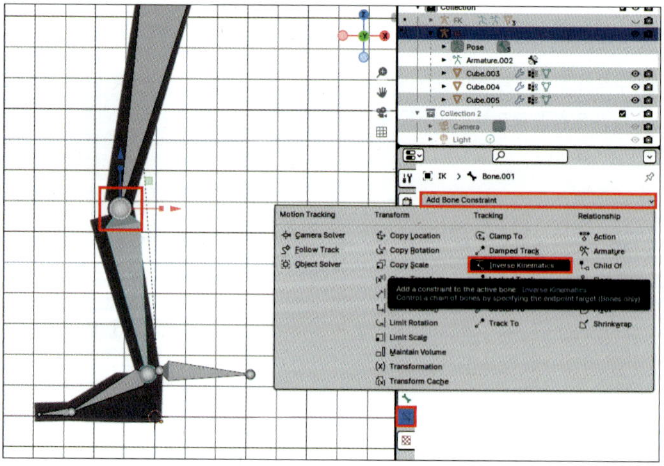

❺ IK 설정 창에서 Target을 'IK' 본으로, Bone을 'Target'으로 지정합니다.

TIP 발 뒷꿈치 부분에 새로 추출한 뼈를 'Target'이라고 이름을 변경한 것이므로, 예제와 이름이 달라도 같은 뼈를 선택하면 됩니다.

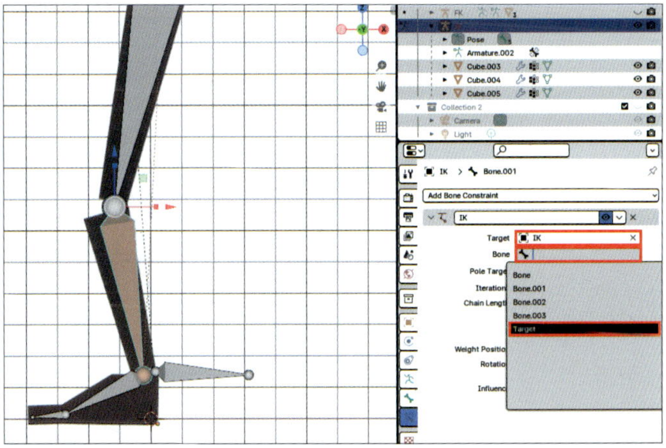

❻ Target 뼈를 선택하고 Ⓖ를 눌러 움직이면 역학석 움직임으로 사람이 다리 운동하는 동작처럼 움직입니다. 이러한 방식이 바로 IK입니다.

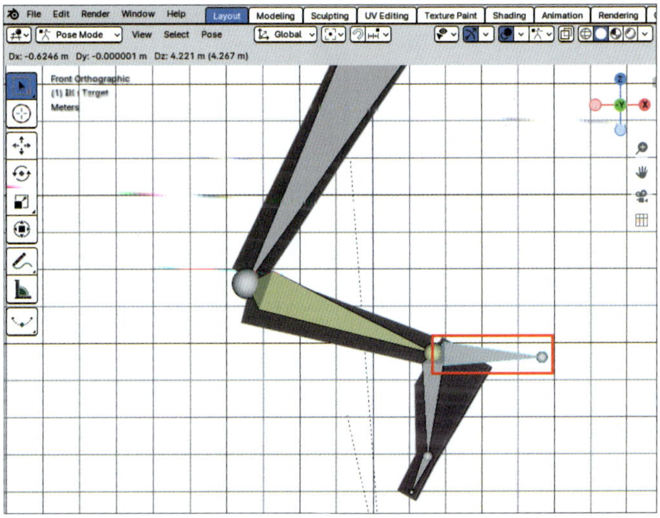

❼ 같은 방법으로 무릎 부분도 뼈를 하나 더 만들겠습니다. Edit Mode에서 무릎 부부 뼈를 선택하고 Ⓔ를 눌러 뼈를 하나 더 추출합니다.

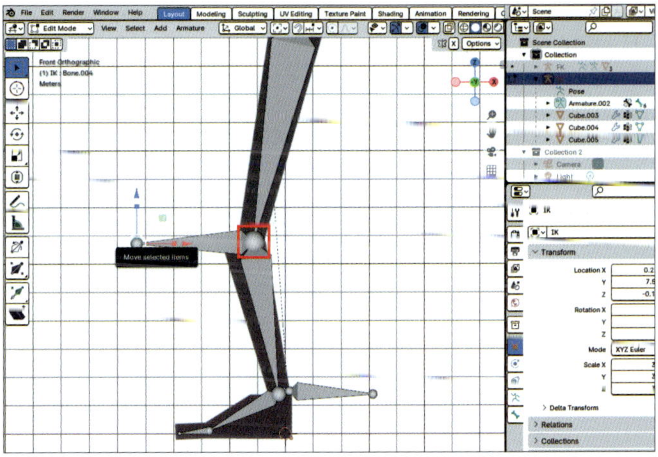

❽ 이 뼈도 보조적 역할이기에 분리시켜야 합니다. Alt+P를 눌러 표시되는 Clear Parent 창에서 Clear Parent를 실행합니다.

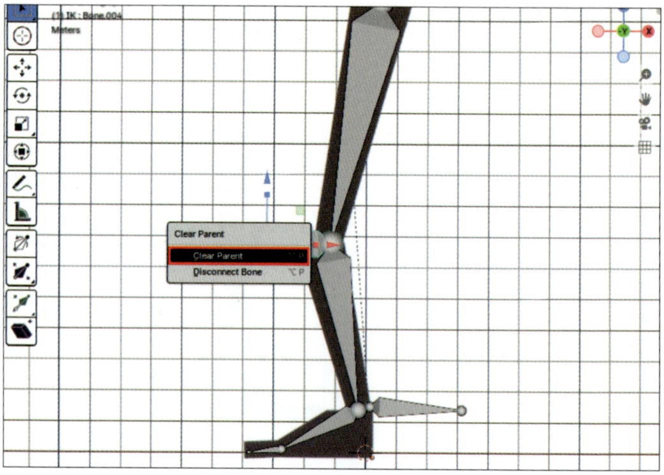

❾ 그림과 같이 앞으로 위치를 이동하고 이름을 'Pole'로 변경합니다. ❹~❺번과 같은 방법으로 IK 중앙 뼈를 선택하고 Pole Target을 'IK', Bone을 'Pole'로 지정합니다.

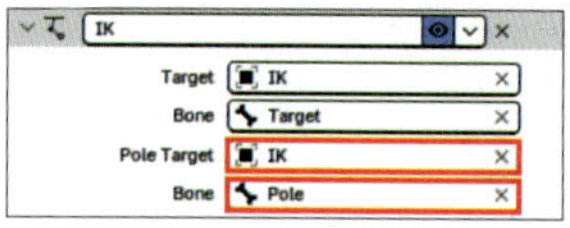

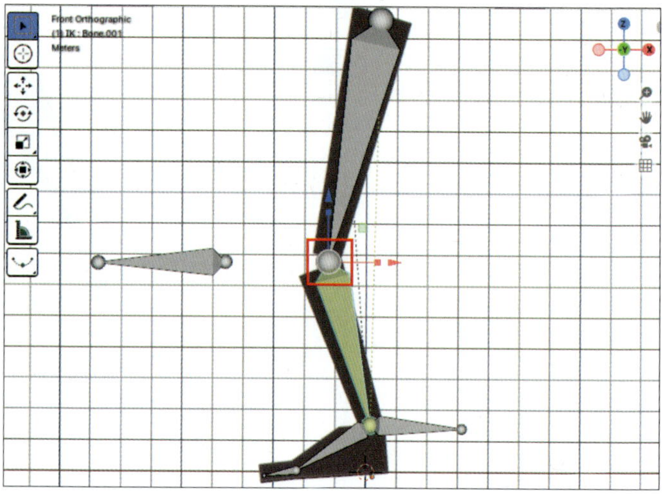

❿ Pole 뼈를 좌우로 움직이면 각도에 따라 다리가 종속적으로 따라 움직입니다.

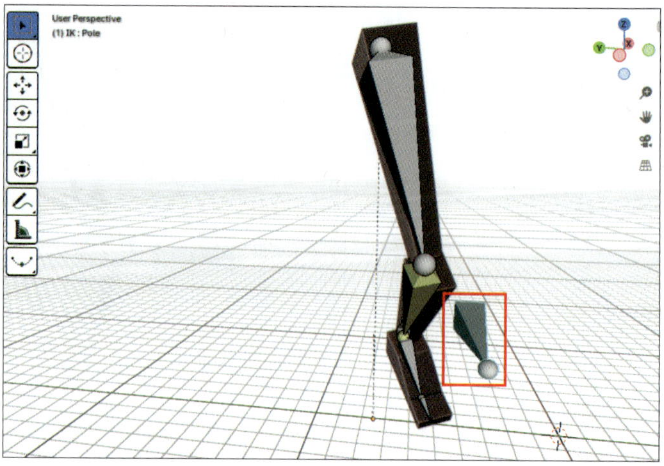

⑪ 가장 위에 있는 뼈를 선택하고 아래로 끝까지 내리면 그림과 같이 발 부분도 같이 움직입니다.

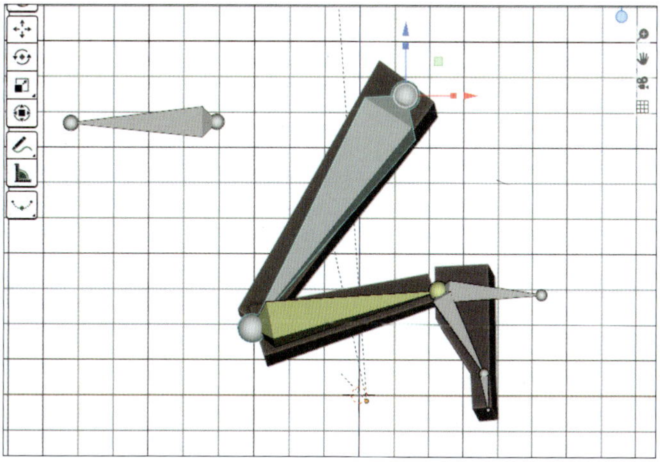

⑫ 이때 발은 그대로 고정으로 있어야 하므로 부모 자식 관계를 끊어야 합니다. 발에 해당되는 첫 번째 뼈를 선택하고 Alt+P를 눌러 표시되는 Clear Parent 창에서 Clear Parent를 실행합니다.

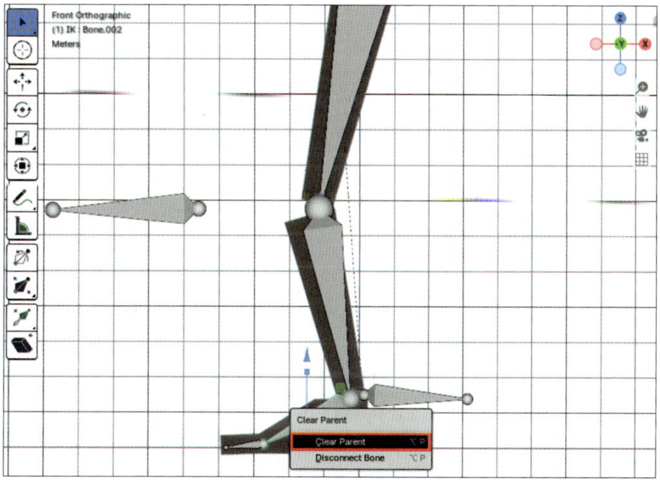

⑬ 해제한 뼈를 위치 복사하겠습니다. Properties 패널의 [Bone Constraint ( )] 탭에서 'Add Bone Constraint'를 클릭하고 Copy Location을 실행합니다.

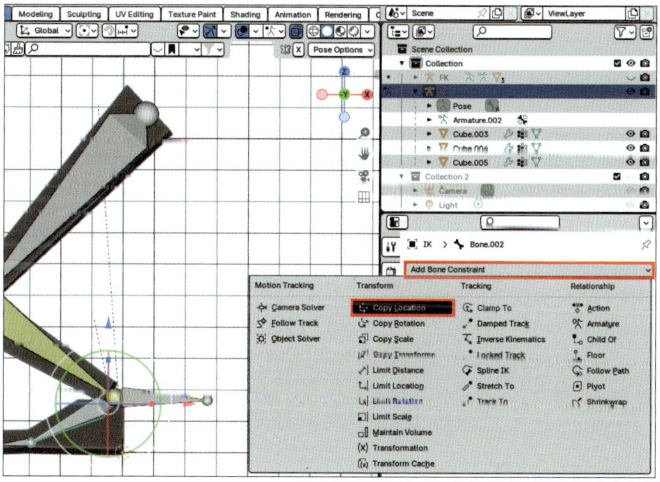

⓮ Copy Location 설정 창에서 Target을 'IK', Bone을 'Bone 001(IK 뼈)'로 지정하고 Head/Tail을 '1'로 설정하면 그림과 같이 끝쪽으로 붙는 것을 확인할 수 있습니다.

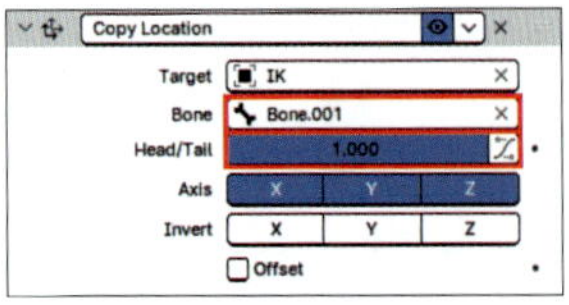

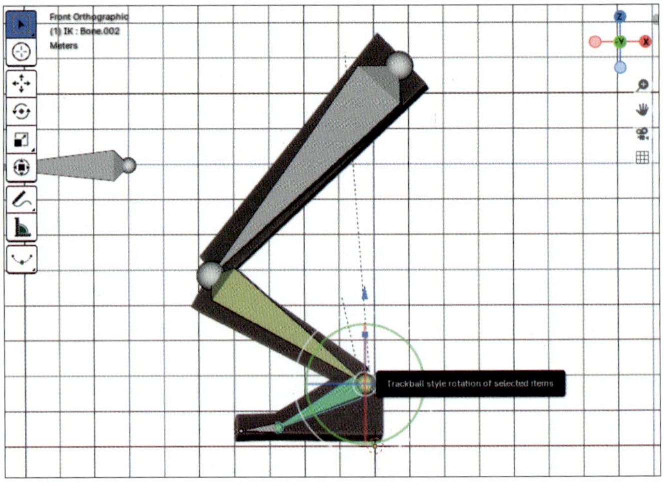

⓯ IK 방식과 FK 방식을 비교해 보고 움직임에 동작을 테스트하면서 뼈의 움직임 기초를 이해합니다.

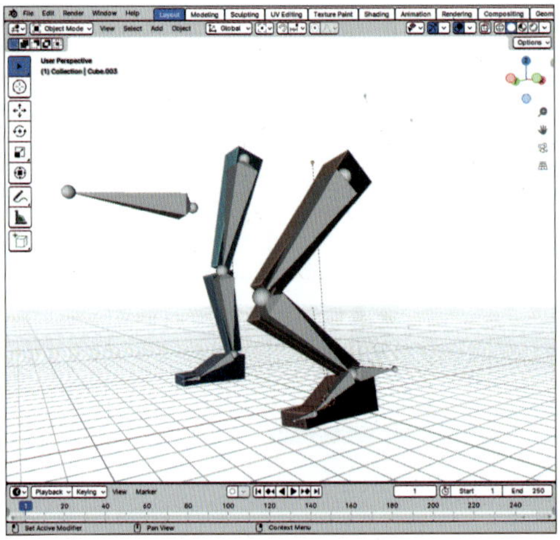

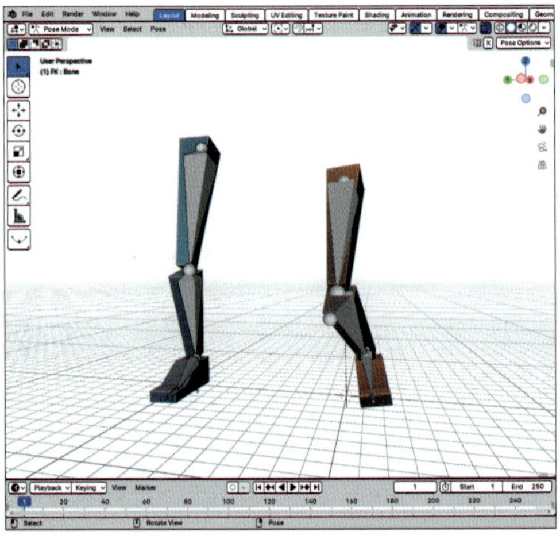

12장

Animation

학 습 목 표

- 애니메이션의 기본 개념과 원리를 이해합니다.
- 학습을 위한 간단한 애니메이션을 키프레임을 활용하여 제작할 수 있습니다.
- Timeline 패널에서 키프레임을 삽입하여 애니메이션의 기초 과정을 배웁니다.

12.1 블렌더 Animation

블렌더 애니메이션은 〈11장〉에서 배운 리깅을 먼저 학습하고 진행하는 것을 권장합니다. 블렌더는 다른 프로그램처럼 영상 제작을 위해 Keyframe(이하 키프레임)을 이해해야 하고, 사용 방법을 배우면 어렵지 않습니다. 영상 작업은 수작업이 많이 필요한 일이기 때문에 키프레임을 원활하게 사용하려면, 반드시 단축키를 숙지하여 처음부터 사용해 학습하길 권장합니다.

영상 제작에서 1초에 30프레임 등의 프레임 설정을 먼저 알아야 합니다. Properties 패널의 세 번째에 위치한 〔Output()〕 탭을 선택하면 설정값을 조절할 수 있습니다. Format → Frame Rate를 살펴보면, 10개의 영상 프레임이 기본적으로 설정되어 있습니다. 커스텀 형태까지 다양하게 설정할 수 있으며, 일반적으로 30프레임이나 29.97프레임을 자주 사용합니다. 이 책에서는 30프레임을 사용하겠습니다.

> **알아두세요** 30프레임은 1초 안에 30장의 정지된 이미지가 움직여 애니메이션을 만든다는 것입니다. 각각 수치는 1초를 기준으로 속해있는 정지 컷의 개수라고 할 수 있습니다. 디지털 디바이스일수록 30프레임 이상의 영상이 사용됩니다.

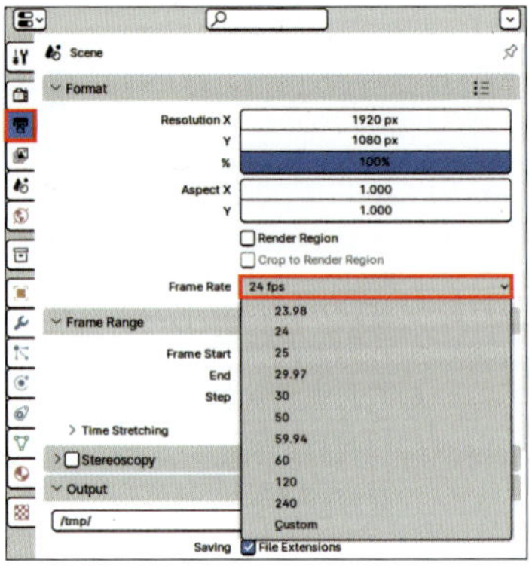

그림 12-1 〔Output〕 탭의 Frame Rate 설정

Workspaces의 〔Layout〕 탭 작업 환경 아래에 Timeline 패널이 위치해 있습니다. 이 패널의 경계선을 위아래로 드래그하면 패널의 크기를 조절할 수 있습니다. 1프레임부터 Playhead(플레이헤드, 프레임 위치를 이동하는 바)의 순서에 맞춰 애니메이션의 흐름이 시간과 프레임 길이로 만들어집니다. 재생할 수 있는 단축키는 Spacebar입니다.

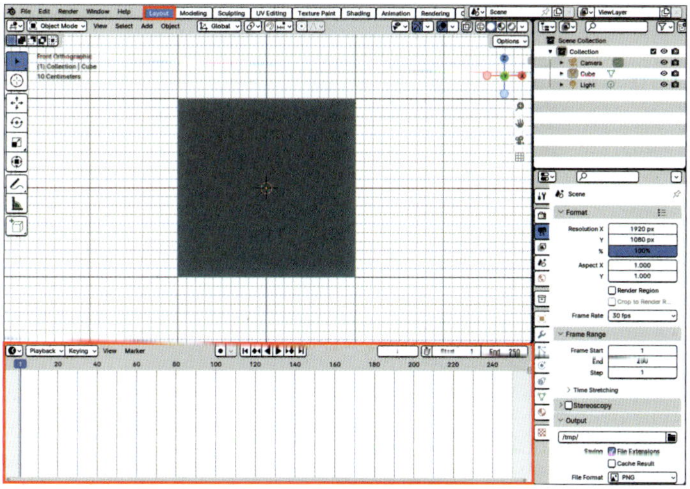

그림 12-2 〔Layout〕 탭 작업 환경

애니메이션은 키프레임 – 키프레임 간의 점으로 이동 및 변화 값을 통해 움직이거나 변화의 흐름을 갖으므로 키프레임을 생성해야 합니다. Cube 오브젝트를 선택하고 마우스 오른쪽 버튼을 클릭한 다음 Insert Keyframe을 실행하거나 I를 눌러 표시되는 Object 창에서 Insert Keyframe을 실행하여 키프레임을 생성합니다.

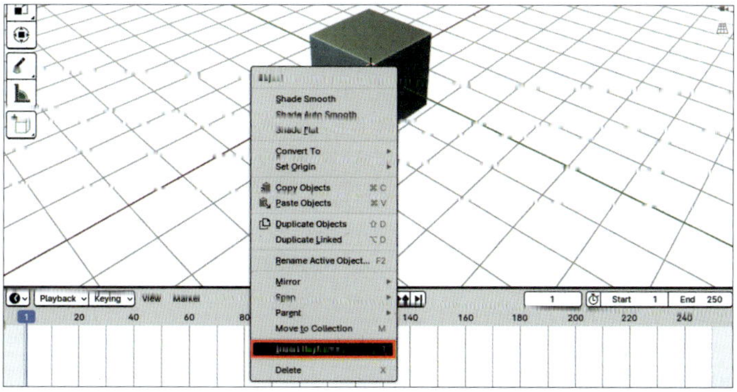

그림 12-3 키프레임 생성 창

Insert Keyframe을 실행했을 때 표시되는 Insert Keyframe Menu 창에서 키프레임 옵션들을 살펴봅시다.

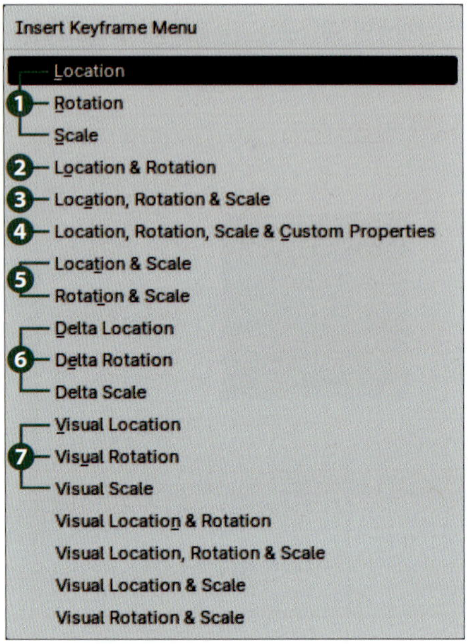

그림 12-4 Insert Keyframe Menu 창

❶ **Location/Rotation/Scale** : 객체의 위치, 회전, 크기에 대한 키프레임을 설정합니다.

❷ **Location & Rotation** : 객체의 위치와 회전에 대한 키프레임을 설정합니다.

❸ **Location, Rotation & Scale** : 객체의 위치를 설정한 후 회전과 크기에 대한 키프레임을 설정합니다.

❹ **Location, Rotation, Scale & Custom Properties** : 객체의 위치, 회전, 크기, 그리고 사용자 정의 속성에 대한 키프레임을 설정합니다.

❺ **Location & Scale/Rotation & Scale** : 객체의 위치와 크기 또는 회전과 크기에 대한 키프레임을 설정합니다.

❻ **Delta Location/Rotation/Scale** : 기존 Transform(변형)에서 추가적으로 변화를 덧씌우는 키프레임을 설정합니다.

❼ **Visual Location/Rotation/Scale** : 객체의 보이는 위치와 실제 값이 다른 경우, 그 차이를 나타내는 키프레임을 설정합니다.

이동하는 애니메이션을 만들겠습니다. Timeline 패널에서 0–30–60 프레임에 각각 Location 키프레임을 생성(I)합니다. Spacebar를 눌러 애니메이션 움직임을 확인할 수 있습니다.

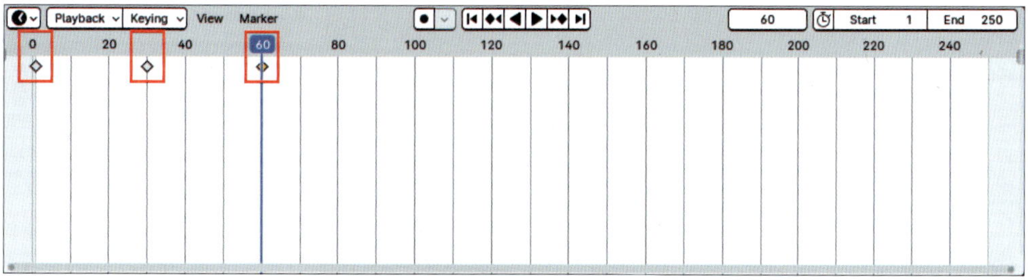

그림 12–5 Timeline 패널에서 키프레임 생성

크기 애니메이션을 만들겠습니다. Timeline 패널에서 애니메이션을 적용할 오브젝트를 선택하고 I를 눌러 표시되는 Insert Keyframe Menu 창에서 Scale을 실행합니다.

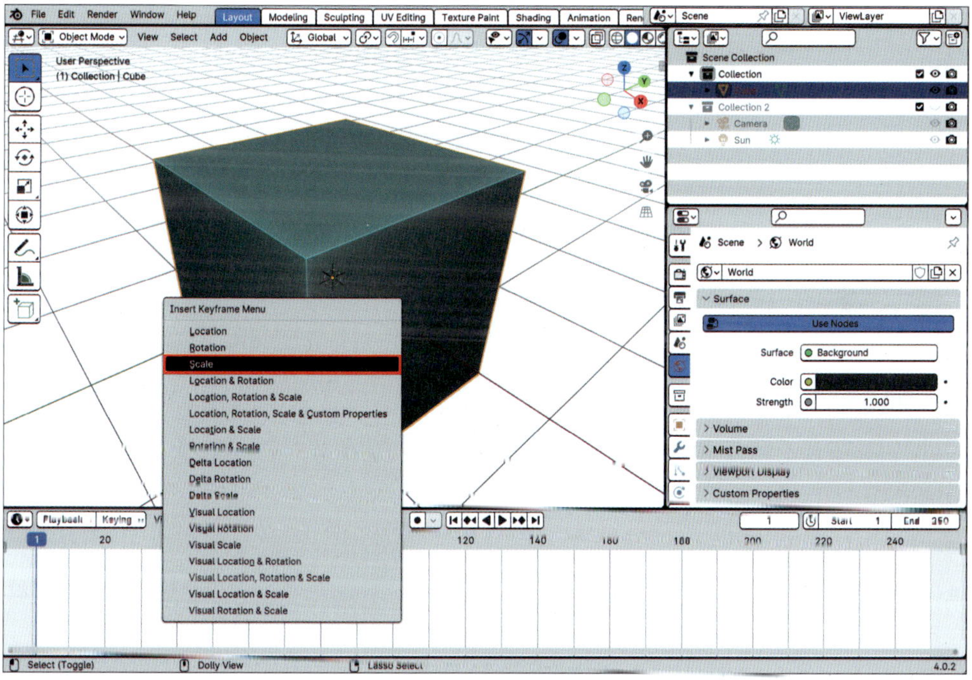

그림 12–6 Scale 키프레임 생성

Properties 패널의 〔Object Data(▣)〕 탭에서 Scale X, Y, Z의 'Animate property' 아이콘(◆)을 클릭하거나 Timeline 패널에서 I를 눌러 표시되는 Insert Keyframes 창에서 All Channels를 실행하면 키프레임이 추가로 생성됩니다.

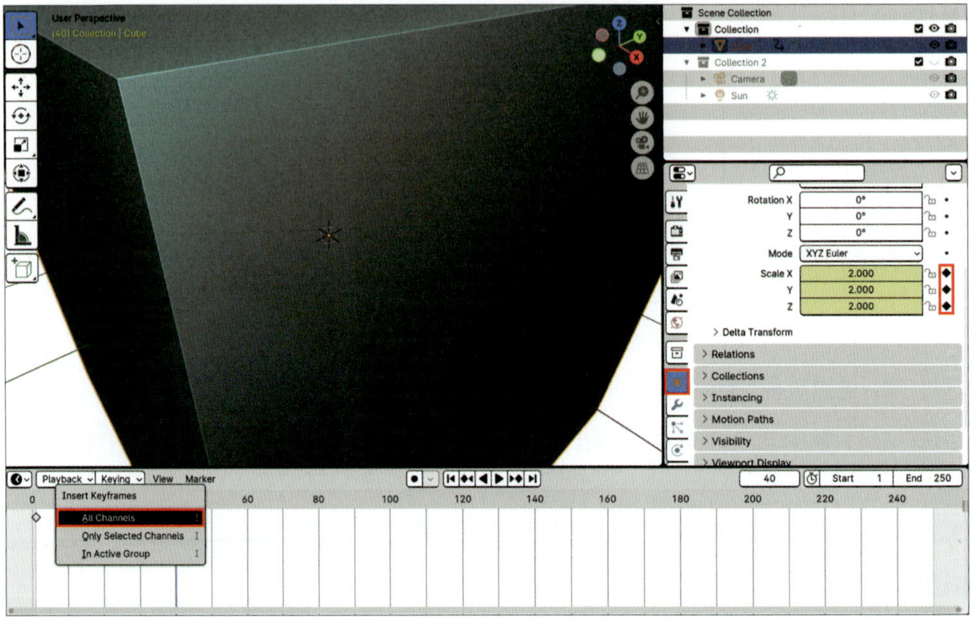

그림 12-7 키프레임 추가 생성 방법

Spacebar를 누르면 애니메이션이 실행되어 결과를 확인할 수 있습니다. 0프레임에 있는 키프레임을 선택하고 Ctrl+C를 눌러 복사한 다음 플레이헤드를 80프레임으로 이동하여 Ctrl+V를 누르면 복사한 키프레임이 복제되어 애니메이션을 구성할 수 있습니다.

Timeline 패널의 오른쪽 상단에서 End를 '80'으로 설정하면 루프 애니메이션이 이루어집니다. 키프레임 간의 간격을 좁히면 속도가 빨라지고 길게 늘이면 구간에 따라 느리게 애니메이션이 진행됩니다.

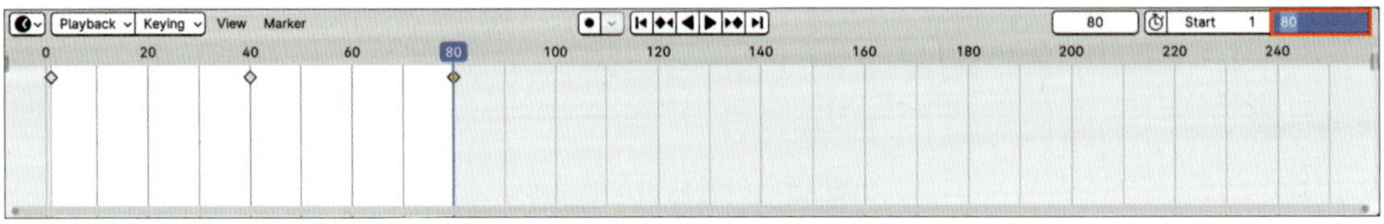

그림 12-8 키프레임 복제 및 타임라인 구간 설정

Properties 패널의 〔Object Data(▣)〕 탭에서 Location Z를 '5'로 설정하고 'Animate property' 아이콘(◆)을 클릭하면 위치가 0에서 5로 이동되는 것을 알 수 있습니다.

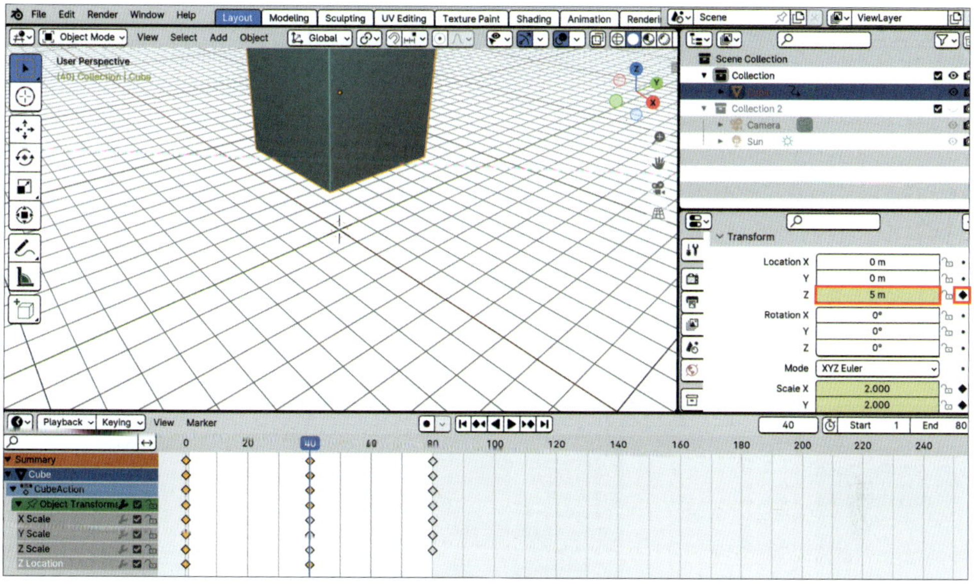

그림 12-9 Location 이동

Timeline 패널의 중앙 상단에서 'Auto Keying' 아이콘(●)을 클릭하면 녹화가 시작됩니다. 활성화한 상태에서 G-X를 누른 다음 '10'을 입력하고 Enter를 누르면 키프레임 사이에 바가 생기면서 이동 키가 자동으로 생성됩니다.

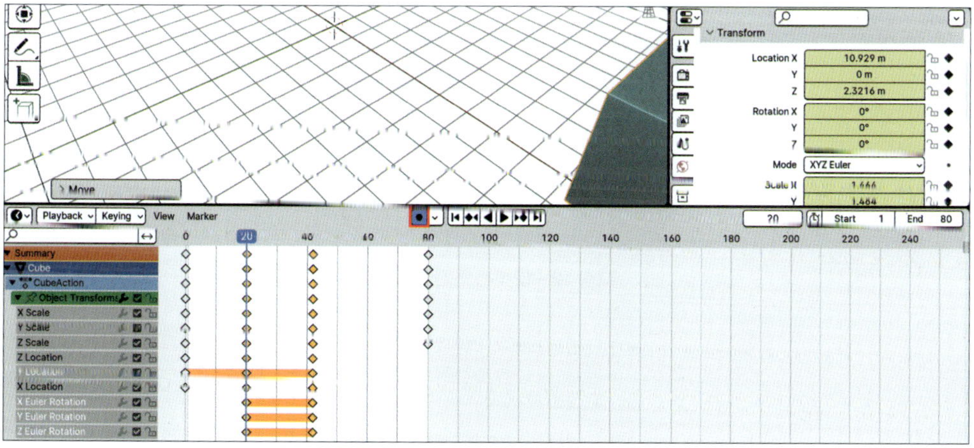

그림 12-10 Auto Keying 활성화

Timeline 패널을 2개로 분리하고 오른쪽 패널의 'Editor Type' 아이콘(◐)을 클릭하고 'Graph Editor'를 선택하면 키프레임의 세부적인 흐름을 그래프 형태로 조절할 수 있습니다.

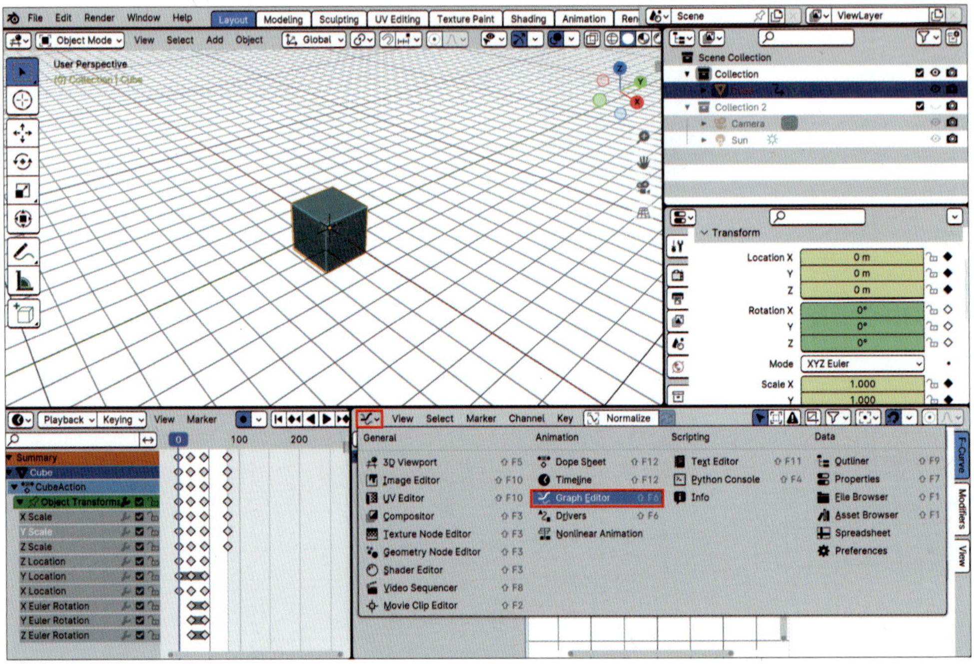

그림 12-11 Graph Editor 선택

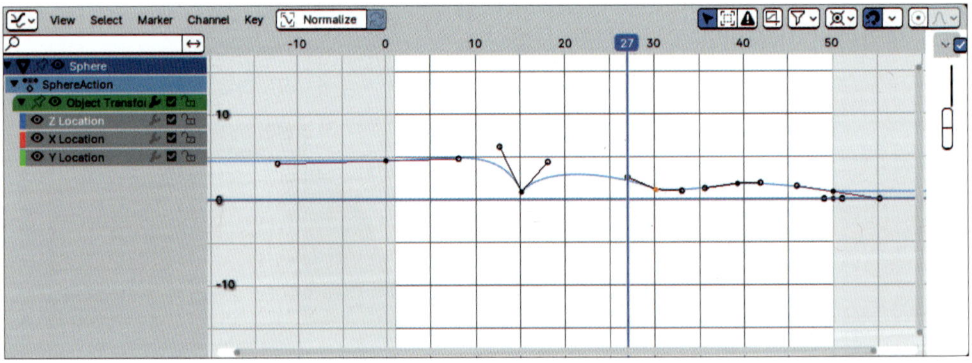

그림 12-12 Graph Editor 패널

12.2 블렌더 실습 : 바운싱 볼 애니메이션 만들기

공을 튀기는 애니메이션을 블렌더로 만들겠습니다. Timeline 패널의 사용법을 이해하고 Graph Editor 패널에서 그래프 설정을 활용해 애니메이션을 구현해 봅니다.

완성 파일 : 12\애니메이션_완성.blend

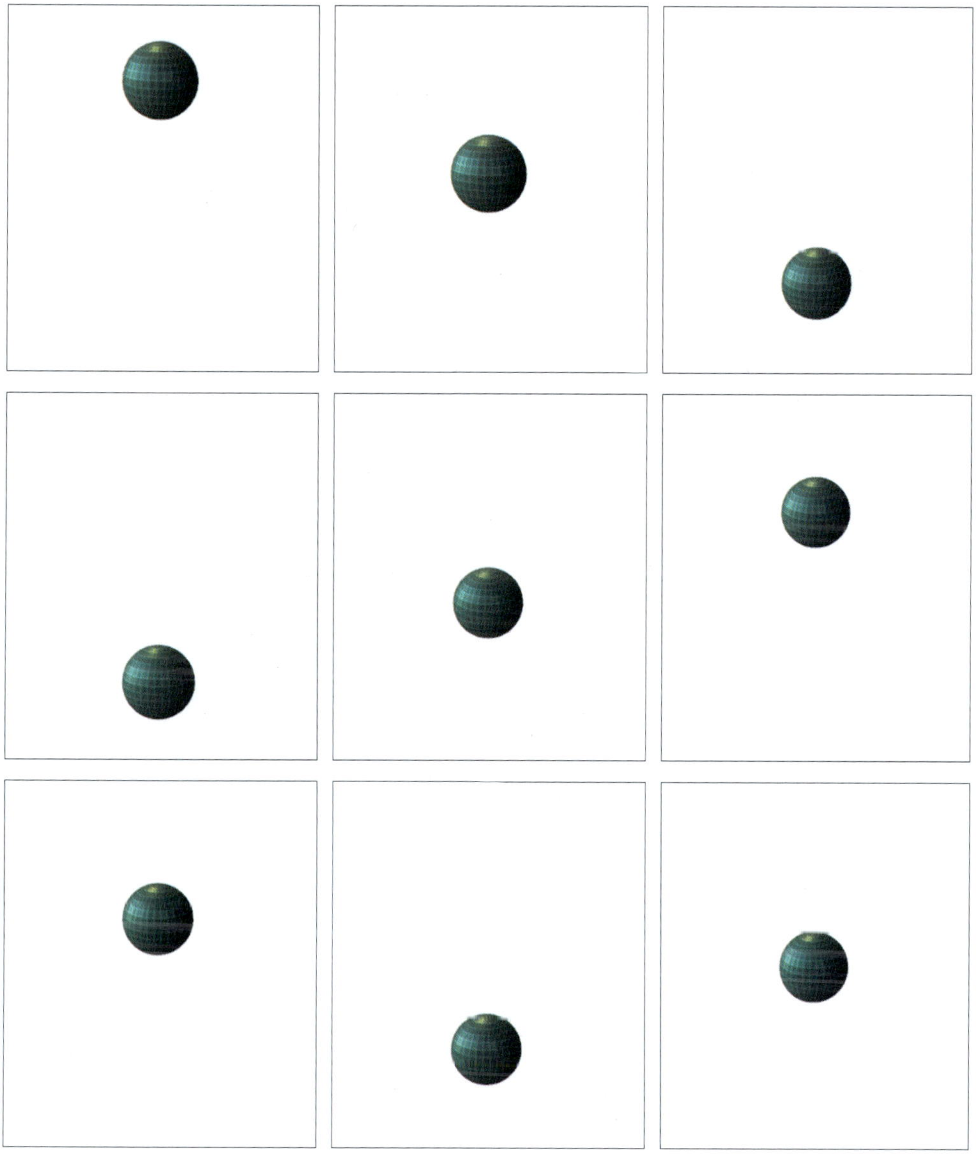

❶ Mesh → Plane, UV Sphere를 실행하여 플레인, Sphere 오브젝트를 각각 생성하고 그림과 같이 바닥면에 공이 배치되도록 크기와 위치를 잡습니다.

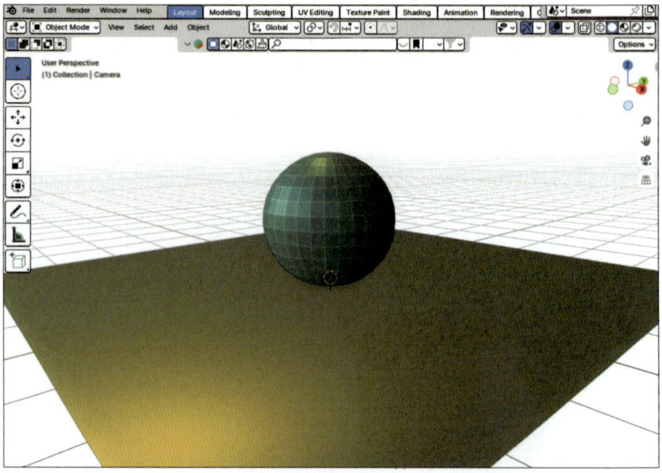

❷ 지면에 닿도록 Front View(숫자 키패드 1)에서 Z축을 정확히 잡습니다.

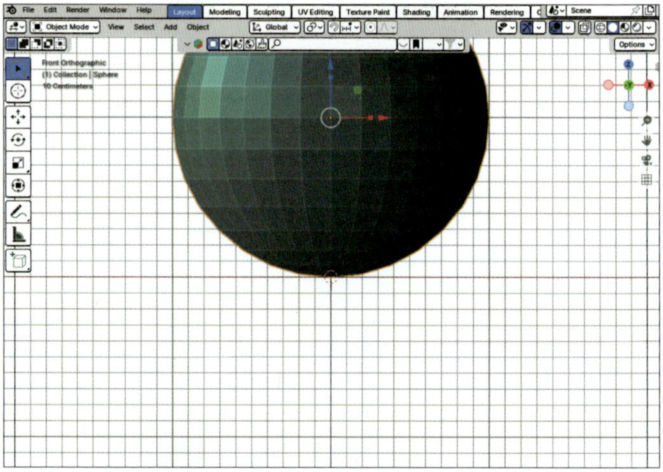

❸ Timeline 패널 경계선을 클릭한 상태로 위로 올려 작업 패널을 확장하고 Playhead를 '20프레임'으로 이동한 다음 I를 누릅니다. 표시되는 Insert Keyframe Menu 창에서 Location을 실행하여 키프레임을 생성합니다.

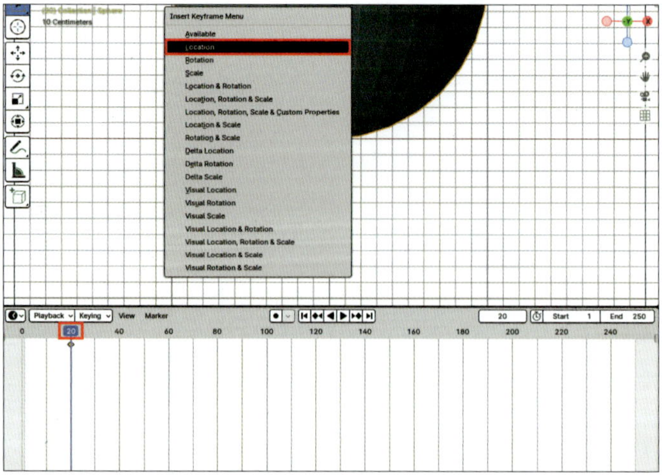

❹ Timeline 패널에서 Playhead를 '0프레임'으로 이동하고 Main Region에서 Sphere 오브젝트를 선택한 다음 G–Z를 누른 후 '5'를 입력하여 Z축으로 5만큼 이동합니다. 같은 방법으로 I를 눌러 키프레임을 추가합니다.

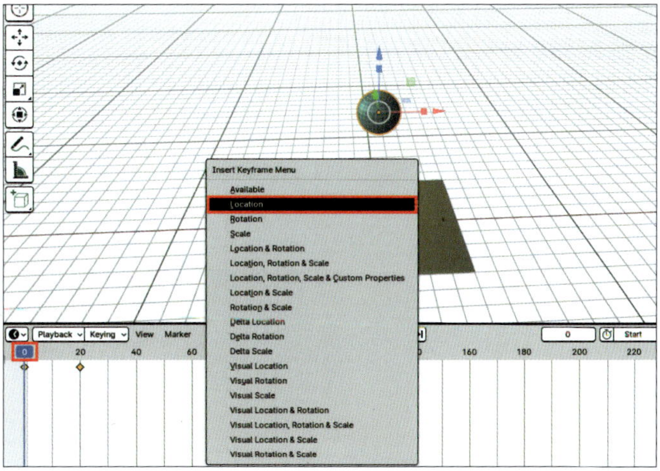

❺ 0프레임의 키프레임을 복사하여 40프레임으로 이동하겠습니다. Shift+D를 누르거나 마우스 오른쪽 버튼을 클릭하고 Duplicate를 실행한 다음 '40프레임'으로 이동합니다.

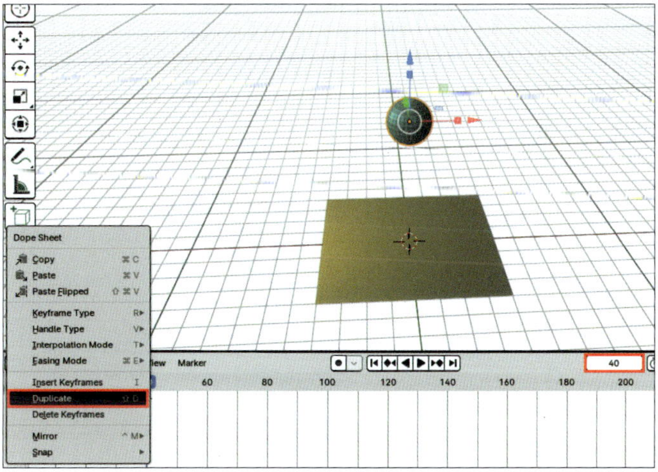

❻ Timeline 패널 오른쪽 상단의 End를 '40'으로 설정하여 1~40프레임 애니메이션을 만들고 Spacebar를 눌러 확인합니다.

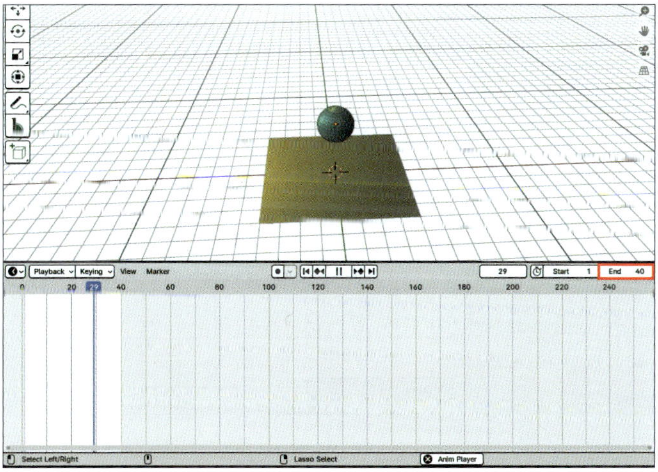

❼ 애니메이션에 가속도를 좀 더 세부적으로 조절하겠습니다.

Timeline 패널에서 'Editor Type' 아이콘(◐)을 클릭하고 'Graph Editor'를 선택하여 작업 패널을 변경합니다.

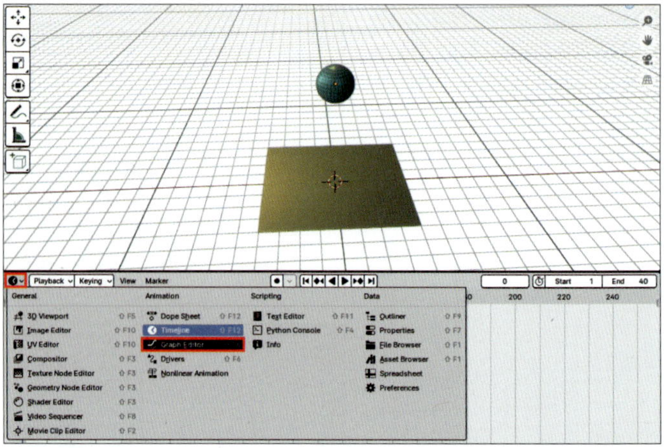

❽ Sphere 오브젝트를 선택하면 Graph Editor 패널에 그래프가 표시됩니다. 여기서 그래프는 위아래로만 움직이므로 X, Y축은 필요 없습니다. Shift를 누른 상태로 X, Y축을 다중 선택하고 X를 눌러 삭제합니다.

TIP 삭제할 축을 다중 선택한 상태로 마우스 오른쪽 버튼을 클릭하여 Delete Channels을 실행해도 됩니다.

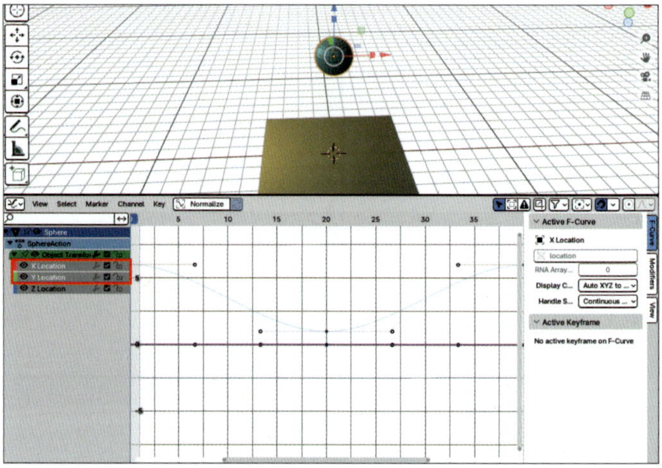

❾ Z축 파란색 선의 하단 중앙 점을 선택하고 S를 눌러 크기를 줄이면 탄성있는 애니메이션이 만들어집니다.

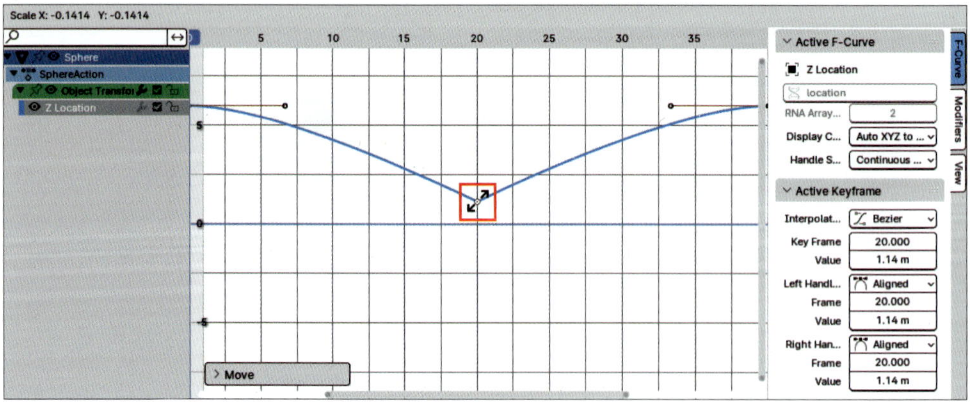

⑩ Graph Editor 패널의 오른쪽 상단에서 Pivot Point의 '∨'를 클릭하고 'Individual Centers'를 선택하여 각각 개별 중심의 피봇으로 설정을 변경합니다.

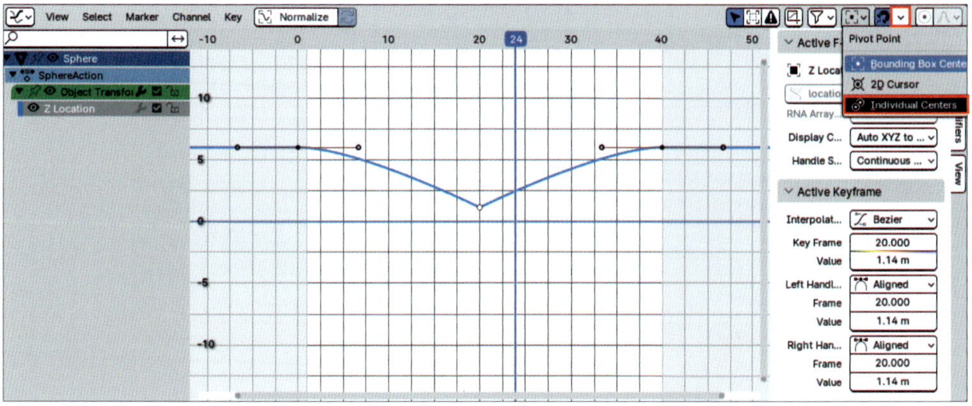

⑪ Z축의 '0', '40' 프레임의 키프레임을 각각 선택하고 Ⓢ를 누른 다음 사이를 좁혀 공의 튕김의 탄성력을 더욱 높입니다.

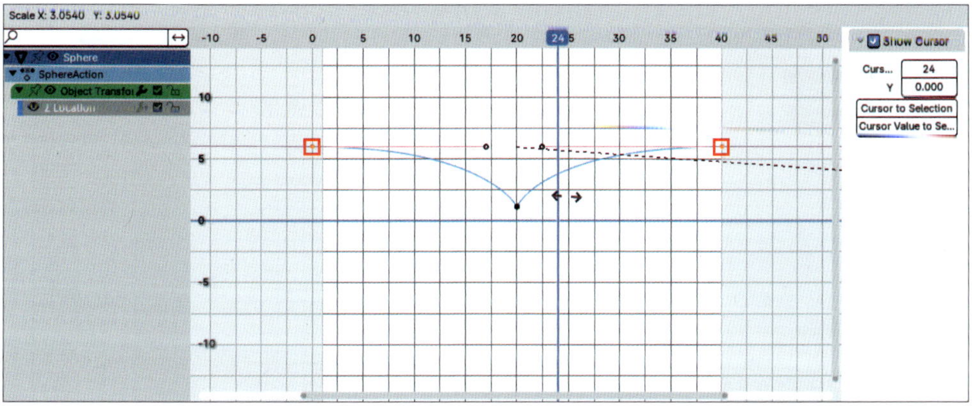

⑫ 다시 중앙 하단에 있는 키프레임을 선택하고 Header 패널에서 (Key) → Handle Type → Vector를 실행합니다.

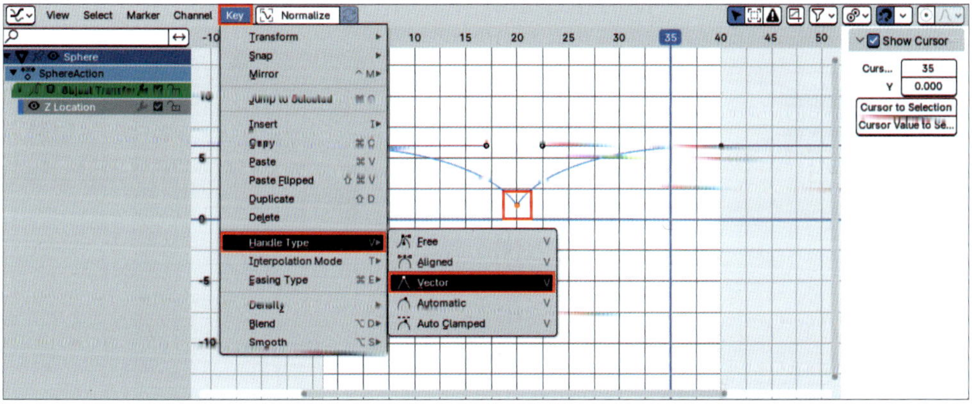

⑬ 키프레임에 각각의 핸들이 표시됩니다. 이 핸들을 움직여 좀 더 강한 움직임을 더할 수 있습니다.

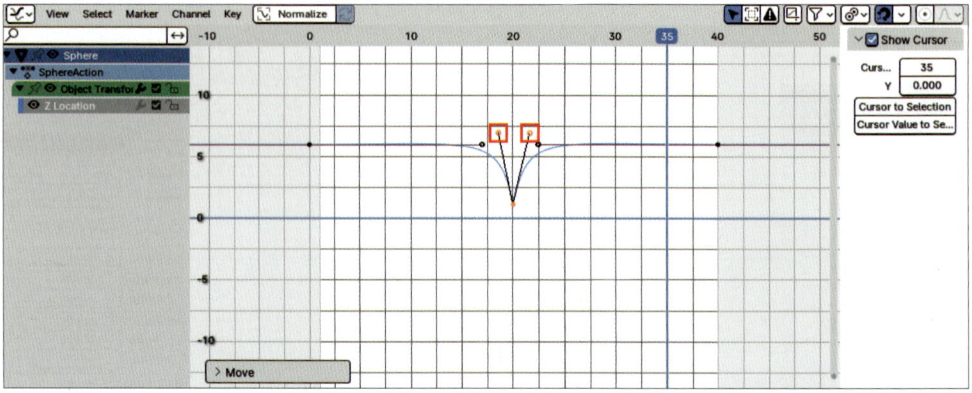

⑭ Graph Editor 패널의 오른쪽 상단에서 Pivot Point의 'V'를 클릭하고 '2D Cursor'를 선택한 다음 A를 눌러 키프레임을 전체 선택합니다. Playhead를 '0프레임'으로 이동하고 S를 눌러 축소시키면 전체 키프레임이 Playhead(커서 역할)를 중심으로 축소되는 것을 확인할 수 있습니다.

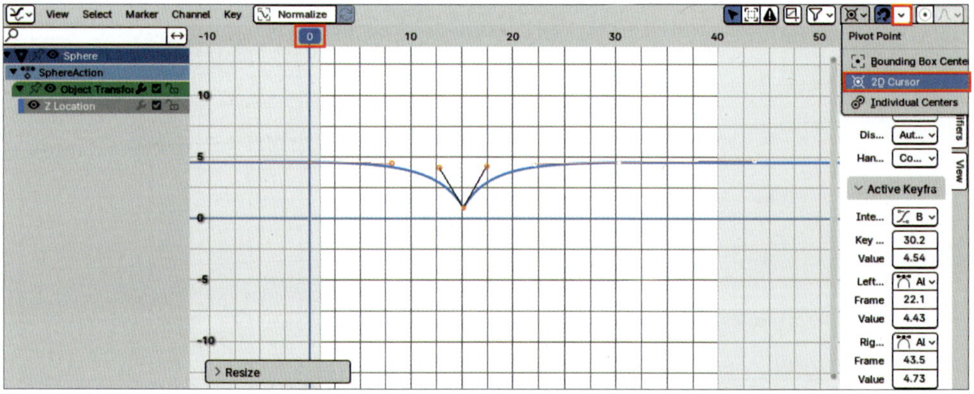

⑮ 이제 서서히 공의 탄력을 줄이는 애니메이션을 진행하겠습니다. 가장 하단에 있는 키프레임을 선택하고 Shift+D를 눌러 복제한 다음 오른쪽에 배치합니다.

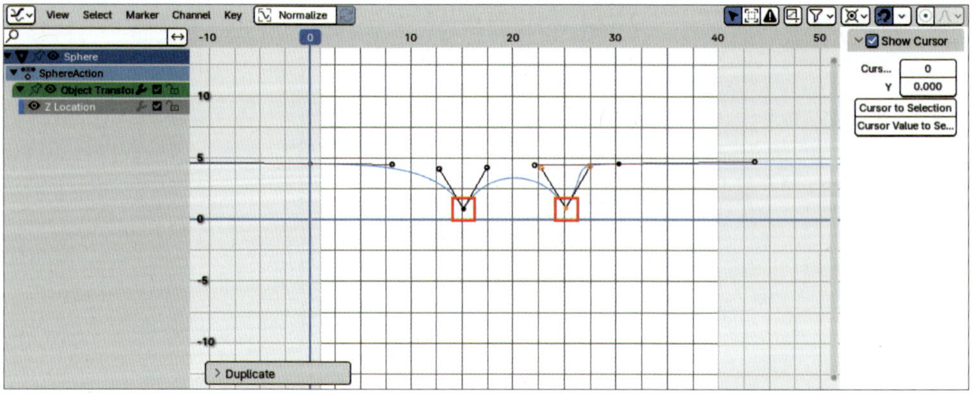

⑯ 키프레임에서 마우스 오른쪽 버튼을 클릭한 다음 Handle Type → Vector를 실행하면 벡터를 추가할 수 있고 Shift+D를 눌러 복제해 키프레임을 서서히 줄여주는 곡선을 그리면 탄성이 줄면서 내려가는 애니메이션을 완성할 수 있습니다.

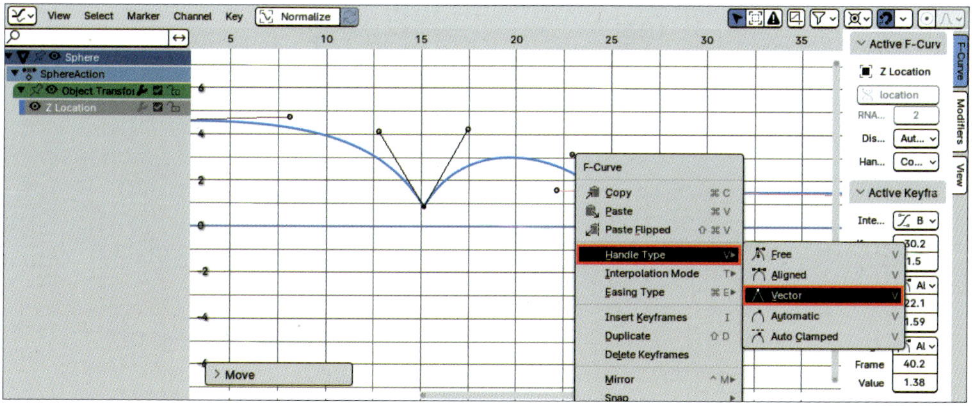

TIP 동영상 렌더링 설정 방법

Properties 패널의 [Output( )] 탭에서 File Format을 'AVI JPEG'로 지정합니다. 기본 설정이 PNG로 지정되어 있어 이렇게 설정을 변경하지 않은 상태로 렌더링을 진행하면 동영상이 아닌 이미지 형태로 출력될 수 있으니 주의합니다.

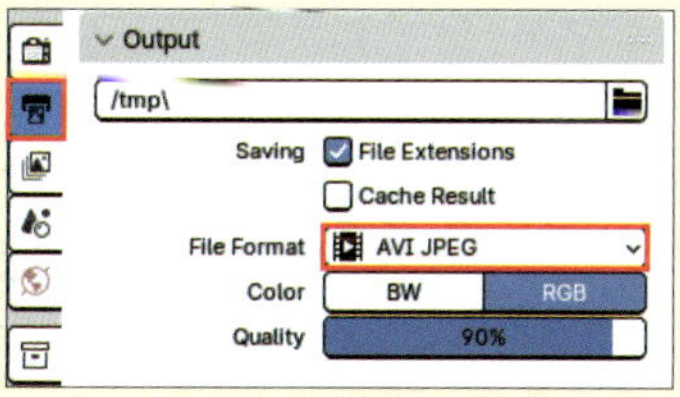

메뉴에서 [Render] → Render Animation(Ctrl+F12)을 실행하면 자동으로 렌더링 과정이 진행되며, 완료되면 [Output( )] 탭에 지정되어 있는 폴더에 AVI 파일이 저장됩니다.

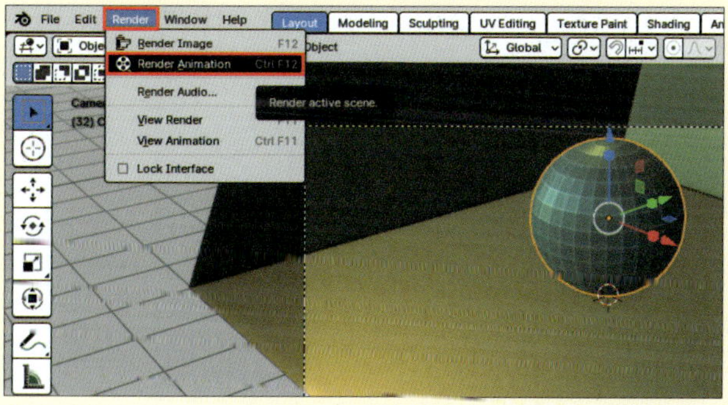

13장

블렌더 & 유니티, 서브스턴스 3D 페인터

학 습 목 표

- 블렌더와 유니티를 연동하여 사용하는 방법을 배웁니다.
- 외부 툴인 서브스턴스 3D 페인터를 사용하여 재질을 직접 구현하는 방법을 익힙니다.

13.1

BLENDER

블렌더 Rigging & 유니티

블렌더에서 캐릭터를 불러와 리깅 과정을 진행하고 유니티로 불러와 연동하는 과정을 알아보겠습니다. 먼저 사용될 소스를 미리 준비해야 하는데 특정 캐릭터를 직접 만들거나 캐릭터를 무료 Asset 파일을 다운로드하여 실행합니다. 무료 다운로드 파일 경로는 다음과 같습니다.

Free Character Download

- Blender Studio(studio.blender.org/characters/)
- Free3D(free3d.com/3d-models/characters)
- TURBOSQUID(turbosquid.com/3d-model/free/character/blend)
- cgtrader(cgtrader.com/free-3d-models/character)

그림 13-1 Blender Studio의 캐릭터

블렌더 Rigging

Blender Studio 사이트에서 'Teddy' 캐릭터 다운로드하거나 13 폴더에서 'Teddy.blend' 파일을 블렌더에 불러옵니다. Shift+A를 눌러 표시되는 Add 창에서 Armature → Single Bone을 실행하여 뼈를 생성합니다.

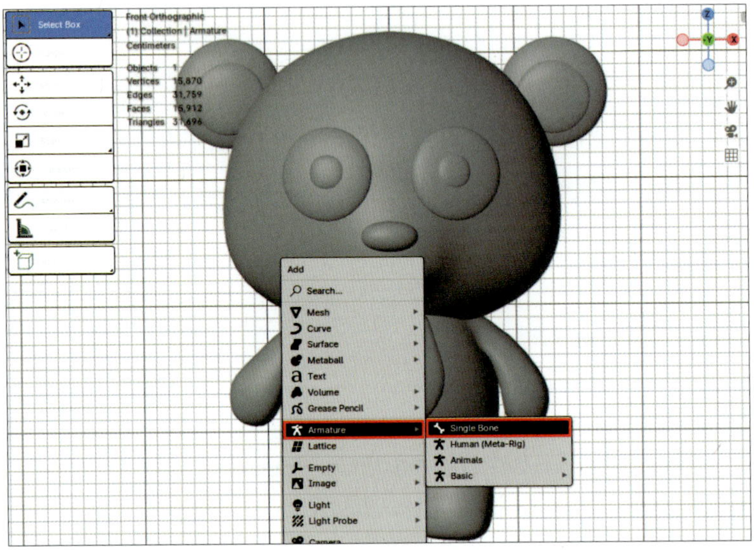

그림 13-2 뼈 생성

Properties 패널 〔Object Data( )〕 탭에서 Viewport Display의 'In Front'를 체크 표시하여 뼈를 앞쪽으로 배치하여 보이게 만듭니다.

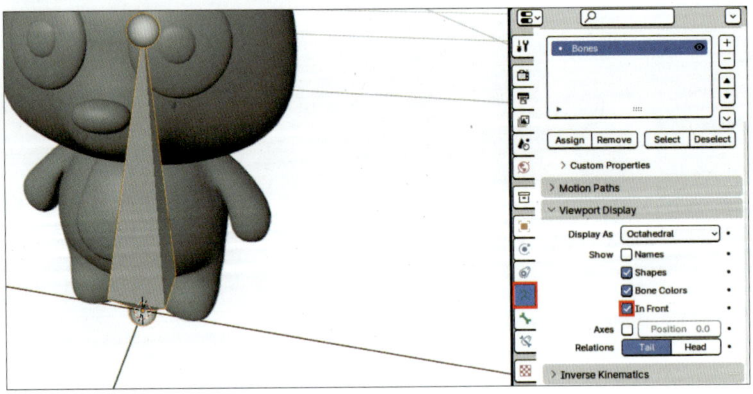

그림 13-3 In Front로 뼈의 배치 변경

'Axes'를 체크 표시하면 X, Y, Z축이 표시됩니다. Edit Mode에서 E를 눌러 뼈를 추출하면서 Z축 위로 올립니다.

그림 13-4 뼈 추출

숫자 키패드 3을 눌러 Right View로 시점을 변경하고 허리 부분의 뼈가 들어가도록 이동합니다.

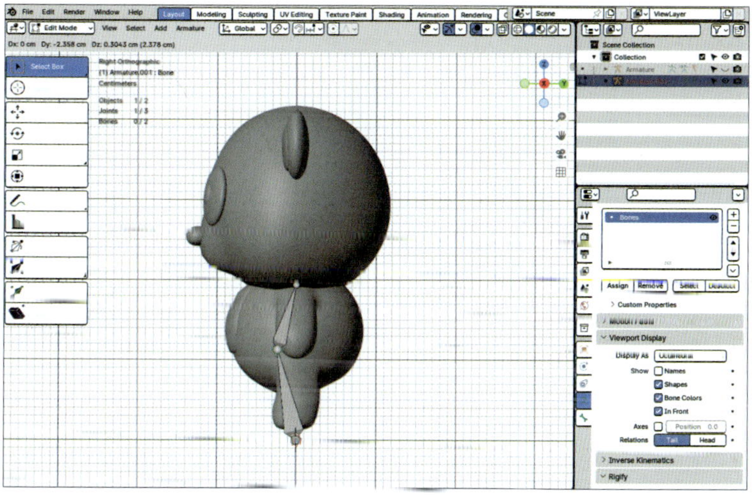

그림 13-5 Right View에서 뼈 이동

가장 위쪽 뼈를 선택하고 E를 눌러 머리까지 추출하여 올려줍니다.

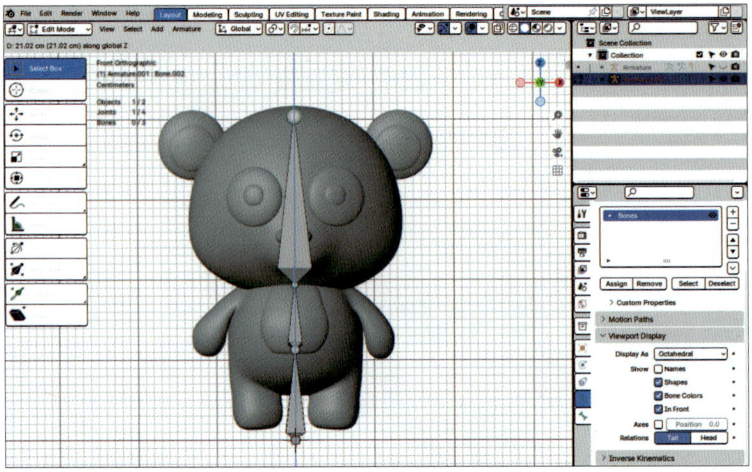

그림 13-6 머리까지 뼈 생성

가장 위에 있는 뼈를 선택하고 Shift+D를 눌러 오른쪽으로 이어진 뼈를 복제합니다. 이어진 뼈를 선택하고 E를 눌러 돌출해 그림 13-7처럼 캐릭터의 팔에 맞춰 뼈를 만듭니다.

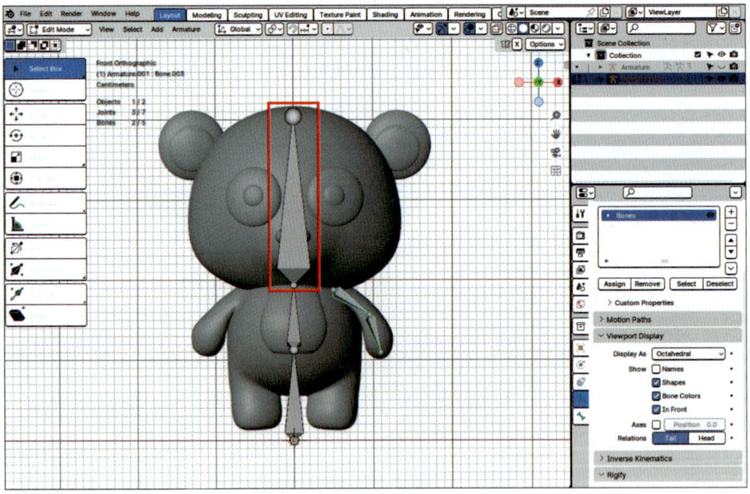

그림 13-7 복제로 팔 연결

같은 방법으로 중앙에 있는 뼈를 선택하고 복제와 돌출을 이용해 캐릭터 다리에 맞게 뼈를 만듭니다.

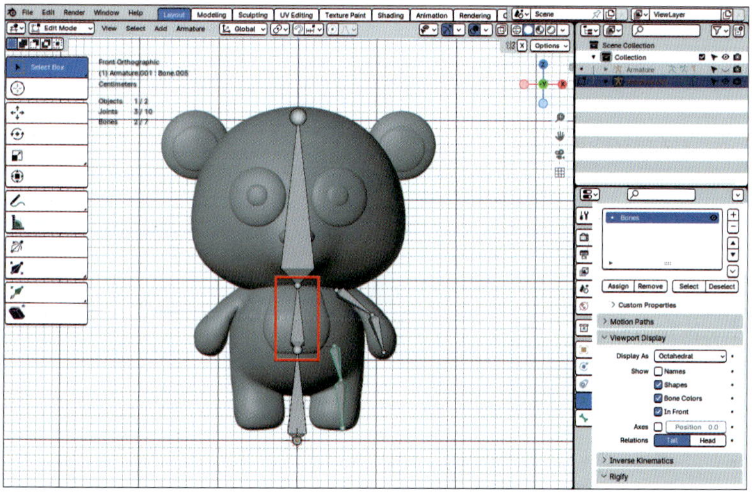

그림 13-8 복제로 다리 연결

뼈의 이름을 정할 때는 '몸_1', '몸_2', '머리', '팔_1.R', '다리_1.R' 형태로 이름으로 작성해야 합니다. 영어, 한글 모두 다 가능하며, 반드시 .R 또는 .r, And .L 또는 .l와 같이 대소문자 구분자는 . 기호로 표기해야 합니다. 이름을 잘못 작성한다면 나중에 좌우 대칭에서 반전 복사를 할 때 문제가 되어 오류가 발생할 수 있습니다.

뼈를 새로 하나 더 생성하고 이름을 'Target.R'로 설정합니다. 'Target.R' 뼈가 선택된 상태로 P를 눌러 표시되는 Clear Parent 창에서 Clear Parent를 실행합니다.

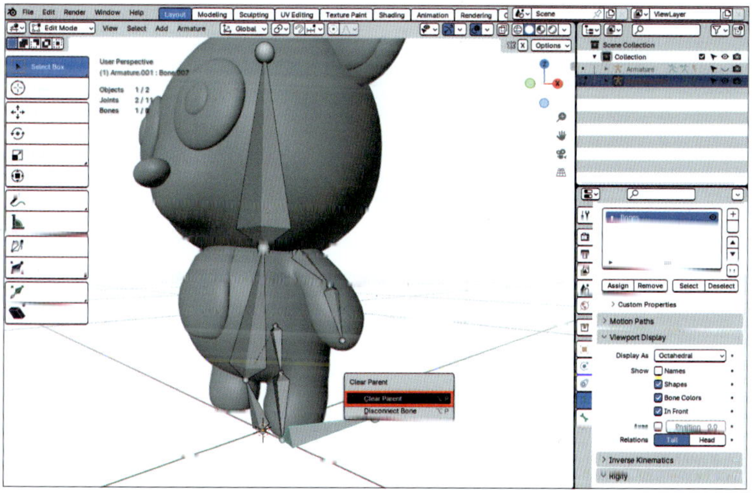

그림 13-9 Clear Parent 실행

같은 방법으로 'Pole.R' 뼈를 생성하고 Clear Parent로 연결을 끊어 독립적인 형태로 만든 다음 앞으로 이동합니다.

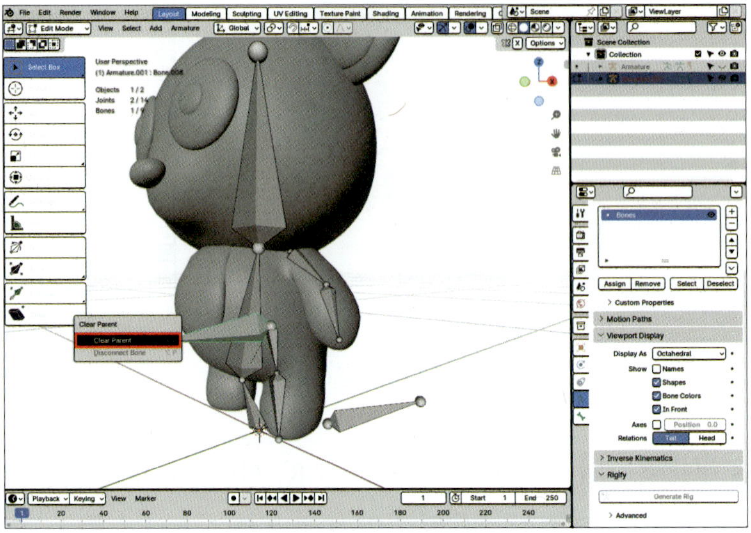

그림 13-10 Pole.R 뼈 생성

'Target.R' 뼈가 선택된 상태로 Ctrl+Tab을 눌러 표시되는 파이 메뉴에서 Pose Mode를 실행합니다.

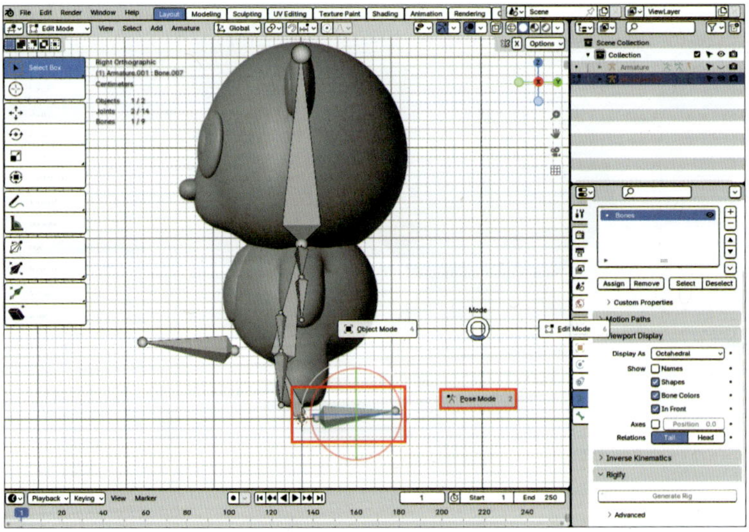

그림 13-11 Pose Mode 실행

Target과 연결되는 다리의 뼈를 선택하고 IK를 사용하기 위해 Properties 패널에서 〔Bone Constraint( )〕 탭을 선택합니다. 'Add Bone Constraint'를 클릭하고 Inverse Kinematics를 실행하여 적용합니다.

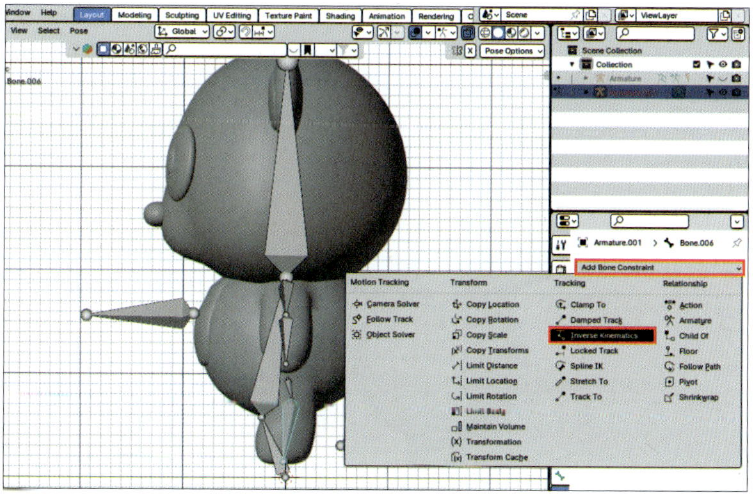

그림 13-12 Inverse Kinematics 실행

IK 설정 창이 표시되면 Target을 'Armature', Bone을 'Target.R', Pole Target을 'Armature', Bone을 'Pole.R'로 설정합니다. Pole Angle 각도를 확인하면서 원위치로 조정하기 위해 '50'을 입력합니다. 작업자마다 수치는 달라질 수 있으므로 자신의 환경에 맞는 설정값을 찾는 것이 좋습니다.

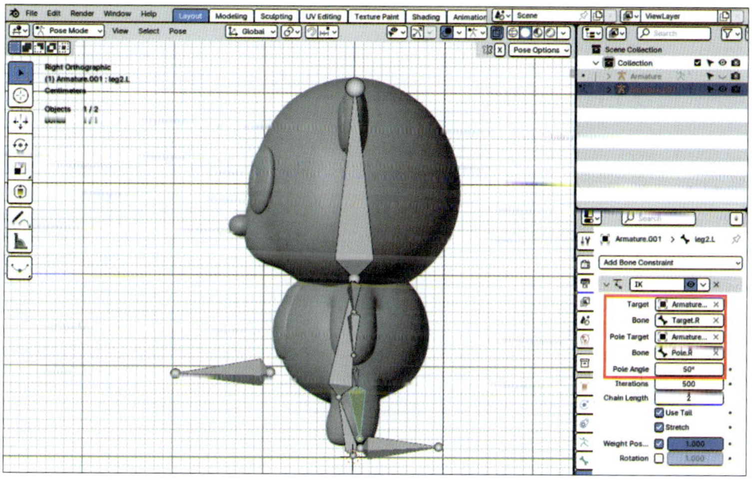

그림 13-13 IK 설정 창에서 세부 설정

연결된 뼈와 캐릭터의 움직임을 확인하고 Edit Mode로 전환합니다. 'Pole.R' 뼈와 'Target.R' 뼈를 연결하겠습니다. 먼저 'Ploe.R' 뼈를 선택하고 'Target.R' 뼈를 선택한 다음 Ctrl+P를 눌러 표시되는 창에서 Keep Offset을 실행하여 서로 연결합니다. 이제 'Pole.R' 뼈가 'Target.R' 뼈를 종속적으로 따라다니면서 움직임의 제한을 받습니다.

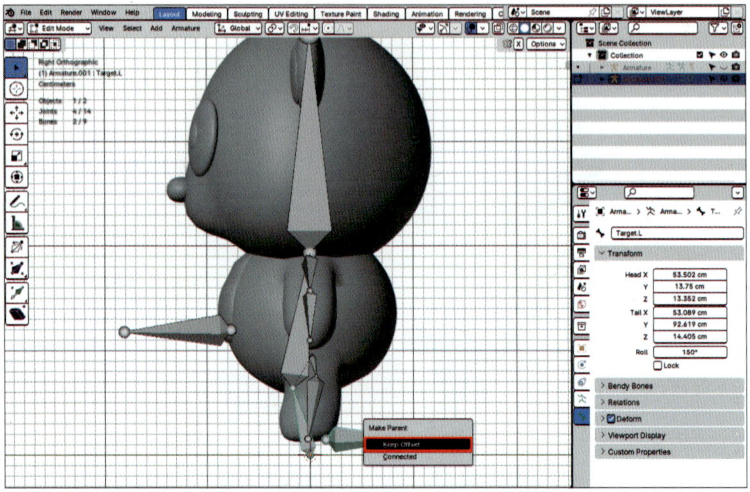

그림 13-14 Pole.R 뼈와 Target.R 뼈 연결

알아두세요 부모(상위)가 될 뼈를 가장 나중에 선택해야 합니다.

같은 방법으로 'Target.R' 뼈를 선택하고 'root' 뼈를 선택해 Ctrl+P → Keep Offset 실행, 'body1' 뼈를 선택하고 'root' 뼈를 선택해 Ctrl+P → Keep Offset을 실행하여 연결합니다. Outliner 패널에서 연결 구조를 살펴보면 그림 13-15와 같습니다.

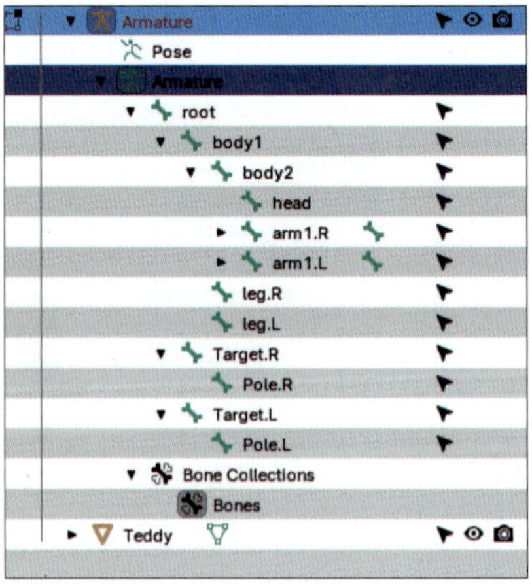

그림 13-15 Armature의 연결 구조

알아두세요 중심점을 잡기 위해 캐릭터 중앙 하단에 전체를 제어할 수 있는 'root' 뼈를 생성할 수도 있습니다. 모든 뼈는 가장 상위에 있는 'root' 뼈 아래 하위 속성으로 제어되게 설정합니다.

숫자 키패드 [1]을 눌러 Front View로 시점을 변경하고 Edit Mode에서 [A]를 눌러 모든 뼈를 선택합니다. 이 상태에서 마우스 오른쪽 버튼을 클릭하고 Symmetrize를 실행하여 좌우 대칭 복사를 합니다.

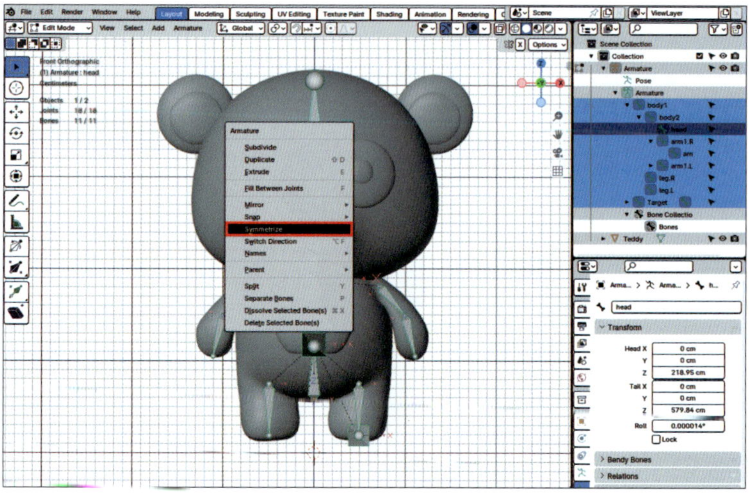

그림 13-16 Symmetrize 실행으로 좌우 대칭 복사

이때 뼈의 이름을 .R 또는 .r 형태로 구분하지 않았다면 과정이 진행되지 않습니다. 대칭 복사된 뼈들은 .L 또는 .l 형태로 이름이 자동 변경됩니다.

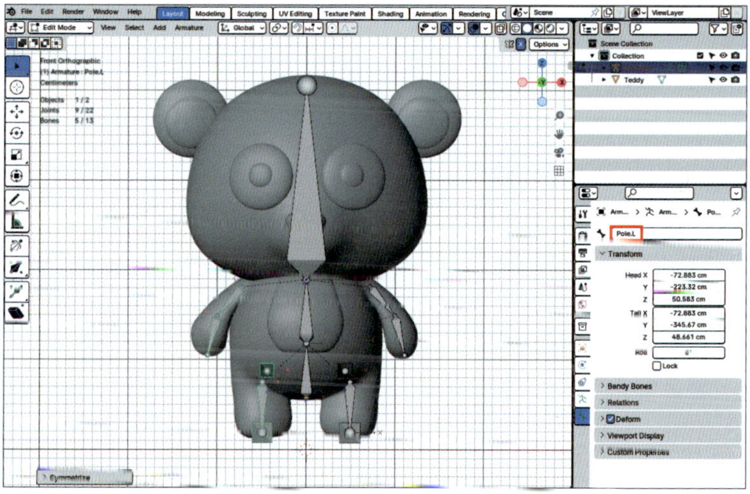

그림 13-17 대칭 복사와 함께 자동으로 변경된 뼈의 이름

정리하면 뼈의 구조는 'body 1', 'Target.R'로 구성되어 있습니다. 이제 몸과 뼈를 하나로 일치시키는 작업을 진행합니다. Object Mode에서 캐릭터 오브젝트를 선택하고 뼈를 선택한 다음 Ctrl+P를 눌러 표시되는 Set Parent To 창에서 With Empty Groups를 실행합니다.

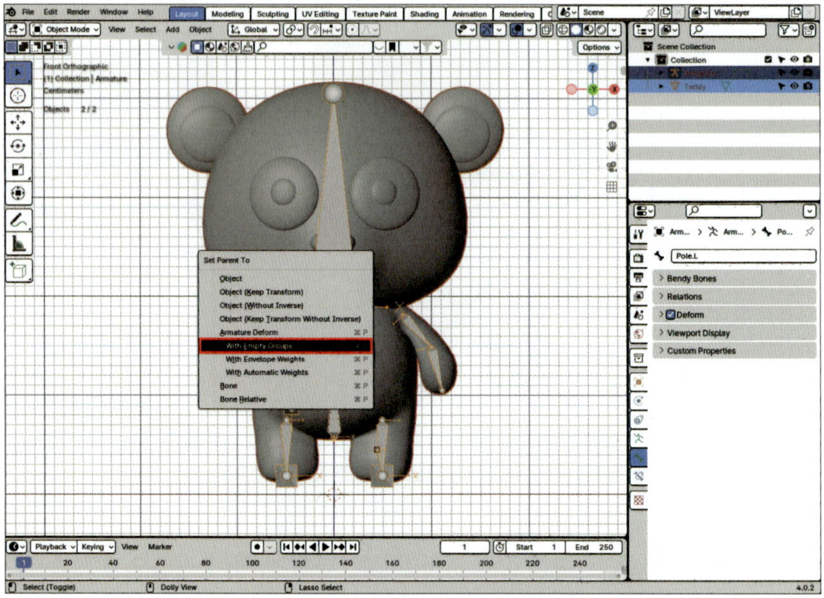

그림 13-18 With Empty Groups 실행

잠깐만요 리깅의 자동과 수동

리깅은 Automatic Weights(자동)와 Empty Groups(수동), 이 두 가지 기능을 많이 사용합니다. 이 기능들의 사용법은 상황에 따라 사용하는 방법이 다릅니다.

- **Automatic Weights(자동)** : 자동으로 리깅되지만, 원하지 않는 부분과 결합이 되기에 다시 수동으로 Weight Paint 재수정을 해야 합니다.
- **Empty Groups(수동)** : 수동이기에 만든다고 해서 리깅되지 않고, 빈 그룹으로 형성됩니다. 그러므로 뼈를 하나하나 수작업으로 연결해야 합니다.

이 두 가지 기능 중 원하는 방법으로 리깅을 진행하면 되지만, 자동이라고 무조건 좋은 것은 아닙니다. 간단한 캐릭터 같은 경우에는 뼈의 수가 많지 않으므로 수동으로 진행하여 하나하나 직접 연결하는 것이 더 효율적일 수 있습니다.

캐릭터 오브젝트를 선택하고 Edit Mode로 전환합니다. 캐릭터의 두상만 선택하겠습니다. 선택하고 싶은 곳에 마우스 커서를 위치하고 L을 누르면 원하는 부분이 연결되어 선택됩니다.

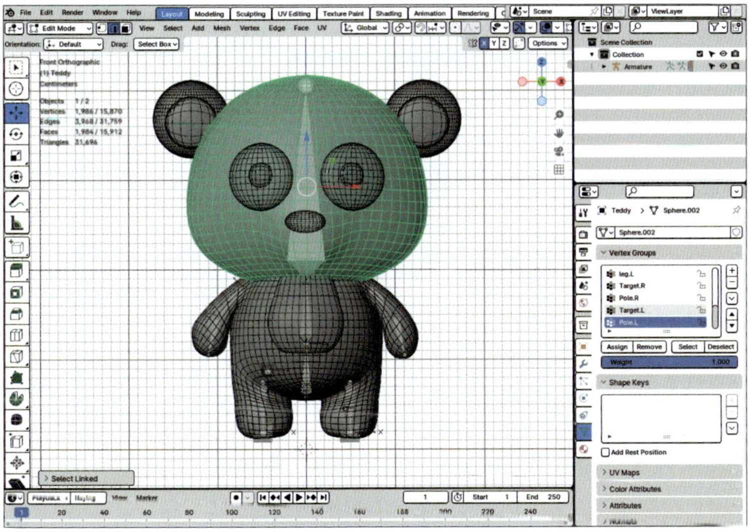

그림 13-19 단축키 L을 이용한 객체 선택

캐릭터의 머리 전체를 선택하기 위해 마우스 커서를 캐릭터의 귀에 위치하고 L을 눌러 추가 선택합니다.

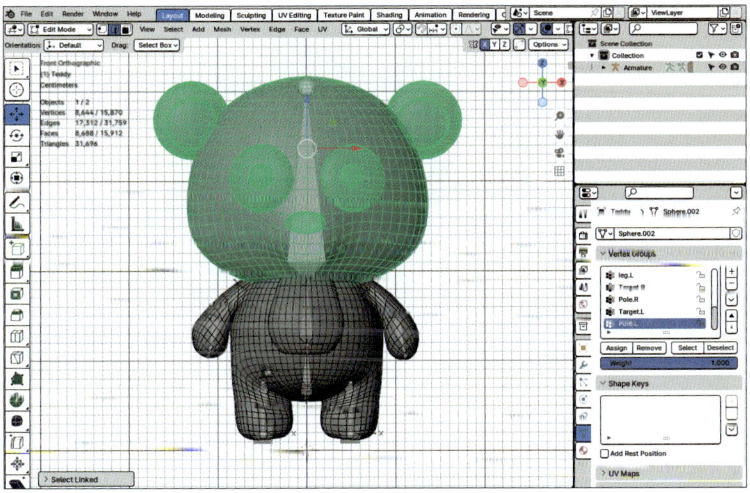

그림 13-20 캐릭터의 머리를 전체 선택

Properties 패널의 〔Object Data(▽)〕 탭을 선택하고 Vertex Groups에서 머리에 해당되는 'head'를 선택한 다음 〈Assign〉 버튼을 클릭합니다.

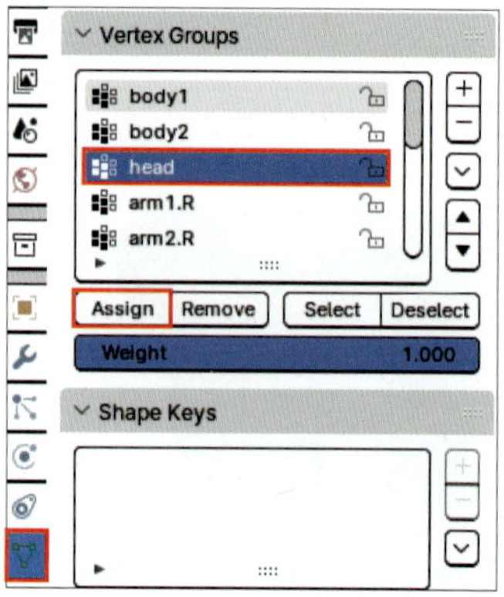

그림 13-21 〔Object Data〕 탭의 Vertex Groups

뼈와 오브젝트가 연결되었는지 확인하기 위해 Pose Mode로 전환합니다. 머리 뼈를 선택하고 G를 눌러 이동해 제대로 리깅되었는지 확인합니다.

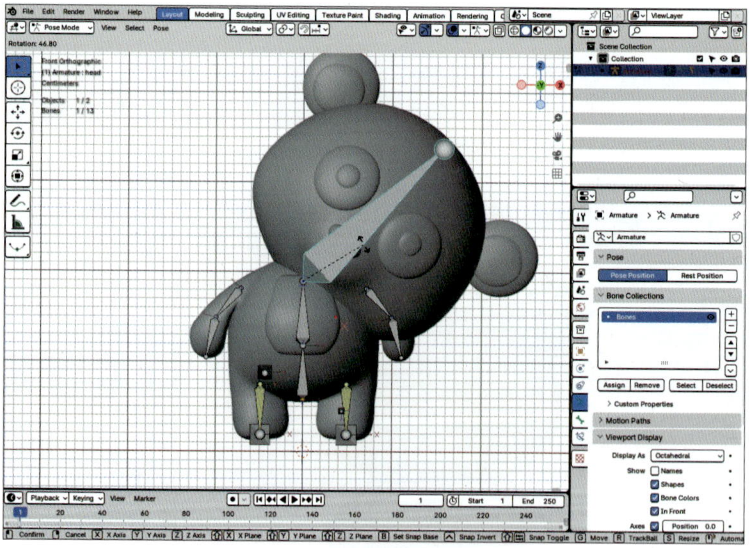

그림 13-22 Pose Mode에서 뼈와 오브젝트 연결 확인

원위치로 되돌리고 싶을 때는 뼈를 선택하고 Alt + G를 누르거나 Header 패널에서 〔Pose〕 → Clear Transform → All을 실행합니다.

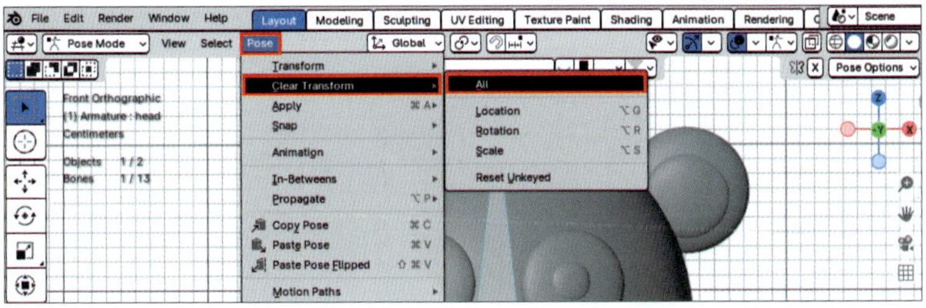

그림 13-23 뼈를 원래대로 되돌리기

같은 방법으로 머리 외의 다른 오브젝트도 뼈와 오브젝트에 Assign을 적용하여 수동으로 리깅합니다. 여기서 왜 수동으로 진행하는지 자동으로 먼저 진행해 보면 알 수 있습니다. 일부의 움직임이 부자연스러울 때 Weight Paint 모드에서 가중치를 적용해 수정해야 하는데, 리깅을 자동으로 진행하면 이 수정 작업에 손이 많이 가 작업이 더 복잡해집니다.

캐릭터 오브젝트를 선택하고 Weight Paint 모드로 전환합니다. F를 누르고 원을 중심으로 안쪽과 바깥쪽으로 마우스를 이동하면 Radius 값을 조절되어 브러시 크기를 설정할 수 있습니다. Toolbar 패널에서 'Draw' 도구( )를 이용하여 가중치를 높일 수 있고, 'Smear' 도구( )로 가중치를 감소시킬 수 있습니다. 도구를 적절히 활용하여 가중치를 디테일하게 수정합니다.

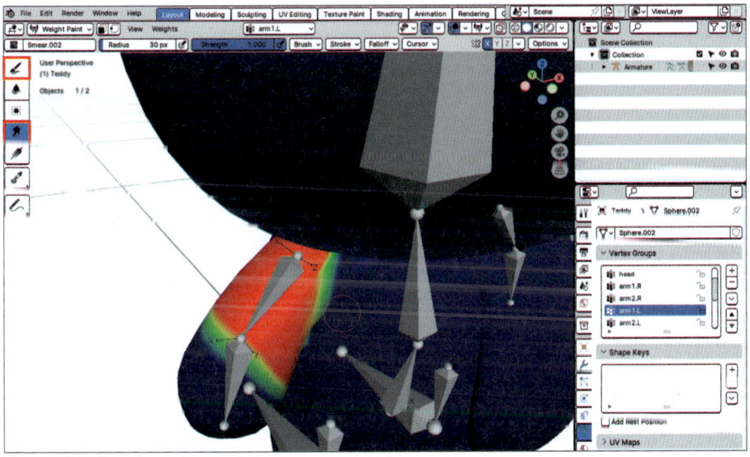

그림 13-24 Weight Paint에서 가중치 수정

가중치 수정이 완료되면 메뉴에서 〔File〕 → Export → FBX (.fbx)를 실행합니다.

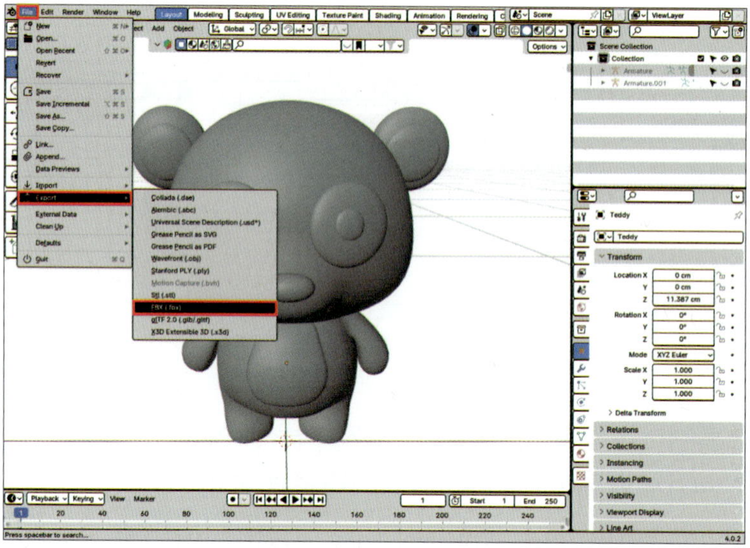

그림 13-25 FBX(.fbx) 실행

Blender File View 대화상자가 표시되면 오른쪽 옵션에서 Include → Limit to → 'Selected Objects'를 체크 표시한 다음 〈Export FBX〉 버튼을 클릭하여 파일을 저장합니다.

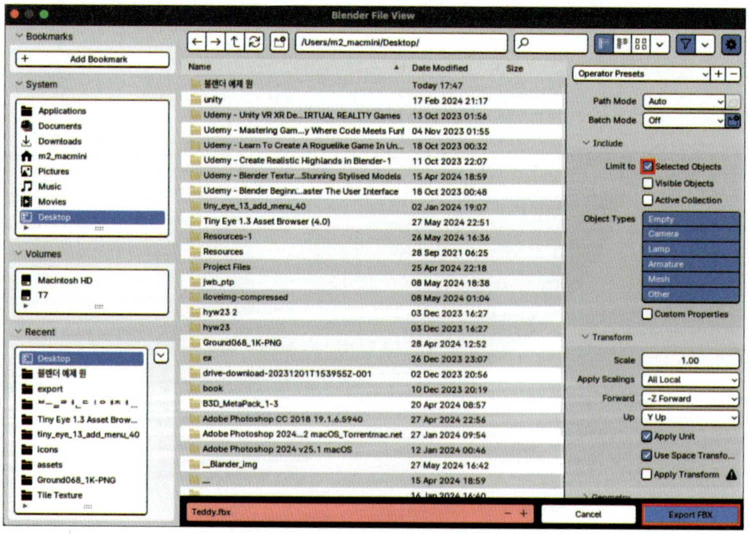

그림 13-26 리깅 파일 저장

유니티 Import

블렌더에서 Export한 FBX 파일을 유니티로 불러오겠습니다. Unity Hub(이하 유니티 허브)를 실행하고 새로운 파일을 만들기 위해 New project를 실행합니다.

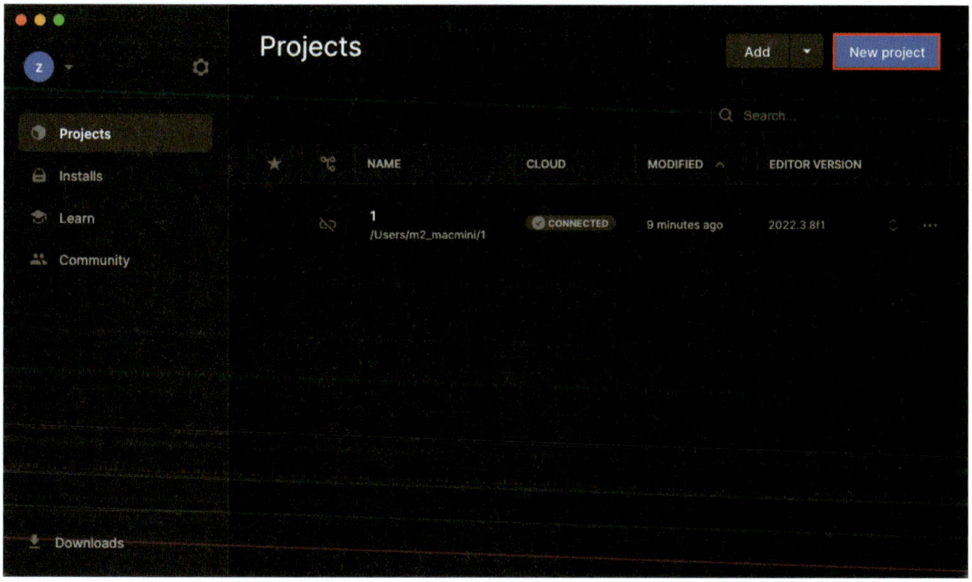

그림 13-27 유니티 허브 실행 화면

잠깐만요 유니티 허브 다운로드

유니티를 사용하기 위해서는 유니티(unity.com/kr/) 사이트에서 유니티 허브를 다운로드해야 합니다. 유니티 허브를 다운로드하고 원하는 버전의 유니티 에디터를 설치하면, 유니티를 사용할 수 있습니다.

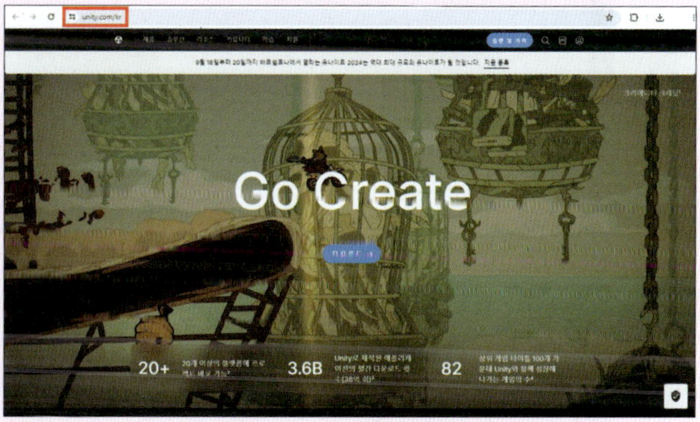

그림 13-28 유니티 사이트

New project 창이 표시되면 '3D (Built-In Render Pipeline)'을 선택하고 Project name에 '1a'를 입력한 다음 〈Create Project〉 버튼을 클릭합니다.

그림 13-29 New project 창

프로젝트가 생성되어 작업 화면이 표시되면 블렌더에서 저장한 FBX 파일을 유니티의 Project 패널에 드래그하여 불러옵니다. Project 패널에 표시된 'Teddy' 파일을 Hierarchy 또는 Scene 패널로 드래그하면 연결된 메테리얼 파일 등 링크된 오브젝트가 하나의 파일로 불러와집니다. 이렇게 블렌더에서 작업한 파일을 유니티와 연동해서 수정하고 제어할 수 있습니다.

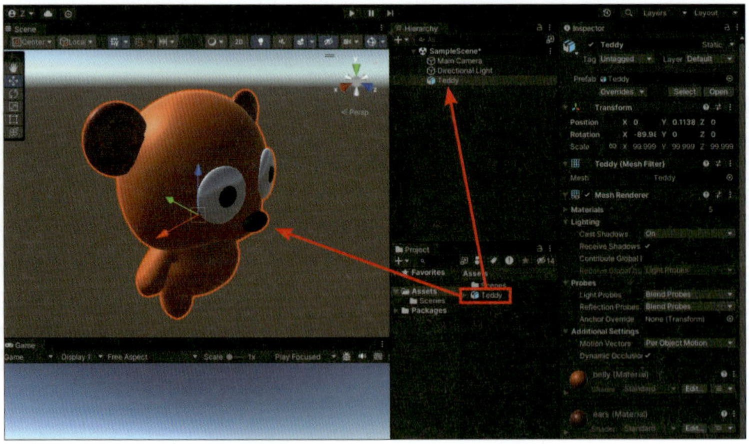

그림 13-30 유니티에 불러온 블렌더 파일

13.2 서브스턴스 3D 페인터

Substance 3D Painter(이하 서브스턴스 3D 페인터)는 이름에서부터 알 수 있듯이 3D 페인팅 프로그램으로, 오브젝트가 완료된 것을 불러와 물리 기반 렌더러로 질감을 사실적으로 채색할 수 있습니다. 쉽게 말해 모델링을 완료한 것을 불러와 다시 질감을 사실적으로 느끼는 소스들을 이용하여 색칠하는 프로그램이고, 이를 활용하면 게임이나 공간 인터넷 등의 가상 콘텐츠에 재질 부분만 전문적으로 적용할 수 있습니다. 블렌더와 연동해서 잘 활용하면 고해상도의 좋은 재질이나 사용자가 원하는 재질을 쉽게 만들 수 있습니다. 또한, 서브스턴스 3D 페인터는 작업자가 직접 그리고, 커스텀 페인터를 적용해 볼 수 있는 장점이 있습니다.

그림 13-31 서브스턴스 3D 페인터 작업 화면

책에서는 서브스턴스 3D 페인터 8.3 버전을 사용합니다.

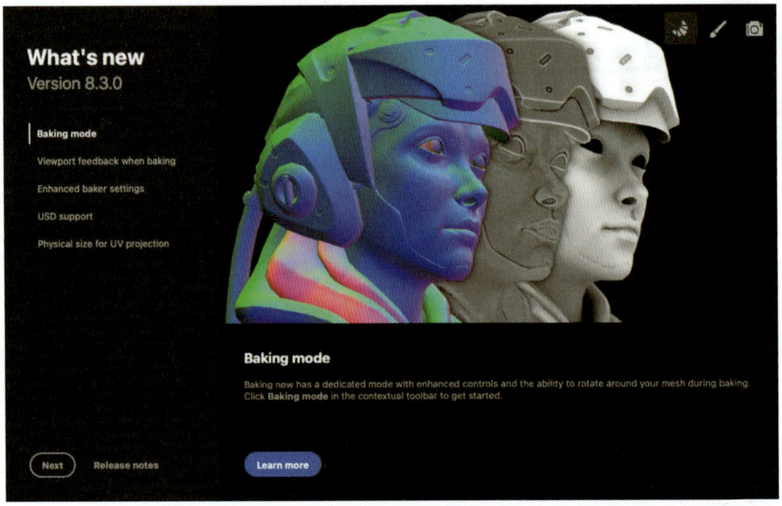

그림 13-32 서브스턴스 3D 페인터 8.3 버전

잠깐만요 서브스턴스 3D 페인터 설치

서브스턴스 3D 페인터는 어도비 사에서 제작한 유료 프로그램입니다. 어도비(www.adobe.com/) 사이트에서 다운로드하거나 Creative Cloud Desktop 프로그램을 실행하여 설치해 사용하면 됩니다.

서브스턴스 3D 페인터는 30일 무료 체험을 할 수 있으며, 이후에는 자동으로 구독제(월별/연간 택)로 전환되는 형식입니다. 자세한 내용은 사이트를 참조하세요.

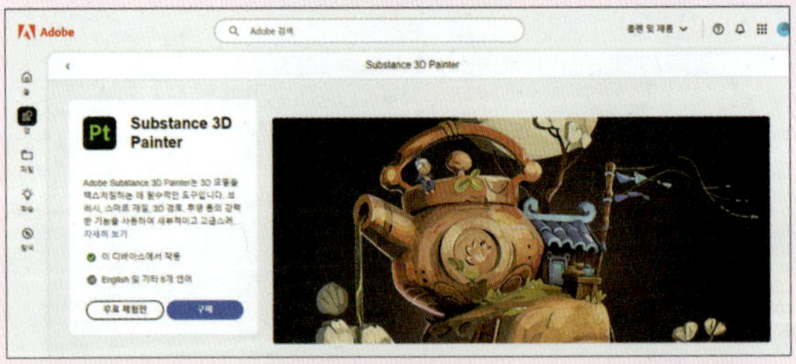

그림 13-33 어도비 사이트

그림 13-34 Creative Cloud Desktop

13.3 블렌더 실습 : 서브스턴스 3D 페인터와 텍스처 작업하기

블렌더와 서브스턴스 3D 페인터를 연동하면 쉽게 텍스처를 적용할 수 있습니다. 블렌더에서 간단한 모델링 작업을 진행하고, 서브스턴스 3D에서 텍스처 작업을 진행해 다시 블렌더에 가져와 연동하는 법을 알아봅시다.

완성 파일 : 13\몽키메테리얼_완성.blender, 텍스처_완성.png

❶ 블렌더를 실행하고 Shift+A를 눌러 표시되는 Add 창에서 Mesh → Monkey를 실행하여 오브젝트를 생성합니다.

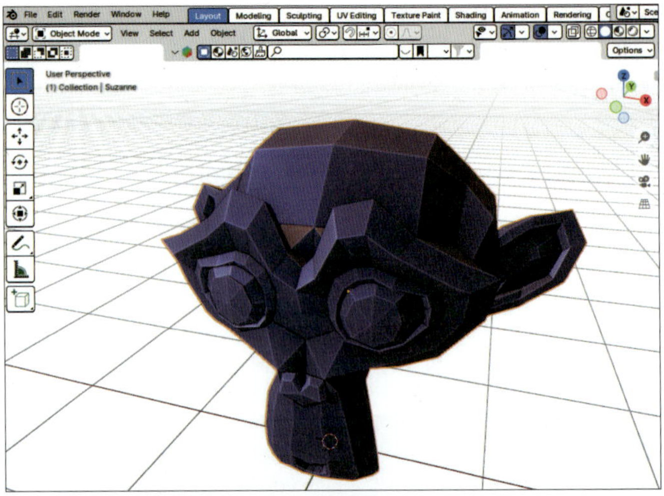

❷ Monkey 오브젝트가 선택된 상태로 Ctrl+4를 눌러 Subdivision Surface를 적용해 메시를 부드럽게 만듭니다.

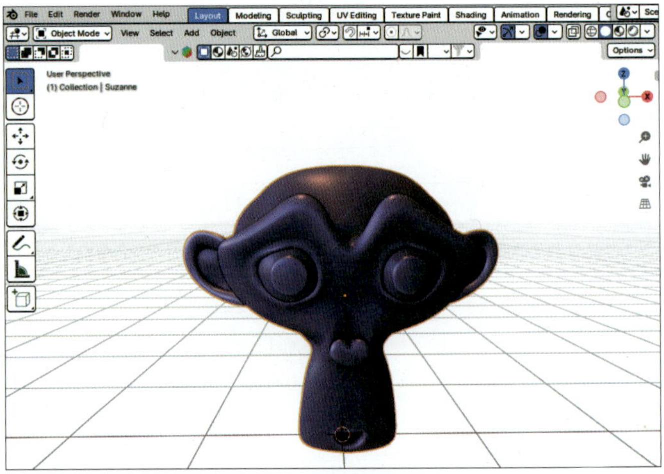

❸ 파일을 내보내기 위해 메뉴에서 [File] → Export → FBX (.fbx)를 실행합니다.

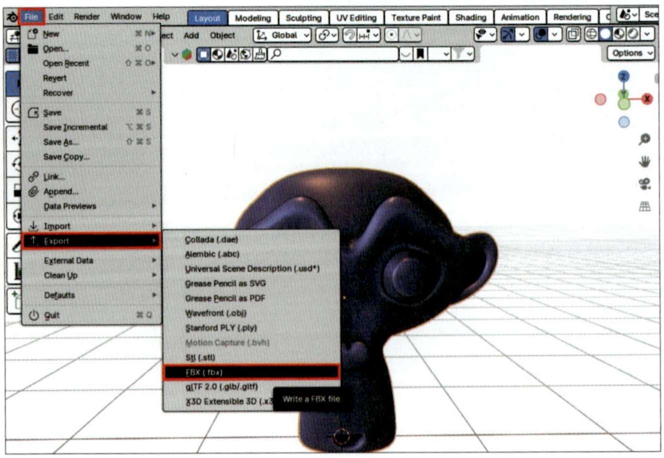

❹ Blender File View 대화상자가 표시되면 파일 이름에 '_monkey'를 입력하고 〈Export FBX〉 버튼을 클릭하여 저장합니다.

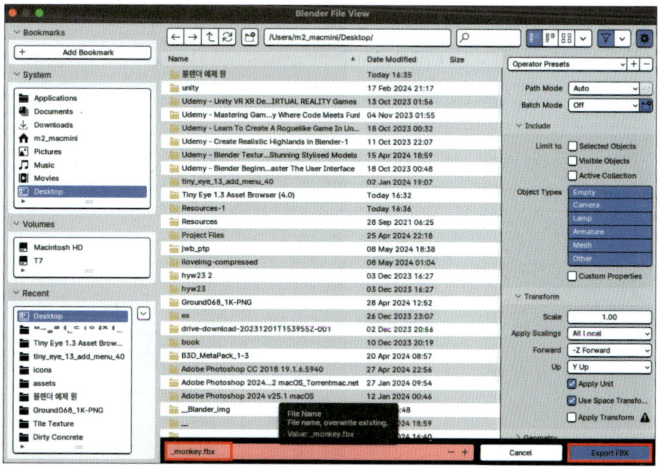

❺ 텍스처를 적용하기 위해 서브스턴스 3D 페인터를 실행합니다. New project 대화상자에서 Template를 'PBR – Metallic Roughness Alpha –blend (starter_assets)'로 지정합니다.

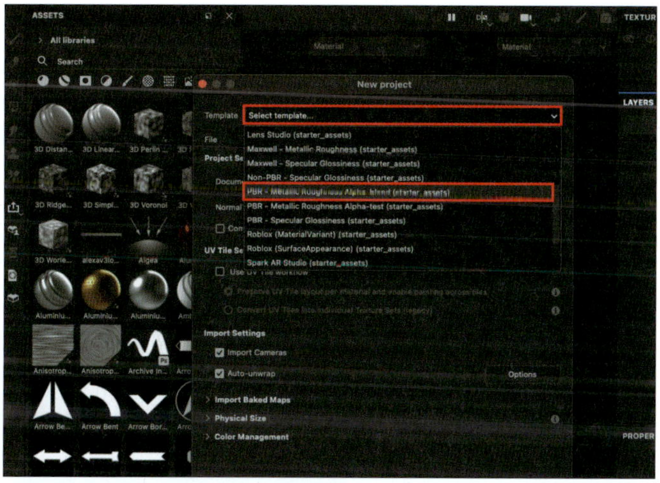

❻ File의 〈Select〉 버튼을 클릭하여 파일을 불러올 수 있는 대화상자가 표시되면 블렌더 저장한 'monky.fbx' 파일을 선택하고 〈Open〉 버튼을 클릭하여 불러옵니다.

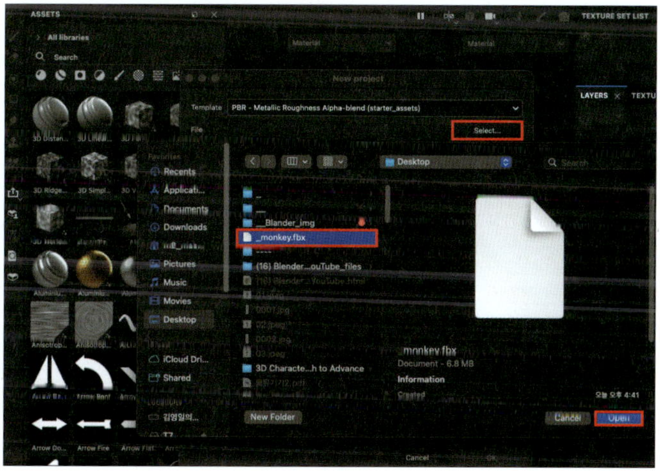

❼ 그림과 같이 화면이 표시되면 레이어의 〔Texture set Settings〕 탭을 선택합니다. 탭 기능 아래에 있는 〈Bake Mesh Maps〉 버튼을 클릭합니다.

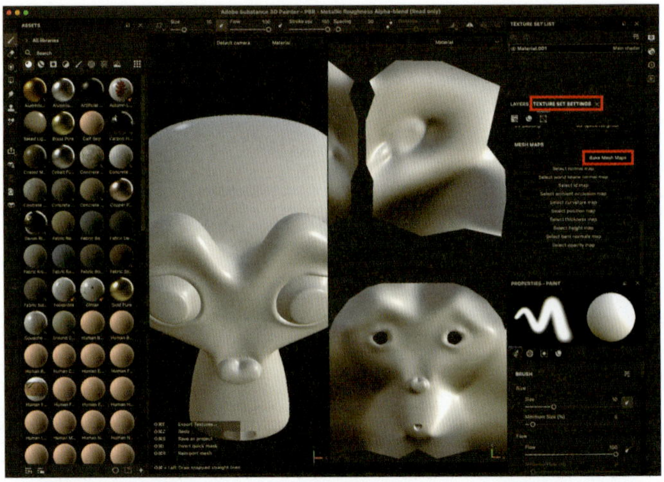

❽ 새로운 창이 표시되면 〈Bake selected textures〉 버튼을 클릭하여 다양한 텍스처 맵을 자동으로 생성하고 〈Return to painting mode〉 버튼을 클릭하여 원래 화면으로 돌아갑니다.

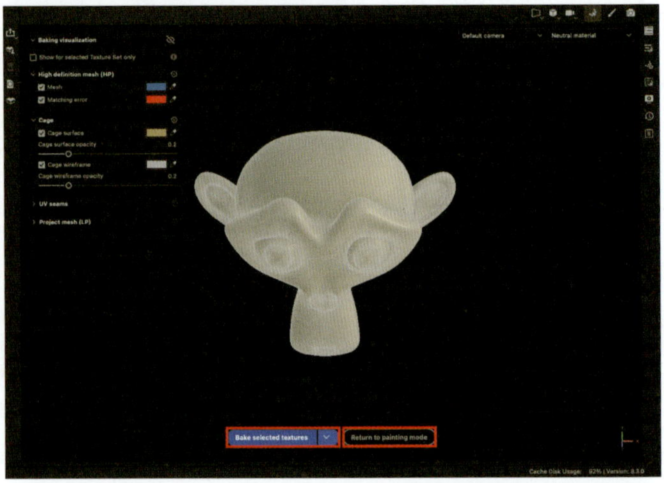

❾ Return to painting mode로 돌아가면 아무것도 변경되지 않은 기본 상태입니다. 이 상태에서 왼쪽 Assets 파일을 하나 선택하고 Monkey 오브젝트로 드래그하면 그대로 매핑이 적용되어 재질을 쉽게 만들 수 있습니다.

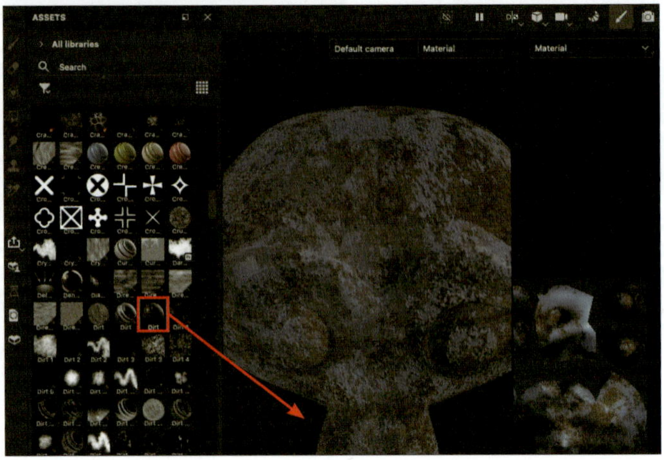

⑩ 텍스처를 외부로 저장하기 위해 메뉴에서 〔File〕 → Export Textures.. 를 실행합니다.

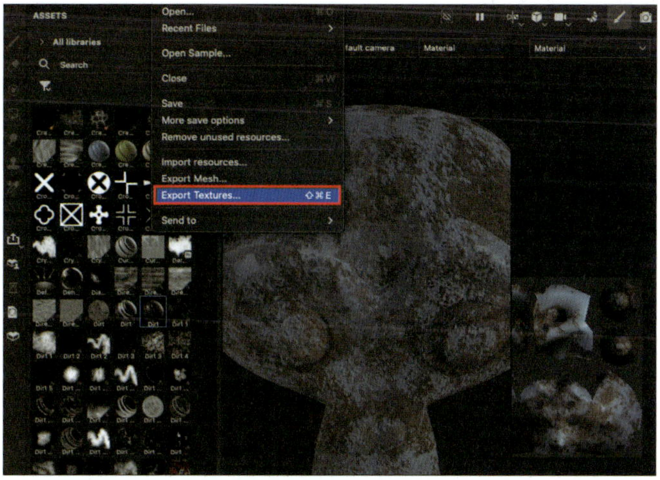

⑪ Export textures 대화상자가 표시되면 원하는 폴더로 위치를 지정하고 〈Export〉 버튼을 클릭하여 텍스처 파일을 저장합니다.

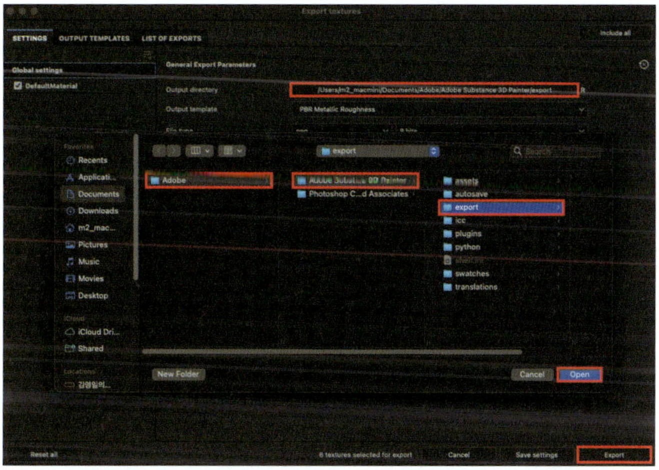

TIP 다음과 같이 경로를 저장하면 좋습니다.

- **윈도우** : 바탕화면
- **맥** : Documents/Adobe/Adobe Substance 3D Painter/export

⑫ 블렌더로 돌아와 Properties 패널의 〔Material( )〕 탭에서 메테리얼을 1개 생성합니다.

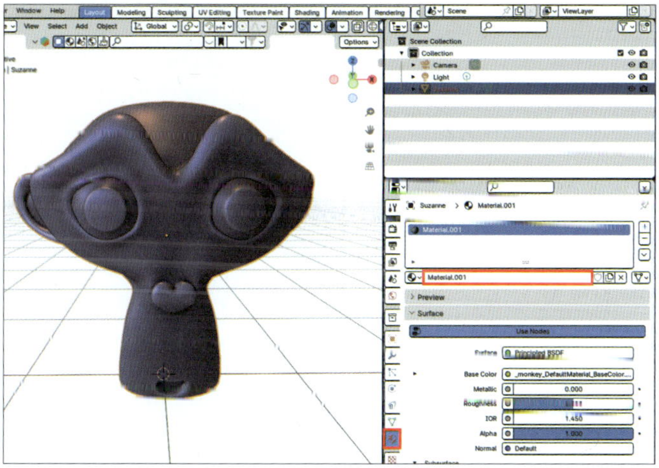

⓭ Workspaces에서 [Shading] 탭을 선택하고 Shader Editor 패널에서 Shift+A를 눌러 표시되는 Add 창에서 Texture → Image Texture나 Multiple Images를 실행하여 노드를 생성합니다.

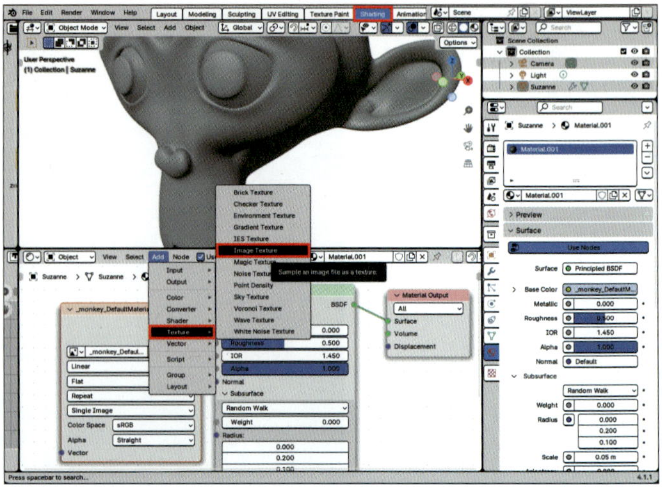

⓮ 생성한 노드에 서브스턴스 3D 페인터에서 작업한 이미지를 불러옵니다.

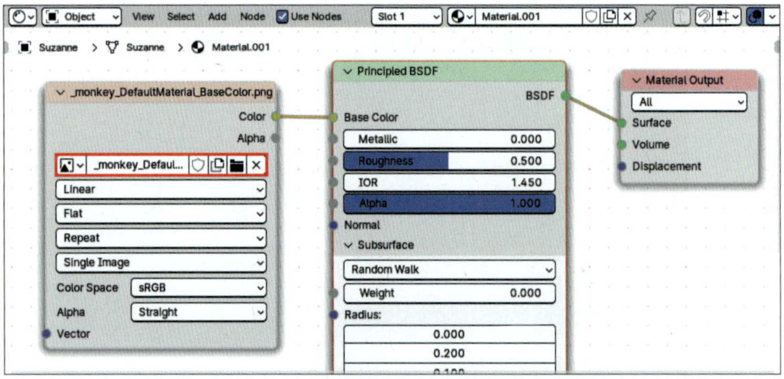

⓯ Rendered 모드에서 최종 확인하면 제대로 연동되어 텍스처가 적용되는 것을 확인할 수 있습니다.

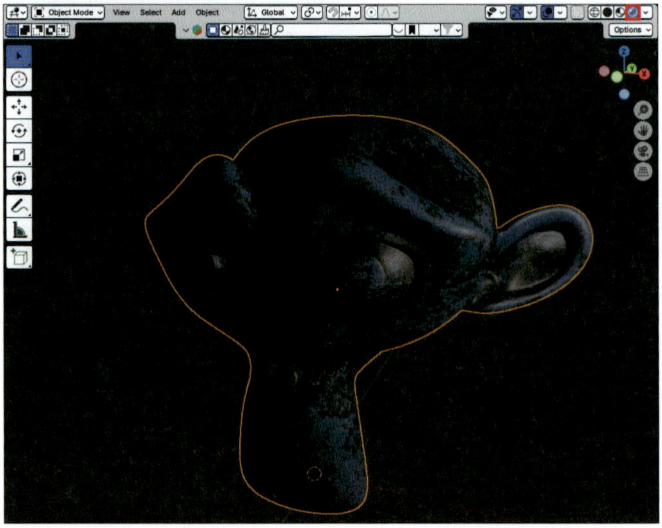

- **그림 1-2**

  https://youtu.be/UXqq0ZvbOnk?si=motNrWi-lCfKmYKy"https://youtu.be/UXqq0ZvbOnk?si=motNrWi-lCfKmYKy

  https://youtu.be/WhWc3b3KhnY?si=aZsN4Tz2Z5SHeAPV"https://youtu.be/WhWc3b3KhnY?si=aZsN4Tz2Z5SHeAPV

- **그림 1-19**

  https://www.atinusa.com/product/ms-number-pad-glacier/

- **그림 1-52**

  https://www.reddit.com/r/blender/comments/drnl27/proportional_editing_guide/

- **그림 2-15**

  https://ko.wikipedia.org/wiki/%EB%B2%A0%EC%A7%80%EC%97%90_%EA%B3%A1%EC%84%A0

- **그림 2-29**

  https://docs.blender.org/manual/en/latest/render/lights/light_object.html

- **그림 2-30**

  https://docs.blender.org/manual/en/latest/render/lights/light_object.html

- **그림 4-7**

  https://80.lv/articles/tutorial-how-normal-maps-work-baking-process

- **그림 7-1**

  https://www.reddit.com/r/low_poly/comments/d5hq1n/the_dried_creek/?utm_medium=android_app&utm_source=share&rdt=48898

  https://www.artofit.org/image-gallery/2111131070653692//

- **그림 7-2**

  https://en.wikipedia.org/wiki/Low_poly

  https://img-new.cgtrader.com/items/85272/low_poly_art_nature_set_3d_model_blend_1d010db1-eeac-4fba-963d-03b80cfca259.png

- **그림 7-3**

  https://www.oreilly.com/library/view/learning-blender-a/9780133886283/

- **그림 7-4**

  https://www.free3dtutorials.com/modeling-foot-in-maya.php

- **그림 7-5**

  https://x.com/pechetan/status/864487303854432256/photo/1

- **그림 8-1**

https://blenderartists.net/tutorials/sculpting/

https://ko.englishlib.org/dictionary/en-ko/sculpt.html#google_vignette

- **그림 8-2**

https://studio.blender.org/training/stylized-character-workflow/5d358bc2cb14814e3f8f3fd8/

- **그림 8-19**

https://pin.it/2TEvGYo7S

- **그림 9-5**

https://www.soft8soft.com/material-library-released/

- **그림 9-33**

https://ko.wikipedia.org/wiki/UV_%EB%A7%A4%ED%95%91

- **그림 9-61**

https://docs.unity.cn/kr/2021.2/Manual/Built-inParticleSystem.html

- **그림 9-62**

https://docs.blender.org/manual/ko/2.92/interface/window_system/splash.html

- **그림 11-1**

https://studio.blender.org/characters/ellie/v1/

- **그림 13-1**

https://studio.blender.org/characters/phil/v1/

G-H

I

J-L

M

N

O

P

R